Anne-Marie Schlösser
Alf Gerlach (Hg.)
Gewalt und Zivilisation

Die Herausgeber:
Anne-Marie Schlösser, Diplompsychologin, Psychoanalytikerin in eigener Praxis in Göttingen. Dozentin und Lehranalytikerin am Lou-Andreas-Salomé-Institut Göttingen sowie am Institut für Psychoanalyse und Psychotherapie (DPG) Kassel, hier Stellvertretende Vorsitzende von 1994-99. 1997-2001 Vorsitzende der DGPT (Deutsche Gesellschaft für Psychoanalyse, Psychotherapie, Psychosomatik und Tiefenpsychologie).
Anne-Marie Schlösser im Psychosozial-Verlag: s. u.

Alf Gerlach, Dr. med., Diplom-Soziologe und Arzt.
Psychoanalytiker in eigener Praxis in Saarbrücken. Dozent und Lehranalytiker am Mainzer Psychoanalytischen Institut (DPV) sowie am Saarländischen Institut für Psychoanalyse und Psychotherapie. Seit 2001 Vorsitzender der DGPT.
Alf Gerlach im Psychosozial-Verlag: Die Tigerkuh. Ethnopsychoanalytische Erkundungen (2000).

In der gleichen Reihe sind im Psychosozial-Verlag erschienen:
Karin Bell & Kurt Höhfeld (Hg.): *Psychoanalyse im Wandel*
Karin Bell & Kurt Höhfeld (Hg.): *Aggression und seelische Krankheit*
Kurt Höhfeld & Anne-Marie Schlösser (Hg.): *Psychoanalyse der Liebe*
Anne-Marie Schlösser & Kurt Höhfeld (Hg.): *Trauma und Konflikt*
Anne-Marie Schlösser & Kurt Höhfeld (Hg.): *Trennungen*
Anne-Marie Schlösser & Kurt Höhfeld (Hg.): *Psychoanalyse als Beruf*
Anne-Marie Schlösser & Alf Gerlach (Hg.): *Kreativität und Scheitern*
Ulrich Streeck (Hg.): *Das Fremde in der Psychoanalyse*
Ulrich Streeck & Karin Bell (Hg.): *Die Psychoanalyse schwerer psychischer Erkrankungen*

Bibliothek der Psychoanalyse
Herausgegeben von Hans-Jürgen Wirth

Inhaltsverzeichnis

Anne-Marie Schlösser, Alf Gerlach
Vorwort 9

Die Psychoanalyse im kulturellen Kontext der Gewalt
Winfrid Trimborn
»Ich lasse mich nicht zerstören«.
Zur Dynamik von Gewalt bei narzisstischen Störungen 13
Benno Winker
Gewalt als Ausdruck missglückter narzisstischer Regulation 33
Rainer Krause
Affektpsychologische Aspekte menschlicher Destruktivität 47
Ingrid Baumert
Angst folgt auf Drohungen. Das Unbewusste der Drohungen,
deren Verkleidungen und Auswirkungen 59
Hildegard Adler
Gewalterfahrung im kollektiv-kulturellen
und im individuellen Gedächtis 73
Wulf Hübner
Angst vor Gewalt. Bemerkungen zur Macht der Introjekte 87
Paul R. Franke
Liegt Sebnitz in Andorra? Gewalt, Spaltung, Projektion
und die kulturelle Macht des Klischees in den Medien 97
Christoph Biermann
»Das Antlitz des Anderen« (E. Levinas) und das »Wegsehen
dieses Antlitzes des Anderen« als Ursprung von Gewalt.
Klinische Erfahrungen und die Geschichte des Nationalsozialismus 109
Reimer Hinrichs
Gibt es gesunde Gewalt? 133

Sozio-Psychoanalytische Beiträge zu Terrorismus und Krieg
Stavros Mentzos
Die Psychosoziodynamik des Krieges.
Eine Alternativantwort auf die Einstein'sche Frage »Warum Krieg?« .. 151

Vamik D. Volkan
Religiöser Fundamentalismus und Gewalt 165

Vamik D. Volkan
Nach der Vertreibung.
Eine Flüchtlingsfamilie von innen betrachtet 183

Micha Hilgers
Das Ringen der Vernunft mit dem totalitären Gewissen.
Die Terroranschläge in den USA als Ausdruck eines durch
massive Affekte radikalisierten Über-Ichs 213

Selbst und Gesellschaft: Explosionen des Kerns

Joachim Küchenhoff
Innere und äußere Gewalt. Der Beitrag der Psychoanalyse
zum Verständnis individueller Gewaltbereitschaft und
Gewaltverarbeitung im gesellschaftlichen Kontext 229

Sieglinde Eva Tömmel
Identität und »Deutsch-Sein«. Ein kulturpsychoanalytischer Beitrag
zum Verständnis der neuen rechtsradikalen Gewalt in Deutschland 251

Jörg Frommer
Ein psychoanalytisches Phasenmodell des Identitätswandels
im vereinten Deutschland 279

Hans-Dieter König
Zur Faszination rechter Gewalt in den Medien.
Ein psychoanalytischer Beitrag zur qualitativen Erforschung
des Rechtsextremismus 293

Georg R. Gfäller
Staatliches Gewaltmonopol, Gewaltenteilung, Notwehr und
Unterdrückung der Geschichte von Gewalterfahrungen –
Eine mögliche Ursache für Gewalt gegen »Fremde« durch
marginale Gruppen? 325

Hans-Jürgen Wirth
Die 68er-Generation und das Problem der Gewalt 355

Joachim W. Hohl
Zygmunt Bauman und Christopher Browning.
Sozio-historische Erklärungsversuche zur nationalsozialistischen
Menschenvernichtung und ihre Konsequenzen
für die Psychoanalyse 383

Gudrun Brockhaus
»Kampf – wie eine Erlösung« (Goebbels).
Motive der nationalsozialistischen Erlebniswel 399

Margit Venner und Uwe Wutzler
Aggressive und kannibalische Triebimpulse im modernen
Gewand der Lebendorgantransplantation 415

Joachim Grefe
Krankheit – (verleugnete) alltägliche Gewalterfahrung 429

Kultur, Kunst, Sublimierung

Ricarda Elgeti
Die ich rief, die Geister, werd' ich nun nicht los!
Zur Entstehung von Gewalt aus der Kultur 447

Gerhard Armanski
Der gemeine Unfrieden der Kultur.
Geschichte der Gewalt in Europa 467

Mathias Hirsch
Die Opferung des Kindes als eine Grundlage
unserer Kultur 481

Jens Christian
Liebe und (Selbst-)Erkenntnis von Gut und Böse als
»Ursünden des Menschen«. Der paranoid-schizoide
Paradies-Mythos der patriarchalen Zivilisation 491

Niels Beckenbach
Die Stadt Dis
Aspekte einer Topographie der Gewalt
in der okzidentalen Zivilisation 513

Rudolf Walter
Gewalt und geistige Existenz.
Eine Annäherung an Werk und Lebensgeschichte
des Schriftstellers Thomas Bernhard 539

Gewalt in der psychosozialen Entwicklung

Werner Bohleber
Gewalt in der Adoleszenz – Sackgassen in der Entwicklung 557

Ute Benz
Gewalt in der Pubertät als Konfliktlösung? 573

Thomas Auchter
Gewalt als Zeichen von Hoffnung? Zur psychoanalytischen Theorie
der jugendlichen Gewalt bei D. W. Winnicott 595

Schlechte Behandlung? Gewalt in der psychoanalytischen Situation
Klaus Grabska
Zur Gewalt der Deutung.
Über Destruktivität in der analytischen Methode 617
Christoph Klotter
Gewaltimpulse bei Psychoanalytikerinnen
und Psychoanalytikern 637

Autorengespräch – Diskussionsforum
Günter Lempa im Gespräch mit Vamik D. Volkan
»Man kann den Menschen nicht befehlen zu trauern,
man muss ihnen helfen, einen Prozess zu beginnen« 657

Vorwort

Im öffentlichen Diskurs wird ununterbrochen von Gewalt gesprochen. Dort erscheint sie als Einbruch in eine eigentlich friedlich-normale Welt, als Phänomen, das selbst ebenso fasziniert wie seine eigentümliche Unerklärlichkeit. Durch die Terroranschläge am 11. September 2001 hat das Thema eine beklemmende Aktualisierung erfahren, die neue Erklärungsansätze herausfordert. Der vorliegende Band stellt Beiträge aus psychoanalytischer Sicht vor.

Das Phänomen der Gewalt war immer Gegenstand der psychoanalytischen Betrachtung. Psychoanalytiker haben mit Nachdruck auf die menschliche Aggressivität verwiesen und ihre Bedeutung als konstitutivem Bestandteil menschlicher Zivilisation betont. Nur der kulturell erzwungene Verzicht auf »Inzest, Kannibalismus und Mordlust«, wie Freud es 1927 formulierte, scheint in dieser Perspektive Zivilisation zu sichern, führt andererseits aber auch zu einer ständigen unbewussten Rebellion gegen die Unterdrückung dieser Triebwünsche. Gewalt kommt also nicht von außen, als das Fremde und überraschend Unerklärliche. Eher scheint sie interner, vielleicht sogar unverzichtbarer Bestandteil unserer so sehr auf Fortschritt ausgerichteten Zivilisation zu sein. Immer schwieriger wird es, zwischen einem Fortschritt, der von der Lebensnot entlasten könnte, und dessen destruktiven Folgekosten zu unterscheiden. Auch die Frage nach der Eskalation rechtsradikaler Gewalt wirft die nach einer Zivilisation auf, die dieses Potential hervorbringt und aktualisiert.

Unter dem Stichwort »Kultur, Kunst, Sublimierung« finden sich Beiträge zur künstlerischen Verarbeitung von Gewaltphänomenen.

Schließlich wird das Augenmerk auf den Berufsstand der Psychoanalytiker selbst gerichtet. Hier geht es um offene oder verborgene Manifestationen von Destruktivität in der psychoanalytischen Behandlungssituation und in der psychoanalytischen Ausbildung.

Die Erfahrung der »neuen« Gewalt im Gewand der Terrorangriffe in der jüngsten Vergangenheit wird einer differenzierten Analyse unterzogen.

Göttingen/ Saarbrücken, im Februar 2002

Anne-Marie Schlösser
Alf Gerlach

Die Psychoanalyse im kulturellen Kontext der Gewalt

»Ich lasse mich nicht zerstören«
Zur Dynamik von Gewalt bei narzisstischen Störungen

Winfrid Trimborn

Psychische Entwicklung ist immer mit Angst verbunden. Wie wir wissen, ist die kindliche Psyche zur Integration und zur Symbolisierung dieser Ängste auf die Hilfe des Primärobjekts angewiesen. Das Dilemma der narzisstischen Störung liegt in erster Linie darin, dass das für das physische und psychische Überleben so notwendige Objekt eben auch als bedrohlich und traumatisierend erlebt wurde. Weil das unreife Selbst aber auf dessen Hilfe angewiesen bleibt, kommt ein Zirkel massiver und nicht mehr zu bewältigender Gewalt in Gang. So sehen wir uns nicht allein mit einer Entwicklungshemmung konfrontiert, vielmehr wird ein sich verstärkender pathologisch-destruktiver Abwehrzirkel in Gang gesetzt, der in einer weitreichenden und komplexen Entwicklungsstörung mündet.

Ich komme nun nicht umhin, mich in gewaltigen und damit unumgänglich gewaltsamen Sprüngen dem Thema der Gewalt narzisstischer Strukturen anzunähern.

Nach dem Abschluss ihrer ungeliebten Ausbildung, die Frau A nur auf Druck ihres Vaters gewählt hatte, fiel sie in der Aufnahmeprüfung für ihr Traumstudium als Sängerin durch, weil ihr die Stimme versagte. Danach unternahm sie einen ernsten Suizidversuch. Während der stationären Behandlung klagte sie über ihren sadistisch-verfolgenden Vater, weswegen sie über Wochen ein Gespräch mit beiden Eltern ablehnte. Monate nach ihrem Suizidversuch fand schließlich doch ein Gespräch mit den Eltern in meinem Beisein statt, bei dem sich die von der Patientin beschriebene Starrheit und verfolgende Borniertheit ihres Vaters bestätigte. So verhakten sich Frau A und ihr Vater im Verlauf der zweistündigen Sitzung immer stärker in einen höchst anklägerischen und aggressiven Clinch voller gegenseitiger Vorwürfe. Der Vater verabschiedete sich schließlich mit der auch mich entwertenden Bemerkung, dass er für dieses Gespräch nicht hätte anreisen müssen. Der mörderische, aber auch leidenschaftliche Streit ließ die Mutter völlig im Hintergrund verschwinden. Alle meine Versuche, die Mutter in das Gespräch einzubeziehen, scheiterten, vielmehr eskalierte die Auseinandersetzung zwischen Tochter und Vater. Erst im

Nachhinein wurde mir bewusst, dass sich Frau A während der ganzen Sitzung kein einziges Mal an ihre Mutter gewandt und diese auch kein einziges Wort gesprochen hatte. Ich erlebte mich in dieser familiären Inszenierung als bloßer Zuschauer.

Im Laufe meiner Ausführungen werde ich wiederholt auf diese Behandlung zurückkommen.

Konstitutive und reaktive Funktion von Gewalt und Aggression

Winnicott hat der Aggression, die er mit der frühen Motorik verbunden sieht, und Destruktion im Sinne der Objektzerstörung einen konstitutiven Wert in der psychischen Entwicklung des Individuums zuerkannt. Die Aggression, die von Winnicott beschrieben und erfasst wurde, ist zu unterscheiden von der reaktiven Aggression und Gewalt, die dem Erhalt einer psychischen und physischen Homöostase dient, doch beide Formen der Aggression sind für eine gesunde Entwicklung und Selbsterhaltung lebensnotwendig. Sowohl in seinem Konzept der primitiven und erbarmungslosen Liebe (1941; 1950) wie auch in dem Konzept der Objektzerstörung (1969) kommt den Phänomenen Gewalt und Aggression eine zentrale Bedeutung zu. Ich erinnere daran, dass nach Winnicott das Subjekt allein auf diese Weise die Realität erschafft und das Objekt nach außen stellt, also aus seiner Omnipotenz entlässt. Voraussetzung ist jedoch erstens, dass das frühe Subjekt sich vom Objekt gehalten und personalisiert erlebt und zweitens, dass sich das Objekt im Separationsprozess nicht durch Aggression oder Rückzug rächt.

Auch M. Klein (1930) ordnet der Aggression einen zentralen Stellenwert in der Ichentwicklung zu, wobei der entscheidende Unterschied zu Winnicott darin liegt, dass sie der Aggression Vorrang gegenüber der libidinösen Entwicklung zuschreibt.

Doch an erster Stelle hätte ich auf Freud verweisen sollen, der dem Nein und dem Hass für die Entwicklung des Ich und der frühen Objektbeziehung konstitutive Bedeutung zuschreibt.

Diese skizzenhaften Andeutungen lassen schon erkennen, dass der Aggression und Gewalt eine narzisstische Funktion im gesunden Sinne zukommt, weil der Gewalt – so auch der erbarmungslosen Liebe – immer auch die Suche nach dem lebensnotwendigen Objekt zugrunde liegt. Das kindliche Ich will und muss sich absichern, indem es das lebensnotwendige Objekt unter allen Umständen für sich zu bewahren und zu erhalten sucht.

Doch ist die narzisstische Tendenz des »unter allen Umständen« mit ihrer innewohnenden Absolutheit zerstörerisch. Die Gewalt wird umso heftiger und ungerichteter ausfallen, je gefährdeter sich das noch unreife Selbst erlebt, und die Suche nach dem Objekt entwickelt sich dann zur Tendenz, das Objekt zu beherrschen und unter Kontrolle zu bekommen, also sich dessen zu bemächtigen. Wir dürfen jedoch die Grundtatsache nicht aus dem Auge verlieren, dass sich hinter der omnipotenten Gewalt immer noch die verzweifelte Suche nach einem sicheren Objekt verbirgt.

Der narzisstische Kernkomplex

Um die Problematik und Dynamik der narzisstischen Störungen immanenten Gewalt besser differenzieren zu können, greife ich auf zwei Arbeiten des britischen Analytikers Glasser zurück. In Analogie zum Ödipuskomplex hat Glasser (1990) die pathologische narzisstische Grundproblematik in dem von ihm benannten Kernkomplex beschrieben. Der narzisstische Komplex geht zwar dem Ödipuskomplex voraus, wird aber auch zur massiven Abwehr gegen den Ödipuskomplex bzw. gegen die Entwicklung einer ödipalen Dreierstruktur eingesetzt.

> »Der Komplex setzt sich, kurz zusammenfassend, wie folgt zusammen:
> 1. Eine tief begründete Sehnsucht nach erfüllender Sättigung und Sicherheit durch Fusion mit der idealisierten Mutter; in diesem Kontext können wir dies als die Phantasie der letztendlichen narzißtischen Erfüllung beschreiben;
> 2. Die Angst, die die Erwartung der Fusion weckt, vor allem, das vollständige Aufgehen in der Mutter und der damit verbundenen totalen Annihilierung des Selbst;
> 3. Die damit verbundenen Abwehrreaktionen: (a) narzißtischer Rückzug mit dem Ziel der Selbstsicherung, was aber zu Ängsten von Verlassenheit und Desintegration führt, verbunden mit begleitenden Gefühlszuständen der Isolierung, Depression und eines Mangels an Selbstachtung, und das schließlich zum Wunsch nach der Befriedigung, Sicherheit und dem Gehalten werden in der Fusion mit der Mutter führt; und von entscheidender Bedeutung, (b) selbsterhaltende Aggressionen mit deren Ziel der Vernichtung der annihilierenden Mutter, was zu weiteren Ängsten vor totalem Verlust führt.
> Darüber hinaus folgt, weil (a) und (b) miteinander konkurrieren, dass die Aggression auch gegen das Selbst gerichtet wird« (Glasser 1990, S. 94f).

Ein kurzes Beispiel soll diese Überlegungen verdeutlichen. Als eine Patientin mit einer schweren Bulimie das emotionale Erleben mir gegenüber nicht mehr abspalten und verleugnen konnte, reagierte sie erschrocken mit der

Aussage: »Jetzt haben sie den Fuß in der Tür, jetzt muss ich mich oder sie umbringen.« Um sich wie auch mich zu schützen, musste sie nun ihren Stuhl immer in die entfernteste Ecke des Behandlungsraumes rücken, wo sie sich dann aber wie in einer Wüste ausgesetzt erlebte. Oder mein Gesicht wurde für sie zu einer bedrohlichen Maske, das sie in ihren alptraumartigen und impulshaften Einfällen zerschneiden musste.

Als Folge des Fusionswunsches wird emotionale Nähe als ein Ausgeliefertsein erlebt, das jede Fluchtmöglichkeit ausschließt. Die narzisstische Störung zeichnet sich dadurch aus, dass jede Beziehung als Bedrohung erlebt wird, dass jede emotional bedeutsame Beziehung die zentrale Bedrohung ist.

Da das Thema der Tagung Gewalt in der Gesellschaft umfasst, will ich mit einem Einschub darauf aufmerksam machen, dass diese Überlegungen in einem weiteren Zusammenhang von Bedeutung sind. Anzieu hat bemerkt, dass Gruppen im Unbewussten immer mit der Dynamik einer allmächtigen Mutter-Imago besetzt werden. Die Neigung zu einer Verschmelzung ist auch die Basis gewalttätiger Gruppen, wobei mit dem Genuss von Alkohol die Illusion einer Einheit und Macht gesucht wird. Zugleich führt die unter Alkohol gesteigerte Regression zu einer Entstrukturierung der Gruppe, die mit einer zunehmend lähmend-quälenden Leere einhergeht. Eine dann nach außen gerichtete Aggression hat für die Gruppe einen »selbsterhaltenden«, weil aktivierenden und abgrenzenden Effekt, womit jedoch die inzestuöse Fusion der Gruppe verstärkt, zugleich aber kaschiert und verleugnet wird. Die demütigende, ja gewaltsame Verfolgung als schwach erlebter Menschen ist nicht allein als eine Identifikation mit einem frühen Aggressor zu verstehen, sondern auch eine Folge verleugneter Fusionswünsche. So erinnere ich mich an einen bulligen Rocker und Anführer einer Motorradgang, der sich von seinen Leuten als »Baby« titulieren ließ. Darüber hinaus erzählte er mir, dass er bei seiner Mutter wohnt und sich von ihr versorgen lässt. Die wenigen Bemerkungen lassen eine parallele unbewusste innere Dynamik zwischen seiner Position in der Gruppe und der Beziehung zu seiner Mutter erkennen. Narzisstische Omnipotenz und Ungetrenntheit, Größenideen und Kleinheit sind unlösbar aneinander gebunden.

Sadomasochistische Gewalt und selbsterhaltende Gewalt

Hinsichtlich der Einordnung und Bewertung von Aggression und Gewalt ist die Unterscheidung wichtig, ob es in erster Linie darum geht, eine Gefahr, eine Bedrohung abzuwehren oder aber einem anderen Menschen eine Verletzung zuzufügen, ihn zu beherrschen, ja zu vernichten. Wenn das Überleben bedroht erscheint, kann es unumgänglich sein, die bedrohende Gefahr dadurch zu beseitigen, dass z. B. das Gegenüber getötet wird. Auf diesem Hintergrund wird auch eine unverständliche und spontane Handlung wie ein Tötungsdelikt – aber auch manche Suizidhandlung – in einem psychotischen Ausnahmezustand nachvollziehbar.

Verständlicherweise denken wir zuerst an direkte verbale oder körperliche Angriffe. Gerade die Arbeit mit narzisstisch gestörten Patienten zeigt jedoch, dass deren Angriffe oft äußerst geschickt und subtil, aber ebenso gewaltsam sein können, da diese auf unser Selbstwerterleben und unsere Identität zielen, zumal die Gewalt innerhalb einer Beziehung nicht allein eine Reaktion auf eine Bedrohung ist, sondern auf Kontrolle und Beherrschung zielt.

Glasser (1998) unterscheidet aus psychoanalytischer Sicht zwei Typen von Gewalt: die selbsterhaltende und die sadomasochistische Gewalt. Er verweist aber darauf, dass zumeist eine Kombination dieser beiden Typen vorliegt.

Die grundlegende Natur von Gewalt basiert in der Biologie. Dabei handelt es sich um eine im Körper elaborierte Reaktion von Kampf und Flucht im Moment der Gefahr. In diesem Kontext bedeutet Gefahr alles, was das Überleben des Individuums gefährdet. Entsprechend wird die selbsterhaltende Gewalt als eine basale, plötzliche und substantielle Antwort auf jede Bedrohung der psychischen Homöostase mit dem Ziel heraufbeschworen, die Gefahr zu beseitigen. Die Gewalt mag genauso durch innere Eignisse provoziert werden, so durch einen Identitätsverlust infolge innerer Konfusion, Gefühle von Desintegration, die Überwältigung durch ein annihilierendes inneres Objekt, durch ein quälendes, tyrannisch-sadistisches Über-Ich usw. Solche inneren Bedrohungen können auf eine andere Person externalisiert werden, sodass sie unerklärlich erscheinen. Bei Selbstverletzungen und Suizid werden Teile des Körpers als äußere Objekte erlebt. Dabei sind Angst und Aggression zwei Aspekte einer einzigen Reaktion.

Obwohl die sadomasochistische Gewalt häufiger anzutreffen ist, stammt sie nach Glasser doch von der selbsterhaltenden ab. Sie resultiert aus deren Libidinisierung, wie ja der Sadismus das Ergebnis der Libidinisierung von Aggression ist, wobei Glasser die »Libidinisierung« als einen psychischen, die »Sexualisierung« als einen körperlichen Prozess begreift. Zu dieser Form der Gewalt gehören auch pathologische Abhängigkeiten wie Masochismus, Hörigkeit und Anbetung.

Diese beiden Typen von Gewalt können sofort durch den Bezug zum Objekt unterschieden werden. Bei der selbsterhaltenden Gewalt hat im

Augenblick des Gewaltaktes das Objekt keinerlei Bedeutung außer der der Gefahr. Es geht allein um den Selbsterhalt, andere Beweggründe spielen keine Rolle. Ebenso ist die Antwort des Objekts ohne jede Bedeutung. Im Falle der sadomasochistischen Gewalt ist jedoch die Reaktion des Objekts wesentlich: Das Objekt muss als leidend wahrgenommen werden. D. h., für die sadomasochistische Gewalt ist eine Beziehung mit einer anderen Person Voraussetzung. Sie dient der Selbstversicherung und -erhöhung durch Beherrschung und sadistische Unterdrückung des Objekts bis hin zur Perversion. Während die sadomasochistische Gewalt kalkuliert und geplant ist, kann die selbsterhaltende Gewalt eruptiv und überschießend sein, insbesondere wenn das Individuum sich primitiven Ängsten der Annihilierung – also seiner Vernichtung und Auslöschung – und Verlassenheit ausgesetzt erlebt.

Mit einer kurzen Vignette hat Glasser diesen Unterschied anschaulich beschrieben. Sein Patient, der in einer sadomasochistischen Aktion engagiert war, indem er seine Freundin an das Bett festband, schlug und biss, fand sich plötzlich in der Situation, seine Freundin zu erwürgen. Innerhalb der sadomasochistischen Aktion, die von seiner Freundin angestiftet worden war, fühlte er sich sicher, zumal er glaubte, diese unter Kontrolle zu haben. Als er aber in ihren Augen plötzlich Angst entdeckte und damit spürte, dass sie das Geschehen nicht mehr unter Kontrolle hatte, war dies die Gefahr, die er eliminieren musste: verrückterweise musste er ihren Kontrollverlust zerstören, indem er sie fast umbrachte. Das Beispiel illustriert die weitreichende Irrationalität, die der selbsterhaltenden Gewalt innezuwohnen mag.

Die Gewalt des Traumas als Ursache narzisstischer Störungen und die Gewalt der narzisstischen Identifizierung als Abwehr des Traumas

Wenn von den frühen signifikanten Objekten eine traumatische Gewalt ausgeht, sei es, weil das Objekt dem unreifen Selbst für seine Entwicklung nicht zur Verfügung steht, sei es, weil es das unreife Selbst mit eigenen Bedürfnissen überwältigt, sei es, weil es die Bedürfnisse des Kindes nach Anerkennung und Autonomie zerstört, dann muss die kindliche Psyche auf verschiedene primitive Reaktionsweisen zurückgreifen. Je mehr das Kind versucht, sein schwaches Selbst zu sichern, umso mehr versucht es, das Objekt zu werden, weil dieses Teil der Selbststruktur ist. Dabei spielt die exzessive oder fusionierende Identifizierung eine zentrale Rolle, wobei es dabei eher um den Modus als um das Ergebnis der Identifikation geht. Durch die exzessive Identifikation wird der intersubjektive Raum oder Übergangsraum zerstört. Paradoxerweise sucht das kindliche Subjekt sich auf diese Weise eine Unabhängigkeit und Autonomie zu verschaffen. Das Objekt tritt an die Stelle des Ich, so die berühmte Formel von Freud. Mit dieser Fusionsneigung gehen archaische Mechanismen einher: Die verstärkte Verwendung von Projektion und Introjektion, von Idealisierung und Spaltung, denen eine eigene Gewalt zukommt. Diese Gewalt ist nicht identisch mit der Gewalt des Traumas.

Die reaktive Antwort einer narzisstischen Identifikation, Introjektion oder auch Inkorporation, mit denen das unreife Ich die traumatischen Gefahren von Hilflosigkeit, Demütigung, nicht integrierbarer Erregung verbunden mit Beschämung, Kontrollverlust, ja namenloser Angst zu bewältigen, ja zu beseitigen sucht, mündet in ein narzisstisches System. Das traumatisierte Ich sucht die vorzeitige schmerzhafte Trennung und die damit traumatisch erlebte Abhängigkeit durch exzessive Identifikation mit dem Objekt und mit einer »Regression auf den harmonischen Primärzustand« (Henseler 1976, S. 467) ungeschehen zu machen. Somit wird der Prozess der Identifikation und Separation durch das Phantasma der Inkorporation oder globalen Identifikation ersetzt. Im Gegensatz zur Neurose, die in und an der Ambivalenz arbeitet, schafft die narzisstisch fusionierende Identifikation auf diese Weise die Ambivalenz und den Konflikt ab. Und zusammen mit der Ambivalenz wird auch das Ich aus dem Weg geschafft, so Racamier (1982, S. 44). Damit ist der entscheidende Punkt benannt, der mit einer fusionierenden Identifizierung einhergeht, da diese eine Entwicklungsstörung der Separation und Individuation induziert. Denn, wie Racamier bemerkt, das Ich schafft sich aus dem Weg, indem es jedes eigene Begehren zugunsten eines Objektes aufgibt. Darüber hinaus beraubt sich das Subjekt eines hilfreichen Objekts, indem es das Objekt mittels omnipotenter Kontrolle manipulieren, gefügig machen muss und zu beherrschen sucht. Oder es bleibt gerade in totaler Opposition und einem Negativismus an eine primäre Objektbeziehung fixiert.

Die daraus resultierende Unfähigkeit, in sich selbst zu wurzeln, ruft zerstörerisches und böses Verhalten hervor. In sich selbst wurzeln heißt, Subjekt der eigenen Emotionen und Wünsche zu sein. Die Unfähigkeit in sich selbst zu wurzeln, bedeutet, worauf Gruen (1987) warnend hinweist, einen Verrat an sich selbst: Daraus folgt Hass und Selbsthass. Menschen mit einer narzisstischen Struktur sind nicht Subjekt ihrer Emotionen, auch wenn sie darauf bestehen, ja gerade weil sie auf einer Autarkie bestehen.

Als Folge dieser narzisstischen Identifizierungen und der damit einhergehenden unvollständigen Selbstrepräsentation bilden sich pathologische

Organisationen aus, um die archaischen Ängste des Kernkomplexes zu binden. Die pathologischen Organisationen lassen sich entsprechend ihrer Abwehr unterscheiden, wobei ich drei Grundstrukturen benennen möchte:
1. Solange mithilfe dieser Abwehr immer noch ein Objekt gesucht wird, liegen hysterische, sadomasochistische und suchtartige Objektbeziehungsstrukturen vor. Die Gewalt der so genannten Borderline-Struktur besteht vor allem in der Tendenz, das Objekt durch omnipotente Kontrolle mittels exzessiver projektiver Identifikation und Spaltung zwischen guten und bösen Objekt- und Selbstanteilen zu beherrschen.
2. Die pathologischen Organisationen, wie sie z. B. von Steiner (1998) beschrieben werden, zeichnen sich durch ein schizoides Rückzugsverhalten aus, mithilfe dessen das Subjekt jeden emotional bedeutsamen Objektbezug zu meiden trachtet. Hier muss die Gewalt vor allem in dem Versuch gesehen werden, eine scheinbare Autonomie und Autarkie zu leben, d. h. jede Abhängigkeit muss geleugnet werden. Paradigmatisch möchte ich auf die Magersucht verweisen.
3. Eine weitere Abwehrstruktur hat Green (1998) unter der Überschrift *Le travail du négatif* zusammengefasst, die sich durch eine noch radikalere Gewalt auszeichnet. Durch Verneinung, Verleugnung und Verwerfung muss das Objekt vernichtet werden. Hier ist auch der destruktive Narzissmus einzuordnen, wie er von Rosenfeld (1981; 1990) beschrieben wurde. Bion (1957; 1959) hat diese Gewalt als »attacks on links« beschrieben, wobei jede innere Verbindung wie auch das Denken angegriffen, ja zerstört wird.

Während ich im Sommerurlaub mit dem Vortrag beschäftigt war, entdeckte ich bei einem Ausflug an einer Betonbrücke als Protest den Satz: »Bétoner c'est un peu mourir.« Narzisstische Identifikationen sind der Beton pathologischer Organisationen, die lebendiges Wachstum abtöten.

Als eine magersüchtige Patientin – die körperliche Symptomatik und das Gewicht hatten sich seit Jahren schon normalisiert – feststellte, dass es ihr inzwischen so gut gehe wie nie, fügte sie nach einer Pause kalt hinzu: »Wenn das mit der Therapie zu tun hat, dann war alles nutzlos.« Danach verfiel sie in ihr wohlbekanntes regungsloses Schweigen, das immer solange anhielt, bis sie innerlich alles ausgelöscht und zerstört hatte, was nur irgendwie auf einen emotionalen Bezug verwies. Denn über allem stand der narzisstische Befehl und die Größenidee, es alleine zu schaffen. Der Angriff ihres Hasses zielte auf ihre innere Wahrnehmung von emotionaler Verbundenheit. Denn der Therapeut wird zum Feind, wenn und weil er als unentbehrlich erlebt wird. Doch gerade auf Grund dieser Konfusion von Liebe und Hass und deren Verleugnung kam sie unentwegt zur Therapie und blieb an mich gebunden, wie die Magersüchtige in ihrer Fundamentalopposition in einer festen Umlaufbahn an ihr Primärobjekt fixiert ist.

Die besondere narzisstische Position und ihre inzestuöse Gewalt oder *Die geheime Verrücktheit* (Green)

Alle drei Formen narzisstischer Abwehrorganisationen bleiben jedoch an ihr Gegenüber gebunden, weil sie das Objekt in ihrem System festzuhalten und zu kontrollieren bzw. zu vernichten suchen. In dieser gewaltsamen Blockierung der Individuation und Separation besteht die grundlegende Gewalt narzisstischer Störungen, mit der das Trauma gebannt werden soll. Die damit verbundene negative therapeutische Reaktion lässt sich mit Greens (2000, S. 106) Worten so beschreiben: »Mehr noch als an den Heilungswunsch klammert sich der Analysand, so Freud, an seine Krankheit – oder wie ich sagen würde: gibt er dem Objekt seiner Leidenschaft den Vorzug.«

Hinsichtlich der Erfassung der Genese und Struktur des pathologischen Narzissmus neben der omnipotenten Abwehrstruktur ist ein weiteres Element von Bedeutung. Über die Fusionstendenz hinaus findet eine Identifikation mit den Elternfiguren, ja mit deren abgespaltenen und damit pathologischen Persönlichkeitsanteilen statt. Mittels der narzisstischen Identifikation wird – mit den Worten von Widlöcher – eine Beziehung zu sich selbst durch eine Beziehung zu einer anderen Person ersetzt.

»Es geht nicht in erster Linie darum, sich mit dem Wunsch des anderen zu identifizieren, um geliebt zu werden, sondern dem anderen ähnlich zu sein und von dieser Position ausgehend die unbewusste Vereinigungsphantasie zu verwirklichen. [...] Aber der Wunsch, der Gleiche zu sein wie hat stets zur Folge, dass dieser Gleiche in uns zu wünschen beginnt« (1985, S. 82, 102). In seiner inzwischen wohl bekannten Arbeit *Die tote Mutter* hat Green sowohl auf die Bindung des Subjekts an die pathologische Struktur des primären Objekts wie auch auf die Gefährdung des Subjekts bei dem Versuch der Auflösung dieser pathologischen Bindung aufmerksam gemacht.

Durch die weitreichende Identifizierung mit den unbewussten und abgewehrten Wünschen und Ängsten der primären Objekte und deren Projektionen ist und bleibt das Subjekt über das Trauma hinaus an ein phantasmatisches Geheimnis der Eltern bzw. Elternimagines gebunden. Bollas (2000, S. 129) spricht wegen den gewaltsamen Projektionen der frühen Objekte nicht von pathologischen Introjektionen, sondern von »interjects«, Volkan von »deposited images«. Diese Struktur bezeichne ich mit Racamier auch als inzestuöse Struktur. Sie verspricht und verschafft dem Subjekt einen besonderen Status, indem es sich in der Funktion der narzisstischen Ergänzung erwählt und ausgezeichnet erlebt. Mit der narzisstischen Aufwertung und Größenvorstellung, auch einer negativen, ist ein Auftrag verbunden, der doch zugleich ungelöst und unlösbar bleiben muss. Durch diese Dynamik wird das omnipotente Größenselbst einerseits unendlich bestätigt, andererseits aber bleiben Subjekt und Objekt in einer Ununterscheidbarkeit als illusionäre Garanten dieses Größen-Phantasmas und einer damit verknüpften destruktiven Neidthematik aneinander gebunden. Die Faszination gegenseitiger narzisstischer Illusion muss als Abwehr einer schweren Depression aufrecht erhalten werden, die im Hintergrund als eine traumatische Desillusionierung lauert.

Paradoxerweise zeichnen sich diese Identifizierungsprozesse ebenso durch eine »Fluidität« wie durch eine »Erstarrung« aus, die den Verstand überwältigen, weil nicht mehr zwischen Phantasie und Realität, zwischen innen und außen unterschieden werden kann (Perelberg 1999). Damit geht eine Symbolisierungsstörung und ein Konkretismus einher. Diese pathologischen Prozesse bilden einen sich verstärkenden pathogenen Zirkel, der zu einer weitreichenden Entwicklungsstörung führt.

Hinsichtlich der inzestuösen Struktur, die sich durch den Ausschluss des Dritten auszeichnet, mag uns die folgende Feststellung Racamiers überraschen – bei manchen wird sie heftigen Widerspruch auslösen – und doch ist seine These an dieser Stelle nur zu unterstreichen:

> »Übrigens ist der genitale Inzest beileibe nicht der häufigste und nicht einmal der wichtigste. Ausschlaggebend ist die narzisstisch-inzestuöse Beziehung, und vorherrschend wird das inzestuöse Äquivalent. [...] Inzest bedeutet nicht Ödipuskomplex. Der Inzest ist meistens sogar das Gegenteil von einem Ödipuskomplex. Die narzisstisch-inzestuöse Beziehung stellt eine Abwehr dar, und zwar die radikalste Abwehr, die es gibt« (1980, S. 109).

Mord und Selbstmord, Missbrauch, Inzest und Sadomasochismus sind dann Mittel, das narzisstische Geheimnis des inzestuösen Systems und seiner verrückten Leidenschaft zu verbergen und aufrecht zu erhalten. In und mit diesem System findet eine grundlegende Konfusion zwischen Trauma und Abwehr statt. Dazu nochmals Green (2000, S.107): »Die Leidenschaftspsychose ist auch keineswegs das direkte Produkt einer Leidenschaft. Sie ist ganz im Gegenteil Ausdruck höchstgradiger Umformung der

Leidenschaft, denn die verbotene Liebe führt hier zur Zerstörung entweder des Objekts oder des Ichs.«

Leicht zu erkennen ist dieser Teufelskreis bei misshandelten Patienten. Doch sehen wir ihn auch bei Patienten, bei denen kein offensichtlicher Missbrauch vorliegt. Wenn es Patienten unmöglich ist, über den psychischen Zustand ihrer Eltern, insbesondere über das elterliche Paar zu reflektieren, weil diese ihre bewusste und unbewusste Feindseligkeit verleugnen, dann kommt ein entsprechender Gewaltzirkel in Gang. Es versteht sich von selbst, dass in einer solchen Umgebung immer auch offensichtliche Traumatisierungen zu finden sind. Diese sind aber schon Ausdruck der defizitären mentalen Struktur der Eltern (siehe dazu Fonagy und Target 1995) und damit ihrer Pathologie. Die Traumata verstärken die verrückte Bindung an das verrückte elterliche Paar und verleugnen sie zugleich.

Ich erinnere an die eingangs geschilderte Szene des Gesprächs von Frau A mit ihren Eltern nach ihrem Suzidversuch. Frau A bestand mir gegenüber in einer späteren Analyse geradezu besessen darauf, von ihrem Vater sexuell missbraucht worden zu sein, wofür es letztlich keine Belege gab. Ich selbst habe weder ihre Vermutung bestätigt noch infrage gestellt, weswegen sie mich heftigst angriff. Von vielen Stellen hat sie sich ihre Vermutung als eine Realität bestätigen lassen, was ihr jedoch nicht genügte. Schon früh hatte ihre Mutter ihr gegenüber von der sexuellen Gewalttätigkeit ihres Mannes gesprochen und ihr eigenes sexuelles Begehren verleugnet. Bemerkenswert ist jedoch in diesem Zusammenhang die unschuldige Erzählung der Mutter, dass ihr im Sterben liegender Vater nichts von der Schwangerschaft wissen durfte.

Während der stationären Behandlung schaffte es Frau A, in der Gruppe immer neben mir zu sitzen, wobei sie jedoch selbst in den Gruppensitzungen nie ein Wort sprach. Statt dessen nahm sie jeden Einzeltermin wahrnahm, den sie bei mir bekommen konnte. Als eines Tages ein Gruppenmitglied meinte, dass sie wohl in mich verliebt sei, verließ sie ohne ein Wort, aber voll averbaler Gewalt den Raum. Danach wagte niemand aus der Gruppe sie darauf nochmals anzusprechen. Diese Gewalt ist weniger als Impuls zu verstehen, den ödipalen Rivalen zu beseitigen. Sie zielt vielmehr auf die Beseitigung des Zeugen der inzestuösen Bindung und auf das Denken.

Die Bedrohung des narzisstischen Systems und die gewaltsame Antwort

Sobald dieses System einer inzestuösen Gewalt durch die »Beziehung zu einem neuen Objekt, dem Analytiker« (Loewald 1986, S. 209) infrage gestellt wird – und dies sollte in einer Psychoanalyse der Fall sein –, fühlt sich das Subjekt nicht nur bedroht, sondern es ist bedroht. »Jetzt muss ich Sie oder mich umbringen«, war die Aussage der Bulimie-Patientin. Der Analytiker wird nun zum Feind und vom Patienten gefürchtet. Dies muss nach Bion (1982) der Analytiker wissen, denn er wird jetzt mit allen Mitteln bekämpft. Jetzt kommt Aggression und Verführung ins Spiel. Die Destruktivität gegen die Analyse und den Analytiker dient der Absicht, unerträgliche Gedanken und Gefühle auszulöschen, die Realität zu zerstören, um die Omnipotenz wiederherzustellen.

Die Aggression ist aber die Folge von Ängsten und erzeugt eine weitreichende Konfusion. Einerseits ist sie gegen die annihilierende Fusion gerichtet, auf der anderen Seite gegen Trennung, die mit totaler Verlassenheit gleichgesetzt wird. So ist es nicht erstaunlich, dass Intrusions- und Ausstoßungsbewegungen sich ständig ablösen. Entsprechend dem narzisstischen Kernkomplex kommt der Aggression eine geradezu entscheidende und existentielle Bedeutung zu. Sie dient dazu, das omnipotente, narzisstische System unter allen Umständen gegen eine als Bedrohung erlebte Objektbeziehung zu erhalten, weil so allein das Überleben gesichert und vor dem Trauma geschützt erscheint. Der Sadomasochismus ist dann nicht allein die Folge demütigender Erfahrungen und der Identifikation mit dem Aggressor, vielmehr dient er als pathologische Organisation auch dazu, die archaischen Wünsche und Ängste des narzisstischen Kernkomples zu leben, zu binden und zu verstecken. Ein sich daran anschließender Ausstoßungsprozess kann dann die letzte Notfallsreaktion sein aus Angst vor dem Selbstverlust wie auch aus der Angst, das idealisierte Objekt zu zerstören. Als ich die massiven Suizidimpulse der oben erwähnten Patientin mit Bulimie in dieser Weise als für einen sie überlebensnotwendigen Ausweg aus der therapeutischen Situation deutete und nicht als Aggression gegen mich verstand, erlebte sie sich zutiefst entlastet und von den dranghaften Suizidimpulsen befreit.

Henseler (zit. n. Lüders 1986, S. 416) hat auf eine damit einhergehende weitere Konfusion aufmerksam gemacht: »Die mit der Wiederbelebung früher Objektbeziehungsmuster einhergehende Entdifferenzierung von Selbst und Objekt verwischt das Täter-Opfer-Verhältnis, sodass unklar bleibt, wer eigentlich der Böse ist und woher der Hass stammt«. Deshalb ist der Hass auch eher diffus, ohnmächtig und blind. Der Hass ist die Folge einer gestörten Separation, doch zugleich fixiert er diese.

Frau A gelang es wiederholt, mit subtiler Verführung und depressiven Appellen, also mittels emotionaler Manipulation – sie war immer die begabte Schülerin und Patientin – ihre Arbeitsbeziehungen wie auch ihre Therapien zu privatisieren, d. h., ihre Lehrer und Therapeuten gaben an verschiedenen Stellen ihre professionelle Haltung auf, gewährten private Kontakte, um Frau A doch noch helfen zu können. Mit einzelnen Lehrern kam es auch zu sexuellen Kontakten. So verschaffte sich Frau A immer wieder eine besondere Position. Doch je privater sich die Beziehungen gestalteten, umso stärker breitete sich eine qualvolle Arbeitshemmung mit masochistischen Zügen aus, und all diese Beziehungen endeten mit einem destruktiven Ausstoßungsprozess. Als z. B. in einer Therapie ihr Analytiker die Stunden-Frequenz von zwei auf drei Stunden erhöhte und das Liegen auf der Couch empfahl, da die Therapie nach einer Hochblüte mit Austausch von Literatur zunehmend in eine quälend-lähmende Sackgasse geraten war – Frau A hatte sich immer eine Analyse gewünscht –, erlebte sie sich jetzt vergewaltigt. Aus diesem sadomasochistisch-inzestuösen Clinch befreite sich ihr Analytiker, indem er die Analyse mit der Aussage beendete: Sie sei wohl nicht therapierbar, »ich lasse mich von Ihnen nicht zerstören«.
Die Settingsänderung diente auf dem Boden einer Heilsidee der Rettung der eigenen omnipotenten Phantasie und der Abwehr der Depression, also der Trennung. Damit realisierte bzw. konkretisierte der Analytiker das Phantasma einer Urszene, in der Frau A die Position ihrer Mutter einnahm. Mit der Zurückweisung bestätigte Frau A einerseits die gewalttätige Urszene, andererseits musste sie die Elternimagines getrennt halten und das inzestuöse Begehren der Mutter wie auch ihr eigenes auslöschen bzw. geheim halten. Indem sie aber selbst Akteur der Urszene ist, wird die ödipale Struktur ausgeschaltet, die erst ihr eigenes Begehren und damit ihre Individualität bestätigen würde.
Auch im Film »Das Piano« stärkt gerade die sadomasochistische Beziehung der Protagonistin zu ihrem Mann die Fixierung an das Piano und die Trennung von diesem war ein Kampf um Leben und Tod. Frau A war beeindruckt von diesem Film und der Aussage der Protagonistin, dass sie sich doch noch für das Leben entschieden habe. Paradoxerweise kommen manche Frauen zu der Aussage, dass ihre Beziehung zu ihrem sadistisch-demütigenden Vater leben-

diger gewesen sei als die amorphe und geheime Bindung an die Mutter. So ist es auch nicht überraschend, dass solche Frauen sich nach dem Tod ihres Vaters einer unheimlichen Depression ausgesetzt fühlen und eine Therapie aufsuchen.

Die Gewalt der katastrophischen Veränderung: Der depressive Zusammenbruch, die paranoide Reaktion und das unerträgliche Schuldgefühl

Schon Segal (1972) hat aufgezeigt, wie ein wahnhaft-inzestuöses System als Abwehr gegen das Wiederaufleben einer katastrophischen Situation dient und dass der Bruch bzw. die Aufgabe des Abwehrsystems den Patienten mit einer Wiederholung der traumatischen Situation bedroht.

Wenn dieses System durch eine »neue Objektbeziehung« in der Analyse infrage gestellt wird, fühlt sich das Subjekt – wie schon beschrieben – seiner Überlebensstrategie beraubt. Damit wird es einem depressiven Zusammenbruch und Selbstverlust ausgesetzt, was ich an einem anderen Ort als »Gefahr der Heilung« (Trimborn 1995) beschrieben habe. Der narzisstische Zusammenbruch des omnipotenten Systems mit der damit verbundenen Trennung aus der narzisstischen Identifizierung wird durch eine damit einhergehende unumgängliche Desintegration als Trauma von Vernichtung, Verlassenheit und Sturz ins Nichts befürchtet und erlebt, auch wenn gerade damit der Weg aus einer anhaltend pathologischen wie auch pathogenen Sackgasse eröffnet wird. Nur wenn ein Objekt vorhanden ist, das dem Subjekt hilft, die dabei auftretenden Ängste von Verlassenheit, Schmerz und Schuld zu halten, auszuhalten und zu integrieren, ist das Subjekt vor einer radikalen Desillusionierung geschützt.

Mit dem Verlust der narzisstischen Abwehr und der damit einhergehenden Desintegration und drohenden Depression geht eine paranoide Reaktion (Balint 1952, Rosenfeld 1981; 1990) einher, die sich in der Aussage des Therapeuten: »Ich lasse mich nicht von Ihnen zerstören« wiederfindet. Der Verlust wird als eine Beraubung von Sicherheit und Kontrolle erlebt, wogegen sich der Patient nochmals mit aller Gewalt zu verteidigen sucht. Gerade die guten, hilfreichen Objekte imponieren jetzt als schlechte und werden als feindselig erlebt (Bion 1982). Wegen der damit verbundenen melancholischen Depression und einer unerträglichen Schuldthematik sucht das narzisstische Subjekt sein »Überleben« durch eine negativ therapeutische Reaktion zu retten, weil das Subjekt – wie Rivière (1936) in ihrer eindrücklichen Arbeit aufgezeigt hat – sich jetzt dem Verlust und der Zerstörung all seiner guten Objektbeziehungen ausgesetzt erlebt.

Diese Desintegration oder Trennung vom Primärobjekt wird auch als ein Weltuntergang oder mit Winnicott (1974) als »die Angst vor dem Zusammenbruch« erlebt bzw. befürchtet. Genauso formulierte es die früher magersüchtige Patientin, als das Ende ihrer langjährigen Therapie bevorstand.

An dieser Stelle möchte ich kurz auf die aktuellen Ereignisse eingehen. In seinem Essay »Die Propheten des Weltunterganges« in der ZEIT (Nr. 39, S. 15) zu dem unfassbaren Terror am 11. September 2001 sieht der Religionswissenschaftler Cook in dem apokalytischen Diskurs fundamentalistischer Gruppen neben deren absoluten Glauben und ihrer einigenden Macht die dritte wichtige Komponente, den Dschihad, den heiligen Krieg, auszulösen, also in der »Überzeugung von der Notwendigkeit, die Welt noch rechtzeitig vor dem bevorstehenden Tag des Jüngsten Gerichts zu erobern.«

Narzisstische Personen suchen projektiv mit apokalyptischen Drohungen die eigene Angst vor einer Desintegration und einem damit verbundenen Selbstverlust abzuwehren. Wenn diese Menschen »getrieben sind vom unbedingten Willen, über sich selbst hinauszuwachsen« – wie Cook meint –, dann möchte ich diesen Gedanken mit dem narzisstischen Wunsch nach Fusion und Reinheit verbinden, der identisch ist mit dem Wunsch nach einer Vereinigung mit dem Primärobjekt, der Rückkehr in den Mutterleib. So vereinigt sich in der Tat und dem Bild des in den Tower stürzenden Flugzeugs eine gewaltsame Urszene mit dem apokalyptisch-narzisstischen Phantasma. Aber auch der Idee eines »Kreuzzuges gegen das Böse« unter dem Namen »infinitive justice« – so sollte die Operation gegen den Terrorismus lauten, bis auf Protest der arabischen Welt dieser Code fallen gelassen wurde – liegt eine fundamentalistische Einstellung und ein narzisstisches Rettungsphantasma zugrunde.

Nach einem schweren Trauma, das als Zerstörung eines Sinnzusammenhangs erlebt wird, kann der Wunsch nach Vereinigung mit der frühen Mutter – die Basis jeden Urvertrauens – als verzeifelte Suche und Hoffnung in einem Rufen nach einer Mama hörbar werden. Diesen Wunsch hat der Papst nach dem Terroranschlag in dem Gebet und der tröstenden Bitte ausgedrückt, dass Maria die Opfer des Anschlags in ihren Armen empfangen und aufnehmen möge.

Die Aggression als Ausweg aus der narzisstischen Sackgasse

Es geht hier um den risikoreichen Weg mit der Frage, ob und wie sich der »Beton« der narzisstischen Organisation aufweichen lässt und das schwache Subjekt diese Zerstörung bzw. diesen Verlust seiner Abwehr überlebt, der es zugleich mit seinem Trauma in Berührung bringt. Daher kommt der Frage, inwieweit »Hass im analytischen Setting« (Gabbard und Winer 1994) zugelassen und integriert werden kann, zentrale Bedeutung zu. Paradoxerweise mag das schwache Subjekt einen Ausweg im Suizid finden. Ich habe die Aussage einer früher magersüchtigen Frau erwähnt: »Mir geht es gut wie nie zuvor. Wenn das mit der Therapie zu tun hat, war alles nutzlos.« Da nun der narzisstische Zusammenbruch mit einer schweren depressiven Phase einher ging und diese von mir benannt wurde, meinte sie: »Vielleicht haben Sie mir diese nur eingeredet. Doch wenn das rauskommt, gebe ich mir eine Kugel.«

Diese Patientin suchte die Rettung vor der nun bedrohlich wahrgenommenen Verlust ihrer Omnipotenz und dem damit verbundenen Selbstverlust in einer Tötungsphantasie. Dies gibt mir Gelegenheit, auf die eminent wichtigen Arbeiten von Harold Searles (1974) hinzuweisen, hinter dessen Denken wir heute in der klinischen Theorie und Praxis weit zurückbleiben. In seiner Arbeit »Abhängigkeitsprozesse bei der Psychotherapie von Schizophrenie« stellte Searles (1965a, S. 11) fest, dass durch Feindseligkeit in erster Linie Abhängigkeit und Regression abgewehrt werden. Selbsthass und Schuldgefühle begreift er in diesem Zusammenhang als Ergebnis dieser Abwehr. Doch das potentiell gesunde Selbstbewusstsein ist nach Searles mit feindseligen Gefühlen untrennbar verbunden. Diese Aussage verbindet ihn mit Winnicott. Daher rührt nach Searles (ebd., S. 15) die Angst, »dass die feindselige Seite der ambivalenten Gefühle durch die positive (libidinöse) Seite zerstört werden könne.«

Ein gutes Objekt zeichnet sich dadurch aus, dass die Abhängigkeit und die Trennung von ihm mit der damit verbundenen Gewalt und Aggression ohne die Angst vor Vernichtung ertragen werden kann. Deshalb muss der Analytiker seine Aggression (Trimborn 1999) integriert haben und seine Fähigkeit zum Hass (Winnicott 1947) zeigen. Und Searles meint, dass der Analytiker »den Mut und die Aufrichtigkeit« aufbringen muss, »mit den geäußerten Gefühlen des Patienten [...] nicht überein zu stimmen« (1965b, S. 116), wodurch die Differenzierung des Patienten gefördert werde. Denn: »Es wird und muss tatsächlich etwas zerstört werden in diesem Prozess wechselseitiger Integration, der in der Therapie stattfindet« (S. 121).

Es war schwer auszuhalten, wenn Frau A nach einer erneuten langen Analyse, die sie unter großen Einschränkungen und Schulden finanziert hat, klagte, dass ihr Grundproblem, weswegen sie in die Analyse gekommen sei, immer noch bestehe. Und wie schon früher forderte die Patientin die konkrete Zustimmung ein, dass ihr Vater sie sexuell missbraucht habe. Wiederholt stand sie voller Verzweiflung vor mir, dass ihr die Analyse nicht helfe, sie vielmehr nur quäle. Immer war da die Versuchung, die Rahmenbedingungen zu ändern oder aber die Analyse mit einer gewaltsamen Ausstoßung zu beenden, wie sich das in ihrem Leben unzählige Male wiederholt hat. Oft stand Frau A verzweifelt, ja suizidal und bitter klagend vor mir, dass das Reden allein nichts nütze. In dieser Situation fiel es mir äußerst schwer ihr zu sagen, dass uns hier allein das Sprechen zur Verfügung stehe. Und ich fügte hinzu, dass wir wohl die Analyse beenden müssten, wenn sie der Überzeugung sei, dass sie etwas anderes brauche. Für mich war es jedes Mal kaum nachvollziehbar, wenn in der nächsten Stunde sich die so bedrohliche Notsituation wie ein Spuk aufgelöst hatte und die Analyse fortgesetzt werden konnte, als wenn nichts geschehen wäre.

Nach einigen Jahren bekannte Frau A voll dankbarer Anerkennung, dass ich der einzige in ihrem Leben sei, der ihr nicht abgenommen habe, dass ihr inzwischen verstorbener Vater allein ein Schwein gewesen sei. Nach vielen Jahren konnte sie zunehmend eine Distanz zu ihrer Mutter herstellen, auch wenn sie sich nicht wirklich lösen konnte und wollte. Über Jahre hinweg meldete sie sich wieder, was sich mir als eine positive Bestätigung darstellte, da die Analyse nicht mit einem Ausstoßungsprozess wie all ihre anderen therapeutischen und professionellen Kontakte beendet worden war. Aber erneut flammte die wahnhafte Struktur oder besessene Leidenschaft wie auch die vorwurfsvolle Klage – wenn auch nur für wenige, einzelne Stunden – wieder auf, dass das Problem, weswegen sie gekommen sei, immer noch nicht gelöst sei. Doch nach einer Pause fügte sie beim vorletzten Kontakt hinzu: »Es ist wohl richtig, wenn sie mir nichts Konkretes gegeben haben, sonst wäre ich nie mehr losgekommen.« 20 Jahre nach ihrem Suizidversuch hatte sie eine Abschlussprüfung abgelegt, wobei sie längst als Sängerin arbeitete. Kurz zuvor drohte auch diese Ausbildung in einer folie à deux zu scheitern, da sie mit ihrer Verzweiflung die Kursleiterin, zu der sie wieder einen privaten Kontakt hergestellt hatte, in einen depressiven Zusammenbruch trieb. Auch mich ließ Frau A im Ungewissen, zumal sie sich von mir attackiert fühlte, da ich die erneute Pervertierung dieser Arbeitsbeziehung deutlich angesprochen hatte. Wochen nach abgeschlossener Ausbildung meldete sich Frau A nochmals – ich hatte nicht mehr damit gerechnet – und berichtete, dass, als sie ihrer inzwischen über 80-jährigen Mutter das langersehnte Ergebnis freudig mitgeteilt habe, nur noch ein kurzes Stöhnen am Telefon zu hören gewesen sei. Danach herrschte Totenstille, nur noch das Besetztzeichen war zu hören. Die von ihr alarmierte Polizei fand ihre Mutter scheinbar völlig ahnungslos und munter vor. Lediglich der Telefonhörer war nicht aufgelegt worden. Mit dem Abschluss ihrer Ausbildung hatte Frau A sich von ihrer Mutter getrennt und das Phantasma einer inzestuös-symbiotischen Omnipotenz »getötet«. Denn ihre Mutter, selbst Sängerin, habe allein wegen ihr, wegen der Familie, den Weg als angeblich überaus begabte Künstlerin aufgegeben.

Am Ende ihrer bereits erwähnten Arbeit schreibt Segal über ihre Behandlung: »Ich denke, dass die Bedrohung der katastrophischen Situation sich deutlich vermindert wie sich auch die Gefahr eines Mordes oder Suizids wirklich abschätzbar verringert hat. Sein wahnhaftes Abwehrsystem hatte viel an seiner Starre verloren und – mit den Worten des Patienten – er ist auf dem Wege sich als Mensch zu erleben« (1972, S. 401; Übers. W. T.). Wenn uns dies gelungen ist, dürfen wir aufatmen. Und ich konnte aufatmen, weil Frau A nicht mehr in dem endlosen Kampf verharrte und die Analyse nicht mit einem destruktiven Ausstoßungsprozess beendet wurde.

Anmerkung: Auch wenn Bion, Racamier und Searles in ihren Arbeiten über theoretische klinische Fragen hinsichtlich schizophrener bzw. psychotischer Patienten sprechen, sind damit auch Patienten mit einer narzisstischen oder Borderline-Persönlichkeitsstörung gemeint. Im früheren angloamerikanischen Schrifttum ist der Begriff bzw. die Diagnose »Schizophrenie« nicht auf das klassische psychiatrische Krankheitsbild beschränkt. Die zitierten Autoren haben sich vor allem mit der psychotischen Struktur und Psychodynamik schwerer psychischer Störungen befasst.

Literatur

Balint, M. (1952): Der Neubeginn, das paranoide und das depressive Syndrom. In: Balint, M. (1988): Die Urformen der Liebe. München (Deutscher Taschenbuch Verlag).
Bion, W. (1955): Die Sprache und der Schizophrene. In: Anzieu D. u. a. (1982): Psychoanalyse und Sprache. Paderborn (Jungfermann).
Bion, W. (1957): Zur Unterscheidung von psychotischen und nicht-psychotischen Persönlichkeit,. In: Bott Spillius, E. (Hg.) (1990): Melanie Klein heute. Entwicklung in Theorie und Praxis. Bd. 1. München, Wien (Verlag Internationale Psychoanalyse), S. 75-99.
Bion, W. (1959) Angriffe auf Verbindungen. In: Bott Spillius, E. (Hg.) (1990): Melanie Klein heute. Entwicklung in Theorie und Praxis. Bd. 1. München, Wien (Verlag Internationale Psychoanalyse), S. 110-129.
Bollas, C. (2000): Hysteria. London (Routledge).

Glasser, M. (1990): Probleme bei der Psychoanalyse gewisser narzißtischer Störungen. Vortragsmanuskript und Tagungsband DPV- Arbeitstagung Nov. 1990.
Glasser, M. (1998): On violence: a preliminary communication. In: I. J. Psycho-Anal. 79, S. 887-902.
Gabbart, G. O., und Winer, J. A. (1994): Hate in the analytic setting. In: J Amer. Psychoanal. Assn. 42, S. 219-230.
Green, A. (1933): Die tote Mutter. In: Psyche 47, S. 205-240.
Green, A. (2000): Geheime Verrücktheit. Gießen (Psychosozial).
Green, A. (1998): The promordial mind and the work of the negative. In: I. J. Psycho-Anal 79, S. 649-666.
Gruen, A. (1987): Der Wahnsinn der Normalität. München (Deutscher Taschenbuch Verlag).
Fonagy, P., und Target, M. (1995): Understanding the violent patient: the use of the body and the role of the father. In: Int. J. Psychoanal. 76, S. 487-501. (deutsch: Den gewalttätigen Patienten verstehen: der Einsatz des Körpers und die Rolle des Vaters. In: Berger, M., und Wiese, J. (Hg) (1996): Geschlecht und Gewalt. Göttingen, Zürich (Vandenhoeck & Ruprecht) S. 56-90.)
Henseler, H. (1976): Die Theorie des Narzißmus. In: Eicke, D. (Hg.) (1982): Psychologie des 20. Jahrhunderts. Zürich (Kindler); Tiefenpsychologie, Bd. 1. Weinheim und Basel (Beltz), S. 453-471.
Klein, M. (1930): Die Bedeutung der Symbolbildung für die Ichentwicklung. In: Klein, M. (1962): Das Seelenleben des Kleinkindes und andere Beiträge zur Psychoanalyse. Stuttgart (Klett).
Loewald, H. W. (1986): Psychoanalyse. Aufsätze aus den Jahren 1951-1979. Stuttgart (Klett-Cotta).
Lüders, W. (1986): Narzißmus und Aggression. In: Psyche 40, S. 412-422.
Perelberg, R. J. (1999): The Interplay between identifications and identity in the analysis of a violent young man: issues of technique. In: I. J. Psycho-Anal 80, S. 31-46. Und: Gewalt und Sexualität bei männlichen Borderline Patienten: Das Zusammenspiel von Identifikation und Identität in der Analyse eines gewalttätigen Patienten. DPV-Tagung Wiesbaden 1998.
Racamier, P.-C. (1982): Die Schizophrenen. Eine psychoanalytische Interpretation. Berlin Heidelberg New York (Springer).
Rivière, J. (1936): A contribution to the analysis of the negative therapeutic reaction. In: Int. J. Psycho-Anal. 17,3, S. 304-320. Und in: Gast, L. (Hg.) (1996): Joan Rivière – Ausgewählte Schriften. Tübingen (edition diskord).
Rosenfeld, H. (1964): Zur Psychopathologie des Narzißmus. In: Rosenfeld, H. (1981): Zur Psychoanalyse psychotischer Zustände. Frankfurt a. M.(Suhrkamp).
Rosenfeld, H. (1981): Zur Psychopathologie psychotischer Zustände. Frankfurt a. M. (Suhrkamp).
Searles, H. (1965a): Abhängigkeitsprozesse bei der Psychotherapie von Schizophrenie. In: Searles. H. (1974).
Searles, H. (1965b): Integration und Differenzierung in der Schizophrenie – ein Gesamtüberblick. In: Searles. H. (1974).

Searles, H. (1974): Der psychoanalytische Beitrag zur Schizophrenieforschung. München (Kindler).

Segal, H. (1972): A delusional system as a defence against the re-ermergence of a catastrophic situation. In: Int. J. Psycho-Anal. 53, S. 393-401.

Steiner, J. (1998): Orte des seelischen Rückzugs. Stuttgart (Klett-Cotta).

Trimborn, W. (1995): Die Gefahr der Heilung. Pathologische Identifizierungs- und Mentalisierungsprozesse als Grenzen therapeutischer Möglichkeiten. In: Schneider, G., und Seidler, G. H. (Hg.) (1995): Internalisierung und Strukturbildung. Opladen (Westdeutscher Verlag).

Trimborn, W. (1999): Der analytische Prozeß und die Fähigkeit zur Destruktion. Zeitschrift f. psychoanal.Theorie und Praxis. 14, S. 17-30.

Widlöcher, D. (1985): Der Identifizierungswunsch und seine strukturellen Wirkungen im Werke Freuds. In: Jahrbuch der Psychoanalyse. Stuttgart (fromann-holzboog) Bd. 17, S. 69-103.

Winnicott, D. W. (1941): Die Beobachtung von Säuglingen in einer vorgegebenen Situation. In: Winnicott, D. W. (1976): Von der Kinderheilkunde zur Psychoanalyse. München (Kindler) S. 31-56.

Winnicott, D.W. (1947): Haß in der Gegenübertragung. In: Winnicott, D.W. (1976): Von der Kinderheilkunde zur. Psychoanalyse. München (Kindler) S. 75-88.

Winnicott, D.W. (1950) Beziehung zwischen Aggression und Gefühlsentwicklung. In: Winnicott, D. W. (1976): Von der Kinderheilkunde zur Psychoanalyse. München (Kindler), S. 89-109.

Winnicott, D.W. (1969) Objektverwendung und Identifizierung. In: Winnicott, D. W. (1979): Vom Spiel zur Kreativität. Stuttgart (Klett-Cotta).

Winnicott, D.W. (1974): The fear of breakdown. In: Int. Rev. Psycho-Anal. 1, S. 103-107.

Gewalt als Ausdruck missglückter narzisstischer Regulation

Benno Winker

Gewalt steht im Zusammenhang mit dem Narzissmus, Gewalt ist eine Regulationsmöglichkeit des Narzissmus, das ist das Thema und der Ausgangspunkt dieser Ausführungen, es ist auch deren Ziel.

Wenn wir von Narzissmus reden, dann meinen wir damit Selbstzufriedenheit, also das, was für den Menschen wohl das Wichtigste ist im Leben. Wir meinen damit die Zufriedenheit mit sich selbst, seinem Leben und seinem Schicksal. Streben nach Geld, Streben nach Schönheit, Streben nach Macht, Streben nach Ansehen – all das dient dazu, uns zufrieden zu machen, uns klarzumachen, dass wir wertvoll sind, dass wir wichtig sind. Und als solche wertvollen und anerkannten Menschen sind wir auch zufriedene Menschen. Während dieses Ziel klar ist, ist der Weg dahin das eigentliche Problem. Denn die Erreichung dieses Zieles hängt von vielerlei ab. Es hängt ab von den Gaben und Anlagen, die wir mitbekommen haben, es hängt ab von der sozialen Struktur, in die wir hineingeboren werden, es hängt ab von der gesellschaftlichen und kulturellen Gesamtsituation, welche Chance und Möglichkeiten sich hier öffnen, welche Förderung wir erfahren oder welche Hemmungen.

Da diese Voraussetzungen sehr unterschiedlich verteilt sind, kommt der narzisstischen Eigenregulation eine sehr große Bedeutung zu. Deren Aufgabe besteht darin, Zufriedenheit zu erreichen unter den gegebenen Umständen, also auch dann, wenn diese nicht dem entsprechen, was wir uns eigentlich wünschen. Wenn wir also nicht so reich, nicht so schön, nicht so mächtig, nicht so angesehen sind, wie wir es gerne möchten. Wie kann man unter diesen Umständen dennoch Selbstzufriedenheit erreichen? Das ist die Frage und das ist das Problem, das sich der Regulation des Narzissmus stellt Ein Versagen derselben, eine Krise des Narzissmus also, hat Henseler als Ursache für den Suizid beschrieben, der ja Gewalt ist gegen die eigene Person. Hier wird der Zusammenhang sichtbar zwischen dem Zusammenbruch der Narzisstischen Regulation und dem Sichtbar-Werden, dem Auftreten von Gewalt. Beim Suizid richtet sich die Gewalt gegen die eigene Person, sie kann sich aber genauso gegen andere Objekte richten, sofern diese als Ursache der narzisstischen Krise betrachtet und angeschuldigt werden. Gewalt kann also das letzte Mittel sein, nachdem alle anderen versagten, um zu einer wenn auch nur vorübergehenden Befriedigung zu kommen. Außer dieser aus der Not entstandenen narzisstischen Gewaltäußerung gibt es allerdings auch eine bewusste und gewollte Identifizierung mit der Gewaltanwendung als fest etablierte Abwehr gegen die tatsächliche oder befürchtete Schwäche des narzisstischen Gleichgewichtes. Vor allem bei gewaltbereiten Ideologien findet sich diese Dynamik.

Was meinen wir, wenn wir von Gewalt sprechen? Wir meinen damit, dass jemand seine eigenen Interessen, seine eigenen momentan vorherrschenden und nach Entladung und Entlastung drängenden Gefühle und Triebe, aber auch seine hoch besetzen Meinungen und Vorstellungen durchsetzt oder durchzusetzen versucht, ohne Rücksicht auf die Mitmenschen, auf die persönliche und soziale Umwelt.

Wir unterscheiden prinzipiell zwei Motive für die Ausübung von Gewalt. Einmal dient die Anwendung von Gewalt dazu, sich selbst rigoros zu behaupten, aus der Überzeugung, dass man selber der Wichtigste ist und dass die anderen sich zu fügen haben. Ein Beispiel: Der Held, der Eroberer, der sich allein von der Überzeugung seiner eigenen Großartigkeit leiten lässt und die anderen Menschen im Grunde verachtet. Der andere Grund für brachiale Gewaltanwendung ist der Drang, sich zu befreien von einem zunehmend starken inneren Druck, entstanden und herrührend von unerträglichen und auf andere Weise unüberwindlichen Kränkungen. Typisches Beispiel dafür ist der Ehemann, der sich seiner Frau unterlegen fühlt, der deshalb ins Wirtshaus geht, sich betrinkt und dann nach Hause kommt und sie schlägt. Wir verurteilen Gewalt, weil sie unseren kulturellen und gesellschaftlichen Vorstellungen zuwider läuft, obwohl uns andererseits die Erfahrung lehrt, dass Gewalt ein Teil der Natur des Menschen ist, des Teiles allerdings, den wir als kulturfeindlich betrachten, und den wir deswegen zu kontrollieren trachten. Denn: Kennen wir nicht alle zumindest gewalttätige Phantasien? Es geht also weniger um die Frage der Herkunft von Gewalt sondern darum, unter welchen Umständen die Steuerung von Gewalt versagt.

Nicht vergessen wollen wir aber jene indirekte Gewalt derer sich die Schwäche bedient, und die wir als Erpressung bezeichnen. Diese entfaltet unter dem Deckmantel einer positiven kulturellen Errungenschaft, nämlich dem Über-Ich, ihre Wirkung. In der Verkleidung einer moralischen oder ethischen Forderung veranlasst sie den Mitmenschen zu Handlungen, die dessen Erkenntnis und freier Entscheidung widersprechen, die ihn zwingen, Dinge zu tun, die er eigentlich seinen eigenen Idealen und Überzeugungen gegenüber nicht vertreten kann. Auf eine weitere Form der indirekten Gewalt werde ich später eingehen.

In unserer aktuellen politischen Realität wird die Frage einer natürlichen Neigung zur Gewalt allerdings nicht überall in dieser Weise gesehen, wie es hier vorgetragen wird. Wenn auch rein pazifistische Bewegungen und Richtungen in der politischen Realität nicht präsent sind, so gibt es doch sowohl bei den Grünen als auch bei anderen Gruppierungen den so genannten politischen Pazifismus, womit ein der Realpolitik angepasster und insgesamt abgemilderter Pazifismus gemeint ist. Aber auch hier steht im Hintergrund die Phantasie, dass Gewalt etwas sei, was eigentlich überwunden werden könnte, was prinzipiell vermeidbar wäre.

Da Gewalt immer eine soziokulturelle Umgebung voraussetzt, weil der Mensch sich ja immer schon als Mitmensch vorfindet und weil ja gerade darin die Begrenzung seiner reinen narzisstischen Strebungen besteht, müssen wir nach dem Verhältnis von Gewalt und Kultur fragen. Wir beziehen uns hier auf die Vorstellungen von Sigmund Freud über das Entstehen der Kultur, dass sie nämlich aufgrund eines Triebverzichtes zustande kommt. Zwar meint Freud hier den Verzicht auf libidinöse Strebungen, aber ich denke, das gilt genauso für den narzisstischen Bereich des Menschen und wir dürfen entsprechend formulieren: Das Funktionieren einer sozialen, staatlichen und kulturellen Umwelt setzt den Verzicht auf das ungehinderte Ausleben narzisstischer Bedürfnisse voraus. Das heißt: Um ein Gemeinwesen zu etablieren und um es aufrecht zu erhalten und sein Funktionieren zu ermöglichen, verzichtet der Einzelne in gewissem Umfang auf seine narzisstischen Strebungen, also auf die gewalttätige Durchsetzung dieser Strebungen und gibt diese Möglichkeit der Gewalt an den Staat ab, wo diese Gewalt sich in kontrollierter Weise in Form von Gesetzen und Verordnungen niederschlägt. Der Verzicht des Einzelnen auf Gewaltanwendung zur Durchsetzung seiner narzisstischen Wünsche und Forderungen führt so zum Gewaltmonopol des Staates. Der Gewalttätige missachtet dies und besteht auf dem Vorrecht der Ausübung und Darstellung seiner Machtansprüche und seiner Selbstbehauptung. So wird der Zusammenhang zwischen Narzissmus und Gewalt sichtbar als ein Reflex der immer schon vorgegebenen Spannung zwischen dem einzelnen Individuum mit seinen narzisstischen Wünschen und der dieses Individuum umgebenden Welt, bestehend aus anderen Individuen, die ihr Recht einfordern und denen gegenüber deswegen auf eigene Ansprüche verzichtet werden muss, soweit sie nur mit Gewalt durchgesetzt werden könnten.

Das Gewaltmonopol des Staates und der kulturellen Gemeinschaft verbietet nun zwar, wie gesagt, die gewaltsamen Lebensäußerungen des Einzelnen, es bietet dafür aber auch jedem dieser Einzelnen Schutz vor der Gewalt des anderen. Es ist dies in der Tat ein wesentlicher, wenn nicht *der* wesentliche Bestandteil unserer kulturellen Entwicklung und anders als auf diese Weise kann wohl kein Staat existieren. Allerdings ist festzuhalten, dass durch diese Konstruktion Gewalt nicht etwa verschwunden ist, sondern dass sie nur verschoben wurde vom Einzelnen auf das Kollektiv, dass sie aber als prinzipiell anwesend und auf irgendeine Art und Weise auch als berechtigt – wenn nicht gar notwendig – angesehen wird. Entscheidend dabei ist, dass die Form der Gewalt und das Recht, Gewalt auszuüben, streng determiniert sind durch Gesetze, die das Kollektiv sich gibt. In ihnen wird also der Vorgang des Verschiebens von Gewalt einerseits sichtbar, andererseits begrenzt. Wir alle erlauben es also dem Staat, dass er Gewalt anwendet, und wir fordern es sogar von ihm. Objekte und Opfer der gesetzlichen Gewalt sind dabei diejenigen, die sich an diese Grundvereinbarung nicht gebunden fühlen, die diesen kulturstiftenden Vorgang »rückgängig« machen wollen, indem sie für sich selbst beanspruchen, mit Gewalt ihre Interessen durchzusetzen – auch gegen die kulturellen Forderungen.

Gewalt ist also als Phänomen nicht nur vorhanden, sondern sie wird in vorgegebenen Formen auch prinzipiell akzeptiert. Damit befinden wir uns in Übereinstimmung mit der alltäglichen Erfahrung und wir verzichten deshalb auf den Versuch, die Ursachen von Gewalt in misslungenen oder unzureichenden sozialen Strukturen zu finden.

Die phänomenologischen Beschreibung von Gewalt führt uns zu der Einsicht, dass Gewalt ein Verstoß ist gegen etwas. Dieses Etwas ist immer schon vorhanden und determiniert das Wesen von Gewalt. Dieses Etwas bezeichnen wir als die innere Repräsentanz der Kultur. Diese können wir in unserem Zusammenhang vor allem durch die Begriffe Ethos und Moral charakterisieren. Dabei versuchen wir den Inhalt dessen, was wir Ethik nennen, mit den Begriffen Vernunft, Kritikfähigkeit und Willensfreiheit zu beschreiben. *Vernunft* meint die Entwicklung allgemein gültiger und verpflichtender Vorstellungen und Verhaltensanweisungen im Hinblick auf die Forderungen eines Zusammenlebens in der Gesellschaft. Diese ethischen Normen, die von der Vernunft determiniert sind, beziehen sich vorwiegend, wenn nicht ausschließlich, auf die geltende soziokulturelle Umgebung. Auf die religiös und ideologisch bedingten Forderungen, die eher einen absoluten Anspruch erheben, die eine metaphysische Transformation von oft unbewussten Vorstellungen sind und die wir hier als Moral bezeichnen, werden wir anschließend eingehen.

Es ist also die Vernunft, die im demokratischen Verfahren Gesetze, Normen und Verhaltensweisen aufstellt, nachdem sie deren Tauglichkeit für das Gemeinschaftsleben überprüft hat. Die *Kritikfähigkeit* ist es, die den Menschen in die Lage versetzt, diese vorgegebenen Werte und Normen ständig zu überprüfen, sie auf ihre aktuelle Gültigkeit hin zu untersuchen, sie dann anzuerkennen und das eigene Verhalten, die eigenen Wünsche, die eigenen Strebungen damit in Übereinstimmung zu bringen. Die *Willensfreiheit* schließlich ist die Bereitschaft, der Entschluss, sich von diesen Erkenntnissen im Handeln leiten zu lassen und gegebenenfalls Triebverzicht zu leisten. Willensfreiheit setzt voraus, dass das Subjekt zwischen diesen kulturell anerkannten Normen und den eigenen inneren Wünschen und Motiven wählen kann, dass es sich dann in positiver Weise im Hinblick auf die allgemeine Angemessenheit für die Motive aus den vorgegebenen Normen entscheidet und sich nicht ausschließlich von den eigenen Gefühlen und Trieben leiten lässt, die von sich aus eine starke Neigung haben, die Herrschaft im Bereich des Handelns zu übernehmen.

Nun zu der unterschiedlichen Entstehung von Ethik einerseits und Moral, wie wir sie hier verstehen, andererseits.

Dem Niederschlag narzisstischer Gewaltstrebungen in Gesetzen, soweit diese in demokratischer Weise zustande gekommen sind, kommt neben der kollektiv notwendigen auch eine ethische Bedeutung zu. So beschreiben wir also Ethos als einen Gewaltverzicht, der auf demokratischem Weg, also mit Zustimmung der Mehrheit der Beteiligten, zustande gekommen ist. Die Grundlage bilden vernünftige Überlegungen im Hinblick auf das Zusammenleben und die Achtung der Rechte sowohl des Einzelnen als auch der Gemeinschaft. Gesetze und Normen werden aber auch in anderen kulturellen Bereichen aufgestellt, vor allem in autoritären Saaten sowie im religiösen und ideologischen Bereich. Während im staatlichen Bereich das Autoritäre mehr oder weniger deutlich zutage tritt, geschieht das im religiösen und ideologischen Bereich oft indirekt und im Verborgenen. Der Wahrheitsanspruch einer Religion oder einer Ideologie birgt in sich immer eine Neigung zur Intoleranz und damit auch zur Gewalt. Die geschichtlichen Beispiele dafür brauchen hier und heute nicht ausgeführt werden. Religiöse Vorschriften zum Beispiel kommen nicht als Zustimmung der Vielen zustande, sondern sie werden hergeleitet von einem göttlichen Willen. Zwar wird von vielen religiösen Gemeinschaften auch das Ideal der Toleranz vertreten, aber es ist nicht zu übersehen, dass hier fast immer eine Aporie besteht in dem Sinn, als das Recht des Einzelnen auf eine eigene Meinung dem Anspruch auf Allgemeingültigkeit der vorgelegten und verkündeten Dogmen widerspricht. Die Beziehung zum Narzissmus wird deutlich in der Herleitung der religiösen Vorschriften aus einem göttlichen Willen, der eben nur dieser speziellen Religion in besonderer Weise als ein Akt der Gnade und Bevorzugung kund getan wurde. Gnade, Unfehlbarkeit, Auserwähltheit, ewige Wahrheit, unerschütterliche Gewissheit sind denn auch die Begriffe, die wir immer im Bereich des Religiösen und teilweise auch bei den Ideologien finden. Dies zusammen mit einem allwissenden und allmächtigen Gott, den die Religion sich zu eigen macht, weist hin auf die narzisstische Grundstruktur. Die Gefahr von Intoleranz und Gewalt sind die logischen Folgen dieser absoluten Ansprüche. Je demokratischer eine Religion ist, je mehr sie auf besondere Auserwähltheit, auf besonderes Wissen, auf besondere Eingebungen, auf besondere Gnade verzichtet, umso toleranter kann sie sein und um so weniger wird sie zu Gewalt neigen.

Die vom Kollektiv an Kirchen und ideologische Gruppierungen, wie zum Beispiel Parteien, abgetretenen Gewalt ist also im Allgemeinen umfangreicher und tiefgreifender als die im demokratischen Prozess an den Staat abgegebene. Vor allem aber ist sie indirekter und deshalb oft nicht als solche zu erkennen. Der narzisstische Gewaltverzicht fließt also zunächst der Kirche oder der Partei zu und gelangt von dort in Form von Vorschriften und Gesetzen über das Über-Ich der Gläubigen in die Erziehung der Kinder. Das ist der Punkt, wo wir uns als Analytiker wieder auf sicherem, von der täglichen Praxis bestätigten Boden befinden, wenn wir uns nur vor Augen halten, in welchem Ausmaß nicht nur früher, sondern auch heute noch direkte, vor allem aber indirekte Gewalt die Erziehung beeinflusst. Immer noch glauben Eltern, sie müssten autoritär vorgegebene moralische Vorschriften und Vorstellungen über die freie Entscheidung ihrer Kinder stellen, über deren Autonomie und deren Recht, ihren Lebensweg selbst zu wählen. Je mehr sich ein Kind dagegen wehrt, umso mehr Gewalt ist notwendig, um die Autonomie zu unterdrücken. Der Kreislauf der narzisstischen Gewalt schließt sich dann, wenn ein junger Mensch sich nicht mehr anders zu helfen weiß, als mit offener und brutaler Gewalt gegen alles Bestehende, letztlich aber gegen die Unterdrückung seiner Autonomie vorzugehen. Das aber ist genau der Punkt, von dem die kulturelle Entwicklung ausging, indem man daran ging, eben diese absolute Autonomie freiwillig und im Interesse aller einzuschränken.

Werfen wir nun einen Blick auf den Narzissmus, genauer gesagt sowohl auf die innere Dynamik, als auch auf die Struktur dieses wichtigen Aspekts der Persönlichkeit. Freud spricht in diesem Zusammenhang auch vom Selbstgefühl und er entwickelt die Vorstellung, dass dieses Selbstgefühl, man könnte auch sagen das *narzisstische Wohlbefinden des Menschen* sich zusammensetzt aus drei Elementen. Da ist einmal ein Rest des alten primären Narzissmus aus der frühesten Kindheit, aus jener Zeit also, wo Selbsttriebe und Libido noch nicht zu unterscheiden waren und wo das Kind noch in der paradiesischen Vorstellung lebte, dass ihm alles möglich sei. Ein anderer Teil dieses Selbstgefühles stammt aus der Zustimmung des Ich-Ideals. Dieses Ich-Ideal, wir wissen es, ist einst entstanden parallel zur Herausbildung des Ichs aus dem primären Narzissmus. Es ist insofern ein Nachfolger desselben, als das Ich ständig bestrebt ist, durch dieses Ich-Ideal bestätigt und gelobt zu werden. Dies geschieht allerdings nur dann, wenn es den Wünschen und Forderungen des Ich-Ideals entspricht. Der dritte Teil dieses Selbstgefühls stammt aus der Befriedigung der Objektlibido. Dies entspricht unserer alltäglichen Erfahrung, dass in der Tat gelungene Objektbeziehungen eine Befriedigung für uns darstellen und auch das Gefühl unseres eigenen Wertes erhöhen. Es gefällt uns und es bestätigt uns, wenn wir liebe und gute Freunde haben, wenn wir eine gelungene Partnerbeziehung leben dürfen.

Es scheint so, als ob diese drei Komponenten des Selbstgefühls sich komplementär verhalten, dass hier sozusagen ein *steady state* herrscht, dass es sich also um ein dynamisches Gleichgewicht handelt und nicht etwa um eine festgezurrte Struktur. Ein Teil dieses Gedankenganges ist für unser Thema nun von besonderer Bedeutung, nämlich der, dass dem Ich-Ideal nicht nur ein individueller, sondern wie Freud sagt, ein sozialer Aspekt, wir könnten auch sagen, dass ihm ein kollektiver Aspekt zukommt. Dieses Ich-Ideal kann nämlich die Identität mit einer Gruppe, mit einer Nation, mit einer Rasse, mit einer Hautfarbe, mit was auch immer verkörpern. Und vor allem, hier ist der Sitz der Ideologien. Dieser kollektive Teil des Ich-Ideals erhebt in gleicher Weise wie der individuelle Anteil einerseits ganz bestimmte Forderungen, andererseits gewährt er Bestätigung und Befriedigung, so wie wir sie im individuellen Bereich erfahren, wenn wir uns den Forderungen unseres individuellen Ich-Ideals nähern. Als Gewissen beschreibt Freud die Instanz, die ständig die Übereinstimmung – oder auch nicht Übereinstimmung – unseres Handelns mit den Inhalten des Ich-Ideals überprüft. Es scheint nun durchaus so zu sein, dass der eine Teil dieses Ich-Ideals jeweils auf Kosten des anderen wächst bzw. zugunsten des anderen abnimmt, dass also mit einer Abnahme des individuellen Anteils der kollektive Aspekt des Ich-Ideals zunimmt und schließlich auch die beherrschende Position einnehmen kann.

Zwischen diesen drei Bereichen also, diesen drei Aspekten spielt sich das ab, was wir die narzisstische Regulation nennen. Dabei ist offensichtlich, dass diese drei Teile verschiedenen Entwicklungsstufen entsprechen. Das ist das eine. Das andere ist, dass sie korrespondieren mit den Möglichkeiten des Individuums. So finden sich z. B. im Ich-Ideal nicht nur idealistische und ethische Forderungen, dass der Mensch gut sein soll, sozial, hilfsbereit und so weiter. Die Erfüllung dieser Forderungen ist insofern am einfachsten, als das im Prinzip jedem Menschen möglich ist, soweit er es überhaupt will. Es finden sich dort aber auch andere Forderungen, denen nicht immer in ausreichendem Maße entsprochen werden kann, die aber wesentlich Inhalte unserer gegenwärtigen Kultur sind. Gemeint sind Begriffe wie Reichtum, Ansehen, Stärke, Einfluss, Macht, soziales Prestige. Selbstzufriedenheit und ein Bewusstsein des eigenen Wertes hängt in hohem Maße von diesen Faktoren ab. In dieser Hinsicht reichen aber die Anlagen, Gaben und Möglichkeiten es Einzelnen nicht immer aus, um Zufriedenheit in dieser Hinsicht zu erreichen. Gelingt das nämlich nicht oder nur unzureichend, dann weicht die Regulation auf andere Bereiche aus. Entweder werden jetzt die Niederschläge der Objektbeziehungen verstärkt und vergrößert, oder aber, wenn auch das misslingt, wird unter bestimmten Umständen zurückgegriffen auf die Reste des primären Narzissmus. Dieser tritt immer dann in den Vordergrund, wenn die höher strukturierten Anteile versagen, und er induziert dann durch Entzug von Besetzung deren Regression und Entdifferenzierung. Im Hinblick auf das Ich-Ideal bedeutet das, dass an die Stelle der positiven allgemein gültigen kulturellen Ideale Gruppenideale installiert und besetzt werden. Diese zeichnen sich aus durch Pseudowerte. Sie setzten auch weitgehend keine besondere Leistung oder Begabung des Einzelnen voraus, vielmehr stellt allein die Zugehörigkeit zu dieser Gruppe eine Auszeichnung dar und ein Auserwähltsein. Entsprechend groß ist dabei die narzisstische Gratifikation.

Kehren wir noch einmal zu der beschriebenen Dreiteilung des Narzissmus zurück. Dieser bedeutet eine Differenzierung, weg von autokratischer Selbstherrlichkeit, hin zu einer sozial verträglichen narzisstischen Befriedigung. Diese individuelle Reifung und Entwicklung ist Ursache und zugleich Parallele der kulturellen Entwicklung. Die Verschiebung der narzisstischen Befriedigung weg vom primären Narzissmus hin zu sekundären Strukturen, führt den kollektiven Werten Energie zu und festigt und bestätigt diese so in ihrer Gültigkeit. Gewaltverzicht nennen wir das in Analogie zum Triebverzicht und wir stehen damit vor der grundsätzlichen Frage, ob Kultur nur auf diesem Weg entstehen kann, oder ob es vielleicht auch noch eine von den beschriebenen Mechanismen unabhängige Eigendynamik der Menschheitsentwicklung gibt. Das ist aber ein weites Feld und sprengt den Rahmen dieses Vortrages.

Wenn wir nun anknüpfend an das weiter oben Gesagte uns vor Augen halten, welcher Zusammenhang zwischen Kultur und Gewalt besteht, so geht es bei unserer Untersuchung nicht um das Problem, inwiefern durch die Kultur, durch bestimmte gesellschaftliche Umstände Gewalt provoziert und gefördert wird. Denn da, wie gesagt, individuelle Gewalt sozusagen ein vorkultureller Zustand ist, der zugunsten der Kulturentwicklung eingeschränkt wurde, so lautet die Frage: Unter welchen Umständen gelingt es der Kultur nicht mehr, die ursprüngliche und archaische Gewaltbereitschaft zu zügeln und zu kontrollieren. Besteht, so müssen wir fragen, ein Zusammenhang zwischen der Stärke, mit der Vitalität einer Kultur und ihrer Fähigkeit, die auf sie übertragene Gewalt voll zu nutzen und es nicht zuzulassen, dass in regressiver Weise diese Gewalt zurückfließt zum Individuum, das nun gegen die Gesetze in archaischer Weise das Recht des Stärkeren für sich beansprucht und durchsetzt? Wovon aber mag diese Vitalität der Kultur abhängen? Hängt sie ausschließlich ab von dem möglichst breiten Konsens aller Beteiligten oder müssen wir davon ausgehen, dass davon unabhängige, autonome Vorgänge die Kultur stärken oder schwächen. Wir hören zwar vermehrt die Klage, dass es keine Werte mehr gäbe, keine verpflichtenden Werte. Es ist aber die Frage ob solche plakativen und unüberprüften Äußerungen hilfreich sind, oder ob es sich dabei nicht vielmehr um den Ausdruck einer subdepressiven Grundeinstellung handelt. Ob wir es also, mit anderen Worten, mit einem abgewehrten kollektiven Schuldgefühl zu tun haben, und dass wir in der davon ausgehenden Schwächung einen der Gründe dafür zu sehen haben, dass die Kontrolle der individuellen Gewalt immer wieder versagt, oder doch insgesamt nur ungenügend funktioniert.

Wenn wir unter diesem Aspekt die rechte Gewalt als Beispiel betrachten, die uns ja im Moment sehr beschäftigt, so müssen wir sehr genau darüber nachdenken, welcher Weg zu beschreiten ist, wobei natürlich unbestritten ist, dass gewalttätige junge Menschen, die über das Leben und die Gesundheit anderer einfach hinweggehen, bestraft werden müssen. Es wird aber aus unseren bisherigen Überlegungen auch klar, dass wir ein Symptom behandeln und nicht die Krankheit. Die Krankheit ist, so vermuten wir, eine Schwäche unserer gegenwärtigen Kultur, deren Ursachen noch zu untersuchen wären. Es scheint so zu sein, dass die jugendlichen Gewalttäter sich ein Gruppenideal aussuchen und sich diesem verpflichtet fühlen, einem Ideal, das allerdings primitiver Natur ist, jedoch eine hohe Kohärenz der Gruppe verspricht. Dieses primitive Ich-Ideal erlaubt es, in regressiver Weise die an die kulturelle Gemeinschaft abgegebene Gewalt zurückzuholen, indem eigene Gesetze geschaffen werden, deren Durchsetzung auch mit Gewalt erfolgen darf. Wir erinnern uns: Gesetzlichkeit ist immer mit Gewalt verbunden, insofern als ihre Geltung denen gegenüber rigoros durchgesetzt werden muss, die sich ihr entziehen wollen. Eine Entdifferenzierung des Ich-Ideals in Richtung auf eine primitivere Struktur (Kollektivierung und Entindividualisierung) desselben bedeutet, so scheint es, auch einen Rückgang der Sublimierungsfähigkeit, indem in diesem Fall aggressive Triebe ihrer höheren Bedeutung, die sie vielleicht einmal erreicht hatten, wieder beraubt werden und in einen früheren Zustand zurückkehren. Warum aber wählen diese jungen Leute diesen Weg, um narzisstische Selbstzufriedenheit zu erlangen und ein starkes Selbstgefühl zu bekommen? Hängt es vielleicht damit zusammen, dass unsere Kultur und Gesellschaft sehr hohe Anforderungen stellt, die nur schwer zu erfüllen sind und deshalb erst spät zu einer Befriedigung führen? Wenn wir fragen, was den Menschen heute ein gutes Selbstgefühl vermittelt, das Gefühl, jemand zu sein, etwas darzustellen, wertvoll zu sein und wichtig, so stoßen wir auf Begriffe, wie Schönheit, Reichtum, Popularität, Berühmtheit, hohe soziale Positionen, Einfluss, Macht. Wenn wir uns das vor Augen halten, dann müssen wir erneut darüber nachdenken, ob an dieser Wertediskussion doch etwas sein könnte. Ein Beispiel: Wenn Nächstenliebe in unserer Gesellschaft wirklich ein Wert wäre, wäre dann nicht die Erfüllung dieses Ideals vielleicht einer größeren Anzahl von Menschen möglich, als wenn es um Reichtum und Macht geht, um Einfluss und Schönheit? Gelangen wir aber damit zu der Feststellung, dass unsere kollektiven Ideale Zeichen einer regressiven Primitivität aufweisen, indem sie nämlich nicht mehr durch individuelle Anstrengung zu erreichen sind, sondern sich herleiten aus natürlichen Gaben, also gewissermaßen eine natürliche Bevorzugung darstellen? Diese Tendenz zu einer kollektiven narzisstischen Regression verstärkt dann aber auch die Regressionsneigung in den gesellschaftlichen Randgruppen, indem nun auch deren Ideale, wenngleich von anderer Art, vermehrt primitive Züge aufweisen und durch den ständigen Zufluss entdifferenzierter Energie gestärkt werden. Sicher scheint zu sein, wenn wir diese Randgruppen betrachten, dass sie eben nicht zu denen gehören, die erfolgreich sind, und die aus diesem Grund einen erheblichen Mangel an narzisstischer Befriedigung und an Selbstwertgefühl haben und so einerseits, dynamisch betrachtet, wieder Gewalt für sich zurückfordern, also mit der Übertragung der Gewalt an die Gesellschaft nur noch begrenzt einverstanden sind, andererseits zu alten regressiven Ich-Idealen zurückkehren, die zwar im übrigen kulturellen Kontext erheblich stören, denen aber eine triebhaft archaische Kraft und Gewalt inne wohnt und die durch die zurückflutende und denaturierte aggressive Energie verstärkt werden.

Gewalt als narzisstische Regulation stellt sich uns also dar als ein Phänomen, das uns zwar gegenwärtig besonders beschäftigt, von dem ich aber nicht sicher bin, ob es nur in unserer Gegenwart herrscht. Ich neige eher zu der Annahme, dass in den verschiedensten kulturellen Zuständen die Neigung bestand oder besteht, dass einzelnen oder auch Gruppen den früher einmal stattgehabten Gewaltverzicht verneinen, dass sie mangels anderer Möglichkeiten, das Selbstgefühl zu stärken, auf einen ursprünglichen Narzissmus zurückgreifen, der seine Erfüllung in Machtphantasien findet, in Größenphantasien und im Verzicht auf und im Abwerfen von kulturellen Banden und Bindungen. Dieser kulturell geforderte Verzicht auf narzisstische Gewalt, auf narzisstisches Durchsetzen eigener Interessen ohne Rücksicht auf andere kann nur dann erfolgreich sein, wenn eine entsprechende narzisstische Gratifikation auf höherer Ebene gewährt wird, denn das prinzipielle Problem der narzisstischen Zufriedenheit bleibt bestehen und es geht immer nur um die Frage, auf welcher Ebene diese Befriedigung stattfinden kann. Da ich mir, wie gesagt, nicht sicher bin, ob das Gewaltproblem in unserer Gegenwart wirklich so gravierend ist im Vergleich zu anderen Zeiten, weiß ich auch nicht zu sagen, ob der gegenwärtige Umgang mit dieser Gewalt der richtige ist. Freuds Kulturpessimismus ist sicher nach wie vor verbreitet. Immer wieder klingt es durch, dass eigentlich alles Kulturelle nur mehr oder weniger mühsam zustande kommt und dass darunter ständig das Böse lauert. Könnte es nicht sein, dass die aktuellen und konkreten Erscheinungen von Gewalt Ausdruck eines zunehmenden Kulturpessimismus sind? Dass diese vermutete Schwäche unserer Kultur eben darin besteht, dass sie sich selber nicht mehr traut, dass sie den Optimismus verloren hat, die tiefe Überzeugung, dass Kultur etwas ist, das aus sich selber wächst und stark ist und nicht nur Folge eines Dressuraktes? Kann es sein, dass viele heutzutage nicht mehr davon überzeugt sind, dass die beschriebene Abgabe narzisstischer Gewalt des Einzelnen an das Kollektiv auch freiwillig erfolgen kann und nicht nur unter dem Druck, unter dem Zwang, da sonst Chaos herrscht, wenn jeder einfach tut, was er will? Kann es sein, dass diese Schwäche der Kultur einer Schwäche der Vernunft entspricht? Wäre es dann aber nicht besser, wir würden unsere Aufmerksamkeit mehr diesen Problemen unserer Kultur zuwenden, anstatt uns zu sehr auf das Symptom, nämlich die Gewalt, die wir darunter beobachten, zu konzentrieren? Könnte es nicht sein, dass die ständige Diskussion dieser Gewalt eine Abwehr ist, indem wir unseren eigenen Pessimismus, unsere eigene Gewaltproblematik projizieren auf die anderen, auf die also, die in der Tat und aktuell gewalttätig handeln?

»Homo homini lupus« sagt ein altes lateinisches Sprichwort. Sollen wir ihm glauben? Wenn allerdings tatsächlich Kultur nichts anderes wäre, als eine Zwangsmaßnahme, dann wäre es nicht verwunderlich, wenn es immer wieder zu Ausbrüchen archaischer Zustände kommt. Aber wie wären dann die positiven Leistungen der Kultur zu verstehen? Reicht die Idee einer Sublimierung wirklich aus, um das alles zu erklären? Manche neigen ja dazu, das Zurückgehen von Religiosität als typisches Beispiel zu sehen für die Werteproblematik, aber könnte dieses Phänomen nicht auch eine Emanzipation bedeuten, ein Erwachsenwerden der Menschen gegenüber einem supponierten, einem angenommenen Gott? Wenn wir ein aktuelles Gottesbild betrachten, wie es zum Beispiel in der Diskussion um die Implantationsdiagnostik oder um die Forschung an und mit Stammzellen vorgestellt wird, eines Gottes also, der den Menschen zwar den Verstand gibt, ihm dann aber plötzlich nicht mehr erlaubt, diesen Verstand zu gebrauchen. Eines Gottes, der eigensinnig und eifersüchtig auf Vorrechten beharrt. Wenn wir diesen Gott also betrachten, ist es dann nicht eher ein Fortschritt, wenn er überwunden wird, wenn er ersetzt wird durch einen Gott, der den Menschen die Freiheit auch wirklich lässt, die er ihm gegeben hat, der sich vielleicht sogar daran erfreut, wenn der göttliche Funken, den er in diese Menschen gelegt hat, immer heller leuchtet und wenn diese seine Kinder, wie es bezeichnenderweise immer heißt, erwachsen werden, gleichberechtigt. Es ist sicher kein Zufall, dass auch und gerade in unserer Gegenwart Religion so häufig mit Gewalt verbunden ist. Ich denke, dies sind Anzeichen, die uns nachdenklich machen müssten und die uns nach den größeren Zusammenhängen suchen lassen sollten, wenn wir von Gewalt sprechen.

Es wäre also von Vorteil, wenn wir zu einer komplexeren Vorstellung von Narzissmus kämen, indem wir den Zusammenhang verstehen mit dem, was man als Gott oder das Göttliche bezeichnet, dass wir also aus der Kinderwelt, in der wir zum Teil immer noch leben, uns befreien, indem wir nicht nur aus Zwang auf unsere gewalttätigen narzisstischen Wünsche verzichten und den Gesetzen gehorchen, getrieben von der Angst vor Strafe, sondern freiwillig und aus Einsicht und Achtung vor den Rechten des anderen. Nur so kann Gewaltfreiheit zu einem echten, positiven Wert werden der dann auch in freier Entscheidung erkannt, anerkannt und gewürdigt wird.

Literatur

Freud, S. (1914): Zur Einführung des Narzißmus. In: Freud, S. (1975): Studienausgabe,Bd.III. Frankfurt (Fischer), S. 37-68

Henseler,H. (1976): Die Theorie des Narzißmus. In: Eicke, D. (Hg.) (1976): Die Psychologie des 20. Jahrhunderts. Zürich (Kindler) S. 459-477

Henseler, H. (1976) :Der psychoanalytische Beitrag zum Suizidproblem. In: Eicke, D. (Hg.) (1976): Die Psychologie des 20. Jahrhunderts. Zürich (Kindler), S. 824-837.

Affektpsychologische Aspekte menschlicher Destruktivität

Rainer Krause

Einleitung

Meine Darstellung gliedert sich wie folgt: Zunächst werde ich versuchen, die Affektforschung vor dem Hintergrund des Themas Destruktion zu be- und zu hinterfragen. Ich werde im Wesentlichen argumentieren, dass man an ihr aufzeigen kann, dass wir Menschen über weite Strecken wie alle leistungsfähigen Informationsverarbeitungssysteme weitgehend parallel funktionieren. In psychischen Termini bedeutet dies, dass wir alle sehr stark dissoziieren, projizieren, introjizieren und dass dies adaptiv ist. Davon ausgehend werde ich die These vertreten, dass die Vorstellung des Selbst als eines Organisationskerns und die damit verbundenen Identitätsvorstellungen ein hoch valorisiertes Kulturprodukt ist, das unter bestimmten Randbedingungen aufgegeben werden kann und muss. Ich vertrete die These, dass es verschiedene alternative Organisationskerne gibt, die gewissermaßen wahlweise und je nach Situation das Heft in die Hand nehmen. Manche davon sind die Emotionen und die mit ihnen verbundenen Triebe.

Ich werde dann argumentieren, das Organisationsformen, die wir beispielsweise Borderlinestörung und/oder posttraumatische Störungen nennen, unter bestimmten psychischen, kulturellen und politischen Randbedingungen adaptive emotionale Überlebensreaktionen sind, die in jedem von uns zum Abruf bereitliegen. Von der emotionalen Organisation her kann man sie als Beute-Jäger-System beschreiben. Dieselben seien so miteinander verwoben, dass der Wechsel von der Beute zum Jäger sehr leicht zu bewerkstelligen ist. Die Verdauerung des Opfer/Beute- bzw. Täter/Jägerstatus als Identitätsmerkmale bedarf eines großen kulturellen, interaktiven und intrapsychischen Aufwandes, dessen Kern der Versuch einer Desidentifikation des Täters mit dem Opfer ist. Dies geschieht über emotionale Drehbücher, die dem Opfer den normalen Artgenossenschutz absprechen, was es erlaubt, die normale Aggression in die Beuteaggression zu verwandeln, die eigentlich für die eigene Art nicht greifen sollte. Wegen der unbewussten Identifikation des Opfers mit dem Täter und des Täters mit dem Opfer sind die beiden Organisationsformen alleine unbrauchbar und suchen bzw. schaffen sich ihr jeweiliges Komplement.

Behandlungsbedürftig werden sie dann, wenn die Kontexte, unter denen sie entwickelt wurden und adaptiv waren, nicht mehr vorhanden sind. Ein wesentlicher Teil aller Behandlungsversuche besteht in einem Ringen darum, welche »Realität« eigentlich gelten soll, ob gewissermaßen noch Krieg ist und ob die Welt notwendigerweise in Täter und Opfer eingeteilt werden muss. Im Unterschied zu den Neurosen sind diese Kämpfe deshalb so schwierig, weil es für die Patienten im Falle eines Irrtums um Leben und Tod geht. Eben deshalb sind die Tests, die gemacht werden müssen, ähnlich anspruchsvoll und aufwendig wie bei einem hochgefährlichen Rüstungssystem. Sie finden zudem im Umfeld des oben genannten Beute-Jäger-Systems statt, das wenig intrapsychische Verhandlungen erlaubt bzw. ein niedriges selbstreflexives Niveau erzwingt. Ich vertrete die These, dass die emotionale Organisationsform, die man posttraumatisch nennt, am Beutestatus unter Ausschluss des Täterstatus festhält und die, die man Borderline nennt an der Täter-Jäger-Organisation.

Die wesentlichen Abwehrformationen der Täterorganisation sind Spaltung, Größenideen – vor allem ein Unverletzlichkeitswahn projektionsgesteuerte Desidentifikation – und der Verzicht auf die Flucht. Die des Beutestatus Dissoziation unter Verzicht auf Aggression und Flucht und Identifikation mit dem Täter.

Ad 1. Die parallele Organisation der Affekte

Emotion, Gefühl, Affekt ist ein dynamisches Geschehen. Ein Prozess, der sich in der Zeit entfaltet und aus ganz unterschiedlichen relativ oder sogar gänzlich selbständigen Bausteinen, dynamisch organisiert wird. Die gut untersuchten Bausteine sind das expressive System in der Mimik und Stimme, die Intentionsbewegungen in der Körpermuskulatur, die physiologischen Systeme, die Repräsentation der Affekte als Episoden von Subjekt, Objekt und einer spezifischen Interaktion und die Wahrnehmung der körperlichen Prozesse, die man Interozeption nennt. Die Verschaltung dieser Module ist nur sehr beschränkt festgelegt. Einmal sind die Organisationsformen je nach ausgelöstem Affekt gänzlich unterschiedlich. Wenn man beispielsweise Ekel und Angst vergleicht, kann man feststellen, das beim Ekel der Ausdruck vor der Repräsentation innerhalb von 30 Hundertstelsekunden über das Gesicht schießt, mit einiger Verzögerung folgt so etwas wie ein repräsentationaler Prozess meist nicht als Bild eines Objekts, sondern als flashbackähnliche Erinnerungen an frühere Ereignisse, dann kann eine physiologische Reaktion folgen, dieselbe kann aber auch erst nach Stunden kommen, beispielsweise wenn es um ekelhafte Nahrungsreize geht. Die Erinnerung der Übelkeit wird gleichwohl an die drei Stunden zurückliegenden Reize gebunden. Bei Angst ist die Organisationsform ganz anders. Hier läuft die schnelle vorbewusste kognitive Entwicklung den anderen Modulen voraus, zuerst erfasst man die Situation, dann kommt der Schrei, dann kommt allenfalls eine Handlung und dann die Physiologie.

In unserem Zusammenhang ist wichtig, dass die Angst- und Wutorganisation bis auf wenige Unterschiede sehr ähnlich ist. Der wesentliche Unterschied ist die wechselseitige Einschätzung der Macht vis a vis dem Objekt. Daher kennen wir aus allen mit Emotionen ausgestatteten sozialen Lebewesen das Phänomen des schnellen Wechsels zwischen Wut und Angst.

Im Normalfall, d. h. wenn wir nicht meinen in einer hochrelevanten Situation zu sein, können wir davon ausgehen, dass die unterschiedlichen Subsysteme relativ unabhängig voneinander funktionieren. Jedes dieser Systeme operiert mit einem Eigenrauschen vor sich hin und »wartet« auf eine Situation, in der es anspringen muss. Es gibt auch in diesen alltäglichen Zuständen Zusammenhänge, aber die sind weniger innerhalb einer Person lokalisierbar als zwischen den Personen. Beispielsweise ist das expressive Zeichensystem affektiver Art unserer Partner mit unserem Erleben enger verkoppelt als unser Erleben mit unserem eigenen Expressionssystem. Das ist die Grundform der Empathie. Der Normalfall ist, dass die Zusammenhänge zwischen diesen verschiedenen Subsystemen situations- und interaktionsspezifisch, aber natürlich auch intentionsspezifisch organisiert werden, d. h. das Ensemble meines Gefühlslebens im Sinne der Aktualgenese wird anders organisiert sein, wenn ich mit einem geliebten Menschen rede als wenn ich das gleiche mit einem Kollegen tue. Nicht nur sind meine Gefühle anders, sondern die Zusammenhänge zwischen meinen Subsystemen und denen meines Partners oder meiner Partnerin sind anders organisiert. Das wird auch gesellschaftlich gestützt durch das, was die Soziologen »feeling rules« nennen. Damit meinen sie nicht nur die bewusste situationsangemessene Kontrolle des Ausdrucks, »surface acting« genannt, sondern auch das unbewusste »deep acting«, das die Aktualgenese der Emotion selbst steuert, d. h. jede Kultur schreibt vor, welche Emotionen man in welchen Situationen zu haben hat. Unter Gesunden finden wir in nicht hoch besetzten Situationen eine emotionale Organisationsform, in der im Durchschnitt ein Drittel des emotionalen Geschehens aus der Situation vorhersagbar ist, wenn ich mich in eine Kampfsituation begebe, ist es anders als in einer Ekelsituation. Ein Drittel stammt von meinem Partner, ein geliebter Partner kann die Ekelsituation völlig anders organisieren. Ein Drittel stammt aus dem eigenen intentionalen affektiven oder triebgeleiteten System. Bei psychisch Kranken und allen hochemotionalen Attribuierungen wird die Situation und der Partner relativ irrelevant.

Wenn es »ernst« wird, d. h. es stellt sich – durch was auch immer – heraus, dass die Interpretation der Situation eine Bündelung aller Ressourcen erfordert, dann geraten die verschiedenen Subsysteme unter eine gemeinsame Regie. Dann werden allerdings die Freiräume des Handelns sehr eingeengt und die Affektorganisation nähert sich einer Triebhandlung. Aus dem Affekt Wut beispielsweise wird die Triebhandlung Aggression.

Die Primäraffekte Wut, Angst, Ekel, Trauer, Freude, Neugier kann man vor diesem Hintergrund als Attraktoren betrachten, die – wenn sie aktiviert werden – die verschiedenen Subsysteme unter ihre Regie zwingen. Vor diesem Hintergrund ist beispielsweise die notorische Wut von Borderline-Patienten ein Attraktor, der die Aktualgenese der Emotionsproduktion immer wieder bestimmt. Was dabei kausal den Prozess in Gang setzt, kann ganz unterschiedlich sein. Manche der von uns untersuchten Borderline-Patienten setzen die Wut durch die Provokation des anderen in Gang. Dies geschieht unbewusst beispielsweise durch spezifische Formen der Mimik, des Ausdrucks etc. Man kann dies den projektiven Anteil dieser Prozesse nennen. Andere Personen geraten in andere emotionale Attraktoren. Die Bereitschaft für die Verwendung eines solchen Attraktors hängt mit der übergeordneten zeitlichen emotionalen Organisation zusammen, die wir Stimmung nennen. Sie geht über Stunden, Tage und Monate. Die stimmungsmäßige Basis für die Entwicklung von chronischer Wut in der Aktualgenese ist shame rage, also Scham-Wut. Im Deutschen würde ich es als Bereitschaft zur narzisstischen Wut als Reaktion auf eine abgewehrte habituelle Verletzlichkeit bezeichnen (Krause 2001).

Die dritte Organisationsform von Emotionen erfolgt in der Lebenszeit. Sie lässt deutlich werden, welche Emotionen ein Leben dominieren bzw. begleiten und man kann tatsächlich recht große Unterschiede in den Leitaffekten finden. Personen mit einem zentralen Beziehungskonflikt, der um Trennung und Autonomie organisiert ist, neigen beispielsweise zu Panikattacken als Attraktoren. Bestimmte Kulturen und Arbeitswelten züchten solche Leitaffekte als zentrale Bausteine der geforderten Modalpersönlichkeit. Die Verbindung von narzisstischer Verletzlichkeit, kompensatorischem Stolz und Aufrechterhaltung der Ehre durch legitimierte Wut ist typisch für manche patriarchalischen Kriegerkulturen, auf die ich später zurückkommen werde.

Ad 2: Destruktive Organisationskerne des emotionalen Systems als Kulturprodukte

Ich habe dies deshalb so ausführlich berichtet, weil entgegen einer landläufigen Erwartung das emotionale System von gesunden Menschen keineswegs kohärent, kongruent und wenn sie einen beladenen Begriff wählen wollen authentisch im Sinne einer Übereinstimmung aller Kanäle ist. Im Gegenteil, wir sind im hohen Grade parallel organisiert und das ist gut so. Ungefähr 80% dessen, was wir affektiv auf der expressiven Mikroebene produzieren, erreicht nie unsere Bewusstseinsschwelle. Umgekehrt ist ein großer Teil des emotionalen episodischen Innenlebens nie sichtbar im Sinne eines äußeren Zeichens. Das heißt nach beiden Seiten sind die Vorgänge unbewusst. Wir wissen nur beschränkt, was wir affektiv tun und vieles von dem was wir fühlen, bildet sich nie im Tun ab. Auch das ist gut so. Weil dies so ist, erlaubt es uns offen für den anderen zu sein. Wir können unsere Emotionsorganisation deshalb relativ elegant handhaben. Wir können höflich sein, Contenance wahren, Angst mit Mut bekämpfen, aber auch betrügen, Emotionen heucheln, uns emotionale Bilder herbeireden, Gefühle produzieren. Wie bereits erwähnt, sind ganze Kulturen um die Handhabung dieser Emotionsmaschinerie organisiert.

Dies hat Auswirkungen auf die Vorstellung über das »Selbst« und die Identität. Definitionsgemäß soll ja das Selbst eine einheitliche Sache sein.

Ich glaube aber, dass unsere Vorstellungen vom Selbst, die wir im Moment pflegen, ein hoch valorisiertes Kunst- und Kulturprodukt sind, das historisch und psychologisch eher einen seltenen Sonderfall repräsentiert und wir davon ausgehen sollten, dass beispielsweise das, was wir Borderline-Störungen oder posttraumatische Stress-Syndrome nennen, historisch und für viele Personen auch lebensgeschichtlich ein Organisationsmodell der Emotionen darstellt, das häufig zumindest kulturell adaptiv war und ist. Ich behaupte im Anschluss an die Befunde der affektiven Neuropsychologen, dass diese Formen bei uns allen abrufbar bereitliegen und dass dies unter bestimmten Randbedingungen geschieht. Otto Kernberg hat in seiner Arbeit über sanktionierte soziale Gewalt einige derselben beschrieben. Es hat zu tun mit der unvermeidbaren phylogenetisch gespeicherten Erfahrung unserer Spezies, in die wir auch heute oft nolens volens hineingezwungen werden, Täter und

Opfer sein zu können, oder, in einer stärker ethologischen Sprache, die mir hier angemessener erscheint, Beute bzw. Jäger.

Ad 3. Die Beute und Jägerorganisation

Für beide Zustände haben wir bereitliegende Programme und die dazugehörigen Emotionen. Ich behaupte also, dass wir genug Evidenzen haben, dass das Borderlinesyndrom für bestimmte kulturelle Umfelder ein hochadaptives System darstellt, das sogar evolutionär stabil sein kann. Das Borderline-Syndrom ist dann adaptiv, wenn die Realität, in welche die Person tagtäglich hineingestellt ist, traumatisierend ist. Ich denke, dies war für die längsten Perioden der Menschheitsgeschichte der Fall. Dies kann teilweise künstlich durch Initiationsriten, sowie die Tradierung von Kriegen über sehr lange historische Perioden geschaffen werden. In stark nach Schicht und/oder Geschlecht stratifizierten Sozietäten ist die Emotionsorganisation immer teilweise um die Dichotomie von Beute und Jäger organisiert. So haben die männlichen Kopfjäger von Papua Neuguinea seit der Steinzeit sehr erfolgreich Kriege geführt, in denen es nie um Umverteilung ging, sondern immer nur um die Aufrechterhaltung der kulturellen Identität mittels projektiver Stabilisierungen.

> »In Papua Neu Guinea gehört es vielleicht zum wichtigsten Bedürfnis des Volkes, daß die Knaben des Dorfes in wilde Krieger verwandelt werden, die in der Lage sind, die Gemeinschaft zu verteidigen. Bis unlängst noch stand jedes Dorf nahezu immer im Kampf mit irgendeinem Nachbardorf« (Lidz, Lidz 1984, S. 507; Übers. R. K.).

Es ist den Kulturen bis in die unmittelbare Gegenwart gelungen, zu übersehen, dass sie von den eigenen Projektionen, die in den Nachbarn Fleisch geworden waren, bedroht worden sind.

Die Ritter des 13. Jahrhunderts werden von Tuchman (1980) – Clisson folgend – als

> »abwechselnd kultiviert und barbarisch, großzügig und blutdürstig, schurkisch und ritterlich, übermenschlich in ihrem Kampfesmut und ihrer Liebe zum Ruhm, unmenschlich in ihrem Haß, ihren wilden Narrheiten, ihrer Hinterlist und wütenden Grausamkeiten« (ebd., S. 508)

charakterisiert. Man wird unmittelbar an die diagnostischen Kriterien einer Borderline-Erkrankung und an Freuds Annahme gemahnt, dass das, was wir heute gleichzeitig und nebeneinander als verschiedene Krankheitsbilder an einzelnen Individuen beobachten und als pathologisch und lebenseinschränkend auffassen, jeweils Verhalten aller damals lebenden Menschen gewesen sein muss (Freud 1916/17, S. 362). Eine wirkliche Kriegerkultur ist ohne die Möglichkeit des Rekurses auf diese Zustände nicht denkbar. Für das Leben in den hochgerüsten Ghettos mancher Städte ist die Ausbildung einer Borderline-Struktur überlebensfördernd. Wer als Kind schon die Ermordung als Alltagsgeschäft miterlebt hat, wird ohne die Mechanismen von Dissoziation und Spaltung, Projektion und Idealisierung-Entwertung nicht auskommen. Im Übrigen braucht man aber keine Kriegerkultur, um solche Zustände zu mobilisieren. In politisch regressiven Situationen, die man durch die Trias Scham-Wut, Demütigung und verbliebene Ressourcen von ganzen Gruppen sowie eine pathologische Führungssituation charakterisieren kann, sind sehr viele Personen leider genug »Borderlinekrieger«, um das Potential für Menschenjagd als Beuteaggression zu aktivieren (Krause 2001).

Das Pendant zur Borderline-Krieger-Variante ist das Opfer, die Beute. Die emotionale Organisation der Beute ist gekennzeichnet durch Submission, Identifikation mit dem Aggressor, Dissoziation im Moment des Angriffs, sowie Verzicht auf Flucht und Gegenwehr. Es handelt sich um das Überlebensmuster in Situationen, in denen die Reaktionsformen Flucht und Aggression nicht möglich sind. Das ist fast immer zutreffend für Kleinkinder und Kinder, häufig für gesellschaftlich unterdrückte Frauen, wie bei den oben genannten Kopfjägern. Prinzipiell gilt dies für alle machtlosen Einzelpersonen vis à vis von Tätern. Wegen der Identifikation mit dem Aggressor und der abwehrbedingten Desidentifikation der Jäger mit dem Opfer können die beiden Zustände allerdings sehr leicht wechseln, und das ehemalige Opfer kann bei Änderung der Machtverhältnisse zum Täter werden und der ehemaliger Täter zur Beute. Für das erstere kann man eine gewisse Systematik darin erkennen, das viele Kinderopfer, wenn sie denn erwachsen und mächtig werden, abwehrbedingt in die Täterorganisationsform wechseln. Dies liegt auch daran, dass die Aufteilung in Beute und Jäger – sofern sie kulturell stabilisiert wird – immer ein schweres Problem in der Kohärenz des Selbst aufwirft. Nicht nur die Identifikation mit dem Aggressor schafft dieses Problem, sondern auch die stabilisierte Desidentifikation mit dem Opfer. Der Täter, der sich mit dem Opfer desidentifiziert, ist mit dem Problem konfrontiert, dass scheinbar viele »nichtmenschliche« Opfer ehemalige Liebesobjekte sind. Angehörige der Personen, die unter dem Einfluss der projektionsgestützten Desidentifikation als Menschen zweiter Klasse, Sklaven wahrgenommen und behandelt werden, waren in der Kindheit der Täter häufig

Liebesobjekte. In früheren Zeiten waren die Mütter der Sklaven als Nannies, Muchachas, Ammen auch Ersatzmütter der Oberschicht-Kinder, an die dieselben oft emotional enger gebunden waren als an die biologische Mutter. Das gleiche gilt für die Dichotomie Mutter und die spätere gefährliche hexende Liebhaberin, die für alle patriarchalischen Kulturen konstitutiv ist. Schließlich fehlen die beschämenden Anteile in der Selbstrepräsentanz. Für Täter und Opfer oder Sklave und Herrn bedeuten diese Vorgänge also stets eine schwache Kohärenz des Selbst mit den Varianten des Größenwahns auf der Seite der Täter und einer unangemessenen Selbstverkleinerung bzw. Selbstvernichtung aufseiten der Opfer. Die Techniken der Desidentifikation mit dem Opfer sind in jedem Falle traumatisierend für diejenige gesellschaftliche oder Geschlechtsgruppe, die den Opferstatus zugeschrieben bekommt. Von daher muss es nicht verwundern, dass die oben erwähnten Kopfjäger die eigenen Frauen und sich selbst gleichzeitig als Opfer definiert hatten. Das hört sich dann wie folgt an: Die jungen Männer müssen lernen, als Schutz gegen die menstruierenden Frauen aus der Nase zu bluten. Dies ist Teil eines Programms, sich vor der Vergiftung durch die Frauen zu schützen, die vor allem während des Verkehrs zu Krankheiten führen kann. »He (der junge Mann) is forcefully taught that he must be hostile to his wife and dominate her, because he has to go through the ordeal of nose – bleeding because his wife pollutes him and endangers his life« (Lidz, Lidz 1984, S. 509).
Diese Desidentifikation ist im Wesentlichen eine Entfeminisierung. Die primäre Identifikation mit der Mutter soll aufgelöst werden.

Ad 4. Desidentifikatorische Prozesse

Meine These ist nun, dass das, was wir Borderline nennen, eine emotionale Organisationsform darstellt, die durch Erziehung, familiäre und Kulturtechniken eine Desidentifikation mit zentralen Selbstanteilen erzwingt, in dem das bedeutsame andere der eigenen Art – sogar der eigenen Familie – dauerhaft in einen Beutestatus verwiesen werden muss. Die Gewalt und Ungleichheit der entsprechenden Familien- bzw. Kulturen erzwingt diese Desidentifikation. Sie mündet notwendigerweise in überdauernde narzisstische Verletzungen, und zwar für beide, Täter wie Opfer, denn die Desidentifikation mit dem Opfer als kulturelles Ereignis erfordert in jedem Falle eine Entwicklungsperiode, in dem der spätere Täter zumindest für eine Periode – meistens in der Kindheit und Adoleszenz – selbst den Operstatus inne hat und nur über die Desidentifikation mit dieser Identitätserfahrung ist eine kulturelle überdauernde persönlichkeitspsychologisch verankerte Implantierung möglich. Wie schon beschrieben, sind die Membranen zwischen den Täter-Opfer-Organisationsformen höchst durchlässig. Alle narzisstisch verletzten Opfer dürsten nach Rache und Täterschaft. Alle aus narzisstischen Gründen zu Tätern Gewordenen müssen zu Recht paranoid werden, denn ihre Herrschaft ist durch nichts anderes als durch ihre Projektionen legitimiert. Von daher schließe ich mich Kernbergs (2001) Meinung an, dass der maligne Narzissmus das überdauernde Kondensat der beiden Zustände – in meiner Sprache Jäger und Beute – darstellt, und der ist am gefährlichsten.

Desidentifikation bedeutet immer einen Entzug der Artgenossenschaft. Dann und nur dann kann die Beuteaggression ohne Probleme, ja sogar mit Freude angewendet werden. Allerdings erfordert diese Desidentifikation einen hohen Erziehungsaufwand. Es geht nur über die Implantierung der chronischen Scham und der Dissoziation in den Beute-Opfern und einer ebenso chronischen Triumphhaltung bei den Jägern, die eigentlich eine Umkehrung der Schamreaktion ist. Tomkins nennt sie daher »anti-shame reaction« (Tomkins 1962). Psychoanalytisch figuriert sie als eine Form der Charakterpanzerung im Sinne von Wilhelm Reich mit einer chronischen Vermeidung jeder Ansätze von Schamreaktionen speziell im Körper. Die Personen tragen hohe Hüte, den Kopf immer nach oben, Peniskalebassen und bekommen eine bestimmte Stimmintonation, die gewissermaßen hybride ist, weil sie gar keine Scham mehr zulässt. Heute tragen die Personen Messer, Kalaschnikows, Kampfanzüge, Tätowierungen. Die auf der Ungleichheit nicht legitimierter Art beruhende familiäre und kulturelle Dynamik geschieht über emotionale Drehbücher, welche die Desidentifikationen dadurch stützt, dass die potentiellen Opfer in die Landschaft der Emotion Ekel und Verachtung eingebettet werden. Der Ekel macht das Opfer zu einem »nichtmenschlichen« Objekt, die Verachtung zu einem Untermenschen. Beim Ekel ist es nicht nur die Natur des übel riechenden Reizes, die zu äußerst starken Generalisierungen führt, sondern vor allem die Nähe von Objekt und Subjekt. Je näher das Objekt kommt, desto stärker die Ekelreaktion. Wenn ein Individuum der unteren Kaste oder von niedrigem Status zu nahe kommt, lernt das Oberschicht- bzw. hohe Kastenmitglied mit Ekel bzw. mit erhöhtem Ekel zu reagieren. Viele Essens- und Sexualtabus beruhen auf solchen Vorstellungen, bei Verschmutzung der Reinen durch die Unreinen mit Ekel als Übertragungsstoff. Das Gleiche gilt für die patriarchalischen Stratifizierungen desidentifikatorischer Art entlang der Geschlechter. Von daher ist es kein Zufall, dass die herrschende Männerkaste das Menstruationsblut fürchtet wie der Teufel das Weihwasser. Der Ekel lässt immer eine Vermischung von Subjekt und Objekt erkennen. Ein toxisches Objekt muss aus dem Subjektbereich ausgestoßen werden. Meine These ist also: Die beiden durch Spaltung bzw. Dissoziation zu trennenden Zustände sind Organisationsformen, die wir alle lebenslang behalten und auf Abruf bereitliegen haben. Wir werden uns aber bemühen, sie nicht in Reinform zu aktivieren. Gleichwohl geschieht dies unter den Randbedingungen der Kampfsituation.

Ad 5. Kulturtechniken der Desidentifikation

Die Erfahrung wird chronifiziert und als das relevante Welt- und Lebensmodell beibehalten. Für mache Kinder und Erwachsene ist dies ein Dauerzustand. Ist er durch Außenereignisse aufgehoben, d. h. der Krieg ist vorbei, kann es passieren, dass Kulturtechniken erfunden werden, um die Organisationsform gleichwohl aufrechtzuerhalten (Erdheim 1982).

Eine präzise Untersuchung einer solchen Kultur haben Mosher und Tomkins (1988) geleistet. Sie beschreiben die Systematik der Herausbildung und Vergrößerung der im Rahmen des »US-Amerikanischen Machismo« als ideal definierten »männlichen« Affekte Wut, Verachtung und Ekel auf Kosten der als minderwertig definierten weiblichen Affekte Furcht und Scham, Unbehagen und entspannt kontemplative Freude.

Sie finden sieben Sozialisationstechniken zur Herausbildung der »männlichen« Affekte.
1. Umwandlung von Unbehagen und Schmerz in Wut. Schmerzen sind blödsinnig. Wer sie äußert, ist blöd.
2. Umwandlung von Angst in Erregung durch Verachtung und Dominanz.
3. Scham über Restbestände von Schmerz und Angst wird über eine Reaktionsbildung durch Antischamreaktionen in Schach gehalten. Dafür eignen sich tollkühne »männliche« Taten.
4. Der Stolz auf das aggressive, tollkühne »männliche« Verhalten erzeugt Verachtung und Ekel gegenüber allen als weiblich definierten Verlierern.
5. Erfolgreiche interpersonale Kontrolle durch wütendes und kühnes Dominanzverhalten wird als erregend erlebt.
6. Die Erzeugung von Überraschung und Schreck wird ein interpersoneller Stil zur Herstellung von Dominanz durch die Auslösung von Angst und Unsicherheit bei anderen.
7. Erregung ist wichtiger als entspannte Freude, die nur im Rahmen von Siegesfeiern erlaubt ist.

Vor dem Hintergrund dieser Befunde macht jede Form von Apartheid – auch die geschlechtliche – Sinn. Sie stabilisiert die kulturell gewünschte Desidentifikation durch die Implantierung von Verachtung und Ekel an Personen und Objekten, die eigentlich als gleichwertig und gleichrangig zu erleben sind und von Kindern auch so erlebt werden.

In Bezug auf die Analyse der Destruktion stellt sich für mich das Bild wie folgt dar: Ich meine, die zentralen Parallele zwischen Borderline-Organisationsformen und posttraumatischen Störungen liegt darin, dass für beide die traumatisierenden Kontexte immer noch gültig sind. Sie sind noch im Krieg, auch wenn Frieden ist. Da dies so ist, sind die Organisationsformen für sie nach wie vor »adaptiv« und können auch nicht therapeutisch angegangen werden. Zuerst müssen die Personen aus diesem Kontext herauskommen. Dies gilt wohl auch für politische und gesellschaftliche Situationen. Wie dies zu geschehen hat, ist zumindest in der Akutphase eher durch polizeiliche, militärische und politische Maßnahmen zu bewerkstelligen. Für die posttraumatischen Störungen ist die Traumatisierung gewissermaßen offiziell vorbei. In den affektiven Organisationsformen ist dieses Wissen aber noch nicht zu Buche geschlagen. Die Behandlungsversuche sind teilweise davon getragen, dieses Wissen in diejenigen affektiven Bereiche hineinzutragen, die am alten Wissen festhalten. Es ist nicht einfach, jemandem, der solche Erfahrungen gemacht hat, klarzumachen dass Frieden ist.

Literatur

Erdheim, M. (1982) Die gesellschaftliche Produktion von Unbewusstheit. Eine Einführung in den ethnopsychologischen Prozess. Frankfurt a. M. (Suhrkamp).
Freud ,S. (1916): Einige Charaktertypen aus der psychoanalytischen Arbeit. GW Bd. X, 364
Freud, S. (1917): Trauer und Melancholie. GW Bd. X, S. 427-446.
Lidz, T., Lidz, R. (Hg.) (1984): Oedipus in the Stone Age: In: Journal of the American Psychoanalytic Association, 32, S.507-527.
Krause, R. (2001): Affektpsychologische Überlegungen zur menschlichen Destruktivität. In: Psyche 9/10, S. 934-960.
Kernberg, O. (2001) Psychoanalytische Beiträge zur Verhinderung gesellschaftlich sanktionierter Gewalt. In: Psyche. Heft 9/10, S. 1086-1109.
Mosher, D., Tomkins, S. S. (Hg.) (1988): Skripting the macho man: Hypermasculine sozialisation and enculturation. In: Journal of Sex Research 25, S. 191-221.
Tuchmann, B. (1980): Der ferne Spiegel. München (Piper).
Tomkins, S. S. (1962) Affect, imagery and consciousness. Vol. 2: The negative affects. New York 1988 (Springer).

Angst folgt auf Drohungen
Das Unbewusste der Drohungen, deren Verkleidungen und Auswirkungen

Ingrid Baumert

Angst, ihre Ursachenerforschung und ihre Bewältigung stellen in jeder Form von Psychotherapie eine ständige Herausforderung dar, deren Bearbeitung oft schwierig und energie-raubend für Patienten und Therapeuten ist. Zu diesem Themenkomplex haben sich in meiner Arbeit als Psychoanalytikerin Überlegungen und Hypothesen ergeben, die ich in diesem Text darstellen möchte. Ich werde zunächst meine Hypothesen vorstellen und erläutern, wie ich zu diesen Annahmen gekommen bin. Im weiteren Abschnitt habe ich in der psychoanalytischen Literatur – vor allem bei Freud – nach Belegen für meine Hypothesen gesucht. Dann habe ich einen Blick auf aktuelle Forschungsergebnisse in der Medizin – der Krebsforschung und der Hirnforschung – geworfen. Ich bin dort auf Phänomene gestoßen, die meine Hypothesen plausibel machen. Zum Schluss erörtere ich die therapeutischen Implikationen, die sich aus den Hypothesen ergeben können.

Die Hypothesen

1. Ich halte es für möglich, dass es destruktive Kräfte gibt, die den Menschen zentral im Gehirn angreifen können. Diese Angriffe lösen Verschiedenes aus: Unterbrechungen, Kurzschlüsse, Zusammenbrüche des Denkens, der Wahrnehmung, der Sinne, der Motorik und der Affekte: allesamt funktionelle Störungen. Sie trennen und vernichten jede Verbindung. Kurz, sie enthalten all die Zerstörungskraft, die bisher dem Todestrieb zugeschrieben wurde. Sie richten sich gegen jede Intentionalität. Meine Annahme ist, dass diese Kräfte existieren und »überfallsartig« und psychisch eingebunden wirksam sind.
2. Ich nehme des Weiteren an, dass die Störungen, die in schweren Psychopathologien auftreten, wie Spaltungen, Isolierungen, Dissoziationen und toxische Affekte vor allem Folgen dieser Angriffe sind und nicht – wie im Allgemeinen angenommen wird – nur Abwehrmaßnahmen des Ich. Die Psychoanalyse hat die Möglichkeit des Angriffs nicht in dem Umfang unter-

sucht wie die Möglichkeit der Abwehr. Ich beschäftige mich mit der Wahrscheinlichkeit des Angriffs, den Auswirkungen von Angriffen und der Verschlüsselung des Angriffs. Psychisch eingebunden sind es Teile des Über-Ichs oder andere Introjektionen. Aber es scheint auch Angriffsquantitäten zu geben, die nicht psychisch eingebunden sind.

3. Das Konzept des Unbewussten ist auf diese Angriffe auszuweiten. Die Angriffe sollen vermutlich nicht erkannt werden. Dass man, wie Freud erklärte, das Unbewusste an seinen Auswirkungen erkenne, trifft auch auf diese von mir für möglich gehaltenen destruktiven Angriffe zu. Besonders beim seelischen Trauma können die Merkmale des Destruktiven untersucht werden. Ich mutmaße, dass das Trauma eine komplexe Folge dieser destruktiven Kräfte ist und nicht nur, wie Laub (2000) meint, dass das Trauma den Todestrieb freisetze. Vielmehr kann man annehmen, dass das real erlittene Trauma die »Schwachstelle« oder – wie es oft in der psychoanalytischen Literatur bezeichnet wird – das »Loch« für erneute destruktive Angriffe ist. Das Kernstück des Traumas ist das Überwältigt-Werden, die psychische und physische Hilflosigkeit. Balint (1969) nennt folgende drei Elemente: 1. Das Kind ist vom Erwachsenen abhängig, 2. dieser Erwachsene tut entgegen der Erwartung etwas höchst Aufregendes oder Schmerzhaftes, 3. er weist das Kind danach ab, die Tat wird verleugnet. Über diese drei Kennzeichen hinaus wird die Charakterisierung des materiellen Angreifers, der zum Trauma gehört und die des Machtmissbrauches, häufig außer acht gelassen. Zum Machtmissbrauch gehören u. a.: Verdrehungen, Verführungen, Erpressungen und vor allem Drohungen, die das Tabu errichten, dass alles geheim bleiben muss, dass Sprechen und Wahrnehmen unter der Drohung der Vernichtung stehen. Darauf setzt sich die Drohung, als Opfer die gesamte Schuld an der Katastrophe übernehmen zu müssen, die einer Veröffentlichung folgen würde.

Diesen Gesichtspunkt hebe ich in dem Titel dieses Beitrags besonders hervor: Angst entsteht aus Drohung, wobei die Qualität der Drohung und oft sogar die Realität der Drohung im Verborgenen, also unbewusst, bleiben.

Die Entstehung der Hypothesen

Ich meine, wir haben durchaus Hinweise zu der Vermutung, dass es destruktive Kräfte sind, die den Menschen angreifen und zu Unterbrechungen und Kurzschlüssen führen, die oft verheerende Folgen haben. Irgendwie hatte ich begonnen – vielleicht etwas anders als sonst – auf das zu hören, was Patienten erzählen, vor allem auch mit welcher Intonation sie berichten. Das klinische Bild, die Psychopathologie, die ich sah und das, was sich hörte, waren unverändert, wie ich es schon seit Jahren kannte. Ich begann, es in einem anderen Bedeutungszusammenhang zu hören und zu verstehen. Ich hörte vor allem deutlicher als bisher, dass sie angegriffen werden: z. B. von quälerischen Gedanken, die sie für unwert und unfähig hinstellen. Manche sprechen vom »Kurzschluss« im Kopf, wonach sie nicht mehr denken können, nicht mehr »Herr ihrer Sinne« seien und nur noch hilflos in Panik gerieten. Andere erzählen, dass sie sich schutzlos fühlten, alles »Böse« in sie hineinströmen könne, sie sich dann wie »durchlöchert« fühlten. Des Weiteren wird berichtet, dass »wie aus heiterem Himmel« sie ein »Schlag« getroffen habe. Der Schlag beinhaltete bei genauerem Hinsehen eine Drohung gerade in dem Moment, als es dem Patienten etwas besser ging, er möglicherweise gerade Erfolg hätte verbuchen können. Charakteristisch ist, dass diese Angriffe besonders dann erfolgen, wenn der Patient begonnen hatte Schritte zu tun, Intentionen zu entwickeln oder einfach lebendiger zu werden. Diese Abfolge wird allenthalben in der psychoanalytischen Literatur als negative therapeutische Reaktion beschrieben (Freud 1923). Das sind Beispiele, bei denen Patienten inhaltlich von destruktiven Angriffen erzählen. Andere Beispiele wurden für mich erkennbar an der Intonation, wie der Patient sprach: Tempo, Stakkato, Schärfe oder Leblosigkeit. Man kann bisweilen einen Zusammenbruch der Zeit bemerken: Es ist so, als ob alles auf einmal geschehen müsse. Als eine Patientin sich selbst heftig attackierte, sie sei unfähig, sie schaffe nichts, alles sei sinnlos, sprach ich vor gut einem Jahr intuitiv zum ersten Mal den Satz aus: »Das sind Sie nicht selbst!« Ich formulierte ihr meine Mutmaßung, dass eine destruktive Kraft sie angreife, sie in die Enge treibe, ihr alle Sinne raube, ihr keine Zeit lasse und sie obendrein als Versagerin hinstelle. Und diese Kraft greife sie an ihrer Schwachstelle an, dem Gefühl, verletzt und ohne Anerkennung zu sein. Zu meiner Verblüffung war der Angriff wie ein Spuk verflogen. Und was mich noch mehr verblüffte, war die Selbstverständlichkeit, mit der die Patientin die – für mich damals noch ungeheure – Mutmaßung annahm und befreit schien. Ich sage »befreit schien«, denn in der Folge der Behandlung bauten sich weitere Angriffe in ganz anderer Gestalt auf, die sich auch gegen mich und die Behandlung richteten. Diese Entwicklung werde ich zum Schluss bei der Erörterungen der therapeutischen Implikationen wieder aufgreifen.

Das Bild, das Freud in der Beschreibung des Zustandes des Psychotikers benutzte, fand ich in meiner Arbeit oft bestätigt: »[...] bei allen Kranken hielt sich in einem Winkel ihrer Seele eine normale Person verborgen, die den

Krankheitsspuk wie ein unbeteiligter Beobachter an sich vorüberziehen ließ« (Freud 1938, S. 98).

Ich meine, dass in diesem Krankheitsspuk destruktive Angriffe verborgen sind, Angriffe auf das Leben und das Selbst des Patienten, die es zu entschlüsseln und zu erkennen gilt. Der Patient selbst muss die Fähigkeit entwickeln, dies zu erkennen und zu benennen, um eine Abwehr dagegen errichten zu können.

Mit einem Beleg ganz anderer Art lasse ich Freud in der Darstellung seiner Hypothese über unbewusste seelische Prozesse zu Wort kommen: »Eine unbewusste Vorstellung ist dann eine solche, die wir nicht bemerken, deren Existenz wir aber trotzdem aufgrund anderweitiger Anzeichen und Beweise zuzugeben bereit sind« (Freud 1912, S. 29). Freud führt als Beweis für das Unbewusste ein Experiment mit Hypnose an: Einer Patientin wurde in hypnotischem Zustand vom Arzt ein Auftrag erteilt, den sie eine halbe Stunde nach dem Erwachen ausführen sollte. Freud (1912, S. 30) schreibt dazu:

> »Nach dem Erwachen ist allem Anschein nach volles Bewusstsein und die gewöhnliche Geistesverfassung wieder eingetreten, eine Erinnerung an den hypnotischen Zustand ist nicht vorhanden, und trotzdem drängt sich in dem vorher festgesetzten Augenblick der Impuls, das Bestimmte zu tun, dem Geiste auf [...]«,

d. h. die Idee des Auftrages wurde ins Bewusstsein aufgenommen, der andere Teil – der Auftrag und der Auftraggeber – blieben unbewusst, aber wirksam.

Mit diesem Beispiel erhalte ich – wie ich finde – Unterstützung für meine Hypothese: Das hier vorgeführte Unbewusste richtet sich nicht gegen eine triebhafte Strebung der Patientin sondern gegen die Enthüllung des Auftraggebers. Der hypnotische Zustand ist vergleichbar der Ausschaltung des Selbst durch Überwältigung im Trauma. Eine Autoritätsfigur – der Arzt – erteilt einen Auftrag, der wie ein Befehl aufgenommen wird. Die Patientin handelt, als sei sie es selbst, aber unbewusst nach einem fremden Auftrag. Das bedeutet, dass eine fremde Macht unsichtbar, unbemerkt in ihr wirksam ist und sie Dinge tun lässt, so als sei es selbst, die den Impuls hat.

Das Studium der psychoanalytischen Literatur

Bei dem Studium der psychoanalytischen Literatur fielen mir besonders bei der Freud-Lektüre zwei Dinge auf, die, wie ich meine, Stoff für meine Annahmen liefern.

Hubert Speidel machte mich in einem persönlichen Gespräch und in einer Arbeit mit dem Titel *Psychosomatik – Stiefkind der Psychoanalyse* (1992) darauf aufmerksam, dass Freud die Untersuchung der Aktualangst, der automatischen Angst in der Angstneurose abgebrochen habe, da die Angstneurose u. a. nicht weiter psychisch ableitbar sei, sondern unmittelbar ins Somatische überführe. Für den Psychoanalytiker hat das Konzept der Aktualneurose – wie Speidel herausstellt – ein entscheidendes Manko: In ihm spielt die Phantasie, die psychische Realität der unbewussten Erinnerungen, die Angstsignale erzeugen könnte, keine Rolle (Speidel 1992, S. 3). So sei das Konzept der Angstneurose roh und unentwickelt geblieben, wie es 1895 konzipiert war.

Freud hat – soweit ich das überblicken kann – an zwei Stellen abgebrochen:
1. Bei der Untersuchung der automatischen Angst in der Aktual- oder Angstneurose.
2. Bei der Untersuchung der Widerstände und zwar des Widerstandes, der, wie Freud meinte, aus der Quelle des Todestriebes stamme.

Ich möchte zunächst jedoch das klinische Bild der Angstneurose, das Freud uns vorstellte, etwas genauer betrachten. In der Angstneurose entstehe eine automatische Angst, die keine psychische Ableitung mehr zulasse. Auch fehle eine besondere Ätiologie. Auslöser seien so genannte schwache Punkte, wie schwere Krankheit, Erschöpfungen, Überarbeitungen, Verluste, Trennungen. 1895 hielt Freud vor allem Störungen in der Sexualerregung für mögliche Auslöser.

Dem klinischen Bild schreibt er Folgendes zu:
1. Eine allgemeine Reizbarkeit, z. B. Überempfindlichkeit gegen Geräusche.
2. Eine ängstliche Erwartung – bei vor allem moralisch empfindlichen Personen mit der Neigung zur Gewissensangst, zu Skrupeln und Zweifeln.
3. Der plötzliche Angstanfall – mit der naheliegenden Deutung der Lebensvernichtung, des »Schlagtreffens«, des drohenden Wahnsinns.
4. Störungen von Körperfunktionen, die plötzlich auftreten; das Angstgefühl ist dann häufig ganz zurückgetreten, etwa wie Herzkrampf, Atemnot, Schweißausbrüche, Heißhunger, Erbrechen, Schwindel, Parästhesien, Schlafstörungen.

Die Angstneurose sei geradezu das somatische Gegenstück zur Hysterie. Anstelle von psychischer Verarbeitung entstünden somatische Vorgänge (Freud 1895, S. 49).

Meiner Annahme nach enthält auch die automatische Angst einen unbewussten Teil: Den des Angriffes und die mit dem Angriff verbundene

Drohung. Wenn dieser Teil erkannt, bewusst wird, wird eine psychische Verarbeitung möglich. Bei allen aufgezählten Symptomen ist die »Geschichte« unmittelbar vor dem überfallsartigen Auftreten von Bedeutung. Oft lässt sich bei genauerem Hinsehen eine direkte oder verkleidete Bedrohung diagnostizieren. Interessant finde ich, dass Freud sowohl Heißhunger als auch Erbrechen als direkte Folge eines Angstanfalls sieht. Das würde meiner Hypothese entsprechen, dass diese Symptome die Folge eines destruktiven Angriffes und nicht nur – wie häufig interpretiert – eine Abwehr des Ich seien.

Die Kraft, die sich dem Bewusstwerdungs- bzw. Erkennungsprozess entgegenstellt, hat Freud »Widerstand« genannt: »Wir sagen ihm dann, er stehe unter der Herrschaft eines Widerstandes, aber er weiß nichts davon [...]« (Freud 1923, S. 287). Freud beschreibt in der Arbeit *Abriss der Psychoanalyse* (1938) sechs Arten von Widerständen verschiedener Herkunft, die sich gegen den Erfolg der analytischen Arbeit aufbauen (vgl. 1923, 1926a, 1926b, 1937, 1938). Drei Widerstände entstammen dem Ich: der Verdrängungs- und Übertragungswiderstand und der Krankheitsgewinn. Es gibt einen Es-Widerstand, einen Widerstand aus dem Über-Ich und als sechsten einen Widerstand aus dem Todestrieb.

Mit diesen letzten beiden möchte ich mich eingehender beschäftigen. Freud fasste sie beide zusammen durch das Kennzeichen des »Krankheits- und Leidensbedürfnisses«. Beide Widerstände seien aber verschiedener Herkunft. Das eine sei ein besonders hart und grausam gewordenes Über-Ich, das dem Ich einen Widerstand durch Schuldgefühl und Schuldbewusstsein entgegensetze. Das Individuum soll nicht gesund werden, sondern krank bleiben, es verdiene nichts Besseres. Wird eine Art Leiden aufgehoben, wird es durch ein anderes – oft durch eine somatische Erkrankung – ersetzt. Zur Behandlung dieses Widerstandes schreibt Freud (1938, S. 75): »In der Abwehr dieses Widerstandes müssen wir uns auf das Bewusstmachen desselben und auf den Versuch zum langsamen Abbau des feindseligen Über-Ichs beschränken.« Weniger leicht sei es, die Existenz eines anderen Widerstandes zu erweisen, in dessen »Bekämpfung wir uns besonders unzulänglich finden« (1938, S. 75). Hier haben sich »übergroße Quantitäten« des nach innen gerichteten Destruktionstriebes freigesetzt, die zur Selbstbeschädigung, Selbstzerstörung, bis hin zum Selbstmord treiben. »Solche Patienten können die Herstellung durch unsere Behandlung nicht erträglich finden, sie widerstreben ihr mit allen Mitteln [...]. [...] dies ist ein Fall, dessen Aufklärung uns noch nicht ganz geglückt ist« (Freud 1938, S. 76). Der Ausgang dieses Kampfes hänge von quantitativen Relationen ab, von dem Energiebeitrag, den »wir zu unseren Gunsten beim Patienten mobilisieren können; ein Vergleich zur Summe der Energien der Mächte, die gegen uns wirken. Die Zukunft mag uns lehren [...]« (Freud 1938, S. 77). Freud beschreibt das Es als Ort der libidinösen Strebungen, der den Todestrieb anziehe, später erklärt er, dass das Es gleichsam wie das Über-Ich Stätte des Todestriebes sei. Das Ich wehre sich gegen das mörderische Es und das hypermoralische Über-Ich, das genauso grausam werde wie das Es (Freud 1923, S. 320). Der eine Widerstand sei also im Über-Ich psychisch eingebunden und werde in solcher Weise kenntlich; andere Beträge von Widerstand mögen, unbestimmt wo, in gebundener oder freier Form, am Werke sein. »Vorläufig beugen wir uns vor der Übermacht der Gewalten, an der wir unsere Bemühungen scheitern sehen« (Freud 1937, S. 382f). Freud beschließt dieses Thema mit Fragen und Hinweisen an die Zukunft.

Mir fiel bei der Lektüre zweierlei auf: Dem Über-Ich-Widerstand gegenüber will Freud den Patienten zur Abwehr dieses Widerstandes durch Bewusstmachung und Abbau bewegen. Das bedeutet, dass er zwischen dem Patienten und diesem Widerstand unterscheidet und trennt. Bei dem Widerstand, der aus dem Todestrieb entstamme, unterlässt Freud diese Trennung. Nicht dieser Widerstand widersetze sich jeder Heilung, sondern er schreibt es nur noch dem Patienten zu.

Das zweite ist Freuds Umgang mit dem ES: Er stellt eine enge Verbindung her zwischen dem ES und dem Über-Ich, das Über-Ich tauche tief in das Es hinein, gegen beide habe das Ich zu kämpfen. Das Es sei mörderisch und genauso grausam wie das Über-Ich. Das Es wird einseitig als Gegner zum Ich erklärt, während ursprünglich das Es der Ort der libidinösen Strebungen ist. Man könnte ja auch sagen, dass das Es der Ausgangspunkt des Lebens ist, das zunehmend durch einschränkende und gewaltsame Einwirkungen der Außenwelt, später durch die introjizierte und verselbständigte Instanz, verändert und überlagert wird. Das Es beinhaltet möglicherweise die Quelle des »wahren Selbst«.

Die Abbruchstellen, die Freud bei der Behandlung der automatischen Angst und der Bearbeitung des Widerstandes aus der Quelle des Todestriebes hinterlässt, fügen etwas zusammen und geben Raum – wie ich finde – für die Hypothesen, die ich am Anfang vorgelegt habe. Die Angst, die scheinbar psychisch nicht weiter reduzierbar ist, entsteht aus einer Drohung, die unbewusst bleibt. Aus ihr wird auch der Widerstand unterhalten, den Freud dem Todestrieb zuschrieb. Freud ist jedoch bei seiner Hypothese vom biologischen Trieb geblieben.

Auf diese Hypothese vom Todestrieb greift in jüngster Zeit auch Dori Laub (2000) zurück, um destruktive Phänomene zu erklären. Auf dieses Postulat greifen aber vor allem Melanie Klein und ihre Nachfolger zurück.

Mich interessierten in diesem Zusammenhang am meisten die Arbeiten von Bion (1959; 1962), da er ja mit der Einführung der Alpha- und Beta-Elemente bzw. Funktionen ebenso zwei grundverschiedene Energien benennt entsprechend dem Eros und dem Todestrieb bei Freud. Alpha-Funktion bedeutet die Stiftung von Leben und Verbindung, Verstehen und Träumen. Alpha-Elemente seien bereits Elemente des psychischen Lebens, während das für die Beta-Elemente nicht in gleicher Weise gelte. Diese seien »Rohmaterial«, das erst mithilfe der mütterlichen Funktion umgewandelt werden könne. Beta-Elemente greifen alle Verbindungen an, zersetzen und zerstören. Die Zerstörungskraft der Beta-Elemente schreibt Bion allerdings ausdrücklich der angeborenen Disposition des Säuglings zu, nämlich der primären Aggression und dem primären Neid. Diese seien verantwortlich für das Auslösen der Angriffe des Säuglings auf alles, was ihn mit der Brust verbindet. Wesentliche Merkmale für die Entwicklung der destruktiven Kräfte seien also eine angeborene Disposition zu übermäßiger Destruktivität, übergroßem Hass und Neid, Reizbarkeit und einer Frustrationsintoleranz. Aufseiten der Umwelt trägt dazu bei: Ein sich verweigern, nicht verstehen, nicht »containen« können. Der destruktive Angriff wird bei Bion noch ausdrücklicher als bei Freud dem wütenden Säugling – dem Es korrespondierend – zugeschrieben. Die Quelle des Angriffes ist somit vollständig im Selbst des Patienten angesiedelt. Die Möglichkeit eines Angriffes des Mächtigen auf etwas Schwaches, Hilfloses, Ausgeliefertes, findet hier keinen Raum mehr. Angriffe auf Verbindungen sind gleichbedeutend mit Angriffen auf den Seelenfrieden des Analytikers bzw. ursprünglich der Mutter: »[...] dass der Patient, um den Seelenfrieden zu stören, mit delinquenten Handlungen und Suiziddrohungen aufwartet« (Bion 1959, S. 124). Einerseits werden die klinischen Phänomene der Destruktivität, der Angriffe auf Verbindungen, auf das Denken, die Zersplitterungen des Ichs sehr detailliert beschrieben, auf der anderen Seite aber hat man den Eindruck, dass durch die kategorische Annahme, die destruktiven Quellen im Patienten anzusiedeln, eine quälende Enge entsteht. Freud beendete im Vergleich seine Arbeiten mit Fragen, z. B. woher diese Macht und der kategorische Imperativ im Über-Ich stamme, warum es so zwingend sei (vgl. Freud 1937; 1938).

Forschungsergebnisse

> »Es ist ein unerschütterliches Resultat der Forschung, dass die seelische Tätigkeit an die Funktion des Gehirns gebunden ist wie an kein anderes Organ [...] aber alle Versuche, von da aus eine Lokalisation der seelischen Vorgänge zu erraten [...], sind gründlich gescheitert« (Freud 1915, S. 133).

Die gegenwärtige Hirnforschung hat bei Versuchen der Lokalisation festgestellt, dass eine Vielzahl von Orten, die sich an verschiedenen Stellen im Gehirn befinden, für nur eine Funktion, wie das Sehen oder das Gedächtnis, zuständig ist. Es komme vielmehr auf die Verbindung zwischen diesen Orten an (vgl. Singer 2000; Roth 1997).

Singer leitet am Max-Planck-Institut in Frankfurt a. M., das Projekt über neuronale Mechanismen der Wahrnehmung und des Gedächtnisses. Am Beispiel des Weges eines Lichtsignals von der Netzhaut zum Gehirn stellten die Forscher eine Aufspaltung des Bildes fest, die sie als »parallele Bildverarbeitung« beschreiben. Im visuellen Cortex werden die getrennten Bildmerkmale in unterschiedlichen Hirnarealen verarbeitet. Auf welche Weise das gespaltene Bild (so nennen sie es) in unserem Kopf wieder zusammengesetzt wird und zu einer einheitlichen und bewussten Wahrnehmung führt – das so genannte Bindungsproblem – ist eines der Hauptarbeitsgebiete der neurophysiologischen Abteilung.

Auch unser Gefühlshaushalt wird von vielen Zentren aus kontrolliert, die über große Bereiche des Gehirns verteilt sind und zusammen das »limbische System« bilden. Des Weiteren gibt es massive auf- und absteigende Verbindungen zwischen dem Neocortex, dem limbischen System und zum Hirnstamm: »anatomisch und funktional aufs engste verbunden« (Roth 1997, S. 197).

Es scheint also vor allem darum zu gehen, wie zwischen den verschiedenen Orten im Gehirn ein Fluß entsteht, der die Orte verbindet. Dieser Fluss kann aber offensichtlich gestört werden. Forscher, wie Markowitsch u. a. (vgl. Globig: Kongressbericht 2000) stellten durch Stress induzierte Gedächtnisstörungen und damit verbundene Stoffwechselstörungen im Gehirn fest. Meiner Annahme entsprechend ist das Stress-Syndrom mit den spezifischen Zeichen des »Zuviel«, der Enge, des Zeitverlustes, des erhöhten Tempos, des Stakkato, um nur einige zu nennen, ein ausdrückliches Merkmal eines Angriffes.

Bei allen pathologischen Vorgängen handelt es sich im Grunde um Angriffe auf ein noch gesundes – aber geschwächtes – System.

Auf einer noch basaleren – biochemischen – Ebene wird mit identischen Metaphern in einem ganz anderen »frame of reference« dieses Phänomen untersucht. Mein zweites Beispiel stammt aus der Krebsforschung. Ullrich erforscht am Max-Planck-Institut für Biochemie bei München die Arbeitsweise von Signalmolekülen. Er ging von der Hypothese aus, dass Krebs das Ergebnis einer gestörten Kommunikation sei. »Zellen sind sogar so durchwoben mit Systemen zum Austausch und zur Verarbeitung von Signalen, dass man sie durchaus als chemische Computer verstehen kann« (Ullrich 2001, S. 63). Was Zellen vom Computer unterscheidet, ist, dass sie nicht Elektrizität, sondern chemische Stoffe als Überträger von Informationen benutzen. Ullrich stellte Folgendes an Tumoren fest: 1. sie haben defekte Rezeptoren, die gleichsam kurzgeschlossen sind, sodass sie dauerhafte Wachstumssignale vortäuschen, 2. Krebszellen können der Aufmerksamkeit des Immunsystems entgehen und die in jeder Zelle vorhandenen Sicherheitssysteme ausschalten, 3. sie können den Körper dazu bewegen, neue Blutgefäße wachsen zu lassen, 4. sie sind für das Immunsystem schwer zu erkennen. Möglicherweise hängen Krebszellen auch spezielle »Schilder« aus, die auf Abwehrzellen besänftigend wirken. Die Gefäße in den Tumoren können sich so tarnen, dass auch aktivierte Abwehrzellen keinen Anhaltspunkt erhalten, dass etwas nicht stimmt und nur Bruchteile von Millimetern von der Gefäßwand getrennt vorbei schwimmen. Ullrich (2001, S. 64) sagt dazu: »Krebs kann sich nur dann entwickeln, wenn die Zellen es geschafft haben, diese Sicherheitssysteme zu sabotieren.«

Beide Forschungsbefunde – mit identischen Metaphern in differentem »frame of reference« – machen meine Hypothesen über psychopathologische Phänomene plausibel; so auch meine Annahme, dass Spaltungen, Dissoziationen, Isolierungen und toxische Affekte Folgen von destruktiven Störungen und Angriffen sind, und dass sich die Angreifer tarnen, um nicht erkannt zu werden. Die Abwehr ist dabei vielmehr außer Kraft gesetzt.

Therapeutische Implikationen

Welche therapeutischen Implikationen diese Hypothesen bedeuten, bedarf eigentlich einer eigenen ausführlichen Erörterung (vgl. Baumert 2001). In diesem Rahmen will ich einige Konsequenzen, die ich während meiner Arbeit gezogen habe, schlagwortartig aufzählen:
1. Zuerst auf der »obersten Schicht«, d. h. von der Oberfläche ausgehend, achte ich auf die Intonationen. Statt nach der Angst, frage ich nach der Drohung, was droht und wie es droht.

2. Ich schreibe die destruktiven Auswirkungen und gestörten Funktionen nicht der Abwehr des Patienten zu, sondern einer verselbständigten traumatisierenden Gewalt, die das Selbst des Patienten bedroht und ausschalten kann.
3. Das Selbst des Patienten muss daher davon getrennt werden – meines Erachtens so schnell wie möglich. Das Trennen ist ein sich wiederholender Erkennungsprozess. Ich benenne diese destruktive Kraft, die der Patient an den Auswirkungen erkennen kann. Die Auswirkungen sind vom klinischen Erscheinungsbild bekannt: besondere Zusammenbrüche, Unterbrechungen der Intentionalität, toxische Ängste, so genannte Teufelskreise, somatische Erkrankungen. Diese folgen – wie häufig beobachtet wird – unmittelbar nach einer Selbstäußerung des Patienten, ob im Sprechen, im Wahrnehmen, in einem Impuls oder einem Gefühl.
4. Das Selbst des Patienten muss daher die Möglichkeit und Fähigkeit entwickeln, wahrzunehmen, die Sinne einzusetzen, um die Auswirkungen der destruktiven Energien zu erkennen. Das gewährt Schutz für das Selbst des Patienten.
5. Die Abwehr wird entwickelt gegen das Zersetzende-Destruktive und Drohende.
6. Das Traumatische darf meines Erachtens nicht zu früh historisiert werden (vgl. Baranger u. a. 1988), da sonst die aktuell wirksamen verselbständigten destruktiven Quantitäten – außer Acht gelassen – den weiteren Prozess immer wieder unerkannt angreifen können (vgl. dazu die Merkmale der negativen therapeutischen Reaktion).
7. Nach dieser Trennungs- bzw. Erkennungsarbeit entsteht ein anderer Fluss. Gefühle können entstehen, ohne dass sie sofort von der destruktiven Kraft ergriffen verzerrt werden und eskalieren. Es beginnt ein Aufsuchen von Verbindungen; Trauer und Schmerz über das Verheerende entstehen. Es entwickelt sich ebenso in der Übertragung ein Fließen verschiedener Übertragungsmodi.
8. Die Rolle der Analytikerin: In dem Trennungsprozess bin ich in einem aktiven und konsequenten Einsatz tätig. Es bauen sich Druck und Drohungen gegen mich und die Behandlung auf: Krankheiten, Fragen nach der richtigen Diagnose, Suiziddrohungen, Zerstörungswut gegen das Selbst, gegen Dinge und andere wichtige Bezugspersonen. Ich deute diese Eskalationen nicht als einen Angriff des Patienten auf meinen Seelenfrieden. Dadurch, dass ich die Existenz einer unbewussten drohenden Kraft annehme, ist die Situation trianguliert: Es ist ein Angriff auf

meinen Seelenfrieden und auf den des Patienten. Ich hatte oft das Gefühl, schwerwiegende Fehler machen zu können. Es entsteht ein Machtkampf, vor allem an den Stellen, wo die Patienten »verwachsen« mit der destruktiven Kraft zu kollaborieren scheinen, die destruktive Kraft stumm und verborgen ist und es so scheint, als sei es nur noch der Patient selbst, der alles angreift und zerstört. Trotzdem hielt ich an dem Bild fest, das irgendwo in der Ecke der Patient selbst hockt und das Ganze – nicht unbeteiligt, sondern angst- und hoffnungsvoll – beobachtet. Ich wurde dann fast identisch mit dem mächtigen Drohenden. Dies wäre aber zu verstehen als die »Gegenkraft«, von der Freud (1923; 1937) sprach. Sie ist zu unterscheiden von den eher »infektiösen« Vorgängen der projektiven Identifikation und Projektion. In dieser Phase der Kollaboration ist meines Erachtens Tun und Handeln indiziert: Ich gebe dem Patienten eine Aufgabe, setze Bedingungen oder erteile ein Verbot. Meiner Beobachtung zufolge eröffnet dieses Einschreiten einen Raum für das Selbst im Patienten. Die Patienten sahen in jedem Fall in diesem Einschreiten einen Beweis dafür, dass ich wirkliches Interesse an ihnen habe und dass es mehr als bloßer Druck sei (Baumert 2001).

Zur Übertragungsarbeit: In diesem ersten beschriebenen Prozess ist die Übertragungsarbeit doppelt zu sehen. In der Arbeit mit den destruktiven Energien ist sie meines Erachtens kontraindiziert (vgl. Sachsse 1996; Reddemann, Sachsse 1998). Hier nehme ich die Position eines »Chirurgen« ein. Ich muss sofort trennen. Mittel sind das Erkennen und Benennen, wie z. B. »das sind Sie nicht selbst« (Baumert 2001). Das gewährt sofortigen Schutz, ebenso, dass der Patient die Fähigkeit gewinnt, zwischen seinem Selbst und dem, was in ihn eindringt, ihn angreift und die Selbstregulation raubt, zu unterscheiden. Die therapeutische Situation wird auf diese Weise trianguliert. Trotz Kurzschluss muss der Patient noch einen Gedanken behalten, nämlich den: »Das ist ein Angriff.« In diesem Teil der Arbeit geht es meiner Beobachtung zufolge nicht ohne Machtkampf. Demgegenüber ist die Übertragung zwischen dem Selbst des Patienten und der Analytikerin von Beginn an als eine Alter ego-Übertragung zu verstehen. Ich trage an der Seite des Patienten dazu bei, einen »Rechtsraum« für ihn zu eröffnen, der es ihm ermöglicht, die Ich-Funktionen wieder einzusetzen, z. B. seine Wahrnehmungen zu validieren, und das Drohende zu erkennen.

Einiges ist als Technik aus der Trauma-Therapie (Sachsse 1996; Reddemann, Sachsse 1998) bereits geläufig, so die Triangulierung durch den »inneren Beobachter«, die Trennung von toxischen Introjekten, was keine Externalisierung bedeutet, also nicht im zwischenmenschlichen, sondern im innerseelischen Bereich angesiedelt ist: Ein Handeln im inneren Raum.

Es bleiben viele Fragen offen. Welchen Ursprungs sind diese angreifenden destruktiven Kräfte? Werden sie neutralisiert oder eliminiert? Handelt es sich um einen physikalischen Zustand, so wie Roth und Schwegler (1995; Roth 1997) den »Geist« als physikalischen Zustand postulieren? Er müsse nicht auf neuronale Zustände reduzierbar sein und könne eigene Gesetzmäßigkeiten aufweisen. Alles Fragen, die ich nicht beantworten kann. Aber was ich beobachten konnte und kann: Man kann sie an ihren Auswirkungen erkennen, und im Erkennungsprozess verlieren sie an Kraft und Wirkung. Es entsteht ein anderer Fluss. Die eigentliche Arbeit der Analyse, des Integrierens und Verbindens entsteht (Ausspruch eines Patienten: Ich kann wieder denken). Die Entwicklungsprobleme und -aufgaben sind noch längst nicht gelöst, sie werden aber jetzt erst konstruktiv lösbar. Die Affekte und die Konflikte, die zum Leben gehören und die vorher immer wieder Angriffsfläche für Zerstörungen waren, können existieren. Das, was jetzt schwierig, schmerzlich, wütend, neidisch, traurig macht, ist in einem »menschlichen Größenmaß« nun erst verdaulich.

Die Arbeiten der Bindungsforscher (vgl. u. a. Grossmann, Grossmann 1993; 1994) belegen, wie grundlegend lebenswichtig die Bindung ist. Trennung bedeutet immer Schmerz und ist die Naht- bzw. Konfliktstelle, an der – wie Erikson (1968) beschreibt – Entwicklung oder aber Einbruch entsteht. Trennung – real stattgefundene oder die Androhung von Trennung – ist geradezu die menschliche Schwäche und Angriffsfläche für die von mir für möglich gehaltenen destruktiven Angriffe.

Literatur

Balint, M. (1969): Trauma und Objektbeziehung. In: Psyche 24 (1970), S. 346-358.
Baranger, M., Baranger, W., Mom, J. (1988): The infantile trauma from us to Freud: pure trauma, retroactivity and reconstruction. In: Int. J. Psycho-Anal., 69, S. 113-128.
Baumert, I. (2001): »Das sind Sie nicht selbst« – Der Ausgangspunkt für die Entwicklung einer veränderten Abwehrmaßnahme. Zur Publikation eingereicht.
Bion, W. R. (1959): Angriff auf Verbindungen. In: Bott Spillius, E. (1990) (Hg.): Melanie Klein heute, Bd. 1. München, Wien (Verlag Internationale Psychoanalyse), S. 110-129.
Bion, W. R. (1962): Eine Theorie des Denkens. In: Bott Spillius, E. (1990) (Hg.): Melanie Klein heute, Bd. 1. München, Wien (Verlag Internationale Psychoanalyse), S. 225-235.
Bohleber, W. (2000): Die Entwicklung der Traumatheorie in der Psychoanalyse. In: Psyche 54, S. 797-839.

Erikson, E. H. (1968): Jugend und Krise. Weinheim 1981 (Klett-Cotta).
Freud, S. (1895): Über die Berechtigung, von der Neurasthenie einen bestimmten Symptomenkomplex als »Angstneurose« abzutrennen. Studienausgabe Bd. 6, S. 25-49.
Freud, S. (1912): Einige Bemerkungen über den Begriff des Unbewussten in der Psychoanalyse. Studienausgabe Bd. 3, S. 25-36.
Freud, S. (1915): Das Unbewusste. Studienausgabe Bd. 3, S. 119-173.
Freud, S. (1917): Trauer und Melancholie. Studienausgabe Bd. 3, S. 193-212.
Freud, S. (1920): Jenseits des Lustprinzips. Studienausgabe Bd. 6, S. 213-272.
Freud, S. (1923): Das Ich und das Es. Studienausgabe Bd. 3, S. 273-330.
Freud, S. (1926a): Hemmung, Symptom und Angst. Studienausgabe Bd. 6, S. 227-310.
Freud, S. (1926b): Die Frage der Laienanalyse: Unterredungen mit einem Unparteiischen. Studienausgabe Ergänzungsband, S. 271-341.
Freud, S. (1937): Die endliche und die unendliche Analyse. Studienausgabe Ergänzungsband, S. 351-392.
Freud, S. (1938): Abriss der Psychoanalyse. Frankfurt a. M. 2001 (Fischer).
Globig, M. (2000): Der Horrorfilm im Gehirn. Kongressbericht in: Wissenschaftsmagazin MPG 3, S. 54-58.
Grossmann, K. E., Grossmann, K. (1993): Emotional organization and concentration on reality from an attachment theory perspective. In: J. of Educational Research, S. 541-554.
Grossmann, K. E., Grossmann, K. (1994): Bindungstheoretische Grundlagen psychologisch sicherer und unsicherer Entwicklung. In: GWG Zeitschrift der Gesellschaft für wissenschaftliche Gesprächspsychotherapie 96, S. 26-41.
Laub, D. (2000): Eros oder Thanatos? Der Kampf um die Erzählbarkeit des Traumas. In: Psyche 54, S. 860-894.
Reddemann, L., Sachsse, U. (1998): Welche Psychoanalyse ist für Opfer geeignet? In: Forum der Psychoanalyse 14, S. 289-294.
Roth, G. (1997): Das Gehirn und seine Wirklichkeit. Frankfurt a. M. (Suhrkamp).
Roth, G., Schwegler, H. (1995): Das Geist-Hirn-Problem aus der Sicht der Hirnforschung und eines nicht-reduktionistischen Physikalismus. In: Ethik und Sozialwissenschaften 6, S. 69-156.
Sachsse, U. (1996): Selbstverletzendes Verhalten – Psychodynamik – Psychotherapie; Das Trauma, die Dissoziation und ihre Behandlung. Göttingen (Vandenhoeck & Ruprecht).
Singer, W. (2000): Forschungsthemen im Überblick. In: Jahrbuch 2000 der MPG, Göttingen (Vandenhoeck & Ruprecht).
Speidel, H. (1992): Psychosomatik – Stiefkind der Psychoanalyse? In: Strauß, B., Meyer, E. (Hg.): Psychoanalytische Psychosomatik – Theorie, Forschung und Praxis. Stuttgart 1994 (Schattauer Verlag).
Ullrich, A. (2001): Wenn gestörte Kommunikation krank macht. In: Wissenschaftsmagazin MPG 2, S. 58-66.

Gewalterfahrung im kollektiv-kulturellen und im individuellen Gedächtnis[1]

Hildegard Adler

Der Begriff des »kollektiven Gedächtnisses«, das auch noch über die Jahrhunderte hinweg eine Massenbewegung auslösen könne, begegnete mir erstmals am Beispiel des Kosovo und in Volkans Begriff des »gewählten Traumas« (Volkan 1999). Seit dieser Veröffentlichung ist der Begriff zum Modewort geworden.

Ursprünglich wurde er von dem Soziologen Maurice Halbwachs (1985) geprägt, welcher mit ihm die Kultur einer Gesellschaft, das Amalgam von Sprache und Tradition, von Werken der Kunst, des Wissens und Nachdenkens bezeichnete.

Das kollektive Gedächtnis im engeren Sinne bezieht sich auf einen umrissenen historischen Inhalt (und unterscheidet sich durch eben diesen von jenen Traumen, die Freud als die »archaische Erbschaft« (Freud 1939, S. 204f), als den »allgemeinen Besitz der Menschen« (S. 241) bezeichnet). Wenn ein vergangenes Geschehen die Aufmerksamkeit, das Interesse und die Handlungsbereitschaft einer ganzen Gesellschaft auf sich zieht, dann ist nicht ein gemeinsamer Gedächtnispool vulkanartig aktiv geworden, vielmehr wirken medial vermittelte »kollektive Bedingungen« (Koselleck 2001) dahin, dass ein historisches Ereignis als allgemein bedeutsam erscheint.

Mein Interesse für das gewählte Thema entsprang nicht den Gräueln, die sich fernab ereigneten, sondern einer Frage, die mich persönlich beschäftigt, solange ich geschichtlich zu denken vermag: Welchen Einfluss hat die Nazi-Vergangenheit auf mich und auf die, denen ich mich (durch Sprache, Kultur, ähnliche Vergangenheit und Generationenbewusstsein) zugehörig fühle? Wäre ich, wenn ich zehn Jahre früher geboren wäre, nicht auch ein Mitläufer geworden? Oder bin ich das gar ohnehin, trotz der »Gnade der späten Geburt«?

Die Gewalt, die von den Deutschen im Dritten Reich ausgegangen ist, bestimmt auch heute noch das Selbstgefühl in zwei nationalen Kollektiven: Der Holocaust schmiedet »die« Juden und »die« Deutschen, als die Opfer und die Täter der Gewalt, unabdingbar zusammen. Hannah Arendt (1946) hat für diese untergründige fundamentale Gemeinsamkeit den Ausdruck der »negativen Symbiose« gefunden.

Die meinen Beitrag leitenden Fragen lauten: Muss es immer so bleiben, dass wir zum gegenseitigen Nachteil verbunden bleiben? – Welche psychischen Vorgänge machten unsere Vorfahren zu Gefolgsleuten und Mittätern eines Hitler? Und wie sind die Folgegenerationen mit ihnen verbunden?

Massada als ein Beispiel für die Wirksamkeit eines kollektiven Gedächtnis-Inhalts

Obwohl ich mich auf das eigene Kollektiv konzentrieren möchte, beginne ich mit dem Beispiel einer kollektiven Erinnerung, welche Juden bzw. Israelis miteinander teilen. Die Geschichte von Massada wurde von dem Historiker Yael Zerubavel (1994) dargestellt und veröffentlicht, um an ihr zu zeigen, dass auch heute noch kollektive Gedächtnisinhalte aus ferner Vorzeit ein gemeinsames nationales Bewusstsein bestimmen können.

Israel-Besucher werden häufig nach Massada geführt, auf den inmitten einer Wüstenlandschaft gelegenen Felskegel. Dort stand ehemals die Festung, auf die sich im 1. nachchristlichen Jahrhundert, im hoffnungslosen Kampf der Juden gegen die Römer, der Rest der verteidigungswilligen Juden, ein Häuflein von 1000 Leuten – Männer, Frauen, Kinder – zurückgezogen hatte. So berichtet der zeitgenössische Historiker Josefus Flavius. Als diese Menschen nach einer langen Belagerungszeit die Aussichtslosigkeit ihrer Lage begriffen, da habe der Anführer, Elazar ben Yair, eine glühende Rede gehalten: damit sie nicht zu Sklaven der Römer würden, damit sie »tapfer und in Freiheit« stürben, fordere er sie auf, dass zuerst die Männer ihre Frauen und Kinder töteten und dann sich gegenseitig. So geschah es.

In den Folge-Jahrhunderten fiel diese Geschichte dem Vergessen anheim. Erst in den zionistischen Jahren entstand eine moderne hebräische Übersetzung (1923), und von da an kursierte auch diese historische Erzählung wieder. Sie galt den ersten zionistischen Siedlern als ein Ausdruck ihres nationalen Geistes, als Auftrag, es den alten Hebräern gleichzutun in ihrer Freiheitsliebe und ihrem Heroismus.

Für die Zionisten konnten die Massada-Rebellen nur ein leuchtendes Vorbild sein, weil sie, die frühen Siedler, großzügig die Quelle missachtend, als selbstverständlich annahmen, dass ihre Vorfahren im Kampf, mit den Waffen in Händen gefallen seien. Der Massenselbstmord wurde tunlichst unterdrückt, wie es der jüdischen, in der Religion verankerten Sitte entspricht.

Massada galt in Israel in den vierziger und fünfziger Jahren als Gegenbild zum Holocaust bzw. seinen inaktiven »Opfern«, die sich wehrlos ergeben hätten, und darüber hinaus als Gegenbild für die unterwürfige Anpassungsbereitschaft, die den »Exiljuden« vorgeworfen wurde. Und sogar noch in den siebziger Jahren, als Forschungsausgrabungen die Archäologen aufklärten, dass diese Belagerten keineswegs im Kampf gefallen waren, blieb das Bild ihrer Heldenhaftigkeit erhalten: zu groß war der Wunsch nach einem Ideal, und als umso verächtlicher galt es, dass sich Juden, ohne Widerstand zu leisten, in die KZs hätten führen lassen und sich nicht den Verfolgern aktiv entgegengestellt hätten.

Schließlich aber, durch veränderte »kollektive Bedingungen« (Koselleck 2001) d. h. durch neue Erfahrungen in der Gegenwart, gewann die Massada-Erinnerung andere, neue Züge: Die eine war das Entsetzen über die Verlusterfahrungen im Yom Kippur-Krieg von 1973: man sah sich gezwungen, das Bild der eigenen Schwäche in den Bereich des Möglichen einzubeziehen.[2] Noch wichtiger aber für ein neues, verletzliches Selbstgefühl dürfte der Eichmann-Prozess gewesen sein. Durch ihn traten einzelne Schicksale von KZ-Überlebenden erstmals ins öffentliche Bewusstsein, das sich bisher dieser demütigenden Wahrnehmung verweigert hatte. Den individuellen, hoch emotionalen Zeugenberichten konnte sich die Bevölkerung nicht entziehen: jetzt wurde es möglich, den Opfern Empathie entgegenzubringen: Einfach nur zu überleben und Zeuge zu sein für das Verbrechen, so ließ sich jetzt verstehen, ist ein Wert in sich. Aus den bisherigen Gegenbildern – des heldenhaft überhöhten Selbstideals, das an der Formung der Massada-Erinnerung gewirkt hatte, und der bisher verachteten Vorstellung von den Opferlämmern in den KZs – entwickelte sich jetzt eine Parallele, welche hieß: Nie wieder ein Massada und nie wieder eine Shoah! Massada aber war auch jetzt nicht das Symbol der Aussichtslosigkeit, sondern die Aufforderung, nie wieder eine solche extreme Gefährdung entstehen zu lassen. Dazu aber sagte der Psychoanalytiker Kohon (1999, S. 145): Das Festhalten an dieser kollektiven Erinnerung von Massada führt gerade nicht zu einer adäquaten Realitätswahrnehmung und in eine größere Verständigungsbereitschaft, sondern in die Kompromisslosigkeit und Rachebereitschaft gegenüber der arabischen Umgebung. Und auch Zerubavel (1994, S. 90) schlussfolgert: Der Massada-Komplex verzerrt die Wahrnehmung der eigenen Situation. Wenn die Grausamkeit der Vergangenheit solchermaßen die politische Einschätzung der Gegenwart bestimmt, fühlt sich Israel von erbitterten Feinden umgeben, nicht aber von Menschen, die als Verhandlungspartner gewonnen werden müssen!

Individuelles Gedächtnis versus kollektives Gedächtnis als Geschichte und Kultur

Eine solche Überlieferung, wie sie die Geschichte von Massada darstellt, gewinnt in der jeweiligen Gegenwart eine andere, neue Bedeutung. Darin unterscheidet sie sich nicht vom individuellen Erinnern (vgl. Reinhardt 1996): Historische und lebensgeschichtliche Inhalte bleiben erhalten oder werden wieder lebendig, weil sie – meist eine emotionale – Bedeutung für die Gegenwart besitzen.[3]

Das eigentliche Erinnern aber ist immer nur ein individueller Vorgang und kein kollektiver Akt. Nur die Vorbedingungen, dass beim Individuum oder im Kollektiv ein vergangenes Ereignis lebendig oder beherrschend wird, sind vergleichbar. Während Massada für lange Zeit ganz vergessen war und nur wieder ausgegraben werden konnte, weil es im objektivierten Kulturschatz aufbewahrt war, ist es oft beim einzelnen Opfer ganz anders: ein extremes Trauma bleibt ihm häufig unvergängliche Gegenwart; es der Vergangenheit zuordnen zu können, bedeutet, es auch in das eigene Leben, in das Selbstbild integrieren zu können.

Wie aber kann eine kollektive Erinnerung integriert werden? Sie in ihrer Funktion zu verstehen, ist eine individuelle Leistung. Auch wenn die Funktion der Erinnerung, nämlich Identität und Kontinuität der Gesellschaft und des Individuum zu wahren, gleich sein mag, ist die eigentliche Dynamik dem Individuum vorbehalten: Verdrängung, Abspaltung, Kryptisierung, Umkehrung von Passivität in Aktivität, Somatisierung – sie geschehen in der menschlichen Psyche, und nicht, wofür manch ein Kulturwissenschaftler, vornehmlich Jan Assmann (1998) das psychoanalytische Begriffsarsenal beansprucht, in der kulturellen Überlieferung.

Auch ein Trauma, das von einem Gesamtkollektiv erfahren wurde, wird von jedem Einzelnen individuell, gemäß seiner Persönlichkeit und anderen psychischen Bedingungen, erlebt und in der Erinnerung gestaltet und umgestaltet. Die Gemeinsamkeit liegt nicht in den Einzelheiten der selbst erlebten und mithin erinnerbaren Inhalte, sondern in den Vorbedingungen unseres Denkens, Fühlens, Erinnerns: Die jeden Einzelnen umfassende Gemeinsamkeit der Geschichte und Gegenwart, in die sich Sprache und Kultur eingeprägt haben, bildet ein ungemein starkes, vereinheitlichendes Band. Es zwingt dem einzelnen Menschen die beherrschende Matrix auf. Halbwachs (1985) hat diese Prägung durch die Kultur, die er als »kollektives Gedächtnis« bezeichnete, folgendermaßen beschrieben:

»Jede noch so persönliche Erinnerung, selbst von Ereignissen, deren Zeuge wir alleine waren, selbst von unausgesprochenen Gedanken und Gefühlen, steht zu einem Gesamt von Begriffen in Beziehung, das noch viele außer uns besitzen, mit Personen, Gruppen, Orten, Daten, Wörtern und Sprachformen, [...] mit dem ganzen materiellen und geistigen Leben der Gruppen, zu denen wir gehören und gehört haben« (Halbwachs 1985, S. 71).

Damit ist gesagt: Alles, was wir wahrnehmen, denken, uns vorstellen, basiert auf Erinnerungen, in denen jene Gesellschaft und jene Gruppen, denen wir zugehören, anwesend sind. Auch wenn wir nicht wissentlich an dem großen kulturellen Erinnerungs-Pool beteiligt sind, so formt er doch unbewusst jeden Gedanken.

Mitläufer-Mentalität: Die Gleichgültigkeit in der Masse und die Doppeldeutigkeit

Auf unsere Gegenwart bezogen, führt mich das zu der Hypothese: Weil wir mit der Generation des Dritten Reichs und seinen Vorläufern einen Geschichts- und Kulturzusammenhang bilden, tragen wir dieses Erbe in uns, das Erbe der Un-Kultur; es wirkt sich in unserem Denken, Handeln, Sprechen aus, auch wenn wir nichts davon wissen. Das Nazi-Gedankengut lebt in uns als unser deutsches kollektives Gedächtnis.

Meine Überlegungen beziehen sich vornehmlich auf die große Masse derer, die sich ihre Historie wie eine Kapuze über den Kopf gezogen fühlten, die nicht zu Mördern wurden, sondern zu Mitmachern. Aber auch dazu gehörte eine Portion Unmenschlichkeit, nämlich das Wegschauen und die verharmlosende Entschuldung: Ich tue ja nur das, was alle tun.

Zu denen, welche meiner Generation das Nachdenken über die nazistische Vergangenheit lehrten, gehörte Hannah Arendt. Unter dem Titel *Die Banalität des Bösen* hat sie (Arendt 1983) das Bewusstsein eines der Haupttäter exemplifiziert. Und dieses Motto galt und gilt m. E. genauso für all die vielen Mitläufer: Aus Pflichtbewusstsein oder aber aus Angst hatten die meisten von ihnen begangen, was sie sich jetzt vorwerfen (lassen) mussten.

Wenn schon die großen Verantwortungsträger, die vor Gericht gestellt wurden, ihre pflichtgemäße Erledigung ihrer Untaten abspalteten von ihrer sonstigen sauberen Anständigkeit gegenüber Mensch und Tier, so erst recht die kleinen Mitläufer.

Als einen ersten Ansatz zum kulturellen Verständnis der massenhaften Amoralität (im traditionellen Sinne) hatte Riesman (1958) den Begriff des

»außengeleiteten Gewissens« zur Verfügung gestellt. Ihn hat Mitscherlich (1963) – wohl auf dem Hintergrund der deutschen Nachkriegsverhältnisse – weiter entwickelt und legte dar: Wenn in unseren modernen Gesellschaften persönliche frühe Beziehungen mehr und mehr verschwinden, erübrigen sich insbesondere die Auseinandersetzungen mit einem geliebten und gefürchteten Vater, sowie die Konflikte, die zur persönlichen Gewissensbildung führen. Das Fortschreiten der »Vaterlosigkeit« im gesellschaftlichen Rahmen (der Politik und Wirtschaft umfasst), wo keiner ist, der persönliche Haftung und Verantwortung übernimmt, führe dazu, dass einer »entindividualisierten Masse« das »antlitzlose System« gegenüberstehe. In der allgemeinen Anonymität fühle sich der Einzelne ersetzbar in seiner Funktion, verantworte sie nicht mit seinem eigenen Gewissen, sondern beuge sich der übergeordneten Systematik. Damit schwinden die Gefühle der Mitmenschlichkeit zugunsten einer großen Gleich-Gültigkeit.

Mitscherlich (1976) ging zehn Jahre später einen Schritt weiter: Von der Lust bereitenden, sadistischen Grausamkeit unterschied er die »Arbeit der Grausamkeit«: bei den KZ-Wärtern (so spezifiziere ich) sei nicht triebhafter Sadismus am Werk gewesen, sondern sie hätten sich dem Befehl angepasst; ihre »Pflichterfüllung« sei dem zwanghaften Gehorsam gegenüber dem System zuzuschreiben. – In einem korrupten System, so füge ich hinzu, löst sich die gegenseitige Verantwortlichkeit und die Mitmenschlichkeit, die aller Moral zugrunde liegt, in ein Nichts auf.

Aber in den dreißiger und vierziger Jahren wurden auch die mutigen Menschen, welche, anders als die Mitläufer, sich dem Geist der Zeit widersetzten, durch den Druck der realen Verhältnisse unaufrichtig; sie wurden sich »in Kleinigkeiten« untreu und »mussten«, wie J. Thierfelder (1996) in Bezug auf einen der »Gerechten« (Hermann Maas) schreibt, »eine Art Doppelleben führen«. Solche »Schutzbehauptungen« gehören nach meinem Urteil in die Kategorie der Doppelmoral ebenso wie das Schweigen oder gar die »kleinen« Lügen, mit denen (mit Recht) ängstliche Eltern ihr verbotenes, sie und ihre Familien gefährdendes Tun vor ihren kleinen Kindern verbargen und verleugneten. Was hat das für Folgen für die Kinder, welche die doppelte Moral mitbekommen und deren neugierige Fragen ängstlich beiseite geschoben – beseitigt – werden?

Verleugnung und Verkehrung ins Gegenteil im Nachkriegsdeutschland

Im deutschsprachigen Raum herrschte nach Kriegsende für lange Jahre Sprachlosigkeit über die hinter uns liegenden Schrecklichkeiten. Sich auf diese Vergangenheit zu besinnen, dazu war »keine Zeit«. Und sogar bei jenen, die sich mit Entsetzen das Geschehene – zumindest in Teilen – ins Bewusstsein riefen, galt der Aufbruch in das Neue – aus dem das Wirtschaftswunder erwachsen sollte – als das Gebot der Stunde, das alle Kräfte beanspruchte.

Die meisten in der Bevölkerung empfanden sich, in der Armut des Kriegsendes, selbst als die Opfer, als die Ge- und Enttäuschten: Sie waren verführt worden und wollten ihrer Scham nicht begegnen. Und hatten sie nicht die Schrecknisse der Bomben und der zerstörten Städte zu verkraften? Den Verlust der Heimat und des Besitzes? Hunger? Den Tod von Söhnen, Brüdern, Freunden? Waren sie nicht genug gestraft? Und durfte man nicht die Entnazifizierung als »Persilschein« für die Harmlosigkeit der eigenen Verfehlungen betrachten?

Das »Rechteln« (Kant) und die masochistische Umkehrung der Täterschaft in den Opferstatus – ein uns allen geläufiger Prozess! Damit konnte man sich blind machen für das, was man getan und zugelassen, geduldet oder sogar unterstützt hatte. Ja, manche fragten sich: Weshalb hatten auch »die Juden« so viel Anlass zu Auffälligkeiten gegeben? Hatten sie die Deutschen nicht gezwungen, sie in ihre Schranken zu verweisen? Der Antisemitismus wurde in all diesen selbstmitleidigen Verkehrungen eher noch verstärkt als reduziert.

Die Krankheit der falschen Gefühle – ein Erbe des Dritten Reichs

Schon oft wurde das Schweigen in den Familien der Täter, Opfer und (schließlich auch der) Mitläufer (vgl. Hauer 1994) als das weiterwirkende Übel bezeichnet. Ich meine als das Erbe der Nazizeit hervorheben zu müssen die Ambiguität oder Doppeldeutigkeit. Mit Ambiguität meine ich die Krankheit des Gewissens, das es nicht erträgt, eigene Schuld, eigene Verdorbenheit oder Korruptheit anzuerkennen und ins Selbstbild zu übernehmen. Aus den erschütternden Psychoanalysen mit Folter-Überlebenden hat Amati (1977 und 1990) berichtet, wie die tiefe Ambiguität den innersten Kern ihrer Verletzungen darstellt. Erst wenn diese Kranken die personale Verantwortung für

Gut und Böse, für ihre Faszination und ihre Identifikation mit den grausamen Tätern in ihrer eigenen Grausamkeit wiederfinden und anerkennen, dann finden sie zu ihrem ganzheitlichen Personsein. Wie die massenhafte Doppeldeutigkeit der Mitläufer sich als Gefühlsunechtheit bei den Nachkommen auswirkt, möchte ich am Beispiel einer Patientin und einer Analysenepisode aus der jüngsten Vergangenheit zeigen.

Frau T. wurde wenige Monate vor Kriegsende geboren. Was ihr ihre Eltern über ihr Leben in dieser Zeit mitteilten, war äußerst widersprüchlich: Einerseits hieß es, der Vater sei »desertiert« – aber wohin? Denn das Kind war ihm im Alter von drei Jahren erstmals begegnet. Genauso unverständlich blieb, was die Eltern über ihre »Ferntrauung« sagten, wo es doch auch die Fotos ihres Hochzeitstages gesehen hatte; auf diesen Bildern trug der Vater eine deutsche Uniform, obwohl gesagt wurde, er sei Schweizer. – Die Mutter von Frau T. war so stark mit ihrer eigenen, von ihr idealisierten Mutter beschäftigt, dass sie das Kind darüber vernachlässigte; als es sechs Jahre alt war, starb diese Großmutter, und jetzt hatte die Mutter an ihrer Tochter auszusetzen, dass sie ja gar nicht traurig sei, denn sie weine nicht. – Den Vater lernte Frau T. lediglich als den Strafenden, Fordernden kennen, der nur für die Mutter ein offenes Auge und Ohr hatte, die Tochter aber nur mit klimpernden Augendeckeln anzuschauen vermochte.

Frau T. erinnert sich ihrer grenzenlosen, mitfühlenden Liebe für die stets leidende Mutter und ihrer bleibenden Angst vor dem »bösen« Vater. Nur in einer Hinsicht wandte sie sich, in späteren Kindheitstagen, gegen die Eltern, nämlich wenn diese, versteckt und offen, die Juden als die gerissenen, unehrlichen Heimtücker hinstellten: In dieser Identifikation zeigte sie, unbewusst, dass auf sie, das Kind, eben diese Projektion der Eltern gefallen war.

Frau T. war ein stilles, braves Kind, das den zehn Jahre nach ihr geborenen Bruder, der von seinen Eltern vergöttert wurde, ebenso innig zu lieben meinte, wenn sie ihn tagtäglich stundenlang betreute.

Frau T. wurde in größter Abhängigkeit gehalten: Trotz des familiären Wohlstandes durfte sie nicht die schulische und dann die berufsmäßige Ausbildung selbst bestimmen. Als sie schließlich das Elternhaus zu verlassen wagte, bahnte sich ihr Trotz nur einen heimlichen Weg durch die zweimalige Wahl solcher Partner, die durch ihren Drogenmissbrauch kriminell geworden waren und sie brutal misshandelten.

Schließlich wurde Frau T. ungewollt schwanger, woraufhin sie in eine solche Panik und in einen drohenden Realitätsverlust geriet, dass ihr eine legale Abtreibung zuerkannt wurde, welche ihr ein heftiges Schuldbewusstsein verursachte. Über dieses kam sie hinweg, weil sie die vorwurfsvoll-bedrückten Mienen ihrer Pflegerinnen aufhellen konnte durch kleine, in Handarbeit gestickte Bilder.

Ich lernte Frau T. kennen, als sie, Jahrzehnte später, in die tiefste Depression und in heftige Schuldgefühle geraten war: Sie machte es sich zum Vorwurf, dass sie ihr innig geliebtes Wohnhaus nach vier glücklichen Jahren hatte verlassen müssen; sie konnte es sich nicht eingestehen, dass Egoismus und Geiz der Mutter zu diesem Verlust geführt hatten; lieber nahm sie selbst die Schuld daran auf sich.

Ich erlebte in Frau T. eine zutiefst unsichere Frau, die nie zu ihren eigenen Gefühlen und eigenen Wahrnehmungen gelangt war, die ihre Spaltungen und Selbstverletzungen benötigte, um sich das Gefühl des geliebten Einbezogenseins zu retten. Unsere Beziehung war beherrscht von ihrer Angst, dass ich ein schlechtes Bild von ihr gewinnen könne bzw. dass sie an sich selbst Züge erkennen müsse, die sie nicht ertragen könne.

Jene Analysenstunde, welche auf die Katastrophe von New York am 11. September 2001 folgte, brachte eine mich überraschende Einsicht seitens der Patientin: Sie sann darüber nach, was sie eigentlich ausdrücken könne und solle angesichts dieser Schrecklichkeiten: Sie suchte nach ihren Gefühlen, während sie »bei den anderen guckte«, wie die ihr Entsetzen ausdrückten; sie habe deren Erschütterung gesehen, aber sie selbst wisse nicht, was sie fühle. Sie sprach dann von der derzeitig in USA herrschenden »Parallelität von Vergeltung und Entsetzen«, bevor man der Trauer Platz lasse.

Als ich nach einer langen Weile fragte: »Und Sie? Was denken Sie dazu?« antwortete die Patientin mit einem Satz, der als Überschrift über ihrem Leben stehen könnte: »*Ich wollte immer die Gefühle in mir erzeugen, die jemand anders von mir erwarten konnte.*«

Es ist diese Gefühlsunsicherheit, diese Verwirrung, die Frau T. und ich bei ihr kennen lernten als das eigentliche Movens ihres Lebens, welche ich für ein – die Folgegenerationen beherrschendes – Erbe der Nazi-Vergangenheit halte: Das Verlangen, jene Gefühle zu zeigen und zu fühlen, die dem Bild entsprechen, das ein wichtiger anderer von mir hat, das entspringt jener Gefühlsverwirrung, die in einer Atmosphäre von Terror und Gewalt entsteht. Sie führt in die moralische Zweideutigkeit, die keine Verantwortung für eigenes Tun entstehen lässt. Diese Patientin konnte, angesichts jener von ihr nicht zu verantwortenden Katastrophe, ihre eigene Unechtheit wahrnehmen und einen Schritt ins Offene tun.

Die anhaltende moralische Ambiguität in der Nachkriegszeit

Die Doppeldeutigkeit, die der Analytiker bei einzelnen Individuen antrifft, soll nun in jenem kollektiven Kontext aufgezeigt werden, den Saul Friedländer (1982) untersucht hat. Er sichtete die Darstellungen der Hitlerzeit und stellte dabei fest: Während in den fünfziger und sechziger Jahren fast keine historische Rückbesinnung stattgefunden habe, gäbe es in den letzten Jahrzehnten »massenhafte« Darstellungen der Hitlerzeit, in wissenschaftlichen, romanhaften und filmischen Werken (z. B. Fassbinder, Fest, Herzog, Speer und Syberberg), die auch ein nicht endendes Interesse fänden. Wenn man aber diese Publikationen untersuche, biete sich der »Analyse der Tiefenstruktur«, entgegen der »erklärten moralischen Position der Autoren« (S. 16), etwas sehr Zwiespältiges, nämlich die »Koexistenz von Machtanbetung und Sehnsucht nach apokalyptischer Auslöschung« allen Lebens. Sie seien in einem Stil dargeboten, der den Tod und das apokalyptische Grauen (S. 119) mystifiziere und den Leser oder Betrachter entmündige und hypnotisiere (S. 116). Die Faszination gegenüber dem »Führer« äußere sich in einem Verlangen nach restloser Unterwerfung und der gleichzeitigen phantasmatischen Entfesselung aller Triebkräfte.

Ich übersetze diese Gedanken in mir vertrautere Begriffe: Eine massenhaftes Interesse für die Werke, die sich mit den Untaten der NS-Zeit beschäftigen, könnte man – und so tut es der Historiker Diner (1987) – als »zwangsneurotische Reaktionsbildung« (Freud 1939, S. 243) wegen zugrunde liegender Schuldgefühle bezeichnen. Daneben besteht – in der Diskrepanz von bewusst Intendiertem und unbewusst Gewolltem – eine heimliche Lust an der grausamen Destruktivität, sowohl aufseiten der Produzenten wie der Konsumenten.

Die gleichen zwiespältig verworrenen Gefühle, welche ich in Bezug auf Nazi-Mitläufer und ihre Erben aufzudecken versuchte, und die gleiche moralische Ambiguität liest Friedländer als die Botschaft der heutigen Wissenschafts- und Kulturgüter. Sie stellen unser kollektives Erbe der kollektiven Gewalterfahrungen im Dritten Reich dar. Andererseits aber bildet das »massenhafte« Interesse an dieser Vergangenheit die Vorbedingung für eine breite, in vielen Menschen sich ereignende Erinnerung, die im eigentlichen Sinne immer nur im Einzelnen, in individuellen Auseinandersetzungen geschieht.

Die Möglichkeit der individuellen Überwindung der Ambiguität

Der Weg aus der kollektiv vorgegebenen Befangenheit ist der gleiche Weg den Marion Oliner (1999) beschreibt mit ihren Überlegungen zu Analysen von extrem traumatisierten Patienten: Auch die entkommen erst der Ambiguität der Verantwortungslosigkeit, wenn sie in der Lage sind, ihre individuellen, ihre eigenen unbewussten Phantasien der Katastrophenerlebnisse aufzudecken; denn nur diese enthüllen die persönliche Bedeutung eines grauenhaften Ereignisses. Wenn das nicht geschähe, so Oliner, münde ein extremes Trauma in Spaltung, Perversion oder zumindest in Affektisolierung.

Dieselbe Spaltung und Isolierung, wenn auch in geringerem Ausmaß, besteht auch für jeden, der den kollektiven Doppeldeutigkeiten unterworfen ist. Wer aus den Gefühlsverwirrungen heraus zu authentischen Gefühlen gelangen möchte, kann das nur als Einzelner; als Einzelner muss er es wagen, sich seine Phantasien über die Schrecknisse des Dritten Reiches, insbesondere der Konzentrationslager, zugänglich zu machen. Dadurch kann Kollektiv-Allgemeines in individuelle Bedeutung verwandelt werden, und nur so entkommt jeder Einzelne der Doppeldeutigkeit und der Doppelmoral.

Kann die kollektive »negative Symbiose« aufgehoben werden?

Ich kehre zurück zu dem Begriff der »negativen Symbiose« (Arendt), in der die Deutschen und die Israelis als Kollektive verbunden sind. Für uns Deutsche meine ich den Weg der Individuierung zu sehen, um dem kollektiven Verhaftet-Sein an das Dritte Reich zu entgehen. Aber ich glaube nicht, dass derselbe Weg den Israelis offen steht: Während wir in den letzten 50 Jahren in Frieden leben durften, fühlten und fühlen jene sich ständig in ihrer Existenz bedroht und begegnen dieser Bedrohung durch ein verherrlichtes Massada-Heldentum. Ich frage mich aber: sind wir als Kollektiv der Deutschen, als Erbe der Nazi-Untaten, nicht mitverantwortlich dafür, dass der Massada-Komplex und die entsprechende Gesinnung auf israelischer Seite beibehalten wurde und wird? Auch heute noch ist für das kollektive Bewusstsein auf beiden Seiten die Shoah (oder der Holocaust) »ein identitätsformendes Grundereignis« (Diner 1997). Wir selbst als die Täter dieses Grauens schrecken zurück vor dem schrecklichen Gorgonenhaupt und sind, wie ich mit Friedländer meine, von ihm fasziniert. Wenn wir diese Faszination aufgeben können durch unser persönliches Reflektieren, dann können wir Abstand nehmen von Vorwürfen, die gegen eine israelische Politik gerichtet sind, jedoch unbedacht das Kollektiv der Juden bzw. Israelis einschließen.

Ich plädiere dafür, dass wir gegenüber Israel und den Israelis auf (politisches) Besser-Wissen verzichten, um ihrer ängstlichen Bereitschaft entgegen zu wirken, in jeder kritischen Äußerung Antisemitismus zu wittern. (Als sprechendstes Beispiel für eine solche Empfindlichkeit vgl. die Kommentare von S. Keval, 1999, zu den von ihr durchgeführten Interviews.) Wenn wir die Antisemitismus-Vorwürfe, die oft genug berechtigt sind, akzeptieren, dann kann die andere Seite vielleicht hinnehmen, dass nicht alle Kritik »anti« ist, auch nicht antisemitisch.

Ich mute es uns, den Deutschen und den deutschen Analytikern zu, dass wir unsere kollektiven Vorurteile analysierend verstehen: reflektierend können wir sie in uns entdecken und sie, als die Angst der anderen, uns anverwandeln. Damit wäre der amoralischen Gleichgültigkeit, die auch heute noch unsere Gefahr ist, die Empathie entgegengesetzt, die Empathie für die anderen, die dem Tod entkommen sind und ihm doch verhaftet geblieben sind.

Wir als Psychoanalytiker könnten uns von dem kollektiv Gewussten und sogar dem historisch Erinnerten und Erforschten distanzieren, indem wir auf die Einmaligkeit der erinnerten Gewalterfahrung empathisch horchen und mit ihr umgehen (wie es Dori Laub 2000, S. 70f beeindruckend dargestellt hat). Damit könnten wir von unserer Seite aus anfangen, uns aus der negativen Symbiose zu lösen, indem wir das psychoanalytische Erkennen, welches durch Empathie zustande kommt, nicht länger unter den Scheffel des kollektiven Vorurteils stellen.

Anmerkungen

1 Ich benutze die Begriffe »Gedächtnis« und »Erinnerung« je nach Bedeutungsschattierung, wobei ersterer die Teilhabe an einer gemeinschaftlichen Sicht betont, während »Erinnerung« eher die individuelle Auseinandersetzung meint (vgl. Wischermann 1996).
2 Die veränderte Sicht zeigte sich auch an anderer Stelle: Erst nach diesem palästinensisch-israelischen Krieg gab es, erstmalig, psychologische Hilfen für Menschen, die Kriegstraumen davongetragen hatten (vgl. Bar-On 1999).
3 Das gleiche Phänomen ist in der Darstellung eines Ereignisses durch den Historiker zu beobachten, hier durch den ersten und einzigen Chronisten von Massada: Josephus Flavius hat die bewegende Rede des Anführers der

jüdischen Rebellen wörtlich, als sei er dabei gewesen, aufgeschrieben, d. h. er hat ihm seine, des Historikers, Emotionen und Ideale in den Mund gelegt: der Suizid wird als Akt der freiheitlichen Gesinnung hingestellt und die hilflos-verzweifelte Ohnmacht in ihr Gegenteil umgedeutet.

Literatur

Amati, S. (1975): Reflexionen über die Folter. In: Psyche 31, S. 227-245.
Amati, S. (1990): Die Rückgewinnung des Schamgefühls. In: Psyche 44, S. 724-740.
Arendt, H. (1946): Hannah Arendt und Karl Jaspers: Briefwechsel 1926-1969. Zit. n. Diner (1986).
Arendt, H. (1983): Eichmann in Jerusalem. Ein Bericht von der Banalität des Bösen. Reinbek (Rowohlt).
Assmann, J. (1998): Moses der Ägypter. München (Hanser).
Baer, U. (2000): Einleitung. In: Baer, U. (Hg.) (2000): »Niemand zeugt für den Zeugen«. Frankfurt a. M. (Suhrkamp).
Bar-On, D. (1999): Kriegstrauma als soziales Phänomen. Erfahrungen in Israel. In: Bronfen, E. (Hg.): Trauma: Zwischen Analyse und kulturellem Deutungsmuster. Köln, Weimar, Wien (Böhlau), S. 77-94.
Diner, D. (1987): Negative Symbiose – Deutsche und Juden nach Auschwitz. In: Diner, D. (Hg.) (1987): Ist der Nationalsozialismus Geschichte? Frankfurt a. M. (Fischer).
Diner, D. (1997): On Guilt Discourse and Other Narratives. In: Arad, G. N. (Hg.) (1997): Studies in Representation of the Past. Bloomington (Indian. Univers. Press), S. 301-320.
Diner, D. (Hg.) (1988): Zivilisationsbruch. Denken nach Auschwitz. Frankfurt a. M. (Fischer).
Edvardson, C,. (1986): Ohne Titel. In: Reden über das eigene Land: Deutschland 4. München (Bertelsmann), S. 37-59.
Freud, S. (1939): Der Mann Moses und die monotheistische Religion. In GW XVI, S. 101-246.
Friedländer, S. (1982): Kitsch und Tod. Der Widerschein des Nazismus. München (Hanser).
Halbwachs, M. (1985): Das Gedächtnis und seine sozialen Bedingungen. Frankfurt a. M. (Suhrkamp).
Hauer, E. (1994): Die Mitläufer oder die Unfähigkeit zu fragen. Auswirkungen des Nationalsozialismus für die Demokratie von heute. Opladen (Leske u. Budrich).
Hondrich, K. O. (2001): Mehrheitsmoral und Elitenmoral. In: Merkur 55, S. 572-585.
Keval, S. (1999): Die schwierige Erinnerung. Deutsche Widerstandskämpfer über die Verfolgung und Vernichtung der Juden. Frankfurt a. M., New York (Campus).
Kohon, Gregorio (1999): No Lost Certainties to be Recovered. London (Karnac).
Koselleck, R. (2001): Gebrochene Erinnerung? In: Neue Zürcher Zeitung, 22./23 Sept., S. 79.

Kristeva, J. (1988): Fremde sind wir uns selbst. Frankfurt a. M. (Edition Suhrkamp).
Krystal, H. (1978): Trauma and affects. In: Psychoanal. Study Child, 33, S. 81-116.
Laub, D. (2000), Zeugnis ablegen oder Die Schwierigkeiten des Zuhörens. In: U. Baer (Hg.) (2000): »Niemand zeugt für den Zeugen«. Frankfurt a. M. (Suhrkamp), S. 68-83.
Mitscherlich, A. (1963): Auf dem Weg zur vaterlosen Gesellschaft. München (Piper).
Mitscherlich, A. (1976): Zwei Arten der Grausamkeit. In: Mitscherlich, A. (1983) Gesammelte Schriften V. Frankfurt a. M. (Suhrkamp), S. 322-342.
Niethammer, L. (1995): Diesseits des »Floating Gap«. Das Kollektive Gedächtnis und die Konstruktion von Identität im wissenschaftlichen Diskurs. In: K. Platt u. M. Dabag (Hg.) (1995): Generation und Gedächtnis. Opladen (Leske und Budrich).
Ogden, T. (1992): The subject of Psychoanalysis. The Freudian subject. In: Int. J. Psychoanal. 73, S. 517-526.
Oliner, M. M. (1999): Das ungelöste Rätsel »Trauma«: Auswirkungen des Holocaust auf die Sexualität. In: Psyche 53, S. 1115-1136.
Reinhardt, D. (1996): »Kollektive Erinnerung« und »Kollektives Gedächtnis«. Zur Frage der Übertragbarkeit individualpsychologischer Begriffe auf gesellschaftliche Phänomene. In: Wischermann, C. (Hg.) (1996), S. 87-100.
Riesmann, D. (1998): Die einsame Masse. Reinbek (Rowohlt).
Thierfelder, J. (1996): »Tun des Gerechten«. In: J. Thierfelder und W. Wölfing (Hg.): Für ein neues Miteinander von Juden und Christen. Weinheim (Studienverlag), S. 221-248.
Volkan, V. D. (1999): Das Versagen der Diplomatie. Gießen (Psychosozial-Verlag).
Winnicott, D. W. (1974): Die Entwicklung der Fähigkeit der Besorgnis. In: Reifungsprozesse und fördernde Umwelt. München (Kindler).
Wischermann, C. (Hg.) (1996): Die Legitimität der Erinnerung. Stuttgart (Steiner), S. 87-100.
Wischermann, C. (1996): Kollektive versus »eigene« Vergangenheit. In: Wischermann, C. (Hg.): Die Legitimität der Erinnerung. Stuttgart (Steiner), S. 9-17.
Zerubavel. Y. (1994) Death of Memory and the Memory of Death. In: Representations 45. (Berkeley), S. 72-100.

Angst vor Gewalt
Bemerkungen zur Macht der Introjekte

Wulf Hübner

Introjekte sind fremdartige Gebilde. Ihre Macht besteht in der unbewussten Gewissheit des Subjekts, die gewaltige Angst nicht ertragen zu können, die mit der Selbstabgrenzung, dem Vollzug des Selbstbewusstsein einhergeht.

Im Folgenden möchte ich die Überlegungen, die in dieser These enthalten sind bzw. zu ihr geführt haben, in eine nachvollziehbare Reihenfolge bringen.

Jüngst hat Dahl auf den rein spekulativen Charakter der Metapsychologien Freuds und Kleins hingewiesen, ihnen aber auch eine bedeutsame Funktion zuerkannt: Sie sollen psychoanalytisches Denken ermöglichen, u. a. darüber, »*welche* Bedeutung rohe Sinnesdaten für die menschliche Seele haben«. (2001, S. 626; Hervorhebung W. H.) Die erste Hälfte meines Beitrags ist dem Nachweis gewidmet, *dass* methodisch denkbar ist, *wie* rohe körperliche Zustände überhaupt eine Bedeutung für den Säugling bekommen können, nämlich von außen. Dazu werde ich den Dialog der Körper , diese frühe Mutter-Kind-Interaktion, aus sprachanalytischer Sicht betrachten. Das ergibt eine andere Ebene. Beginnen werde ich mit einer Szene, die für die derzeitige Diskussion über primären Narzissmus (Dahl), das »Konzept der Anerkennung« (Honneth) und die »Arbeit des Negativen« (Whitebook) zentral ist: Es kann nur die haltende, liebkosende, versorgende Entgegnung eines anderen Menschen sein, die den Säugling die Erfahrung einer Verschmelzung machen lässt. In diesem Nullpunkt aller Erfahrung von Anerkennung könnte aber zugleich eine nie versiegende Quelle der Antisozialität gesehen werden, des Aufbegehrens gegen die Unabhängigkeit und Unverfügbarkeit des die Sozialität verkörpernden Anderen, das wäre die »Arbeit des Negativen«, soweit Honneth (2001, S. 801). Die folgenden Überlegungen sind eine implizite Stellungnahme zu dieser Diskussion und ein überwiegend implizites Plädoyer für die Allgemeine Verführungstheorie von Laplanche, aus der die grundlegende und gänzlich unspekulative Annahme stammt, dass der primäre Ort des Unbewussten zunächst bei den Eltern resp. der Mutter ist.

Im zweiten Teil des Vortrags werde ich einen für das Verständnis von Introjekten zentralen Vorschlag von Beland aufgreifen und auf die andere Seite der Medaille zeigen, auf die Schwierigkeit der Anerkennung des Eigenen.

Der Dialog der Körper

Der Beschreibung »haltende, liebkosende, versorgende Entgegnung« kann man mindestens zweierlei entnehmen: eine Mutter hat den körperlichen Ausdruck ihres Säuglings wahrgenommen und intuitiv als Kundgabe einer bestimmten z. B. Unlustempfindung interpretiert, auf die sie intuitiv versorgend eingeht, ihn stillt, die Windeln wechselt, ihm Fencheltee gibt oder dergleichen. Aus dem Bedarf seines Körpers ist ein an sie gerichtetes Bedürfnis geworden. Und sie tut, was sie tut, auf eine bestimmte Weise: haltend und liebkosend. Die Antwort der Mutter besteht also in einem bestimmten leiblichen Angebot ihrerseits. Woher stammt ihr intuitives Wissen? Woher weiß sie, was angemessener Weise zu tun ist?

Erste sprachanalytische Anmerkung

Wie unterscheiden wir, und nun folge ich einem Gedankengang von Kambartel, Empfindungen – also Schmerzempfindungen wie bohrende Kopfschmerzen, Geschmacksempfindungen, z. B. des Bitteren, Scharfen, Süßen, oder Druckempfindungen voneinander? Zum einen, wenn es unsere Empfindung ist, durch den Bezug zu unserem Leib, wir spüren sie. Bei anderen Personen nehmen wir deren Ausdrucksverhalten als Indiz dafür, dass sie eine bestimmte leibliche Empfindung haben. »Unser Leib ist sowohl Ort der Empfing als auch das Medium ihres Ausdruck gegenüber anderen« (Kambartel 1996, S. 111). Jede Empfindung zeigt sich also auf doppelte Weise, als gespürtes Innen (aus der Perspektive der so genannten ersten Person) und als beobachtbares Außen (aus der Perspektive der dritten Person). Die Pointe dieser Beschreibung ist nun die, dass die Bedeutung der Wörter, mit denen wir Empfindungen unterscheiden, beide Perspektiven umfasst.

Beim Erlernen der Sprache kamen die Wörter für unsere leiblichen Empfindungen von außen, das Empfindungswort aber steht für die Empfindung selbst und nicht für den leiblichen Ausdruck; andererseits haben wir die Wörter genau dann gesagt bekommen, wenn wir uns in den betreffenden körperlichen Zuständen befunden und sie leiblich ausgedrückt haben (vgl. Tugendhat 1979, S.99): »Infolgedessen muß zwischen Empfindung und dem entsprechenden [...] Ausdruck der Empfindung [...] ein in der Bedeutung des Wortes gründender, und d. h. ein [sprach-, W. H.] analytischer Zusammenhang [...] bestehen«. Wenn die Mutter auf das Schreien ihres Säuglings antwortet, indem sie ihm die Brust gibt (das ist, wie wir wissen, nicht selbstverständlich, es gibt verschiedene Arten des Schreiens, aber wenn sie es tut), dann weiß sie gewissermaßen aus begrifflichen Gründen, dass die *diesem* Schreien entsprechende leibliche Empfindung Hunger ist. Dieses Wissen ist Teil dessen, was nach Wittgenstein zur Grammatik unserer Sprachspiele (in denen sich unsere Lebensformen zeigen) gehört. Die haben wir nicht aufgestellt, aber wir halten uns daran und benehmen uns so. Genau das ermöglicht intersubjektive Verständigung über subjektive Empfindungen und Bewusstseinszustände.

Dialog der Körper

In diesem Dialog der Körper kann man die Antwort der Mutter auf ihren Säugling als eine Art Deutung verstehen, die angemessen ist, wenn sie »mit der inneren Wirklichkeit in ihm übereinstimmt« (Freud); keine mit Wörtern artikulierte, sondern eine leiblich ausgedrückte Deutung, an der allerdings der Klang ihrer Stimme einen entscheidenden Anteil hat. Ob dem Säugling im Zuge dieser Art Deutung seine Empfindung bewusst wird oder werden kann, ist eine schwierige Frage, weil für uns als bereits sprechende Lebewesen etwas nur dann ein bewusster Zustand ist, wenn er wortsprachlich artikuliert werden kann. Jedenfalls aber wird oder findet sich der Säugling durch die Deutung als empfindendes Lebewesen anerkannt. Das ist keineswegs selbstverständlich, vor noch nicht allzu langer Zeit galten Säuglinge erstmal als schmerzunempfindlich.

Freud hatte sich mit dem »Übereinstimmungsargument« gegen den Suggestionsvorwurf gewehrt, Deutungen würden vom Patienten ohnehin nur angenommen, wenn sie mit der inneren Wirklichkeit in ihm übereinstimmten. »Was an den Vermutungen des Arztes unzutreffend war, das fällt im Laufe der Analyse wieder heraus« (Freud 1916/17, S. 470). Aber die Mutter-Kind-Situation ist ohne Zweifel eine suggestive Situation. Unsere Beispielmutter ist alles andere als abstinent. Sie hat zwar, wie der Analytiker, die Deutungshoheit, wenn sie die Körperäußerungen ihres Säuglings als Signale für bestimmte Lust- oder Unlustempfindungen interpretiert, aber sie übt dieses Monopol nicht zielgehemmt, sondern unter Einsatz ihrer Liebe, ihrer Gefühle, Stimmungen und sonstigen psychischen Einstellungen aus, den bewussten wie den unbewussten. Auf diese Weise, so möchte ich mich altmodisch ausdrücken, beseelt sie seinen Körper zu einem Leib wie sie einer ist.

Zweite sprachanalytische Anmerkung

Unser Leib, so hatte ich mit Kambartel gesagt, ist sowohl der Ort unserer Empfindung als auch das Medium ihres Ausdruck gegenüber anderen. Diese Struktur gilt für alle psychischen Zustände, die sich äußerlich im Ausdrucksverhalten zeigen können (man denke etwa an Rodins Plastik *Der Denker*). Auch Gefühle habe zwei Seiten: Das Fühlen des Gefühls »Innen« und sein Sichtbarsein »Außen«. Auf der Ebene der Wortsprache gilt Entsprechendes. Die Bedeutung der Wörter, die wir für Gefühle und andere psychische Zustände verwenden, umfasst beide Seiten, das Wort Freude etwa sowohl »sich freuen« wie auch »freudig oder froh aussehen«. Das ist zum einen Sache der Konvention: in chinesischen Gesichtern, so Wittgenstein, können wir nicht lesen. Zum anderen aber ist der interne Zusammenhang zwischen innerem psychischen Zustand und seinem Ausdruck so zwingend, dass das körpersprachliche Ausdrucksverhalten (sekundär) an die Stelle der Wortsprache treten kann, Geschichten können pantomimisch erzählt werden. Wenn wir daran etwas nicht verstehen, dient die Wortsprache zur Erläuterung; genauso wie umgekehrt das, *was* jemand sagt, durch sein Ausdrucksverhalten (Gestik, Mimik, Tonfall usf.) erläutert wird, sodass wir oft daran merken können, ob jemand eigentlich auch meint was er sagt.

Kurzum: Wir sprechen, wenn wir sprechen, für andere (und manchmal auch für uns selbst) stets auf zweierlei Weise, eine körpersprachliche Gebärden- und eine lautliche Wortsprache. Die erste ist die der Affekte, die zweite die der Kognition. Setzt man die Merkmale bewusst und unbewusst in Beziehung zu diesen beiden Teilsprachen, so ergeben sich terminologisch betrachtet folgende Verhältnisse:

Bewusst sind die Empfindungen, Gefühle und dergleichen, kurz die »Sachvorstellungen«, die in Sätzen der 1. Person laut oder leise wortsprachlich artikuliert werden können: »die bewusste Vorstellung umfaßt«, so Freud, »die Sachvorstellung plus der zugehörigen Wortvorstellung« (1913, S. 300). Die »unbewusste [Vorstellung, W. H.] ist die Sachvorstellung allein« (ebd.), d. h. sie drückt sich zwar körpersprachlich und im Handeln und Verhalten aus, aber die zugehörige expressive, wortsprachliche Äußerung aus der Perspektive der 1. Person fehlt; stattdessen »schwätzen wir mit den Fingerspitzen und aus allen Poren dringt uns der Verrat« (Freud 1905, S. 240). Bloß kognitiv bewusst oder vorbewusst sind »Sachvorstellungen« dann, wenn sie zwar wortsprachlich artikuliert werden, aber der Sprecher nicht glaubt, psychisch nicht anerkennt, was er sagt bzw. weiß. Diese Art zu sprechen hat Green »narrativ-rezitativ« genannt (2000, S. 460).

Dialog der Körper

Nun kann ich genauer sagen: Es ist nicht die Mutter, sondern vielmehr ihr Leib, sein vielstimmiges körpersprachliches Ausdrucksverhalten, das den Körper des Säuglings beseelt. Mit jeder Geste, die beruhigen, aufmuntern, trösten, versorgen oder haltend liebkosend sein will, bringt ihr Leib stets auch die ihr selbst unbewussten Aspekte ihrer bewussten Wünsche und Absichten zum Ausdruck. Auf diese Weise befriedigt der Leib der Mutter den Säugling prinzipiell über das Maß hinaus, das in seiner körperlichen Realität zum Ausdruck kommt bzw. kommen kann. Ihr leibliches Angebot dient nicht nur seiner Selbsterhaltung, sondern ist darüber hinaus in seinem symbolischen Gehalt wie ein gutes Geschenk. Ein solches erregt, bindet und bereichert ein als vorhanden unterstelltes, nicht gewusstes, schlummerndes Begehren. (In diesem Sinne wären auch Deutungen in der psychoanalytischen Kur eine Art guter Geschenke, die analytische Situation würde dadurch als eine suggestive Situation erkannt, vgl. dazu Hübner 1997. Im Übrigen: das Wort schenken , so belehrt der Etymologische Duden, bedeutet ursprünglich zu trinken geben , dafür heute einschenken , was auch eine übertragene, pejorative Bedeutung hat.)
Was macht der Säugling mit diesen überschüssigen Bedeutungen? Er kann sie nicht fallen lassen oder ignorieren; er kann nur körperlich reagieren und passt sich dem Unbewussten seiner Mutter an, ablesbar wiederum an seinem Ausdrucksverhalten. Ganz unabhängig davon mögen seiner Mutter gewisse seiner Verhaltensweisen so fremd erscheinen, als begegnete sie in ihnen Äußerungen ihres eigenen Unbewussten: Er lässt sich nicht beruhigen, seine Augen bleiben hungrig, er ist so nervös. Sind aufseiten der Psyche der Mutter so genannte quantitative Faktoren im Spiel und geht der Dialog der Körper auf diese Art weiter, so kann Anpassung aufseiten des Säuglings »krank werden« heißen oder gar sterben.

Die Mutter, die wir »hinreichend gut« nennen, wird das ihr fremd erscheinende Verhalten ihres Säuglings gleichwohl annehmen, eigene Irritation psychisch verarbeiten und überwinden. Aber das ändert nichts daran, dass der normale mütterliche Einfluss, vermittelt über die körpersprachliche Symbolik ihres Leibes, Verführung ist; keine ereignishafte oder kontingente wie in Freuds ursprünglicher Verführungstheorie oder in Ferenczis »Sprache der Leidenschaft«, sondern eine strukturelle Erscheinung. Diese ist aber gleichwohl *in dem Maße* traumatisierend, wie Laplanche betont, in dem sie die »Anwesenheit des elterlichen [bzw. mütterlichen W. H.]. Unbewussten zum Ausdruck bringt« (1988, S. 223).

Genauer muss es Ur-Verführung und dementsprechend Ur-Verdrängung heißen, weil es sich auf der Ebene des Dialogs der Körper um den »Prolog« (Laplanche 1988, S. 225 Anm. 41) handelt. Die Ur-Verführung ist eine »Einpflanzung«, eine »Implantation«: Die »vom Erwachsenen überbrachten Signifikanten [werden] wie auf einer Oberfläche in der psychophysiologischen Derma eines Subjekts fixiert [...], bei dem sich eine unbewusste Instanz noch nicht ausdifferenziert hat. Auf diese passiv empfangenen Signifikanten beziehen sich die ersten aktiven Übersetzungen, deren Reste das Urverdrängte sind« (Laplanche 1996, S.111). »Was im Fort-da beschrieben wird, könnte hier als Beispiel dienen: der implantierte Signifikant ist die Absentierung der Mutter; er wird vom Kind aktiv aufgenommen in der Übersetzung als *Fort-da*« (ebd., S. 113, Anm. 9).

Mit dem Spracherwerb werden Bewusstes und Unbewusstes getrennt, das Unbewusste wird zum Fremden in der Psyche, das Bewusste im Selbstbewusstsein zum Eigenen. Und damit komme ich zu den Introjekten, diesen Gebilden auf der psychischen Bühne, fremdartig und anscheinend unbeeinflussbar.

Die Introjekte

Beland hat Schafers begriffliche Analyse des Tagträumens aufgegriffen und in einem bestimmten Modus der Tagtraumerfahrung die Bedingung gefunden, deren Fehlen die Introjekte zu dem machen, was sie sind: An einer entscheidenden Stelle, so Beland, setzen Tagträume, solange sie phantasiert werden, die Realitätsprüfung außer Kraft, nämlich »bei der selbstreflexiven Vergegenwärtigung als Denker des Gedankens« (1989, S. 91). »Wenn das Subjekt die reflexive Selbstrepräsentanz aussetzt«, so Schafers eigene, knappe Formulierung, »verschwindet es als Denker und erlebt seine Gedanken, als ob sie konkrete Realitäten wären«.

Im »*Phantasieren*, welches bereits mit dem Spielen der Kinder beginnt und später als *Tagträumen* fortgesetzt die Anlehnung an reale Objekte aufgibt«, hatte Freud (1911, S. 234) diese »Art Denktätigkeit« am Werk gesehen, »abgespalten« und »von der Realitätsprüfung freigehalten«. (ebd.)

Wir nennen dieses Spielen der Kinder selbstvergessen , weil sie ganz ins Spiel versunken sind; sowohl das kindliche Selbst wie die Anlehnung an reale

Objekte sind aufgehoben, gewissermaßen aufbewahrt bei der nicht gewussten Präsenz eines guten Objekts. Hier sorgt die fehlende reflexive Selbstrepräsentanz dafür, dass etwa Holzklötzchen zu realen Schiffen, Autos, Löwen oder sonst etwas werden: Vom Kind beseelte, zugleich unabhängige Wesen, die im Spiel auch als Freunde oder Feinde sich gegenüberstehen oder gegenübergestellt werden, miteinander kämpfen oder auch sich versöhnen oder versöhnt werden können.

Der Modus, in dem Introjekte erfahren werden, ist ebenfalls einer der Selbstvergessenheit. Die fehlende reflexive Selbstrepräsentanz sorgt hier dafür, dass andere Personen oder Teile davon so erfahren werden, als wären sie real gegenwärtig, leibhaftig anwesend. »Introjekte sind«, in Belands eigener Formulierung, »wunscherfüllende Tagtraumvergegenwärtigungen der Gegenwart einer anderen Person, benigne, feindselige oder depressive« (ebd.). Doch dann fragt sich Beland eigenartigerweise: »Warum besitzt oder bewahrt jemand die unbewusste Phantasie an die Gegenwart eines feindseligen Objekts, wenn er doch auf der anderen Seite nichts lieber wünscht, als von dieser Quelle von Schmerz, Angst und Hemmung frei zu sein?« (S. 91f). (Merkwürdig ist die Frage, weil man unbewusste Phantasien per Definition nicht aufgeben kann.) Zwar macht er dann »eine ganze Reihe von dynamischen Annahmen« geltend, »die in verschiedenen Kombinationen im individuellen Fall die Erklärung abgeben« (S. 92), aber die selbstgestellte Frage beantwortet er mit dem Hinweis auf den Tagtraummechanismus der aufgehobenen reflexiven Selbstrepräsentanz, der für die unheimliche Realität der feindseligen Introjekte entscheidend sei. Als wollte er sagen: Nicht der Umstand, dass die Phantasie unbewusst ist, erklärt das Festhalten daran, sondern der Modus der Selbstvergessenheit und die daraus resultierende unheimliche Gegenwärtigkeit der Tagtraumperson verhindert das Loslassen bzw. das davon Freikommen. Dabei ist es im Prinzip gleichgültig, ob es sich um gutartige oder feindselige Introjekte handelt, der Mechanismus ist derselbe. Belands Frage wäre dann nicht eigenartig, wenn man annähme, dass neben den wunscherfüllenden, dynamischen, also unbewussten Vorgängen eine Art Wissen von der Gegenwart der anderen Person existiert, ein bloß kognitives, vorbewusstes Wissen. Dann stünden wir auf vertrautem, konflikttheoretischem Boden, wir hätten es mit Integrationskonflikten zu tun.

Freuds metapsychologische Definition der Phantasien weist in diese Richtung. Sie sind

> »einerseits hoch organisiert, widerspruchsfrei, haben allen Erwerb des Systems *Bw* verwertet und würden sich für unser Urteil von den Bildungen dieses Systems kaum unterscheiden. Andererseits sind sie unbewusst und unfähig bewusst zu werden. Sie gehören also qualitativ zum System *Vbw*, faktisch aber zum *Ubw*. Ihre Herkunft«, so fährt Freud fort, »bleibt das für ihr Schicksal Entscheidende. Man muss sie mit den Mischlingen der menschlichen Rasse vergleichen, die im Großen und Ganzen bereits den Weißen gleichen, ihre farbige Abkunft aber durch den einen oder anderen auffälligen Zug verraten und darum von der Gesellschaft ausgeschlossen bleiben und keines der Vorrechte der Weißen genießen« (1913, S. 289).

Worin gründet der Charakter des Unheimlichen der im Modus des Tagträumens erfahrenen Anderen? Introjekte, ob feindselig oder nicht, sind wie ungebetene Gäste. An ihnen ist nicht alles unbekannt. Im Gegenteil, die »Realerinnerungen an die Objekte machen so ziemlich die Hälfte der Charaktere der Introjekte aus«, wie Beland (1989, S. 92) lapidar konstatiert. Unheimlich, so scheint mir, ist die leibhaftige Gegenwart der ungebetenen Gäste deswegen, weil sie mitsamt ihren »rätselhaften Botschaften«, ihrem Unbewussten, anwesend sind. Das macht aus ihnen so ziemlich zur Hälfte personifizierte Fremde. Wir haben es also mit Integrations-Konflikten zu tun, Konflikten zwischen Eigenem und Fremdem.

Das Bewusste, hatte ich gesagt, würde im Selbstbewusstsein zum Eigenen. Was ist mit reflexiver Selbstbewusstheit gemeint?

Dritte sprachanalytische Anmerkung

Sprachanalytische Überlegungen haben dazu geführt, Selbstbewusstsein nicht als eine Art Beobachtungswissen von sich aufzufassen, das dem Subjekt-Objekt-Modell der Erkenntnis folgt, sondern als eine besondere Form des Sichzusich*verhaltens*, das eine propositionale Struktur hat. Bereits das Bewusstsein hat als intentionales Bewusstsein diese Struktur, Bewusstsein ist immer Bewusstsein von etwas oder dass etwas so oder so ist.

Selbstbewusstsein ist nicht etwa ein höherstufiges Bewusstsein, sondern, wie auch bei Beland anklingt, eine besondere Form des Sichzusichverhaltens: Die reflexive Selbstvergegenwärtigung als Denker des Gedankens. Dabei wird nicht dasselbe noch einmal getan. Das Denken eines Gedankens und die Vergegenwärtigung dieser geistigen Leistung sind verschiedenartige Handlungen oder Vollzüge. Selbstvergegenwärtigung ist ein praktisches Sichzusichverhalten: als mein Verhalten dazu, dass ich existiere. Das ist ein »Sichverhalten nicht der Person zu der Person, sondern der Person zu ihrem Leben, ihrer Existenz« (Tugendhat 1979, S. 161).

Die Formel »Wo Es war soll Ich werden« macht überdies deutlich, dass es dem Ich darum geht, sich in der Weise der *Selbstbestimmung* zu sich zu verhalten. Selbstbewusstsein ist keine kognitive, konstatierende Erkenntnis von etwas, sondern ein praktischer Vollzug. Dieser hat etwas zu tun mit Stellungnehmen in Form von »Ja« oder »Nein«, hat zu tun mit »Anpassung« oder »Selbstbehauptung«, »Aufgeben« oder »Auskämpfen«, um terminologisch an Mead anzuknüpfen, der Selbstbewusstsein als Selbstbehauptung begrifflich gefasst hat (vgl. Tugendhat, S. 279f)

Nun können wir genauer verstehen, was das Subjekt vermeidet, wenn und indem es die reflexive Selbstrepräsentanz aussetzt.

Wenn das Subjekt im emphatischen Sinne sagt Ich erinnere mich daran, dass... , so fände es sich mit einem Schlag mit den Realerinnerungen an das Objekt konfrontiert und zwar als Kind dem Erwachsenen gegenüber: demjenigen, dessen Verstehensangebote wie Geschenke waren – oder noch sind? –, gute oder nicht so gute Geschenke, aber jedenfalls Gaben, die das Kind damals – oder jetzt? – aus existenziellen Gründen nicht ablehnen konnte. Indem das Ich sich daran erinnert, dass... stellt es sich dem Anderen gegenüber und ist mit der Wucht wenig gebundener, leibnaher empfundener Affekte konfrontiert, die z. T. aus der vorsprachlichen Zeit stammen, denjenigen, die mit dem Wahr-Haben der Realerinnerungen zu tun haben und mit der Trennungsangst, die mit dem Behaupten des Selbst einhergeht.

Schlussbemerkung

In dem Aufsatz »Wechselseitige Anerkennung und die Arbeit des Negativen« mahnt Whitebook,

> »daran festzuhalten, dass menschliche Zerstörungswut *und* menschliche Kreativität gleichermaßen ihren Ursprung (im) Allmachtstreben (der Psyche) haben. Psychoanalytisch gesehen kommt man nicht um das Faktum herum, dass das Niedrigste und das Höchste im menschlichen Leben im selben Mutterboden ihre Wurzeln haben« (2001, S. 771).

Mein Versuch zu zeigen, *dass* körperliche Zustände für den Säugling ihre Bedeutung *von außen* bekommen, hat ergeben, dass wir uns ursprünglich als verführt verstehen müssen; auch zum Leben-Wollen. Das ist eine prekäre narzisstische Disposition (vgl. Hübner 2001). Wir müssen nicht nur unser Allmachtstreben zähmen, wir müssen, so haben die Ausführungen über die Introjekte gezeigt, auch noch etwas anderes bewältigen: die Anerkennung des Eigenen im »Mutterboden«.

Literatur

Beland, H. (1989): Die unbewusste Phantasie. In: Forum der Psychoanalyse. Heft 2, S. 85-98.
Dahl, G. (2001): Muss die Metapsychologie intersubjektiv reformuliert werden? Eine Entgegnung. In: Psyche 6, S. 624-628.
Freud, S. (1905): Bruchstücke einer Hysterie-Analyse. GW V, S. 162-286.
Freud, S. (1911): Formulierungen über zwei Prinzipien des psychischen Geschehens. GW VIII, S. 230-238.
Freud, S. (1913): Das Unbewusste. GW X, S. 263-303.
Freud, S. (1916/17): Vorlesungen zur Einführung in die Psychoanalyse. GW XI.
Green, A. (2000): Science und Science-Fiction in der Säuglingsforschung. In: Zeitschrift für psychoanalytische Theorie und Praxis 4, S. 438-466.
Honneth, A. (2001): Facetten des vorsozialen Selbst. Eine Erwiderung auf Joel Whitebook. In: Psyche 8, S. 790-802.
Hübner, W. (1997): Deutungen verführen... Bemerkungen zum bislang unaufgelösten Problem der Suggestion. Oder: Psychoanalyse zwischen Kunst und Wissenschaft. Erscheint 2001 in: Psychoanalyse. Texte zur Sozialforschung.
Hübner, W. (2001): Verführung und Verführbarkeit. Bemerkungen zur metapsycho logischen Bedeutung der Allgemeinen Verführungstheorie von Laplanche. Wird 2001 erscheinen in: Zeitschrift für psychoanalytische Theorie und Praxis.
Kambartel, F. (1996): Normative Bemerkungen zum Problem einer naturwissenschaftlichen Definition des Lebens. In: Barkhaus, A., Mayer, M., Roughley, N., und Thürnau, D. (Hg.): Identität, Leiblichkeit, Normativität. Frankfurt a. M. (Suhrkamp) S. 109-114.
Laplanche, J. (1988): Von der eingeschränkten zur allgemeinen Verführungstheorie. In: Laplanche, J. (1988): Die allgemeine Verführungstheorie und andere Aufsätze. Tübingen. (edition discord), S. 199-233.
Laplanche, J. (1996): Implantation, Intropression. In: Ders.: Die unvollendete Kopernikanische Revolution in der Psychoanalyse. Frankfurt a. M. (Fischer-Ta schenbuch) S. 109-113.
Tugendhat, E. (1979): Selbstbewusstsein und Selbstbestimmung. Frankfurt a. M. (Suhrkamp).
Whitebook, J. (2001): Wechselseitige Anerkennung und die Arbeit des Negativen. In: Psyche 8, S. 755-789.

Liegt Sebnitz in Andorra?
Gewalt, Spaltung, Projektion und die kulturelle Macht des Klischees in den Medien

Paul R. Franke

Die meisten werden das Stück *Andorra* von Max Frisch kennen, sodass eine ausführliche Nacherzählung sich erübrigt. Kurz gesagt geht es um Folgendes: In einem Stadtstaat namens Andorra lebt der 21-jährige Andri. Andri wuchs bei einem Lehrer auf, der zwar sein leiblicher Vater ist, diese vor- und außereheliche Vaterschaft aber verleugnet. Stattdessen gab er an, dass sein Sohn ein jüdisches Kind sei, welches er vor der Judenverfolgung des Nachbarstaates gerettet habe. Aus diesem Land war auch seine damalige Geliebte, die Mutter von Andri. Mit dieser Legende wuchs Andri, der uns im Stück in seinem 21. Lebensjahr, seinem letzten, begegnet, auf. Infolge dieser Herkunftslüge und ihrer Vorurteile entdecken die Andorraner an ihm immer neue negative, vermeintlich jüdische Eigenschaften. Er wird erst zum wenig gelittenen, später zum gehassten Außenseiter – und nimmt die Rolle des so gänzlich anderen auch an. So wird er erst missverstanden, dann weggeschoben und gedemütigt, schließlich auch provoziert, misshandelt, getreten und geschlagen. In diesem Moment kommt seine ausländische Mutter, um ihn über seine wirkliche Herkunft aufzuklären – eine Erklärung, die er nicht mehr glauben will. Sie steht ihrem Sohn bei und verteidigt ihn gegen die schlagenden Andorraner. Die Mutter wird als die Fremde, die sich einmischt, von einem Steinwurf getroffen und stirbt. Kurz darauf besetzen Soldaten ihres benachbarten Heimatlandes Andorra und suchen nach Juden. Der zu den Soldaten gehörende »Judenschauer«, wie dieser Mann im Stück genannt wird, erkennt zur tiefen Befriedigung der verängstigten und sich schnell anpassenden Andorraner Andri als einen Juden und schickt ihn zur Exekution. So viel zur Erinnerung an das Stück.

Andorra gilt immer als eine meisterliche Parabel dafür, wie Menschen dank ihres Vorurteils zum einen immer nur das selektiv wahrnehmen, was sie sehen wollen und was ihr Vorurteil – das auch ihre Weltsicht ist – bestätigt. Zum anderen wird deutlich, wie eigene negative Eigenschaften verdrängt, dagegen bei dem Fremden überdeutlich bemerkt – ja sogar erst in ihn hineingesehen werden. Kernberg schreibt dazu: »Die Projektion, eine reifere Abwehrform, besteht darin, die unerträgliche Erfahrung zunächst zu verdrängen, sie sodann auf das Objekt zu projizieren und sich schließlich vom Objekt abzugrenzen oder zu distanzieren, um die Abwehrbemühungen abzusichern.«

Das Stück *Andorra* fiel mir ein, als die kleine sächsische Kreisstadt Sebnitz im letzten Jahr in den Blickpunkt der Öffentlichkeit geriet. Was spielte sich damals dort ab?

Am 13. Juni 1997 ertrank der sechsjährige Joseph im Sebnitzer Freibad. Die Eltern, das deutsch-irakische Apothekerehepaar Kantelberg-Abdulla war Ende 1995 aus den alten Bundesländern nach Sebnitz gezogen. Die verzweifelte Mutter konnte von Anbeginn an nicht einen Badeunfall glauben, sondern recherchierte auf eigene Faust, nachdem die Ermittlungsbehörden die Suche nach einem schuldhaften Vergehen ergebnislos beendet hatten. Sie veranlasste sogar 2000 eine Exhumierung und eine erneute gerichtsmedizinische Untersuchung – diesmal in Gießen und nicht wieder in Dresden. Den Obduktionsbefund übergab sie zusammen mit ihren eigenen Ermittlungen dem Kriminologen und heutigen niedersächsischen Innenminister Pfeiffer, der auf der Basis dieser Daten ein wohl – vorsichtig ausgedrückt – recht leichtfertiges Gutachten erstellte, welches summa summarum besagte, dass der kleine Joseph nicht nur ertränkt, sondern vorher sogar misshandelt und ihm Drogen eingetrichtert worden wären. Das alles geht an die Medien – und BILD titelt am 23.11.00 »Neonazis ertränken ein Kind. Und eine ganze Stadt hat es totgeschwiegen«. Die Staatsanwaltschaft lässt drei angeblich Tatverdächtige sofort verhaften. In den folgenden Tagen ergießen sich die schlimmsten Schlagzeilen über Sebnitz. Und es ist nicht nur die so genannte Boulevardpresse, auch die großen Zeitungen Welt, Süddeutsche Zeitung, die FAZ und die Frankfurter Rundschau, wie auch die TAZ sind dabei. Eine kleine Auswahl, die nicht vollständig sein will:

Die Welt:
24.11.00: Gequält! Ertränkt! Ermordet?
25.11.00: Fall Joseph: Morddrohungen gegen die Mutter
26.11.00: Nacht über Sebnitz – »Wir kriegen Euch!«
die tageszeitung:
24.11.00: Badeunfall erweist sich als rassistischer Mord
Süddeutsche Zeitung:
24.11.00: Erstickt in den Wellen des Schweigens
25.11.00: Ein Kind ertränkt wie eine Katze

Natürlich kamen auch die Nachrichtenmagazine des Fernsehens. Zeitweilig sind 20 Fernsehteams aus aller Welt, selbst aus den USA in Sebnitz. Die Enthüllungen werden immer toller: Nicht genug damit, dass der Junge ertränkt wurde. Nein, ganze 50 gewalttätige Neonazis hätten den südländisch aussehenden Jungen unter Gewaltanwendung zu einer Theke gezerrt, wo ihm ein Mädchen eine Flüssigkeit einflößte, nach dem andere dem Jungen den Mund aufrissen hätten. Auch mit einem Elektroschocker hätten die Neonazis ihn gequält, überall – natürlich auch an den Genitalien. Dann wäre Joseph, betäubt und in ein Handtuch gewickelt, von ihnen in das tiefe Ende des Nichtschwimmerbeckens gestoßen worden, wobei sie noch mehrfach auf ihn gesprungen wären. Nahezu keine Horrorvorstellung wurde ausgelassen. Das Schlimmste aber: Mehr als 200 Badegäste hätten dabei zugesehen und nicht eingegriffen. Sie seien einer »kollektiven Amnesie«, einer »allgemeinen Empfindungs- und Wahrnehmungslosigkeit« verfallen, wie die Süddeutsche am 24. und 25.11.2000 urteilte.

Soweit die Berichte, die sich fünf Tage später als unwahr herausstellten. Die drei angeblich tatverdächtigen Jugendlichen wurden aus der Untersuchungshaft entlassen. Was mich aber am meisten erschreckte: Es gab keine Zweifel an diesen unerhörten Berichten. Im Gegensatz zu den furchtbaren Anschlägen in New York, die jeder sah und zuerst fast niemand glauben mochte, wurde in Sebnitz nichts gesehen, aber alles geglaubt. Doch einer widersprach: Der evangelische Pfarrer von Sebnitz, Konrad Creutz. Er erachtete das nicht für wahr – und wurde vom Dienst suspendiert! Landtags- und Bundespolitiker waren zutiefst betroffen und empört. Einen auch noch so kleinen Zweifel gab es, wie bei den Medien, nicht. Frau Renate Kantelberg-Abdulla wird von Bundeskanzler Schröder persönlich empfangen. Bei seinem kürzlichen Besuch in Sebnitz versuchte er diesen Empfang zwar als einen normalen Akt des Mitgefühls herunter zu spielen – aber meines Wissens nach hat weder er noch ein vorheriger Bundeskanzler je eine Mutter empfangen, deren Kind durch ein Gewaltverbrechen getötet wurde. Außer den Sebnitzern wunderte sich niemand – man hielt all das Furchtbare für durchaus möglich – gerade in Sebnitz, gerade im Osten.

Die Frankfurter Allgemeine Zeitung fragte nach dem Bekanntwerden des Mordverdachts von Sebnitz:»Wer pflanzt solchen Hass in junge Menschen?« Und sie antwortete sich selbst: »Das Milieu existiert, in dem auch das Schlimmste denkbar ist. Diese Hasskultur ist nicht ein unmittelbares Erbe der DDR, vielmehr hat sie das moralische Klima der Nachwendezeit hervorgebracht: das Selbstmitleid, das Opfergehabe, die Ressentiments und der Neid, die in den neuen Bundesländern seit Jahren gepflegt werden.«

Diese psychologische Grobheit irritiert. Sie berührt den wunden Punkt, um ihn sofort wieder zuzudecken. Und wie viele denken doch genau so?

Nun, hier ist auch der gedankliche Anker *Andorra*. So wie die Andorraner alle schlechten Eigenschaften, über die sie selbst auch verfügen, in Andri erkennen und als typisch jüdisch von sich abgrenzen, so ist für einen Teil der Westdeutschen und Medienmacher der Ostdeutsche latent gewalttätig und für den Faschismus höchst anfällig – im Gegensatz zu den im ständigen antifaschistischen Diskurs lebenden, Betroffenheit zeigenden und Kerzen tragenden Westdeutschen. Der reife Demokrat auf der einen und der rassistische, kaum dem Totalitarismus entwachsene Ostdeutsche auf der anderen Seite. Die biederen Andorraner im Westen und die ostdeutschen Andris – das sind die Klischees und die Vorurteile, die uns machtvoll trennen. Doch: »Wie gut klingen schlechte Musik und schlechte Gründe, wenn man auf einen Feind losmarschiert", sagte Friedrich Nietzsche (Morgenröte, 523).

Assoziationen an Sebnitz und Andorra wurden wach beim Lesen des Satzes der Vorankündigung zum Kongress: »Magdeburg ist ein Ort, an dem sich diese Fragen (der Gewalt) zuspitzen, jedenfalls in der öffentlichen Debatte.« Da war es wieder – das Klischee, das trennende, ärgernde Vorurteil. Was war in Magdeburg geschehen? Es war im Jahr 1994, als am Himmelfahrtstag auf einem öffentlichen Platz ein betrunkener Haufen, ein gutes Dutzend, auf vereinzelte Ausländer Jagd zu machen versuchte. Diese flohen in ein türkisches Bistro. Der verfolgende Pöbel wurde mit Messern von den türkischen Angestellten in die Flucht getrieben. Die Polizei kam wohl reichlich spät – aber nicht zu spät. Es gab keine Schwerverletzten. Die Behandlungsbedürftigen befanden sich ausschließlich auf Seiten der Angreifer. Ich war zu dieser Zeit gerade in Italien und sah die Fernsehbilder. Es wiederholte sich tagelang, als wäre ein Bürgerkrieg ausgebrochen. Seither ist nun Magdeburg das Symbol für Gewalt.

Diese Vorgänge sollen keinesfalls bagatellisiert werden. Dazu sind sie zu ernst. Aber in Magdeburg brannte kein mehrstöckiges Wohnhaus wie in Rostock, es brannte kein Asylantenheim wie in Hoyerswerda oder Lübeck, kein türkisches Wohnhaus wie in Mölln, es erfolgte kein Brandanschlag auf eine Synagoge wie in Düsseldorf und auch kein Sprengstoffanschlag auf russisch-jüdische Einwanderer wie ebenfalls in Düsseldorf. Warum ausgerechnet Magdeburg als Gewaltsymbol – diese Stadt, die durch zwei riesige Zerstörungen 1631 und 1945 so schwere Gewalt erlitten hat.

Es ist nicht zu übersehen, wie der Autor sich bemüht, sich möglichst politisch korrekt auszudrücken. Ich erwähne ausschließlich rechte Gewalt, die ja auch in der Einladung zum Kongress noch speziell erwähnt wurde. Aber ist die political correctness nicht eine besonders feine und vor allem unangreifbare Form der Halbwahrheit – manchmal sogar der Verlogenheit? Eine Frage: Können wir uns eigentlich eine politisch korrekte Analyse vorstellen? Was dürfte da wohl alles nicht ausgesprochen werden, wenn der Analytiker sich nicht in gleichschwebender Aufmerksamkeit befindet, sondern sich als der Wächter der politischen Korrektheit verstünde! Und doch leisten wir uns auch in einer Zeit, in der dringend Lösungswege aus der Versuchung zur Gewalttätigkeit gesucht werden müssen, den Luxus von Denkverboten. Ich denke dabei zum Beispiel an die aufgeregten und mit Unterstellungen gespickten Diskussionen nach dem *Anschwellender Bocksgesang* von Botho Strauß, der Frankfurter Buchpreisrede von Martin Walser oder den *Regeln für den Menschenpark* von Sloterdijk. Sicher, auch diese Autoren sind nicht im alleinigen Besitz der Wahrheit, aber gaben und geben sie nicht Anregungen zu notwendiger Diskussionen, die zum Teil unter politisch korrekten Denkverboten reichlich erlahmte. Statt dessen erfolgten von namhaften Autoren in den großen Zeitungen und Magazinen Unterstellungen und der Versuch, die Unbequemen in die rechte Ecke hinein zu schieben, wo dann jede Diskussion erstirbt.

Es war zu Anfang des vorigen Jahrhunderts, als in Südafrika der König eines großen Stammes starb. Für den ganzen Stamm wurde eine mehrwöchige Staatstrauer verordnet. In dieser Zeit zogen selbsternannte Trauerwächter durch das ganze Stammesgebiet und erschlugen jeden mit ihren Stöcken, der ihrer Meinung nach nicht genügend trauerte. So kamen zu dem toten König noch ein gutes hundert Tote dazu, vermutlich eine noch größere Zahl von Verletzten. Ich kann mich des Eindrucks nicht erwehren, dass auch hierzulande eine Menge Trauerwächter unterwegs sind, die sofort bereit sind mit den Knüppeln der politischen Korrektheit auf Denkabweichler öffentlich einzuschlagen. Das mag ja auch bei der deutschen Vergangenheit sehr verständlich und auch gut gemeint sein. Aber nicht alles, was verständlich ist, ist deshalb richtig – und gut gemeint, so sagte Karl Kraus, ist das Gegenteil von gut gelungen.

Als ob es nicht viel mehr Gewalt gäbe: Die grauenvolle Gewalt des Terrorismus in New York, deren schreckensstarre Zeugen wir gerade wurden, die religiös verbrämte Gewalt gegnüber Andersgläubigen, die kommunistische Gewalt, sowie die über jedermanns Leichen gehende Gewalt von so genannten Freiheitskämpfern aller Spielarten und auch die linke Gewalt. Wandaufschriften hier im Ort und anderswo, die dazu auffielen: »Tod den Bullen«, »7,62 mm für jeden Faschisten«, »Deutschland verrecke« oder »dieses Haus ist nazifrei«. Gerade die beiden letzten Inschriften erwecken infolge der gleichen Wortwahl makabre Erinnerungen. Wenn man die Sprache des Feindes übernimmt, beginnt man, ihm zu gleichen. Und nicht unerwähnt gelassen sei die meinungsbildende Gewalt der Medien – für die auch Sebnitz ein Beispiel ist. Sehen wir doch bitte alle Formen der Gewalt. Sie alle können tödlich sein.

Bei diesem Thema geht es auch um die in ihrer Einfachheit falsche Einteilung in die bosheitsfreien Guten da und die vielfach Bösen dort. Wie sagte einer der Brüder Karamasow in Dostojewskis gleichnamigen Roman: »Ja, wenn es so einfach wäre – dann wäre das Leben leicht.« Wir werden so das Problem der Gewalt nicht erkennen – und auch nicht nur andeutungsweise beherrschen. Und doch erliegen auch kluge Leute immer einmal wieder diesem holzschnittartigen Denken. Eine solche Vereinfachung ist auch die häufig gebrauchte und missbrauchte Einteilung in Täter und Opfer. Ist es immer so einfach? Der in der Intifada Steine werfende palästinensische Junge: Täter oder Opfer? Die Maschinenpistolen tragenden Kindersoldaten in Afrika: Täter oder Opfer? Die gleiche Frage bewegt den Zuschauer, der vor nicht all zu langer Zeit im Fernsehen die Serie »Hitlers Kinder« von Guido Knopp sah. Diese Kinder sind doch nicht als SA- oder SS-Leute oder als Bestien auf die Welt gekommen. Es waren doch zumeist Kinder wie unsere auch. Zuerst waren es doch verführte Opfer, bevor sie zu Tätern umgeformt wurden. Waren die Kinder, die dem Rattenfänger folgten Täter oder Opfer? »Ja, wenn es so einfach wäre – dann wäre das Leben leicht.«

Aber zurück zur Gewalt: Die erste Gewalttat eines Menschen an einem anderen Menschen über die uns erzählt wird, ist die Ermordung Abels durch Kain, wie sie im 4. Kapitel der Genesis geschrieben steht:

> »Es begab sich aber nach etlichen Tagen, dass Kain dem Herrn Opfer brachte von den Früchten des Feldes; und Abel brachte auch von den Erstlingen seiner Herde und von ihren Fetten. Und der Herr sah gnädiglich an Abel und sein Opfer; aber Kain und sein Opfer sah er nicht gnädiglich an. Da ergrimmte Kain sehr und seine Gesichtszüge zerfielen.«

Bald darauf kam es zu dem Mord an Abel durch Kain. Wir sehen aber an dieser Geschichte des ersten Mordes: Auch sie hat eine Vorgeschichte! Der Tat geht eine Ungerechtigkeit voran, in dem der Gott, zu dem die beiden Brüder opfern, das Opfer des einen annimmt, aber das des anderen ablehnt.

Zusammen mit seinem Opfer fühlt sich auch der opfernde Kain abgelehnt, nicht geliebt und er ergrimmt, d. h. er wird auf den bevorzugten Bruder statt auf den unerreichbaren Gott eifersüchtig und wütend. Die Tat der Gewalt hat ihre Ursache in dem erlebten Liebesverlust und der Zurücksetzung. In diesem Falle durch den Verlust der Liebe eines noch Mächtigeren – des Gottes. Bei der Opfergabe kam Kain schlechter weg.

»Faschismus ist die Ideologie der Schlechtweggekommenen«, schrieb in den zwanziger Jahren ein namhafter Autor – vermutlich Kurt Tucholsky. Und das dumpfe Gefühl der Benachteiligung, des schlecht Weggekommen-Seins, wie ließe es sich besser übertönen, als wenn man sich in einer Gruppe geborgen fühlt und sich erst verächtlich, dann gewaltsam über andere stellt und dabei die trügerische Illusion gewinnt, besser zu sein als diese anderen.

Es ist schwer vorstellbar, dass wir diesen Menschen helfen können, wenn wir uns weit über ihnen fühlen mit der Selbstzufriedenheit des »danke, Herr, dass ich nicht bin wie jene da.«

Botho Strauß schrieb 1999: »Es kann niemand das Böse erklären, herleiten oder abwenden. Es ist unableitbar und immer ursprünglich.« Das klingt fast hoffnungslos, aber wissen wir nicht spätestens seit Freuds *Unbehagen in der Kultur* und *Jenseits des Lustprinzips*, wie dünn der Lack unserer Zivilisation ist? Und was an Aggressionen, an Wut, Hass und tödlichen Phantasien ist alles darunter, das wir verdrängen, verleugnen, sublimieren oder in die anderen projizieren. Sind wir diesem Bösen in uns in Lehranalysen, in Einzel- und Gruppenselbsterfahrungen nicht alle begegnet und begegnen wir ihm nicht immer wieder in unseren Träumen?

Doch zurück zu *Andorra*: Man könnte noch eine Parallele zu den deutschen Verhältnissen ziehen. Eine sehr zwiespältige und innerlich zerrissene Figur ist der Vater Andris, der Lehrer. In seinen jungen Jahren war er sehr staatskritisch (wie ein Achtundsechziger) und griff die Verlogenheit Andorras an, so wird erzählt. Im Stück aber erleben wir ihn nur als einen, mit sich und der Welt unzufriedenen Menschen, der sich, im Gegensatz zu seinen früheren Idealen, in der spießigen Welt Andorras eingerichtet hat. Die innere Kluft zwischen Ideal und Wirklichkeit und den Hader mit sich selbst betäubt er in der Kneipe. Er verleugnet Andri und allen gegenüber seine Vaterschaft und gibt seinen eigenen Sohn als Adoptivsohn aus, der einer verfemten Minderheit entstamme. So fälscht er sein Verleugnen sogar noch in eine Heldentat um, zu der andere Andorraner nicht fähig wären. Zusätzlich mag er damit noch versuchen, sich über seine Verzweiflung, über das Absinken in die Mittelmäßigkeit durch zu Unrecht erworbene Bewunderung von außen zu trösten.

Es sei gestattet, diese Situation aus dem Stück in das deutsch-deutsche Bild zu übertragen – oder zu zwängen: Der westdeutsche Lehrer, wohlsituiert, mit mühsam gezügelten und verleugneten Aggressionen, vereint sich nicht mit dem ostdeutschen Andri, indem er dazu steht von gleicher Herkunft zu sein; sondern er adoptiert ihn – unter Hinweis darauf, dass es doch eine gute Tat sei, sich des so ganz anderen anzunehmen. Und unser Ossi Andri verinnerlicht immer stärker diese Darstellung des Lehrers – die auch die der Andorraner ist – und beginnt sich fremd unter Fremden, nicht dazugehörig und so völlig anders als die anderen zu fühlen. Es wird nicht lange dauern, und er wird auch andere Verhaltensweisen an sich entdecken – nämlich die, die ihm nachgesagt werden. Ja mehr noch – er wird sogar einen trotzig-verbohrten Stolz auf diese eigentlich negativen Eigenschaften entwickeln. Was unsere West-Andorraner in ihrem Vorurteil nur bestätigt. Sie dann zwar enttäuscht, aber im innersten doch zutiefst befriedigt, dass sie sich wieder einmal nicht geirrt haben. Aber ist dieses »wenn ihr mich nicht so annehmt wie ich bin, so bin ich eben wie ihr mich sehen wollt« nicht auch nur ein letzter Versuch, angenommen zu werden; ohne Therapeuten ein zum Scheitern verurteiltes letztes Aufbegehren?

Es gibt nach der Wiedervereinigung Untersuchungen in Ostdeutschland, die feststellen, dass sich die Zahl der frühen Störungen deutlich vermehrt, die der neurotischen Erkrankungen hingegen sich relativ vermindert hätte. Zu einem Teil mag das an einem veränderter Blickwinkel in der Diagnostik liegen; wahrscheinlicher aber ist, dass die große Verunsicherung infolge einer massiven Entbergungssituation mit einhergehender Labilisierung, die unter der neurotischen Symptomatik verborgenen frühen Störungen sichtbar werden ließ. In der ostdeutschen Diktatur, die die Menschen einmauerte und die Entscheidungsfreiheit rigoros einschränkte, war das Individuum von allen Seiten mit Stützpfeilern versehen. Es wurde für den Staatsbürger gedacht, für ihn entschieden, sein Lebensweg grob festgelegt. Andere taten es statt seiner. Er selbst lebte gewissermaßen in einem Zustand der wohlorganisierten Verantwortungslosigkeit. Es gab Arbeitskollektive und sozialistische Brigaden, die auch Menschen aus pathogenen Primärgruppen oder in gestörten Ehen lebenden Frauen und Männern Halt und eine Quasi-Familie boten. Der DDR-Staat war wie eine überprotektive, eifersüchtige und isolierte Mutter, die von den Kindern zwar alles wissen will, sie misstrauisch überwacht und nicht auf die Straße lässt – aber um ihre Gesundheit unablässig bemüht ist. Das war für die meisten natürlich viel zu eng und erdrückend; aber eine nicht geringe Gruppe fand gerade in dieser Enge den nötigen Halt. Und als die Mutter starb, war für die ersteren kein Halten mehr, die letzteren aber verloren die für sie essentiell wichtigen externen Stabilisatoren und entwickelten Symptome.

Wäre es nicht möglich, diese gesteigerte Gewaltbereitschaft, die real vorhanden ist, auch als eine Entbergungsfolge Frühgestörter zu sehen? Das kann natürlich nicht vor Strafe schützen, würde aber die Möglichkeit einer therapeutischen Einflussnahme nicht mehr ausschließen. Diese entborgenen Menschen suchen einerseits verzweifelt Halt und haben andererseits eine unbändige Wut und einen Hass, dessen eigentliche Quelle, die tiefe innere Heimatlosigkeit, sie zwar nicht kennen, aber umso deutlicher spüren. Sie treffen auf Ähnliche und Gleiche. Und irgendwann sind sie in einer gewaltbereiten Gruppe, die ihnen einerseits ein Gefühl von Geborgenheit und andererseits ihrer Wut, ihrem Hass ein Ventil und eine Richtung gibt. Und das ist, so betrachtet, auch kein ostdeutsches Problem, es findet sich in der Altbundesrepulik genau so. Und nicht nur in Deutschland, sondern in vielen europäischen Ländern, ja in der ganzen Welt. Die letzten schlimmen Ereignisse zeigen es. Auch die Araber, besonders die Palästinenser empfinden sich als die schlecht Weggekommenen – mit allen Folgen.

Diese Gruppen müssen nicht rechtsradikal sein. In einer umfassenden Darstellung in der FAZ vom 24. April 2001 von Professor Arthur Kreuzer, einem Kriminologen der Universität Gießen, wird dargestellt, dass es eine Vielzahl solcher als Auffangbecken dienende Gruppierungen gibt mit großen Unterschieden und keinesfalls nur politisch rechts oder links orientiert. Da gibt es außer den Neonazis und Skinheads auch linke Skins, Fußball-Hooligans, Rocker, Motorradbanden wie z. B. die »Hell's Angels«, Autonome und viele andere mehr. Unter völlig anderen Namen und anderen Sitten und Verkleidungen gab es das ganze Szenario auch schon viel früher, wie z. B. die »Halbstarken« vor 50 oder die Hamburger »Bleicherknechte« vor 100 Jahren. So verschieden diese Gruppierungen alle sind und welcher politischen Richtung sie auch angehören, so sie denn überhaupt eine haben – ein Feindbild haben sie alle gemeinsam: die Polizei! Und das sollte uns zu denken geben. Immer geht es auch um einen Kampf gegen die ordnende Macht oder die mächtige Ordnung. Kreuzer schreibt weiter:

> »Frühe Störungen begünstigen spätere Dissozialität, die sich in unterschiedlichen, fast zufälligen Symptomen äußern kann: Jugendkriminalität, Gewalt, Rauschgift, Alkoholismus. Delinquentes Verhalten dieser Art zeigt sich gleichermaßen bei Jugendlichen, die im Westen aufgewachsen sind, wie bei jungen Gewalttätern, die in der DDR aufwuchsen. Kollektive Erziehung und Minderung von Chancen nach der Wende können daher nicht entscheidend rechte Gewalt erklären.«

Auch Kreuzer sieht im emotionalen Versagen der Primärgruppe und im Erfahren von Gewalt die tieferen Ursachen.

Bei dieser Art von Aufwachsen, vielleicht auch mit einer nicht hinreichend mütterlichen Mutter, soll an das Konzept von Bela Grunberger erinnert werden. »Wo Narziß war, soll Ödipus werden.« Nach Grunbergers Auffassung ist der Ödipuskomplex nicht nur beschränkt auf die so genannte ödipale Phase. Sein »Ödipus als Prinzip« bezeichnet den Konflikt des Kindes zwischen seiner Tendenz, im Narzissmus zu verharren, d. h. auch in einer illusionären Einheit und der Notwendigkeit, sich mit der väterlichen Dimension, den Gesetzen der Realität, zu konfrontieren. Der gelungene Weg vom primären Narzissmus zur Ödipalität bedeutet die Anerkennung von Ausgestoßensein, von Verlusten, Abgegrenztheit, von Abschieden und Tod. Gelingt das nicht, so habe das zwei verschiedene Folgen. Die eine wäre ein Verbleiben im selbstverliebten Narzissmus. Schauen wir uns um in der Spiel- und Spaßgesellschaft. Die Welt, eine immer wiederkehrende Loveparade, ein Vergnügen ohne Ende, am besten noch ohne Altern. *Forever young* ist der Titel des Buches eines bekannten Laufarztes. Esoterische Heilsbringer aller Arten überbieten sich im Versprechen von Glück und ewiger Seligkeit und verstehen es, die Sehnsucht dieser Menschen nach einer vergangenen, aber nicht wieder zu belebenden mystischen Einheit auszubeuten und auch zu missbrauchen.

Die andere mögliche Folge aber ist ein destruktiver, zerstörerischer Narzissmus, der den Drang hat, alles was abgegrenzt und anders ist, zu zerschlagen. Erst wenn sie sich total unter sich selbst fühlen könnten, bis alle so sind wie ich , wären diese Menschen am Ziel – auch wieder eine illusionäre Einheit. Aus dieser Quelle speist sich eine unheimliche terroristische Energie. »Wir werden weiter marschieren, bis alles in Scherben fällt...« Viele Berufsrevolutionäre hatten große Schwierigkeiten, etwas Neues zu gestalten – im Zerschlagen des so genannten Alten dagegen waren sie alle groß!

Mit diesen beiden Formen mussten die beiden getrennten deutschen Gesellschaften irgendwie fertig werden und versuchten, sie zu integrieren. Auch waren die Möglichkeiten, diese Narzissmusrelikte auszuleben, in beiden deutschen Staaten sicher recht unterschiedlich. Nach der Wiedervereinigung aber begann sich in der öffentlichen Meinung – vielleicht sollte man besser von der veröffentlichten Meinung sprechen – gewissermaßen eine Aufgabenteilung abzubilden. Die gewalttätige und destruktive Form des Narzissmus wurde von der lebens- und lustgierigen Form des Narzissmus nun auch territorial abgespalten, z. T. verdrängt und auf den anderen Teil, den Ostteil Deutschlands projiziert. Die selbstverliebte Lebenslust erstaunt niemanden, wenn er den Westen betrachtet, so wie keiner sich über die Gewalt im Osten wundert. Andererseits erfahren z. B. ausländerfeindliche Gewalttaten in den alten Ländern, wie damals in Magdeburg, nur kleine Zeitungsnotizen, aber keine Titelseiten. Dagegen passt ein lebensgieriger ostdeutscher Narzisst nicht in das Klischee des Gewalttätigen – dann schon besser der Jammer-Ossi. An dieser Stelle muss ich sehr auf der Hut sein nicht selbst in das Klischeedenken zu verfallen.

Ein letzter Gedanke: Es stimmt, der Boden für rechtsradikale Gewalttätigkeit ist auch im Osten sehr fruchtbar. Aber haben wir uns einmal gefragt, wo das Saatgut herkommt, ohne dass auch der fruchtbarste Boden keine braunen Früchte tragen kann? Wo wohnen die Gründer rechtsradikaler Parteien? Wo z. B. wird die Nationalzeitung seit Jahrzehnten verlegt. Wir kennen die Antwort. Dort ist der gewöhnliche Faschismus eben nicht gewöhnlich – sondern salonfähig verpackt. Als nur ein Beispiel, das dafür steht, der Text einer großformatigen Todesanzeige aus der FAZ vom 17. März 2001:

> »Wir trauern um Dr. phil. N. N. (geb. 1910 in Berlin, gestorben 2001 in Bad Reichenhall). Ehemalige Reichsreferentin des Bundes Deutscher Mädel... Leben und Liebe, Treue und Einsatz schenkte sie unserer Jugend. Unerschrocken trat sie bis zu ihrem letzten Lebenstag für die Wahrheit ein und dokumentierte ein Stück Jugendgeschichte des Jahrhunderts. – Das Vaterland und die geliebte Heimat verlieren in ihr eine der großen Frauenpersönlichkeiten, deren Vermächtnis wir bewahren werden.«

Literatur

Frisch, M. (1962): Andorra. In: Frisch, M. (1981): Stücke, Bd. 2. Berlin (Volk und Welt).
Grunberger, B. (1988): Narziß und Anubis. Die Psychoanalyse jenseits der Trieblehre. 2 Bd. München, Wien (Verl. Internat. Psychoanalyse).
Kernberg, O. (1997): Wut und Hass. Stuttgart (Klett-Cotta).
Kreuzer, A. (2001): Skins, Rocker, Rechtsextremismus. In: Frankfurter Allgemeine Zeitung, Nr. 95, S. 8.
Nietzsche, F., in: Prossliner, J. (2000): Licht wird alles was ich fasse. Lexikon der Nietzsche-Zitate. München (Kastell).
Sloterdijk, P. (1999): Regeln für den Menschenpark. In: Die Zeit, 38 (1999).
Strauß, B. (1993): Anschwellender Bocksgesang. In: Der Spiegel, Heft 6 (1993).
Strauß, B. (1997): Der Fehler des Kopisten. München, Wien (Carl Hanser).
Strunz, U. (1999): forever young. München (Gräfe und Unzer).
Walser, M. (1999): Erfahrungen beim Verfassen einer Sonntagsrede. www.kulturnetz.de/hdtl/mw_rede.htm

»Das Antlitz des Anderen« (E. Levinas) und das »Wegsehen dieses Antlitzes des Anderen« als Ursprung von Gewalt
Klinische Erfahrungen und die Geschichte des Nationalsozialismus

Christoph Biermann

Das »Antlitz des Anderen«

Nach zwei Weltkriegen und dem Zusammenbruch totalitärer Großreiche mit kollektiv-prometheischem Anspruch, nach Shoah und Gulag einschließlich der erschreckenden Fortsetzungstendenz von Demoziden[1] (Heinsohn 1999, S. 17f) und dem global möglichen Terror unserer Gegenwart (Hoffman 1999) ist die Suche nach einer kulturellen und ethischen Grundorientierung, die auf der Basis menschlicher Verantwortung individuell, sozial und institutionell vorbeugende und intervenierende politische Handlungsfähigkeit zu entwickeln vermag, Teil einer globalen Kulturarbeit diesseits verschiedener Zivilisationen. Psychoanalytiker beteiligen sich an dieser Suche (Volkan 1999; Kernberg 2001). Die klinische psychoanalytische Situation vermittelt dabei bisher nur sparsame Impulse. In freier Assoziation und gleichschwebender Aufmerksamkeit spielen ethische Konflikte und Orientierungen höchstens unbewusst eine größere Rolle. Einen Grund für diese relative Unfruchtbarkeit sehe ich in einer – trotz des Pluralismus – weiterhin tonangebenden anthropologischen Haltung in der Psychoanalyse, die bis in die »Arbeit hinter der Couch« ausstrahlt und die ich – cum grano salis – als »griechisch-skeptisch-tragisch« bezeichnen möchte. Das Griechische liegt im subtilen Überlegenheitsgefühl objektivierend-zuschauender Rationalität, das Skeptische in einer Tendenz zur stoischen Urteilsenthaltung angesichts der Meinungsvielfalt und das Tragische in einer Scheu vor existentieller Verantwortung. Symptomatisch dafür scheint mir in der Psychoanalyse die Ersetzung von »Gewissen« durch die Konzeption Überich-Idealich. Dem entspricht die Einschätzung der Philosophie bei Freud als narzisstische »Fabrikation von Weltanschauungen« und als »Baedeker für die Lebensreise« (Freud 1926, S. 123) im Rahmen kompensatorischer Identifizierung der Individuen mit dem kollektivem Narzissmus nationaler zivilisatorischer Leistungen in Technik, Wissenschaft, Kunst, Religion, Moral usw. um willen partieller Entschädigung für das »Unbehagen in der Kultur« (Freud 1930, S. 330-335).

Nun haben Frommer und Tress (1998) vorgeschlagen, in der heutigen Psychoanalyse zwei verschiedene, latente anthropologische Grunderfahrungen zu unterscheiden: »Primär traumatisierende Welterfahrung« und »primäre Liebe«. In dieser Formulierung sehe ich mehr eine berechtigte Zustandsbeschreibung als die persönliche Alternative »Freud oder Balint-Winnicott«. Die Autoren schließen mit den an den letzten Satz von Freuds »Unbehagen in der Kultur« erinnernden Worten:« Doch wer will letztlich entscheiden, worauf wir als Menschen uns primär einzurichten haben?« (S. 149). Wenn diese Frage nicht rhetorisch bleiben soll, kann im Werk von Emmanuel Levinas eine subjektive Antwort darauf gefunden werden, die in paradoxer Weise Trauma und Liebe in der Grunderfahrung vom »Antlitz des Anderen« verbindet, nicht ohne auf die Worte »Trauma« und »Liebe« ein ungewöhnliches Licht zu werfen (Bernet 2001, S. 225-252). Der Vorschlag von Levinas bedeutet, dass die Entscheidung, worauf wir Menschen uns ethisch primär einzurichten haben, immer schon gefallen ist, bevor wir diese Frage formulieren können; denn jeder von uns wird erst durch eine »Anfrage« des »Angesichts des Anderen«, also des anderen Menschen, in die Lage versetzt, sich selbst fragen zu können, wie er für sich allein genommen eine solche Frage beantworten kann oder will. Solche »Anfrage« meint kein einmaliges Ereignis, sondern eine kontinuierlich vorgängige, asymmetrische Beziehungserfahrung, der jeder Mensch bewusst oder unbewusst passiv unterliegt und die ihn als Subjekt, das Gewalt ausüben oder das Gewalt unterliegen kann, vorgängig konstituiert.

Levinas (1905-1995) stammte aus Kaunas in Litauen und lebte als Philosoph zumeist in Paris. Sein Philosophieren, so Hans-Dieter Gondek (2000, S. 84f) besteht im

> »Denken der Grundlagen einer ethischen Beziehung des Menschen zum anderen Menschen. Damit stellt sich Levinas in einen Gegensatz [...] nahezu zur gesamten philosophischen Tradition und zur Tradition des ethischen Denkens. Denn Levinas entklammert das Ethische von der Seinsmächtigkeit, von der Vorstellung eines seiner selbst mächtigen Subjekts, das in seinem Körper schalten und walten kann, und folglich auch eines seiner selbst bewussten Subjekts, eines Subjekts, das einen festen Willen hat, das zu entscheiden und diese Entscheidungen durch rationale Überlegungen und Berechnungen vorzubereiten weiß. Alle bisherigen

Ethiken haben das Ethische dem Vermögen eines aufs höchste bewussten Subjekts anheimgestellt.«

Vor dem geschichtlichen Hintergrund persönlich erlebter kollektiver Gewalt als französischer Soldat und Jude in deutscher Gefangenschaft 1940-1945 und dem Verlust seiner elterlichen Familie durch die Shoah in Litauen, fragt Levinas in unserer Zeit nach den Bedingungen der Möglichkeit von universal-menschlicher Ethik als ein Kriterium für Kultur. Das »Antlitz des Anderen« ist seine theoretische Formel für die Grunderfahrung jedes Menschen als Subjekt und Individuum, dem An-Spruch eines anderen Menschen, sei es der Nächste oder der Fernste, ausgesetzt zu sein, diesen *Anderen* in seiner Fremdheit, Anderheit, Alterität zu lassen, sich nicht mit ihm zu identifizieren und ihn nicht mit sich zu identifizieren, ihm gegenüber nicht gleichgültig zu sein, sondern ihn in seiner Verletzbarkeit zu achten, für ihn einzustehen, ihm zu antworten ohne ihm Gewalt anzutun, ihn nicht zu töten. Dieser Anspruch des *Anderen* und Fremden trifft den *Einen*, trifft mich wie Liebe, wie ein Trauma, wie eine Inspiration, eine Erwählung, wie ein Schock, unvorbereitet: Ich existiere in meiner unersetzlichen Verantwortung für den *Anderen*, für diesen bestimmten anderen Menschen. Dagegen nützt kein Reizschutz, keine Abwehr, kein Triebausbruch, keine vorgängig-selbständige Subjektivität und Autonomie. Vielmehr begründet diese Konfrontation mit dem *Anderen* allererst das Subjekt in seiner relativen Autonomie und Verantwortung als Individuum im Sinne der Psychoanalyse mit seinem Unbewussten, mit Trieben, Narzissmus, Objektbeziehungen, Übertragungen usw. in seiner Angst vor Gewalt und in seiner Gewaltsamkeit. Die Beziehung des »Anderen« zu mir bedeutet keine Gewalt für mich, sondern schafft mir erst die Eigenständigkeit als Subjekt, durch Gewalt verletzbar zu werden oder zu verletzen. Der »Andere« ist nicht repräsentierbar und objektivierbar als Objektrepräsentanz, seine Alterität liegt »jenseits des Seins«, auch jenseits des Seins von Sprache als dem objektivierten »Gesagten«, der »Andere« spricht in der unmittelbaren Präsenz seines »Sagens«.

Levinas beschreibt das »Antlitz des Anderen«[2] als eine

> »Vorladung zur Identität wegen der Antwort der Verantwortung, in der man sich nicht ersetzen lassen kann, ohne schuldig zu werden. Auf dieses [...] Gebot ist die einzige Antwort: hier sieh mich , bei der das Pronomen ich im Akkusativ steht [...]. Vor jedem Anfang steht demnach nicht das Ich, sondern das immer schon unter Anklage, eben das heißt: im Akkusativ, stehende Ich, und zwar als immer schon angerufenes und so antwortendes Ich; und deshalb, genau genommen, weder *Ich* noch *ich*, sondern *mich* oder, noch genauer, eben antwortend: *hier, sieh mich*« (Levinas 1998, S. 311).

Subjekt und Subjektivität als Verantwortung konstituieren sich insofern ursprünglich nicht als biologische Tatsachen im Kampf ums Dasein, nicht durch die Internalisierung von Objektbeziehungen bei der Sozialisation, nicht durch Triebschicksale und Sublimierung im Rahmen des Ödipuskomplexes oder durch einen Dialog von Ich und Du.

Hier ergeben sich interessante Gegensätze und Fragen zwischen psychoanalytischer Theorie und Levinas Philosophie. Weder ist zwischen Freud und Levinas alles mit jedem vereinbar, noch unvereinbar. Vielmehr kann eine Isolierung der psychoanalytischen Theorie gegenüber dem Philosophieren und eine Isolierung des Levinas'schen Philosophierens gegenüber der Psychoanalyse sichtbar werden. Freuds (1930, S. 483) schlichte Deklaration: »Ein ursprüngliches, sozusagen natürliches Unterscheidungsvermögen für Gut und Böse darf man ablehnen« verdient heute eine ausführliche Problematisierung, wenn »man« über Menschenrechte, UNO, Kant, Gandhi, Martin Luther King und einige andere wie Georg Elser nicht hinwegsehen will. In der Tat »darf man« im Rahmen einer gesellschaftlichen Formierung an derlei Deklaration partizipieren, insofern Gesellschaft daran interessiert sein kann, eine irgendwie »präsoziale« Unterscheidung von gut und böse weg zu manipulieren (Bauman 1994). Bei Levinas fehlt auf der anderen Seite die reflektierende Klärung von Konflikten, etwa zwischen dem relativ autonomen Subjekt im Sinne der »Ödipalität« und dem verantwortlichen Subjekt des »hier, sieh mich«, sowie von Konflikten der vergesellschafteten Subjekte bei der Bemühung um Gerechtigkeit einerseits und angesichts der immensen Möglichkeiten von Gewalt in Kollektiven, seien es Klein- oder Großgruppen, ob staatlich, wissenschaftlich, religiös oder tribalistisch fundiert, andererseits.

In der Lebenswirklichkeit – das ist auch Levinas klar – sind oft mehrere »Antlitz des Anderen« im Spiel. Die Problematik dieser Situation hat Levinas nur gestreift mit dem Hinweis auf die konflikthaften, kompromissgeprägten Bemühungen um »Gerechtigkeit« (Delhom 2000a) in zwischenmenschlichen Beziehungen, Gruppen und Gesellschaften mit ihrer bleibenden Verunsicherung. Insofern war und ist »die große zivilisierende Kraft auf Erden offenbar der Zweifel [...] während die wahren Gläubigen gleich welcher Prägung, religiöser oder religiös-dirigistischer, die Mordtaten begingen« (Doctorow 2001, S. 373). Von zentraler Bedeutung bleibt jedoch die Behauptung, dass der einzelne Mensch, ob er will oder nicht, ob allein oder in Gruppe, Stamm, Religion, Gesellschaft, Armee, Ökonomie und Masse, dem Anspruch des »Antlitz des Anderen« in Realität und Phantasie verantwortlich verhaftet bleibe. Levinas (1996, S. 65-67) erläutert:

> »Das Antlitz spricht [...]. Das Antlitz ist exponiert, bedroht, als würde es uns zu einem Akt der Gewalt einladen. Zugleich ist das Antlitz das, was uns verbietet zu töten [...]. Es stimmt, der Mord ist ein banales Faktum: Man kann den Anderen töten [...]. Das Verbot zu töten macht den Mord nicht unmöglich [...] selbst wenn die Autorität des Verbotenen im schlechten Gewissen über das vollbrachte Böse erhalten bleibt«.

An anderer Stelle fasst der Autor zusammen:

> »Während also das freie Denken das Selbe bleibt, nötigt sich das Antlitz mir auf, ohne dass ich gegen seinen Anruf taub sein oder ihn vergessen könnte, d. h. ohne dass ich aufhören könnte, für sein Elend verantwortlich zu sein. Das Bewusstsein hört auf, die erste Stelle einzunehmen. So bedeutet Anwesenheit des Antlitzes eine nicht abzulehnende Anordnung, ein Gebot, das die Verfügungsgewalt des Bewusstseins einschränkt [...]. Das Antlitz entwaffnet die Intentionalität, die es anzielt. Es handelt sich um die Infragestellung des Bewusstseins und nicht um ein Bewusstsein der Infragestellung« (Levinas 1999a, S. 223).

Blickkontakte können für die Erfahrung vom »Antlitz des Anderen« entscheidend sein wie jede andere leibgebundene Kommunikation. Levinas erwähnt als Beispiel die Szene aus dem Roman von W. Grossman (1984, S. 712) *Leben und Schicksal*, in der Angehörige von im Gulag verschleppten Häftlinge versuchen, mit Hilfegesuchen und Päckchen etwas für ihre Lieben im Moskauer Staatsgefängnis auf der Lubjanka zu erreichen. Die Menge steht gedrängt in einer Schlange vor dem Schalter des Staatsbeamten. Es geht nur langsam vorwärts, dann heißt es im Roman:

> »Niemals hatte Jewgenia Nikolajewna geglaubt, daß ein menschlicher Rücken so ausdrucksvoll sein kann, daß er so ergreifend den Zustand der menschlichen Seele wiedergeben kann. Die Menschen, die an den Schalter traten, reckten auf irgendwie besondere Weise den Hals, und ihre Rücken mit gehobenen Schultern, mit den verkrampften Schulterblättern schienen zu schreien, zu weinen.«

Wie zu ersehen, ist der psychoanalytische Begriff *Objektbeziehungen* nicht geeignet, die Beziehung vom »Antlitz des Anderen« zum »hier sieh mich« zu beschreiben. Diese Beziehung mit Objektbeziehungen zu identifizieren würde aneignende Gewalt gegenüber der »Anderheit des Anderen« beinhalten, eine Gewalt, die zwar möglich ist, aber keine Beziehung bewirkt, sondern den illusorischen oder wahnhaften Versuch der Zerstörung der Alterität bedeutet. Isidoro Berenstein (2001a)[3] fokussiert in seiner Arbeit *The link and the other* auf die klinische Perspektive dieser Problematik. Berenstein schlägt konsequent vor, in der psychoanalytischen Theorie zwischen Objektbeziehungen und »Verbindungen« (*links*) zu unterscheiden, um der Differenz von Kommunikation gerecht zu werden zwischen einerseits Beziehungen mit dem Charakter von Aneignung und Identifizierung des Einen und andererseits mit dem Charakter von Anspruch und Imposition des *Anderen*. Mit dem Begriff »Imposition«[4] (Auferlegung, Aufbürdung) schlägt Berenstein vor, die Erfahrung des Einen zu bezeichnen, der vom Anspruch des anderen Menschen getroffen ist. Impositionen begründen Verbindungen. Um den Umgang des Subjektes mit Impositionen zu verstehen ist nun das begriffliche Instrumentarium der Psychoanalyse, also die Theorie von Trieben, Narzissmus, bewussten und unbewussten Konflikten, Übertragung und Gegenübertragung, Abwehr, projektiven Identifizierungen, Symptomen usw. von großem Nutzen. Hier liegt heute ein Schwerpunkt psychoanalytischer Therapie, bei der wir zu Recht voraussetzen, das Individuum besitze einen gewissen Spielraum von Freiheit. Der An-Spruch des *Anderen*, seine Impositionen, können zwar nicht vernichtet, wohl aber vom Einen abgewiesen werden, sei es mit Gleichgültigkeit, Verachtung, Gewalttätigkeit, Verletzung oder Mord, mit und ohne kollektive Unterstützung der Gruppen- und Massenpsychologie. Berenstein schreibt darüber hinaus exzessiven Impositionen auch Abwehrcharakter zu, also die Funktion, Verbindungen zu verhindern, wenn sie mit roher Gewalt versuchen, die Alterität des Einen zu vernichten und seine Gegenwehr zu provozieren.

Das ethisch zentrale, bewusste oder unbewusste, Motiv für die Abwehr von bzw. den Widerstand gegen Impositionen des »Antlitzes des Anderen«, nenne ich »Wegsehen des Antlitzes des Anderen« bzw. seiner Impositionen. Dieses Wegsehen ist ein Ursprung der Gewalt und als solches ein primär persönlich-individuell zu verantwortendes Ereignis. Das Wegsehen ist erst sekundär ein »Woanders-Hinsehen«. Primär kann der Vorgang negative Projektion genannt werden, analog einer negativen Halluzination des Gedächtnisses im psychiatrischen Sinn. Im Unterschied zur Amnesie, bei der subjektiv eine Lücke im Gedächtnis vorliegt, besteht bei der negativen Halluzination des Gedächtnisses die feste Überzeugung, über ein vollständiges Gedächtnis zu verfügen, obwohl eine Lücke vorhanden ist. Beispiel einer psychiatrischen Station: Ein Patient hat wie alle anderen ein hübsches Weihnachtspäckchen erhalten. Er legt es auf den Stuhl und beginnt kurz darauf bei der Visite zu schimpfen, er sei bei der Bescherung übergangen worden (Bleuler 1969, S. 56). Der Begriff Projektion in der Psychoanalyse wäre also zu erweitern um die Differenzierung zwischen »positiver« (»etwas hereinwerfen«) und »negativer« Projektion (»etwas herauswerfen«). Das Wegsehen kann sich mit sekundären Motivationen der Psycho- und Soziodynamik verbinden und mittels individueller und kollektiver Arbeit durch Lernen und Training, Befehl und Gehorsam, Fanatismus, Ideologie und Propaganda, zu extremen »Leistungen« im Sinne »kreativer Destruktivität« (Biermann 1995) führen. Lozowick (2000, S. 347) schildert entsprechende Karrieren des Bösen über die vier Stufen »Gleichgültigkeit, Egoismus, Herzlosigkeit und Bösartigkeit«. Von den NS-Tätern sagt der Autor:

> »Genausowenig, wie ein Mensch zufällig auf den Gipfel des Mount Everest gelangt, so wenig wurden Eichmann und seine Schergen aus Zufall zu Mördern an den Juden; und ebensowenig haben sie geistesabwesend gehandelt und auch nicht in blindem Gehorsam und nicht als kleines Rad in einer großen Maschinerie. Sie haben hart gearbeitet, intensiv nachgedacht und für viele Jahre die Führung übernommen. Sie waren Alpinisten des Bösen.«

Gitta Serenys (1997, S. 431) Gespräche mit Franz Stangl, dem Kommandanten von Sobibor und Treblinka, enthüllen im Rahmen einer Beziehung der Verbindung (link) nachträglich und zurückblickend die exzessive, bewusste und unbewusste Grausamkeitsarbeit (A. Mitscherlich) des Todeslager-Kommandanten auch an sich selbst. Frau Sereny setzte Franz Stangl ihrer Imposition aus, »sich-zu-stellen, sich-zu-bekennen« und Franz Stangl sah diese Imposition in 70 Gesprächsstunden, über neun Wochen verteilt, weg, fast weg. Frau Sereny fragte und hörte zu, ohne von Franz Stangl und seinem vielleicht irgendwo noch existierenden »Antlitz« wegzusehen. Darauf basierte beider Verbindung. Im letzten Gespräch am Sonntag, dem 27. Juni 1971, sah Franz Stangl einmal mehr weg vom »Antlitz des Anderen«, von Frau Sereny. Stangl: »Das einzige, was feststeht, ist, dass es Dinge gibt, die wissenschaftlich nicht erklärt werden können [...]. Aber sagen Sie mir, wenn ein Mensch ein Ziel hat, das Gott heißt, was kann er tun, um es zu erreichen?« Sereny: »Glauben Sie nicht, dass das für jeden Menschen verschieden ist? Könnte es in Ihrem Fall das Suchen nach der Wahrheit sein? Nach Sich-Bekennen?« Stangl:»Sich bekennen?« Sereny: »Ja, sich stellen. Vielleicht war das, was Sie in diesen Wochen mit diesen Gesprächen versucht haben, ein Anfang?« Die Autorin fährt fort: »Seine Antwort kam automatisch, wie aus der Pistole geschossen und mit vollkommen ausdrucksloser Stimme. Mein Gewissen ist rein bezüglich dessen, was ich selbst getan habe. [...] Ich selbst habe nie absichtlich jemandem wehgetan. Fast halbstündiges Schweigen.« Serenys Kommentar: » Zum ersten Mal in diesen vielen Tagen half ich ihm nicht. Franz Stangl umklammerte mit beiden Händen die Tischkante, als ob er sich festhalten wollte und brachte dann heraus: Aber ich war dabei [...]. Also ja, in Wirklichkeit bin ich mitschuldig [...]. Meine Schuld ist, dass ich noch da bin. Das ist meine Schuld. Ich hätte sterben sollen.«

Vielleicht stellte sich der Kommandant von T. in diesem Moment dem »Antlitz der 900.000 Anderen«. Einen Tag später starb Franz Stangl an einem Herzinfarkt.

In unseren Tagen scheinen die »sleeper« des Terrors analog hart und lange am Wegsehen gearbeitet zu haben. Die Gewalt ihrer (Selbst-)Manipulation zum Wegsehen richtete sich vor den Terrorakten auf ihre alltägliche Umgebung und nach ihren Terrorhandlungen auf die Manipulation der religiösen Spiritualität der Menschen und die Meinungsbildung der politischen Weltöffentlichkeit. Allerdings tragen die »großen« Religionen mit ihrer spezifischen Geschichte als Institutionen Modelle solcher (Selbst-)Manipulation mit sich bis in die Gegenwart, die umso leichter wiederbelebt werden können, als die Aufklärung über die Geschichte der Gewalt in den Religionen angesichts der Jahrtausende langen Wirkung von Mythen, Ritualen, Dogmen, Kathedralen und Moscheen bisher nur teilweise in Gefühl und Bewusstsein der alltäglichen Lebenswelt Wirkung entfaltet hat.

Klinische Erfahrungen

Isidoro Berenstein (2001b) berichtete auf dem 42. Kongress der IPA aus einer Analyse, die einige Aspekte der Unterscheidung von Objektbeziehungen und Verbindungen deutlich machen kann. Dabei geht es um die Gewalt der Abwehr von Impositionen des anderen Menschen, in meiner Sprache also um die Gewalt des Wegsehens des »Antlitzes des Anderen« und darüber hinaus um die Möglichkeit, mittels Analyse, d. h. durch die Auflösung des Wegsehens, das »Antlitz des Anderen« im psychoanalytischen Prozess von neuem zu realisieren.

Nach zwei erfolglosen psychoanalytischen Langzeitbehandlungen kam der Patient zu Dr. Berenstein wegen anhaltend schwerer Beziehungsstörungen gegenüber Frau und Eltern. Im Verlauf der Therapie ergab sich folgende Situation: Der Patient geriet in heftige Erregung mit Wut und Angst, weil seine betagte und – wie er meinte – gebrechliche Mutter ins Ausland reisen wollte. Der Patient fürchtete um ihre Gesundheit und ihr Leben. Die Mutter weigerte sich jedoch, auf ihn zu hören. Ich zitiere nun aus dem Originaltext (meine Übersetzung):

> »Eines unserer Probleme ist, wie die Wut des Patienten zu interpretieren ist: a) Als Fortsetzung kindlicher Wut im Zusammenhang der Objektbeziehung zur Mutter, deren Reise er wie ein reizvolles Erlebnis empfindet, als Wiederholung der Urszene. b) Als Wut wegen der Anstrengung einer Verbindung zu einer Mutter, die seine Akzeptanz verlangt, wobei ihre Gegenwärtigkeit ganz und gar nicht mit seiner Repräsentanz von ihr übereinstimmt. Der Patient möchte für seine Mutter sorgen und sie wiederherstellen, während seine Mutter diese Reparation ablehnt.«

Herr Berenstein arbeitete bei der Therapie mit beiden Hypothesen. Seine Deutungen vor dem Hintergrund der zweiten Hypothese beantwortete der Patient mit gesteigerter Erregung und erklärte, wie seine Mutter verstehe ihn der Analytiker auch nicht. Seine Mutter habe inzwischen ihr Reiseziel erreicht und ihn gleich angerufen. Es ging ihr gut. Sie versicherte ihm herzlich, wie sehr sie ihn vermisse. Darauf habe er ihr verärgert erklärt, sie rede zu ihm wie mit einem anderen, ihm fremden Menschen. Beweis: Er könne ihr nicht glauben, dass sie ihn angeblich bereits nach einem Tag der Trennung vermisse. Daher sei es vollkommen klar, sie spreche nicht mit ihm. Der Analytiker deutete, ich zitiere:
Der Patient

> »könne nicht realisieren, dass seine wirkliche Mutter sich unterscheide von dem Bild, das er sich von ihr mache. Das bringe ihn zu dem Gefühl, er sei in den Augen seiner Mutter eine andere Person und [...]. An dieser Stelle unterbrach der Patient den Analytiker gewaltsam und erklärte, er fühle sich vom Analytiker nicht verstanden und vielleicht sei die ganze Psychoanalyse nichts für ihn. Der Analytiker antwortete, soeben in diesem Augenblick könne der Patient ihn nicht erkennen, weil der Analytiker etwas sage, das sich unterscheide von dem, was der Patient über ihn denke und erwarte.«

Mir scheint, in dieser Szene begegnete der Analytiker der Gewalt des Wegsehens. Sein Patient unterbrach die Deutung und setzte zu einer Aneignung und Verwerfung des psychoanalytischen Prozesses an. Er ließ die Maske des kooperativen Patienten, der im Hier-und-Jetzt auf Impositionen des Analytikers antwortet, fallen. Der Analytiker seinerseits überraschte den Patienten durch sein Bestehen auf einer Verbindung zum Patienten trotz dessen Phantasie einer unwiderstehlichen Vernichtungskapazität gegenüber dem psychoanalytischen Prozess. Insofern interpretierte der Analytiker in der bewussten Gewalt der Äußerungen des Patienten die darin auch enthaltene unbewusste Imposition in Richtung Analytiker, er möge sich ihm, dem Patienten, zur

Verfügung stellen im Sinne des »hier sieh mich« (Levinas). Die bei dem Patienten vermutlich auch wirksamen präödipalen und ödipalen Phantasien von Verlassen-Werden und ausgeschlossenem Dritten griff der Analytiker an dieser Stelle nicht auf, weil diese Thematik im Hier-und-Jetzt eine Abwehrfunktion bekommen hätte, sodass der Patient sein »Antlitz« verborgen bzw. der Analytiker das »Antlitz« des Patienten weggesehen hätte.

Berenstein kommentiert: In diesem Moment sei der Analytiker wie die Mutter für den Patienten ein Feind, insofern er bei ihm Ausschau halte nach einem neuen Platz für seine jetzige Mutter anstelle des alten, besetzt mit der kranken, bedürftigen Mutter, die Reparationen brauche. Dieser neue Platz gelte einem neuen Subjekt. Wie im Fall seiner Mutter benutze der Patient jedoch bisher den Analytiker als jemand, der ihn, den Patienten, brauche. Solange der Patient nicht erkenne, dass er seine eigene Hilfsbedürftigkeit verleugne, könne er keine Interpretationen annehmen, die nicht mit seinen Erwartungen übereinstimmten. Die heutige Mutter als eine *Andere* stimme nicht überein mit seinem Bild einer zerstörten Mutter der Kindheit. Es gebe eine andere, ihm fremde Mutter, die Ausschau halte nach einer Inschrift (inscription) bei ihm als ein neues Subjekt mit ihren eigenen Wünschen und ihrer eigenen Bestimmung (determination), die ihm eine neue Markierung (mark) auferlege, gegen die der Patient kämpfe. Die folgende Sitzung drehte sich um das Bemühen des Patienten, in seinem Büro neue Schreibtische aufzustellen, worüber er in Streit mit seiner Frau geriet. Der Analytiker deutete darin eine Folge der vergangenen Sitzung, also eine, wenn auch ambivalente, Öffnung des Patienten für eine Verbindung (*link*) mit dem Analytiker.

Mir scheint, in dieser Szene lassen sich »neue Schreibtische« mit »neuen Inskriptionen« korrelieren: Ein neuer Schreibtisch ist ein Ort für neue »Einschreibungen«. Sehe ich richtig, kann das »neue Subjekt« im Sinne Berensteins das »Antlitz des Anderen« der Mutter sein, das sich dem Sohn »einschreibt«. Der Sohn seinerseits scheint sein »Antlitz« vor der Mutter (und vor Frau und Analytiker?) zu verbergen aus Furcht, es werde weggesehen. Die Versuche des Patienten, seine angeblich gebrechliche Mutter zu regenerieren können demzufolge gedeutet werden als grandioser Versuch des Sohnes, das (frühere) Wegsehen der Mutter zu beseitigen.

Zur Geschichte des Nationalsozialismus

Albert Speer erklärte im Jahr 1977 seiner langjährigen Gesprächspartnerin Gitta Sereny (1995, S. 817): »Meine Hauptschuld sehe ich immer noch in der Billigung der Judenverfolgungen und der Morde an Millionen von ihnen – Billigung durch Wegsehen, nicht durch Kenntnis eines Befehls oder der Durchführung: Das erste ist so schwerwiegend wie das zweite.« Frau Serenys Frage: »Warum sagen Sie das jetzt so offen, nachdem sie es so lange abgestritten haben?« beantwortete Speer mit einem Achselzucken und den Worten:« Für diesen Zweck und mit diesen Leuten wollte ich nicht, konnte ich nicht handeln.« Serenys Kommentar: »Wenn Albert Speer in Nürnberg so weit gegangen wäre, hätte man ihn gehängt.«

Die Stimme des Gewissens spricht in diesen und anderen Geschichten aus der NS-Zeit, vernehmbarer als in der klinischen psychoanalytischen Situation. Moltke (1991, S. 312) schrieb am 6.11.1941 aus Berlin an seine Frau Freya in Kreisau: »Sicher ist es bequemer, sich nur für einige wenige Leute verantwortlich zu fühlen und zugleich mit Scheuklappen nicht zu sehen oder vielmehr nicht sehen zu wollen, was für Unheil durch die Art angerichtet wird, in der man sich dieser Verantwortung entledigt, nicht sehen zu wollen, dass man Mord und Raub verteidigt«. Das Wort »Wegsehen« übernehme ich demzufolge für die psychoanalytische Terminologie aus der Geschichte des Nazismus und aus unserem aktuellen Sprachgebrauch. In der öffentlichen Meinungsbildung wird heutzutage zum Thema Gewalt die Formel gebraucht: »Hinsehen ist gefordert, nicht wegsehen« (z. B. Spiegel 2001).

Zur psychoanalytischen Kulturtheorie

Der bisherige Beitrag der Psychoanalyse gegen Gewalt könnte eine Erweiterung erfahren, wenn sich die psychoanalytische Methode einer Aufklärung der zunächst philosophischen Hypothese vom »Antlitz des Anderen« und den damit gegebenen Implikationen zuwenden würde, sei es in klinischer Tätigkeit, in theoretischer Reflexion oder bei direkter Mitarbeit in gesellschaftlichen und politischen Projekten gegenüber Gewalt. Darin läge die Möglichkeit beschlossen, den Mythos der angeblich schuldfreien Gewalt per Knopfdruck, also den Mythos von der »Banalität des Bösen« (Arendt 1964) als einer modernen Variation von Schicksalsphantasien, vor dem Hintergrund der Geschichte vom »Antlitz des Anderen«

durchzuarbeiten. In meinen Augen kann dieser manifeste Mythos als kollektiv-unbewusste Abwehr der latenten persönlichen Erfahrung vom »Antlitz des Anderen« und seinen Impositionen interpretiert werden. Die wiederkehrende Faszination dieses Mythos in vielen Variationen einschließlich seiner gedankenlosen, platten Selbstverständlichkeit im Nationalsozialismus (Hilberg 2001) und auch im Alltagsgefühl unserer Gegenwart, sprechen für einen ritualisierten Denk-, Gefühls- und Wiederholungszwang gegenüber der nicht zu beseitigenden latenten Erfahrung vom »Antlitz des Anderen«. Wer allerdings von kollektiven oder statistischen Befunden ausgeht, wird vermutlich zu dem wissenschaftlichen Ergebnis gelangen, für die Erfahrung eines »Antlitz des Anderen« gebe es keine gesicherten Hinweise. Eher ist darüber näheres bei Shakespeare und anderen Künstlern zu finden. Hamlet (2. Akt, 2.Szene, 553-554) staunt über die Tränen in den Augen eines Schauspielers, der rezitiert, wie der Griechenheld Pyrrhus den greisen König Priamos von Troja in Gegenwart dessen hilfloser Frau Hekuba mit dem Schwert »zerhackt«: »What's Hecuba to him, or he to Hecuba, that he should weep for her?« Hamlets Melancholie, sein Zögern, sein Wegsehen vom »Antlitz des Anderen«, von seinem ermordeten Vater, lichtet sich ein Stück: »Ans Werk, mein Hirn«, Hamlet hat einen Plan gefasst: »Dem König wird das Spiel zur Schlinge, in die ich sein Gewissen zwinge.«

Eine Voraussetzung solcher Selbst-Aufklärung der Psychoanalyse bestände darin, die Geschichte des bewussten und unbewussten Umganges der Psychoanalyse mit Ethik und ihren Voraussetzungen psychoanalytisch spezifisch dort zu untersuchen, wo eine mögliche Differenz von Ethik und Gewissen einerseits und Sozialtechnologie und Über-Ich bzw. Ideal-Ich andererseits in Betracht kommt. Ich denke an folgende Bereiche:
1) Die psychoanalytische Konzeption der »Kriegsneurosen« im Ersten Weltkrieg. Damals dominierte ätiologisch in der Psychoanalyse die Annahme narzisstischer Traumata. Bei nachträglichem Studium der Quellen (z. B. Freud 1901, S. 126; Freud, Ferenczi, Abraham, Simmel, Jones 1919; Hug-Hellmuth 1915) finden sich darüber hinaus Hinweise für die zugrunde liegende Bedeutung der »Verletzung der ethischen Grundeinstellung« (Delhom 2000b), wie bei Hekuba, also der »Überlebensschuld« (Klein 1992; Platt 2000;), infolge der korrumpierenden Ohnmacht, dem zu Tode gequälten »Antlitz des Anderen«, ob Freund oder Feind, nicht beizustehen zu können (Barker 1997; 1998; 2000). Ein expressives Beispiel für das Trauma und die Liebe angesichts des »Anderen« in dieser Situation sehe ich in Ernst Barlachs

Abb. 1: Ernst Barlach: »Ehrenmal«(1929), Magdeburg, Dom)

»Ehrenmal« 1929 (Abbildung 1), dessen Geschichte vor, während und nach der NS-Zeit psychoanalytische Prägnanz besitzt. Dieses Denkmal des Ersten Weltkrieges befindet sich im Magdeburger Dom. Drei Köpfe im unteren Teil der Skulptur zeigen ihr »Antlitz des Anderen«, verhüllt, mazeriert, schockiert. Hinter ihnen stehen drei Überlebende. Sie sind den drei tödlich verletzten Köpfen ausgesetzt (Imposition) und schauen nicht weg, obwohl diese Möglichkeit angedeutet ist. Umso mehr halten sie sich gemeinsam an ein großes Kreuz, das die drei »ganz unten« und die »da oben« verbindet (*link*). Die mittlere Figur oben zeigt eine Spur Ähnlichkeit mit Adolf Hitler. Für das kollektiv-heroisch formierte Wegsehen gegen Ende der Weimarer Republik stellte Barlachs Interpretation, insbesondere die des »Führers«, sogleich bei der Aufstellung der Skulptur einen Affront dar. Nationalsozialistischer Weltkriegs-Totenkult bedeutete,

»den inneren Schweinehund zu überwinden, das hieß auch: die Erinnerung an die abertausend Arten und Weisen des Kriegstodes zu verdrängen – das jämmerliche Krepieren im Stacheldrahtverhau ebenso wie den Tod an Auszehrung und Hunger in der Heimat« (Ulrich 1999, S. 368).

Auf Votum des Kirchengemeinderats wurde das Bildwerk 1934 entfernt (Wegsehen) und im Keller der Nationalgalerie Berlin, später in Barlachs Güstrower Haus, aufbewahrt (unbewusst gemacht). Nach dem Krieg gab es in der Kirchengemeinde ein »Umdenken« (Analyse bzw. Auflösung des Wegsehens), sie tat Buße (Neubeginn?) und holte das Ehrenmal 1955 zurück in ihren Raum (Quast 2000, S. 59).

2) Der Mythos von Urhorde und Urvatermord (Freud 1913) als Ursprung von Kultur und Moral. Die anthropologische Grunderfahrung vom »Antlitz des Anderen« stellt eine mögliche Basis für diesen Mythos dar, also den Ausdruck der Geschichte »hinter« diesem Mythos, der nachträglich als kollektives Wegsehen des »Antlitzes des Anderen« in einer Gesellschaft interpretierbar ist. Das kollektive Wegsehen kann auf Dauer zu sozial chaotischen Zuständen führen, die phänomenologisch der »Urhorde« Freuds und der »mimetischen Krise« bei Girard (1997) entsprechen. Der Urvatermord ist nach Girard (Haas 2000) als phantasierte Lösung der Krise durch das Opfern eines Sündenbockes, der das entstandene Chaos auf sich zieht, zu verstehen. Mit Levinas wären Ambivalenz und Schuldgefühl der »Söhne« nach dem Mord angemessener zu erklären als bei Freud und Girard: Nach dem Mord kommt die Erinnerung an das »Antlitz des Anderen« wieder zum Vorschein in Form der Schuld am tötenden Wegsehen. Die nachträgliche, generationsübergreifende Etablierung von Ethik – bei Freud verkörpert in den Tabus von Totem und Inzest – kann einer charakteristischen anthropologischen Tendenz entsprechen, ethische Kompetenz auf dem Weg »von Schuld zu Verantwortung« (Klein 1992) zu entwickeln, notabene immer wieder im Hier-und-Jetzt und nicht irgendwann einmalig in der Phylogenese.

3) Beim Vergleich von Über-Ich-Ideal-Ich mit dem, was in der deutschen Sprache und auch philosophisch »Gewissen« (Reiner 1974) heißt, fällt die Einseitigkeit und Verengung des psychoanalytischen Begriffspaares auf. Eine polemische Differenzierung von Gewissen und Über-Ich-Ideal-Ich findet sich in Nietzsches (1886, No. 68) Aphorismus, den Freud (1901, S. 162) zitiert, ohne auf den basalen Konflikt zwischen »Gedächtnis-Gewissen« und »Stolz-Über-Ich-Ideal-Ich« näher einzugehen: »Das habe ich getan« sagt mein Gedächtnis. Das kann ich nicht getan haben – sagt mein Stolz und bleibt unerbittlich. Endlich – gibt das Gedächtnis nach«. Hier kann die Diskussion

um Möglichkeiten und Grenzen der Manipulation des persönlichen Gewissens durch das kollektiv formierte Über-Ich-Ideal-Ich, gerade in unstrukturierten, fundamentalistischen »Bewegungen« (Kernberg 2001) ansetzen. Die Gräueltaten »ganz gewöhnlicher« Deutscher, Muslime und anderen gehören hierher. Die Betonung der Macht der Verführung bei den Vielen ist zu konfrontieren mit der Widerständigkeit der Wenigen ihr gegenüber. Eine Psychoanalyse von Gruppen und Massen ohne Berücksichtigung des Gewissens der einzelnen Menschen und seiner Quellen kann den ersten, entscheidenden Schritt von der Aufklärung über verantwortbare Geschichte zum Phantasma des Schicksals-Mythos von der Banalität des Bösen bedeuten.

4) Die Untersuchung könnte ferner den Briefwechsel Freud-Ferenczi (1993, S. 175) mit Blick auf Jacques Derridas Thesen (2000, S. 11, 205, 362-409) über »Schematismus der Abstammung« und »Phallologozentrismus« in der bisherigen Psychoanalyse einbeziehen. Auf die komplexen Einzelheiten der Fragen nach selbstgerechter Gewalt von tribalistischen Männerfreundschaften in der Geschichte der Psychoanalyse kann ich hier nicht weiter eingehen. Das folgende Zitat möge genügen:

> »Wenn irgendetwas, bisher, bei der Psychoanalyse nicht angekommen ist und zweifellos auch nie ankommen wird, vor allem nicht in der Generationenfolge ihrer Gründerväter, dann ist es die Psychoanalyse – es sei denn, sie wäre in eben diesem Nichtereignis bereits angekommen und es wäre genau dies, das Ereignis dieses Nichtereignisses, was zu denken, zu leben und zuletzt einzugestehen uns vielleicht aufgegeben ist« (Derrida, S. 374).

Zygmunt Baumans (1994, S. 26) These der »großen Koalition« jener kollektiven Institutionen und mentalen Traditionen, darunter die Psychoanalyse, die glauben, Ethik sei in der Gesellschaft begründet und somit Teil von Sozialtechnologie mündet in die Behauptung: »Im Kern stützt sich diese Allianz auf eine Vorstellung vom Gartenstaat, die die regierte Gesellschaft als Feld der Planung, Veredelung und Unkrautvernichtung begreift«. Kernbergs (2001) präziser Text über »Psychoanalytische Beiträge zur Verhinderung gesellschaftlich sanktionierter Gewalt« bestätigt diese Behauptung einerseits, wenngleich sich die Psychoanalyse andererseits ab ovo in der klinischen Situation – auf eine moderne Formel gebracht – als Container für die Entfaltung von Selbst, Objektbeziehungen und persönlicher Verantwortung entwickelt hat. Dementsprechend ist historisch mit einem elementaren Konflikt innerhalb der Psychoanalyse gegenüber Ethik zwischen Intimität und Institution zu rechnen. Gattigs (2001, S. 4) Bemerkung: »Psychoanalytiker können davon ausgehen, dass eine rite Anwendung der psychoanalytischen Methode mit ethischem Handeln gleichzusetzen ist« lässt diesen Konflikt außer Acht und beschwichtigt »rite«, d. h. in ordnungsgemäßer Weise. Die Erfahrung vom »Antlitz des Anderen« beunruhigt dagegen in ihrer begrifflichen Unfassbarkeit von Trauma und Liebe diesseits jeder repräsentierbaren Methode. Sehe ich richtig, taucht in Kernbergs Text die Bedeutung von Ethik und Gewissen gegenüber der Sozialtechnologie immer dann indirekt auf, wenn der Autor sich auf eine grundlegende Bedingung des Erfolgs eines human-verantwortlichen Umgangs mit der Dynamik des lebenslang bleibenden narzisstisch-paranoiden Potentials von Menschen zwischen Individuum und Gesellschaft bezieht. Kernberg verweist in diesem Zusammenhang auf die demokratische Verfassung von Staat, Regierung und Bürgergesellschaft (vgl. S.1097, 1099, 1100, 1101, 1102, 1104, 1107) als notwendiger Bedingung der Bewahrung von Menschlichkeit gegenüber der Gefahr gesellschaftlich sanktionierter Gewalt. Diese Grundlage sei verletzbar und müsse sich vor fundamentalistischen Systemen schützen (S. 1100f). Auf die Frage nach Herkunft und Ursprung dieser demokratischen Grundlage geht Kernberg nur kursorisch ein in Verbindung mit der Erörterung der Bedeutung von gesund-normaler Persönlichkeitsentwicklung und »reifem«, sublimierungsfähigem Über-Ich für die Gesellschaft. Diese Frage steht für Levinas und in den vorliegenden Reflexionen im Mittelpunkt des Interesses.

In seinem erwähnten Buch kommt Bauman zu zwei Schlussfolgerungen:

a) Ethisches Verhalten entspringt »vorgesellschaftlichen Quellen«, die entsprechend Levinas in elementaren Zweierbeziehungen mit »Nächsten und Fernsten« liegen.

b) Besonders moderne, bürokratisch organisierte Gesellschaften besitzen eine Tendenz, ethisches Verhalten für ihre Zwecke zu funktionalisieren und zu manipulieren. Psychologische (Milgram 1994) und historische Untersuchungen (z. B. Kershaw 1998; 2000), darunter spezifisch der großen Religionen (Sharma 2000) mit ihrem Doppelgesicht von »esoterischer« Spiritualität der Beziehung der Seele zu Gott und den »exoterischen« Systemen gesellschaftlich-ideologischer Glaubensmacht , sowie Überlegungen zur ärztlichen Grundhaltung im Konflikt mit gesellschaftlich-funktioneller Gesundheitspolitik (Dörner, 2001a; 2001b) unterstützen diese Hypothesen Baumanns. Vielleicht kann man bis auf Weiteres sagen, dass eine noch so humane Sozialtechnologie ohne ausreichenden Bezug auf den präsozialen Ursprung von Ethik ebensowenig ausreicht für Verständnis und Förderung einer an Menschenrechten orientierten Demokratie wie eine Betonung präsozialer Ethik ohne ausreichenden Bezug zu einer angemessenen Sozialtechnologie. Die Verbindung von Levinas und Freud scheint mir in Richtung einer Theorie zu weisen, die diesen beiden Bedingungen genügt.

Für meine Empfindung entwarf Hillel Klein (1992, S. 1178) eine Skizze, die für unsere Fragestellung nach der Beziehung von Gewalt und Zivilisation aus psychoanalytischer Sicht ein Stück weiterführender Orientierung vermittelt:

> »Ich glaube, daß im Judentum der Begriff Tschuwa, die Rückkehr, die Freud bewußt und unbewußt in den psychoanalytischen Prozeß hineingebracht hat, uns eine gewisse Antwort gibt [...]. Wir kehren immer zurück zu dem Guten und dem Schlechten in der Vergangenheit. Einzig Rückkehr eröffnet die Möglichkeit einer Zukunft [...]. Ich glaube auch, daß die Tschuwa die Freiheit der Wahl ist. Wir bewegen uns [...] zwischen zwei Trieben, zwischen Lebens- und Todestrieb, und wir haben die Wahl. Die Wahl liegt an uns.«

Wenn wir Levinas und Freud miteinander verbinden wollen, stellt uns das »Antlitz des Anderen« vor die ursprüngliche Wahl zwischen Lebens- und Todestrieb, d. h. vor die Wahl, den anderen Menschen antwortend anzuschauen oder die Imposition seines »Antlitzes« gewaltsam wegzusehen. Erst im nachträglichen Rückblick erkennen wir klar und deutlich den Unterschied von Güte und Schuld. Bevor wir also wirklich zwischen den beiden »Trieben« zu wählen vermögen, müssen wir zurückschauen, gegebenenfalls im Rahmen eines psychoanalytischen Prozesses in der Zweierbeziehung mit freier Assoziation und gleichschwebender Aufmerksamkeit von Analysand bzw. Analytiker. Dabei können wir auf eine ödipale Erfahrung stoßen und darin Orientierung über unsere beiden »Triebe« finden. Aber die ödipale Erfahrung ist nicht der Ursprung von Ethik, sondern – auch im psychoanalytischen Prozess – geht sie vom »Antlitz des Anderen« aus. Der »Andere« kann der Analysand oder der Analytiker sein.

Im Ödipusmythos (Roscher 1897-1909, S. 700-742; Roscher 1894-1897, S. 1802ff) herrschen in Theben, unter der religiösen Rechtfertigung des delphischen Orakels, mannigfache Variationen des Wegsehens und damit Urhordenatmosphäre. Die entscheidende Alternative zu Beginn symbolisiert der Schafhirte Euphorbos (»der gute Ernährer«). Das verstümmelt ausgesetzte Kind, das »Antlitz des Anderen«, bringt er zu Polybos und Periboia (bzw. Merope) in Korinth. Am Ende siegen jedoch Orakel, Schicksal und kollektives Wegsehen. In Thebens Urhordenmilieu zurückgekehrt ereilt Ödipus die klassische Moira. Als überzeugter Sündenbock erlöst er die Stadt von der Pest der Urhorde, wenn auch nur vorübergehend. Für eine transgenerationale

Weitergabe des kollektiven Wegsehens an seine Kinder sorgt der Held durch den Fluch auf die Söhne Eteokles und Polyneikes, die sich im Streit um die Königsherrschaft schicksalsgemäß gegenseitig ermorden werden.

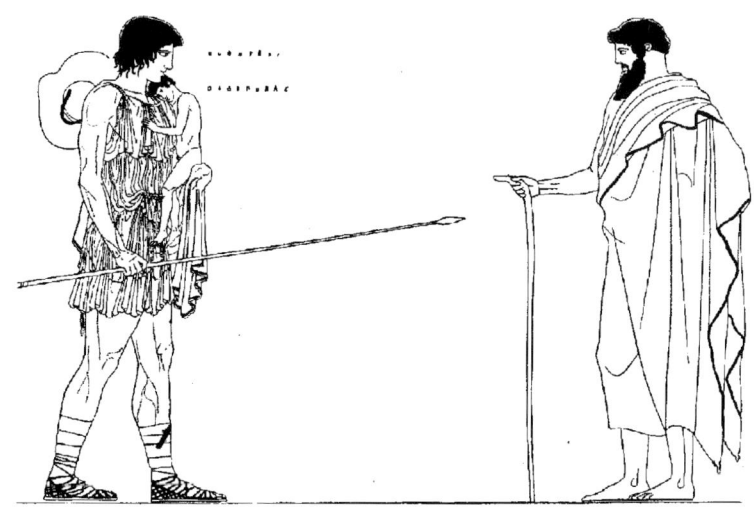

*Abb. 2: Euphoros mit dem kleinen Oidipodas und Polybos.
Aus: Roscher 1987-1909, S. 709-710.*

Ich gelange zu der Auffassung, die Psychoanalyse versucht bisher, mit dem Konzept des Ödipuskomplexes die Möglichkeit aufrechtzuerhalten und theoretisch zu begründen, dass die Dominanz der angeblich durch »die Natur« des Menschen grundgelegten Urhordenverfassung durch Beziehungsarbeit, modellhaft im Sinne des psychoanalytischen Prozesses, mehr oder weniger zur »Kultur« gemildert, sublimiert und konflikthaft kompensiert werden kann, wenn als »Erbe des Ödipuskomplexes« das »Inzestverbot« mit der Etablierung von Über-Ich und Ideal-Ich im Ich errichtet und aufrechterhalten werden. Spätestens der Stellenwert des »Kastrationskomplexes« und die Gewalt seiner »Drohung« – mit Bevorzugung des männlichen Geschlechts – enthüllt in diesem Zusammenhang das Konzept des »Ödipuskomplexes« als tragischen, phallologozentrischen Versuch, trotz und in aller schicksalhaften Gewaltsamkeit doch ein Stück menschlicher Zivilisation mittels psychoanalytischer Sozialtechnologie zu gestalten. Die immanente Bedingung der Möglichkeit dieser Konzeption scheint mir darin zu liegen, dass als unhintergehbare letzte Struktur des naturgegebenen menschlichen Verhaltens bewusst oder unbewusst das kollektive und persönliche »Wegsehen des Antlitz des Anderen« vorausgesetzt wird. Diese Konzeption, die das »Antlitz des Anderen« als solches nicht ursprünglich in Betracht zieht, sondern primär beim Wegsehen einsetzt, halte ich für einen Mythos mit der Funktion unbewusster Abwehr. Seine Funktion liegt darin, der Intimität menschlicher Zweierbeziehungen und ihrem kreativen Ursprung von verantwortlicher Subjektivität in der Situation vom »Antlitz des Anderen«, einschließlich ihrer weitergehenden Geschichte »von Schuld zu Verantwortung«, transgenerational immer wieder den Boden zu entziehen zugunsten kollektiver und gesellschaftlicher Funktionen, angeblich im Dienst des Überlebens der Gattung im Kampf ums Dasein, wie die wiederholten, bekannten Formeln lauten. Diese Drohung mit der Katastrophe, um die Menschen jenseits vom »Antlitz des Anderen« zur gemeinsamen Rettungsaktion zu vereinen, ist offenbar Teil der Katastrophe, nämlich des »Wegsehens des Antlitz des Anderen«, als deren Therapie sie sich selbst versteht, um das Wort von Karl Kraus aufzugreifen. Sozialtechnologie wird niemals Gewissen erzeugen, sondern kann Gewissen unterstützen oder korrumpieren. Der psychoanalytische Begriff von Über-Ich und Ideal-Ich ist ein wertvolles Dokument dieser These und als solches zu bewahren. Über das Gewissen als »Sich-bekennen und Sich-stellen« können wir Psychoanalytiker weniger als Zuschauer unserer selbst und mehr lebendig teilnehmend an *Anderen*, Fremden, lernen, so aus den Büchern von Gitta Sereny oder aus dem Blick des nächsten Kindes, das uns beim Gang auf der Straße begegnet. In der klinischen psychoanalytischen Situation verfügen wir über ein Instrument ersten Ranges, nicht nur das Wegsehen, sondern auch die Erfahrung vom »Antlitz des Anderen« zu reflektieren und therapeutisch einzubeziehen, vorausgesetzt, wir realisieren zunächst einmal die Fremdheit des Patienten, seine Andersheit und Alterität und lassen uns von ihr überfallen.

Vor diesem Hintergrund stellt die ödipale Situation und Phantasie eine zentrale, in Variationen wiederkehrende Erfahrung von uns Menschen dar bei der zweifelgebundenen Suche nach Gerechtigkeit und Triangulierung in einer Situation mit mehr als einem »Antlitz des Anderen«, zwischen Erwachsenen und Kindern, von Sexualität, Fortpflanzung, Phantasie, Leidenschaft, Faszination, Treue und Verrat, Zärtlichkeit und Gewalt, Güte und Schuld durchtränkt. Dafür gibt es keine einfache Lösung. Das ödipale Beziehungsmuster, wie auch die depressive Position, setzt bereits ein relativ autonomes ethisches Subjekt voraus und verweist auf eine immer schon vorhandene doppelte

Begrenzung narzisstischer Phantasien und narzisstischen Verhaltens : Zum einen gibt es keine grandiosen, konfliktfreien Lösungen in diesen Situationen und zum anderen ist das verantwortliche Subjekt immer schon dem »Antlitz des Anderen« ausgesetzt gewesen.

Meine Überlegungen zum Thema Gewalt vor dem Hintergrund der Ethik kann ich nach den hier vorgelegten Erörterungen in einem Satz zusammenfassen: Das Moralische versteht sich nicht immer von selbst (Vischer, zit. n. Freud 1905, S. 25), sondern durch den *Anderen*.

Anmerkungen

1 Nach R. J. Rummel: Oberbegriff für Genozid, Politizid und jede andere Megatötung außer Krieg. Von demos = Volk (griech.) und caedere = töten (lat.).

2 Levinas schrieb französisch. Sein Wort »visage« wird üblicherweise im Deutsch mit »Antlitz« übersetzt. Zwar steht Levinas Ethik in Verbindung zu seiner Religionsphilosophie, der Autor legte aber Wert auf eine klare Trennung der beiden philosophischen Disziplinen (Levinas 1999b). In der biblischen Tradition findet das Wort »panim« (hebr.) – Angesicht – Verwendung im Zusammenhang von Gotteserfahrungen, Segnungen (»Er lasse sein Angesicht leuchten über dir...«) und extremen Katastrophen (»Jahwe verhüllt sein Antlitz«). Mit über 2100 Belegen gehört »panim« zu den häufigsten Wörtern des AT (Jenni und Westermann 1978, S. 434). Die Frage, ob das »Antlitz des Anderen« bei Levinas letztlich die Spur Gottes ist, möchte ich verneinen. Das »Antlitz des Anderen« »ist« nicht, es besteht in dem An-Spruch eines anderen Menschen, ihm antwortend zu sagen: »Hier sieh mich[...].ich werde dich nicht töten.« Offenbar wirkt Levinas Ethik auf manche Theologen anregend (Sandherr 1998; Dickmann 1999). Levinas hat kein philosophisches System hinterlassen. Die Problematik *Das Selbst als ein Anderer* (Ricoeur 1996) bleibt hier offen. Heinrich Heines Gedicht vom *Doppelgänger* in der Vertonung von Schuberts *Schwanengesang* mag dafür als ein Stichwort genügen. Dort heißt es vom Doppelgänger: »Mir graut es, wenn ich sein Antlitz sehe.«

3 Berenstein (2001, dt. Übers. S. 22) grenzt sich von Levinas ab, insofern »Alterität« bei Levinas »radikal« konzipiert sei. Die Diskussion dieses Punktes sollte verschiedene Levinas-Rezeptionen einbeziehen (z. B. Taureck 1997). Berensteins Schwerpunkt in *The link and the other* liegt nicht in der Ethik. Die metapsychologische bzw. philosophische Frage der

Konstitution des ethischen Subjektes – »hier sieh mich« – durch das »Antlitz des Anderen« als Verantwortung und Einstehen für den *Anderen* lässt Berenstein meines Erachtens offen.

4 Die Geschichte dieses Wortes führt zur Vulgata-Übersetzung der Bibel: impositio (lat.) u. a. für »sim« (hebr.). Jahwe erklärt dem ängstlichen Mose, er werde ihm bei seiner Tätigkeit für das Volk Israel die geeigneten Worte »in den Mund legen« (2. Mose 4,15, ähnlich Jes. 51,16 und 59,21). Im aronitischen Segen (4. Mose 6,27) wird der Name Jahwes auf das Volk Israel »gelegt«. Der Sprachgebrauch des NT bezeichnet mit impositio das Auflegen einer Last (Apg. 15,10) oder eines Segens (Apg. 8,18). Früher im deutschen Sprachgebrauch Imposition in der Bedeutung »Auferlegung von Steuern«. Das Wort »imponieren« gehört zur gleichen Familie: »beeindrucken, wichtigtuen«.

Literatur

Arendt, H. (1964): Eichmann in Jerusalem. München (Piper).
Barker, P. (1997): Niemandsland. München (dtv).
Barker, P.(1998): Das Auge in der Tür. München (dtv).
Barker, P. (2000) : Die Straße der Geister. München, Wien (Hanser).
Baumann, Z. (1994): Dialektik der Ordnung. Die Moderne und der Holocaust. Hamburg (Europäische VA).
Berenstein, I. (2001a):The Link and the Other. In: International Journal of Psychoanalysis 82, S. 141-149. Dt. Übers. in: Jahrbuch der Psychoanalyse 43 (2001) S. 9-25.
Berenstein, I. (2001b): pers. Mitteilung.
Bernet, R. (2001): Das traumatisierte Subjekt. In: Fischer, M., Gondek, H.-D., und Liebsch, B. (Hg.) (2001): Vernunft im Zeichen des Fremden. Frankfurt a. m. (Suhrkamp), S. 225-252).
Biermann, C. (1995): Das Fremde ist das Deutsche. In: Jahrbuch der Psychoanalyse 35, S. 217-267.
Bleuler, E. (1969): Lehrbuch der Psychiatrie. Heidelberg, New York (Springer).
Dabag, M., Kapust, A., und Waldenfels, B.(Hg.)(2000): Gewalt. Strukturen, Formen, Repräsentationen. München (Fink).
Delhom, P. (2000a): Der Dritte. Levinas Philosophie zwischen Verantwortung und Gerechtigkeit. München (Fink).
Delhom, P. (2000b):Verletzungen. In: Dabag, M., Kapust, A., und Waldenfels, B. (Hg.)(2000), S. 279-29.
Derrida, J. (2000): Politik der Freundschaft. Frankfurt a. M.(Suhrkamp).
Dickmann, U. (1999): Subjektivität als Verantwortung. Tübingen, Basel (A. Francke).
Doctorow, E. L. (2001): City of God. Köln (Kiepenheuer & Witsch).
Dörner, K. (2001a): Der gute Arzt. Lehrbuch der ärztlichen Grundhaltung. Stuttgart, New York (Schattauer).

Dörner, K. (2001b): »Ich darf nicht denken«. Das medizinische Selbstverständnis der Angeklagten. In: Ebbinghaus, A., und Dörner, K. (Hg.): Vernichten und Heilen. Berlin (Aufbau), S. 331-357.

Freud, S. (1901): Zur Psychopathologie des Alltagslebens. GW IV.

Freud, S. (1905): Über Psychotherapie GW V, S. 13-26.

Freud, S. (1913): Totem und Tabu. GW IX.

Freud, S. (1919) : Zur Psychoanalyse der Kriegsneurosen GW XII, S. 312-324

Freud, S. (1926): Hemmung, Symptom, Angst. GW XIV, S. 113-205.

Freud, S. (1930): Das Unbehagen in der Kultur. GW XIV, S. 421-506.

Freud, S., Ferenczi, S., Abraham, K., Simmel, E., und Jones, E. (1919): Zur Psychoanalyse der Kriegsneurosen. Leipzig, Wien (Intern. Psychoanal. Verlag).

Freud, S., und Ferenczi, S.(1993): Briefwechsel. Bd. I/2, 1912-1914. Wien, Köln, Weimar (Böhlau).

Frommer, J., und Tress, W. (1998): Primär traumatisierende Welterfahrung oder primäre Liebe? In: Forum der Psychoanalyse 14, S. 139-150.

Girard, R. (1994): Das Heilige und die Gewalt. Frankfurt a. M. (Fischer).

Gattig, E. (2001): Brief an den Herausgeber. In: International Psychoanalysis 10/1, S.4

Girard, R. (1997): Wenn all das beginnt. Münster, Hamburg, London (Lit Verlag).

Gondek, H.-D. (2000): Über ein nicht-psychoanalytisches Verständnis vom Trauma (E. Levinas). In: RISS 49, Heft 3, S. 81-99.

Grossman, W. (1984): Leben und Schicksal. München, Hamburg (A. Knaus).

Haas, E. (2000): Opferritual und Behälter. In: Psyche 54, S. 1110-1140.

Heinsohn, G. (1999) : Lexikon der Völkermorde. Reinbek b. Hamburg (Rowohlt).

Hilberg, R. (2001): Die Zurückdrängung des Gewissens in der NS-Zeit. Vortrag anlässlich der Tagung der DPV, Freiburg 17.3.02.

Hoffman, B. (1999): Terrorismus. Der unerklärte Krieg. Frankfurt a. M. (Fischer).

Hug-Hellmuth, H. v. (1915): Ein Traum, der sich selber deutet. In: Internationale Zeitschrift f. ärztliche Psychoanalyse III, S. 33-35.

Jenni, E., und Westermann, C. (Hg.) (1978) :Theologisches Handwörterbuch zum Alten Testament. Bd. 1. München (Chr. Kaiser).

Kernberg. O. (2000): Ideologie, Konflikt und Führung. Stuttgart (Klett-Cotta).

Kernberg, O. (2001): Psychoanalytische Beiträge zur Verhinderung gesellschaftlich sanktionierter Gewalt. In: Psyche 55, S. 1086-1109.

Kershaw, I. (1998): Hitler 1889 – 1936. Stuttgart (DVA).

Kershaw, I. (2000): Hitler 1936 – 1945. Stuttgart (DVA).

Klein, H. (1992): Von Schuld zu Verantwortung. In: Psyche 46, S. 1177-1186.

Levinas, E. (1996): Ethik und Unendliches. Gespräche mit Philipp Nemo. Wien (Edition Passagen).

Levinas, E. (1998): Jenseits des Seins oder anders als Sein geschieht. München (Alber).

Levinas, E. (1999a): Die Spur des Anderen. Freiburg, München (Alber).

Levinas, E. (1999b): Wenn Gott ins Denken einfällt. Freiburg, München (Alber).

Lozowick, Y. (2000) : Hitlers Bürokraten. Zürich (Pendo).

Milgram, S. (1994): Das Milgram-Experiment. Zur Gehorsamsbereitschaft gegenüber Autorität. Reinbek b. Hamburg (Rowohlt).

Moltke, H. J. v. (1991): Briefe an Freya 1939-1945. München (C. H. Beck).
Nietzsche, F. (1886):Jenseits von Gut und Böse. In: Nietzsche, F.: KSA 5, München 1999 (dtv), S. 98-244.
Platt, K. (2000): Historische und traumatische Situation. In: Dabag, M., Kapust, Waldenfels, B. (Hg.) (2000), S. 260-278.
Quast, G. (2000): Der Dom zu Magdeburg. München, Berlin (Deutscher Kunstverlag).
Reiner, H. (1974): Gewissen. In: Historisches Wörterbuch der Philosophie Bd. 3, Basel (Schwabe & Co), S. 574-592.
Roscher, W. H. (Hg.) (1894-1897): »Laios«. Ausführliches Lexikon der griechischen und römischen Mythologie. Bd. 2., 2. Abteilung. Leipzig (Teubner).
Roscher, W. H. (Hg.) (1897-1909): »Ödipus«. Ausführliches Lexikon der griechischen und römischen Mythologie. Bd. 3, 1. Abteilung. Leipzig (Teubner).
Sandherr, S. (1998): Die heimliche Geburt des Subjekts. Das Subjekt und sein Werden im Denken E. Levinas. Stuttgart, Berlin, Köln (Kohlhammer).
Sereny, G. (1995): Albert Speer. Das Ringen mit der Wahrheit und das deutsche Trauma. München (Kindler).
Sereny, G. (1997): Am Abgrund: Gespräche mit dem Henker. Franz Stangl und die Morde von Treblinka. München (Piper).
Sharma, A. (Hg.) (2000): Innenansichten der großen Religionen. Frankfurt a. M. (Fischer).
Spiegel, P.(2001): Rede in Plötzensee 20.7.2001.In: Schwäbisches Tagblatt 57, No.166, S.1.
Taureck, B. H. F. (1997): Emmanuel Levinas zur Einführung. Hamburg (Junius).
Ulrich, B. (1999): Die umkämpfte Erinnerung. Überlegungen zur Wahrnehmung des Ersten Weltkrieges in der Weimarer Republik. In: Duppler, J., und Groß, G. P. (Hg.) (1999): Kriegsende 1918. München (Oldenbourg), S. 367-375.
Volkan, V. (1999): Das Versagen der Diplomatie. Gießen (Psychosozial Verlag).

Gibt es gesunde Gewalt?

Reimer Hinrichs

Einleitung

Gewalt ist eine einfache, vielleicht die primitivste Unterform des sehr komplexen Aggressionsthemas; Gewalt wird in der Regel a priori pathologisiert; die aktuelle Gewaltdebatte steht implizit sehr häufig unter der selbstverständlichen Annahme, dass menschliche Gewaltanwendung schlecht ist, dass sie eliminiert, und, wenn nicht dynamisch vermieden, dann aber doch therapeutisch aufgelöst werden muss (vgl. u. a. Bell, Höhfeld 1996). Jedenfalls ist innerhalb des psychosozialen Diskurses im Umfeld des Gewaltbegriffes bei genauem Hinschauen immer der mindestens implizite Begriff des Unangemessenen spürbar. Genauso unscharf erscheint in diesem Kontext häufig die Hypothese, ein gewaltfreies Leben unter Menschen sei möglich.

Dass Gewaltlosigkeit erstrebenswert und wünschenswert ist, unterliegt moralisch keinem Zweifel. Dass Gewaltfreiheit möglich ist, halte ich dagegen für eine Illusion.

In den folgenden Abschnitten will ich versuchen, diese These zu begründen. Der Versuch besteht darin, den Wurzeln menschlicher Gewaltanwendung nachzugehen. Es wird sich herausstellen, dass menschliche Aggressionsbereitschaft einschließlich der Fähigkeit, physische Gewalt anzuwenden, für das kollektive Überleben der Hominiden und ihrer Nachfolger notwendig war.

Die aktuellen Bilder sadistischer Gewaltanwendung, individuell und kollektiv, sind allerdings überwiegend pathologisch, weil sie besondere Fälle destruktiver Aggression darstellen. Auch die psychologischen Quellen dieser Gewaltformen werden dargestellt, mit der vorweggenommenen Einschränkung, dass die Begriffe »böse« und »krank« einer klaren Unterscheidung bedürfen.

Therapeutisch, realistisch und perspektivisch geht es nicht um die Abschaffung von Gewalt, sondern um die Umwandlung von primitiver destruktiver in differenzierte konstruktive Aggression. Der limitierende Faktor dieser Zielsetzung wird u. a. durch das Ausmaß menschlicher Dummheit gebildet.

Phylogenese

Es sollte vorausgeschickt werden, dass bisher eine verbindliche Definition weder für Aggression noch für Gewalt gefunden werden konnte (Hollweg, Nedopil 1997; Lösel, Bender 1997, Krupinski, Nedopil 1997). Allenfalls pragmatisch lässt sich Aggression als das Austeilen schädlicher Reize definieren (Krupinski, Nedopil 1997, S. 290).

Die Unterteilung des Gewaltbegriffes in die Varianten »potestas« und »violentia« (Röttgers, 1974, S. 157f., zitiert n. Krovoza 2001, S. 910f) wirkt hier konstruiert. Der Versuch, das legitime Innehaben von Staatsgewalt (potestas) als implizit weniger pathologisch gegenüberzustellen dem einzelnen explizit pathologischen Gewaltvorfall (violentia), wird der »fast unbegrenzten Möglichkeit der Metamorphosen von Gewalt« (Krovoza, ebd.)« nicht gerecht, wie der Autor letztlich selbst einräumt.

Oft übersehen wird die Komplexität des Aggressionsbegriffes. Allein im Tierreich lassen sich mindestens sechs verschiedene gewalttypische Aggressionsarten unterscheiden (nach Hollweg und Nedopil 1997: Beuteaggression, geschlechtsspezifische Aggression, mütterliche Aggression, angstinduzierte Aggression, territoriale Aggression, instrumentelle Aggression; ähnlich bei Birbaumer und Schmidt 1990, zit. n. Vogt 2001, S. 892, bezogen auf Säugetiere). In diesen Stichworten findet sich vieles von dem, was unsere Titelfrage bereits im Vorwege bejaht, nämlich von gesunden Gewaltformen, die sich präzise um die Begriffe der Notwehr und des Tyrannenmordes herumgruppieren bzw. ergänzen lassen.

Der Homo habilis überlebte letztlich den Hominiden Australopithecus africanus, weil er sich im Pflanzenmangel des afrikanischen Pleistozäns (Eiszeitalter: 2 Mio. bis 10.000 vor heute) umstellen konnte vom Pflanzenfresser zum Allesfresser. Er wurde, der Not gehorchend, zum aufrecht gehenden Jäger und fakultativen Karnophagen. Der Gewaltaspekt der Jagd war aus dem Tierreich bekannt, der Jagdimpuls erreichte jetzt den Menschen, und zwar als allmählich internalisiertes Antriebserleben aus Überlebensgründen. Diese Gewaltqualität ist in der menschlichen Phylogenese genauso primär und nützlich wie bei den Raubtieren, sie ist lebensnotwendig gewesen.

Bis zur neolithischen Revolution vor zehntausend Jahren lebten die Menschen, soweit bekannt, friedlich nomadisierend in Kleingruppen. Gewalt wurde, nach allem, was wir aus den Zeiten vor der Schriftentwicklung wissen, lediglich zur Gefahrenabwehr und zur Nahrungsbeschaffung angewendet, also in Notwehrsituationen und zur Jagd. Dies folgt dem instinktivistischen

Pathogenesemodell von Konrad Lorenz, der Aggression und Gewaltanwendung basal als notwendig zur Sicherung des Territoriums und zur Etablierung sinnvoller Rangordnungen beschreibt.

Die neolithische Revolution brachte die Sesshaftigkeit des Menschen; sie wurde begründet durch die Entdeckung von Ackerbau und Viehzucht; sie veränderte das genannte Bild. Aus dem nomadisierenden Homo sapiens sapiens (HSS) wurde der sesshafte und später auch schreibende Städtegründer im kleinasiatischen Raum. Im Prozess dieser Veränderungen entstanden allerdings auch die patriarchalischen Kulturen, die typischerweise zur Ausbildung sozialer Klassen, zu Machtkämpfen und Eroberungskriegen führten. Jetzt wurden vom Menschen nicht nur Tiere gehetzt, sondern auch Menschen: »Die Verfolgung des Artgenossen gehört zu den Grundmustern der Kulturgeschichte, bis zum heutigen Tage« (Sofsky 1996, S. 156, zit. n. Krause, 2001, S. 942).

Hierdurch erhielt das Thema menschlicher Gewalt eine neue Dimension, nämlich eine destruktive Qualität, die es vorher in diesem Sinne nicht gab (Fromm 1973).

Was es bis dahin gab, war Wut als basaler, aber reaktiver Affekt zur Ausschaltung von Schmerzquellen und zur Wiederherstellung narzisstischer Autonomie als Überlebensstrategie des Primatenkindes (Kernberg 1991). Freuds (1915b; 1933) gegenteilige Annahme, dass destruktive und primitive Gewaltneigung der menschlichen Rasse primär und diffus innewohne, greift phylogenetisch zu kurz.

Wilber (1981) vermutet schlüssig, dass vor der neolithischen Revolution keine destruktive, hassgeborene menschliche Gewalt existierte. Diese ist durch den aggressiven Kontrollverlust definiert, welcher im Tierreich nicht vorkommt. Die Beuteaggression des Raubtieres ist mit den antizipierenden Affekten von Freude und Neugier verwoben, was Krause (2001, S. 942) mit der neuroanatomischen Verknüpfung an das »Appetitive System« erklärt, die auch für den Menschen gelte.

Erst mit der Erzeugung von materiellem Überschuss, von Sesshaftigkeit und der Heranbildung patriarchalischer Ordnungssysteme entstanden – z. B in der Kriegsführung – neue Gewaltformen.

Die Ablösung vom mythischen Matriarchat brachte u. a. die psychische Trennung des Menschen von der Natur mit sich. Hieraus entstand die furchterregende Erkenntnis der eigenen individuellen Sterblichkeit (vgl. Hinrichs 1990). Die jetzt bewusst gewordene neue Angst musste abgewehrt werden; dies geschah u. a. durch die Entwicklung von bis dato unbekannten Gewaltanwendungsformen.

»Meines Erachtens werden in der kognitiven Entwicklung, die von der biologischen Aggression zum böswilligen menschlichen Mord führt, das Bewusstsein des Todes und die Todesfurcht zum entscheidenden Faktor der Gesamtmotivation. Diese Tatsache alleine vermag [...[die menschliche Bösartigkeit wirklich zu erklären« (Wilber 1993, S. 182).

Dadurch, dass das Gefühl vom Eingebundensein in den großen Mutterschoß der Natur verloren ging, musste die Erkenntnis des individuellen Todes abgewehrt werden; ein neues Ersatzsymbol für Unsterblichkeit wurde geschaffen: Das Geld. Eine Vertiefung dieses Aspektes ist leider im Rahmen dieser Arbeit nicht möglich. Ein Blick in jede Tageszeitung zeigt aber, wie eng die Themen »Geld und destruktive Gewalt« miteinander verwoben sind.

Ontogenese

Ontogenetisch ist Gewalt überwiegend reaktiv, d. h. es handelt sich bei der Gewaltanwendung des Kindes in der Regel um Antworten auf Frustrationen intrapsychischer und interaktioneller Art (Kastrationsdrohung, Sauberkeitserziehung, Viktimisierung, Geschwisterrivalitäten u. ä.), wobei ich in diesem Zusammenhang den Traumabegriff absichtlich außer Acht lasse (vgl. aktuell zur Traumadiskussion: Barwinski Fäh 2001).

Barbara Lantos (1958/59) unterscheidet sogar explizit zwischen menschlicher Frustrations- und Rivalitätsaggression und stellt beiden Formen menschlicher Gewaltbereitschaft den Begriff der »neutralisierten Aktivität« als Ideal gegenüber.

Sprichwörtlich und real ist demgegenüber allerdings die (verbale und handlungsspezifische) primäre (und nicht reaktive) Neigung kleiner Kinder (3.-10. Lebensjahr) zum Sadismus, wobei einmal die Lust an der Machtausübung als Impuls determinierend wirksam ist, andererseits aber auch primäre (und nicht reaktive) sadistische Triumphe gefeiert werden, die destruktives Handeln voraussetzen.

Die spätere häufige Reaktionsbildung in Form von Altruismus (Helferberufe) ist dann das eigentlich Sekundäre und Reaktive. Freud sagte zu diesem Thema (1915b, S. 333): »Die meisten Mitleidsschwärmer, Menschenfreunde, Tierschützer haben sich aus kleinen Tierquälern und Sadisten entwickelt.«

Wenn man also Phylo- und Ontogenese menschlicher Gewaltbereitschaft synoptisch betrachtet, muss man (mit Hacker 1985) sagen, dass ihre Genese *sowohl primär als auch reaktiv ist*. Die Frage des »Entweder-Oder« geht also am Thema vorbei.

Die Reaktionsbildung zum Menschenfreund und Tierschützer kann verbunden sein mit einer ausgeprägten Hemmung auf dem Gebiet der direkten, der offenen und konstruktiven Aggressionsfähigkeit. Diese Hemmung ist Folge einer Verdrängung primärer aggressiver Impulse; in der Regel führt sie – als Wiederkehr des Verdrängten – zur Ausprägung einer aggressiven Haltung, die dem Betreffenden nicht bewusst ist, seiner Umgebung aber häufig intensives Leiden zufügt. Sie ist gekoppelt an oberflächliche Bescheidenheit und Gefügigkeit.

Elhardt (1968) nannte dieses Phänomen »Aggressivität« im Unterschied zur Aggression (vgl. auch Punkt »Soziale und dynamische Aspekte). Aggressivität kann zu intensiven reaktiven Gegenaggressionen von Seiten der Umgebung führen, die dann wieder den aggressiv Gehemmten in die Opferrolle bringen.

In dieser Situation entsteht häufig der Wunsch nach Psychotherapie, wobei die Opferrolle des jetzt zum Patienten gewordenen Trägers der aggressiven Haltung von diesem häufig mit enormer Kraft verteidigt wird, damit die eigene unbewusste Täterseite nicht erkannt und durchgearbeitet werden muss.

Biologie

Biologische Aspekte des menschlichen Gewaltbegriffes haben die Bedeutung insbesondere der männlichen Sexualhormone zu respektieren. Typischerweise erleben männliche Jugendliche in der Pubertät eine plötzliche, diffus gesteigerte Aggressionsbereitschaft, was sich durch die explosive Steigerung der Testosteronproduktion wenn nicht vollständig, so doch weitgehend erklären lässt. Ganz besonders die Diskrepanz zwischen dieser hormonellen Explosion und der hinterherhinkenden geistigen und intellektuellen Differenzierung, die so genannte Reifungslücke (Lösel, Bender 1997, S. 327), führt zu dem transkulturellen Thema des destruktiven Vandalismus durch Gruppen überwiegend männlicher Jugendlicher, und zwar jenseits politisch aktueller Ideologien, die typischerweise lediglich zum – zeitgeistabhängigen – Vehikel dieser Impulse genutzt werden. Diese Relativierung gilt auch für Magdeburg. Was also Gertrud Hardtmann (2001) aktuell über die Dynamik rechtsradikaler Jugendlicher in Berlin schreibt, gilt psychoanalytisch genauso für den Linksfaschismus der DDR (Kernberg 2001, S. 1097f) oder die noch frühere Heroisierung amerikanischer Protestphänomene der 50er und späten 60er Jahre: Die Anerkennung der Gruppe als Autorität vor dem Hintergrund der Frustration adoleszentärer Ignoranz.

Ein weiteres Beispiel für die unmittelbare Konkordanz von männlichem Hormonspiegel und gewaltspezifischer Aggressionsbereitschaft ist die Untersuchung der Befindlichkeit weiblicher Hochleistungssportlerinnen (wie z. B. der mittlerweile verstorbenen Leichtathletin Florence Griffith-Joyner), die unter dem Einfluss androgener Steroide stehen bzw. standen. Diese Frauen klagen nach der Applikation dieser Anabolika über eine scheinbar objektlos gesteigerte massive Gewaltneigung im Handlungsbereich (tatsächlich gibt es keine objektlosen Affekte), was zu entsprechenden Über-Ich-Konflikten führt, da diese Zunahme destruktiv-aggressiver Impulse als deutlich ichfremd erlebt wird.

Ferner wird aktuell (Retz 2001) die Relevanz verminderter Serotonin-Abbauprodukte im Liquor aggressionsgestörter Patienten und ein erniedrigtes dopaminerges Funktionsniveau beschrieben, während eine positive Korrelation pathologischer Aggression zur Aktivität des noradrenergen Systems angenommen wird.

In diesem Zusammenhang ist es vor allem Hackers (1985) Verdienst, auf die Komplexität menschlicher Aggressionsbereitschaft hingewiesen zu haben; er ist einer der wenigen Aggressionsforscher, die auch die chemische Komponente dieses Themas gewürdigt haben.

Anatomisch lassen sich als aggressionsauslösende Areale der Mandelkern, der Hypothalamus und der Septumbereich nennen; pathologische Korrelationen existieren außerdem zu Läsionen im linksfrontalen Großhirnbereich sowie zu kortikaler Minderstimulierung (Hollweg, Nedopil 1997). Biochemisch werden vor allem verminderte zentral-serotonerge Funktionen im limbisch-hypothalamischen System angeschuldigt.

Im pränatalen Bereich ist ergänzend auf Intoxikationen und Diätfehler der Schwangeren hinzuweisen, die sich vor allem im ersten Trimenon verhängnisvoll auf das gewaltspezifische Potential des Ungeborenen auswirken können. Beispielsweise kann es zur Ausbildung eines im Vergleich zur Norm verringerten vegetativen Erregungsniveaus kommen, das sich später in einem verhängnisvoll erhöhten Stimulationsbedürfnis äußert sowie – tiefenpsychologisch – zur Ausbildung so genannter Über-Ich-Defekte, die vor allem im Bereich forensischer Psychotherapie soviel, allerdings meist kaschierte und abgewehrte, Resignation haben entstehen lassen, führen kann.

Psychologie

Hass, eine häufige, affektiv determinierende Begleitkomponente von Gewaltanwendung, steht dynamisch in unmittelbarem Zusammenhang mit Angst, und zwar insofern, als dass in der überwiegenden Mehrzahl der typischen Fälle die Angst als Voraussetzung von Hass gilt (Reik 1925a, Hinrichs 1990). Hass entwickelt sich aus Angst.

Der Abwehrmechanismus »Identifizierung mit dem Angreifer« (A. Freud 1936, S. 85ff) spielt dynamisch eine ergänzende Rolle, weil das Thema der Angst die eigene Unterlegenheit repräsentiert, die aus psychohygienischen Gründen abgewehrt werden muss. Angstabwehr unter diesem Aspekt bedeutet Rollenumkehr wie bei dem Jungen, der vom Zahnarzt kommt, immer noch geängstigt und erschreckt über das, was mit ihm geschah – um sich dann mit der Aggression des Zahnarztes zu identifizieren, die sich – in Anna Freuds Beispiel – gegen unbelebte Objekte richtet. Dass sich diese Aggressionsform auch dem Lebendigen zuwenden kann, zeigen die eindrucksvollen Beispiele, die u. a. von Britton (1997) und P. und J. Murakami (Murakami u. Murakami 2000) zusammengetragen wurden.

Wichtig in diesem Zusammenhang erscheint mir der Aspekt, dass Hass immer auf der Seite der Kleinen, der Unterlegenen in Erscheinung tritt. Diese Unterlegenen entwickeln Hass gegenüber dem, das oder der größer und mächtiger ist als sie. Gegenüber den Kleineren, die dem Betreffenden selbst nicht gefährlich werden können, wird bei ähnlicher aversiver Dynamik nicht Hass erlebt, sondern Mitleid, Verachtung oder das Andrängen sadistischer Impulse ohne Hass.

In diesem Zusammenhang entwickelte Freud (1915a) die These, Hass sei älter als Liebe, weil der Säugling durch das Trauma der Geburt in eine überwältigend als überlegen und feindlich erlebte Außenwelt hineingeboren werde (Gleichzeitigkeit von Kälte, Lärm, Helligkeit und Zwang zur Lungenatmung).

Die Präsenz von Hassbereitschaft unter dem Aspekt der Enttäuschungswut kennzeichnet jedes kleinkindliche Entwicklungsschema und knüpft an die geschilderten Aspekte aus der Ontogenese der sadistischen infantilen Gewaltbereitschaft (s. o.) an. Eine weitere entwicklungspsychologische These zur Entstehung destruktiver Gewaltbereitschaft, die schon angedeutet wurde, liegt im Thema der unsicheren Bindung: Ohne die Herausbildung des Urvertrauens kommt es zur Ausbildung einer erhöhten Angstspannung, die dann wieder reaktiv zu Kontrollverlusten im aggressiven Impulsbereich führt. Auch dies ist eine Form von angstgeborenem Hass.

Ergänzend sei als weitere Begleiterscheinung des Hasses (und damit als determinierender Faktor für die Bereitschaft zur destruktiven Anwendung von Gewalt) der Neid genannt (Kernberg 1991, aktuell hierzu: s. Seidler 2001), der ebenfalls nur aus der quälenden subjektiven Gewissheit der Unterlegenheit entwickelt werden kann, sich aber in der Regel auf Personen mit narzisstischen Störungen beschränkt, die vom Bestreben gekennzeichnet sind, frühere emotionale und soziale Zugehörigkeiten regressiv wiederherzustellen.

Das Strafthema (Windaus 1987), das ebenfalls einen wichtigen Wirkungsbereich von Gewalt bedeutet, berührt ein Grenzgebiet zwischen Individualpsychologie und Soziologie, je nachdem, ob man den individuellen oder kollektiven Funktionswert der Bestrafung akzentuieren möchte.

Strafe ist ein gesellschaftliches Mittel legal angewendeter Gewalt. Die soziale Funktion der Strafe liegt in der Ausgrenzung von Tabubrechern zugunsten einer störungsfreien Fortsetzung gesellschaftlicher Kommunikation. Da in diesem Zusammenhang transkulturell sehr unterschiedliche Normen zum Tragen kommen, kann das Thema hier nur gestreift werden; es gehört aber in den Kontext der hier interessierenden gesunden Gewalt. Eine Diskussion über Grenzen und Unterschiede von Gesundheit und normativer Kraft würde allerdings den Rahmen dieser Arbeit sprengen.

Sicher scheint zu sein, dass das Thema der Todesstrafe als extreme Gewaltbestrafungsform keinen kriminalpräventiven Charakter besitzt – und daher die Frage an die strafende Gesellschaft zurückgibt, inwieweit durch die Todesstrafe talionische Racheimpulse agiert – und des Weiteren, inwieweit hierbei voyeuristisch-sadistische Impulse der Strafenden befriedigt werden.

Individualpsychologisch sollte beim Bestrafungsthema nicht vergessen werden, dass auch auf der Opferseite aktive, jedoch meist unbewusste Konstellationen initiiert werden können, die das Thema des Strafbedürfnisses berühren und in vielen Fällen den Täter auf dem Wege des unbewussten Dialogs zur Tat gewissermaßen einladen. Bestrafung kann auch als regressive Ersatzbefriedigung bei vorwiegend masochistisch strukturierten Charakteren verstanden werden (Freud 1919), ein Thema, dem sich besonders die psychoanalytische Viktimologie gewidmet hat (Hinrichs 1987; 1997).

Soziale und dynamische Aspekte

Die soziale Komponente der Entstehung von Gewaltbereitschaft wird intrafamiliär vor allem induziert wird durch frühe Ablehnung von Seiten der Eltern, durch inkonsequente Erziehung (typisch ist der unvorhersehbare

Wechsel von Härte und Verwöhnung) sowie durch die frühe Frustration des infantilen Bindungsbedürfnisses; wenn hier kognitive Defizite und der spätere Anschluss an delinquente peer-groups hinzutreten, kann man bereits von einer ungünstigen Prognose ausgehen, die auch beinhaltet, dass jugendspezifische Antisozialität zu einem langfristigen Thema wird.

Die Zusammenhänge zwischen Armut und Gewaltbereitschaft sind unmittelbar einleuchtend (siehe meine Ausführungen zum Thema »Geld und Gewalt«). Die Ghettos von Detroit beweisen dies ebenso wie die Favellas von Sao Paulo. Armut ist in der Regel auch mit geringem individuellem Lebensraum verbunden, d. h. mit räumlicher Einengung, woran das deutsche Sprichwort »Eng macht böse« erinnert. Die Überschreitung der eigenen Intimitätsgrenzen durch andere Menschen löst reflektorisch aggressive Abwehrmechanismen aus, atavistisch vergleichbar der Reaktionsbereitschaft auf Bedrohung durch externe Gefahr. Extreme aktuelle Aspekte dieses Thema werden insbesondere durch die forensische Psychiatrie innerhalb und außerhalb von Gefängnissen erforscht.

In diesem Zusammenhang sollte erwähnt werden, dass sicher nicht zufällig im Deutschen die Begriffe »Enge« und »Angst« etymologisch verbunden sind. Auch dies erinnert an den Zusammenhang von Angst als Voraussetzung für Hass und Gewaltbereitschaft – und an die Herabsetzung der Hemmschwelle für Gewaltanwendung unter Gefängnisinsassen.

Rekurs: Weitere Untersuchungen zur Psychopathologie der hasserfüllten Gewaltbereitschaft verdanken wir, wie schon angedeutet, Kernberg (1991; 1996), der Hass als zentralen Aggressionsaffekt beschreibt, ihm jedoch genauso eine phylogenetisch primär notwendige Funktion als Überlebenssystem des Säugetier-Kindes zuschreibt (s. a. Punkt »Phylogenese«). Nach Kernberg (1991) leitet sich Hass aus der Wut ab, einem primären Affekt im Kern des Aggressionstriebes. Die Funktion der Wut sieht Kernberg in der Ausschaltung von Schmerz- und Irritationsquellen; durch diese Ausschaltung könne eine Wiederherstellung von Autonomie erreicht werden, die dann im günstigen Fall zur Sublimierung des Hasses führen kann (Mut, Einsatzbereitschaft für ethische Ideale). Dies wäre die Umformung destruktiver in konstruktive, gesunde Aggression.

Andere gesunde Aggressionsformen werden von Elhardt (1968) beschrieben, der bei ungestörter ontogenetischer Entwicklungsmöglichkeit die Zusammenhänge von Aktivität und Aggression untersucht. Nach Elhardt enthält der Antriebsbereich des ad-gredi, des neugierigen Herangehens an die Welt, immer auch Aggressives, das notwendig ist, um Würde, Unabhängigkeit, Freiheit und alloplastische soziale Anpassungsfähigkeit zu erreichen.

Weitere gesunde Aggressionsbereiche sieht Elhardt in Besitzstreben, Verteidigungsfähigkeit, Selbstbehauptung und Durchsetzungsfähigkeit.

Davon abzugrenzen ist nach Elhardt die bereits erwähnte *Aggressivität* als pathologische Aggressionsform, eine charakterologische Haltung, die durch Hemmung offener Aggression zustande kommt und sich überwiegend in destruktiv-lauernder Aggressionsbereitschaft zeigt – oder auch gerade nicht zeigt, da sie meist verborgen wird und im indirekten Bereich wirksam ist. Dies berührt – leider – auch den Bereich der iatrogenen Gewaltanwendung innerhalb der klinischen Psychiatrie (vgl. Hinrichs 1988).

Kompliziert wird die Psychodynamik dieser Zusammenhänge dadurch, dass z. B. eine Erziehung, die völlig frei von Frustrationen ist, die Entstehung genau dieser pathologischen und maßlosen destruktiven Aggressionsbereitschaft fördert (Elhardt 1968, S. 176). Das Stichwort hieße hier: »Verwöhnung als Handicap«. Auf eine Vertiefung dieser Zusammenhänge muss aber im Rahmen dieses Beitrages verzichtet werden.

Politische und aktuelle Aspekte

Im 20. Jahrhundert fand und findet eine beispiellose Zuspitzung des Gewaltthemas statt. Nie zuvor haben totalitäre Systeme mit solcher Destruktion gewütet. Stichworte sind Nationalsozialismus und Stalinismus (Solschenizyn 1973). Unter dem gemeinsamen psychodynamischen Dach des Fanatismus ist aktuell ergänzend der offenbar religiös-fundamentalistisch motivierte Anschlag auf die USA am 11. September 2001 zu nennen, der eine völlig neue Perspektive hinsichtlich der logistischen Möglichkeiten zukünftiger Gewaltmuster eröffnet hat.

Bei den Nationalsozialisten wurde ein pathologisch-permissives Über-Ich gebildet, das erst das Ausmaß der damaligen destruktiven Gewalt ohne Reue ermöglichte (Federn 1969; aktuell hierzu vgl. Matussek, Matussek, Marbach 2000). Im Stalinismus war es eher die intrapsychische paranoide Angst Stalins, die zu der ihm eigenen unbeschreiblichen Unberechenbarkeit des Terrors führte. Wir sehen, dass so verschiedene psychische Phänomene wie pathologisch-permissives Über-Ich und paranoide Angst gleichermaßen gewaltvorbereitend wirken können. Aber auch von demokratischen Gesellschaften wurde eine neue Dimension der Gewalt etabliert, wie die Atombombenabwürfe auf Hiroshima und Nagasaki zeigen.

Hackers (1985) Zusammenstellung zahlreicher individueller und vor allem kollektiver Beispiele von fremdgerichteter und autoaggressiver Gewalt verdient hier besondere Beachtung, weil sie den Rechtfertigungscharakter zahlloser Gewaltformen betont und die Manipulierbarkeit der entsprechenden Über-Ich-Instanzen exemplarisch belegt. Gewalt ist nach Hacker die primitivste Form von Aggressionsausübung – und damit auch die einfachste.

Dass im aktuellen Bereich der Auseinandersetzungen im ehemaligen Jugoslawien bis vor kurzem archaische und teilweise nur schwer vorstellbare Formen von destruktiver Gewaltanwendung gegen Menschen stattfanden, sogar gegen Nachbarn und Verwandte, bedeutet eine noch über die oben genannten Bereiche hinausgehende neuartige Dimension destruktiven Abschlachtens, die eine gesonderte Untersuchung verdient (vgl. Laub, Weine 1994).

Von der Oberfläche ausgehend werden in diesem Zusammenhang zwei Dinge klar: Erstens, dass das 20. Jahrhundert geprägt ist von einer bis dato unbekannten Dimension der Gewaltanwendung, zweitens wird klar, dass der Mensch offenbar nicht imstande ist, aus der Geschichte zu lernen.

Dies scheint mit dem Tempo der technologischen Entwicklung der letzten 300 Jahre zusammenzuhängen, das offenbar im 20. Jahrhundert exponentiell eine Reizüberflutung bewirkt hat, durch die die menschlichen Verarbeitungsmöglichkeiten überfordert waren und sind. Als aktuelles Beispiel sei an dieser Stelle – stellvertretend für Vieles – nur an das Thema der Darstellung von instrumenteller und pornographischer Gewalt im Internet erinnert.

Im Freud'schen Sinne hat hier der technische Fortschritt eine klassisch traumatische Qualität qua Durchbrechung eines bis dahin weitgehend stabilen Reizschutzes erreicht. Wenn nichts Bestand hat, kann ich auch auf nichts zurückgreifen, was mir einen sicheren oder friedlichen Weg in die Zukunft weist. Die daraus folgende Orientierungslosigkeit bewirkt die Manifestation diffus-aggressiver Verhaltensdurchbrüche aufgrund des Wegfalls kortikaler Hemmungsmuster zugunsten der ethisch schrankenlosen Sicherung eigener Existenz, wobei das Schicksal des Mitmenschen keinerlei differenzierende Bedeutung mehr hat.

Ich glaube ergänzend, dass menschliche Dummheit bei der psychologischen Würdigung des Begriffs der Gewaltanwendung eine besondere Rolle spielt, wobei, wie Solschenizyn (1973) gezeigt hat, die gefährlichste Kombination für individuelle oder kollektive Opfer von Gewalt dann gegeben ist, wenn im Täter sich Macht und Dummheit mischen (vgl. Geyer 1954 und van Boxsel 1999).

Therapeutische Aspekte

Wichtig ist generell, dass Gewalt als Phänomen a priori nichts Negatives ist, sondern etwas, was phänomenologisch als primär lebensnotwendig gewürdigt werden sollte (kollektiv: Jagd; individuell: Notwehr); vor allem ist Gewaltbereitschaft nicht abzuschaffen, sondern höchstens zu sublimieren oder ins Konstruktive zu kanalisieren. Die Vorstellung von der Erreichbarkeit einer gewaltfreien Welt muss als Illusion abgelehnt werden. Man könnte auch sagen: Die Abschaffung von Aggression bedeutet Abschaffung von Leben (Hacker 1985, S. 37).

Individuell: Der fanatische Pazifist erweist sich als Patient in der analytischen Therapie sehr häufig als latenter Bellizist, dessen unbewusste Aggression archaische Ausmasse annimmt und daher abgewehrt werden muss (Reaktionsbildung; pazifistische Ideologie). Hacker (1985, S. 25) sagt hierzu: »Die gewaltsame Erziehung zur Gewaltlosigkeit [...] verewigt die Gewalt.«

Die Wiederkehr des Verdrängten zeigt sich typischerweise in der fanatischen, also gewaltbereiten Verteidigung pazifistischer Ideologien – und in der Traumebene. Hier wäre die Befreiung des aggressiven Potentials aus der gestauten Latenz therapeutisch wichtig, damit die Abwehr flexibilisiert wird und dadurch zur Auflösung der aggressiven Haltung beitragen kann, welche sich mit Intoleranz und Humorlosigkeit bei so gut wie allen Fanatikern als psychopathologische Trias zeigt.

Eine kurze pharmakologische Ergänzung darf hier nicht fehlen: Zur individuellen psychotherapeutischen Therapie von Gewalttätern gehören neben Neuroleptika und Benzodiazepinen vor allem antiandrogene Hormone (Medroxyprogesteron), Lithium (bei Manien) und – zentral wichtig – serotonerge Substanzen (vgl. Hollweg, Nedopil 1997).

Im Bereich der Psychotherapie kollektiver Aggression ist die Situation ungleich schwieriger. Während die Kanalisierung individueller destruktiver Gewaltbereitschaft, die etwa aus pubertärem Hormondruck entsteht, durch street-working und Pädagogik in den konstruktiven Aggressionsbereich immerhin noch ansatzweise machbar erscheint, sind dem Thema therapeutischer Beeinflussung kollektiver Destruktionsbereitschaft enge Grenzen gesetzt, die durch die Stichworte Massenpsychologie, Ideologisierung, pathologische Regression und, noch einmal, Dummheit angedeutet werden sollen.

Therapeutischer Realismus verlangt hier, etwas als These auszusprechen, was niemandem von uns gefällt:

Notwendig ist die Abwendung von der Illusion, dass eine Welt möglich wäre, die frei ist von menschlicher Gewalt. Was uns bleibt, ist häufig nicht mehr, aber auch nicht weniger, als die Bemühung um die therapeutische Etablierung konstruktiver Aggressionsformen – und die therapeutische Betreuung der Opfer von Gewalt.

Zusammenfassung

Die Ursprünge menschlicher Gewaltbereitschaft werden interdisziplinär beschrieben, wobei phylogenetische, ontogenetische, biopsychologische, politische und soziale Aspekte zur Sprache kommen.

Gewalt wird primär und entwicklungsgeschichtlich als Phänomen verstanden, das für das Überleben der menschlichen Rasse notwendig war.

Es wäre unrealistisch, auf die Eliminierung von Gewalt zu hoffen; eine gewaltfreie menschliche Gemeinschaft kann es nicht geben. Therapeutisches Ziel kann lediglich sein, destruktive Erscheinungsformen von Gewalt in Richtung auf Konstruktivität zu verändern, Gewaltbereitschaft zugunsten konstruktiver Aggressionsformen zu sublimieren – und den Opfern von Gewalt zu helfen.

Literatur

Barwinski-Fäh, R. (2001): Trauma, Symbolisierungsschwäche und Externalisierung im realen Feld. In: Forum Psychoanal.17, S. 20-37.
Bell, K., Höhfeld, K. (Hg.) (1996): Aggression und seelische Krankheit. Gießen (Psychosozial-Verlag).
Birbaumer, N., Schmidt, R. (1990): Biologische Psychologie. Berlin 1999 (Springer).
Britton, P. (1997): Das Profil der Mörder. München 1998 (Econ).
Bürgin, D. (2001): Bemächtigung und Tod in der Adoleszenz. In: Psyche 55, S. 996-1026.
Elhardt, S. (1968): Über gesunde und neurotische »Aggression«. In: Zeitschrift für Psychosomatische Medizin und Psychoanalyse 14, S. 175-187.
Federn, E. (1969): Einige klinische Bemerkungen zur Psychopathologie des Völkermords. In: Psyche 23, S. 629-639.
Fogany, P., M. Target (2001): Mit der Realität spielen. Zur Doppelgesichtigkeit psychischer Realität von Borderline-Patienten. In: Psyche 55, S. 961-995.
Freud, A. (1936): Das Ich und die Abwehrmechanismen. München (Kindler, 1977).
Freud, S. (1915a): Triebe und Triebschicksale. GW 10, S. 202-232.
Freud, S. (1915b): Zeitgemäßes über Krieg und Tod. GW 10, S. 323-355.
Freud, S. (1919): »Ein Kind wird geschlagen«. Beitrag zur Kenntnis der Entstehung sexueller Perversionen. GW 12, S. 195-226.
Freud, S. (1933): Warum Krieg? GW 16, S. 11-27.
Fromm, E. (1973): Die Anatomie der menschlichen Destruktivität. Reinbek 1994 (Rowohlt).
Geyer, H. (1954): Über die Dummheit. Wiesbaden 1984 (VMA, Lizenzausgabe).
Green, A. (2001): Todestrieb, negativer Narzißmus, Desobjektualisierungsfunktion. In: Psyche 55, S. 869-877.
Hacker, F. (1985): Aggression. Die Brutalisierung unserer Welt. Düsseldorf, Wien 1993 (Econ, Lizenzausgabe paperback).
Hardtmann, G. (2001): Die Funktionalisierung des Opfers als Container . Rechtsradikale Jugendliche und Gewalt. In: Psyche 55, S. 1027-1050.
Hinrichs, R. (1987): Chronische Verbrechensopfer. Eine deutsch-amerikanische Vergleichsuntersuchung zur Theorie und Praxis psychoanalytischer Viktimologie. Stuttgart (Thieme).
Hinrichs, R. (1988): Indirekte Formen iatrogener Gewalt in der klinischen Psychiatrie. In: Psychiatrische Praxis 15, S. 165-170.
Hinrichs, R. (1990): Was ist Hass? In: Herdieckerhoff, E., von Ekesparre, D., Elgeti, R., Mahrahrens-Schürg, Ch. (Hg.): Hassen und Versöhnen. Psychoanalytische Erkundungen. Göttingen (Vandenhoeck & Ruprecht), S. 35-51.
Hinrichs, R. (1997): Chronic Crime Victims. A German-American Comparative Study on Theory and Practice of psychoanalytic Victimology. Münster, Hamburg, London (LIT).
Hollweg, M., Nedopil, N. (1997): Die pharmakologische Behandlung aggressiv-impulsiven Verhaltens. In: psycho 23, S. 308-318.
Horn, K. u. a. (1974): Gewaltverhältnisse und die Ohnmacht der Kritik. Frankfurt a. M. (Suhrkamp).

Kernberg, O. F. (1991): Die Psychopathologie des Hasses. In: Forum Psychoanal. 7, S. 251-270.
Kernberg, O. F. (1996): Hass als zentraler Affekt der Aggression. In: Zeitschrift für Psychosomatische Medizin und Psychoanalyse 42, S. 281-305.
Kernberg, O. F. (2001): Psychoanalytische Beiträge zur Verhinderung gesellschaftlich sanktionierter Gewalt. In: Psyche 55, S. 1086-1109.
Krause, R. (2001): Affektpsychologische Überlegungen zur menschlichen Destruktivität. In: Psyche 55, S. 934-960.
Krovoza, A. (2001): Zum Verhältnis von Psychogenese und Soziogenese im Gewaltdiskurs. In: Psyche 55, S. 906-933.
Krupinski, M., Nedopil, N. (1997): Aggressionstheorien und ihre Implikationen für die therapeutische Haltung. In: psycho 23, S. 290-296.
Lantos, B. (1958/59): Die zwei genetischen Ursprünge der Aggression und ihre Beziehungen zu Sublimierung und Neutralisierung. In: Psyche 12, S. 161-169.
Laub, D., Weine, S. M. (1994): Die Suche nach der historischen Wahrheit: Psychotherapeutische Arbeit mit bosnischen Flüchtlingen. In: Psyche 48, S. 1101-1122.
Loesel, F., Bender, D. (1997): Antisoziales Verhalten von Kindern und Jugendlichen. In: psycho 23, S. 321-329.
Matussek, P., Matussek, P., Marbach, J. (2000): Hitler. Karriere eines Wahns. München (Herbig).
Murakami, P., Murakami, J. (2000): Lexikon der Serienmörder. Ullstein (München).
Reik, T. (1925a): Über den Zusammenhang von Hass und Angst. In: Reik, T. (1925b): Der unbekannte Mörder. Hamburg 1978 (Hoffmann & Campe), S. 306-315.
Retz, W. (2001): Neurobiologische Aspekte von Aggressivität und Delinquenz. In: psycho 27, S. 370-374.
Röttgers, K. (1974): Andeutungen zu einer Geschichte des Redens über die Gewalt. In: Horn, K. u. a. (1974), S. 157-234.
Rohde-Dachser, Ch. (2001): Aggression, Zerstörung und Wiedergutmachung in Urszenenphantasien. Eine textanalytische Studie. In: Psyche 55, S. 1051-1085.
Seidler, G.H. (2001): Phänomenologische und psychodynamische Aspekte von Scham- und Neidaffekten. In: Psyche 55, S. 43-62.
Solschenizyn, A. (1973): Der Archipel GULAG. Reinbek 1994 (Rowohlt).
Sofsky, W. (1996): Traktat über die Gewalt. Frankfurt a. M. (Fischer)
van Boxsel, M. (1999): Die Enzyklopädie der Dummheit. Berlin und Frankfurt a. M. 2001 (Eichborn).
Vogt, R. (2001): Der »Todestrieb«, ein notwendiger, möglicher oder unmöglicher Begriff? In: Psyche 55, S. 878-905.
Wilber, K. (1981): Up from Eden. Doubleday, New York [deutsch: Halbzeit der Evolution, Gütersloh 1993 (Bertelsmann)].
Windaus, E. (1987): Zur Psychoanalyse der Kindesmisshandlung. In: Psyche 41, S. 331-356.
Winnicott, D. W. (1947): Hass in der Gegenübertragung. In: Winnicott, D. W. (1988): Von der Kinderheilkunde zur Psychoanalyse. Frankfurt a. M. (Fischer), S. 77-90.

Sozio-Psychoanalytische Beiträge zu Terrorismus und Krieg

Die Psychosoziodynamik des Krieges
Eine Alternativantwort auf die Einstein'sche Frage »Warum Krieg?«

Stavros Mentzos

Die Wahl der Thematik der Tagung der DGPT im September 2001 war sicher im Hinblick auf die erhebliche Zunahme von Gewalt in der ganzen Welt während der letzten Jahren nicht zufällig. Dennoch haben weder die Veranstalter noch wir alle mit einer solchen, auf tragische Weise erfolgten zeitlich präzisen Aktualisierung am Ende dieses heißen Sommers 2001 gerechnet. Neben einer Reihe fast halb vergessener noch laufender Kriege auf der ganzen Welt erlebten wir die dramatische Eskalation im israelitisch-palästinensischen Konflikt, die Krise in Mazedonien und schließlich den 11. September 2001 und was danach folgte. Die Versuchung, innerhalb meines Beitrags auf diese Ereignisse zu fokussieren ist zwar sehr groß, ich will aber versuchen, meiner ursprünglichen Intension treu zu bleiben und Krieg nicht nur als brennende Aktualität, sondern auch als ein uraltes und fast universelles Phänomen zu untersuchen.

Lediglich zum erschütternden Ereignis der Anschläge auf New York und Washington möchte ich vorweg einige Überlegungen formulieren, welche auch als Einführung zu unserem Thema nützlich sein können:

Die Trauer um Tausende von Opfern, die Erschütterung des Vertrauens in unsere – nicht nur die amerikanische – elementare Sicherheit, die moralische Verurteilung des Verbrechens, der enorme materielle Schaden und die schlimmen finanziellen Folgen, dies alles sind unbestrittene Tatsachen. Welches ist aber die Bedeutung, die Signalfunktion? Sie ist nicht im Voraus sicher, sie ist nicht ohne weiteres gegeben und nicht im Ganzen vorprogrammiert. Wir leben, so schrieb Anatol Rapaport, in einer semantischen Welt. Und ich meine: Diese Welt der Bedeutungen wird von den Menschen, also von uns, mitbestimmt. Wird das Ereignis des 11. September 2001 zu Bewusstseinsveränderungen, welcher Art bei welchen Gruppen und Gesellschaften, führen? Wird es zu feindlichen Polarisierungen oder hoffentlich doch zu einer – diesmal richtig gemeinten – Globalisierung bei Beibehaltung der Rechte, der Würde, der Identität des Einzelnen und der einzelnen Gruppierungen führen? Wird es zu anderen eigennützigen Zielen und zum Krieg instrumentalisiert oder umgekehrt zu einer integrativ-dialektischen Überwindung von Gegensätzen führen?

Ich bitte Sie bei meinem nachfolgenden Versuch der Schilderung der psychosozialen Dynamik des Krieges bei jedem Schritt dieser Analyse die eventuelle Anwendung auch bei der Verarbeitung dieses konkreten Traumas und dieses Konflikts mit zu überlegen.

Was ist Krieg?

Zwar sind Kriege gewaltsame Auseinandersetzungen zwischen Staaten oder auf jeden Fall zwischen Gruppen. Auseinandersetzungen, die fast regelmäßig aus machtpolitischen und ökonomischen Interessenkonflikten hervorgehen, welche per se nicht wegpsychologisiert werden können. Dennoch besteht das Bedingungsgefüge des Krieges keineswegs nur aus diesen Konflikten oder nur aus den vorhandenen Machtverhältnissen. Die Bereitschaft und die Entscheidung solche Konflikte kriegerisch und nicht auf dem Verhandlungsweg zu lösen, wird zumindest im gleichen Maße auch durch psychosoziale Prozesse erzeugt. Es handelt sich um Prozesse, welche ich in meinem Buch aus dem Jahre 1993, aber auch in der bevorstehenden erweiterten 2. Auflage, etwas provokativ, die »Psychosozialen Funktionen des Krieges« genannt habe. Es bedurfte eines langen Weges bis ich begreifen konnte, dass wir den Krieg nicht dadurch überwinden, dass wir ihn als inhuman, abscheulich und grausam (was er sicher auch alles ist) verdammen. Denn unsere Entwicklung, die historisch gesellschaftliche, aber auch die individuelle, ja sogar unsere gesamte Zivilisation und Kultur ist vom Krieg und von den Institutionen, die ihn ermöglichen, durchtränkt und mitbestimmt. Die Menschen haben über Jahrtausende hinweg durch den Krieg nicht nur ihre realen Interessenkonflikte (mehr schlecht als recht) zu entscheiden versucht, sondern gleichzeitig ihre Wertsysteme mitgeprägt, ihre inneren Konflikte externalisiert, ihre narzisstischen Defizite kompensiert, ihre Identitätskrisen bekämpft, ihre Depressivität pseudokuriert, ihre heldischen Ideale geformt und ihre Sinnlosigkeitsgefühle überspielt. Das sind einige der »Funktionen«, die zwar nicht die offiziellen, bewussten Funktionen dieser Quasi-Institution Krieg konstituieren, aber trotzdem, pragmatisch betrachtet, die eminent wichtigen Nebenfunktionen, die Parafunktionen darstellen, die zwar auch bei vielen anderen Institutionen vorkommen, aber im Falle der Institution Krieg eine eminente und vorrangige Wichtigkeit erlangen. Ich kann hier nicht auf die Thematik der Parafunktionen von Institutionen im Allgemeinen eingehen (ich habe es an vielen anderen Stellen u. a. auch schon 1976 und 1988 getan); es genügt aber hier nur anzudeuten, dass bei einer Reihe von Institutionen neben den bewusst intendierten und verfolgten Zielen sehr oft, relativ unbemerkt, andere Wirkungen erzeugt werden, welche meistens auf einer psychosozialen Dynamik basieren und welche für das Bestehen der Institution als solche von Bedeutung werden. Dies wiederum, weil sie rückwirkend zu der Stabilisierung der Institution beitragen. Dies gilt für die Ehe, die Familie, den Sport, die Strafjustiz, viele andere Institutionen und nicht zuletzt auch für den Krieg. Es handelt sich, wenn man so will, um eine Art »Nebenservice« den die beteiligten Individuen erhalten, z. B. eine Kompensierung narzisstischer Defizite oder die Möglichkeit, intrapsychische Konflikte zu externalisieren und vieles andere mehr, was eigentlich zunächst und auf der bewussten Ebene wenig mit der primären Zielsetzung der Institution zu tun hat, aber zur Beibehaltung derselben erheblich beiträgt.

Diese zunächst vielleicht zu abstrakten Formulierungen stellen eine erste Andeutung der Richtung in die meine Überlegungen zur psychosozialen Dimension des Krieges abzielen.

Was hat überhaupt die Psychoanalyse in einer Diskussion über den Krieg zu suchen?

Dieser Einwand mag zunächst berechtigt erscheinen. Denn selbstverständlich ging es und geht es beim Krieg um machtpolitische und ökonomische Interessen und Konflikte um Erdöl und Wasser, um Märkte, um Territorialansprüche also, um die Interessen des Homo oeconomicus. Oder es geht oft auch um Souveränitäts- und Hegemonialansprüche, um Rivalitäten zwischen Königen und Volksführern, um Ausscheidungskämpfe, um die nationale Identität und Größe, also wenn man so will, wiederum um die Belange und Bedürfnisse des egoistischen Menschen und auf jeden Fall um äußere und nicht intrapsychische Konflikte.

Wenn aber dies die ganze Wahrheit wäre, wie erklärt sich, dass Millionen von Menschen oft bereit gewesen sind, ihr Leben aufs Spiel zu setzen oder sogar zu opfern, wegen solcher materiellen oder auf jeden Fall eigennützigen Interessen? Die Antwort erscheint zunächst einfach: Diejenigen, die an der Front marschieren, sind nicht dieselben, die ihre egoistischen Ziele mit kriegerischen Mitteln zu erreichen versuchen. Mit dieser Antwort ist aber das Problem einfach nur verschoben. Denn wie ist es möglich, dass diese wenigen, die Machteliten, es fertig bringen, Millionen von Menschen in Bewegung zu setzen, also diejenigen, die de facto den Krieg durchführen und erleiden?

Fast genau dies war die Frage, die Albert Einstein 1932 Sigmund Freud, dem Gründer der damals auf der ganzen Welt hochgeschätzten Psychoanalyse gestellt hat: Warum Krieg?

Die Antwort Freuds wird oft gekürzt und dadurch etwas missverständlich wiedergegeben. Sigmund Freud hat nicht einfach gesagt, der Aggressions- bzw. der Todestrieb sei daran schuld, dass die Menschen Krieg führen. Man muss differenzieren und zumindest zwei Dinge auseinander halten: Den Hauptgrund für Kriege sieht Freud in den egoistischen, eigennützigen Interessen der Machthaber (und nicht in ihrem Aggressionstrieb!). Erst im zweiten Teil seiner Antwort meinte er, dass der biologisch verankerte Aggressionstrieb (bei allen Menschen) es den Machthabern möglich macht, Millionen von Menschen dazu zu bewegen, sich töten zu lassen und/oder andere zu töten. Die weitere Diskussion innerhalb der Psychoanalyse hat leider diese Unterscheidung Freuds verwischt und insbesondere den ersten Teil der Antwort verdrängt. Unabhängig davon halte ich schon die ursprüngliche These Freuds im zweiten Teil seiner Antwort, dass es nämlich der angeborene Aggressionstrieb sei, der die Massen für die Propaganda der Kriegsmacher anfällig mache, für falsch. Und zwar einmal weil es wesentlich mehr andere Motivationen für die Beteiligung am Krieg gibt als die Aggression und zweitens, weil sofern Aggression im Spiel ist, sie nicht auf dem hypothetischen, endogenen, energetisch konzipierten Trieb geschweige Todestrieb beruht, sondern aus äußeren und intrapsychischen Konflikten hervorgeht. Diese zwei Behauptungen von mir stehen freilich, soweit ich es beurteilen kann, im Gegensatz zu der heute noch mehrheitlich in der Psychoanalyse herrschenden Meinung.

Statt dass ich diese herrschende Meinung mit theoretischen Argumenten zu entkräften versuche, ziehe ich es vor, an konkreten Beispielen das von mir Gemeinte zu verdeutlichen.

Der Falkland-Krieg Anfang der achtziger Jahre war der erste Krieg, der nach einer langen Pause ein europäisches Land, nämlich England, betraf. Ich kann mich erinnern, dass damals ein von mir sehr geschätzter und für seinen sonst breiten und auch auf das Soziale gerichteten Blick, sehr bekannter Psychoanalytiker äußerte, er habe bei den Beteiligten ungeheure Mengen von frei werdenden aggressiven Impulsen wahrgenommen. Was ich demgegenüber z. B. in den erregten Gesichtern der im Fernsehen interviewten Engländer in den ersten Tagen des Falkland-Krieges sah, war nicht entfesselte Wut und Aggression, sondern freudige Erregung, vermutlich aufgrund der Aussicht, das lädierte Selbstbewusstsein der Nation wiederherzustellen, den erheblich labilisierten eigenen, also den individuellen Narzissmus durch Teilnahme an Aktivitäten und Macht einer (wieder!) kräftigen Nation zu stabilisieren, die Flucht aus unerträglicher alltäglicher Routine sowie aus dringenden intrapsychischen und intragruppalen Problemen usw. Es waren also nach meinem Eindruck keine aggressiven »Triebüberschüsse« die hier verbraucht werden sollten. Auch dort, wo es zu unvorstellbaren Eskalationen des Hasses und der Racheorgien (wie z. B. im jugoslawischen Krieg) kommt, bedarf es nach meiner Meinung nicht der Annahme eines automatisch sich aufstauenden Aggressionstriebes. Die Berücksichtigung der implizierten narzisstischen Kränkungen einerseits und der aus machtpolitischen Motivationen hergeleiteten und diese Kränkungen ausnützenden Kriegspropaganda andererseits reicht zum Verständnis der Pro-Krieg-Motivation aus. Ohne solche erworbenen Motivierungen oder ohne Zwang von oben haben die Soldaten überhaupt keine Lust zu töten oder sich töten zu lassen.

Der bekannte Psychoanalytiker K. R. Eissler (1971) hatte in seinem einschlägigen und ausführlichen Beitrag seine Pro-Todestrieb-Argumentation dargestellt. Dabei räumt er aber zum Schluss selbst die Schwächen dieser Todestrieb-Hypothese ein: Er meinte nur, dass eine dürftige Theorie besser sei, als gar keine und man sollte sich daher der Freud'schen Todestrieb-Theorie anschließen, bis eine bessere Theorie erarbeitet worden sei!

Nun meine ich, dass wir jetzt eigentlich soweit sind. Wir können eine bessere Theorie haben.

Ich möchte den Streitpunkt Aggression mit einer Bemerkung Arthur Koestlers zunächst mal abschließen: Er formulierte damals, noch in den sechziger Jahren, die provokative These, dass unsere Spezies nicht etwa an einem Überschuss an selbstdurchsetzender Aggression, sondern an einer übermäßigen Neigung zur Hingabe leide! Die Zahl der individuellen Verbrechen, die aus selbstsüchtigen Motiven begangen wurden, spiele in der menschlichen Tragödie eine unbedeutende Rolle, wenn man sie mit der Anzahl von Menschen vergleiche, die aus selbstloser Liebe zu einem Stamm, einer Nation, einer Dynastie, einer Kirche oder einer Ideologie hingemetzelt wurden (1980, S. 213ff).

Beispiele auch aus der jüngsten Zeit belegen diese Behauptung.

Ich meine zusammenfassend: Sofern Aggression in der Dynamik des Krieges eine Rolle spielt, so ist sie das Instrument des Krieges, aber nicht seine Ursache.

Welches sind aber dann die Ursachen? Die Ursachen sind zunächst mal die schon mehrfach erwähnten machtpolitisch-ökonomischen Interessenkonflikte, die jedoch für sich allein meistens nicht ausreichen um einen Krieg ausbrechen zu lassen. Hierzu bedarf es der Bereitschaft, die kriegerische Lösung statt der Lösung auf dem Verhandlungsweg vorzuziehen und das ist, was uns hier vom psychosozialen Gesichtspunkt aus hauptsächlich interessieren sollte. Welche sind die Faktoren, die die Kriegsbereitschaft erhöhen oder anders ausgedrückt, welche den Widerstand gegen diese grausame Pseudolösung schwächen und paralysieren?

Ich möchte mit einem Beispiel beginnen, um zunächst einen dieser Faktoren anzudeuten: Der Historiker Michael Jeismann hat in seinem Buch *Das Vaterland der Feinde* (1992) mit reichlichem Beweismaterial die Beziehung zwischen Deutschland und Frankreich untersucht und zwar von der französischen Revolution bis zum Ende des Ersten Weltkriegs und dabei gezeigt, in welcher Weise das auf beiden Seiten herrschende starke Bedürfnis nach einer nationalen Selbstdefinition und einer nationalen Abgrenzung zu einer gegenseitigen Verachtung, Verunglimpfung und Anfeindung und schließlich zu mehreren auf diesem Hintergrund kaum vermeidbaren Kriegen geführt haben.

»In Frankreich wie in Deutschland war der Feind ein konstituierendes Element des nationalen Bewusstseins; ein Vaterland ohne Feind gab es nicht. [...] Die französische revolutionäre Nation von 1792 gewann ihr Selbstverständnis und ihre expansive Dynamik nicht allein durch positive Ziele wie Gleichheit, Freiheit, Brüderlichkeit, sondern ebenso sehr durch die propagierte Befreiung von allen Kräften im Inneren wie im Äußeren. [...] In Deutschland der napoleonischen Zeit war es ebenso wenig eine gewisse kulturelle Verbundenheit aller Deutschen auf die sich der Appell am Nationalgefühl primär berufen konnte. Vielmehr war es erst der Gegensatz, den man zwischen deutschen und französischen Wesen unterstellte. [...] Das gilt auch noch für das spätere 19. Jahrhundert um die Zeit des 1. Weltkrieges, als Nation und Vaterland realita geschaffen waren« (S. 374).

Arnold Hottinger beschreibt in der *Neuen Zürcher Zeitung* (1994) sehr überzeugend auf welche Weise die unbezwingbare Tendenz der Ethnien (also religiöser oder Volksgemeinschaften) eine Nation – eine Nation womöglich mit einem eigenen Territorium – zu werden, im Balkan zu recht komplizierten und lang andauernden Konflikten führte. Er vergleicht die Situation im Balkan mit derjenigen im Libanon. Sowohl die libanesischen Religionsgemeinschaften wie die Balkan-Staaten waren zu osmanischer Zeit anerkannte »Millets« also Volks- oder Religionsgemeinschaften ohne eigenes Territorium und haben nach der Befreiung von der Jahrhunderte langen türkischen Besatzung sich ständig (praktisch noch bis heute) bemüht, sich auch durch ein Territorium zu definieren. Dabei gab es jeweils eine kleinere und eine größere Version der Nation, Groß-Serbien oder Groß-Albanien sind Begriffe, die ich heute nicht näher zu erläutern brauche. Dass diese Größenphantasien der Kleinen von den (damaligen) Großmächten ausgiebig für die eigenen machtpolitischen Interessen ausgenutzt wurden, ist ebenfalls bekannt. So haben z. B. auch England und Frankreich Griechenland nach dem Ersten Weltkrieg ermuntert, einen Teil des alten Traums von Groß-Griechenland zu verwirklichen und dadurch zu einem enthusiastischen, aber verhängnisvollen Abenteuer verführt, was mit der schrecklichen kleinasiatischen Katastrophe der griechischen Armee 1922 endete. Mein Vater war dabei, er und die meisten der anderen beteiligten Griechen waren, so hoffe ich, danach für immer »geheilt«. Leider war aber dies bei ihren nördlichen Nachbarn nicht der Fall, die weiterhin um nationale Größe kämpften und sich daher von z. T. neuen Großmächten ausnutzen ließen.

Welche Bedeutung solche Prozesse nicht nur für das kollektive Nationalbewusstsein sondern auch für den einzelnen haben, schildert uns meisterhaft Stefan Zweig in seiner Beschreibung der Atmosphäre in Wien im Sommer 1914, also zu Beginn des Ersten Weltkrieges:

»Um der Wahrheit die Ehre zu geben, muß ich bekennen, daß in diesem ersten Aufbruch der Massen etwas Großartiges, Hinreißendes und sogar Verführerisches lag, dem man sich schwer entziehen konnte. Und trotz allem Haß und aller Abscheu gegen Krieg möchte ich die Erinnerung an diese ersten Tage in meinem Leben nicht missen: Wie nie fühlten die Tausende und Hunderttausende Menschen, was sie besser im Frieden hätten fühlen sollen: daß sie zusammen gehörten. Eine Stadt von zwei Millionen, ein Land von fast 50 Millionen empfanden in dieser Stunde, daß sie Weltgeschichte, daß sie einen nie wieder kehrenden Augenblick mit erlebten und daß jeder aufgerufen war, sein winziges Ich in diese glühende Masse zu schleudern, um sich dort von aller Eigensucht zu läutern. Alle Unterschiede der Stände, der Sprachen, der Klassen, der Religionen, waren überflutet in diesem einen Augenblick von dem strömenden Gefühl der Brüderlichkeit. Fremde sprachen sich auf der Straße an, Menschen, die sich jahrelang auswichen, schüttelten einander die Hände, überall sah man belebte Gesichter. Jeder Einzelne erlebte eine Steigerung seines Ichs, er war nicht mehr der isolierte Mensch von früher, er eingetaucht in eine Masse, er war Volk und seine Person, seine sonst unbeachtete Person hatte einen Sinn bekommen. Der kleine Postbeamte, der sonst von früh bis nachts Briefe sortierte, immer wieder sortierte von Montag bis Samstag ununterbrochen sortierte, der Schreiber, der Schuster, hatte plötzlich eine andere eine romantische Möglichkeit in seinem Leben; er konnte Held werden und jeden der eine Uniform trug, feierten schon die Frauen, grüßten ehrfürchtig zurück« (Zweig 1970, S. 230).

Nun findet man freilich keineswegs zu Beginn eines Krieges immer diesen enthusiastischen Aufschwung, schon im Zweiten Weltkrieg in Deutschland musste die Kriegspropaganda sich viel mehr bemühen und vielmehr lügen und dennoch ist dieses Stefan Zweig-Zitat charakteristisch für den kollektiven narzisstischen Triumph und seine vereinigende Funktion.

Nach diesen mehr impressionistischen und unsystematischen Einwürfen sei mir ein Stück Systematisierung erlaubt. Mithilfe der Objektbeziehungs-Theorie kann dies uns leichter gelingen als nur mit der Triebtheorie oder nur mit der Selbstpsychologie.

Ich beginne mit der Feststellung, dass im Krieg jedes der beteiligten Individuen mehrere Beziehungen bzw. Kollusionen eingeht. Bei dieser Vielfalt von Beziehungen handelt es sich zum Teil um normale, natürlich entstehende und in ihren Auswirkungen nicht pathologisch zu bezeichnende Bindungen und zum Teil um eindeutig pathologische Kollusionen mit defensiven Funktionen. Sowohl die quasi normalen als auch die pathologischen sind in vier Gruppen zu unterteilen: Die Beziehung zu der kleinen Gruppe, also zu den Kameraden, zweitens die Beziehung zu dem Führer oder zu den Machteliten. Drittens die Beziehungen zu der großen Gruppe, also zu Nation, Volk und Vaterland und viertens, die Beziehung zum Feind. Dazu gehören jeweils spezifische Erfahrungen die ebenfalls zum Teil als eher positiv zu bezeichnen wären z. B. Erfahrungen der Solidarität, der Zusammengehörigkeit, der Hingabe und Selbstaufopferung, oder Erfahrungen der Partizipation an der Stärke und Größe, Bewunderung, Imitation, Identifikation, heldischem Ideal. Oder, in der Beziehung zur Nation, die narzisstische Stabilisierung und Überhöhung, die Identitätsfindung durch die Zugehörigkeit, die Sinngebung, Orientierung und die Identifikation mit den erweiterten Wir-Bildungen. Und schließlich innerhalb der Beziehung zum Feind, die Erfahrungen des fairen Kampfes, des Sich-Messens mit einem noch nicht dehumanisierten und als Person noch nicht unsichtbar gewordenen Gegner, Erfahrungen der eigenen Qualitäten und Grenzen. Überhaupt Grenzerfahrungen.

Jetzt komme ich zu den pathologischen Beziehungen: Ersatz für fehlende Wärme, Kontakte, Spiegelung, narzisstische Stabilisierung, Bekämpfung von Angst mittels der Zugehörigkeit zu einer potentiell unsterblichen Gruppe (das alles in Bezug auf die Kleingruppe). Dann, in Bezug auf den Führer: Psychosoziales Arrangement zwischen pathologischen megalomanen Narzissmus der Führer oder der Eliten einerseits und der normalen oder neurotischen Bedürfnisse der »Vielen«, nach Orientierung, nach sich Anlehnen, nach Partizipation an der Größe usw. Ähnlich auch in Bezug auf die

Nation oder das eigene Volk: Nationalistische Selbstdefinition und Selbststabilisierung, Partizipation am kollektiven pathologisch archaischen Größenselbst bis zur Apotheose der Nation, die übrigens zur Entdifferenzierung und Primitivisierung des Einzelnen führt. Schließlich – viertens – kommt es innerhalb der Beziehung zum Feind zur Spaltung und Projektion des bösen Anteils in den Feind. Dies dürfte die wichtigste »Funktion« des Krieges sein. Sie erfolgt unter anderem mittels einer Dehumanisierung des Gegners. Hinzu kommt eine Bekämpfung von Selbstunsicherheit und Selbsthass mittels sadistischer Zerstückelung, Erniedrigung und Eliminierung des Feindes.

Besonders aufmerksam möchte ich noch einmal auf das pathologische psychosoziale Arrangement machen. Die Kollusion, die gegenseitige Bedienung eigener neurotischer oder auch fast psychotischer defensiver Mechanismen und Bedürfnisse (wie z. B. Anlehnungs- und Zugehörigkeitsbedürfnisse der Vielen einerseits und narzisstisch, megalomanen Tendenzen der Führer andererseits) oder aber auch bewusste, eigennützige Motivationen, die mit dazu passenden neurotischen Bedürftigkeiten zusammentreffen.

Die Entscheidung für eine kriegerische Lösung hängt also nicht nur vom Ausmaß und der Intensität des realen Konfliktes, sondern zumindest gleich stark auch von den psychosozialen Faktoren ab. Diesen Gesichtspunkt unterstreiche ich deswegen immer wieder, weil von Soziologen und Politologen, der Prozess (so z. B. im Falle des jugoslawischen Bürgerkriegs) folgendermaßen dargestellt wird: Die eigentliche Ursache sei ein politisch-ökonomischer Konflikt zwischen verschiedenen Gruppierungen bei einer insgesamt veränderten Welt; die ethnischen Konflikte seien lediglich die Demarkationslinien entlang derer jener andere dahinter stehende ökonomische Konflikt *nur artikuliert* wird (vgl. z. B. Imbusch 1998). Ich möchte diese Arbeitshypothese nicht von vornherein ganz ablehnen, im Gegenteil, ich halte sie zu einem Teil für richtig, ich meine nur, dass die bei solchen Analysen bevorzugten Formulierungen den Eindruck erwecken, als ob diese ethnischen Konflikte und die sonstigen psychosozialen Faktoren lediglich sekundäre periphere Momente seien, die nicht von kausaler Bedeutung seien und allenfalls die Form der Artikulation und der Austragung des Konflikts bestimmen. Ich dagegen möchte behaupten, dass diese psychosozialen Faktoren eine doch maßgebende Rolle in Bezug auf die Erhöhung der Kriegsbereitschaft darstellen und dass sie darüber hinaus von einem gewissen Zeitpunkt an, eine eigene Gesetzmäßigkeit entwickeln und vielfach auch zu dem Hauptfaktor werden. Das Schwungrad des Krieges ist zwar sehr schwer in Bewegung zu setzen, weil Kriegsführung kostspielig ist, extreme Organisationsleistungen voraussetzt und auch gelinde gesagt, schwere Arbeit, Angstüberwindung, Ausdauer , Erschöpfung aller Ressourcen erfordert. Ist aber einmal dieses Schwungrad in Bewegung geraten (unter maßgebender Mitwirkung der genannten psychosozialen Konstellationen) so ist es sehr schwer, es anzuhalten, es zu bremsen, und zwar diesmal vorwiegend wegen dieser psychosozialen Faktoren (man denke an die Eskalation von Kränkung, Leid, Wut, Gegenreaktion, Rache usw.).

Was ich damit sagen will: Der politisch-ökonomische Konflikt wird nicht entlang der mehr psychosozial definierbaren Unterschiede nur artikuliert, sondern er wird vielfach erst durch sie zur faktischen Kriegsursache.

Ich will jetzt einen gewagten Schritt weitergehen und eine kulturtheoretische Hypothese aufstellen, welche sogar einen Teil der real-politischen und ökonomischen Konflikte selbst in ihrer geschichtlichen Entstehung mit dem intrapsychischen Konflikt in Zusammenhang bringt. Dies geschieht allerdings anders als Freud es gedacht hat (und als vermutlich die Mehrheit der Psychoanalytiker heute noch glauben). Im Programmheft dieser Tagung wird deutlich die Freud'sche Auffassung zusammengefasst:

> »Nur der kulturell erzwungene Verzicht auf Inzest, Kannibalismus und Mordlust, wie Freud es 1927 formulierte, scheint in dieser Perspektive Zivilisation zu sichern, führt aber andererseits auch zu einer ständigen unbewussten Rebellion gegen die Unterdrückung dieser Triebwünsche.«

Demgegenüber wage ich folgende Umformulierung als Alternativhypothese zu bieten: Der maßgebende ursprüngliche universelle Konflikt ist nicht derjenige zwischen Trieb und Zivilisation (oder, eine andere Variation: Aggression und Libido), sondern derjenige zwischen den (angeborenen) selbstbezogenen und (ebenfalls angeborenen) objektbezogenen, also den egoistischen und den sozialen, den autophilen und den heterophilen Bedürfnissen und Tendenzen. Diese vorgegebene Bipolarität des Menschen ist eine evolutionstheoretisch gut erklärliche und für die dynamische schöpferische Entwicklung nützliche und unabdingbare Gegebenheit, allerdings nur, so lange es jeweils gelingt, die vorübergehenden Gegensätze in integrativ dialektische Lösungen aufzuheben, sodass jeweils Neues entsteht. Solche integrativ dialektischen Lösungen sind leider nicht sehr häufig aber auch nicht sehr selten, sonst gebe es in unserer Welt auch nicht neben dem Schrecklichen und Grausamen auch so viel Gutes, und Prosoziales. Sonst gebe es also nicht Tausende von Prozessen und Tätigkeiten bis zu unserer heutigen Tagung und Diskussion, bei der wir in der Lage sind, unsere egoistischen Bedürfnisse nach Wissenszuwachs und Information mit einem Geben von solchem Wissen und Informationen an andere, unsere narzisstischen, autophilen mit unseren heterophilen nach Bindung strebenden Tendenzen schöpferisch zu synthetisieren. Das in dieser Welt vorhandene »Gute« beruht also nicht oder auf jeden Fall nicht nur darauf, dass die Kultur einen primär nur bösen und egozentrischen, sadistischen Menschen zähmen und kontrollieren konnte, sondern auf den im Laufe der Geschichte doch hier und da gelungenen synthetischen Lösungen.

Diese waren aber offenbar in der Minderheit. Die zunächst von der biologischen und später der kulturellen Evolution als Voraussetzung einer schöpferisch dynamischen Weiterentwicklung »gut gemeinte« Bipolarität wurde konfliktualisiert, d. h. zu einer rigiden »entweder/oder«-Alternative geraten. Die dann erfolgten Entscheidungen waren mehrheitlich autophil (Sicherheit geht vor Bindung), sodass egoistisch-eigennütziges Verhalten überwog und überwiegt. Dies wiederum führte – auf der gesellschaftlichen Ebene – zu einer Unzahl von notwendig gewordenen Korrektiven und Kompensationen, von den Opferritualen bis zu den Rechtssystemen sowie zu der Fülle der Institutionen, die dem in diesem Chaos verwirrten und desorientierten Menschen eine Stütze, eine Orientierung, eine Lösung oder eine Pseudolösung zu bieten versprachen. Eine der ältesten, widerstandsfähigen aber dafür auch grausamsten »Entscheidungshilfen« war die uralte Institution des Krieges. Seine Funktion war und ist, erst den nunmehr externen Konflikt (also den politisch-ökonomischen Interessenkonflikt) zu entscheiden, darüber hinaus aber auch bei der Bewältigung des intrapsychischen Konfliktes durch die psychosozialen Parafunktionen in der oben geschilderten Weise mitzuwirken. Wie Sie sehen, versuche ich also ähnlich wie Freud sowohl das Elend als auch die Großartigkeit der Menschheit durch die Annahme eines Grundkonfliktes verständlich zu machen, allerdings nicht eines Konfliktes zwischen Eros und Thanatos, sondern desjenigen zwischen selbstbezogenen und objektbezogenen Bedürfnissen und Strebungen. Dieser Vorschlag ist übrigens auch etwas optimistischer insofern, als die anzustrebende und wünschenswerte echte Lösung nicht in einer Zunahme von Unterdrückung, Kanalisierung und Sublimierung der Triebe bestehen soll, sondern in einer dialektischen Integration, in einer schöpferischen Balance. Die Aggression stellt freilich innerhalb dieses Konzepts ein eminent wichtiges, jedoch letztlich ein sekundäres Phänomen. Wenn wir als Psychoanalytiker davon ausgehen, dass diesem Problem ein ungelöster Konflikt zugrunde liegt, so müssen wir uns an erster Stelle mit dem Konflikt beschäftigen und nicht mit der Aggression.

Wie der innere Konflikt mit dem äußeren Konflikt zusammenhängt, lässt sich u. a. durch die Betrachtung dessen verdeutlichen, was ich die »Kaskade der Wir-Bildungen« nenne. Jeder von uns beginnt sein Leben innerhalb einer dyadischen Beziehung, welche die geschilderte Polarität (Autonomie versus Bindung) und somit auch die Gefahr einer Konfliktualisierung dieser Polarität unter ungünstigen Bedingungen involviert. Kommt es unter günstigen Bedingungen zu der gelungenen Integration, so besteht im nächsten Schritt die Bipolarität nunmehr in der Gegenüberstellung der Dyade mit einem Dritten. Nach ebenfalls gelungener Integration steht nun der Triade die Gesamtfamilie gegenüber. Und so geht es weiter: Die Gesamtfamilie gegenüber den kleinen sekundären Gruppen usw. bis zur Nation bis zum Kontinent und bis zur gesamten Welt. Wichtig ist nun die Tatsache, dass es echte und unechte (letztere mit Zwang oder suggestiv herbeigeführte) Wir-Bildungen gibt. Echte Wir-Bildungen sind diejenigen, die auf einer integrativ dialektischen Überwindung des Gegensatzes in der jeweils vorherigen Stufe basieren. Bei den unechten Wir-Bildungen ist früher oder später mit erheblichen Schwierigkeiten zu rechnen wegen der zunehmend steigenden intrasystemischen Spannung und somit der strukturellen Aggression. Jugoslawien ist ein eindeutiges Beispiel dafür.

Zum Schluss möchte ich mich noch der Kriegsprävention zuwenden. Sie beinhaltet erstens eine basale langfristige, zweitens eine mittelfristige und drittens eine kurzfristige direkte Prävention. Bei der ersten, der basalen, geht es um die Herstellung der familiären und gesellschaftlichen Grundbedingungen für eine gelungene d. h. eine auf integrative Lösungen der (schon normalerweise aus den Bipolaritäten entstehenden) Konflikte basierende Sozialisation. Die mittelfristige Prävention besteht in der Bewusstmachung der oben geschilderten »psychosozialen Arrangements«, also der Kollusionen (dadurch Schwächung der Verführbarkeit der »Vielen« »zum Krieg«). Die kurzfristige direkte Prävention schließlich besteht in politischen und rechtlichen Maßnahmen, in der Aufdeckung der Desinformation und der Instrumentalisierung, in Protestbewegungen, Abbau von Feindbildern, Förderung von gewaltfreier Kommunikation. Welches sind die Aussichten für die Zukunft? Pessimistisch stimmt mich zunächst die herannahende ökologische Katastrophe die ja u. U. alle unsere Bemühungen in Bezug auf die Kriegsprävention sinnlos machen würde. Meine schweren Bedenken beziehen sich des Weiteren auf den ungebrochenen weiteren Lauf eines ungebremsten Kapitalismus, der das mühsam im Laufe der Zeit gewonnene Potential an kooperativen Bindungsmotivationen und überhaupt an integrativ dialektischen Lösungen (durch die Verherrlichung und Hervorhebung der Pofitmaximierung und der Konkurrenz als der höchsten Werte) wettmacht und eliminiert. Die berühmte Globalisierung, auch wenn sie als eine nicht nur ökonomische, sondern auch kulturelle Globalisierung verstanden werden sollte, gewinnt mehr und mehr den Charakter einer erzwungenen Wir-Bildung, welche letztlich den eigennützigen Vorteil der Mächtigen auf Kosten der Schwächeren zum Ziel hat, während sie in der Lage gewesen wäre, eine exzellente Möglichkeit zur Entwicklung von echten Wir-Bildungen abzugeben. Was wir also durch eine verbesserte Sozialisation in der Kindheit und durch eine Demokratisierung unserer politischen Systeme und durch eine trotz allem bessere Informationsvermittlung an Humanisierung tatsächlich gewonnen haben, laufen wir Gefahr unter dem Einfluss dieses alles beherrschenden wirtschaftlichen Systems zu verlieren und dies in einem immer schneller werdenden Tempo.

Meine Hoffnung, auf der anderen Seite basiert darauf, dass das zunehmende Bewusstsein über diese hier diskutierten Zusammenhänge früher oder später zu geschichtlichen und politischen Veränderungen führen könnte, welche u. a. auch eine *Überflüssigmachung* des Krieges möglich machen. Denn, und das sei noch einmal abschließend gesagt, der einzige Weg eine früher unter bestimmten Bedingungen notwendigerweise oder zwangsweise entstandene Institution abzubauen ist sie überflüssig zu machen, d. h. die dort anfallenden »Funktionen« und »Parafunktionen« auf eine andere, gesündere, produktivere und auf jeden Fall das Leid und die Grausamkeit des Kriegs vermeidende Weise zu erreichen.

Literatur

Eissler, K.R. (1971): Todestrieb, Ambivalenz, Narzißmus. Kindler (München).

Freud, S. (1933): Warum Krieg? GW 16, S. 11.

Hottinger, A. (1994): Osmanische und europäische Ordnung im Balkan. In: Neue Züricher Zeitung 1./2. Mai 1994.

Imbusch, P. (1998): Der Konflikt Jugoslawien. In: Imbusch und Zoll (Hg.): Friedens- und Konfliktforschung. Opladen (Leske & Budrich), S. 169-194.

Imbusch, P., Zoll, R. (Hg.) (1999): Friedens- und Konfliktforschung. Opladen (Leske & Budrich).

Jeismann, M. (1992): Das Vaterland der Feinde. Stuttgart (Klett-Cotta).

Koestler, A. (1980): Die Armut der Psychologie. Bern, München (Scherz).

Mentzos, S. (1976): Interpersonelle und institutionalisierte Abwehr. Frankfurt a. M. 1988 (Suhrkamp).

Mentzos, S. (1993): Der Krieg und seine psychosozialen Funktionen. 2. Auflage, Göttingen 2002 (Vandenhoeck & Ruprecht).

Rappaport, A. (1974): Konflikt in der vom Menschen gemachten Umwelt. Darmstädter Blätter, Darmstadt.

Zweig, St. (1970): Die Welt von gestern. Frankfurt a. M. (Fischer).

Religiöser Fundamentalismus und Gewalt

Vamik D. Volkan

Vielen Dank an die DGPT für die Einladung nach Magdeburg. Sie sind darüber informiert, dass ich wegen der Ereignisse in New York und Washington über ein anderes Thema als das ursprünglich geplante spreche. Deshalb spreche ich heute über religiösen Fundamentalismus. Wie dieser zur Gewaltbereitschaft führt. Und wie Selbstmordattentäter herangezogen werden. Im Wesentlichen besteht mein Vortrag aus zwei Teilen. Erstens werde ich beschreiben, was religiöser Fundamentalismus ist, und zweitens werde ich über den islamischen Fundamentalismus und die jüngsten Ereignisse sprechen. Nun also zum ersten Teil.

Im April 1995 war Amerika das erste Mal mit einem gewaltigen, einschneidenden, wie in einem Film ablaufenden Terroranschlag konfrontiert. Vielleicht erinnern Sie sich an den Tag, als das Alfred Murrah Federal Building in Oklahoma City mit einer Bombe zertrümmert wurde. Nach dieser Tragödie in Oklahoma City verdächtigten die Amerikaner zuerst einmal muslimische Fundamentalisten, und es gab die unterschiedlichsten Verlautbarungen und Rhetoriken über muslimische Fundamentalisten. Schließlich stellte sich heraus, dass es ein Soldat namens McVeigh war, der nun vor ein paar Monaten durch die Bundesregierung hingerichtet wurde. Er war die Ursache dieser Tragödie. Folglich war dieser Terrorakt mit christlichem Fundamentalismus verbunden. McVeigh war im Wesentlichen davon beeinflusst worden, was in Waco in Texas geschehen war. Ich weiß nicht, wie genau Sie sich noch daran erinnern, aber in Waco gab es eine Gruppe von Fundamentalisten. Ich weiß nicht, ob Sie sich noch daran erinnern. Das FBI kam, griff sie an, und verbrannte mehr als 100 Menschen, darunter auch Kinder.

Bei der Tragödie, die sich am 11. September in New York und Washington ereignete, gibt es dieses Mal eine direktere Verbindung zum muslimischen Fundamentalismus. Wie Sie wissen, war das vergangene Jahrhundert das Jahrhundert des Nationalismus, nachdem das sowjetische Imperium zusammengebrochen war, und nachdem die Kolonialmächte sich aus Afrika zurückgezogen hatten, wurde es ein Jahrhundert der Ethnizität. Nun wird es vielleicht ein Jahrhundert der religiösen Spaltungen.

Der Fundamentalismus gehört zu allen Religionen. Das Wort Fundamentalismus, ich weiß nicht, wie das Wort Fundamentalismus, religiöser Fundamentalismus auf Deutsch heißt. Haben Sie ein ähnliches Wort? Fundamentalismus. Ich verstehe. Das ist sehr gut, denn in anderen Sprachen gibt es dieses Wort nicht. Das Wort Fundamentalismus wurde de facto in den späten 20er-Jahren in den Vereinigten Staaten geprägt. In dieser Zeit spendeten zwei Brüder Geld, Lyman und Milton Stewart, sie waren die Ölmagnaten von Union Oil, und mit diesem Geld wurde ein kleines Buch veröffentlicht. Der Titel dieses Büchleins war »The Fundamentals«. Dieses Büchlein enthielt fünf Punkte, z. B. der Glaube an die Jungfrauengeburt im Christentum, der Glaube an Wunder und so weiter. Und die Menschen, die nach diesen fünf Punkten lebten, nannte man die Fundamentalisten. Der Begriff Fundamentalismus geht in den Vereinigten Staaten jedoch zurück bis 1880, schon bald nachdem Darwin »Die Entstehung der Arten« geschrieben hatte. Es gab einen Zusammenprall zwischen dem göttlichen Glauben an die Schöpfung und dem wissenschaftlichen – Veränderungen in der Situation der amerikanischen Gesellschaft. Damals traten in den Vereinigten Staaten die Fundamentalisten allmählich in Erscheinung.

Das wurde besonders 1925 bekannt durch den »Affenprozess«. Vielleicht erinnern sich einige von Ihnen daran. Es gibt einen Film darüber. Es gab einen Prozess, weil man im Bundesstaat Tennessee, in den Südstaaten von Amerika, nicht sagen durfte, dass die Welt nicht von Gott erschaffen wurde. Also die wissenschaftliche Lehre war verboten. Und im Bundesstaat Tennessee wurde ein Gesetz erlassen. Tennessee war der sechste Bundesstaat, der dieses Gesetz annahm, und ein Lehrer behandelte im Unterricht Darwins Theorie, woraufhin er angeklagt wurde. Sie kennen bestimmt den Film »Wer den Wind sät« und so weiter. Also das wurde in Amerika zu einer großen Sache, Fundamentalismus gegen progressives Christentum.

Laut Michael Barken – er ist Experte Nr. 1 für protestantischen Fundamentalismus in Amerika – ihm zufolge sind 25 bis 35 % der Amerikaner heutzutage Fundamentalisten. Sie nennen sich nicht Fundamentalisten. Sie nennen sich konservative Christen oder Wiedergeborene. Weil das Wort Fundamentalismus in Amerika, und vielleicht auch in Deutschland, ich weiß nicht, ein übles Wort geworden ist und mit Muslimen gleichgesetzt wird. Zunächst möchte ich beschreiben, was religiöser Fundamentalismus bedeutet, unabhängig von der einzelnen Religion. Und danach versuche ich, seine Merkmale zu beschreiben. Er bezieht sich auf die Tendenz einiger Angehöriger traditioneller Religionsgemeinschaften in der Absicht, sich von den

Mitgläubigen abzusondern und die heilige Gemeinschaft in ihrer sich durch Disziplin auszeichnenden Opposition zu Nichtgläubigen umzudefinieren (unverständlich).

Die Menschen, die eine Untergruppe religiöser Fundamentalisten bilden, sind Pessimisten. Sie fühlen sich als etwas Besonderes und mit besonderer Omnipotenz ausgestattet, aber sie sind einsam und fühlen sich als Opfer. Ein Merkmal fundamentalistischer Bewegungen ist es, eine Grenze um sich zu ziehen. Diese Grenze kann sich in verschiedenen Formen manifestieren, z. B. in der Kleiderordnung oder in Sprachformen, und in vielen Fällen errichten sie tatsächlich eine Barrikade um sich herum. In Jerusalem sieht man das z. B. beim Haredi, einer jüdischen fundamentalistischen Gemeinde. Dort leben sie in einem Ghetto, wo sie die heiligen Bücher lesen, und sie haben keine offene Beziehung zur Außenwelt.

Man sieht das in den Vereinigten Staaten. Die amerikanische fundamentalistische Universität Nr. 1 ist die Bob Jones University in Amerika. Sie ist in South Carolina. Ich weiß nicht, inwieweit Sie die verrückten Wahlen in Amerika verfolgt haben, aber George W. Bush besuchte während seines Wahlkampfes die Bob Jones University, und das war ein wichtiges Thema in Amerika und eröffnete einen Dialog mit den Fundamentalisten, die sich – in Abgrenzung zu den säkularen Amerikanern – als Konservative bezeichnen. Die Bob Jones University hat auch eine Barrikade um sich. Sie ist ummauert. In solchen Gemeinschaften gibt es üblicherweise einen heiligen Text. Das kann der Koran sein, es kann auch die Bibel oder eine bestimmte Fassung der Bibel sein. Diese spezifische Fassung der Bibel ist dann das Wort, alles andere ist beispielsweise Schwindel. Also hat jede fundamentalistische Untergruppe einen heiligen Text. Das ist gang und gäbe.

Es gibt Ausnahmen, z. B. den Sonnentempler-Orden. Erinnern Sie sich, dass sie sich in der Schweiz und in Kanada verbrannt haben? Sie hatten keinen heiligen Text. Doch einer ihrer Führer, Luc Jouret, hatte Bücher geschrieben und Bandaufzeichnungen gemacht, und seine Anhänger benutzen diese Bücher und Bänder als heiligen Text. Jede fundamentalistische Untergruppe braucht einen absoluten Führer. Auch hier gibt es Ausnahmen, z. B. den Sonnentempler-Orden. Da war doch, wie heißt er noch, Di Mambo oder so ähnlich. Er wusste, dass er kein Charisma hatte. Also ließ er Luc Jouret zu sich kommen und machte ihn zu seinem zweiten Ich, sodass es zwei Personen gab, die als Führer fungierten. Doch das ist höchst ungewöhnlich. Wenn man eine fundamentalistische Untergruppe hat, hat man einen Führer. Worin besteht seine Funktion? Seine Funktion besteht darin, dass er den heiligen

Text interpretiert. Er ist der Einzige, der genug weiß, um den heiligen Text interpretieren und den Sinn gegenwärtiger Ereignisse benennen zu können. Deshalb ist bei den fundamentalistischen Untergruppen die Hierarchie extrem wichtig. Man hat einen Führer und seine Entourage und die Anhänger, die ihm folgen.

Wir haben heute nicht viel Zeit, uns in die Psychoanalyse zu vertiefen, aber in der Diskussion können wir vielleicht psychoanalytische Anmerkungen machen. Man hört das Echo von Freuds klassischer Beschreibung der Massenpsychologie. Als Freud über Massenpsychologie schrieb, sagte er nicht, dass er nur von regredierten Gruppen sprach. Wir wissen heute, dass dies nur ein Aspekt regredierter Gruppen ist, aber Sie sehen, wie Freuds Beschreibung der Massenpsychologie sich auf klassische Weise in diesen fundamentalistischen Bewegungen manifestiert.

Bei den meisten christlichen fundamentalistischen Gruppen besitzt der Führer auch alle Frauen. Die Frauen gehören ihm. Das trifft auf die jüdischen und muslimischen fundamentalistischen Gruppen nicht zu. Um besser verstehen zu können, was religiöser Fundamentalismus ist, vergleicht der israelische Politikwissenschaftler Emanual Sivan den religiösen Fundamentalismus mit der kommunistischen Bewegung. Er sagt, dass es in der kommunistischen Bewegung eine neue Vision gebe. Sie brächten etwas Neues ein. Und beim religiösen Fundamentalismus geht man zurück auf etwas Altes – aber »etwas Altes« wird vom Führer spezifisch interpretiert. Deshalb können wir in gewissem Sinne sagen, dass der Kommunismus progressiv war, und der religiöse Fundamentalismus regressiv ist.

Doch wenn man genau hinschaut, muss man eine Bewegung erkennen und sie im Einzelnen verstehen; denn, wie Sie wissen, führt die kommunistische Bewegung mit neuen Visionen zur Großgruppenregression, indem die Gleichheit zwischen den Menschen getilgt und de facto totalitäre Regime errichtet werden. Deshalb kann man nicht einfach sagen, dass progressive Bewegungen gut und regressive Bewegungen schlecht seien. Man muss ihre Geschichte und Einflüsse, die Pathologie ihrer Führer und andere situative Umstände herausfinden.

Nicht alle religiösen fundamentalistischen Bewegungen sind gewaltbereit. Es gibt gewaltlose christliche und andere fundamentalistische Bewegungen. Meine Lieblingsbewegung, gewaltlose Fundamentalisten, sie sind russische Altgläubige, die in der Nähe des Peipussees zwischen Estland und Russland leben. Und ihr Führer ist ein Bursche namens Sosima Jokin. Eine lange Geschichte, aber wir haben nicht viel Zeit. Gestern habe ich Ihnen von meinem Engagement in Estland erzählt. Sosima und ich wurden gute Freunde. Und wann immer ich ihn besuchte, bestand seine einzige gezeigte Aggression darin, dass er mir drohte, mich zu taufen. Jemand hatte ihm erzählt, dass ich nicht getauft sei. Also jedes Mal, wenn ich nach Estland kam, ob im sehr kalten Winter oder im Sommer, wollte Sosima mich in den Peipussee eintauchen. Und er hatte nie Erfolg damit, aber ich glaube, dass das seine Form der Aggression war.

Als eine Geste der Zuneigung wollte er meine Seele retten. Die gewaltbereiten Bewegungen wollen so etwas auch, sie töten, um unsere Seelen zu retten. Erinnern Sie sich an Khomeinis berühmten Aufruf, in dem er die Iraner aufforderte, Nichtgläubige zu töten, weil man ihnen einen Gefallen damit tue. Dadurch, dass man sie tötet, hält man sie vom Sündigen ab. Heute untersuchen und erforschen Soziologen und andere, wodurch gewaltbereites Verhalten in fundamentalistischen Gruppen ausgelöst wird. Kürzlich erschien ein Buch von Catherine Ressinger, die die amerikanischen christlichen fundamentalistischen Untergruppen in drei Kategorien einteilt – nennen wir sie die brüchigen, revolutionären und aggressiven. Brüchig ist eine Gruppe, wenn die Macht der Führer solcher Gruppen zu sinken beginnt; dann kann die Gewalt anfangen. Die anderen Gruppen sind revolutionär, weil sie, wie ich gleich beschreiben werde, den Auftrag haben, andere entweder zu töten oder zu bekehren. Eine aggressive Gruppe ist z. B. die in Waco, bei der es an der Oberfläche keine Gewalt zu geben schien, aber sie lösen in anderen Gewalt aus.

Die Analogie dazu wäre, wenn man einen gewaltbereiten Patienten auf der Couch hat, und man denkt, er sei gewaltbereit, aber er tut einem überhaupt nichts, doch man zeigt eine Gegenreaktion, man zeigt eine Gegenübertragung. Das FBI zeigte eine Gegenübertragung und tötete sie. Ich weiß das, weil ... ich habe nur einmal in meinem Leben für das FBI gearbeitet. Das FBI hat mich gerufen. Und hier bin ich, ein Immigrant in Amerika. Sie haben mir den Vorsitz ihrer Kommission übertragen, um die Waco-Geschichte zu untersuchen, denn sie waren äußerst ratlos und sehr verunsichert über das, was geschehen war, und ich hatte den Vorsitz einer Kommission, um die Waco-Geschichte zu untersuchen und dem FBI Vorschläge zu machen, damit so etwas nicht noch einmal passieren würde. Das ist eine lange Geschichte, auf die ich jetzt nicht näher eingehe.

Um verstehen zu können ... gebe ich Ihnen jetzt ein Beispiel einer fundamentalistischen Untergruppe, bevor wir zu den muslimischen Fundamentalisten kommen. Um verstehen zu können, was das für Menschen sind. Natürlich kann ein einziges Beispiel nicht generalisiert werden, aber ich glaube, wenn Sie sich einmal näher damit befassen, dass Sie Ähnlichkeiten erkennen, welcher Menschentyp Prophet wird und welche Menschentypen diesem folgen. Und ich möchte Ihnen etwas über David Koresh erzählen, der in Waco der Prophet war. Um das verstehen zu können, müssen Sie wissen, dass 20 % der Fundamentalisten in Amerika Chiliasten sind. Das heißt, dass 5 % der gesamten amerikanischen Bevölkerung zur Zeit Chiliasten sind. Unter den Chiliasten gibt es verschiedene Richtungen. Im Wesentlichen glauben sie, dass Jesus zurückkommt und tausend Jahre wunderbar ... dass er die Welt tausend Jahre lang regieren wird. Doch bevor es so weit ist, kommen sieben Jahre Drangsal über uns. In den ersten dreieinhalb Jahren werden alle Arten von Erschütterungen eintreten, Erdbeben, Kriege usw. Wenn die erste Hälfte dieses siebenjährigen Zeitraums vorbei ist ... ich weiß nicht, wieviel Sie darüber wissen; vielleicht erzähle ich Ihnen etwas, das Sie bereits kennen. In der ersten Hälfte wird es Anzeichen schlimmer Dinge geben. Nach dreieinhalb Jahren wird ein charismatischer Führer erscheinen. Mein Gott, er bzw. sie stellt sich als Teufel persönlich heraus. Ich weiß nicht. In ihrer Vorstellung ist es meistens ein Mann. Der Teufel, der Satan wird also die Welt dreieinhalb Jahre lang regieren. Und danach wird das Armageddon kommen. Das Gute und das Böse werden in Israel gegeneinander kämpfen. Und danach wird Jesus eintausend wunderbare Jahre haben. Es gibt unterschiedliche Versionen davon, unterschiedliche Interpretationen; es gibt viele Propheten, die ihre Untergruppen haben. Gut.

Einer der Propheten war David Koresh, und er war in Waco. Es war eine Gruppe von Davidianern; sie waren Chiliasten, und sie glaubten, dass das Armageddon nicht in Israel stattfinden würde, sondern in Texas – wo sonst. Ich meine, wenn man so etwas in Amerika veranstaltet, dann veranstaltet man es in Texas. Sie kauften sich also Gewehre und warteten darauf, dass die bösen Buben kommen. Und das löst alle möglichen Gegenreaktionen unter den anderen aus. Und wie Sie wissen, war Waco ein Inferno, und Menschen kamen dabei um. Dieser Mann hieß ursprünglich Wayne Vernon Howell. Seine Mutter war 14, als der Unglückliche geboren wurde. Und erst im Alter von vier Jahren erfuhr er, dass seine Mutter seine leibliche Mutter war. In der Zwischenzeit hatte seine Mutter geheiratet und wieder geheiratet und so weiter. Man hat Zugang zu seiner Psychobiographie, weil wir seine Worte haben, seine eigene Lebensbeschreibung, die ich jetzt mangels Zeit nicht im Detail schildern kann, also beschränke ich mich auf die Knaller.

Es gibt so etwas, das wir als Wiederholungszwang und Wiederholung unserer Kindheit kennen. Er wächst also heran. Und weil er keine gute Mutter hat, hat er auch keine gute Vaterfigur, und seine Großmutter nimmt ihn in die Kirche mit, und er fängt an, sich mit göttlichen Figuren zu identifizieren. Als er 18 ist, wiederholt er seine Kindheit; er schwängert ein 14 Jahre altes Mädchen. Aber er kann das Mädchen nicht heiraten, also was macht er? Er macht das Gegenteil. Er geht nach Waco, und zu jener Zeit wurde Waco von einer 67-jährigen Frau geleitet, also von einer prototypischen Mutter, und er, dieser kleine Junge, wird ihr Liebhaber. Und sie ihrerseits bereitet ihn natürlich darauf vor, der nächste Prophet zu sein. Nachdem sie stirbt, geht er zurück zu seiner Originalwiederholung und heiratet ein 14-jähriges Mädchen, wie es seine Mutter bei seiner Geburt war. Das Mädchen wird schwanger. Sie gehen nach Israel. Dort spricht jemand zu ihm, und sie sagen ihm, dass er jetzt der Prophet ist. Und er ändert seinen Namen in Koresh und geht zurück. Hokuspokus, ein heftiges Bemühen. Dann wird er der Prophet.

Doch dann muss er wiederholen. Er muss die Geschichte seiner Mutter wiederholen. Dann heiratet er die 12-jährige Schwester seiner Frau. Dann heiratet er ein 16-jähriges Mädchen, dann ein 17-jähriges Mädchen, und dann sagt er, dass alle Frauen in Waco ihm gehören. Und es ist genau das Gleiche mit Jim Jones und so weiter. Und was macht man als Mann? So überaus klug. Charismatische Führerschaft. In der Psychoanalyse wissen wir Bescheid über charismatische ... man ist ein charismatischer Führer, wenn man die Haltungen beider Elternteile in sich vereint. Man ist sowohl männlich als auch weiblich, sodass man auf jedes Bedürfnis der Menschen reagieren kann. Man kleidet sich so, aber man benimmt sich auch wie eine Frau. Man ist lieb, und man ist hart. Also sagt er sich, die Persönlichkeit, die ich entwickle, besitzt einen weiblichen Geist namens Schekina. Deshalb können, spirituell gesehen, alle Männer mich heiraten. Also wird er von allen geheiratet. Sie verstehen.

Allein über dieses Thema könnte ich einen Vortrag halten, doch ich wollte Ihnen nur sagen, dass es Individuen gibt, die sich aus den ihnen eigenen Gründen mit göttlichen Mächten identifizieren, und dass es Anhänger gibt, die aus den ihnen eigenen Gründen diesen Individuen folgen. Doch wenn die Sache größer und größer wird, erschüttern sie die Großgruppenidentität, sodass vielleicht auch immer mehr »normale« Menschen dazukommen. Gestern haben wir über ethnische Identität bzw. religiöse Identität gesprochen, als ob man unter einem Zelt lebt, so viele Millionen Menschen. Wenn das Zelt wackelt, werden die Menschen, die »normal« sind, zu einem Teil solcher Gruppen.

Im ersten Teil meines Vortrags wollte ich im Zeitungsstil über religiösen Fundamentalismus sprechen und das Thema Gewalt weniger spektakulär und unvorstellbar behandeln als das, was am 11. September geschah, sondern nur sagen, dass er zu jeder Religion gehört. Er gehört zu Israel wie zu Ägypten. In Israel wurde Yitzhak Rabin aus religiösem Fundamentalismus heraus von Yigal Amir umgebracht. Jeder, der Yigal Amirs Worte liest … In der Zeitschrift, in der nächsten Ausgabe unserer Zeitschrift veröffentlichen wir einen Artikel über Yigal Amir. Er sagt zwar, dass er nicht von religiösen fundamentalistischen Gruppen beauftragt worden sei, Yitzhak Rabin umzubringen, doch er selbst begreife es als eine Mission, gemäß dem heiligen Text, Israel zu schützen, indem er Yitzhak Rabin umbrachte. Einige Jahre zuvor war in Ägypten auch aus religiösem Fundamentalismus Sadat von Muslimbrüdern umgebracht worden, die heute sogar mit Bin Ladin und dem Taliban-Regime in Verbindung stehen.

Das bringt mich zu den nächsten Überlegungen, was heutzutage geschieht. Im Islam wie im Christentum und im Judentum, alles monotheistische Religionen … in allen diesen Religionen gibt es eine Dichotomie zwischen Gut und Böse, aber es ist nicht wie in einer zoroastrischen Religion. In einer zoroastrischen Religion ist der Teufel eine separates Wesen. Deshalb gibt es einen guten Gott, und es gibt den Teufel. Das ist nicht so im Islam und im Christentum und so weiter. Doch trotzdem gibt es eine Tendenz zu dieser Teilung. Ich gehe jetzt nicht …

Wenn man verstehen möchte, was in der Welt vor sich geht, da gibt es bestimmte Schichten. Wie die Schalen einer Zwiebel. Nehmen Sie eine Zwiebel, die erste Schale, die zweite Schale, die dritte Schale und so weiter. Die erste Schicht, die wir untersuchen müssen, ist anscheinend das, was Bernard Lewis als den »muslimischen Hass« bezeichnet. Und darin liegen historische gesellschaftliche Faktoren und die Kluft zwischen dem Haus des Islam und dem Haus des Unglaubens; und man muss in die Geschichte zurückgehen, wahrscheinlich bis 1683, als die entscheidenden Niederlagen des Islam begannen. Doch darum geht es mir im Moment nicht. Man muss historische Bilder und gesellschaftliche Bilder nehmen, um erkennen zu können, wie die neuerliche islamische Wiederbelebung zustande kam. Islamische Wiederbelebung heißt nicht, dass jeder ein Terrorist ist.

Nach dem Sechstagekrieg zwischen Israel und Ägypten hat sich besonders der Fundamentalismus auf beiden Seiten herauskristallisiert. Und die ständigen Probleme zwischen Israelis und Arabern sind kontinuierliches Gift dafür. In der Zwischenzeit waren die Sowjets in Afghanistan, und sie überzogen das Land mit Bombenteppichen. Wenn man liest, wie es in Afghanistan war, als die Russen dort waren, glaubt man es einfach nicht. Was mit dem afghanischen Volk geschah, ist eine Tragödie. Als dies geschah, entwickelten sich zugleich bestimmte Dinge in Afghanistan. Zum Beispiel die Mythologie, die mit Afghanistan verbunden ist. Der Prophet Mohammed gehörte zu einem Stamm namens Koraisch. De facto waren die Koraisch gegen ihn, dann eroberte er sie, eine lange Geschichte, wenn sie Mohammeds Biographie anschauen. Die Mythologie geht so, dass am Ende der Stamm der Koraisch die Geheimnisse der islamischen Bewegung kennt. Wenn man Muslim ist, aber wenn man vom Stamm der Koraisch ist, kennt man bestimmte Geheimnisse. Diese sind sehr heilig. Und die Mythologie geht so, dass dieser Stamm vielleicht nach Afghanistan entschwunden ist. Und deshalb hat man in Afghanistan, in verschiedenen Epochen Afghanistans, Könige und Eroberer und kultivierte Dinge, auch die Wissenschaft, aber auf einer bestimmten Ebene ist es ein Land, in dem die religiöse Mythologie Teil des täglichen Lebens ist.

Sie haben Gräber, die heilig sind, und wenn man dorthin geht und betet, wird man von seiner Krankheit befreit. Sie haben Menschen, die auserwählt sind, die die geheimen Deuter des ursprünglichen Islam des Stammes der Koraisch sind. Sie haben faszinierende Arten zu lehren. Ich würde Ihnen gern erzählen, wie sie lehren. Es ist faszinierend. Und vor allem in Kandahar glauben sie, dass sie den Mantel des Mohammed haben. Ihr berühmter König Durrani brachte angeblich diesen Mantel dorthin, und der befindet sich jetzt in einem Mausoleum. Als die Sowjets das Land verließen, bezeichnete man die meisten Afghanen als Mudschaheddin. Sie waren auch aus unterschiedlichen Stämmen. Sie waren nicht geeint. Doch als die Taliban kamen, machten sie sich darüber lustig. Sie sagten, oh, diese Burschen kommen einfach so daher, und so weiter.

Die Taliban kamen etwa 1995/96 an die Macht, ihr Führer ist ein Mann namens Omar. Er pokerte hoch. Er ging nach Kandahar, ging zu diesem heiligen Ort, nahm Mohammeds Mantel und trug ihn. Das ist ein hoher Einsatz. Entweder würden sie ihn dafür töten oder ihn als Mohammeds verlängerten Arm ansehen. Sie sahen ihn als Mohammeds verlängerten Arm an. Also ist dieser Bursche heilig. Und er zog sich zurück, wie Sie wissen. Er lässt sich nicht fotografieren und so weiter. Das ist gemeint, wenn man von Fundamentalismus spricht, eine sehr aggressive, fast schon kosmische Vereinigung mit Mohammed. Da ist eine logische wissenschaftliche Diskussion oder ein realpolitisches Gespräch nicht möglich. Sie verstehen, was ich meine. Man hat

173

es also mit jemandem zu tun, der jetzt ... und ich habe diesen Burschen noch nie kennen gelernt, also weiß ich nicht, ob er selbst daran glaubt oder nicht, doch sein Fluidum ist so, dass er in einer anderen, ich würde es nicht Zivilisation nennen, in einer anderen Welt lebt.

Dann begannen sie, Madrasas einzurichten. Madrasa bedeutet auf Arabisch Schule, Koranschule. Es gibt, ich habe die genaue Zahl vergessen, etwa eine Million Koranschüler. Sie sind Jungen, meistens aus Pakistan, Afghanistan und anderen zentralasiatischen Ländern. Einige dieser Schulen sind sehr klein. Eine der berühmtesten ist die Madrasa von Haqqania, die etwa 3.000 Schüler hat. Und diese Madrasa ist von westlichen Forschern untersucht worden. Aus irgendeinem Grund durften einige Leute aus dem Westen diese Schule betreten und sich dort umschauen. Die Jungen gehen drei Jahre lang in diese Schule, wo sie den Koran lesen.

Gesten hat mir ein Freund aus einer deutschen Zeitung vorgelesen, wie diese Selbstmordattentäter von neulich sogar noch am letzten Tag ihr ritualisiertes Verhalten praktiziert haben. Sie beginnen sehr früh damit. Drei Jahre lang sitzen sie in Räumen ohne Fenster und lesen den Koran. Afghanen können nicht Arabisch, also lernen sie mechanisch auswendig. In den Madrasas gibt es keine Frauen. Wenn die Jungen in die Pubertät kommen und die Hormone und die Psychobiologie sich melden, sind sie in ihrer sexuellen Entwicklung gehemmt. Sie wissen das aber nicht. Was also geschieht, ist, dass ihre individuelle Identität beseitigt und durch die Großgruppenidentität ersetzt wird.

Ich hatte also die Möglichkeit, mir das anzuschauen. Deshalb gebe ich Ihnen ein kurzes Beispiel. Als es einmal eine Gelegenheit zum Dialog zwischen den Israelis und der PLO gab – bevor die PLO ihren Schwerpunkt ins Westjordanland und in den Gazastreifen verlagerte, als die PLO noch in Tunesien agierte –, wurde ich von der PLO gebeten, nach Tunesien zu kommen und eine ihrer Schulen anzuschauen. Da ich gerade auf dem Weg nach Israel war, bat ich die Israelis um Erlaubnis, nach Tunis gehen zu dürfen. Und so erhielt ich die Erlaubnis von beiden Seiten. Ich schaute mir also die Jungen dort an und ging dann nach Israel, um meine Ergebnisse zu präsentieren. Beide Parteien waren damit einverstanden. Also ging ich nach Tunesien und untersuchte ein Waisenhaus. In diesem Waisenhaus lebten 57 Schüler zwischen 5 und 18 Jahren. Alle diese Schüler hatten ihre Eltern im Libanon verloren oder durch andere Übergriffe der Israelis. Sie kannten ihre Eltern nicht. Dieses Haus war nicht eingerichtet worden, um eine Produktionsstätte des Dschihad, des heiligen Kriegs, zu werden. Dieses Haus war Herr Araf-

als »Demonstrationseinrichtung«. Leute aus Schweden, Norwegen, Deutschland wurden eingeladen, damit sie sehen sollten, was mit den Palästinensern gemacht wurde. Also die Grundidee dabei war, die Viktimisierung zu demonstrieren. Die Einrichtung war nicht als Dschihad-Produktionsstätte gedacht. Doch dort habe ich bestimmte Dinge beobachtet, und über einige habe ich etwas geschrieben.

Ich möchte nun beschreiben, wie die individuelle Identität beseitigt und durch die Großgruppenidentität ersetzt wird. Wenn Ihre Identität durch eine Großgruppenidentität ersetzt werden soll, besteht Ihre hauptsächliche psychologische Aufgabe darin, jene zu schützen, und deshalb toleriert man Sadismus bzw. Masochismus. In dieser Schule waren fünf Kinder. Sie waren die jüngsten, und schon als ich die Schule betrat, fielen sie mir auf, weil sie im Hof spielten. Sofort erzählten sie mir, dass sie die Kinder von Shabra und Shatila seien. Vielleicht erinnern Sie sich an die Massaker in Shabra und Shatila im Libanon? Während dieser Massaker wurden fünf Kinder, die damals noch kein Jahr alt waren, von ihren Eltern versteckt. Vermutlich wussten die Mütter und Väter, dass alle umgebracht werden würden. Also versteckten sie diese Kinder in Abfalltonnen und eins von ihnen unter einem Bett. Und nachdem das Massaker vorbei war, fand man diese fünf Kinder. Und viereinhalb Jahre später begegnete ich ihnen. Sie hießen mit Familiennamen ...

Herr Arafat besuchte diese Einrichtung, und die Kinder ... Man glaubte sich in Freuds Massenpsychologie versetzt, als Herr Arafat hierher kam. Herr Arafat war wie ein Richtbaum. Alle Kinder sprangen um ihn herum. Sie hießen alle mit Familiennamen Arafat: Fatima Arafat, Mohammed Arafat und so weiter. Das Interessante für mich war, dass diese Kinder so normal wie andere Kinder waren, wenn sie zusammen spielten. Sie spielten Fußball und so weiter. Wir wollten mehr über sie wissen, und deshalb beschlossen wir, sie einzeln zu interviewen. Sie hätten sehen müssen, um glauben zu können, was geschah. Die Kinder wurden psychotisch wie verrückt, wenn man sie trennte. Sie weinten, ein Kind zerlegte den Gesprächsraum – ich meine nur im übertragenen Sinn. Ein anderes Kind fing an, wild zu halluzinieren. Solch dramatische Veränderungen. Wenn man sie dann alle wieder zusammenbringt, sind sie normal. Sie hatten keine individuelle Identität. Sie hatten eine Großgruppenidentität, die Identität einer kleinen Großgruppe. Wenn sie in einer kleinen Großgruppe zusammen waren, verhielten sie sich normal. Wir machten noch mehr Beobachtungen, aber diese ist die dramatischste. Und wieder einmal haben wir nicht genügend Zeit.

Wie also sieht die Vorbereitung für den Dschihad aus. Erstens muss ich Ihnen sagen, dass ich überhaupt nichts über diese Piloten weiß. Sie waren älter. Wahrscheinlich wissen wir später etwas, vielleicht auch nicht, also rede ich nicht von ihnen, weil ich nichts über sie weiß. Ich kenne keinen Selbstmordattentäter persönlich. Weil sie schließlich ja getötet werden. Keiner von ihnen landet auf meiner Couch. Aber wir haben viele Informationen darüber, dass es etwas mit dem Übergang zwischen Pubertät und Adoleszenz zu tun hat, wie Peter Blos oder Anna Freud ihn beschreiben. Wie Sie wissen, verändern wir während dieses Übergangs unser internalisiertes Selbst und die Objektrelationen. Wir überprüfen sie, wir modifizieren sie, und dann erweitern wir unsere Welt. Aber im Normalfall, wenn wir uns in Marilyn Monroe oder wen auch immer verlieben – ich spreche jetzt von meinem Jahrgang, wer ist es heute – Claudia Schiffer? Zu jung für mich. Madonna? Madonna ist nicht mein Typ –, besteht eine innere Kontinuität zwischen der idealisierten Mutter und dem idealisiertem Filmstar. Wenn aber das Kind traumatisiert ist und so weiter, während des Übergangs zwischen Pubertät und Adoleszenz, wenn es seine Investition in frühe Selbst- und Objektbilder entwicklungsbedingt aufgibt, dann besteht der Plan darin, das Individuelle durch die Großgruppenidentität zu ersetzen.

Die Ausbildung ist extrem ritualisiert. Die Jungen werden de facto gezwungen, Sätze zu lesen, die für sie überhaupt keinen Sinn ergeben. Folglich besteht eine große Verwirrung. Und nach der Verwirrung kommt eine neue Version davon, was ein idealisiertes Objekt ist. Und dann wieder Verwirrung und neue Version. Damit die neue Version sich verfestigen kann, wird die Sexualität verbannt. Die Hamas z. B. geht zu bestimmten Orten, und sie haben Ausbilder, die Jungen auflesen, die eine Geschichte der Demütigung erlebt haben oder deren Eltern gedemütigt worden sind. Diese Jungen werden also in diese kleinen Gruppen gesteckt, und sie werden in kleinen Gruppen ausgebildet. Und man gibt ihnen die Vorstellung, dass sie Frauen haben werden, wenn sie gestorben sind. Vorher können sie keine Frauen haben.

Und bei dieser Sache mit den Piloten und so weiter, da gab es ähnliche Dinge. Also ich habe den Verdacht, dass sie manchmal auch auf diese Weise ausgebildet werden. Sobald sie sterben, wird eine Zeremonie abgehalten. Zeremonie heißt dabei Hochzeitszeremonie. Die Vorstellung ist, dass der junge Mann dann mit Engeln verheiratet ist. Folglich ist die fundamentalistische Interpretation die, dass es ein Leben nach dem Tod gibt und dass es dort Engel gibt, die man heiraten kann und so weiter. Und man findet

Aspekte davon in dieser Aufzählung, die mein Freund mir gestern vorgelesen hat. Der Suizid, wie wir Kliniker ihn kennen ... wir wissen, dass es meistens Menschen sind, die eine geringe Selbstachtung haben. Sie sind z. B. mit Verlusten, mit ambivalenten Verlusten konfrontiert worden und mit internalisierten bösen Objekten, die sie zerstören möchten. Also die Menschen, die zu uns kommen und suizidal sind, sind depressiv und haben eine geringe Selbstachtung. Diese andere Art von Selbstmord ist ganz anders und ist von uns noch nicht untersucht worden, weil sie so schwer zu untersuchen ist.

Dieser Selbstmord hat eine hohe Selbstachtung zum Ziel. Folglich ist die Vorstellung die, wenn man Suizid begeht, gewinnt man eine fantastisch hohe Selbstachtung. Wenn wir über diese Art von Selbstmord nachdenken, müssen wir erkennen, dass wir wirklich nicht viel darüber wissen. Aber er ist anders als das, was wir wahrnehmen. In der Vergangenheit hatte jeder Märtyrer, der Selbstmord beging ... hat man hier in Deutschland Sammelbilder von Fußballern? In Amerika haben alle Kinder Heldenbilder. Sie haben sie immer bei sich, meine Kinder haben sie gesammelt, und man kauft und verkauft sie. Bei der Hamas hatten sie eine Art Sammelbilder von den Märtyrern. Kinder nahmen sie an sich. Man hat das nun vor kurzem abgeschafft, weil man Angst hatte, dass Leute wie ich dies als pathologischen Prozess bezeichnen würden. Sie haben mit den Sammelbildern aufgehört. Aber sie hatten früher diese Sammelbilder. Die Idealisierung, die den Kindern vermittelt wurde, war also die, wenn man tot ist, wird man idealisiert.

Ich weiß nicht, ob ich schon zu lange rede. Es war zu lang. Vielleicht sollte ich jetzt aufhören, damit wir noch Zeit haben, darüber zu diskutieren. Die Zeit hat nicht gereicht, um über das psychoanalytische Verständnis von Religion zu sprechen. Natürlich müssen wir darüber Bescheid wissen, aber dieses Thema habe ich zugunsten der anderen Geschichte vernachlässigt. Doch zu diesem Thema würde ich folgende Zusammenfassung geben. Nach Freuds Vorstellung ist die Religion, ob sie fundamentalistisch ist oder nicht, eine Neurose. Und ich meine, dass wir diesen Gedanken ändern müssen. Mit Winnicotts Vorstellungen von Übergangsobjekten können wir inzwischen sagen, dass die Religion die Fortsetzung einer normalen kindlichen Entwicklungsstufe ist und dass keiner von uns diese kindliche Stufe wirklich hinter sich lässt. Sie ist normalerweise da.

Manche von uns machen mehr Gebrauch davon, manche von uns eher weniger. Und wir glauben daran, dass ein Mensch erst zustande kommt, wenn der Samen des Mannes in die Frau gelegt wird. Aber wir können auch an die Jungfrauengeburt glauben. Mit Winnicotts Übergangsobjekten wissen wir mehr über ihre Funktion. Sie (die Religion) ist einer Laterne vergleichbar, d. h., wenn das Kind ausgeglichen ist, hat diese Laterne eine undurchsichtige Seite wie Blech und eine durchsichtige Seite wie Glas. Ich drehe also die Laterne zur Außenwelt hin, und ich lerne die Welt kennen. Wenn das Kind belastet ist, dreht sich die Laterne auf die andere Seite, löscht die Außenwelt aus, und das Kind existiert nur noch aus sich selbst heraus, und diese Laternenwelt ist ausgelöscht. In Analogie dazu kann man sagen, dass der religiöse Fundamentalismus in seinen sehr regredierten Formen so ist, als ob man die Laterne zu sich selbst dreht und die andere Welt auslöscht.

Doch es besteht ein großer Unterschied. Wir kennen die kindliche Seele nicht, wir nehmen an, dass das Kind, wenn es die Welt aussperrt, keine Angriffe von der Außenwelt erwartet. Es ist infantile Omnipotenz, infantiler Narzissmus. Beim Erwachsenen in der Gruppensituation ... wenn die regredierten Fundamentalisten die Laterne zu sich drehen und versuchen, die Außenwelt auszulöschen, gelingt ihnen das nicht. Darin liegt die Gefahr dieses Zugangs zur Außenwelt. Deshalb müssen sie bomben. Und die Moral von der Geschichte ist, dass sich die Diplomatie mittlerweile verändert hat. Wir haben heute hunderte von Nichtregierungsorganisationen, auf Konfliktlösung hinarbeitende Menschen, auf Vertrauensbildung hinarbeitende Menschen. Doch die Diplomatie wird immer noch nach den Direktiven der Realpolitik praktiziert. Da die Welt durch E-mail und Fernsehen und Reisen und dem ganzen Kram kleiner wird, bezieht die Diplomatie – in der Praxis – keine anderen Sichtweisen auf das Problem ein. Also nach dieser unglaublichen Tragödie hofft man doch, dass psychologische Erkenntnisse über die Welt, Menschen, Führer, Anhänger etwas systematischer behandelt werden, besser in das diplomatische Denken integriert werden. Und mit der Zunahme der Technologie versuchen wir auch, Beziehungen zu verändern. Das ist ein Wunsch, und zumindest einige von uns ... wir fühlen uns als Wegbereiter einiger dahin gehender Vorstellungen.

Danke schön. Vielen Dank.

Veranstaltungsleiter: Vielen Dank, Prof. Volkan, für Ihren schönen Vortrag, den wir meiner Ansicht nach in unserem Geist mit den vorangegangenen Vorträgen an diesem Vormittag verknüpfen müssen, besonders mit dem Vortrag von Dr. Tömmel. Bitte um Anmerkungen, Fragen, Diskussionen.

Frage aus dem Publikum: Zunächst einmal freut es mich sehr, die Gelegenheit zu haben, Ihre Denkweise kennen zu lernen. Ich habe eine Frage zu dem Problem Heranwachsender mit der Sexualität. Denn ich arbeite viel mit Jugendlichen. Und ich meine, dass es z. B. für junge Mädchen vielleicht nicht so gut ist, schon früh sexuelle Erfahrungen zu machen, wie das in unserer Gesellschaftskultur üblich ist. Und nun sagen Sie etwas Gegenteiliges über die Behandlung dieser jungen Kämpfer. Dass sie von sexuellen Erfahrungen ausgeschlossen werden und …

Volkan: Ich verstehe, was Sie meinen. Lassen Sie mich das klarstellen. Erstens bin ich derselben Meinung wie sie, was Ihre klinische Arbeit betrifft. Ich spreche nicht von Geschlechtsverkehr. Sie (die Koranschüler) dürfen nicht einmal eine Frau sehen. In der Madrasa von Haqqania an der afghanischen Grenze z. B. leben 3000 Jungen. Sie fangen in sehr jungem Alter dort an und bleiben, bis sie etwa 18 bis 20 Jahre alt sind. Es gibt in der Schule keine einzige Frau. Sie dürfen nicht einmal eine Frau sehen. Die Frau ist ein Phantasiegeschöpf. Und deshalb wird sie zu einer Frau im Himmel. Zu einem Engel. Und genau das haben sie. Sie dürfen nicht, selbst die Männer … Einmal kam eine Fußballmannschaft von Pakistan, die Spieler waren auch Muslims und Fundamentalisten, nach Kandahar, und sie spielten Fußball mit einem Taliban-Fußballteam. Plötzlich kam die Polizei in das Stadium, ergriff alle pakistanischen Fußballspieler, rasierte ihre Köpfe kahl und bestrafte sie. Der Grund für diese Aktion war, dass die Hosen der pakistanischen Fußballspieler kurz waren und die pakistanischen Männer den Zuschauern die Knie gezeigt hatten. Wenn ich über Sexualität spreche, spreche ich nicht von Geschlechtsverkehr. Es ist die Tabuisierung.

Frage aus dem Publikum: Ich fand es sehr wichtig, dass Sie etwas zu den Fundamentalisten in christlichen Religionen gesagt haben. Ich meine, wir müssen darüber wirklich nachdenken. Ich möchte aber noch hinzufügen, dass in solchen Gruppen nicht nur Frauen den Kürzeren ziehen, sondern auch die ganze Familie. Es gibt keine Mutter, keinen Vater. Die gesamte Familienstruktur muss aufgegeben werden. Sie dürfen nicht einmal ihre eigenen Brüder sehen, und auch nicht ihre Schwestern, die in der islamischen Welt normalerweise die einzigen Frauen sind, die die Jungen sehen dürfen. Und ich glaube, dass es bei dem starken Regressionswunsch auch wichtig ist, in den Himmel zu kommen – als ein Akt ihrer starken Regression.

Volkan: Vielen Dank. Ich habe vergessen zu erwähnen, dass ... wenn man eine Gesellschaft auf Gewalt vorbereiten möchte, muss man das Grundvertrauen innerhalb der Familie zerstören. Wie Sie wissen, werden bestimmte deutsche Bücher in der Presse besprochen, und ich untersuche auch das Werk der Nazis, das Grundvertrauen innerhalb der Familie zu zerstören – ein weiteres Beispiel für diesen Prozess.

Frage aus dem Publikum: Vielen Dank für Ihren Vortrag. Sie haben sich auf den religiösen Fundamentalismus konzentriert. Ich komme aus Hamburg. Die Selbstmordattentäter, einige von ihnen, haben in Hamburg gelebt, und sie waren in Bezug auf Frauen nicht so sehr benachteiligt. Einer von ihnen war verheiratet und hatte ein Kind. Also müssen wir die Grundinformationen oder Fakten, die Sie uns gegeben haben, differenziert betrachten. Ich möchte noch eine kleine Beobachtung aus unserem Urlaub in Frankreich erwähnen. Wir haben einen kurzen französischen Text an der Wand einer mittelalterlichen Burg gefunden. Mein Französisch ist zu schlecht, also sage ich es in Englisch. Der Text besagte, meine Seele zu Gott, mein Leben dem König, meine Liebe den Damen und Frauen, Ehre für mich. Das ist keine religiöse Dimension, es geht um die Ehre. Und ich glaube, dass sie eine männliche Dimension des Lebens ist. Da ist etwas Religiöses und jenseits des realen Lebens, die das reale Leben ausdehnende Dimension des Lebens. Aber Ehre bedeutet auch, dass ich hier in der weltlichen Welt bleibe und als ehrbarer Mann erinnert werde.

Volkan: Vielen Dank. Ich habe mich grundsätzlich auf die Madrasa von Haqqania und die Hamas bezogen, die Selbstmordattentäter heranziehen. Natürlich waren die Piloten des 11. September viel älter. Ich kenne ihren Hintergrund nicht. In den Zeitungen ist nur wenig darüber zu lesen. Es klingt so, als ob einer von ihnen als junger Erwachsener so eine Ausbildung durchlaufen hätte. Ich habe keine Ahnung, wie sie vorbereitet wurden. Offensichtlich hatten sie Frauen und so weiter. Wir wissen nicht, wie sie vorbereitet wurden. Ich kann es nicht sagen. Aber ich habe in einem eher allgemeinen Sinn darüber gesprochen, was über die Mythologie der Hamas bekannt ist und wie nach der Mythologie der Taliban die jungen Männer auf ihre Zukunft als Dschihad-Leute vorbereitet werden. Wir werden sehen, was noch an Erkenntnissen herauskommt. Wenn wir von Religion sprechen, werden diese Themen meistens auch mit anderen Großgruppenprozessen vermengt. Das heißt, es geht nicht nur um Religion, sondern z. B. auch um ethnische oder nationalistische oder andere Dinge. Nehmen Sie meine Worte als Aufforderung, dass wir Psychoanalytiker unsere Kenntnisse der menschlichen Seele anbieten müssen, um solche gesellschaftlichen Prozesse verstehen zu können, und das ist an diesem Punkt mein Ziel.

Transkription: Michael Altmeyer

Aus dem Amerikanischen von Astrid Hildenbrand

Nach der Vertreibung
Eine Flüchtlingsfamilie von innen betrachtet

Vamik D. Volkan

Wenn man darüber spricht, wie Migranten ihre Situation erleben, müssen zahlreiche Variablen in Erwägung gezogen werden. Ein zu berücksichtigender Faktor bezieht sich auf die Optionen, die ein Individuum im Migrationsprozess hat. Die Stufen der Dislozierung umfassen ein Spektrum, das von der erzwungenen Emigration, die mit Gewalt verbunden ist, bis zur freiwilligen Auswanderung, die mit der Hoffnung auf ein besseres Leben am neuen Ort verbunden ist, reicht. Eine weitere Variable ist die, dass Migranten entsprechend ihrem Lebensalter, ihrer inneren psychischen Organisation und den Unterstützungssystemen, die ihnen zur Verfügung stehen, ihre Situation unterschiedlich erleben. Hinzu kommt, dass die unbewussten Phantasien, die mit traumatischen Ereignissen verknüpft sind, von Individuum zu Individuum verschieden sind (Parens 2001).

In der nun folgenden Darstellung werden die dramatischen Auswirkungen, die eine gewaltsame Vertreibung auf die Identität von Flüchtlingen hat, beschrieben und ihre Schwierigkeiten zu trauern exploriert. Um die Nachwirkungen einer erzwungenen Migration zu verdeutlichen, beschreibe ich die innere Welt einer Flüchtlingsfamilie, die nach massiver ethnisch motivierter Gewalt aus ihrer Heimat vertrieben worden ist. Es dauerte neun Jahre, bis die Familie ihre Erfahrung der Vertreibung verarbeiten und ihr Selbstbild »relibidinalisieren« konnte. Durch den Prozess der Relibidinalisierung war sie imstande, ihre Gefühle der Hilflosigkeit und der Demütigung abzulegen. Nachdem die Familie diese Gefühle durchgearbeitet hatte, konnte sie die Derivate ihrer Aggression zügeln, den Trauerprozess zu einem annehmbaren Ende bringen, ihre Fähigkeiten der Realitätsprüfung steigern und sich an ihr neues Zuhause anpassen. In meinem Vortrag fokussiere ich insbesondere auf ihren Gebrauch von *verbindenden Objekten,* der ein Ausdruck ihrer Schwierigkeit zu trauern ist.

Ein kurzer Überblick über die psychoanalytische Literatur zum Thema Flucht und Exil

Die Psychoanalyse hat sich mit der Untersuchung der Psychologie von Emigranten und Flüchtlingen nicht sehr ausführlich beschäftigt. Das überrascht, weil viele Psychoanalytiker vor allem in Nord- und Südamerika nach dem Zweiten Weltkrieg selbst Emigranten waren. Doch es gibt natürlich Ausnahmen (siehe z. B. Ticho 1971; Garza-Guerrero 1974; Volkan 1979; Grinberg, Grinberg 1990; Wangh 1992; Akhtar 1999; Parens 2001). In den meisten dieser Studien wird die Emigration als eine traumatische Erfahrung geschildert. Natürlich ist in den Fällen einer erzwungenen Migration die Wahrscheinlichkeit eines Traumas höher und das traumatische Erleben tief greifender. In den erwähnten Studien über Emigranten werden verschiedene Formen der Angst, die Themen »Kulturschock« (Ticho 1971; Garza-Guerrero 1974) und Schuld sowie der Trauerprozess während und nach der Dislozierung exploriert.

Zuerst empfindet der Emigrant Angst und erlebt einen »Kulturschock«, der auf den plötzlichen Wechsel von einer »durchschnittlich erwartbaren Umgebung« – wie Hartmann (1939) sie beschrieben hat – in eine fremde und unberechenbare Umgebung zurückzuführen ist. Sehr häufig aktiviert der Emigrant dann die Phantasie, dass in der Vergangenheit, d. h. in der Zeit vor der Vertreibung und der Gewalt, nur »gute« Selbstbilder existierten, die mit angenehmen inneren Beziehungen zu »guten« Objektbildern verknüpft werden. Wenn die Realität der Vertreibung oder Flucht hereinbricht, werden solche positiven Bilder als fehlend empfunden. An diesem Punkt fühlt sich der Emigrant von seinem »guten« Selbst und von den Objektbildern abgetrennt und erlebt einen inneren Bruch.

Zu der Angst und dem Kulturschock treten Schuldgefühle über den Verlust dessen, was man zurückgelassen hat. In der kleinianischen Terminologie beschreiben Grinberg und Grinberg (1990), wie die Schuldgefühle, unter denen ein Emigrant oder Flüchtling leidet, »depressive« Züge bzw. Merkmale der »Verfolgung« annehmen können. Der Emigrant bzw. Flüchtling, der »depressive« Schuldgefühle hat, kann den Verlust seines vergangenen Lebens intrapsychisch einsehen, er kann den Schmerz akzeptieren, und er kann seine Trauer und Sehnsucht nach dem Vergangenen zeigen. Er kann auch zwischen Vergangenheit und Gegenwart unterscheiden und eine Perspektive für die Zukunft entwickeln. Der Emigrant bzw. Flüchtling mit »depressiven« Schuldgefühlen ist besser dafür ausgestattet, sich dem Trauerprozess zu unterziehen und sich an ein neues Leben anzupassen.

Tragen dagegen die Schuldgefühle, unter denen das Individuum leidet, eher die Züge einer »Verfolgung«, dann erwartet es eine innere Bestrafung, und seine hauptsächlichen Emotionen sind »Ressentiment, Schmerz, Angst und Selbstvorwürfe« (Grinberg 1992, S. 79). Ein solches Individuum hat eine komplizierte »Trauerarbeit« (Freud 1917) zu leisten. In Fällen von gewaltsamen Vertreibungen erzeugt die psychische Organisation des Individuums – selbst wenn diese kohärent ist – eher Schuldgefühle, die Merkmale einer »Verfolgung« haben, als in den Fällen, in denen das Individuum freiwillig emigriert. Die Schuldgefühle des Flüchtlings werden verstärkt durch das Wissen, dass Verwandte und Freunde auch dann noch in Gefahr sind, wenn er sich selbst schon in relativer Sicherheit befindet. Wenn der Emigrant oder Flüchtling in der »Gastgesellschaft« mit Diskriminierung konfrontiert ist, entsteht eine Wechselwirkung zwischen seinen inneren Bestrafungserwartungen und seiner schlechter Behandlung in der äußeren Umgebung. Somit werden Verfolgungsängste wachgehalten und / oder können, wie Wangh (1992) zeigt, von neuem entfacht werden.

Wenn sich der Migrant bzw. Flüchtling nach seiner abgeschlossenen Trauerarbeit in dem Land bzw. der Region, das bzw. die er verlassen hat, immer noch akzeptiert fühlt, besitzt er vielleicht ein echtes Gefühl, zwei Kulturen in sich zu haben, vielleicht ein Gefühl, weder zu der einen noch zu der anderen Kultur zu gehören. Tatsächlich gehört er »voll und ganz zu beiden« Kulturen (Julius 1992, S. 56). Diese nebeneinander bestehende kulturelle Identität weist auf eine konstruktive Anpassung hin. Julius, der griechischamerikanischer Abstammung ist, schreibt über seine eigenen Erfahrungen:

> »Langsam wuchs in mir ein Verständnis von der Bedeutung der intrapsychischen kulturellen Komplementarität und, was noch bedeutsamer war, eine Akzeptanz der ungeheuren kulturellen Unterschiede zwischen den beiden Ländern [Griechenland und USA]. Ich konnte allmählich bestimmte psychische Paradoxe akzeptieren und mich wahrhaftig bikulturell fühlen« (Julius 1992, S. 56).

Akhtar (1999) stellt eine neue theoretische Konzeptualisierung in Bezug auf die Anpassung eines Emigranten vor. Er bezeichnet den Anpassungsprozess als »die dritte Individuation« nach der ersten in der Kindheit und der zweiten im Jugendalter. Mahler (1998) beschreibt als Erste den Ablösungs- und Individuationsprozess und die erste Individuation, die ein Kind etwa im Alter von 36 Monaten praktisch abgeschlossen hat. Blos (1979) definiert die zweite Individuation als die Zeit, in der der heranwachsende Mensch eine unvermeidliche Regression durchläuft und seine emotionale Investition in sein Kindheits-Selbst und seine Objektbilder überprüft und modifiziert. Nach Akhtar muss ein Emigrant eine dritte Individuation durchmachen, um sich erfolgreich anpassen zu können.

Viele Determinanten komplizieren die erste und zweite Individuation, und das gilt auch für die dritte Individuation. Umstände wie z. B. die Zwangsumsiedlung, die von Gewalt und Schuldgefühlen aufgrund des eigenen Überlebens begleitet ist, kommen zu der Komplexität der dritten Individuation noch hinzu. Ich (Volkan 1993) bin der Ansicht, dass viele Flüchtlinge, die während ihrer Flucht oder Vertreibung einer lebensbedrohlichen Gewalt ausgesetzt sind, sich nicht vollständig anpassen können oder, um Akhtars Worte zu gebrauchen, keine dritte Individuation erreichen können. Statt dessen werden sie zu – wie ich sie nenne – »Dauertrauernden«, die chronisch und auf übertriebene Weise verbindende Objekte verwenden. Die Familie, die ich nun beschreibe, war in den ersten neun Jahren in ihrer neuen Umgebung eine Gruppe von Dauertrauernden.

Dauertrauernde und ihre verbindenden Objekte

Trauer ist eine unausweichliche Reaktion auf den konkreten Verlust oder auf die Bedrohung, individuell bedeutsame Objekte zu verlieren. Dieser Gegenstand ist in unserer Fachliteratur ausgiebig untersucht worden. In diesem Teil meines Vortrags konzentriere ich mich nur auf den Trauerprozess bei Erwachsenen und fokussiere auf ein prototypisches Beispiel für Verlust – auf den Verlust eines Familienmitglieds durch den Tod –, um daran die Begriffe Dauertrauernde und verbindende Objekte zu erklären. In den sich anschließenden Ausführungen über eine Flüchtlingsfamilie wende ich diese beiden Konzepte praktisch an, füge aber noch weitere Arten des Verlusts hinzu, wie Flüchtlinge sie häufig erleiden müssen.

Wenn ein geliebter Mensch stirbt, erlebt ein Erwachsener verschiedene Phasen der Trauer, die in zwei Kategorien eingeteilt werden können (Pollock 1989; Volkan 1981): 1. die *erste* Trauer und 2. die Trauerarbeit. Die *erste* Trauer beinhaltet Reaktionen wie Leugnung, Schock, Hader, Schmerz und Zorn, die schließlich zum Entstehen des emotionalen »Wissens« führen, dass der Verschiedene für immer gegangen ist. Unter normalen Umständen dauert der erste Trauerprozess etwa drei bis vier Monate. Doch bevor er abgeschlossen ist, beginnt bereits die »Trauerarbeit« (Freud 1917). In dieser zweiten Kategorie der Trauer vollzieht sich ein langsamer Prozess, in dem der Trauernde seine emotionale Investition in die mentale Repräsentation des verlorenen

Objekts nochmals durchlebt, überprüft und transformiert. Mit anderen Worten: Die Trauerarbeit bezieht sich auf eine innere Begegnung – einschließlich ihrer Auswirkungen – zwischen den Bildern des verlorenen Objekts und dem dazugehörigen Selbstbild des Trauernden. Es gibt drei Hauptwege (oder eine Kombination dieser Wege), denen die Trauerarbeit folgen kann: die »normale« Trauer, die Depression (Melancholie) oder die Dauertrauer.
1. Die »normale« Trauer: Nach dem ersten akuten Leid überprüft der Trauernde eine Reihe unterschiedlicher Bilder des Verstorbenen. Langsam, etwa innerhalb eines Jahres, hat der Trauernde den Einfluss dieser Bilder auf sein Selbstbild unter Kontrolle. Der Trauernde benutzt diese Bilder nicht mehr, als ob sie immer noch seinen Wünschen entsprächen oder bestimmte Aufgaben für ihn erfüllten. Tähkä (1993) meint, dass die Bilder des verlorenen Objekts schließlich »zukunftslos« würden. Die »normale« Trauer kommt zu einem annehmbaren Ende, wenn der Trauernde die Jahrestage wichtiger Ereignisse einmal ohne den Verschiedenen (oder die verlorene Person oder das verlorene Objekt) erlebt hat. Nur bei bestimmten Anlässen wie z. B. am Geburtstag des Verstorbenen, an religiösen Festtagen, Hochzeiten oder bei Begräbnissen anderer Menschen werden die mentalen Bilder des Verstorbenen zeitweilig wieder »lebendig«. Ein signifikanter Aspekt des »normalen« Trauerprozesses ist der, dass sich der Trauernde mit bestimmten für ihn bereichernden Funktionen des verlorenen Objekts selektiv und unbewusst identifiziert. Dies wirkt sich natürlich auf das vorhandene Selbstbild des Trauernden aus und verändert bis zu einem gewissen Grad seine Identitätsvorstellung und seine Ichfunktionen. Ein junger Mann beispielsweise, der vor dem Tod seines Vaters eine verantwortungslose Person war, kann sich zu einem ernsthaften Geschäftsmann entwickeln, wie der Verstorbene einer war. Nach der »normalen« Trauer – einem schmerzhaften Prozess – werden wir innerlich reicher. In gewissem Sinne wird der »Verlust« ausgeglichen durch einen »Gewinn«, und in unserer Identität und unseren Ichfunktionen finden Veränderungen statt.
2. Die Depression (Melancholie): Wenn der Erwachsene eine komplizierte und ambivalente (von Liebe oder Hass geprägte) Beziehung zu dem Verstorbenen hatte, identifiziert sich der Trauernde schließlich *vollkommen* (Ritvo, Solnit 1958) mit seiner mentalen Repräsentation des verlorenen Objekts. Einfach ausgedrückt, können wir sagen, dass der Trauernde »ungesunde und keine bereichernden« Identifikationen mit den Bildern des Verstorbenen herstellt, den er sowohl geliebt als auch gehasst hat. Der Kampf, den der Trauernde mit dem Menschen führte, den er verloren hat, wird zu einem inneren

187

Kampf zwischen ihm und seiner mentalen Repräsentation des Verstorbenen. Die innere Welt eines solchermaßen Trauernden wird zu einem Schlachtfeld. Der Trauernde möchte unbewusst seine Repräsentation des verlorenen Objekts zerstören (Hass) und fühlt sich deswegen schuldig. Gleichzeitig fühlt sich der Trauernde verpflichtet, seine Repräsentation zu bewahren (Liebe), weil er sich von seiner Repräsentation des verlorenen Objekts noch so abhängig fühlt, als ob es noch eine »Zukunft« hätte. Der Trauernde erlebt eine Depression (Melancholie) und kann sogar suizidal werden aufgrund seiner Schuldgefühle und Selbstbestrafungsideen, die dem Wunsch entspringen, seine mentale Repräsentation des verlorenen Objekts zu zerstören. Er fühlt sich wegen des permanenten inneren Kampfes zwischen diesen beiden konkurrierenden Prozessen auch erschöpft und von der äußeren Welt abgeschnitten.

Seit Freuds *Trauer und Melancholie* (1917) wissen wir, dass es diese beiden Wege gibt. Dem dritten Weg hat man viel weniger Aufmerksamkeit geschenkt, und dieser war der Schauplatz meiner eigenen Forschung in den 70er- und 80er-Jahren (Volkan 1981; Volkan, Zintl 2000). In meinem Vortrag konzentriere ich mich auf diesen dritten Weg: die Dauertrauer.

3. Die Dauertrauer: Manche Individuen sind in psychischen Prozessen begriffen, die dazu führen, dass sie den Abschluss ihres »normalen« Trauerprozesses hinauszögern oder keinen Zustand der Melancholie entwickeln können. In gewissem Sinne stecken diese Menschen ihre mentale Repräsentation der verstorbenen Person in ein Kuvert (früher bezeichneten wir ein solches »Kuvert« mit dem Terminus *Introjekt*), das sie im Kopf mit sich herumtragen. Sie haben die Illusion, dass die in dem Kuvert befindlichen Bilder des Verstorbenen zu neuem Leben erweckt werden könnten. Doch wenn das Kuvert nie geöffnet wird, bleibt der Verschiedene »tot«. Ein Introjekt ist ein »Objektbild«, das danach strebt, an das Selbstbild des Trauernden assimiliert zu werden. Diese Assimilation (Identifikation) vollzieht sich eigentlich nicht, sondern vielmehr verbleibt das Introjekt als ein spezifisches Objektbild, das permanent mit dem dazugehörigen Selbstbild des Trauernden in Verbindung tritt und es stimuliert. Ich habe Menschen erlebt, die mit ihren Introjekten tatsächlich Gespräche führen, wenn sie z. B. zur Arbeit fahren. Selbst wenn es oberflächlich so scheint, als ob solche Menschen an Halluzinationen oder Wahnvorstellungen litten, leiden sie in Wirklichkeit eben nicht an einer voll aufgeblühten Psychose – sie sind einfach Dauertrauernde.

Es ist der erwachsene Dauertrauernde, der stets verbindende Objekte verwendet. Ein verbindendes Objekt ist eine greifbare, externalisierte Version des Introjekts, ein mentaler Treffpunkt, an dem die vom Trauernden gehegte mentale Repräsentation des Verstorbenen und das dazugehörige Selbstbild des Trauernden zusammenkommen. Als ich mit meinen Forschungen über komplexe Trauerprozesse begann, stellte ich fest, dass viele Individuen, die unter den Komplikationen des Verlusts eines Menschen litten, »bestimmte Objekte, die dem Toten gehörten, symbolisieren«, und erkannte, wie sie »durch diesen Prozess eine Bindung zu ihm regulieren können« (Volkan 1970, S. 242). Es gab noch andere Kliniker, die ebenfalls solche Objekte in ihren Schriften kurz erwähnten, aber keiner von uns hatte deren Bedeutung sorgfältig untersucht. Ich begann mich für diese Objekte zu interessieren. Einer meiner Patienten schloss sich regelmäßig mit einem Bild seines toten Vaters in einem Raum ein und schaute das Bild so lange konzentriert an, bis er das Gefühl hatte, dass sein Vater durch den Bilderrahmen ins Leben zu ihm zurückkehren würde. Ein anderer Patient hatte acht Jahre lang eine besondere Bindung zur Kleidung seines Bruders, der bei einem Überfall durch eine Kugel tödlich verletzt worden war. Er war besessen von der Idee, dass er irgendwann so groß wie sein Bruders sein würde, sodass er dessen Kleidung tragen könnte. Ein anderer Patient bewahrte das schmutzige Taschentuch seines verstorbenen Vaters auf und behandelte es, als ob es das Wichtigste auf der Welt sei.

In einer 1972 erschienenen Publikation prägte ich den Begriff »verbindendes Objekt«, um damit solche symbolischen Gegenstände zu beschreiben, und ich begann, diese Dinge deskriptiv und theoretisch zu untersuchen. Es gibt eine Fülle von Gegenständen, die man als verbindende Objekte bezeichnen kann. Folgende Funktionen und Arten von verbindenden Objekten habe ich herausgefunden.

Ein Typus von verbindendem Objekt ist ein persönliches Stück des verstorbenen Menschen, oftmals ein Gegenstand, den er tagtäglich benutzte oder an sich trug, z. B. eine Armbanduhr. Im Allgemeinen wählt der Trauernde einen Gegenstand aus, der reparaturbedürftig ist. Wenn z. B. eine Uhr gewählt wird, ist sie meistens kaputt. Der Trauernde beschäftigt sich intensiv damit, die Uhr zu reparieren, findet aber nie die Zeit, die Uhr reparieren zu lassen. Es bleibt also in der Schwebe, wenn man so will, ob die Uhr repariert wird oder kaputt bleibt.

Ein anderer Typus von verbindendem Objekt ist ein Geschenk oder eine symbolische Abschiedsnotiz, das bzw. die der Verstorbene dem Trauernden vor seinem Tod gegeben hat, z. B. ein Gegenstand, den ein Ehemann seiner Frau gegeben hatte, bevor er tödlich verunglückte, oder ein Brief, den ein Soldat aus dem Kriegsgebiet geschickt hatte, bevor er umkam.

Manchmal sind verbindende Objekte auch Gegenstände, die der Verstorbene benutzte, um seine Sinne oder Körperfunktionen auszudehnen, z. B. eine Kamera (als Erweiterung des Sehens). Auch bei solchen Gegenständen wählt der Trauernde eher eine kaputte als eine funktionierende Kamera als verbindendes Objekt.

Häufig wählen Trauernde auch Gegenstände, die eine realistische Repräsentation des Verstorbenen darstellen, wobei die einfachste Form eine Fotografie ist. Statt dessen wird oft auch eine symbolische Repräsentation benutzt, z. B. ein Armreif mit eingravierten Initialen.

Manche Trauernde entwickeln eine besondere Bindung zu einem Objekt, das zufällig eine Rolle spielte, als der Trauernde vom Tod des geliebten Menschen erfuhr oder zum ersten Mal dessen Leichnam sah – was als »Objekt der letzten Stunde« bezeichnet werden kann. Beispielsweise hatte der Patient gerade seine Lieblingsplatten angehört, als das Telefon klingelte und ihm die Nachricht übermittelt wurde, dass sein Bruder ertrunken sei. Diese Platten wurden seine »Objekte der letzten Stunde«. Auch Telegramme, in denen die Militärbehörde den Angehörigen den Tod des Sohnes oder des Ehemannes mitgeteilt hat, dienen als »Objekte der letzten Stunde«.

Schließlich können Trauernde auch verbindende Objekte *herstellen*, die es vor dem Verlust des geliebten Menschen noch nicht gab. Der Trauernde malt z. B. seine Erinnerungen an den Verstorbenen, und dieses Bild wird dann zu seinem verbindenden Objekt.

Bei meinen Patienten habe ich auch etwas beobachtet, was ich als *verbindende Phänomene* bezeichnen möchte: Empfindungen, Lieder und Verhaltensmuster, durch die der Trauernde die Möglichkeit hat, seinen Kontakt zu dem Betrauerten zu perpetuieren, ohne dabei Bezug auf etwas Greifbares zu nehmen. Ein Beispiel für ein verbindendes Phänomen gab eine junge Frau, deren Vater sich durch einen Kopfschuss umgebracht hatte. Die junge Frau stand während der Beerdigung ihres Vaters im Regen. Während der Zeremonie sei ihr das Lied »Raindrops keep falling on my head« in den Sinn gekommen, und dieses Lied diente ihr über Jahre hinweg als verbindendes Phänomen.

Langsam verstand ich, dass das verbindende Objekt mehr ist als nur ein einfaches Symbol. Ein Symbol ist etwas, das etwas anderes repräsentiert. Verbindende Objekte dagegen sind Protosymbole (Werner, Kaplan 1963) oder zumindest eine Verschmelzung von Symbolen und Protosymbolen. Mit anderen Worten: Für Trauernde sind verbindende Objekte im Wesentlichen das, was sie repräsentieren. Unbewusst werden diese verbindenden Objekte oder Protosymbole zu einem »konkreten« Treffpunkt, an dem der Trauernde und der Verstorbene zusammenkommen.

Um die Funktion von verbindenden Objekten nachvollziehen zu können, stelle ich Ihnen eine klinische Fallvignette vor. Judith, eine Frau Anfang 30, widmete sich voll und ganz der Versorgung ihrer kranken Mutter. Der Ablösungs- und Individuationsprozess war in Judiths Kindheit nicht voll zum Abschluss gebracht worden. Während der jahrelangen Krankheit ihrer Mutter war Judith fast zur Sklavin ihrer Mutter geworden. Sie schlief mit der Mutter in einem Zimmer und reagierte sofort auf jede Forderung der kranken Frau. Ein paar Monate, bevor die Mutter starb, machte Judith einmal kurz Urlaub, in dem sie ein rosa Nachthemd für sich kaufte. Als Judith zurückkam, wollte die Mutter das Nachthemd für sich haben. Getreu ihrem Pflichtgefühl gab die Tochter das Nachthemd der Mutter, und bald darauf starb die alte Frau – in dem rosa Nachthemd. Nach der Beerdigung der Mutter nahm Judith das Nachthemd, steckte es in eine Einkaufstüte aus Papier und schnürte die Tüte so fest zu, dass das Nachthemd darin sicher verstaut war. Das Nachthemd wurde zu Judiths verbindendem Objekt.

In den folgenden zwei Jahre war Judith von ihrem verbindenden Objekt in Anspruch genommen. Sie glaubte, jederzeit wissen zu müssen, wo das Nachthemd war (normalerweise in einem Schrank), und es musste sich in ihrer Kontrolle befinden. Als Judith meine Patientin wurde, erkannte ich, dass sie eine Wahnvorstellung hatte. Sie glaubte, dass ihre tote Mutter wieder zum Leben erweckt würde, sobald sie die Tüte öffnete. Judith konnte sich nicht von dem Nachthemd trennen, weil eine solche Handlung für sie bedeutet hätte, dass sie ihre Mutter »tötete«. Folglich hielt sie ihr verbindendes Objekt unter Kontrolle, wodurch ihr Trauerprozess externalisiert und eingefroren wurde.

Als ich mich in den 80er Jahren ausgiebig mit dem Thema verbindende Objekte beschäftigte, fokussierte ich naturgemäß auf ihre pathologischen Aspekte. Schließlich hatte ich den Gebrauch von verbindenden Objekten bei Patienten beobachtet, die einen komplizierten Trauerprozess durchmachten. Mit der Zeit wurden mir die »progressiven« oder wohltuenden Aspekte solcher Gegenstände bewusst. Verbindende Objekte werden benutzt, um den Trauerprozess hinauszuzögern und einzufrieren, und gleichzeitig können sie verwendet werden, um zukünftige Trauer zu initiieren. Wenn die Umstände danach sind, kann der Trauernde – sozusagen – zurückgehen zu seinem verbindenden Objekt, dessen Funktion internalisieren und seinen Trauerprozess beginnen, als ob der Verlust gerade eben eingetreten wäre. Eine Frau z. B. hatte ihre Tochter bei einem Autounfall verloren, als diese noch zur Schule ging. Diese Frau ließ das Zimmer ihrer Tochter im Sinne eines verbindenden Objekts zwölf Jahre lang unverändert. Das Zimmer der Tochter war immer abgeschlossen – nur samstags nicht. An den Samstagen nämlich war die Tochter, die in einer nahe gelegenen Stadt zur Schule gegangen war, nach Hause gekommen. An einem Samstag war das Mädchen auf der Fahrt nach Hause durch einen Autounfall ums Leben gekommen. Nach dem Tod der Tochter schloss die Mutter das Zimmer des Mädchens immer an Samstagen auf und machte es sauber. Für den Rest der Woche blieb das Zimmer ein gehütetes »Geheimnis«.

Zwölf Jahre nach dem Tod der Tochter geschah es, dass die Mutter auf einer Autobahn fuhr und plötzlich eine Ansammlung von Menschen erblickte, die um ein zertrümmertes Auto herumstanden. Sie hielt an, um herauszufinden, was geschehen war, und sah zwei tote Menschen in dem zertrümmerten Auto. Später erinnerte sie sich, dass sie in diesem Augenblick gedacht habe: »Ja, es gibt so etwas wie den Tod. Der Tod ist Realität.« Nach diesem Vorfall konnte die Frau es innerlich zulassen, ihr totes Kind zu betrauern, insbesondere durch den Gebrauch des verbindenden Objekts, d. h. des »magischen Zimmers« ihrer Tochter. Sie schloss die Zimmertür auf, ging in das Zimmer hinein, und viele Wochen lang rief sie sich in dem Zimmer immer wieder Bilder ihrer Tochter ins Gedächtnis und weinte. Mit der Zeit entfernte sie die Möbel aus dem Zimmer und gab die Kleidung der Tochter weg. Nachdem die Mutter eine akute Leidensphase durchlebt hatte, setzte eine erfolgreiche Trauerarbeit ein, und das Zimmer verlor seine »Magie«.

Nachdem ich nun geschildert habe, auf welche Weise Individuen nach dem Tod geliebter Menschen verbindende Objekte bzw. Phänomene benutzen, kann ich meine Aufmerksamkeit auf die innere Welt einer Flüchtlingsfamilie, der Familie Kachavara, richten und ihre verschiedenen Arten des Verlusts beschreiben, z. B. den Verlust einzelner Aspekte ihrer Identität. Ich untersuche auch den Trauerprozess dieser Familie, den ich als Dauertrauer bezeichne, sowie ihre Erfindung von verbindenden Objekten und Phänomenen. Abschließend beschreibe ich ihre letzten Endes gelungene Anpassung an das neue Zuhause. Die Familie Kachavara ist georgischer Nationalität, und ihre Geschichte möchte ich damit beginnen, dass ich die Ereignisse schildere, durch die diese Menschen gezwungenermaßen zu Flüchtlingen wurden.

Konflikte in der Republik Georgien

Die Republik Georgien mit einer Bevölkerung von 5,3 Millionen Menschen liegt im Kaukasus.

Als die Sowjetunion auseinander zu brechen begann, sagte sich Georgien von der UdSSR los und erklärte am 9. März 1990 seine Unabhängigkeit. Ein Jahr später, am 9. April 1991, wurde seine Unabhängigkeitserklärung offiziell angenommen. Die Unabhängigkeit Georgiens war nicht nur begleitet von einem Bürgerkrieg zwischen den Georgiern selbst, sondern auch zwischen anderen Volksgruppen innerhalb der eigenen Staatsgrenzen. Konflikte entstanden zwischen Georgiern und Südosseten sowie zwischen Georgiern und Abchasen. Abchasien und Südossetien liegen auf dem Territorium der Georgischen Republik; beide erklärten sich zu »autonomen« Gebieten.

Die Familie Kachavara lebte in Gagra in Abchasien. Als der Bürgerkrieg zwischen den Abchasen und den Georgiern ausbrach, flüchtete die Familie in einen früheren Erholungsort namens Tifliser Meer in der Nähe von Tiflis, der Hauptstadt der Republik Georgien. Offiziell nennt man diese Migranten nicht »Flüchtlinge«, sondern »Umsiedler«, da sie innerhalb eines Staates von einem Wohnsitz zu einem anderen Wohnsitz gezogen sind. Sie leben auch unter Georgiern, d. h. in ihrer eigenen ethnischen Gruppe.

Die »Umsiedler« haben das Gefühl, von den Ansässigen trotz der Tatsache, dass diese genauso Georgier sind, diskriminiert zu werden. Die Kinder der Flüchtlinge gehen am späten Nachmittag zur Schule, nachdem die ansässigen georgischen Kinder bereits zu Hause sind. So wird die Trennung der beiden Bevölkerungsgruppen in der Schule praktiziert.

Von den 300.000 Flüchtlingen leben 3.000 seit neun Jahren in Tifliser Meer. Der Ort Tifliser Meer besteht aus drei ehemaligen Luxushotels, die an einem Stausee liegen. Eines dieser Hotels heißt »Okros Satsmisi« (»Goldenes Vlies«).

Dieses ehemalige Luxushotel sieht aus, als ob es von einem verheerenden Tornado getroffen worden wäre; einige Wände sind zerstört, Fenster sind mit Bretterverschlägen oder Plastikplanen verschlossen, die Treppenhäuser sind inzwischen baufällig, die Farbe ist längst dahin, und die Flure sind vollgestopft mit Gerümpel und Müll. Manche der »Umsiedler« sind aufgrund von Armut zu Bettlern geworden.

Die Familie Kachavara

Die Familie Kachavara lebt in zwei früheren Hotelsuiten, die sich direkt übereinander in der vierten und fünften Etage und ganz am Ende des Goldenen Vlies befinden – in nächster Nähe zum See. Im Jahr 1998 gab es nur ein Telefon für die 3.000 Flüchtlinge in Tifliser Meer, und dieses stand im »Apartment« der Familie Kachavara. (Im Jahr 2001 stieg die Zahl der Telefonapparate für 3.000 Flüchtlinge auf fünf.)

Seit Mai 1998 bis ins Jahr 2001 habe ich die Familie Kachavara im Schnitt alle fünf Monate besucht. Jedes Mal habe ich viele Stunden in ihrem vollgestopften »Apartment« verbracht und Tiefeninterviews mit den Familienangehörigen durchgeführt, und zwar entweder mit einem Familienmitglied allein oder mit mehreren Familienangehörigen gemeinsam. Ich habe Daten zusammengetragen über ihre Aktivitäten, Gedanken, Wünsche, Phantasien und Träume, aber auch über ihre Ängste und ihre Abwehrmechanismen gegen ihre Ängste. Wann immer ich es für sinnvoll hielt, ließ ich sie an meinem Verständnis ihrer psychischen Zustände teilhaben. Eine georgische Psychologin begleitete mich jedes Mal, wenn ich die Familie Kachavara besuchte, und fungierte als Dolmetscherin, weil ich selbst nicht Georgisch spreche.

Dali, die Mutter der Familie Kachavara, arbeitete früher, als die Familie noch in Abchasien lebte, als Lehrerin. Sie ist die wichtigste Quelle meiner Informationen gewesen. Dali, ihr Ehemann Mamuka, ihre beiden Söhne (die jetzt Anfang bis Mitte zwanzig und jung verheiratet sind), ihre Tochter Tamuna im Teenageralter, und Dalis Eltern leben zusammen in den beiden ehemaligen Hotelsuiten.

Vor ihrer Zwangsmigration nach Tifliser Meer hatten Dali und Mamuka, der zu jener Zeit ein Fußballstar und Polizist gewesen war, ein Haus in Gagra. Als das Land noch unter kommunistischer Herrschaft stand, war es ein fast unerfüllbarer Traum, sich ein Haus zu bauen und zu besitzen; und dieser Traum war für die Familie Kachavara Wirklichkeit geworden.

Dalis Vater Nodar ist ein bekannter Schriftsteller, und Dali ist seine einzige Tochter. Als im Jahr 1992 der ethnische Konflikt zwischen Georgiern und Abchasen entbrannte, verließ Mamuka die Familie und schloß sich den anderen ansässigen Georgiern an, um gegen die Abchasen zu kämpfen. Mamuka wusste, dass seine Familie und auch andere georgische Familien in Gagra in Gefahr waren. Er heuerte einen Hubschrauber an, der auf dem Fußballstadium, in dem er früher Fußball gespielt hatte, landete und der einige Georgier,

u. a. seine Frau, Kinder, Eltern und Schwiegereltern, ins eigentliche Georgien in Sicherheit bringen sollte.

Dali und ihre drei Kinder (zu diesem Zeitpunkt, also 1992, waren die Jungen zwischen zwölf und 15 und Tamuna noch keine zehn Jahre alt) hatten lediglich 15 Minuten zur Flucht; unter großer Gefahr rannten sie zum Stadium und konnten entkommen. Als der Hubschrauber, der die Familie Kachavara in Sicherheit gebracht hatte, zurückflog, um weitere Georgier zu retten, wurde er abgeschossen und sein junger Pilot aus der Ukraine getötet. Dali und ihre drei Kinder waren die Letzten, die dieser Pilot in Sicherheit gebracht hatte. Auf dem Weg zum Flüchtlingslager in Tifliser Meer sahen Dali und ihre Kinder in der Grenzregion zwischen Georgien und Abchasien (in der Region Gali) Leichen und eine gewaltige Zerstörung.

»So viele Menschen wurden getötet, dem Himmel sei Dank, dass wir noch am Leben sind«, erzählte mir Dali. Schließlich war die gesamte Familie, einschließlich Mamuka, in Tifliser Meer wieder vereint. Eines Tages, als Dali das russische Fernsehprogramm anschaute, sah sie, wie ihr Haus in Gagra von Abchasen niedergebrannt wurde. Sie glaubte auch, ihren Hund »Charlie« erkannt zu haben, den die Familie zurücklassen musste, als sie flüchtete.

Die Familie Kachavara lebte schon seit sechs Jahren als »Umsiedlerfamilie«, als ich zum ersten Mal Tifliser Meer besuchte und ihr dort beggegnete. Ich bin Direktor des *Center for the Study of Mind and Human Interaction* (CSMHI), dem Gelder für die Untersuchung der ethnischen Konflikte und der Flüchtlingsproblematik in Georgien zur Verfügung gestellt wurden. Bei der Ankunft im »Goldenen Vlies« sah ich zuerst Mamuka, der eine paramilitärische Uniform trug und sich gerade anschickte, mit einigen jüngeren Männern aus der Gruppe der »Umsiedler« von Tifliser Meer in die Region Gali zu fahren, wo erneut Feuergefechte ausgebrochen waren. Die Männer bereiteten sich darauf vor, an dem Kampf gegen die Abchasen teilzunehmen – derlei kriegerische Auseinandersetzungen zwischen Georgien und Abchasien gibt es seit vielen Jahren, und speziell diese Gefechte haben erst in den letzten beiden Jahren nachgelassen. Während meine Kollegen und ich mit Mamuka sprachen, stiegen die übrigen Männer in paramilitärische Fahrzeuge ein, die in der Nähe des Hotels geparkt waren, und fuhren weg. Später erfuhren wir, dass einer von ihnen in den Kämpfen getötet wurde und die übrigen ungefähr eine Woche später zurückkamen.

Auch mit Dali sprach ich zum ersten Mal, als ihr Mann sich gerade anschickte, in den Krieg zu ziehen. Zwei Tage später – ihr Mann war noch immer weg – sprach ich wieder mit ihr, und ein drittes Gespräch fand statt, nachdem ihr Mann zurückgekehrt war. Schon bei meinem ersten Gespräch mit Dali stellte ich fest, dass sie eine sehr intelligente Frau ist. Sie hat auch einen Draht zu psychischen Vorgängen; beispielsweise träumte sie, als Mamuka weg war, um an den Kämpfen gegen die Abchasen teilzunehmen, dass der Ehemann einer anderen Frau gestorben und seine Witwe in Trauer sei. Als sie mir von diesem Traum erzählte, wurde ihr sehr schnell bewusst, dass sie ihre eigene Befürchtung, in eine solche Notlage zu kommen, auf andere verlagerte. Dalis Fähigkeit, ihre eigenen psychischen Reaktionen zu verstehen, war ein Grund, weshalb ich sie und ihre Familie als Gegenstand meiner Untersuchungen auswählte. Außerdem schienen die anderen Flüchtlinge in Tifliser Meer die Familie Kachavara als eine Art »Führer« zu betrachten. Ihr »Apartment« war ein wichtiger Treffpunkt im Flüchtlingslager, da dort das Gelbe Telefon stand. Nach meiner ersten Begegnung mit dieser Familie im Mai 1998 habe ich sie noch bis ins Jahr 2001 alle vier bis fünf Monate besucht.

Beobachtungen in der Familie Kachavara

Um die Auswirkungen von Verfolgung und Migration auf die Identität der Familie Kachavara zu demonstrieren, habe ich ein paar Geschichten und Einschätzungen ausgewählt, die aus meiner Arbeit mit dieser Familie in den vergangenen drei Jahren stammen. Dabei fokussiere ich vor allem auf die Dauertrauer der Familie und ihre Erfindung von verbindenden Objekten, die ihre Anpassung an die neue Umgebung behindert und zugleich unterstützt haben. Ich veranschauliche auch, wie die Familie ihre Beziehung zu mir nutzte, um ihre innere Welt zu »relibidinalisieren«. Zum Schluss beschreibe ich, wie die »Verifikation« der Identität der Familienmitglieder zur Trauerarbeit und zufrieden stellenden Anpassung an ihren Flüchtlingsstatus beigetragen hat und eine dritte Individuation erreicht worden ist.

Ich möchte in Erinnerung rufen, dass die Familie Kachavara, als ich sie zum ersten Mal traf, schon sechs Jahren im Flüchtlingslager lebte und ihr Trauerprozess eingefroren war. Mamukas gelegentliche Rückkehr in die Region Gali, um sich an den Kämpfen gegen die Abchasen zu beteiligen, hielt den Glauben der Familie aufrecht, dass die Georgier die Region Gali zurückerobern und die Flüchtlinge eines Tages zurückkehren würden. Doch jede kriegerische Auseinandersetzung traumatisierte die Familienmitglieder von neuem. Ihr Leid wurde dadurch immer wieder akut. »Wir haben eine Wunde, die nie heilen wird«, erzählte mir Dali. Diese gemeinsam erlebten Gefühle spiegelten sich dann in ihren politischen Einstellungen wider. Nodar, der erst mit dem Dichten anfing, nachdem er zum Flüchtling geworden war, schrieb pro Tag ein Gedicht, in dem er die Zustände und Emotionen der »Umsiedler« beschrieb. Eins von Nodars Gedichten, das er nach blutigen Kämpfen schrieb, spiegelt die erneute Traumatisierung wie auch ihre politischen Nachwirkungen. Das nachstehende Gedicht ist eine Reaktion auf das Abkommen zwischen der georgischen Regierung (Tiflis) und den Abchasen, das speziell diesen Kämpfen ein Ende setzen sollte. Durch das Abkommen wurden die Illusionen der Flüchtlinge erschüttert, dass sie nämlich, wenn der Bürgerkrieg fortdauerte, gewinnen und die Familien in ihre Heimat zurückkehren würden. Aus Zorn über den erkannten Verlust einer solchen Möglichkeit stellten sie sich eine Zeit lang gegen den Präsidenten Schewardnadse.

> Ich spüre Verrat in meinem Vaterland
> Die Unehrlichkeit gewinnt
> Ich verlasse alles, was ich hier habe
> Und ich komme zu Dir, Sonne.
> Alles um mich herum ist in Dunkelheit
> Ich sehe überhaupt nichts mehr
> Eine Schlange beißt mich schmerzlich
> Und – erreicht ihr verräterisches Ziel.
> Wir konnten nicht erkennen, was geschah
> Alles erschien so durcheinander
> Aber ich weiß, der Feind ist in Tiflis
> Oh! Oh! Möge das Leben meines Feindes kurz sein.
> Ich sehe, dass mein Vaterland unter dem Verrat leidet
> Oh, der Teufel gewinnt
> Die Schwermut erobert meine Seele
> Ich flehe Dich an, Sonne, hilf uns.

Abgesehen von diesen immer wieder aufs Neue traumatisierenden Ereignissen und dem daraus resultierenden akuten Leid blieben die Familienmitglieder Dauertrauernde, die damit beschäftigt waren, die »Verbindung« zu ihrem vergangenen Leben zu steuern. Wenn ein Symbol aus der Gegenwart keine Verbindung zu einem Symbol aus der Vergangenheit aufwies, wurde der Gebrauch des Symbols aus der Gegenwart abgelehnt. Tamuna weigerte sich z. B., in dem Stausee Tifliser Meer zu baden, weil das Wasser dieses Sees nicht so aussah wie das Wasser im Schwarzen Meer, in dem sie als Kind gebadet hatte, als sie noch alle in Gagra lebten.

Der erste Aspekt der von der Familie Kachavara erfahrenen Dauertrauer, den ich thematisieren möchte, bezieht sich auf ihren Wunsch nach einem Menschen, den sie für ausgewiesen genug hielt, um das Trauma, das die Familie durchlebte, erkennen und akzeptieren zu können. Als ich als »teilnehmender Beobachter« mit dieser Familie zu arbeiten begann, stellte ich fest, dass genau die Tatsache, von jemandem, der von so weit herkam, richtiggehend »anerkannt« zu werden, einen signifikanten Einfluss auf ihr Leben hatte. Schon bald nannten sie mich »unseren Vamik«, der ihre Regressionen in die orale Phase und anale Phase »tolerierte«. Wenn ein Mensch auf unerbittliche Weise Entbehrungen erleidet und bedürftig ist, stimuliert das seine oralen Wünsche wie auch die Abwehrmechanismen gegen diese Wünsche. Solche Wünsche, und vor allen Dingen die Abwehrmechanismen dagegen, kamen in vielen Gedichten Nodars unmittelbar zum Ausdruck. In einem bemerkenswerten Gedicht wütet Nodar z. B. gegen die zu Bettlern gewordenen Flüchtlinge in Tiflis. Dort tun Flüchtlinge aus Abchasien (wie er selbst einer ist) unverblümt ihre oralen Bedürfnisse kund, indem sie auf den Straßen der Hauptstadt betteln. Nodar möchte, dass sie mit Betteln aufhören und verschwinden, weil es so demütigend sei, sie anschauen zu müssen. Unbewusst verbindet er seine eigene Hilflosigkeit und seinen emotionalen, wenn auch nicht physischen Hunger mit der Bedürftigkeit der Bettler und kann deshalb deren Anblick nicht ertragen.

> Wenn ich sehe, wie deine Hand bettelt,
> Leidet meine Würde.
> Ich kann dir meine Seele (suli) nicht geben
> Weil es unmöglich ist, jemandem seine Seele zu geben.
> Aber es ist mir nichts geblieben als meine Seele.
> Ich drücke gegen die Stäbe der Gefängniszelle
> Wenn du mein Leben brauchst,
> Kann ich es dir geben.

Ich habe bei Mitgliedern traumatisierter Gesellschaften an den unterschiedlichsten Orten beobachtet, dass orale und anale Verhaltensweisen zunehmen. Wenn sich die Wut gegen die abweisende »Mutter Erde« richtet, beschmutzen die traumatisierten Menschen, unter anderem auch verschiedene Arten von Flüchtlingen, buchstäblich ihre Gemeinden, indem sie Trümmer und Zerstörung produzieren (siehe auch Sebek 1992). Sie werden auch zu »Sammlern« von Gerümpel. Das, was sie sammeln, mag vielleicht eines Tages nützlich sein, aber zunächst verschandeln sie ihre Umgebung, als ob sie auf einer

»analen« Müllhalde lebten. Mit anderen Worten: Sie regredieren nicht nur in orale Beschäftigungen, sondern richten ihren analen Sadismus auch gegen das Umfeld, in dem sie leben. Natürlich liegt es mir fern, die Realität ihrer finanziellen Entbehrungen und ihrer fehlenden Mittel, die sie für die Sauberhaltung und den Schutz ihrer Umgebung eigentlich bräuchten, herunterzuspielen; ich fokussiere lediglich auf die psychologischen Aspekte solcher Verhaltensmuster. Im Falle der Familie Kachavara bemerkte ich bei meinen ersten Besuchen, dass sie ihr gesammeltes Gerümpel auf dem Balkon anhäufte.

Menschen wie Dali und die übrigen Mitglieder der Familie Kachavara müssen sich innerlich aus der oralen und analen Regression herausarbeiten, um zur genitalen/ödipalen Phase zu gelangen, damit sie ihre Dislozierung voll akzeptieren und eine angepasste Lösung für ihren Flüchtlingsstatus finden können. Mir wurde allmählich bewusst, dass für die dritte Individuation dieser Menschen eine »Regenitalisierung« bzw. »Reödipalisierung« ihrer inneren Welt notwendig ist. Ihre Versuche, reaktivierte genitalisierte/ödipale Themen zu bearbeiten, sind notwendig und begleiten die Bemühungen des Flüchtlings um ein angepassteres Leben.

In meinen Interviews mit Dali und anderen Mitgliedern ihrer Familie versuchte ich auch, ihre Träume und Tagträume begreiflich zu machen. Schon bald, nachdem ich meine Arbeit mit der Familie aufgenommen hatte, fing Dali an, von mir zu träumen; meistens erschien ich als reale Person in ihren Träumen, die dann kamen, nachdem sie von meinen bevorstehenden Besuchen durch meine georgischen Kontaktleute informiert worden war. Bei unseren Treffen erzählte sie mir dann diese Träume. Inzwischen habe ich eine Sammlung von Dalis Träumen, die auf der Grundlage entstanden sind, dass die Träumerin einen Bezug sowohl zur Befriedigung oraler und analer Wünsche als auch zur Befriedigung ödipaler Wünsche hergestellt hatte. Selbstverständlich war Dali nicht meine Analysandin, und ohne den Vorteil einer Übertragungsneurose im Rahmen eines analytischen Settings konnte ich ihre Träume nicht verstehen. Trotzdem reichte der manifeste Inhalt ihrer Träume aus, um das Wesen ihrer (natürlich nichtanalytischen) Übertragung auf mich zu erahnen. Während ich Dali in ihren ersten Träumen noch Sachen brachte, die ihre oralen Bedürfnisse befriedigten, oder die Träumerin bei der Vorbereitung von Explosionen (analer Sadismus) begleitete, träumte sie später von mir (als realer Person), dass ich im Bett neben ihr und ihrem Mann schlief. Sie war verlegen, als sie mir das erzählte. Interessanterweise zeigte Dalis Tochter, die bei unserer ersten Begegnung 16 Jahre alt war, das gleiche Muster in ihren Träumen. Tamunas Träume veränderten sich langsam von dem Motiv, dass ich ihr Nahrung brachte, zu dem Thema, dass ich ihr ein Baby brachte.

Wie Dali sagte, wäre es nicht schicklich, wenn ich im selben Bett mit ihr und Mamuka schlafen würde, und deshalb müssten sie sich dafür etwas anderes ausdenken. Also fing die Familie Ende 1999 damit an, ein Zimmer für mich zu bauen. In der Eingangshalle teilten sie mit einer Mauer einen Bereich ab, der neben ihrer Zimmerflucht lag, und verwandelten ihn in Wohnraum. Es dauerte fast ein Jahr, bis diese Erweiterung ihres »Apartments« fertig war. Dali hatte gemeinsam mit Mamuka und den Kindern daran gearbeitet, das Zimmer zu bauen und herzurichten; sie nannten es »das Zimmer unseres Vamik«. Die Mitglieder der Familie waren also in einem »therapeutischen Spiel« begriffen (Volkan, Ast, im Druck), in dem sie ihre externe Welt und ihre dazugehörige innere Welt reparierten. Das »Spiel«, so Solnit (1987), werde »besser von seinen Funktionen her beschrieben« (S. 205), und Neubauer (1993) ist der Ansicht, dass das Spiel der Versuch einer Lösung von Konflikten, der Entwicklung der Ichkontrolle sein sollte. Die Familie Kachavara »spielte« zusammen, als sie ihr neues Zimmer miteinander baute. Da die Familienmitglieder diesen Raum das »Zimmer unseres Vamik« nannten, hat mein Bild sie begleitet, als sie miteinander »spielten«. Im Vergleich zum größten Teil der Umgebung war dieses Zimmer sauber und einladend. Die Familie beschloss sogar, einen Ofen aufzustellen und einen schönen Holzboden einzubauen. Dali träumte davon, dass ich in diesem Raum schlafen würde. Das »Zimmer unseres Vamik« war wie ein Juwel inmitten einer Ansammlung von Müll; es war der äußere Ausdruck dessen, was ich als »Relibidinalisierung« der inneren Welt dieser Familie bezeichne.

Ich komme wieder auf den Prozess der Relibidinalisierung bei Dali zurück, der durch den Bau des »Zimmers unseres Vamik« in Gang gesetzt worden ist, möchte aber vorher noch einen weiteren signifikanten Aspekt der Dauertrauer der Familie Kachavara ansprechen, nämlich ihren Gebrauch und ihre Erfindung von verbindenden Objekten und Phänomenen. Als ich der Familie Kachavara zum ersten Mal beggnete, beobachtete ich etwas, das – oberflächlich betrachtet – keinen Sinn ergab. Als »Umsiedler« war Dali berechtigt, bei der georgischen Behörde in Tiflis Flüchtlingshilfe zu beantragen, und diese Flüchtlingshilfe hätte für Dali fünf Dollar im Monat ausgemacht, mit denen sie ihre Familie hätte unterstützen können. Dazu muss ich sagen, dass fünf Dollar für die Flüchtlinge einen weitaus höheren Wert darstellten, als es einem Außenstehenden erscheinen mag. Was mir seltsam vorkam, war die Tatsache, dass Dali, die damals schon sechs Jahre lang den

Flüchtlingsstatus hatte, sich weigerte, das Notwendige zu veranlassen, um diese Flüchtlingshilfe zu bekommen. Aber abends konnte sie kaum einschlafen, weil sie nicht wusste, was sie am nächsten Tag ihren Kindern und ihrem Mann zum Essen vorsetzen sollte. Dali schien schlichtweg »paralysiert« und unfähig zu sein, das Notwendige zu tun, um an das dringend benötigte Geld zu kommen. Ich sah ihre Unterlassung als Zeichen eines inneren Konflikts und verstand langsam, dass ihre Unterlassung mit Identitätsproblemen zusammenhing.

Um Dalis Dilemma erklären zu können, muss ich zu ihrer Flucht mit ihren Kindern aus Gagra zurückkommen. Auf der Flucht »verlor« sie ihren »nationalen Pass« (Personalausweis), was den Verlust ihrer Identität, die sie vor ihrer Flucht hatte, symbolisierte. Als die Sowjetunion noch existierte, hatte jeder sowjetische Bürger einen »nationalen Pass« – und ohne Erlaubnis durfte niemand umziehen. Die ethnische Abstammung eines Bürgers war in seinem Pass vermerkt; so gab es z. B. estnische, kasachische, armenische, abchasische oder georgische Nationalitäten. Da die kommunistische Ideologie die »Gleichheit« aller Menschen propagierte, legten die Sowjets Wert auf die Nationalitäten ihrer Bürger, um zu demonstrieren, dass der Kommunismus die Menschen unterschiedlicher ethnischer Abstammungen vereinen konnte. Als die Sowjetunion auseinander brach, begannen sich die Menschen in den verschiedenen Regionen zu fragen: »Wer sind wir jetzt eigentlich?« Das ethnische Bewusstsein der einzelnen Volksgruppen wuchs, und in Gagra, wo die Familie Kachavara lebte, kam es dadurch zum Konflikt zwischen Abchasen und Georgiern. Am 20. September 1992, noch bevor die Kämpfe auf Gagra überschwappten, wurden Dali und ihre drei Kinder im Geleitschutz ihres Mannes mit dem Hubschrauber ausgeflogen. Dali hatte nicht einmal Zeit, ihren Schmuck einzupacken, aber ihren Personalausweis steckte sie ein. Während sie und ihre Kinder zum Stadion rannten, um den wartenden Hubschrauber zu besteigen, machte sich Dali Gedanken darüber, dass sie ihren Ausweis mit hatte. Sowohl ihre ethnische Abstammung als auch der Name ihres Mannes waren auf dem nationalen Pass eingetragen. Sie überlegte, dass die Abchasen, wenn sie von diesen gefangen genommen würde, sie identifizieren würden, weil jeder wusste, dass Mamuka, ein berühmter Fußballspieler, Nodars Tochter geheiratet hatte. Nodar selbst hatte vor der Flucht in seinen Schriften eine Zeit lang die schlechte Behandlung der Georgier durch die Abchasen verurteilt und lebte zum Zeitpunkt dieses Ereignisses im Untergrund. Dali wusste, dass die Abchasen ihren Vater suchten und tatsächlich einmal fälschlicherweise einen anderen älteren Mann gefangen genommen und gefoltert hatten, weil sie dachten, er sei Nodar. Dali hatte Angst, dass die Abchasen sie gefangen nehmen und foltern könnten, bis sie den Aufenthaltsort Nodars verraten würde. Dali war so verängstigt, dass sie ihre Identität verborgen hielt. Sie rannte zurück und legte ihren nationalen Pass ins Haus, bevor sie den Flug mit dem Hubschrauber antreten konnte. Man vermutet, dass der Pass zerstört wurde, als das Haus der Familie niedergebrannt wurde. Glücklicherweise konnten Nodar und seine Frau später auch noch flüchten und sich Dali in Tifliser Meer anschließen, aber klar ist, dass Dalis Ängste berechtigt waren.

Dali erreichte Tifliser Meer schließlich ohne Personalausweis, ohne das Dokument, auf dem, wie sie mir gegenüber betonte, auch ihr Geburtsort eingetragen war. Sie sah sich als eine »Tochter von Gagra«. Nun mussten die »Umsiedler« aber ihren Ausweis vorzeigen, wenn sie die monatliche Flüchtlingshilfe von der georgischen Behörde erhalten wollten. Dali hatte keinen Personalausweis mehr, aber sie hatte die Möglichkeit, zu einem Amt in Tiflis zu gehen und neue Papiere zu beantragen. Doch in dem neuen Personalausweis würde kein Vermerk stehen, dass Dali aus Abchasien stammte. Für Dali war es wichtiger, ihre frühere Identität als Georgierin aus Abchasien zu bewahren als das benötigte Geld zu bekommen. Dali benutzte ihren nationalen Pass, obwohl er vernichtet war, als Symbol ihrer persönlichen Identität als Georgierin, die in Abchasien geboren und aufgewachsen war. Da dieser Pass nicht mehr existierte, wurde er zu einer Art von verbindendem Phänomen. Einen neuen Personalausweis zu haben hatte für Dali die symbolische Bedeutung, ihre Identität als Georgierin aus Abchasien zu tilgen. Dadurch würde der Verlust ihrer »alten« Identität verfestigt, was sie nicht akzeptieren konnte.

Wie andere verbindende Objekte und Phänomene, die ich kurz beschreiben werde, war die Vorstellung des verlorenen Personalausweises Hindernis und zugleich Hilfe im Heilungsprozess. Nachdem diese Geschichte deutlich geworden war und Dali und ich ausführlich darüber gesprochen hatten, wartete sie mindestens noch ein weiteres Jahr, bis sie sich einen neuen Personalausweis zugestehen konnte. Sie beantragte schließlich einen neuen Ausweis und wurde durch diesen Entschluss zum Vorbild für andere Flüchtlinge in Tifliser Meer, die sich ebenso geweigert hatten, ihre verlorenen Papiere zu ersetzen. Für sie alle war dieser Verwaltungsakt ein authentischer und dramatischer »weiterer Anpassungsschritt«, durch den sie die finanziellen Mittel erhalten konnten, auf die sie einen Anspruch hatten.

Die gesamte Familie Kachavara benutzte auch die von Nodar geschriebenen Gedichte als verbindende Objekte. Wie schon erwähnt, schrieb Nodar, nachdem er zum Flüchtling geworden war, jeden Tag ein Gedicht. Ritualartig ließ er die übrigen Familienmitglieder jeden Morgen an seinen Gedichten teilhaben, und Dali bewahrte die Gedichte an einem besonderen Platz auf. Diese Gedichte wurden konkrete Symbole für den Verlust ihres früheren Lebens in Gagra und auch für ihre Hoffnung, in die Heimat zurückzukehren. Die Identität der Familienmitglieder, die sie vor ihrer Flucht hatten, und ihre Identität als Flüchtlinge wurden über ein Objekt verbunden. Da sie sich nicht voll und ganz auf eine dieser beiden Identitäten einlassen konnten, verharrten sie in einem unklaren Zwischenstadium.

Ein weiteres verbindendes Objekt, das die Familie gebrauchte, hatte mit ihrem Hund Charlie zu tun, den sie bei ihrer Flucht zurückgelassen hatte. Durch mühsame Nachforschungen hatte Dali etwas über sein Schicksal herausgefunden. Sie hatte erfahren, dass Charlie von einem Auto überfahren wurde, nachdem ihr Haus niedergebrannt worden war. Im zweiten Jahr im Flüchtlingslager in Tifliser Meer lief Dali ein schwarzer Hund zu, der ihrem früheren Hund Charlie sehr ähnlich sah. Sie nahm den Hund mit in ihre armselige Unterkunft und gab ihm ebenfalls den Namen »Charlie«. Ich erinnere mich sehr gut an diesen Hund, als ich die Familie Kachavara zum ersten Mal in ihrem »Apartment« besuchte. Der neue Hund Charlie war auch bei meinen späteren Besuchen immer zugegen. Er lag für gewöhnlich zu Dalis Füßen, und alle Familienmitglieder waren sich bis zu einem gewissen Grad seiner psychologischen Signifikanz bewusst. Der Hund war ein »lebendes verbindendes Objekt«, eine »erfundene« Art von verbindendem Objekt, wie ich es schon beschrieben habe. Durch den neuen Charlie wurde der alte Charlie »am Leben« erhalten, und durch diesen Mechanismus wurde, im psychologischen Sinn, die Illusion möglich, die Bilder verlorener Objekte (die Heimat, tote Freunde, Gagra und generell die Region Gali) zurückzubringen. Auf dieser Basis machte die Familie Kachavara zuerst Pläne, in drei Jahren nach Gagra zurückzukehren und ihr Haus wieder aufzubauen. Als ich die Familie zum ersten Mal besuchte, hielt sie noch an ihrem Dreijahresplan fest, obwohl seit ihrer Flucht aus Gagra bereits sechs Jahre vergangen waren. Als Dali ihren neuen Personalausweis erhielt, war das für sie und ihre Familienangehörigen ein Signal, eine gewisse Trauerarbeit zu leisten. Danach fingen sie an, von einem Fünfjahresplan zu sprechen.

Das »Zimmer unseres Vamik« war zufällig fertig geworden, kurz bevor der zweite Hund Charlie eines natürlichen Todes starb. Die beiden Ereignisse wurden miteinander verbunden und leiteten für Dali Anfang 2000 eine Zeit der »Krankheit« ein. Sie nahm ab und zog sich aus ihrer Umgebung zurück.

Die Familie konsultierte einen georgischen Arzt, der Dalis Zustand als Gehirnschlag diagnostizierte. Ich war in den USA, als sich dieser Vorfall ereignete, und hatte keine Informationen über Dalis Zustand erhalten. Als ich kurze Zeit später in Georgien eintraf, berichteten mir meine georgischen Kontaktleute von Dalis Diagnose und erklärten, dass ich leider nicht viel tun könne. Sie erzählten mir auch, dass Dali kaum sprechen könne.

Nachdem ich diese Neuigkeiten gehört hatte, eilte ich zum Goldenen Vlies und musste tatsächlich feststellen, dass Dali wie ein Schatten ihrer selbst aussah und dahinzuschwinden schien. Ihr Verstand jedoch wirkte hellwach. Mit wurde klar, dass Dali keinen Gehirnschlag erlitten hatte, sondern dass sie an einer schweren Depression litt und suizidal war. Sie war in der Lage, mit mir zu sprechen. Ich blieb einige Stunden bei ihr, in denen ich mich mit ihr über die Bedeutung von Charlies Tod für sie unterhielt. Ich erklärte ihr, dass sie, nachdem nun ihr lebendes verbindendes Objekt verschwunden sei, ihre Trauer – in ihrem Fall eine melancholische Art der Trauer – nicht länger hinauszögern könne. Sie konfrontierte sich voll mit ihrer Traurigkeit und ihren Schuldgefühlen, die mit ihrem geliebten Abchasien, ihrer Heimat, dem ersten und zweiten Hund Charlie, dem Piloten, der ihr das Leben gerettet hatte, und mit ihrem eigenen Überleben in Zusammenhang standen. Dalis schwere Melancholie wurde nicht nur verkompliziert durch den Verlust des neuen Hundes Charlie, des lebenden verbindenden Objekts, sondern auch dadurch, dass es keinen Ersatz für den Hund gab und dass Dali selbst zum lebenden verbindenden Objekt für die anderen Familienmitglieder geworden war. Die folgenden Ereignisse erklären, wie Dali zu diesem lebenden verbindenden Objekt wurde.

In der Zeit, in der der Hund Charlie starb und »das Zimmer unseres Vamik« fertiggestellt wurde, hatten Mamuka, Nodar und die drei Söhne der Familie Kachavara andere Erlebnisse, die ihnen ebenfalls halfen, sich an ihren Flüchtlingsstatus anzupassen. Der Prozess, den ich als »Verifikation« der neuen Identität des Flüchtlings als Fortsetzung seiner bisherigen Identität durch in psychologischer Hinsicht signifikante Andere bezeichne, ist ein substanzielles Element in der Anpassung des Flüchtlings an sein neues Zuhause. Bald nach dem Tod des zweiten Hundes Charlie erfuhr Mamuka eine symbolische Verifikation durch andere Menschen, wodurch seine Identität, die er vor seiner Flucht hatte, in ein Kontinuum mit seiner Identität als Flüchtling integriert wurde. Das georgische Innenministerium organisierte ein Fußballspiel zwischen einheimischen Fußballspielern aus Tiflis und Fußballspielern aus der Flüchtlingsgruppe aus Abchasien, um eines georgischen Fußballspielers aus Abchasien zu gedenken, der von den Abchasen gefoltert und umgebracht worden war. Mamuka nahm an diesem Fußballspiel teil und erzielte zwei Tore, wodurch er bei den Zuschauern zum Helden avancierte. Und noch wichtiger war, dass Mamuka vom Veranstalter ein Pokal überreicht wurde, auf dem sein Name und das Datum des Spiels eingraviert waren. Da das »Zimmer unseres Vamik« fast fertig war, stellte Mamuka seinen Pokal in dieses Zimmer auf den Ofen.

Zu dieser Zeit arbeitete Mamuka als Polizist in Tiflis, und ihm waren einige Polizisten unterstellt, die alle aus dem Flüchtlingslager in Tifliser Meer kamen. Sein Chef begegnete Mamuka mit Respekt, ein Umstand, durch den Mamukas Selbstwertgefühl wieder aufgebaut und seine Identität, die er als Polizist in Gagra vor seiner Flucht hatte, verifiziert und fortgesetzt wurde. Er änderte seinen Plan, innerhalb von fünf Jahren nach Abchasien zurückzukehren, in einen Zehnjahresplan, was ein Hinweis darauf war, dass er den Verlust seiner Identität, die er vor seiner Flucht hatte, den Verlust seiner Heimat und generell von Abchasien weiter akzeptierte.

Auch Nodar erhielt eine Verifikation, seine Identität als eine vitale literarische Persönlichkeit fortzusetzen. Seine Gedichte, mit deren Verfassung er erst nach seiner Flucht angefangen hatte, wurden als Buch veröffentlicht und als ein wichtiger Beitrag zur Literatur anerkannt.

Nodar wurde für sein Buch mit einem Preis ausgezeichnet und veränderte sich aufgrund dieser Erfahrung völlig. Man kann sagen, dass seine innere Welt »relibidinalisiert« wurde; Nodar, der bis dahin der ewig aufgebrachte Mann gewesen war, wurde zu einem Menschen, der öfters einmal lächelte.

In der Zwischenzeit hatten auch Dalis Kinder ihren Aktionsradius erweitert, indem sie tagsüber das Flüchtlingslager verließen, um Schulen zu besuchen. Die Söhne trafen sich mit jungen Frauen aus dem Ort, die ebenfalls Flüchtlinge waren; sie verliebten sich, und der Ältere hatte bereits geheiratet. Diese Erlebnisse halfen ihnen, ihre Identität zu verifizieren und ihr Selbstwertgefühl zu stärken.

Auch nachdem Nodar für sein Buch ausgezeichnet worden war, schrieb er weiterhin ein Gedicht pro Tag. Ritualartig rezitierte er jeden Morgen beim Frühstück seine Gedichte, aber inzwischen setzte sich nur noch Dali zu ihm und hörte ihm zu. Dali sammelte weiterhin Nodars neue Gedichte, die immer noch die beklagenswerte Situation der Flüchtlinge zum Thema hatten; aber inzwischen war es so, dass Nodar seine Gedichte Dali übergab, lächelte und den Raum verließ. Dali war die einzige Person, die als »Reservoir« für Nodars tägliche Dosis Traurigkeit, Depression und Schuldgefühle fungierte. Ich sagte ihr, dass sie für die Familie zum verbindenden Objekt geworden sei, zum Ersatz für den neuen Hund Charlie. Dali verstand meine »Interpretation«.

Noch ein weiterer Faktor war in Dalis innere Welt eingedrungen und hatte zu ihrer schweren Depression beigetragen. Das »Zimmer unseres Vamik« war zwar soweit fertig, aber noch nicht tapeziert. Dali erzählte mir, dass sie, als sich das Zimmer der Fertigstellung näherte, die Illusion aufgegeben habe, dass ich jemals darin schlafen würde. Sie hatte sich allmählich mit der Realität konfrontiert, dass ich kein Familienangehöriger war und niemals in dem Zimmer schlafen würde. Aus psychologischer Sicht bedeutete das, dass sie mich als idealisiertes »libidinalisierendes« Objekt, vielleicht als »ödipalen Vater«, niemals wirklich besitzen würde. Sie musste mich loslassen und um diesen »Verlust« trauern, ganz ähnlich der Weise, wie ein ödipales Mädchen um den Verlust ihres ödipalen Vaters »trauert«, wenn es den Ödipuskomplex überwindet. Auch darüber sprachen wir sehr ausführlich. Da ich von Dalis positiven Übertragungsgefühlen für mich wusste, versicherte ich ihr, dass ich mich um sie kümmern werde, auch wenn ich nicht im »Zimmer unseres Vamik« schlief, und erklärte, dass dieser Raum wirklich ihr und ihrer Familie gehörte. Ich wiederholte meine Sicht der psychischen Faktoren, die zu Dalis schwerer Depression geführt hatten, und machte ihr deutlich, dass sie durch den Umstand, für die Familie zum lebenden verbindenden Objekt geworden zu sein, die Pflicht habe, die Bindungen der Familie an die Vergangenheit entweder zu lösen oder zu erhalten; diese Aufgabe war für Dali mühevoll. Ihre »Macht«, dieses Band zu durchschneiden, mit anderen Worten: die Identität, die die Familie vor ihrer Flucht hatte, »auszulöschen«, verursachte in ihr Schuldgefühle.

Fast jedes Mal, wenn ich nach Tifliser Meer kam, fand gerade ein Begräbnis statt. In Tifliser Meer starben die Menschen in Dalis Alter oder auch jünger urplötzlich und oftmals ohne ersichtlichen Grund. Ich erklärte Dali, dass es unter den Flüchtlingen auch welche gebe, die sich selbst töteten, und ich fügte hinzu, dass Dali, wenn sie am Leben bleibe, für andere depressive Flüchtlinge ein Vorbild dafür sein könne, wie man überleben und sich anpassen kann.

Als ich etwa fünf Monate später zurückkam, erkannte ich Dali kaum wieder. Sie hatte wieder zugenommen und lächelte. Es gab einen neuen Hund in ihrem Apartment, genauer gesagt: eine Hündin namens Linda.

Dali erzählte mir, dass sie es sich abgewöhnt habe, als lebendes verbindendes Objekt zu fungieren, und dass sie es bewusst vermieden habe, noch einen Hund »Charlie« als lebendes verbindendes Objekt anzuschaffen. Linda war eine Hündin und nicht schwarz.

Bei diesem Besuch forderte Mamuka, der seine beste Zivilkleidung trug, Dali auf, den Tisch im »Zimmer unseres Vamik« zu decken, das inzwischen rundum fertig und eingerichtet war. Doch Dali sagte mir, dass sie mit unserer Tradition, im inzwischen renovierten originalen Zimmer des »Apartments« zusammenzusitzen, nicht brechen wolle. Dali erzählte mir außerdem, dass der neue Raum nicht mehr das »Zimmer unseres Vamik« sei – sondern das Zimmer der Familie.

Sie zeigten mir den fertigen neuen Raum. Der Fußballpokal stand noch immer auf dem Ofen. Mamuka wollte, dass ich ihn in die Hand nehme, um zu spüren, wie solide und schwer er war. Über dem Ofen hing ein Gemälde des Hotels Gagribsh.

Als Mamuka seinen Fußballpokal überreicht bekam, erhielt ein anderer Spieler aus der Gruppe der Flüchtlinge ein Gemälde des Hotels Gagribsh. In diesem Augenblick dachte Mamuka, dass er auch gerne ein solches Gemälde hätte. Er machte den Maler des Bildes ausfindig und gab ihm den Auftrag, ein weiteres Bild des Hotels Gagribsh für die Familie Kachavara zu malen. Mamuka und die übrigen Familienmitglieder waren sich vollkommen im Klaren darüber, dass das Bild in dem neuen Zimmer ein Gedenken an ihre Identität war, die sie vor ihrer Flucht hatten. Das Hotel Gagribsh war nämlich die bekannteste Lokalität in Gagra, als die Familie Kachavara noch dort lebte. Nun hing das Bild des Hotels im früheren »Zimmer unseres Vamik«, vergleichbar einem Grabstein, der den Trauernden hilft, ihre Trauer abzuschließen. Das Gemälde sei *kein* verbindendes Objekt, wie mir die Familie sagte, sondern ein Symbol dafür, dass es keine Rückkehr nach Gagra gebe. Die Familie erzählte mir, dass sie ihren Plan aufgegeben habe, innerhalb von zehn Jahren nach Gagra zurückzugehen. Inzwischen hätten sie überhaupt keine Rückkehrpläne mehr. Das Gemälde war eine »zukunftslose Erinnerung« (Tähkä 1993). Angeregt durch mein Interesse an dem Bild, erzählte Mamuka von seiner letzten Mission als paramilitärischer Kämpfer in Abchasien im Jahr 1998. Die Georgier waren nur ein paar Tage nach ihren Gefechten zurückbeordert worden. Mamuka war zornig auf Präsident Schewardnadse, weil er meinte, dass die Regierung ihnen die Erlaubnis geben sollte, den Kampf fortzusetzen. Dann erklärte Mamuka, dass seine Vorstellungen von einer Wiedereroberung Abchasiens illusorisch gewesen seien. »Solche Wünsche und Träume zu hegen war sinnlos«, fügte er hinzu. Er schilderte mir, um wieviel ruhiger er nun sei, rauchte aber immer noch wie ein Schlot. Seine Albträume waren verschwunden, und seine Pläne, nach Abchasien zurückzukehren, hatte er endgültig aufgegeben. Vielleicht waren Mamukas

Probleme, dass er schlecht einschlafen konnte, Ausdruck einer verschleppten, aber »schweigenden« Depression; tagsüber allerdings machte er einen ganz »normalen« Eindruck.

Dieser Besuch fand eine Woche nach der Hochzeit des jüngeren Sohnes der Familie Kachavara statt.

Natürlich wurde ich der Braut des jüngeren Sohnes vorgestellt, wie ich auch ein paar Monate zuvor der Braut des älteren Sohnes vorgestellt worden war. Im Heim der Familie Kachavara herrschte Festtagsstimmung, aber Dali wollte mit mir allein sprechen (natürlich in Anwesenheit der Dolmetscherin). In unserem langen vertraulichen Gespräch erzählte mir Dali, wie glücklich sie über die Heirat ihres jüngeren Sohnes sei. Doch am Tag nach der Hochzeit ihres Sohnes hatte sie eine Angstattacke, und sie wollte die Bedeutung dieses Anfalls verstehen. Das »Apartment« der Familie Kachavara, die alte Hotelsuite, war ziemlich klein. Dali und Mamuka hatten den Hauptraum mit einem Vorhang in zwei Bereiche unterteilt; der Bereich hinter dem Vorhang war ihr »Schlafzimmer«. Der jüngere Sohn hatte vor seiner Heirat auf einem Feldbett im anderen Bereich geschlafen, wo ich üblicherweise meine Interviews mit der Familie durchgeführt hatte. Der Sohn und seine Frau waren nach ihrer Hochzeit irgendwo anders hingezogen.

Als Dali am Tag nach der Hochzeit ihres Sohnes aus ihrem »Schlafzimmer« herauskam, fand sie das Feldbett ihres Sohnes leer vor. Unmittelbar darauf hatte sie einen Angstanfall. Sie wusste, dass die »Trennung« von ihrem Sohn schwierig werden würde, hatte aber den Eindruck, dass ihre Angstattacke mit der Ahnung verbunden sei, dass jemand sterben würde.

Dali erinnerte an ihre Fluchtsituation, wie ihre Kinder in dem Hubschrauber, der sie in Sicherheit gebracht hatte, sich an sie gekuschelt hatten. Ihre jüngste Angstattacke stand in einem Zusammenhang mit ihrer Angst während des Helikopterfluges. In diesem Augenblick kamen ihr wieder sämtliche Einzelheiten dieses Ereignis in den Sinn, und sie vergegenwärtigte sich, wie sie geweint und um das Leben ihrer Kinder gebangt hatte. Dali erinnerte sich daran, wie sie das Gefühl hatte, sterben zu müssen, wenn sie eines der Kinder verlieren würde. Sie konnte erkennen, dass der Anblick des leeren Feldbettes ihres Sohnes die alte Angst wieder entfacht hatte, die sie auf jener Reise übermannt hatte. Trennung und Todesahnung waren in Dalis Seele eng miteinander verknüpft.

An diesem Punkt erzählte Dali mir etwas, das ich bis dahin nicht gewusst hatte. Der Hubschrauberpilot, der umgekommen war, trug denselben Namen wie ihr Sohn. Sie schilderte das Aussehen dieses Piloten. Er sei so jung und attraktiv gewesen, wie ihre zwei Söhne gegenwärtig auch seien. Als Dali ihren Sohn nicht in seinem Feldbett vorfand, war das für sie ein Symbol ihrer Schuld, den jungen Piloten »getötet« zu haben. Dali erkannte klar, wie schuldig sie sich an dem Tod des Piloten fühlte. Sie erzählte mir, dass die Flüchtlinge in Tifliser Meer bei ihren Treffen gelegentlich den Namen jenes Piloten erwähnten, weil dieser Pilot einigen Flüchtlingen in Tifliser Meer das Leben gerettet hatte, dass es aber keine Gedenktafel für ihn gebe oder nicht öffentlich um ihn getrauert werde.

Ich schlug ihr vor, in die Kirche zu gehen und eine Totenmesse für den Piloten lesen zu lassen, wodurch sie ihre Schuldgefühle lindern könnte und was ihr helfen würde, ihren Sohn bzw. ihre Söhne und den toten Piloten auseinander zu halten. Sie stimmte bereitwillig zu. Eine Woche später, nachdem ich bereits in die Vereinigten Staaten zurückgekehrt war, ließ mir Dali durch ihre Dolmetscherin eine Nachricht zukommen. Sie ließ mir mitteilen, dass sie tatsächlich in die Kirche gegangen sei, Kerzen für den toten Piloten angezündet und für seine Seele gebetet habe und dass sie sich nun viel besser fühle.

Schlussfolgerungen

In diesem Vortrag wird die Arbeit eines Psychoanalytikers außerhalb seines Behandlungszimmers dargestellt. Selbstverständlich kann man als Psychoanalytiker unter solchen Bedingungen keine psychoanalytische Behandlung der Individuen durchführen, mit denen man sich verbunden fühlt. Doch die Ausbildung in psychoanalytischer Theorie und die klinische Erfahrung geben dem Psychoanalytiker Werkzeuge an die Hand, mit denen er Menschen in der Flüchtlingssituation auf einzigartige Weise helfen kann. Darüber hinaus kann er die vor Ort arbeitenden Psychotherapeuten und Psychologen darin schulen, Dinge zu erkennen, die diesen Helfern in der Routine des Arbeitsalltags entgehen; ein Beispiel dafür ist die Bedeutung, die der Personalausweis und der Hund Charlie für Dali hatten, wobei sich beide Aspekte sowohl als Hindernisse wie auch als Katalysatoren in der Anpassung der Familie Kachavara an ihr neues Zuhause erwiesen haben.

Als ich die Arbeit mit der Familie Kachavara begann, hatte ich noch keine Vorstellung davon, dass sich diese Art von Arbeit zu einer »Methodologie« entwickeln könnte, mit der anderen Individuen im Flüchtlingslager geholfen werden kann. Da die Familie Kachavara als eine Art »Führer« der Flüchtlingsgemeinde in Tifliser Meer betrachtet wurde, stellte ihre Entwicklung in der Anpassung an die neue Situation ein Vorbild für die anderen Flüchtlinge in Tifliser Meer dar. Immer wenn einige Männer aus diesem Flüchtlingslager zu den »Kämpfen« aufgebrochen waren, versammelten sich ihre Frauen und andere Verwandte in oder vor dem Apartment der Familie Kachavara und warteten dort darauf, dass das Telefon klingeln würde. Nachdem Dali bestimmte psychische Prozesse in sich beobachtet hatte, wurde sie zu einer Art »Beraterin« für andere Flüchtlinge. Als die Familie Kachavara das »Zimmer unseres Vamik« baute, fingen andere Familien im Lager an, diesen Vorgang zu kopieren, und bauten Erweiterungen an ihre Unterkünfte. Und besonders wichtig war meines Erachtens, dass Dali, als sie nach ihrem »Gehirnschlag« weiterlebte (viele Menschen in Tifliser Meer verfolgten ihren Genesungsprozess), zu einem Vorbild wurde, wie man die Depression »überwinden« kann. Es war mir nicht möglich, wissenschaftlich gesicherte statistische Daten über Tifliser Meer zu bekommen, aber allgemeinen ist man sich darüber einig, dass die Zahl der Menschen, die in diesem Flüchtlingslager »ohne ersichtlichen Grund« urplötzlich gestorben sind, beträchtlich gesunken sei.

Wenn Therapeuten aus anderen Ländern kommen, um den Flüchtlingen zu helfen, die psychischen Auswirkungen ihres Traumas zu verarbeiten, ist es unmöglich, gründlich mit vielen Individuen zu arbeiten. Deshalb fokussiert die »Methodologie«, zu der wir in Tifliser Meer den Anstoß gegeben haben, auf die gründliche Arbeit mit einer (oder einigen) ausgewählten Familie(n) und darauf, dass diese Familie(n) sich zu einem Vorbild für die anderen Menschen in der Flüchtlingsgemeinde entwickeln kann (können).

In diesem Vortrag werden außerdem meine Ergebnisse zu einem Zustand vorgestellt, den ich als Dauertrauer bezeichne. Nachdem ich in Zypern, Georgien, Albanien und an anderen Orten mit Flüchtlingen und Vertriebenen gearbeitet habe, die massive Traumata und Gewalt erlebt hatten, kam ich zu der Schlussfolgerung, dass der Anpassungsprozess, den wir bei Flüchtlingen nach solchen Katastrophen beobachten, darauf hinweist, dass sie ihre Anpassung an das neue Leben gewissermaßen als Dauertrauernde mit regressiven wie auch progressiven Möglichkeiten gestalten. Als Psychoanalytiker kann man den vor Ort arbeitenden Therapeuten und Psychologen zeigen, wie die progressiven Aspekte der von den Flüchtlingen benutzten verbindenden Objekte oder Phänomene genutzt werden können, um den Flüchtlingen bei der konstruktiven Anpassung an ihre neue Lebenssituation zu helfen. Ich hoffe, dass ich mit meinem Beitrag nicht nur eine Diskussion über den als Dauertrauer bezeichneten klinischen Zustand und über das Konzept der verbindenden Objekte eröffne, sondern auch über die Rolle des Psychoanalytikers außerhalb seines Behandlungszimmers.

Literatur

Akhtar, S. (1999): Immigration and Identity: Turmoil, Treatment, and Transformation. Northvale, NJ (Jason Aronson).

Blos, P. (1979): The Adolescent Passage: Developmental Issues. New York (International Universities Press).

Freud, S. (1917): Trauer und Melancholie. In: Sigmund Freud Essays II. Auswahl 1915-1919. Berlin (Verlag Volk und Welt), S. 102-120.

Garza-Guerrero, A. C. (1974): Culture shock: Its mourning and vicissitudes of identity. Journal of the American Psychoanalytic Association, 22: 400-429.

Grinberg, L. (1992): Guilt and Depression, tr. C. Trollope. London: Karnac Books.

Grinberg, L., Grinberg, R. (1990): Psychoanalyse der Migration und des Exils. Stuttgart (Klett-Cotta).

Hartmann, H. (1939): Ich-Psychologie und Anpassungsproblem. Internationale Zeitschrift für Psychoanalyse – Imago, 24: 62-124.

Julius, D. A. (1992): Biculturalism and international interdependence. Mind and Human Interaction, 3: 53-56.

Mahler, M. (1998): Symbiose und Individuation. Stuttgart (Klett-Cotta).

Neubauer, P. B. (1993): Playing: Technical implications. In: The Many Meanings of Play: A Psychoanalytic Perspective, ed. A. J. Solnit, D. J. Cohen,, P. B. Neubauer. New Haven (Yale University Press).

Parens, H. (2001): On society's crimes against itself. Journal of Applied Psychoanalytic Studies, 3: 221-229.

Pollock, G. H. (1989): The Mourning – Liberation Process (2 Volumes). Madison, CT (International Universities Press).

Ritvo, S., Solnit, A. (1958): Influences of early mother-child interaction on the identification process. The Psychoanalytic Study of the Child, 13: 64-85. New York (International Universities Press).

Sebek, M. (1992). Anality in the totalitarian system and the psychology of post-totalitarian society. Mind and Human Interaction, 4: 52-59.

Solnit, A. J. (1987). A psychoanalytic view of play. Psychoanalytic Study of the Child, 42: 205-219.

Tähkä, V. (1993). Mind and Its Treatment: A Psychoanalytic Approach. Madison, CT (International Universities Press).

Ticho, G. (1971). Cultural aspects of transference and countertransference. Bulletin of the Menninger Clinic, 35: 313-334.

Volkan, V. D. (1970). Typical findings in pathological grief. Psychiatric Quarterly, 44: 231-250.

Volkan, V. D. (1972). The linking objects of pathological mourners. Archives of General Psychiatry, 27: 215-222.

Volkan, V. D. (1979). Cyprus – War and Adaptation: A Psychoanalytic History of Two Ethnic Groups in Conflict. Charlottesville, VA (University Press of Virginia).

Volkan, V. D. (1981). Linking Objects and Linking Phenomena: A Study of the Forms, Symptoms, Metapsychology, and Therapy of Complicated Mourning. New York (International Universities Press).

Volkan, V. D. (1993). Immigrants and refugees: A psychoanalytic perspective. Mind and Human Interaction, 4: 63-69.

Volkan, V. D., Zintl, E. (2000). Wege der Trauer: Leben mit Tod und Verlust. Gießen (Psychosozial-Verlag).

Volkan, V. D., Ast, Gabriele (in Druck). Curing Gitta's »leaking body«: Actualized unconscious fantasies and therapeutic play. Clinical Psychoanalysis.

Wangh, M. (1992). Being a refugee and being an immigrant. International Psychoanalysis, Winter Issue: 15-17.

Werner, H., Kaplan, B. (1963). Symbol Formation. New York (Wiley).

Aus dem Amerikanischen von Astrid Hildenbrand

Das Ringen der Vernunft mit dem totalitären Gewissen
Die Terroranschläge in den USA als Ausdruck eines durch massive Affekte radikalisierten Über-Ichs

Micha Hilgers

Einleitung

Was für kranke Hirne denken sich Taten wie die Anschläge auf das World Trade Center aus? Und: Sind das noch Menschen, die solche Pläne kaltblütig ausführen? So oder ähnlich lauteten in den Tagen nach dem 11. September 2001 die Fragen nach den Hintergründen und Motiven der Täter. Doch die Art der Fragen liefert zwangsläufig Antworten, die eine möglichst große Distanz gegenüber jenen schafft, die US-Präsident George W. Bush für die Inkarnation des Bösen hält. Entmenschlichung der Terroristen bringt zwar kurzfristig – eventuell notwendige – Erleichterung für die ohnmächtigen Zeitzeugen, langfristig aber keinerlei Klarheit, geschweige denn Strategien gegenüber dem Phänomen Terror.

Die Debatte über die Hintergründe und Motive für die Anschläge, denen vermutlich weitere folgen werden, ist durch zahlreiche Leugnungen geprägt:
- Kein menschliches Wesen ist angeblich zu derartig intelligenten Grausamkeiten fähig – womit wir kurzerhand die Traumatisierung durch Auschwitz leugnen.
- Wir befinden uns scheinbar in einem stetig fortschreitenden Prozess der so genannten Zivilisation, der uns gegenüber Rückfällen in archaische oder perfide Gewaltausbrüche immer immuner macht.
- Wir sind angeblich darüber hinaus in den westlichen Gesellschaften durch Sicherheitskräfte und Kulturerrungenschaften vor den ärgsten Attacken geschützt.
- Die stets lauernde Gefahr totaler Vernichtung der Menschheit scheint uns gebannt.
- Das an sich aufklärerische und emanzipatorische Prinzip Hoffnung (Bloch) missverstehen wir in der Weise, dass wir uns über die immer existente Möglichkeit massiver kollektiver Regression hinwegtäuschen.

- Wir täuschen uns über die beständig lauernde Gefahr religiöser Systeme – auch der eigenen – hinweg, die zur rigiden Verabsolutierung von Normen tendieren und damit ihre Alternativen buchstäblich verteufeln.
- Um nur ja nicht in den Geruch von Fremdenfeindlichkeit zu geraten, unterlassen wir eine kritische Bestandsaufnahme der verschiedensten Organisationen und Ideologien von Migranten, deren interne wie externe Aktivitäten – und sind damit unbewusst umso fremdenfeindlicher, weil wir ausländische Gäste oder Einwanderer mit Ignoranz strafen und vor Übergriffen aus den eigenen Reihen nicht schützen.
- Wir glauben, jeder Mensch sei frei in der Wahl seiner Werte und Überzeugungen und komme durch reife Überlegung zu Abwägungen, welche Handlungen gut oder böse seien – unabhängig von seinen persönlichen Affekten und der sozialen Lage seines Kollektivs.

Der emotionalisiert vorgetragene Versuch, die Täter zu Bestien zu enthumanisieren, soll uns vor dem Zerfall der genannten Illusionen schützen, denn: Wenn es sich um Bestien handelt, so müssen wir uns gegen diese wehren, sind aber als Menschheit vor den Gefahren des Rückfalls in archaische Auseinandersetzungen und Ausbrüche gefeit. Vollends außerhalb der human community erscheint uns schließlich die Entschlossenheit, das eigene Leben und das anderer zu opfern, um damit einer Idee, einem Rachegedanken oder gar radikalen religiösen Vorstellungen zum Durchsatz zu verhelfen. Naheliegenderweise wird dann vom Kampf der Zivilisation gegen das Böse, die Barbarei oder den Terrorismus gesprochen.

All das ist psychisch erleichternd, nichts von dem ist wahr.

Nicht der Erhalt eigenen oder fremden Lebens, sondern der Würde und des Selbstwerts ist der höchste Wert des Gewissens

Fälschlich gilt die Erhaltung des eigenen Lebens oder das naher Angehöriger als höchste Priorität menschlichen Handelns. Doch bereits jeder einfache Suizid beweist, dass unter gewissen Umständen der eigene Tod wenigstens subjektiv als das kleinere Übel erscheint. Tatsächlich ist der Erhalt des Selbstwerts und die Integrität der Persönlichkeit ein Motiv menschlichen Handelns, das höher wiegen kann als die eigene Existenz. Der Selbsttod wird mehr oder weniger unbewusst doch mit einem Weiterleben nach dem Tod verbunden – nicht selten mit einem besseren, wozu es gar keiner Gläubigkeit bedarf: Suizidanten phantasieren sich die Reaktionen ihres trauernden, bestürzten oder beschämten Umfeldes und imaginieren sich selbst dabei in einem Zustand der Ruhe, des Schlafes oder über den Ereignissen schwebend. Ein wirklich totales Ende eigener Existenz wird nicht realisiert. Die Bestrafung der Überlebenden durch den eigenen Tod wird regelmäßig als gerecht erlebt (vgl. Henseler 1974).

Die Koppelung ideologischer oder religiös-fanatischer Vorstellungen mit Selbstmordanschlägen, dem in Kauf genommenen eigenen Tod oder dem anderer, zum Beispiel Familienangehöriger, ist keineswegs neu und auch nicht auf den Islam beschränkt: Im Christentum galten Märtyrer oder getötete Kreuzfahrer[1] als selig oder sogar heilig, das Paradies war ihnen ebenso sicher, wie den für die Sache des Islam sterbenden moslemischen Märtyrern, den Schahada. Kamikaze-Piloten des Tenno-Reichs galten als mit besonderer Ehre ausgezeichnet und selbst eine Ideologie ohne Jenseits-Vorstellungen wie der Nationalsozialismus idealisierte die im Kampf für Reich und Sache Gefallenen. Ähnliches galt für die so genannten Helden der Arbeiterklasse oder umgekommene RAF-Terroristen. Der eigene Tod kann also durchaus als notwendiger Preis für die Ehre in Kauf genommen werden.

Allen Idealisierungen eigenen Todes gemeinsam ist die Verabsolutierung bestimmter Werte, die Teil des persönlichen Gewissens und der eigenen Gruppe sind. Der Tod erscheint als besondere Ehre, weshalb palästinensische Attentatskandidaten gelegentlich miteinander wetteifern, wem die Auszeichnung des Selbstopfers zuerst zuteil werden darf. Auch hier spielt die Vorstellung vom »Leben nach dem Tod« eine wichtige Rolle: Wenigstens die Phantasie, als Held zu Lebzeiten und darüber hinaus auch in der Erinnerung anderer zu gelten, kann zu rücksichtslosen und brutalen Taten motivieren. Die Rücksichtslosigkeit, die uns als gewissenlos erscheint, betrifft allerdings nicht die eigene Ideologie und deren Anhänger – jedenfalls solange nicht, wie die Gruppenmitglieder keine Abweichungen von den Werten ihres Kollektivs zu erkennen geben.

Mithin: Die terroristischen Anschläge vom 11. September und alle möglichen anderen Terrorattacken stehen jeweils im Einklang mit den höchsten Werten des Gewissens und den Idealen von Individuum wie Peergroup. Umgekehrt wird auch die militärische Antwort der Vereinigten Staaten ebenfalls – und zwar fast unabhängig davon, wie massiv sie ausfällt – in völliger Übereinstimmung mit dem Über-Ich von Präsident, politischen Repräsentanten und den meisten US-Bürgern erfolgen.

Exkurs über die schützende, triangulierende Funktion von Ideologien

Allerdings bedarf es einer wesentlichen Einschränkung beim Vergleich terroristischer Angriffe: Entscheidend ist, ob überhaupt und inwieweit eine triangulierende Ideologie, also ein Modell von der Wirklichkeit und einer besseren, gerechten Zukunft zwischen Täter und Angegriffene tritt. Die triangulierende Funktion des Modells oder der ideologischen Theorie von der Wirklichkeit spielt eine außerordentlich wichtige Rolle bei der Frage, inwieweit aufseiten der Täter die subjektive oder objektive Misere als Folge gesellschaftlicher Verhältnisse und ihrer Repräsentanten angesehen wird oder ob direkt andere Personen oder Großgruppen für das Leid oder das Böse verantwortlich gemacht werden. Fehlt diese triangulierende Theorie, so kommt es zu direkten, mehr oder weniger wahllosen und instrumentellen Angriffen auf Personen, die unmittelbar als böse angesehen und deshalb vernichtet werden können. Kurz:

– Werden Nichtgläubige, vermeintlich politisch Irregeleitete, Ungläubige oder bürgerliche Elemente selbst ebenfalls als Opfer ungerechter Verhältnisse betrachtet und daher geschont?
– Oder werden politische Gegner und Andersgläubige mit dem Bösen unmittelbar gleichgesetzt und deshalb der Vernichtung anheimgegeben?

Neonazis beispielsweise fehlt eine triangulierende Theorie. Nicht Globalisierung, der Kapitalismus oder andere Verhältnisse werden von ihnen für Missstände verantwortlich gemacht, sondern bestimmte Personengruppen selbst und unmittelbar, weshalb diese dann auch im Einklang mit dem Gewissen massiv angegriffen werden. Dies war bei der RAF und ihren Nachfolgern anders: Bekämpft wurden nur die vorgeblich bösen Repräsentanten der gesellschaftlichen Verhältnisse und der wahrgenommenen Ungerechtigkeit, nicht aber die ihnen folgenden Massen.

Das Ausmaß an Entdifferenzierung und Regression ist also unterschiedlich. Religiöse Systeme können zwar zum Respekt vor anderen, Nichtgläubigen aufrufen (und bisweilen tun sie dies sogar), es hängt aber maßgeblich von den ausgelösten Affekten ab, inwieweit eine regressive Entwicklung einsetzt und Ungläubige nicht mehr zu missionieren, sondern zu massakrieren sind. In den Worten des portugiesischen Schriftstellers Jose Saramago sind die Religionen »der Grund für unendliches Leid, für Massenmorde und ungeheuerliche physische und psychische Gewalt, die zu den dunkelsten Kapiteln der elenden Geschichte der Menschheit« (Saramago 2001) gehört. Im Unterschied zu Saramago bin ich der Auffassung, dass es vom Ausmaß der kollektiven Regression abhängt, inwieweit ein religiöses System schützende Funktion im Sinne der Triangulierung ausübt oder umgekehrt diese Rolle aufgibt und in anderen Personen oder Gruppen direkt das Böse verortet. Insofern unterscheiden sich Religionen nicht von anderen Ideologien, die eventuell auf die Annahme eines Gottes als Externalisierung des Über-Ichs verzichten.

Die Bereitschaft zu kollektiver Regression ist ubiquitär und nicht durch einen vorgeblich fortschreitenden Zivilisationsprozess ausgeschlossen. Vielmehr hängt es vom Ausmaß disregulierter Affekte ab, die von anderen Mitgliedern einer Gemeinschaft geteilt werden, inwieweit es zur Ausbildung totalitärer Strukturen im Über-Ich kommt: Das Gewissen strukturiert sonst unerträgliche Affekte der Wut, Ohnmacht und Scham, indem es Feindbilder schafft und eine Entdifferenzierung der Realitätswahrnehmung in Gut-Böse-Raster vornimmt (Hilgers 1996).

Der häufig in persönlichen Gesprächen und Kommentaren zum Ausdruck gebrachte Eindruck, nach dem 11. September habe sich die Welt verändert, scheint mir diese Situation intuitiv zu erfassen: Uns wird quasi seitens der Täter der Vorschlag gemacht, die Welt in gut und böse einzuteilen und an dieser Grenze entlang Vernichtung walten zu lassen. Wir haben jedoch die Wahl, ob wir auf den Vorschlag angesichts dieser Veränderung eingehen oder uns umgekehrt dieser Regression verweigern.

Die Möglichkeit, kollektiv in der Realitätswahrnehmung politisch-sozialer Verhältnisse zu regredieren, ist niemals für immer gebannt und nach solchen Angriffen beinahe zwangsläufig. Dennoch bedarf es beständiger Anstrengungen, Bedingungen zu schaffen und zu erhalten, die eine Affektualisierung verhindern oder begrenzen und damit die Fähigkeit zu Differenzierung und Ambivalenz schützen. Für die Einschränkung kollektiver Regression ist der subjektive und kollektiv geteilte Eindruck von Gerechtigkeit zentral. Schreiendes Unrecht, ohnmächtige Wut und Revanchewünsche lösen verheerende Veränderungen im Über-Ich aus, die zu massiver Gewaltbereitschaft führen können. Dies ist gegenwärtig akut in den Vereinigten Staaten unter dem Eindruck der Anschläge der Fall, chronisch jedoch längst wegen der verelenden Lebensbedingungen in zahlreichen Krisenherden Teil des Alltags.

Gezielte Demütigung als Auslöser nationaler Scham begünstigt irrationale Gegenschläge

Die Terrorangriffe führten aufseiten der Angegriffenen zu einer Überschwemmung durch Gefühle von Ohnmacht, Wut, Schmerz, Trauer und sogar Scham über die Wahl der Ziele und den Triumph des Gegners. Dieser

Traumatisierung wird teilweise durch eine Rigidisierung des Über-Ichs und seiner Forderungen nach Vergeltung (nicht etwa rational abgewogener Antiterror-Strategien) begegnet. Immerhin entlastet eine solche Reaktion von sonst überschwemmenden und Ich wie Kollektiv mit Fragmentierung bedrohenden Affekten. Die nachfolgende rasche Ausbildung entlastender Feindbilder (Kampf des Guten gegen das Böse) ermöglicht eine Affektregulierung und Neuorientierung in der unübersichtlichen Situation persönlicher Angst und kollektiv-politischer Verwirrung. Wir können dies ganz leicht an der Tatsache ablesen, dass der bisher wegen seiner häufigen Fehler und Verwechslungen belächelte und wegen der Ablehnung von Klimaschutzmaßnahmen oder der Befürwortung eines Raketenabwehrschildes kritisierte US-Präsident George W. Bush mit einem Mal nichts als Solidarität erntet und von den kritischen Tönen nichts mehr zu hören ist.

Die erwähnte Traumatisierung durch die Anschläge war von den Tätern auch so beabsichtigt: Getroffen wurden vor allem Symbole westlicher Übermacht und Dritte-Welt-Ohnmacht. World Trade Center, Pentagon und die geplanten Ziele White House und Präsidentenmaschine verkörpern die besonders in der arabischen Welt unbesiegbar erscheinende Supermacht. Neben der verheerenden zivilen und militärischen Wirkung der Anschläge besitzen diese eine massenpsychologische Funktion für Opfer wie Täter: Bezweckt wurde vor allem eine nachhaltige und globale Demütigung der einzig verbleibenden Weltmacht. Dementsprechend betrifft der Schock der US-Amerikaner nicht nur die Brutalität der Taten selbst und ihre bisher unübersehbaren Zahl der Opfer, sondern auch die plötzliche Erkenntnis, den Angriffen eines weitgehend unsichtbaren Gegners ohnmächtig ausgeliefert zu sein. Die kränkende Hilflosigkeit birgt die Erkenntnis, entweder die gesamte Infrastruktur des Landes aus Sicherheitsgründen zum Erliegen bringen zu müssen oder weiterhin in extremer Weise für Anschläge verletzlich zu bleiben. Mehr noch: Mit dem Einsturz des World Trade Centers zerbrach auch die schützende Illusion eines Raketenschutzschildes, der wie die Zaubermittel in Mythen und Märchen unverletzbar gegen die Mächte des Bösen machen sollte. Aus massenpsychologischer Sicht erreichen damit die Anschläge gleich mehrere Ziele für die Täter: Die Verbreitung von Angst und Schrecken, die Auslösung von Ohnmacht und Hilflosigkeitsgefühlen und der drohende Gesichtsverlust der Supermacht. Und: Der Triumph und die Solidarisierung aufseiten der mit den Tätern offen sympathisierenden Massen in zahlreichen Dritte-Welt-Ländern.

Nationale Symbole wie Airforce One, Pentagon oder Weißes Haus spielen für die nationale Identität und die Identifikation ihrer Mitglieder eine wichtige Rolle. Wer man als Nation ist oder zu sein glaubt, worauf ein Land und seine Bevölkerung stolz ist, schafft ein verbindendes unsichtbares Band zwischen den unterschiedlichsten Bürger. Denn unabhängig von Bildungsgrad, Wohlstand, sozialer Position, religiöser Zugehörigkeit oder regionaler Differenz fühlen sich die Bürger einer gemeinsamen Großgruppe zugehörig und loyal gegenüber. Vamik Volkan erläutert den Unterschied zwischen persönlicher und Großgruppenidentität:

> »Stellen Sie sich vor, man würde von Kindheit an lernen, zwei Lagen Kleider zu tragen. Die erste Lage, die zu dem Individuum gehört, das sie trägt, sitzt passgenau. Sie ist die persönliche Kernidentität, die dem Individuum das Gefühl von einem dauernden inneren Gleichsein gibt. Die zweite Lage, die eigene Großgruppenidentität, ist ein lose sitzender, weiter Überzug, der es dem einzelnen ermöglicht, unter demselben Großgruppenzelt ein fortwährendes Gefühl des Gleichseins mit anderen zu teilen« (Volkan 1999, S. 48).

Demzufolge treffen Angriffe auf nationale Symbole besonders empfindlich und führen potentiell zu Identitätsverunsicherungen wie Scham über den erlittenen Gesichtsverlust. Entsprechend martialisch werden Reparaturversuche ausfallen: Die Versicherung der eigenen Identität und Größe sowie die Rückgewinnung des Nationalstolzes, der gekränkt wurde, muss in jedem Fall mächtig genug erscheinen, um jeden eigenen oder fremden Zweifel an der Nation zu beseitigen.[2]

Damit droht die angegriffene Nation jedoch ungewollt zur Marionette der Angreifer zu werden: Jeder weitere Anschlag wird unter dem Gesichtspunkt der Wiedereinsetzung des nationalen Stolzes zu einer weiteren, noch schlimmeren Demütigung, die konsequenter Weise noch drastischer beantwortet werden muss. Einmal in einem solchen Handlungszwang, ist es kaum noch möglich, aus der Rotation der Beschämungen ohne endgültigen Verlust der Würde und Selbstachtung auszusteigen.

Etwas vereinfachend könnte man sich vorstellen, dass eine Nation eine Reihe verschiedener Phasen nach einem massiven Terrorangriff durchläuft: Nach der kurzen Leugnungsphase mit einem Gefühl der Unwirklichkeit (»wie im Katastrophenfilm«) und der emotional geprägten Realisierung des Geschehens (Schmerz, Entsetzen, Trauer, Abscheu) in der Schockphase kommt es zu einer eher stillen Orientierungsphase, bevor in der nachfolgenden Handlungsphase Gegenmaßnahmen ergriffen werden. In Abhängigkeit von der Massivität des tatsächlichen oder gefürchteten Gesichtsverlusts wird sich ein Land eine kürzere oder längere Zeit der Orientierung und des vernunftgesteuerten Nachdenkens leisten können. Denn je höher der Handlungs- und Erwartungsdruck zur Wiederherstellung des Identitätsgleichgewichts, desto wahrscheinlicher wird blanker Aktionismus als Abwehr von Ohnmacht und nationaler Scham. Doch auch in der Handlungsphase kommt es entscheidend darauf an, ob eine breite Debatte über die Gegenmaßnahmen geführt wird oder diese in der Faszination oder dem Entsetzen über Fernsehbilder untergeht.

Rationalität und Angemessenheit der Gegenmaßnahmen auf die jüngsten Ereignisse hängen also davon ab, inwieweit ausreichend Zeit für eine emotionale Verarbeitung und damit auch für eine vernunftgeleitete, nicht emotionalisiert geführte Debatte bleibt. Für das Binnenklima des sozialen Friedens nicht nur in den betroffenen USA, sondern auch in Europa wird es von entscheidender Bedeutung sein, inwieweit sich die Täter identifizieren lassen und diese aus der Anonymität einer Ethnie oder einer Religionsgemeinschaft heraustreten. Denn um regressive Übergriffe gegenüber »den Arabern« zu verhindern, bedarf es konkreter Feinde statt emotionalisierender und gewaltfördernder allgemeiner Feindbilder.

Inwieweit also konkrete Personen oder Organisationen als Angreifer identifiziert werden, bestimmt mit darüber, ob es auch in den angegriffenen Staaten zu einer regressiven Entwicklung mit dem Verlust des triangulierenden Moments kommt, also statt komplexer Modelle zur Erklärung der Ursachen des Terrors lediglich Bösewichte wahrgenommen werden. Diese Feinde stehen jedoch als Repräsentanten oder wenigstens Nutznießer der ohnmächtigen Wut der Massen, die sich von der Entwicklung von Wohlstand, Gesundheit und Freiheit ausgeschlossen sehen.

US-Präsident George W. Bushs Worte vom »monumentalem Kampf des Guten gegen das Böse« könnten hingegen eine massenpsychologische Situation einleiten, bei der in einem paranoiden Klima nach einfachen Gut-Böse- und Freund-Feind-Rastern überall Feinde geortet werden, die es dann zu bekämpfen gilt. Die zivilen und militärischen Reaktionen werden in einem solchen Klima besonders irrational ausfallen. Darüber hinaus zwingt Bushs Aufspaltung der Welt in »die, die mit uns sind und jene, die aufseiten der Terroristen stehen« auch gemäßigte Gruppen und Nationen in eine wenig hilfreiche politische Radikalisierung.

Greifen wir persönlich oder politisch zu dieser Lösung, ähneln wir jedoch den Tätern in ihrer rasterhaften Realitätswahrnehmung wie ein eineiiger Zwilling. Wir hätten demnach ihren impliziten Vorschlag der Spaltung angenommen, indem auch wir lediglich noch in Gut-Böse-Schablonen wahrnehmen und denken würden. Allerdings können wir hier nach zwei Seiten vom Pferd fallen: Denn umgekehrt darf keinerlei Zweifel an der Entschlossenheit und der destruktiven Energie bestehen, die nicht nur die westlichen, christlich orientierten Industriestaaten, sondern das Prinzip der Aufklärung, das keineswegs dem Christentum verbunden ist, schlechthin bedroht.

Damit stehen wir vor der Herausforderung, die Koordinaten unseres Über-Ichs korrigieren zu müssen. Der Angriff auf die demokratischen Zivilgesellschaften westlichen Zuschnitts kommt nicht nur von gewalttätigen Neonazis, sondern in einer viel bedrohlicheren Dimension von Feinden der offenen Gesellschaft (Popper 1957), die ihrerseits wiederum längst von Neonazis bedroht werden. Die Frontlinie der Auseinandersetzung verläuft nicht zwischen inländischen Neonazis und Migranten, zwischen xenophoben und xenophilen Gruppen, sondern zwischen globalen Strömungen, die sich an Toleranz der Abweichung, dem Respekt bürgerlicher Rechte und Freiheiten und der Menschenwürde von Frauen und Männern, Glauben, Andersglauben und Nichtglauben scheidet.

Strategien für eine globalisierte Gerechtigkeit

Wenn das Erreichen eines absoluten Zieles, das im völligen Einklang mit den Werten und Urteilen des Gewissens steht, nicht nur die höchste Erfüllung des eigenen Daseins ist, sondern zugleich auch in der Gruppe hochgeachtet, zu der man sich zugehörig und von deren Urteilen man sich anhängig fühlt, kann also die Auslöschung fremden und eigenen Lebens durchaus als Lebensziel erscheinen. Für die strategischen Gegenmaßnahmen im Sinne einer triangulierenden Theorie der Enstehungsbedingungen des Terrors ist es entscheidend, dass terroristische Taten nicht etwa gewissenlose Akte einer unmenschlichen Bestie sind, sondern gegenteilig Handlungen von Menschen, die sich im Einklang mit ihren höchsten Werten fühlen. Denn Übereinstimmung mit allerhöchsten Werten macht es überhaupt erst möglich, mit grenzenloser Gewalt gegen sich und andere vorzugehen. Die Belohnung für den sich selbst und andere opfernden Täter ist das Heldentum und der Triumph über einen – wie im Falle der USA – bisher als unbesiegbar erscheinenden Gegner.

Dies bedeutet, dass wir nach den Gründen für die Gewissensentscheidung nicht nur der unmittelbaren Täter, sondern besonders ihres unterstützenden und sympathisierenden Umfeldes Ausschau halten müssen. Jede langfristige und auf Vernunft fußende Strategie gegen Terror wird daher versuchen, die affektive Motivation für Tat und Täter zu ergründen und ihre Quellen auszutrocknen. Denn die blanke Bekämpfung terroristischer Gruppen mit militärischen Mitteln läuft Gefahr, durch die Vernichtung eines Osama bin Ladens zehn neue zu schaffen. Voraussetzung für die Fanatisierung der Gewissensinstanz ist der subjektive Eindruck schreienden Unrechts, der eigenen Ohnmacht von Selbst und Gruppe gegen diese Ungerechtigkeit und das daraus entstehende Ressentiment, das erst die rechtfertigende Grundlage für den Terror schafft. Mithin gründet Terror zunächst in einem Gefühl hilflosen Ausgeliefertseins gegenüber bösen Mächten, dem man mittels Ausübung von entgrenzter Gewalt zu entkommen trachtet. Es ist daher charakteristisch, dass die ursprünglich aufseiten der Terroristen empfundene Ohnmacht an ihre späteren Opfer und Ziele weitergereicht wird. Tatsächlich bringen dies Amerikaner wie westliche Verbündete in ihren Statements unisono zum Ausdruck. Gleichzeitig wächst das Bedürfnis, durch massive Gegenschläge der Ohnmacht zu entkommen und selbst wieder das Heft in die Hand zu bekommen. Die Ohnmacht würde solchermaßen wieder an die terroristischen Täter und ihr sympathisierendes Umfeld zurückgegeben.

Für die militärisch wie wirtschaftlich mächtigen Angegriffenen entsteht daraus ein Dilemma: Ein Ausbleiben einer massiven eingrenzenden Reaktion bestärkt die Täter in ihrem Eindruck, durch heldenhafte Taten könne das Selbstwertgefühl von Tätern und Gruppe inflationär und buchstäblich mit einem Schlag aufgewertet werden. Demgegenüber verstärkt ein vernichtender Gegenschlag das Gefühl eigener Ohnmacht und Wertlosigkeit aufseiten der Terroristen und ihres Umfeldes, was wiederum zu weiteren verzweifelten Taten Anlass gibt. Nicht umsonst hatten sich die Täter ja nicht nur die mächtigste Nation der Welt als Ziel ihrer Attacken auserkoren, sondern auf die Symbole dieser verhassten Macht gezielt, um auf diese Weise eine massive Demütigung herbeizuführen.

Die fanatisierten Täter erleben ihre Sache als gerecht, weil sie in ihrer Heimat schreiendes Unrecht erlebten, eventuell selbst massive Gewalterfahrungen machten und die alleinige Ursache in einem mächtigen bösen Feind ausmachen. Aus diesem Grund lässt sich Terrorismus nur durch eine Doppelstrategie bekämpfen: Entschlossenes und dabei maßvolles Vorgehen gegen die Täter und ihre unterstützenden Strukturen einerseits, sowie gerechte Lösungen für die Entstehungsherde der Gewalt, die zum Beispiel im ungelösten Nahostkonflikt liegen. Andernfalls werden aus dem abgeschlagenen Kopf der Hydra Terrorismus immer wieder neue erwachsen.

Gerne verdrängt wird die Tatsache, dass nahezu alle Bedrohungen der westlichen Welt unmittelbar von eben dieser geschaffen wurden. Dies gilt für das Regime in Teheran ebenso wie in Bagdad, in Kabul wie im ehemaligen Jugoslawien. Osama bin Laden wurde von den US-Amerikanern ausgebildet, um gegen die damalige Sowjetunion zu kämpfen. Der Totalitarismus, den wir bei fundamentalistischen Islamisten beklagen, wurde vom Westen entweder massiv unterstützt oder seine demokratischen Gegner – wie in Algerien – mindestens missachtet.

Die gegenwärtige Krise lädt zu Verkürzungen der Konfliktursachen ein, zum Beispiel, indem lediglich der israelisch-palästinensische Konflikt als auslösend betrachtet wird. Übersehen wird dabei, dass die fundamentalistischen, in Wahrheit totalitären Ideologien in einem breiten Klima der Verelendung und Unterdrückung entstehen – nicht nur in Palästina, sondern im Iran des Schahs, dem Irak, Saudi-Arabien, Algerien und zahlreichen anderen Staaten. Der Totalitarismus ist der affektive Notausgang aus der persönlichen Misere und der politischen Ohnmacht der Habenichtse. Er bündelt die Affekte von Individuum und Masse zu einer strukturierenden und entlastenden Ideologie, die Handlungskompetenz liefert, wo sonst ohnmächtige Wut, Scham und Demütigung lähmen. Das Symbol für diese Misere wurde mit fürchterlicher Wucht und eben jener Handlungskompetenz getroffen.

Dennoch müssen wir unterscheiden zwischen den eigentlichen Tätern und jenen, die mit ihnen sympathisieren und sich unter dem Eindruck ungerechter Verhältnisse und Verelendung mit ihnen solidarisieren. Der Kampf gegen den Terror kann nur gewonnen werden, wenn es gelingt, den Terroristen die Sympathien der Millionen zu entziehen, die ihnen gegenwärtig offen zujubeln oder schweigend stillhalten. Dies verlangt nach einer Globalisierung, die Gerechtigkeit auf ihre Fahnen schreibt.

Weder werden USA und Nato die halbe Welt bombadieren, noch in Gefängnisse sperren können. Die Globalisierung erweist sich in ihrer ungesteuerten Form nicht nur als eine Ursache des Massenelends in zahlreichen Ländern der Dritten Welt, sondern potentiell auch des Totalitarismus. Demgegenüber könnte eine Strategie gegen den Terror statt lediglich eine Personifizierung der Gewalt (bin Laden) zu betreiben, eine Globalisierung der Gerechtigkeit zum Ziel haben. Denn im Unterschied zum Kalten Krieg erreicht uns heute die Destruktivität totalitärer Regimes oder verelendeter Lebensbedingungen der Massen in der Dritten Welt durch die Globalisierung direkt.

Der Appell an das Gewissen der Welt oder ihrer Nationen wird schnell verhallen und der Ernüchterung über die fortbestehenden elenden wirtschaftlichen, demokratischen und gesundheitlichen Verhältnisse in der Dritten Welt Platz machen. Psychoanalytiker haben mit Freud stets auf die »leise Stimme der Vernunft« gesetzt, die sich am Ende doch Gehör verschaffen könnte gegenüber dem Lärm der moralischen Urteile, die sich rasch als scheinheilig und in ihren Auswirkungen destruktiv erweisen.

Als Psychoanalytiker könnten wir uns in bester Tradition für eine milde, nicht verfolgende Gewissensinstanz einsetzen, die sich mit Vernunft für einen gerechten Ausgleich einsetzt. Jenseits des Lärms der Gewissensurteile wird dann der Blick frei auf die Ratlosigkeit, wie die wirtschaftlichen Verhältnisse der Zukunft gestaltet werden könnten. Immerhin würde diese konstruktive Ratlosigkeit in Fragen ausmünden, wie wir zu einer echten Teilhabe der Mehrheit der Menschheit an Wohlstand und Einfluss kommen könnten. Damit würden wir statt zu Ausgrenzung zu einer Solidarisierung mit den ohnmächtigen Sympathisanten des Terrors kommen.

Damit hätten wir dem Totalitarismus etwas Entscheidendes voraus: Die Vision einer globalisierten Gerechtigkeit, die im Diesseits stattfindet, ohne Heldentum oder das teuflische Böse, aber mit gerechten Bedingungen.

Schließlich könnten wir uns als Psychoanalytiker für die Aufhebung der Leugnung einsetzen, wir seien zu Taten wie denen des 11. September nicht fähig. »Auf die Ausübung persönlicher Gewalt zu verzichten, halte ich für ein Privileg, nicht primär für eine persönliche Errungenschaft, die uns gegenüber anderen auszeichnet. Wir haben die Gelegenheit gehabt, das lernen zu dürfen« (Sabine Janitzek 2001, pers. Mitteilung).
Es wird darauf ankommen, dieses Privileg zu globalisieren.

Anmerkungen

1 Ablass für irdische Sünden motivierte die Kreuzfahrer zu ihren Grausamkeiten, da es nichts zu verlieren, aber viel zu gewinnen zu geben schien: Der Tod war die Eintrittskarte ins Paradies, hingegen das Überleben das uneingeschränkte Ausleben von Gewalt und Grausamkeiten und die materielle Bereicherung sicherte.

2 Ohne dass die Großgruppenidentität der USA im Sinne von Volkan in Gänze in Frage gestellt wäre, könnten sich die USA zwar weiterhin als Weltpolizist oder Lonesome Cowboy im Kampf für das Gute verstehen, dies aber im Interesse einer globalen Gerechtigkeit und der Etablierung von Zivilgesellschaften

Literatur

Henseler, H. (1974): Narzisstische Krisen. Zur Psychodynamik des Selbstmords. Westdeutscher Verlag (Opladen).

Hilgers, M. (1996): Scham. Gesichter eines Affekts. Göttingen (Vandenhoeck und Ruprecht).

Popper, K. R. (1957): Die offene Gesellschaft und ihre Feinde. München (Francke Verlag).

Volkan, V. (1999): Das Versagen der Diplomatie. Zur Psychoanalyse ethnischer und religiöser Konflikte. Gießen (Psychosozial-Verlag).

Selbst und Gesellschaft: Explosionen des Kerns

Innere und äußere Gewalt
Der Beitrag der Psychoanalyse zum Verständnis individueller Gewaltbereitschaft und Gewaltverarbeitung im gesellschaftlichen Kontext

Joachim Küchenhoff

Einleitung

Das Thema des Kongresses, Gewalt und Zivilisation, hat eine grausame Aktualität gewonnen, wir sind alle gezeichnet von einer Gewalt, die wir als einen Tabubruch erleben, ob der enormen Grausamkeit, mit der die Attentate vom 11. September 2001 verübt worden sind. Es ist schwer, aber umso notwendiger, unter dem Eindruck dieser Erfahrungen die Sprache, auch die wissenschaftliche Sprache der Psychoanalyse wiederzufinden. Der drohenden Sprachlosigkeit muss die »Anstrengung des Begriffs« entgegengesetzt werden.

Der folgende Beitrag befasst sich mit dem Verhältnis zwischen der beobacht- und beschreibbaren äußeren Gewalt und den individuellen bewussten oder unbewussten Gewaltphantasien, so wie sie in Psychoanalysen erfahren werden und die abgekürzt *innere Gewalt* heißen sollen. Wenn wir nun beide aufeinander beziehen, können wir erstens untersuchen, wie unbewusste Gewaltpotentiale zu gewalttätigem Sozialverhalten führen, oder zweitens, wie gewaltsame gesellschaftliche Verhältnisse innere Gewalt schaffen. In dieser Arbeit wird allerdings ein bescheidenerer dritter Anspruch verfolgt, nämlich das Wechselspiel von Internalisierung und Externalisierung der Gewalt und die Mechanismen der Gewaltverarbeitung zu untersuchen. Mit anderen Worten: Der Anspruch des Textes kann es nicht sein, Gewaltphänomene zu erklären, sei es aus triebökonomischen oder aus gesellschaftlichen Wurzeln, er thematisiert indes »Gewaltschicksale«, also Entwicklungsformen der Gewalt zwischen innen und außen.

Diese Vorgangsweise erlaubt es, einen Vorzug psychoanalytischer Theorie zu nutzen, nämlich das Wechselspiel von Internalisierung und Externalisierung beschreiben zu können. Damit verbindet die Psychoanalyse Soziologie und Psychologie, ohne indes eine von beiden zu ersetzen.

Der Gewaltbegriff selbst legt dieses Vorgehen nahe. Anders als Begriffe wie Aggression, Hass, Destruktion impliziert Gewalt Bezogenheit, sei es zwischen Personen, sei es zwischen Personen und Dingen. Gewalt greift, wie W. Benjamin einmal formulierte, immer in »sittliche Verhältnisse« ein, in Übereinkünfte also, zwischen Menschen, die rechtlich geregelt sind oder sein können (Benjamin 1965, S 29).

Gewalt selbst ist keine psychologische Eigenschaft. Die seelische Innenseite der Gewalt kann »Gewaltbereitschaft« oder »Gewaltphantasie« heißen. Man kann nicht in dem Sinne gewaltig sein, wie man aggressiv sein kann. Von Gewalt reden wir außerdem nicht wertneutral, während wir den Aggressionsbegriff so verwenden können, wir verweisen dann auf die lateinische Wurzel des Wortes, mit der das »Zugehen auf« also Triebquellen der Aktivität benannt werden. Hass und Zorn – die sich voneinander durch die Dauerhaftigkeit der emotionalen Gestimmtheit unterscheiden: der Hass ist langfristig wirksam (Kernberg 1995) – umschreiben Affektzustände, die sich sekundär äußern oder veräußern können. Sie sind anders als Gewalt nicht in jedem Fall auf andere bezogen. »Destruktivität« schließlich zielt nicht nur auf die Befindlichkeit oder auf den Bezug zu anderen, sondern auf die Folgen negativer Affekte, ist also ein ergebnisbezogener Begriff. Die kurzen Begriffsdifferenzierungen sollten zeigen, dass das Wechselspiel von Internalisierung und Externalisierung, um das es mir geht, gerade im Gewaltbegriff verankert ist.

Der folgende Text ist in zwei Hauptteile untergliedert. Im ersten Hauptteil werden aus einer psychoanalytischen Perspektive Kriterien entwickelt, mit denen Gewalt beschrieben und beurteilt werden kann. Dabei ist erstens der Hinweis wichtig, dass Gewalt in die Fähigkeit zur psychischen Repräsentation eingreifen kann: Einerseits schafft, ja erzwingt Gewalt neue Repräsentationen, andererseits verhindert sie die Infragestellung eingespielter Repräsentationen. Zweitens soll beschrieben werden, wie Gewalt das intersubjektive Verhältnis deformiert, weil dort, wo Gewalt herrscht, der Mitmensch als der andere nicht mehr gesehen werden kann. Beide Ansätze, also Gewalt als Gewalt gegen Repräsentationen und als Gewalt gegen die unabhängige Existenz anderer, gehören zusammen – dies wird zu zeigen sein. Gewaltmechanismen sind drittens festlegende oder identifizierende Mechanismen. Gewalt raubt Alternativen, sei es im eigenen Denken oder im zwischenmenschlichen Umgang. Dieser Gedanke ist insofern beunruhigend, als wir ihn auch umkehren können. Identifizierendes Denken ist nicht frei von einem Gewaltpotential. Es hat eine gewichtige, bei der Psychoanalyse immer wieder Anleihen machende Sozialphilosophie gegeben, die aus gutem Grund genau diesen Zusammenhang ins Zentrum gerückt hat, nämlich die Negative Dialektik von Adorno (1966). Der folgende Beitrag kann auch als ein Versuch verstanden werden, die verschütteten Verbindungen von Kritischer Theorie und Psychoanalyse freizulegen.

Die Verbindung zwischen Identifizierung und Gewalt führt notwendig zu zwei weiteren Kriterien, zur Frage nach der Notwendigkeit oder Unausweichlichkeit von Gewalt und zur Frage der Gewaltbewertung. Wenn es wahr ist, dass identifizierendes Denken ein Gewaltpotential in sich trägt, dann gibt es unvermeidbare Formen der Gewalt, die von den vermeidbaren oder willkürlichen sorgfältig zu trennen sind. Außerdem: Gewalt muss nicht immer destruktiv sein, sondern kann auch versuchen, die Integrität von Repräsentationen und Andersheit überhaupt zu schaffen oder zu garantieren.

Mit Hilfe dieser Kriterien sollen im zweiten Hauptteil verschiedene Formen von Gewalt beschrieben werden:
- Lebensgeschichtlich frühe und unvermeidbare Gewalt und frühe Traumatisierungen, die in die Repräsentanzenbildung eingreifen;
- repressive Formen der Gewalt, die u. U. äußerst grausam sind, aber den Vorteil haben, sichtbar zu bleiben;
- scheinbar gewaltlose Beziehungsformen, die schwer zu durchschauen und gerade deshalb so wirkungsvoll sind;
- schließlich soll gezeigt werden, dass die Verarbeitung von Gewalt durch Phänomene der wechselseitigen Steigerung innerer und äußerer Gewalt schwerwiegend behindert sein kann, die Resonanz-Phänomene genannt werden sollen.

In einem abschließenden Schlussteil werden diese Formen anhand eines Beispiels aus der Jugendliteratur zusammengefasst und ein kurzer Ausblick gegeben werden.

Kriterien der Gewalt

Wenn wir uns fragen, was aus psychoanalytischer Sicht die psychische Repräsentation, bei Bion (1962) das Denken, ausmacht, so finden wir in einer ersten Annäherung zwei Bestimmungsstücke; das eine können wir die assoziationstheoretische Dimension nennen, das zweite die intersubjektive Dimension. Beide gehören zusammen, und es macht ja auch den Wert psychoanalytischer Theorie aus, dass sie komplex ist und scheinbar heterogene Inhalte zusammenzuführen erlaubt.

Die Fähigkeit zu denken ist nicht unabhängig von den Gedankeninhalten; die Erfahrungsinhalte sind früher da als die Fähigkeit, sie zu durchdenken oder zu verarbeiten – ein Gesichtspunkt, den Bion (1962) besonders betont hat. Die Art und Weise, wie sich Erfahrungen vermitteln oder einschreiben, bestimmt die Fähigkeit ihrer Verarbeitung mit. Zu dieser gehört die Möglichkeit, zu den vermittelten Eindrücken auch jeweils anderes zu denken. Abgekürzt kann man vom »Denken des Anderen« sprechen, dabei ist hier *das* Andere gemeint. Sprache, Denken und Kommunikation sind davon abhängig, dass in dem Gesagten jeweils auch Anderes angesprochen wird. Das ist ein Aspekt der Triangulierung mentaler Funktionen. Assoziationen bewegen sich im Netz psychischer Repräsentationen hin und her, sie werden durch Widerstände mehr oder weniger aufgehalten, ihre Beweglichkeit ist also nicht frei, aber doch genügend variabel. Was bewusst oder unbewusst wird, entscheidet sich an der Stärke dieser Widerstände. Die Unterschiede von unbewusster und bewusster Erfahrung können in diesem Zusammenhang vernachlässigt werden; wichtig ist ihre Gemeinsamkeit oder, genauer, ihr Zusammenhang – auch unbewusste Erfahrungen sind repräsentierte Erfahrungen, sind vernetzt, anders könnten z. B. Träume assoziativ nicht gedeutet und analytisch bearbeitet werden.

Schwerwiegend behindert ist das Denken des Anderen dort, wo – wie in der traumatischen Erfahrung, also durch ein Übermaß an erfahrener Gewalt – die Fähigkeit, das Erfahrene zu bedenken, in einen Kontext, z. B. den der eigenen Lebensgeschichte zu stellen, ernsthaft gefährdet oder aufgehoben ist.

Lacan hat die Einführung in die Welt der Repräsentanzen, die symbolische Ordnung, mit der Einführung in die ödipale Struktur verbunden (Widmer 1990). Ödipale Strukturen ermöglichen es, auch in den interpersonalen Beziehungen, Unterschiede wahrzunehmen und anzuerkennen. Die ödipale Struktur markiert ein Jenseits der narzisstischen Objektbeziehungen. Diese sind, wie Psychoanalytiker alltäglich sagen, nicht triangulär, sondern dyadisch, und das heißt auch gewaltförmig, weil sie nach einem Alles-oder-Nichts-Prinzip gestaltet sind. Der Narzissmus in den Objektbeziehungen enthält immer die selbstbezogene Umwendung, Pervertierung, einer Beziehung, in der der jeweils andere einen Part in der seelischen Ökonomie des einen spielen soll. Ödipalität bedeutet immer auch, sich dieser narzisstischen Reduktion des anderen inne zu werden und darauf zu reflektieren, dass es beim anderen einen Ort gibt, der in unseren Zuschreibungen nicht aufgeht. Das Denken des anderen meint hier, dass die Andersheit des anderen Menschen gedacht und ertragen werden kann. Wo dies nicht möglich ist, ist

Gewalt im Spiel. Diese narzisstische Gewalt über den anderen kann sich potenzieren, von einer narzisstischen Reduktion bis hin zur Absprache von Objekteigenschaften überhaupt. So kann das menschliche Objekt, der Mitmensch, dehumanisiert, oder es kann durch radikalen Besetzungsentzug jede Verbindung zum Objekt negiert werden. In beiden Fällen wird das Objekt als Objekt, also als Gegenüber, zerstört. Green (1994) spricht zu Recht von der Desobjektalisierung als der in Beziehungen wirksamen Dimension des Todestriebes. (Diese Dehumanisierung haben wir in einer bislang für unmöglich gehaltenen Form vor Augen geführt bekommen, wenn Passagiere eines Linienflugzeuges zu lebendigen Projektilen werden.)

Die beiden beschriebenen Aspekte von Ödipalität und Triangulierung, die Fähigkeit zu denken und die Fähigkeit zur Anerkennung also, haben ihre Gemeinsamkeit darin, dass sie Nicht-Identisches markieren. In der Psychoanalyse ist lange Zeit ein zu rigider Identitätsbegriff benutzt worden (vgl. Erikson 1966). Identität ist psychoanalytisch nicht einfach ein positives Merkmal. Identität bestimmt sich nicht allein durch die stabile oder fixierte Übernahme von Identitätsbausteinen oder Identifizierungen, sondern zugleich durch die Relativierung solcher Bausteine, also durch Prozesse der Des-Identifikation. Erfahrung im doppelsinnigen Kontext des Anderen ist daher auch immer gebunden an das Zulassen von Nicht-Identität. »Ganz Selbst, absolut differenziert sein, bedeutet sogleich [...] abgründige Entfremdung«, so formuliert Adorno (1958). Individualität erhält sich nur über die Abweichung, dadurch dass sie nicht in Zuschreibungen und Festlegungen aufgeht, handle es sich nun um die eigenen Erlebnisse oder handle es sich um die Bilder, die wir von anderen haben.

Der Perspektive des Nicht-Identischen erscheint Gewalt als identifizierende Gewalt. Gewalt spielt dort eine Rolle, wo keine Spielräume mehr offen gehalten werden. Dieser Gedanke gilt auch in seiner Umkehrung. Die psychoanalytische Therapie ist nicht zufällig, sondern aus prinzipiellen Gründen gewaltkritisch, weil sie heterogene Erfahrungsräume sucht bzw. zulässt. Gewalt als identifizierende Gewalt wirkt sich zwischenmenschlich so aus, dass der andere auf einen und nur einen Anteil seiner selbst reduziert, zurückgeführt, ja zurück gezwungen wird. Gewalt ist also dort wirksam, wo die Relativierung von Identitätsvorgaben nicht mehr wirksam ist, sondern das Festhalten an ihnen von außen erzwungen wird.

Das nächste und vorletzte Kriterium, die Frage nach Notwendigkeit oder Kontingenz von Gewalt, ergibt sich aus der Identitätsdiskussion. Identifizierende Einflüsse prägen die Lebensgeschichte buchstäblich von Anfang an.

Und diese enthalten identifizierende Gewalt. Von psychoanalytischen Theoretikern am eindringlichsten hat wohl Bergeret (1995) auf die »fundamentale Gewalt« hingewiesen, die die frühesten Beziehungsformen beherrscht, noch bevor Hass und Zorn empfunden werden. Die fundamentale Gewalt wird als ein ursprüngliches imaginäres Konstrukt zwischen Mutter und Kind ausgehandelt, in dem es um das Überleben, um Leben und Tod, um Matribzw. Infantizid geht. Andere Autoren haben andere früheste gewaltförmige Phantasien beschrieben und als Bausteine der normalen Entwicklung aufgefasst. So hat Aulagnier (1975) die Einführung in die Sprache als Gewalt der mütterlichen Interpretation, Laplanche (1985) in seiner allgemeinen Verführungstheorie die prägenden Einflüsse der Eltern als Gewaltverhältnisse beschrieben. Das Prinzip ist immer das gleiche: Identitätsentwicklung ist immer auch Übernahme von Identitätsvorgaben, ist immer auch Delegation. Wir übernehmen nicht nur die Bilder, die wir von anderen haben in die eigene Identitätsvorstellung, sondern auch die Bilder, die andere von uns entwerfen und bilden Repräsentationen von Repräsentationen aus (vgl. Fonagy, Target 1996). Nur wenn wir diese unvermeidliche Gewaltförmigkeit von Identitätsbildungsprozessen begreifen, können wir uns verständlich machen, dass es in cinem gewissen Umfang einer Gewalt bedarf, um sich von ihnen auch wieder zu distanzieren, sie also bewerten zu können. Anders werden wir z. B. Gewaltphantasien, wie sie in der Pubertät eine Rolle spielen, nicht verstehen können. Pubertätsentwicklung ist eine Entwicklung der Des-Identifikation, mit dem Ziel, Identitätsvorgaben zu überprüfen und eigenständig übernehmen oder zurückweisen zu können.

Das letzte Kriterium fügt sich zwanglos in das Beispiel der Pubertätsentwicklung ein. Wenn Prozesse der Des-Identifikation notwendig sind und wenn sie gut gelingen sollen, dann brauchen sie einen Rahmen, in dem sie sich abspielen können, sei es der familiäre Dialog, sei es die Unterstützung der Peer-Group. Gewaltverarbeitung ist an einen solchen intersubjektiven Kontext gebunden.

Am Ende des ersten Hauptteils angelangt, sollen die erarbeiteten Kriterien noch einmal zusammenfassend aufgezählt werden:
1. Gewalt ist, unter dem Gesichtspunkt der Repräsentation von Erfahrungen betrachtet, Festlegung und mit Denk- und/oder Sprachverboten verknüpft.
2. Gewalt ist auch zwischenmenschlich Festlegung und Absprache von Andersartigkeit.
3. Gewalt kann willkürlich ausgeübt werden, aber auch unvermeidbar sein.

4. Gewalt kann sichtbar, aber auch verborgen ausgeübt werden.
5. Gewalt kann unterschiedlich bewertet werden, als willkürliche, aber auch als notwendige Gewalt.
6. Gewalt kann nur in einem intersubjektiven, triangulierten Rahmen relativiert, überwunden und verarbeitet werden.

Formen der Gewalt

Im zweiten Teil werden nun, ausgehend von den gerade erarbeiteten Dimensionen, Formen von Gewalt dargestellt.

Implantierte Gewalt
Lebensgeschichtlich frühe Formen von Gewalt sind in einem gewissen Umfang unausweichlich. Der Erwachsene, der innerhalb einer Sprach- und Geschlechterordnung sozialisiert ist, zwingt dem neugeborenen Kind notgedrungen Merkmale auf, mit denen es sich zu identifizieren hat. Das einfachste Beispiel ist die Namensgebung. Von diesen Einflüssen als von Gewalt zu sprechen, mag irritieren, weil sie ja unvermeidbar und zugleich identitätsbildend sind, dennoch ist, wie wir gesehen haben, diese Identitätsbildung gewalttätig. Die weitere Entwicklung des Kindes wird von der Haltung der Eltern beeinflusst, nämlich ob sie sich bewusst bleiben, dass sie eine Stellvertreter-Funktion haben, Stellvertreter in der notwendigen Ausübung von Macht sind. Ähnlich wie es Lacan für den Analytiker beschrieben hat, sind auch die Eltern Subjekte, denen das Kind Wissen und Macht unterstellt. Die Eltern müssen bloß zulassen, dass diese Unterstellung auch wieder rückgängig gemacht werden darf. Wie bereits erwähnt, müssen aus dieser Perspektive Pubertätsentwicklungen ernst genommen werden, nämlich als Prozesse der Rücknahme solcher infantiler Gewalt, wodurch den Kindern die Chance erwächst, sich die Identitätsvorgaben tatsächlich anzueignen (»Was du ererbst von deinen Vätern, erwirb es um es zu besitzen«).

Willkürliche und intendierte Gewalt, die in den frühesten Lebensabschnitten das Kind betrifft, potenziert diese strukturelle und zwangsläufige Gewalt. Die Folgen sind deshalb so verheerend, weil sich die erlittene Gewalt im Ich implantiert und zum Kern der psychischen Identität wird. Diese implantierte Gewalt bestimmt das eigene Handeln und ist gleichwohl nicht reflektierbar, sie kommt nicht in den Blick, gerade weil sie Teil der eigenen Identität ist, sie kann, wenn überhaupt, nur an ihren handlungsbezognen Auswirkungen erfahren werden. Das klinisch fassbare Resultat früher Traumatisierungen ist die Gewalt, die im Wiederholungszwang liegt, der eigentlich eine Wiederkehr bedeutet. Die früh erfahrene Gewalt kann nicht gedacht, sie kann bloß immer nur neu aufgelegt werden. Und doch ist diese Wiederkehr nicht sinnlos. Sie möchte sich in Wiederholungen umwandeln, in wieder-(ein)holende Erinnerung, sodass Gewalt endlich sichtbar wird, aber auch repräsentiert werden, also in die Vielfalt der persönlichen Erfahrungswelt hinein vernetzt werden kann.

Die Therapie mit Borderline Patienten lehrt uns viel über solche implantierte Gewalt. Immer neu schockierend – und deshalb auch von Freud als Ausdruck des Todestriebs verstanden – bleibt die Art und Weise, wie früh erlittenes Elend nicht verarbeitend beendet, sondern unentwegt reproduziert wird. Aber etwas anderes ist nicht möglich, wenn die Implantation von Gewalt zur eigenen Identität geworden ist. Wir sollten nicht das kommunikative Angebot unterschätzen, dass in scheinbar pathologischen Symptomen liegt, die wir als »Impulskontroll-Störungen« zu betrachten gelernt haben. Das Risiko zeitgenössischer Psychodiagnostik schwerer Persönlichkeitsstörungen liegt m. E. in ihrer einseitigen Psychopathologisierung, d. h. in der Übernahme von Defizitmodellen in die psychodynamische Diagnostik. Selbstverletzung ist nicht allein Ausdruck mangelhafter Affekt- und Impulsregulation. Es ist erstens eine Inszenierung und einzig möglich Vergegenständlichung von ansonsten unsichtbarer, den Ich-Kern besiedelnder Gewalt. Es ist aber zweitens auch ein Heilungsversuch. Fonagy und Target (1996) ist ein Konzept zu verdanken, dass es erlaubt, den *gewalttätigen Patienten* zu verstehen, wie der Titel dieser bedeutsamen Arbeit heißt. Die Autoren interessieren sich seit einigen Jahren für die so genannte *Theory of Mind*, also über die Vorstellungen, wie das Seelenleben bei mir selbst und bei anderen funktioniert. Frühe pathologische Gewalt beschreiben sie so, dass die Eltern kein Bild vom Seelenleben des Kindes entwerfen, die Beziehung zum Kind auch nicht reflektieren und auf diese Weise es dem Kind auch nicht ermöglichen, ein lebendiges Bild des eigenen Innenlebens zu introjizieren. Die dann im Erwachsenenleben ausgeübte Gewalt dieser so früh allein gelassenen Menschen versucht diese Verinnerlichungen von Abweisung und Leere – denn auch die Nicht-Beziehung wird übernommen und repräsentiert – wieder los zu werden. Die negativen Implantate werden z. B. auf den Körper projiziert und dort durch Misshandlung des eigenen Körpers zu bearbeiten versucht. Sie sollen sich verändern und doch noch eine Resonanz auslösen, z. B. im erfahrenen Schmerz. Mit anderen Worten, die im Erwachsenenalter sichtbare Gewalt lässt sich als Gegen-Gewalt verstehen, nicht nur und ausschließlich als Wiederkehr, sondern als Versuch, gewaltsam introjizierte Identitätsbausteine zu externalisieren, sich also gegen erzwungene Repräsentanzen zur Wehr zu setzen. Mit Hilfe meiner Kriterien beschrieben, enthalten diese Rettungsversuche mehrere Schritte: Eine Externalisierung und damit Sichtbarmachung von vorher im Selbst verankerten Repräsentanzen – die Bekämpfung dieser Repräsentationen – den Wunsch, dass an ihrer Stelle andere Erfahrungen treten mögen, um andere Identitätsvorstellungen aufbauen zu können.

Traumatische Gewalt
Traumatische Gewalt, die in späteren Lebensabschnitten zugefügt wird, hat gegenüber diesen früh implantierten Formen der Gewalt nur einen Vorteil, nämlich dass sie sichtbar ist. Sie wird nicht verdrängt, allerhöchstens abgespalten oder dissoziiert. Sie muss nicht erst aus einem Selbst herausgeschafft werden, in das sie eingepflanzt worden ist. Aber sie ist genauso wenig verarbeitbar, weil sie sich nicht an andere Erfahrungen anschließen lässt. Der Gewalt ausübende Täter negiert in jeder Form der beziehungsgebundenen Traumatisierung die Freiheit des anderen und jede Form der Anerkennung ist zerstört. Traumatische Gewalt knüpft an keine notwendigen Entwicklungsbedingungen an, sie ist absurd. Gerade weil Traumatisierungen den Traumatisierten dehumanisieren, zerstören sie die persönliche Geschichte. Der zugefügte körperliche und seelische Schmerz zerreißt die seelischen Zusammenhänge und in der so entstandenen »Bindungslosigkeit« entsteht als Ersatz eine traumatische Repräsentation, eine Repräsentation des Traumas, das aber mit anderen Erfahrungen nicht mehr verbunden werden kann. So wird das Denken des anderen durch die Dehmanisierungserfahrung verunmöglicht. Ihre interaktionell agierte Komponente ist ein Versuch, in einer intersubjektiven Beziehung Voraussetzungen für die Repräsentation des nicht Repräsentierbaren zu schaffen.

Der klinische Kontext soll an dieser Stelle nicht weiter ausgeführt werden. Vergleichbare Prozesse behindern die Bewältigung nicht nur individueller, sondern auch kollektiver historischer Traumatisierungen. Die kriegerischen Auseinandersetzungen zwischen Israelis und Palästinensern sind ein aktuelles, erschreckendes Beispiel. Die fürchterliche kumulative Traumatisierung des jüdischen Volkes wurde mit der Gründung des Staates Israel nicht überwunden, sondern nur interaktionell agiert. Den Palästinensern wurde das angetan, was zum Trauma des Judentums gehört: Vertreibung, Unterdrückung und Ausgrenzung. Die politischen Kämpfe um die Anerkennung des palästinensischen und auch des israelischen Staates zeugen von der Unmöglichkeit, die jeweils anderen anzuerkennen und ihnen ein Lebensrecht zu lassen. Die inszenierte Gewalt ist destruktiv, weil sie es nicht vermag, neue völkerrechtlich verbindliche Repräsentationen zu schaffen, ebenso wenig wie die UNO es vermag, einen Rahmen für dieses immer neu traumatische Agieren zur Verfügung zu stellen. Wie wenig auch das Denken des Anderen, die Berücksichtigung von alternativen Repräsentationen möglich ist, zeigt der Streit um die Stadt Jerusalem, verdichtet durch den Streit um den Tempelberg, dessen Bedeutung keine Seite in irgendeiner Weise relativieren oder verändern kann. Der Tempelberg ist für beide Seiten zu einer Allegorie geworden, und diese steht für Selbstbehauptung, historische Identität und Freiheit. Allegorien aber dienen dazu, eine Einstellung oder ein Gefühl zu verkörpern, sie sind besonders unbewegliche und versteinerte, weil verdinglichte Repräsentanzen. Die einzige Rettung wäre doch, könnte sich die eine Seite in der anderen wieder erkennen, könnte für die israelische Politik deutlich werden, dass sie mit der Bedrohung der Palästinenser das eigene traumatische Schicksal wiederkehren lässt, sich im anderen und das heißt auch im Opfer der eigenen Gewalt wieder zu erkennen, dies wäre eine Chance für das Ende von Gewaltspiralen, so wie wir es aus der klinischen Erfahrung kennen, nämlich dann, wenn Empathie für das Opfer der eigenen Gewalt dann werden kann, weil es als Stellvertreter für das eigene geschädigte Selbst erkannt wird.

Noch anspruchsvoller wäre es, sollten die Politiker der US-Regierung aufgefordert werden, stellvertretend für die US-Amerikaner in den Selbstmordattentätern einen verleugneten Teil ihrer selbst wiederzufinden. Bei genauerer Betrachtung verringert sich die in diesem Gedanken enthaltene provokative Zumutung: Wenn Bush vom Kreuzzug spricht, offenbart sich die Wiederkehr der abendländischen Gewalt sprachlich. Noch konkreter aber könnte die USA sich in den Taliban wiedererkennen, weil deren Gewalt z. T. die eigne ist: Die Taliban wurden von den amerikanischen Militärs zu subversiven Partisanen gegen die Russen im russischen Afghanistankrieg ausgebildet. Damals zumindest waren sie willkommen, sollten sie doch erst gegen die Russen kämpfen und dann für die USA die Ölversorgung garantieren.

Repressive Gewalt
Das Unvermögen, sich von erlebter Gewalt zu distanzieren, führt zu aktiver Reproduktion von Gewalt. Aus dem Opfer wird selbst ein Täter. Psychotherapeutisch bedeutete es einen großen Fehler, bei traumatisierten Menschen die aktiv reproduzierte Gewalt zu übersehen.

Diese aktive Gewalt wird durch einen weiteren Mechanismus verstärkt. Jede, auch noch so rudimentär angelegte Identität wird gewaltsam verteidigt, auch wenn sie gewaltsam entstanden ist. Damit ist ein weiterer Zusammenhang zwischen Identifizierung und Gewalt angesprochen. Gewalt wird aktiv eingesetzt, um eine einmal erreichte Identität vor Angriffen zu schützen und Infragestellungen abzuwehren. Das Andere des eigenen Selbst wird nicht zur Reflexion zugelassen, es wird als fremd angesehen und gerade auf diejenigen projiziert, die diese alternativen Selbstaspekte mobilisieren könnten – gegen diese »agents provocateurs« wird dann Gewalt ausgeübt.

Gewalt wird nicht nur eingesetzt, um die Andersheit des anderen zu unterdrücken, sondern auch dazu, um das Selbst vor dem Anderen, vor anderen Möglichkeiten des eigenen Selbsts zu schützen. Die Gewalt, die aus einer »Identitätsverteidigung« hervor geht, spielt in der Neurosenpsychologie eine große Rolle. Sie hat uns gelehrt, dass die gegen das eigene Selbst angewandte Gewalt Folgekosten hat; das Nicht-Identische wird nicht einfach zum Schweigen gebracht, sondern äußert sich an einem anderen Ort.

Diese Gewalt, die aus dem Nicht-Zulassen des Anderen der eigenen Identität entsteht, die sich gegen das Nicht-Identische in der eigenen Person und in der Beziehung zu anderen wehrt, ist nicht so schwer zu verstehen, wie die Folgen traumatischer Gewalt. Dadurch wird der Umgang mit ihr aber nicht leichter. Sie ist eine repressive Gewalt, die durch selbstbezogene unbewusste Abwehrmechanismen z. B. Triebregungen nicht zulässt. Freud hat an vielen Stellen seines Werkes diese innere Gewalt für primär gehalten, z. B. dort, wo er bei der Beschreibung des primären Masochismus davon ausgeht, dass alle Aggression ursprünglich im Ich versammelt ist, ein gehöriger Teil auch dort verbleibt und erst sekundär gegen andere gerichtet wird (vgl. Laplanche 1985). Die repressive Gewalt äußert sich im Verhältnis zu anderen als Kontrolle oder Unterdrückung, oft als Verteufelung, weil die Projektion der verleugneten Eigenanteilen gegen das Andere meiner selbst schützt, dass beim anderen bekämpft wird.

Diese Gewalt – und das macht eine weitere Schwierigkeit im Umgang mit ihr aus – kann erotisiert werden. Aus dieser Erotisierung entsteht der Hass und der Sadismus. Gewalt wird zur Quelle der Befriedigung und daher schwer veränderbar. Um auf diese Befriedigung nicht verzichten zu müssen, ist fast jedes Mittel recht. Rechtfertigungen für die Anwendung von Gewalt sind sowohl individuell als auch gesellschaftlich äußert vielfältig (vgl. Gay 1996; Reemtsma 1998). Dennoch kann man sie auf verschiedene Muster einengen.

1. Gewalt rechtfertigt sich durch die Entwertung des Objektes. Wenn das Gegenüber wertlos ist, dann ist es ohne ethischen Belang, ob es geschädigt wird oder nicht; historisch ist so der Rassismus gerechtfertigt worden. Ein aktuelles Beispiel ist m. E. die Rede von »the evil«, die Tony Blair in den letzten Tagen angestimmt hat. Zizek (2001) schreibt dazu:

   »In diesen Tagen ist die vorherrschende Sichtweise die des unschuldigen Blickes, der sich einem unsagbar Bösen gegenüber sieht, das von außen hereinbrach – und hinsichtlich dieses Blickes sollten wir auch hier wieder die Kraft aufbringen und Hegels bekanntes Diktum darauf anwenden, dass das Böse auch in dem unschuldigen Blick selbst liegt, der überall um sich herum Böses wahrnimmt.«

2. Aus jedem Kinderstreit bekannt ist der Mechanismus der Projektion, durch den Gewalt als immer von außen kommend angesehen und die eigenen Gewalt nur als Reaktion verstanden wird: Nach dem Muster »der andere hat angefangen...«. Auf diese Weise können die islamischen Fundamentalisten die christlichen Kreuzzüge und die christlichen Politiker die inhärente Gewaltsamkeit des Islam als Anfang allen Übels brandmarken.

3. Gewalt legitimiert sich auch durch Ideologie. Weltanschauliche Argumentationen spielten, wie Gay (1996) subtil gezeigt hat, im ausgehenden 19. Jahrhundert für den Imperialismus, der sich sozialdarwinistisch rechtfertigte, eine große Rolle: Die natürliche Auslese, der Kampf ums Überleben der Angepasstesten usw. sind biologische Grundgesetze, die als solche unveränderlich sind; wenn man gewalttätig ist, folgt man ihnen bloß. Auf diese Weise suspendieren sie von der persönlichen Verantwortung. In ähnlicher Weise wird heute die Naturwüchsigkeit der Globalisierung beschworen und zur Rechtfertigung v. a. ökonomisch bedingter Gewalt missbraucht.

4. Repressive Gewalt aufzugeben, würde bedeuten, eigene Gewaltsamkeit anzuerkennen. Dies ist schwieriger, als zugefügter Gewalt ins Auge zu sehen. Klein hat davon gewusst, als sie die depressive Position als Reifungsschritt beschrieb: Sie ist gebunden an die Anerkennung von Schuld, von eigener Aggressivität und verknüpft mit dem Wunsch nach Wiedergutmachung. Die Anerkennung der eigenen vorher verleugneten Gewalt – und dies ist eine wichtige Implikation des Konzeptes – führt dazu, die Reduktion des anderen zum Objekt, die in der Gewalt liegt, ebenfalls anzuerkennen. Die Anerkennung intrapsychischer und interaktioneller Gewalt gehören zusammen.

Die repressive Gewalt ist vielleicht mit der Gewalt von neurotischen Prozessen vergleichbar. Sie hat gegenüber der traumatisierten Gewalt den Vorteil, nicht in den Identitätskern des anderen vorzustoßen, repressive Gewalt ist schneller als Gewalt sichtbar zu machen, und damit leichter kritisierbar. Da sie affektiv fassbarer in den eigenen psychischen Haushalt oder zwischenmenschliche Verhältnisse eingreift, ist sie besser veränderbar. Ihr entspricht auf der gesellschaftlichen Ebene die mehr oder weniger sichtbare Unterdrückung – Formen von repressiver Gewalt eben – mit denen leichter umzugehen ist, als mit verschleierter Gewalt.

Resonanzphänomene von Gewalt
Um Gewalt aufzugeben braucht es einen verstehenden, die Gewalt nicht verstärkenden Rahmen. Gewaltsamkeit kann nicht verboten werden, weil diese Form des Verbots leicht Gegengewalt provozieren, also die ursprüngliche Gewalt nur verstärken kann. Gewalt muss und kann oft nicht toleriert werden, muss aber mit Mitteln beantwortet werden, die die Gewalt nicht nur erneuern und verstärken.

Interessant ist in diesem Zusammenhang die Gewaltdiskussion, die während der und nach den 68er Jahren in der BRD stattgefunden hat. In der Studentenbewegung wurde staatliche Gewalt benannt, Institutionen als unterdrückend beschrieben, die Ausgrenzung all derer kritisiert, die in ein schmales bürgerliches Normenkorsett nicht passen wollten. Dabei wurde die Gewaltdiskussion nicht theoretisch geführt; ihr besonderes Merkmal war die affektive Durchdringung, das persönliche Durchleben der gesellschaftlichen Fragen: Die Frage nach der politischen Gewalt war nicht mehr Stammtischen oder Parteisitzungen vorbehalten, sondern wurde zu einer unausweichlichen Frage nach den ganz eigenen Lebensformen. Im Zeichen dieser Gewaltdiskussion wurde plötzlich alles infrage gestellt, was vorher unhinterfragt geblieben war, die kapitalistische Wirtschaftsform, bürgerliche Verkehrsformen, universitäre Traditionen, die Vergangenheit der Vätergeneration im Nazi-Deutschland etc. Gerade an diesem Punkt, also der Aufarbeitung deutscher Geschichte bzw. der Verhinderung solcher Aufarbeitung, schlossen sich abstrakt gesellschaftliche und konkret familiäre Gewaltdiskussionen kurz: Die Gewalt des Schweigens über vergangene Untaten führte tatsächlich dazu, wie Brecht es in einem Gedicht formulierte, dass ein Gespräch über Bäume wie ein Verbrechen klang, weil es so viel Ungesagtes enthielt.

Gleichviel, ob die Art und Weise, wie diese Gewaltdiskussion geführt wurde, einem linken Faschismus entsprach, wie dies kurzfristig Habermas meinte (und selbst das wäre nicht verwunderlich, wenn schon dort die nicht aufgearbeitet deutsche Geschichte sich wiederholt hätte): Das persönliche Leiden an der Gewalt wurde selbst als Gewalt missverstanden und mit staatlicher Gewalt beantwortet. Die Folgen sind historisch bekannt, die symmetrische Eskalation von Gewalt zwischen staatlicher Ordnungsmacht und RAF.

»Es bildete sich, in Gesinnungen und in politischer Praxis, [...] das sogenannte Establishment, die etablierte Ordnung. Eine gute und vor Selbstgerechtigkeit strotzende Gesellschaft, die alles, was radikale Kritik an diesem Zustand übte, in Gewaltverdacht brachte und mit innerstaatlichen Feinderklärungen auszugrenzen versuchte« (Negt 1995, S. 59).

Bis heute ist die 1968 begonnen Diskussion über gesellschaftliche und individuelle Gewalt nicht zu Ende geführt worden. Dies zeigte sich im Frühjahr 2001 an den Anschuldigungen gegen Joschka Fischer und Jürgen Trittin. Beide wurden aufgefordert, sich von ihren in der Studentenbewegung verübten Taten zu distanzieren und sie zu verurteilen. Es wurde von ihnen erwartet, dass sie widerrufen, ohne jede Rücksicht auf die persönliche, lebensgeschichtliche Entwicklung, die doch solche Distanzierung völlig unnötig macht: sie wurden einer inquisitorischen Gewalt ausgesetzt.

Das Problem, um das es mir geht, ist das Problem einer eskalierenden äußeren Verstärkung von innerer Gewalt, die immer neue Gewalt erzeugt. Auch hier hätte die Chance darin bestanden, dass eine Gesellschaft sich in ihren ausgegrenzten Mitgliedern wieder erkennt, dass es möglich gewesen wäre, statt ein Freund-Feind-Schema aufzubauen, das Andere zu denken, und das hätte bedeutet, dass die Parteien über die gesellschaftliche Gewalt des System nachdenken, über die Perpetuierung von Gewaltverhältnissen in den eigenen Reihen, wenn z. B. NSDAP-Mitglieder in höchste Staatsämter aufsteigen konnten. Es wäre dann möglich gewesen, sich zu überlegen, ob nicht die RAF die verleugnete Gewalt der deutschen Geschichte zu verkörpern hatte.

Verleugnete Gewalt
Mit einem weiteren Zitat von Oskar Negt soll zur letzten zu beschreibenden Form von Gewalt übergeleitet werden:

»Ein vernunftorientierter, das heißt auf Verminderung von Gewalt, Alltagsaggression, Unterdrückung und Unglück gerichteter Gewaltdiskurs ist nur möglich, wenn die scheinbar gewaltlosen Mechanismen des gesellschaftlichen Produktions- und Reproduktionsprozesses, wenn die zentralen Ordnungsprinzipien der Gesellschaft in diese kritische Auseinandersetzung einbezogen werden und die Tabus, mit denen Gewalt belegt ist, gebrochen sind« (Negt 1995, S. 50).

Es geht im Folgenden um den Schein von Gewaltlosigkeit und um die Tabus, mit denen Gewalt belegt ist. Während der 68er-Diskussionen hat Marcuse von der repressiven Entsublimierung gesprochen; er wollte zeigen, dass die Liberalisierung sexueller Verkehrsformen nicht wirklich einer sexuellen Befreiung Vorschub leistete, statt dessen bloß gesellschaftliche Repressivität verfeinerte, die dann nicht mehr auf Verbot und Überwachung basierte, sondern auf Normierung, auf Implantierung sexueller Klischees durch die Medien etc. In Analogie hierzu könnte man von einer »repressiven Triangulierung« sprechen. Ihr Kennzeichen ist die Verschleierung von Gewaltmechanismen unter der Vorgabe einer Liberalisierung der Interaktionsformen. Dies kann an einem betriebswirtschaftlichen Modebegriff, dem der Transparenz, erläutert werden. Transparenz ist in der betriebswirtschaftlichen Unternehmensführung wichtig geworden, um anzuzeigen, dass Macht in Betrieben nicht hinter dem Rücken der Betriebsmitglieder ausgeübt, sondern offengelegt wird. Nun gibt sich aber diese Betriebsführung oft genug nur offen, ohne es auch wirklich zu sein. Sie bedient sich einer partiellen Informationspolitik, Offenheit ist eine Offenheit, die den Entscheidungen erst nachfolgt, sodass nur Anordnungen, nicht aber Fragestellungen offen gelegt werden. Offenheit ist aber wohlfeil, wenn alle Entscheidungen schon gefällt sind. Oder Transparenz wird in Bereichen geübt, die nicht mehr wirklich handlungsrelevant sind. (vgl. Müller 2000).

Das gleiche Phänomen zeigt sich auch in familiären Erziehungsstilen. So ist eine liberale Erziehung auch durch eine Verleugnung von Machtverhältnissen und Pseudotransparenz gekennzeichnet. In familiären Beziehungen ist diese Interaktionsform mit unbewussten Vorgängen verbunden, z. B. mit dem Wunsch, dem Kind jede Form von Repression zu ersparen, es ausschließlich zu fördern, nur tolerant zu sein. Auf diese Weise kann es für ein Kind schwer werden, sich überhaupt in der Wunsch- oder Verbotswelt der Eltern zurecht zu finden. Die Eltern erscheinen dann tendenziell nicht mehr als Eltern, die Kinder nicht mehr als Kinder.

Psychoanalytisch gesprochen lässt sich diese Form von verleugneter Gewalt mit der Struktur einer Perversion vergleichen. Diese ist ja dadurch gekennzeichnet, dass präödipale Verhältnisse so genommen werden, als wären sie bereits ödipal strukturiert: Ein Kind wird wie ein Erwachsener Partner, mit allen Konsequenzen, behandelt, ein Partialobjekt wird wie ein vollständiges Liebesobjekt begehrt usw. (Chasseguet-Smirgel 1986). In gleicher Weise kann Gewalt so verschleiert werden, als wäre sie bereits aufgehoben, als müsse nicht mehr um sie gestritten werden und als wäre sie bereits durch Partizipation ersetzt.

Auch dieser 2. Hauptteil soll kurz zusammengefasst werden. Wir werden, wenn wir verschiedene Gewaltformen beschreiben, darauf aufmerksam, wie Gewalt, soll sie wirksam bekämpft werden können, erst sichtbar zu machen ist. Als implantierte Gewalt ist sie gar nicht mehr erkennbar und muss dem Selbst erst entfremdet werden. Aus ganz anderen Gründen ist auch verleugnete Gewalt nicht sichtbar. Um Gewalt sichtbar zu machen, bedarf es großer Anstrengungen, Rechtfertigungsmechanismen müssen überwunden werden, für selbstverständlich gehaltene Selbst- und Weltsichten müssen in Frage gestellt, unter Umständen fundamental revidiert und entidealisiert werden. Um Gewaltbereitschaften abzubauen ist noch mehr gefragt, nämlich ein Umdenken in Bezug auf die eigene Identität, weg von einem fixierten hin zu einem dynamischen Identitätskonzept.

Solche Infragestellungen bedürfen eines Ortes, eines Übergangsraumes, der den Des-Identifikationsprozess zu einer konstruktiven Krise werden lassen kann und gerade nicht zu einer weiteren Überwältigung, durch die nichts gewonnen wäre. Dieser Ort muss ein Sprachraum, ein Gesprächs- und Verständigungsraum sein, eine »gewaltlose Sphäre menschlicher Übereinkunft« wie Benjamin sagt, weil »die eigentliche Sphäre der Verständigung, die Sprache [...] der Gewalt völlig unzugänglich ist« (S. 48). Als Psychoanalytiker untersuchen wir die Gewalt, die durch Sprachzerstörung, Denkverbote und Verständigungsverbote entsteht und setzen ihr einen Möglichkeitsraum entgegen, der es erlaubt, Nicht-Identisches zu artikulieren. Wir setzen ihr ein Beziehungsangebot entgegen, das darauf ausgerichtet ist, das Andere der eigenen Person und die Andersartigkeit des Mitmenschen anzuerkennen. Dies setzt der Gefahr, dass Gewalt nur Gewalt erzeugt, das ohnmächtige, aber allein wirksame Mittel der Selbstreflexion entgegen; ich zitiere abschließend, wie Derrida vor wenigen Tagen infinite justice definiert: »von den eigenen Fehlern, dem eigenen Unrecht, den Irrtümern (der eigenen Politik) sich nicht freisprechen, und sei es auch in dem Augenblick, da man den furchtbarsten Preis für sie zahlt« (zit. n. Wenzel 2001).

Schluss

Einige Anliegen dieser Arbeit sollen auf einem etwas ungewöhnlichen Wege zusammengefasst werden, nämlich auf dem Umweg über die Literatur. Märchen beschäftigen sich seit eh und je mit Gewalt und ihrer Überwindung.

Viele klassische Kinderbücher tun es auch, und bringen den Kindern auf diese Weise etwas bei, was von den Eltern vernachlässigt oder vermieden wird.

Die These ist nun, dass der überraschende Welterfolg der Harry Potter-Bücher u. a. damit zu tun hat, dass diese sich in einer zeitgenössisch adäquaten Weise mit Gewaltphänomenen befassen. Die Atmosphäre der Menschen (Muggles) wie der Zauberwelt von Hogwarts ist durch die Allgegenwart von Gewalt geprägt; jede Schulkind-Idylle, die es durchaus auch gibt, jede präpubertäre Heiterkeit wird beständig von Gewaltphänomenen durchstoßen. Die soeben beschriebenen Formen der Gewalt lassen sich m. E. plastisch in den Romanen wiederfinden.

1. Harry Potter wächst bei seinen Pflegeeltern, den Dursleys, in einer typischen Muggle-Welt auf. Die Erziehungsgewalt ist krass, Harry Potter erhält statt eines Zimmers einen Wandschrank. Im Gegensatz zum verwöhnten eigenen Sohn wird ihm eigentlich alles verboten. So hart und schwerwiegend sie erscheint, diese Darstellung repressiver Gewalt wirkt auf den Leser lächerlich, wie eine antiquierte Form von Gewaltausübung. Sie hindert Harry Potter nicht wirklich in seiner Weiterentwicklung und Identitätssuche.
2. Auch traumatische Gewalt ist in den Büchern allgegenwärtig. Harry ist ein schwer traumatisiertes Kind. Denn Tom Riddle alias Lord Voldemort (Todesdieb) alias »You-know-Who« hat versucht, Harry und seine Eltern zu töten, als Harry ein Jahr alt war. Der Vater erliegt diesem Angriff sogleich, doch Harry wird von seiner Mutter geschützt: Voldemorts Gewalt prallt an ihr ab und wirkt auf ihn selbst zurück und beraubt ihn zwar nicht seines Lebens, aber seines Körpers. Die Mutter stirbt, doch Harry überlebt und behält nur eine blitzförmige Narbe auf der Stirn zurück. Voldemort selbst ist auch traumatisiert. Seine Mutter verstarb bei seiner Geburt.
3. Voldemort, die Verkörperung des Bösen, ist selbst ohne Körper. Weil er den eigenen verloren hat, materialisiert er sich nur in den Körpern von anderen, in Gastkörpern, taucht also nur im Körper anderer Personen auf. Ein einfacheres und drastischeres Bild für implantierte Gewalt könnte man nicht finden. Dass er im vierten Band seinen Körper neu bildet, wird zwar wie eine Stärkung seiner Position beschrieben, bedeutet aber trotzdem eine Erleichterung für Harry, weil der Gegner auf diese Weise sichtbar wird.
4. Harry kann der Gewalt seines Gegners nur widerstehen dank der guten Introjekte von Vater und Mutter. Die Liebe der Mutter legt eine Art von

Bannkreis um ihn, der seine Vernichtung verhindert, der Vater erscheint als Retter in der Not, z. B. in Gestalt eines Hirsches, und es ist schön beschrieben, wie Harry mit der Zeit nicht recht zu unterscheiden vermag, ob der Hirsch zu ihm selbst oder zum Vater gehört. Das Gegenstück zu diesen positiven, schützenden Introjekten sind die negativen Container, die an die Mafia-Gesellschaft erinnern, die Rosenfeld (1990) als Metapher für die Repräsentationen des destruktiven Narzissmus gewählt hat. Im Roman handelt es sich um die Dementoren, die ihren Opfern den Verstand rauben – negative Container deshalb, weil sie nicht böse Erfahrungen entgiften, sondern sich vom Glück und den Hoffnungen ernähren, sodass in denen, die ihnen begegnen, nur die schlimmsten Erinnerungen und Ängste übrig bleiben. Sie erzeugen dadurch Resonanzphänomene, Verstärkungen von erfahrener Gewalt, die schließlich unerträglich wird. Ihre Gewaltsamkeit gipfelt ausgerechnet im Kuss, denn er raubt die Seele. Die Gewalt der Dementoren setzt an der Repräsentation an; daher sind sie so exzellente Gefängniswärter: sie üben Gewalt aus, indem sie Gedanken rauben, die Gefangenen können nicht mehr auf Befreiung hoffen, können überhaupt ein Jenseits des Gefängnisses nicht mehr denken: es gibt keinen Gedanken des Anderen mehr.

5. Formen von repressiver Triangulierung werden an verschiedenen Stellen des Romans verbildert. Spiele haben eine große Bedeutung, z.B. Quidditch. Als Spiel gilt es als sportlicher Wettkampf, insofern lebt es von einem triangulierenden Rahmen. Jedes Spiel aber wird rasch der Austragungsort tödlicher Gewalt. Im vierten Band ist das »Trimagische Turnier« um den Feuerkelch über lange Strecken wie ein spannender Wettkampf geschildert und erst am Schluss des Romans wird deutlich, dass von Anfang an das Spiel als Austragungsort von Machtkämpfen benutzt wurde. Harry Potters Teilnahme und alle seine Siege wurden von seinen Gegnern gesteuert. Was als Spiel erscheint, wird von Gewaltmechanismen gleichsam unterhöhlt. Diese Subversion des schönen Scheins begleitet Harry Potter auf Schritt und Tritt, so z. B. wenn liberale, zugewandte Lehrer sich als Feinde enttarnen. Die Autorin treibt die Maskeraden sehr weit, es sind Maskeraden von Maskeraden von Maskeraden: Mad-Eye Moody sieht fürchterlich aus, aber unter der schrecklichen Physiognomie steckt ein solidarischer Zaubermeister und Helfer für Harry Potter, der sich am Ende des vierten Bandes doch als Helfershelfer des Bösen entlarvt. Aber auch diese Bösartigkeit ist nur Maskerade, weil sein Körper von Mitarbeitern Voldemorts zur Inkarnation des Bösen missbraucht wurde.

Wie die periodisch erscheinenden Romane des 18. Jahrhunderts ist die Harry Potter-Geschichte mit dem vierten Band noch nicht abgeschlossen, jedes Jahr erscheint ein weiterer Band. Wenn die Vermarktungsgewalt dem Roman nicht den Garaus macht, und die Geschichte sich weiter entfalten darf, können wir auf den Schluss gespannt sei, er wird, und das ist das heikle Problem, Stellung zur Beendigung von Gewalt beziehen müssen. Eine schwache Lösung wäre es, würde sich die Geschichte in altbekannte gnostische Traditionen einordnen (Brumlik 1992), also den Kampf des Guten gegen das Böse, in dem bei allen Verwirrungen die Fronten klar sind und am Ende das Gute siegt. Die nächste, vielleicht realistischste Lösung wäre die, dass es keine Auflösung der Gewaltverhältnisse gibt. Der Roman entwickelte sich dann dahin, verschiedene Gewaltpositionen sichtbar zu machen und zu zeigen, wie jeder der Kontrahenten sich zu ihnen stellt. Es käme dann darauf an, Gewalt überhaupt wahrzunehmen und mit ihr umzugehen, nicht aber darum, sie aufzuheben. Diese Lösung hätte einen resignativen Beigeschmack, denn das würde heißen, es gäbe kein Jenseits der Gewalt, und die einzige Hoffnung wäre, wachsam zu bleiben und die eigene Position zu stärken. Eine dritte Möglichkeit lässt sich ebenfalls aus dem Text begründen, sie bestünde in der Überwindung der Gewalt, nämlich dass Harry Potter und Voldemort im anderen jeweils das Andere ihrer Selbst entdecken und nicht mit ihren konträr angelegten Identitäten alleine leben müssen. Der Leser weiß davon, wie viele Gemeinsamkeiten sie haben, die noch der Aufklärung harren. Sie sind immer aufeinander bezogen; Voldemort ist der mächtigste Repräsentant des der schwarzen Magie verpflichteten Schulhauses Slytherin, in dem auch Harry Potter, wie öfter betont wird, gut aufgehoben wäre, obwohl er zu einem anderen Schulhaus gehört. Beide sprechen die Schlangensprache, beide haben den gleichen Zauberstab, der aus den Schwanzfedern desselben Vogels Phönix entstand. Um sich verkörpern zu können, benötigt Voldemort Harry Potters Blut. – Die Chance läge darin, dass der eine das Andere seiner Selbst im anderen entdeckt und so seine Identitätsvorgaben auf diese Weise erweitert. Voldemort könnte erkennen, dass Harry Potter und er durch ein vergleichbares frühes Schicksal verbunden sind, Harry Potter könnte sehen, dass Voldemort seine Eltern deshalb getötet hat, um ihm das Gleiche zuzufügen, das er selbst erlebt, aber nicht verarbeitet hat. Eine Utopie? Meine Tochter, mit der ich diese Lösung diskutiert habe, hält sie für unrealistisch. Und sie hat wahrscheinlich recht. Aber vielleicht braucht es solche Utopien, um mit der Allgegenwart von Gewalt umgehen zu können, innerhalb und außerhalb von Hogwarts.

Literatur

Adorno, T. W. (1958): Noten zur Literatur. Gesammelte Schriften Bd. 11. Frankfurt a. M. (Suhrkamp).

Adorno, T. W. (1966): Negative Dialektik. Frankfurt a. M. (Suhrkamp).

Akhtar, S., Kramer, S., und Parens, H. (ed.) (1995): The birth of hatred. Developmental, clinical and technical aspects of intense aggression. Northvale New Jersey London (Jason Aronson).

Aulagnier, P. (1975): La violence de l'interpretation. Paris (Presses Universitaires de France).

Bastian, T. (2000): Das Jahrhundert des Todes. Göttingen (Vandenhoeck & Ruprecht)

Bion, W. R. (1962): A theory of thinking. In: Second Thoughts, New York (Aronson), S. 110-119.

Benjamin, W. (1965): Zur Kritik der Gewalt. Frankfurt a. M. (Suhrkamp).

Bergeret, J. (1995): Freud, la violence et la dépression. L'oedipe et le narcissisme. Paris (Presses Universitaires de France).

Blum, H. (1995): Sanctified aggression, hate and the alteration of standards and values. In: Akhtar, S., Kramer, S., Parens, H. (ed.) (1995): The birth of hatred. Developmental, clinical and technical aspects of intense aggression. Northvale New Jersey London (Jason Aronson), S. 15-38

Brumlik M (1992): Die Gnostiker. Frankfurt a. M. (Eichborn).

Chasseguet-Smirgel, J. (1986): Kreativität und Perversion. Frankfurt a. M. (Nexus).

Diamond, S. (1996): Anger, Madness and the Daimonic. The psychological genesis of violence, evil and creativity. New York (State University of New York Press).

Erikson, E.H. (1966): Identität und Lebenszyklus. Frankfurt a. M. (Suhrkamp).

Fonagy, P., und Target, M. (1996): Den gewalttätigen Patienten verstehen. In: Berger. M., Wiesse, J. (Hg.): Geschlecht und Gewalt. Psychoanalytische Blätter Bd. 4, Göttingen (Vandenhoeck & Ruprecht), S. 55-90.

Gay, P. (1996): Kult der Gewalt. Aggression im bürgerlichen Zeitalter. München (Beck).

Green, A. (1994): Die disobjektalisierende Funktion. In: Scholz-Strasser, I. (Hg.): Aggression und Krieg. Wien (Turia und Kant), S. 9-27.

Han, B.C. (1998): Todesarten. Philosophische Untersuchungen zum Tod. München (Fink)

Kakar, S. (1996): The colors of violence. Cultural identities, religion and conflict. London Chicago (University of Chicago Press)

Kernberg, O. F. (1995): Hatred as a core affect of aggression. In: Akhtar, S., Kramer, S., Parens, H. (ed.) (1995): The birth of hatred. Developmental, clinical and technical aspects of intense aggression. Northvale New Jersey London (Jason Aronson), S. 53-82.

Laplanche, J. (1985): Leben und Tod in der Psychoanalyse. Frankfurt a. M. (Nexus).

Marcuse, H. (1970): Eros and civilization. London (Sphere Library).

Müller, W. (2000): Vertrauen und Solidarität in Arbeitsorganisationen. In: Küchenhoff, J. (Hg.) Soldarität und Selbstverwirklichung. Gießen (Psychosozial).

Negt, O. (1995): Achtundsechzig. Politische Intellektuelle und die Macht. Göttingen (Steidl).

Reemtsma, J. P. (1998): Mord am Strand. Allianzen von Zivilisation und Barbarei. Hamburg.
Rosenfeld, H. (1990): Sackgassen und Deutungen. München, Wien (Verlag Internationale Psychoanalyse).
Rowling, J. K. (2000): Harry Potter and the Goblet of Fire. London (Bloomsbury).
Wenzel, U.J. (2001) Infinite justice. J. Derrida erhält den Adorno-Preis. In: *Neue Zürcher Zeitung* vom 24.9.2001.
Widmer, P. (1990): Subversion des Begehrens. Frankfurt a. M. (Fischer).
Zizek, S. (2001): Willkommen in der Wüste des Realen. In: *Die Zeit* vom 20.9.2001.

Identität und »Deutsch-Sein«
Ein kulturpsychoanalytischer Beitrag zum Verständnis der neuen rechtsradikalen Gewalt in Deutschland

Sieglinde Eva Tömmel

»In guten Zeiten sind sie unsere Patienten,
in schlechten regieren sie uns.«
Kurt Schneider

Vorbemerkung

Dienstag Abend, 14. August 21.45 Uhr. Im ZDF werden die Nachrichten gesendet. Nach den verheerenden Selbstmordattentaten in Israel rollen die Panzer gegen palästinensische Städte, in Mazedonien wird trotz vorläufiger Einigung weiter geschossen, in Japan provoziert Ministerpräsident Koizumi Asien, da er Kriegsverbrecher im heiligen Schrein geehrt hatte.

Anschließend folgt ein kurzer Bericht aus Halle. Der ZDF-Nachrichtensprecher Wolf von Lojewski leitet diesen ein mit den Worten: Es starb nach längerem Leiden ein 58-jähriger Mann in Halle, der von drei Jugendlichen 48 Stunden lang zu Tode gequält wurde. Na ja, sagt Lojewski, Halle, Rentner zu Tode gequält, Jugendliche in Halle – das kennt man ja schon – aber nein, das ist es nicht. Und dann der Bericht: Vermutlich ohne rechtsradikalen Hintergrund oder überhaupt ohne jeden Hintergrund, der als politisch motiviert zu bezeichnen wäre, haben drei Jugendliche, 13, 16 und 18 Jahre alt, einen Mann zu Tode gequält, unter Verwendung von fast unsagbarer Grausamkeit: geprügelt, getreten, mit heißem Wachs übergossen, schließlich mit Küchenchemie besprüht. Täter und Opfer kannten sich; der 13-Jährige gab als Motiv an: der Alte hat uns unsere Zigaretten geklaut.

Ein freundlicher Psychotherapeut, der bekannte Joachim Maatz, der seit dem Mauerfall in den neuen Bundesländern mit jugendlichen Gewalttätern arbeitet, wurde zu diesem Fall interviewt. Man müsse, so meinte er, auch die Situation der Jugendlichen verstehen – käme zu ohnehin schon bestehenden seelischen Verletzungen die soziale Stigmatisierung hinzu, würde es zu solchen Taten kommen. Selbstverständlich müssten diese geahndet werden.

Außer dass das Wetter hochsommerlich warm angesagt wurde und die Börsen nach wie vor auf »baisse« standen, gab es keine weiteren wichtigen Ereignisse zu berichten.

Es scheint so zu sein, dass Politik und Gewalt auseinander driften, d. h., Gewalttäter brauchen nicht unbedingt eine politische Legitimation, um gewalttätig zu werden – aber viele politisch Motivierte sind gewalttätig.

Wie kann dies verstanden werden – hier im Besonderen: Rechtsradikale Gewalt in Deutschland? Warum marschieren wieder viele Jugendliche, wenn auch nicht in der Öffentlichkeit, unter nationalsozialistischen Fahnen für einen neuen faschistischen Staat? Warum ist deren Anzahl im Osten höher als im Westen, warum ist die Skinhead-Szene ebenfalls stärker in den neuen Bundesländern als in den alten? Wieso können dort so genannte »befreite Zonen« existieren und die Bevölkerung und die Polizei schauen zu? Wieso greift bisher die so genannte »akzeptierende Jugendarbeit« nicht oder nicht genug?

All dies sind Fragen, die nicht nur historisch, politisch und soziologisch beantwortet werden können.

Die Identität moderner Jugendlicher (vgl. Bohleber 1996) konstituiert sich im Spannungsfeld von Tradition und Modernisierungsprozess, und es muss beschrieben werden, wie dieses Spannungsfeld aussieht. Die Psychoanalyse ist in diesem Bereich des theoretischen Erklärungsnotstands nicht nur nicht »veraltet« (Honneth 1999), sondern vermutlich der einzige wissenschaftliche Ansatz, der einigermaßen plausibel jene äußerst bizarren Verhaltensweisen von rückwärts gewandten Ideologien kombiniert mit großer Brutalität des Handelns erklären kann.

Im Folgenden werde ich

1. anhand neuerer Daten zeigen (Quellen: Statistisches Bundesamt, Bundeskriminalamt, Ministerium des Inneren, Amt für Verfassungsschutz), welchen Umfang rechtsradikale Gewalt in Deutschland derzeit einnimmt,
2. einen theoretischen Bezugsrahmen benennen, der es ansatzweise erlaubt, die gestellten Fragen zu beantworten,
3. die allgemeinen und spezifischen politischen, historischen und soziologischen Bedingungen für die Entstehung neuer rechtsradikaler Gewalt in Deutschland benennen,
4. und abschließend zehn Thesen zur Erklärung der derzeitig anwachsenden rechtsradikalen Gewalt in Deutschland auf der Basis des zuvor Gesagten formulieren.

Neue rechte Gewalt in Deutschland

Unter »neuer« rechter Gewalt wird hier verstanden
- die im Vergleich zu den letzten 10 Jahren deutliche *Zunahme* von Gewalt,
- das Alter der Gewalttätigen,
- die im Vergleich zur alten, eher »klassisch« nationalsozialistischen, andere Begründung für Gewalt,
- der explizite oder implizite Bezug von Gewalt auf den mehr oder weniger realisierten Modernisierungsprozess, denn »[...] eine einflussreiche Denkschule in den Vereinigten Staaten und Europa ist davon überzeugt, dass Globalisierung diesseits wie jenseits des Atlantiks autoritäre und rechtsradikale Entwicklungen freisetzt und begünstigt« (Leggewie 2001, S. 443). Dementsprechend ist die Situation in Deutschland nur ein winziger Teil in einem großen Prozess, aber die Probleme haben wir natürlich hier vor Ort zu lösen.

Die Anzahl der Straftaten mit rechtsextremistischem Hintergrund für das gesamte Bundesgebiet betrug im Jahr 2000 10.979. Rechnet man die dem rechtsextremen Spektrum auch zugehörige Zahl der antisemitischen und fremdenfeindlichen Taten hinzu, so lautet die Gesamtzahl sogar 15.951. Im Vergleich zu 1999 war dies ein Anstieg von 59%. Das ist mehr als das fünffache der dem Linksextremismus zugeordneten Taten (Bundeskriminalamt 2001, siehe Anhang).

Im Vergleich zum Jahr der Wende 1989 gab es eine Verfünffachung der feindlichen Handlungen mit rechtsextremistischem Hintergrund; davon beträgt die Zahl der Gewalttaten, die sich vervierfacht haben, 1989 252, im Jahr 2000 998. Das entspricht im Jahr 2000 einer dreimal täglich erfolgten rechtsradikalen Gewalttat im Bundesgebiet. Ein großer Teil rechtsradikaler Straftaten entfällt auf ausländerfeindliche Aktivitäten. Ein Blick auf die Bevölkerungsentwicklung im Bundesgebiet seit 1960 zeigt, dass die ausländische Bevölkerung von absolut 686.000 1960 (1,2% der Gesamtbevölkerung) auf 7.343.000 1999 (9,1% der Gesamtbevölkerung) anstieg.

Die Anzahl der Straftaten mit ausländerfeindlichem Hintergrund ist umso größer, je weniger Ausländer in den entsprechenden Gemeinden und Städten leben. Obwohl in den Städten und Gemeinden der neuen Bundesländer der Ausländeranteil an der Gesamtbevölkerung nur einen Bruchteil des Anteils der in den westlichen Ländern und in Städten wie Frankfurt a. M., Stuttgart, München oder Köln beträgt (um nur die vier Städte zu nennen, in denen der Ausländeranteil derzeit an der Gesamtbevölkerung mehr als 20%

ausmacht), sind die Straftaten mit ausländerfeindlichem Hintergrund dort weitaus höher. Dies ist zumindest erklärungsbedürftig.

Besonders in Deutschland muss unterschieden werden zwischen dem Verhalten der Wähler und dem breiteren, kulturspezifischen rechtsradikalen Spektrum. Deutschland bietet hier aus verschiedenen Gründen einen europäischen Sonderfall, z. B. im Gegensatz zu Frankreich, wo Le Pen und le Front National in den neunziger Jahren zeitweise mehr als 10% der Gesamtwähler erreichen konnten, oder auch zu dem sogar an der Regierung beteiligten »Freiheitlichen Block« unter Haider in Österreich. Eine solche Entwicklung ist in Deutschland derzeit nicht zu erwarten. Zwar erreichte mit 13% aller Wählerstimmen die DVU 1998 in Sachsen-Anhalt den größten Erfolg einer rechtsextremistischen Partei in einer Landtagswahl seit 1959, aber dieser Erfolg hat sich nicht fortgesetzt. Während die DVU einen Aufwärtstrend in der Wählergunst und damit die Beteiligung an einem Landesparlament nie lange durchzuhalten in der Lage war und die so genannten Republikaner, konservativ und sich eher nationaldemokratisch gebend, auch nur mäßige Erfolge zu verzeichnen hatten, bietet die NPD ein etwas anderes Bild.

Der NPD nämlich gelang es, in den neuen Bundesländern an alte, antikapitalistische Einstellungen anzuknüpfen. Dort gewann sie auch seit 1996 stetig neue Mitglieder hinzu. Vor allem jüngere Männer entschieden sich für die NPD, während in den alten Bundesländern die Mitgliederstruktur stark überaltert ist (Pfahl-Traughber 2000, S. 6).

Kann man also von einem Wahlerfolg der NPD keineswegs sprechen (nicht einmal in Sachsen-Anhalt erhielt die NPD 1995 mehr als 1,4% der Stimmen), so ist es ihr aber sehr wohl gelungen, sich mithilfe der Neonazi-Szene und der Beteiligung an entsprechenden Aufmärschen alltagskulturell zu verankern. Mit »Alltagskultur« ist der

> »gesamte Komplex des geistigen Transports von rechtsextremistischer Ideologie außerhalb parteipolitischen Agierens, politischer Aktionen und politisch motivierter Gewaltanwendung, also der Bereich von Buchdiensten, Intellektuellen, Kulturorganisationen, Lesekreisen, Medien, Verlagen, Zeitschriften und Zeitungen gemeint [...]« (Pfahl-Traughber 2000, S. 9).

Wichtiger aber noch als diese intellektuelle Szene, die in Deutschland viel schwächer ist als z. B. in Frankreich, wo la Nouvelle Droite bereits eine längere Tradition und eine bessere Infrastruktur hat, ist die Organisation der rechtsradikalen Skinheads,

»der einzige Bereich [...] der weder durch ein ständiges Auf und Ab, noch durch Stagnation, sondern durch ein ständiges Anwachsen der Zahl von Anhängern gekennzeichnet ist. Über die Hälfte dieses Personenpotenzials findet sich in den östlichen Bundesländern bei einem dortigen Gesamtbevölkerungsanteil von einem Fünftel« (Pfahl-Traughber 2000).

Ursprünglich Ende der sechziger Jahre in England als Arbeitersubkultur von Jugendlichen entstanden, die unpolitisch war, sah sie sich Mitte der siebziger Jahre politisierenden Bestrebungen der Neonazi-Szene ausgesetzt. Diese führte zur Spaltung in rechtsextreme und nicht-rechtsextreme bzw. linke Red-Skins. Etwa zehn Jahre später konnte man in Deutschland das gleiche Phänomen beobachten. Skinheads, deren Musiktexte Sprüche wie »Hurra, hurra, ein Neger brennt« oder »Wetz dir dein Messer auf den Bürgersteigen, lass die Messer flutschen in den Judenleib« zeigen, was die gewaltbereite Skin-Szene enthält.

In keinem Falle ist das vorhandene Zahlenmaterial dazu geeignet, sich beruhigt in den Sessel zu lehnen. Es ist nicht genug, von der Existenz oder Nichtexistenz »desintegrierter« Familien zu sprechen, aus denen die Skins möglicherweise kommen.

Theoretische Anmerkungen

In seiner Arbeit »Massenpsychologie und Ich-Analyse« (1921) stellte Freud als erster die Ähnlichkeit zwischen den in der Individualpsychologie und in der Massenpsychologie beobachteten Phänomen dar. Er betonte dort den Gegensatz von libidinösen, sozialen Trieben einerseits und den narzisstischen, vom Du abgewandten oder auf es verzichtenden andererseits. Der »soziale Trieb« (»Herdentrieb«) dagegen sei seiner Meinung nach kein »unzerlegbarer«; die Bedeutung der »großen Zahl« könne nicht darüber hinweg täuschen, dass »die Anfänge seiner Bildung in einem engeren Kreis, wie etwa in dem der Familie, gefunden werden könne« (S. 74).

Nach einer intensiven Auseinandersetzung mit Le Bons *Psychologie der Massen* (1912) betont Freud, dass dessen Hauptaussagen eigentlich immer schon bekannt gewesen seien und dass sie gegenüber anderen Schilderungen eigentlich nichts Neues enthielten: nämlich die in Massen bekannte kollektive Hemmung der intellektuellen Leistung und die Steigerung der Affektivität. Neu sei aber die Betonung des Unbewussten in diesen Prozessen sowie die Ähnlichkeit mit dem Seelenleben der Primitiven (S. 88). Hingegen formuliert Freud eine neue, m. E. eine immer noch sensationelle These, es sei für die

Bildung von Kollektiven charakteristisch, dass diese an die Stelle ihres im Laufe der individuellen Entwicklung erworbenen Ich-Ideals über den Weg der Identifizierung ein und dasselbe Objekt setzten:

>»Eine solche primäre Masse ist eine Anzahl von Individuen, die ein und dasselbe Objekt an die Stelle ihres Ich-Ideals gesetzt und sich infolgedessen in ihrem Ich miteinander identifiziert haben« (Freud 1921, S. 128).

Das Band, das somit Gruppen, Kollektive, Massen etc. verbinde, sei libidinöser Natur und ähnlich demjenigen, das in der familialen Sozialisation bereits vorgeformt sei. Weshalb das Ich-Ideal zugunsten eines äußeren Objektes, eines Hypnotiseurs, Führers, einer Idee abgegeben werden könne, erklärt Freud mit den regressiven Prozessen, die in der Masse oder Menge stattfinden. Warum die Individuen in der Masse regredieren, erklärt er nicht. Auch Kernberg (2001) übernimmt die alte Erkenntnis der Regression in Gruppen und Massen, ohne diese näher zu erklären. Denn es regrediert keineswegs jedes Individuum. Die im Laufe des Sozialisationsprozesses erworbene Ich-Autonomie oder Ich-Identität sorgt idealtypisch dafür, dass ein reifes erwachsenes Individuum nicht auf die Stufe von Primitiven oder Kindern regrediert.

Davon gibt es aber m. E. mehrere Ausnahmen:
1. Die benevolentere Ausnahme ist die Übergangsphase der Jugend.
2. Eine ebenfalls benevolente Ausnahme bilden jene Gruppenereignisse und Massenveranstaltungen, die passager Libido in großen Mengen freisetzen, wie z. B. Fußballspiele, »Love-Parades« oder andere Spaßveranstaltungen, wie z. B. das Oktoberfest etc.
3. Die Demonstrationen und Aufmärsche, die zur Behebung eines bestehenden Unrechts entstehen, gehören ebenfalls zu den allerdings hier nicht näher zu besprechenden Ausnahmen.
4. Schließlich potentiell maligne Gruppenveranstaltungen, die aufgrund eines Identitätsdefizits ihrer Protagonisten zustande kommen und auch ansonsten gesund reagierende Menschen unter Umständen massenhaft in ihren Bann ziehen können (vgl. auch Kernberg 2001).

De facto überschneiden sich diese regressiven Massenprozesse. Näher eingehen werde ich nur auf den hier interessierenden Punkt 4 mit einer kurzen Erwähnung des Punktes 1.

Jugend

Jugend ist eine Phase, von der Anna Freud sagt:

»Der Jugendliche ist gleichzeitig im stärksten Maße egoistisch, betrachtet sich selbst als den Mittelpunkt der Welt, auf den das ganze eigene Interesse konzentriert ist, und ist doch wie nie mehr im späteren Leben opferfähig und zur Hingabe bereit. Er formt die leidenschaftlichsten Liebesbeziehungen, bricht sie aber ebenso unvermittelt ab, wie er sie begonnen hat. Er wechselt zwischen begeistertem Anschluss an die Gemeinschaft und unüberwindlichem Hang nach Einsamkeit; zwischen blinder Unterwerfung unter einen selbstgewählten Führer und trotziger Auflehnung gegen alle und jede Autorität. Er ist eigennützig und materiell gesinnt, dabei gleichzeitig von hohem Idealismus erfüllt. Er ist asketisch, mit plötzlichen Durchbrüchen in primitivste Triebbefriedigungen. Er benimmt sich zuzeiten grob und rücksichtslos gegen seine Nächsten und ist dabei selbst für Kränkungen aufs äußerste empfindlich. Seine Stimmung schwankt von leichtsinnigstem Optimismus zum tiefsten Weltschmerz, seine Einstellung zur Arbeit zwischen unermüdlichem Enthusiasmus und dumpfer Trägheit und Interesselosigkeit« (A. Freud 1936, S. 319f).

In dieser Phase ortet auch Erikson die Suche nach Identität. In der Wiederaufnahme früher gestörter Entwicklungen und der Möglichkeit, im Sinne der Nachträglichkeit diese wiedergutzumachen, werden auch Identitätsversatzstücke gesucht, die frühe Lücken füllen können.

Jugend ist eine Zeit der sich verflüssigenden Ich-Grenzen. Im Normalfall, d. h. im durchschnittlich erwartbaren Fall einer nicht allzusehr gestörten Entwicklung, verfestigen sich die Ich-Grenzen zu einer flexiblen Ich-Identität, auf die ich im Folgenden näher eingehen werde.

Identität

Im vorliegenden Zusammenhang wird vorgeschlagen, den Begriff der Identität als zentrale Kategorie einer kulturpsychoanalytischen Analyse wieder einzuführen, als jene Kategorie, die geeignet ist, den komplexen Zusammenhang der psychischen Verfasstheit der Individuen aufgrund gesellschaftlicher Umstände und deren Internalisierung und Verarbeitung abzubilden. Dabei soll hier streng unterschieden werden zwischen »Ich-Identität« (Erikson) und »kollektiver Identität« (wozu auch die gängigen Begriffe wie »ethnische Identität«, »nationale Identität«, »Gruppenidentität« usw. gehören).

»Ich-Identität«
Erikson

> »hat ein Konzept vorgelegt, das eingängig den komplexen Prozeß der Selbstverortung von Menschen in ihrer sozialen Welt erfaßt. Aber die Konjunktur des Identitätsbegriffes hat wohl weniger mit der Erklärungskraft des Eriksonschen Modells zu tun, als viel mehr mit der Tatsache, daß die gesellschaftlichen Grün-

de, die zur Schöpfung des Identitätsbegriffs geführt haben, noch gewichtiger geworden sind. Und die Gründe hatten von Anfang an mit Krisenerfahrungen, Heimat- und Ortlosigkeit des Subjekts in der Moderne zu tun« (Keupp 1999, S. 26).

Nach wie vor sind Begriff und Bestimmung von Identität die Antwort auf die Frage, wie ein Individuum es schaffen kann, sich in einer komplexen Umwelt in seinem Kern-Selbst so zu verorten, dass daraus eine flexible und höchst individuelle Fähigkeit entsteht, die Balance zwischen den Realanforderungen von Seiten der Gesellschaft, den individuellen Neugier- und Explorationsaktivitäten sowie den Trieb- und Triebschicksalen zu finden, um in die Lage versetzt zu sein, so etwas wie ein durchschnittlich erwartbar zufriedenes Leben führen zu können.

Dieser Prozess enthält bewusste und unbewusste, Über-Ich- und Es-Anteile. Er besteht aus konstruktiven Anpassungsmechanismen (in der Piaget'schen Sprache Assimilations- und Akkumulationsprozessen) ebenso wie aus (mittels der Ambiguitätstoleranz eingeübten) Distanzierungsfähigkeiten und stellt eine innerhalb der menschlichen Lebensspanne nie vollendete Aufgabe dar. Subjektiv vermittelt sich Ich-Identität als Gefühl des Sich-selbst-gleich-Seins in der Zeit trotz vielfältiger äußerer Veränderungen in Raum, Zeit und Umwelt. Dass die Identität heute im Wesentlichen als »Konstruktion« (Keupp 1999) aufgefasst wird, ergibt sich aus zahlreichen empirischen Studien, die darauf hinweisen, dass vom »Hier und Jetzt« eines Lebensaugenblicks aus Identität rückwärts immer wieder neu entworfen wird. Aufschluss hierüber bietet auch die in letzter Zeit besser entwickelte Gedächtnisforschung (Koukkou u. a. 1998). Dennoch behält die alte Erikson'sche Bestimmung ihren heuristischen Wert:

> »Das Gefühl der Ich-Identität ist [...] das angesammelte Vertrauen darauf, daß der Einheitlichkeit und Kontinuität, die man in den Augen der anderen hat, eine Fähigkeit entspricht, eine innere Einheit und Kontinuität (also das Ich im Sinne der Psychologie) aufrecht zu erhalten« (1973, S. 107).

Erikson sah die wichtigste Lebensphase der Identitätsbildung in der Adoleszenz. Zwischen »Identität« und »Identitätsdiffusion« hat sich der Jugendliche zu entscheiden. Das Erwachsenenleben wurde von ihm dann als eine Ausführung der in der Adoleszenz getroffenen Entscheidung gesehen. Zwar werde Identitätsdiffusion immer wieder, auch lebenslang, ein Thema bleiben, aber bei gesunden Individuen die Identität, bzw. Ich-Identität die Überhand behalten.

»Kollektive Identität«
Die Kategorie der Identität auf Kollektive, Gruppen, Nationen anzuwenden, wird im vorliegenden Zusammenhang als meist ideologisch motiviert gesehen, mit Vorsicht behandelt, bzw. abgelehnt (vgl. auch Niethammer 2000). Dafür gibt es wissenschaftliche und ideologiekritische Gründe: Identität als Begriff und Kategorie beschreibt ein Sich-Selbst-Gleichsein in der Zeit und im Raum und ist deshalb, bezogen auf Mehrheiten von Personen, als unterkomplexer Begriff zu bezeichnen. Der Begriff der Identität ist zu einfach, um die komplexen Wirklichkeiten eines größeren gesellschaftlichen Zusammenhangs adäquat abbilden zu können. Schon Erikson hat den Fehler begangen, in den USA während des Zweiten Weltkriegs von »nationaler Identität« zu sprechen, aber erst zahllose Nachfolger haben dafür gesorgt, dass die Verwendung des Begriffs durch einen Psychoanalytiker in jenes »Getümmel« (Keupp) des Identitätsdiskurses mündete, das wir heute vorfinden.

»Im Fall des kollektiven Konflikts verflüchtigt sich die [...] situative Vagheit subjektiver Balancen und muss mit der beinharten Notwendigkeit des Sozialen durch objektivierende Kriterien der Inklusion und Exklusion ersetzt werden« (Niethammer 2000, S. 625). Er schlägt deshalb vor, auf den Begriff der Identität ganz zu verzichten. Die »situative Vagheit« subjektiver Balance ist aber für das Individuum gerade jene Nahtstelle zwischen dem Ich und der sozialen Welt, die so exakt wie möglich und so flexibel und elastisch wie in der Wissenschaft des Subjekts eben noch erlaubt, gerade den täglich neu zu erfindenden Kampf der Subjekte um ihren gesellschaftlichen Platz zu beschreiben geeignet ist, aber eben nur: den Kampf der Subjekte, nicht den ganzer Kollektive. So gehört zwar eine Einstellung zum »Deutschsein« zur Identität eines deutschen Menschen, worunter hier alle die äußerst unterschiedlichen Auseinandersetzungen mit der Geschichte und Gegenwart Deutschlands in der Jetzt-Zeit, auch mit den im Namen eines Kollektivs verübten Verbrechen, verknüpft sind. Aber trotz verallgemeinerbarer Gesetzmäßigkeiten im Einzelnen wird, eben bei näherem Hinsehen, jede Geschichte und jedes Ergebnis dieser Auseinandersetzung anders aussehen und in die Ich-Identität anders eingehen.

»Dieses Volk aus Türken und Bayern, Arbeiterinnen und Pastoren, Sachsen und Juden, Aktienspekulanten und Stasispitzeln, Medienberatern und Skins, I-Dötzchen und Altenpflegerinnen und und und [...] das sind erst mal wir . Besser geht's nicht« (Niethammer 2000, S. 9).

»Kollektive« oder »nationale Identität« als Begriff und als Inhalt enthalten hingegen mit der ihnen inhärenten Vorstellung von Einheit – selbst wenn das weder beabsichtigt noch bewusst ist – die Tendenz zu Fundamentalismus und Gewalt.

Es ist allerdings zu vermuten, dass sich die extreme Rechte in Deutschland sehr wohl das Recht nimmt, diesen Zusammenhang von Kultur und Gewalt durch kollektive Identitätsbestimmungen zu durchdenken und als handlungsleitend zu gebrauchen. Wenn Hautfarbe, Rasse, Armut, Krankheit, Elend als konstitutives Element einer anderen Einheit als der eigenen empfunden werden, wird die Verschiedenheit nicht als Aufforderung zur Behebung etwa bestehender sozialer Ungerechtigkeit gesehen, sondern als Aufforderung zu Elimination und »Liquidierung«, oder, wie Carl Schmitt schon in den 30iger Jahren formulierte, als »Ausscheidung des Heterogenen«.

An die Stelle von »kollektiver Identität« soll hier der von Freud eingeführte Begriff »Identifikation« mit den Vielen stehen, deren Hilfe und Unterstützung, deren Dasein jeder Mensch braucht, um ein sozial befriedigendes Leben zu führen. Jedes individuelle Leben ist selbstverständlich eingebettet in die Familie, Dorf-Gemeinde, Stadtgemeinschaft, in die Nation oder sonst eine historisch gerade geltende »Selbstbeschreibung« einer Gesellschaft (Luhmann); deshalb wird aber das Ich-Ideal allenfalls passager »ausgeliehen«, übergangsweise regressiv verlassen, nicht aber als Entlastung an ein äußeres Objekt abgegeben, weil die eigene Ich-Identität fehlt. Damit ist »kollektive Identität« idealtypisch (im Sinne Max Webers) ein Kampfbegriff; »Identifikation« ein prinzipiell (kulturanalytisch) libidinöser, der Gruppenzusammenschlüsse beschreibbar macht.

Die Unterscheidung zwischen Ich-Identität, kollektiver Identität und Identifikation mit einer Referenzgruppe ist wissenschaftlich redlicher und beleuchtet potentiell den Hintergrund des massenpsychologischen Vorgangs, um den es sich hier handelt.

Ist nun im Laufe der individuellen Entwicklung der Prozess der Identitätsentwicklung gestört worden (durch transgenerationelle Übernahmen, persönliche Traumatisierung, chronifizierte Vernachlässigungssyndrome), dann, so lautet die hier vertretene These, ist es mehr als wahrscheinlich, dass nicht nur im Übergangsraum der Jugend, sondern langfristig Persönlichkeiten entstehen, die nach dem Modell der Ergänzungsreihe narzisstische und/oder paranoide Persönlichkeitszüge entwickeln werden, deren Charakteristika sowohl die Regression in der Gruppe begünstigen, als auch – bei gegebener Begabung und Persönlichkeitsstruktur – als »Führer« oder Leiter von in Gesellschaften sich maligne auswirkenden Gruppierungen eignen, auf die alle Gesetzmäßigkeiten zutreffen, die bei Kernberg (1992; 2001) als solche dargestellt werden.

Insbesondere bei früher und lang andauernder politischer Indoktrinierung ist dann keine aggressive Handlung im gesellschaftlichen Raum ausgeschlossen: Terror, Gewalt, Tötung, Misshandlung, Vergewaltigung oder auch »nur« alltägliche Gewalt, die zeigt, dass die Spaltung in das ideal besetzte Selbst und das verfolgende Andere (Kernberg 2001) nicht aufgehoben werden konnte.

Auf dem Hintergrund der theoretischen Sätze werde ich im Folgenden die allgemeinen und spezifischen sozialen und politischen Bedingungen benennen, die die genannten Persönlichkeitsdefizite auf der politischen und kulturellen Ebene virulent werden lassen können.

Allgemeine Bedingungen für die Zunahme rechtsradikaler Einstellungen und Gewalttaten

Im Spannungsfeld von Tradition und Modernisierungsprozess entwickelt sich die Identität der jetzigen Generation. Der derzeitig vor unseren Augen sich entfaltende Modernisierungsprozess umfasst nicht nur Deutschland, sondern die gesamte Welt. Stichworte wie »Globalisierung», »Entgrenzung« und »Fragmentierung« sind für ihn charakteristisch (Altvater 1998; Pfahl-Traughber 2000; Heitmeyer 2001). Der Prozess der Globalisierung meint jenen ökonomisch induzierten Entgrenzungsprozess, der die bisher im Westen nationalstaatlich und demokratisch organisierten Handlungszusammenhänge grundlegend verändert (Loch, Heitmeyer 2001). Dieser Prozess lässt sich in vier Dimensionen, der ökonomischen, der kulturellen, der politischen und der individuellen analysieren:

Der bereits mit dem Beginn der Neuzeit, aber neuerdings rasant seit den siebziger Jahren sich verstärkende Internationalisierungstrend in Wirtschaft und Handel hat sich in dem grenzüberschreitenden Austausch von Kapital, Waren und Arbeit (Dienstleistung) nicht nur erhöht, sondern auch qualitativ verändert (Altvater 1998; Heitmeyer, Loch 2001).

Die kulturelle »Entgrenzung« betrifft jenen Prozess, der westliche Kommunikationsmuster als tendenziell weltumspannend beschreibt. Westliche Konsumgewohnheiten umfassen von ihrem amerikanischen und europäischen Ursprung her die ganze Welt. Dazu gegenläufig werden aber auch kulturelle Eigenarten durch Kommunikation und Migration bewusster und eventuell zum Auslöser der Definition und Einforderung von so genannten »kollektiven Identitäten«, von denen schon die Rede war.

In der politischen Dimension entspricht den ökonomischen und kulturellen Prozessen ein sichtbarer Souveränitätsverlust der national organisierten Staaten, der häufig auch als Autonomieverlust bezeichnet wird. Sogar für den lesenden Laien ist es offenkundig, dass eine Schlagzeile wie jene in der *SZ* vom 23.08.2001 »Nato fordert Bundestag zur Zustimmung auf« genau jenen Verlust an Regulierungsmacht eines nationalen Parlamentes illustriert. Denn ein Einsatz der Bundeswehr in Mazedonien ist längst nicht mehr nur die Entscheidung des Deutschen Parlaments, sondern auch die eines internationalen Militärbündnisses, in das die souveränen Einzelrepubliken eingebunden sind.

Dieser Wandel auf der ökonomischen, kulturellen und politischen Ebene ist begleitet von einem rasanten Wandel auf der Ebene der Individuen. Einerseits lässt sich von jenem Globalisierungs- und Modernisierungsprozess sagen, dass er ungeheure Freiheiten gebracht hat. Diese betreffen die allgemeine Mobilität, die Durchlässigkeit von Klassen und Schichten, die Befreiung der Frauen, ihre Freisetzung von ihrem nur Hausfrauen- und Mutterdasein. Mit dem Prozess der Individualisierung (Beck 1986) sind all jene, auch »riskanten« Freiheiten (Beck, Beck-Gernsheim 1994) gemeint, die das Leben vielfältiger, kommunikativer, großräumiger, freier und spannender machen können.

Andererseits gibt es aber nicht nur Modernisierungsgewinner, sondern auch -verlierer und auch innerhalb der Gewinner eine unbekannte, aber sicht- und fühlbare Zunahme von Menschen, die an Verunsicherung, Angst vor existenzieller Not, vor drohender Armut oder Jobverlust leiden. Man kann durchaus von einer sich öffnenden Schere sprechen, von der noch nicht feststeht, wie weit sie sich dehnt. In großem Ausmaß wandern ganze Bevölkerungsgruppen in ferne Gebiete aus, nehmen ihre Kultur mit und versuchen, in der Fremde heimisch zu werden. Sie wandern dem ökonomischen Versprechen auf bessere Überlebensmöglichkeiten nach, wie seit Urzeiten üblich. Neu aber ist die Dichte der Weltbevölkerung und damit die Härte der Verteidigungslinien.

Die Veränderungen im psychischen Bereich sind sicher am schwersten festzustellen. Die derzeit vor unseren Augen ablaufenden Prozesse werden zunächst individuell ertragen, nicht verstanden. Sie werden dies schicht- und klassenspezifisch, alters- und geschlechtsspezifisch. Sie haben etwas mit dem Verlust von individuellen Grenzen in einer sich entgrenzenden Welt zu tun. Als Dürkheim in seiner Studie über den Suizid im Jahr 1900 feststellen musste, dass der Suizid zwar eine individuelle Tat ist, dass es aber dennoch Suizidraten gibt, also bestimmte Länder, bestimmte Zeiten oder die Zugehörigkeit zu bestimmten Religionen einen Einfluss auf eben jene Raten haben, da war eine Nahtstelle benannt, an der man sehen konnte, wie individuelles Leid gesamtgesellschaftlich verursacht wird. Und eines seiner Forschungsergebnisse, dass nämlich protestantische Christen eine signifikant höhere Suizidrate haben als katholische, interpretierte er so, dass dem protestantischen Individuum eine höhere individuelle, introspektive psychische Leistung aufgebürdet wird. Während ein Katholik seine Entlastung vor Gott im Beichtstuhl erhält, also »von außen« exkulpiert wird, ist der Protestant ohne Vermittler, vor seinem Gott und seinem Gewissen allein verantwortlich, muss individuell psychisch die Leistung erbringen, die einem katholischen Christen von äußeren Instanzen abgenommen wird.

Der jetzige Entgrenzungsprozess findet zwar in viel größerem Maß statt, ist aber auf der individuellen Ebene vergleichbar: Die »große Freiheit« ist gegeben, aber diese Freiheit scheint ohne ausreichendes Sicherungsnetz für das Individuum zu sein.

Hat die gesellschaftliche Struktur, haben gesellschaftliche Institutionen und Organisationen traditionell die Aufgabe, »Komplexität zu reduzieren« (Luhmann), so bietet sich bei Auflösung jener Strukturen nur die Alternative, jene Reduktion von Komplexität als Individuum ins eigene Ich zu verlagern. Dies bedeutet aber psychische Schwerstarbeit und wird die individuellen Kräfte eines gegebenen Ichs häufig überfordern.

In dieser Situation entstehen Ersatzbildungen, Verschiebungen, Verdichtungen. Gesellschaftlich schon einmal Bewusstes oder im Prinzip Bewusstseinsfähiges (man könnte zu verstehen suchen, was, zumindest für den eigenen Lebensraum, notwendig wäre) wird auf vielfältige und komplexe Weise unbewusst gemacht: durch Verdrängung, z. B. durch Verdrängung von Aggression (Erdheim 1982) aufgrund bestehender und anders nicht zu bewältigender Ängste, vor allem aber auch durch ideologisierende Ersatzbildungen: Die Ideologie ersetzt die ruhige Beobachtung, verflachte, vordergründig sinnkonstruierende Erklärungen scheinen Rat zu bieten in verunsicherter Zeit.

Spezifische Bedingungen für die Zunahme rechtsradikaler Einstellungen und Gewalt in Deutschland

In beiden Teilen Deutschlands sind die ungeheuren Zerstörungen, die der Nationalsozialismus angerichtet hat, psychisch noch nicht verarbeitet. Es bestehen jedoch typische Unterschiede, die sowohl in den oben angegebenen Zahlen ihren Niederschlag finden, als auch in der psychischen Verfassung, die sich in den unterschiedlichen Symptomen von Gewalttätigkeit zeigen.

Aber zunächst zur Bundestagswahl 1998, von der Klaus Hartung, *Zeit*-Autor, sagt:

»Es war wohl einer der merkwürdigsten Machtwechsel, den man sich vorstellen konnte. Rot-grüne Sieger triumphierten nicht, und bei den Verlierern keine Wut [...] Folgt man den Erklärungen nach der Wahl, hatten Sieger und Verlierer vor allem eine Sorge gehabt und waren am Abend des 27. September von ihr befreit: die Rechtsradikalen. Nirgendwo, weder im Bund, noch in Mecklenburg-Vorpommern haben sie die 5% erreicht. Deutschland als europäisches Vorbild, beinahe ein Sonderweg der Demokratie. Nur ein kleiner Schatten fiel auf das makellose Bild: Hätten die 18-20jährigen Männer das Sagen, dann wäre Deutschland ein europäischer Normalfall und die Rechtsradikalen würden mit 10% in den Bundestag einziehen« (Hartung 1998, S. 1).

Hartung behauptet auch, dass es in rechtsnationalen Zeitungen, z. B. den so genannten »Staatsbriefen«, eine Art Wahlaufruf für Schröder gegeben habe. Dieser habe nicht mehr als mit der reeducation belastet gegolten. Seine Betonung der nationalen Interessen Deutschlands sei den Rechten lieber gewesen als Kohls Eintreten für Europa. So hätte er auch gegenüber Jürgen Habermas ziemlich brüsk erklärt, dass die These vom »postnationalen Zeitalter« zwar einen Philosophen ziere, aber ein deutscher Kanzler Schröder nach wie vor eine »nationale Politik« machen müsse (ebd., S. 2).

Vermutlich ist dies bei Schröder zum einen eine Anpassung an die Sprachgewohnheiten sowohl der europäischen Nachbarnationen, die sich im Gegensatz zu Deutschland traditionell leichter mit diesem Begriff tun, als auch ein affirmatives Entgegenkommen gegenüber dem Wähler, insbesondere auch den Wählern in den neuen Bundesländern. Auch in den alten Bundesländern, wo nationale Politik Phantasien in Gang setzt über die Bevorzugung von Deutschen gegenüber Nicht-Deutschen, von Sicherheit der Arbeitsplätze, von »endlich sind wir wieder wer«, kam dieser Slogan gut an.

Es ist unübersehbar: Worte wie »Nation«, »Nationalstolz«, »nationale Identität« haben in beiden Teilen Deutschlands wieder Konjunktur (der hessische Ministerpräsident Roland Koch verkündete Anfang September 2001, dass er den kommenden Wahlkampf 2002 mit dem Begriff der »nationalen Identität« führen wolle). Wo 50 Jahre mehr oder weniger, teils verordnete, teils selbst gewählte Abstinenz bezüglich des Begriffs und des damit gemeinten selbstverständlich waren, wo es Debatten gab wie den Historikerstreit von 1986/87, die Walser-Bubis-Debatte oder die Goldhagen-Finkelstein-Auseinandersetzungen, da scheint jetzt ein immer größerer Anteil der deutschen Bevölkerung endlich die alte Schuld loswerden und zugunsten einer geeinten »normalen« Nation vermeintlich überflüssige Auseinandersetzungen vermeiden zu wollen. Zu solch einer Absicht, die ja nicht das Ergebnis einer intensiven Verarbeitung ist und auch nicht aus einem von den Mitscherlichs eingeklagten Trauerprozess resultiert, sondern eher der Verdrängung entspringt, gehört eine gehörige Portion innerpsychischer Arbeit, die es sowohl im Osten als auch im Westen gibt, wenngleich unterschiedlich.

Während in den westlichen Bundesländern trotz aller Verdrängungsleistung die demokratische Erziehung einen gewissen Erfolg hatte und man zumindest bei den im und nach dem Krieg geborenen Deutschen davon ausgehen darf, dass das Bewusstsein rechtsstaatlicher Demokratie in einer größeren Gruppe eine Selbstverständlichkeit darstellt, ist die Situation in den neuen Bundesländern nach 1945 und besonders nach 1989 eine völlig andere. In den östlichen Ländern entwickelte sich nach dem Nationalsozialismus eine weitere Diktatur.

Unter dem Deckmantel einer antifaschistischen Gesellschaft, die sich als nicht-verantwortlich für die nationalsozialistischen Verbrechen erklärte und folglich auch keine Diskussion hierüber zuließ (Poutrus, Behrends, Kuck 2000), diente die »öffentliche Rede über den Nationalsozialismus der Abgrenzung vom Westen und als identisch mit der Brandmarkung des Westens als klerikal-faschistisch« (ebd., S. 16). Vermutlich hatte dies den Effekt, dass die Kritik des Nationalsozialismus, eingebettet in die Brandmarkung der westdeutschen Bevölkerung, deren Ablehnung bei der Mehrheit der DDR-Bevölkerung nicht gelingen konnte, selbst unglaubwürdig wurde und deshalb im Unbewussten erhalten blieb. Es ist ferner zu vermuten, dass die aus der Externalisierung der historischen Verantwortung abgeleitete Verweigerungspolitik (die DDR leistete keine Wiedergutmachungszahlungen) von der Bevölkerung auch als Freispruch der (ost)deutschen Bevölkerung verstanden werden konnte.

Die Daten aus der Statistik weisen für den Osten eine weitaus höhere Fremdenfeindlichkeit aus als für die westlichen Länder, in denen deutlich mehr Ausländer leben.

Möglicherweise stammt die Angst vor Fremden auch aus der langen Herrschaft der SED, die »als Russenpartei« angesehen wurde (Neimark 1997, zit. n. Poutrus 2000).

Neuere Arbeiten zur Geschichte und Entwicklung der SED in der DDR stellen fest, dass die enge Koppelung an die Sowjetunion von Beginn ihrer Etablierung an ein Problem für die SED darstellte. Zwar hätte sich die SED ohne die sowjetische Unterstützung nicht halten können, aber die Anwesenheit der Russen war bis zum Ende der DDR ein Symbol für den Fremdherrschaftscharakter des SED-Regimes selbst. Dies wirft ein völlig anderes Licht auf die im Osten so weit verbreitete Ausländerfeindlichkeit, die wahrscheinlich im Westen bisher wenig verstanden werden kann:

»Das Paradox parallelen Zusammen- und Nebeneinanderlebens von hermetischer Abschottung der sowjetischen Besatzungstruppen und oktroyierter Aneignung sowjetischer Arbeitsmethoden, von propagierter Fortschrittlichkeit des sowjetischen Gesellschaftssystems und erlebter Fremdheit und Rückständigkeit seitens der DDR-Bevölkerung ist bisher noch weitgehend unerforscht. Trotzdem erscheint es uns zweifelhaft, ob angesichts dieses Spannungsfeldes von Ideologie und Alltagserfahrung tradierte Aversionen und Stereotype gegen den Osten, die Slawen, überwunden werden konnten« (Poutrus u. a., S. 17).

Die Abgrenzungsbestrebung der DDR-Führung gegenüber der Bundesrepublik Deutschland war so hoch, dass von offizieller Seite betont wurde, dass zwischen Ost und West nicht nur Unterschiede der Wirtschaft und der sozialen Ordnung, sondern auch psychisch-moralische Unterschiede in Gefühl, Kultur und Geschichte bestünden. Die Verfassungsänderung von 1974 tilgte dementsprechend das Wort »deutsch« aus dem Text und ersetzte es durch »sozialistisch« oder »DDR«. Es war dies sicher ein Triumph der Staatsnationstheorie, wie sie seit langem gegen eine ethnische Bestimmung von Nation definiert worden war (vgl. auch Francis 1971; Tömmel 1976). Es hieß aber auch, der Mehrheit der Bevölkerung die Möglichkeit zu einer Identifikation mit ihrer Abstammung zugunsten einer Identifikation mit Fremdherrschaft abzusprechen.

Im Widerspruch zu dieser Ablehnung alles Deutschen wurde in der DDR eine patriotische Erziehung gepflegt, der Begriff der »Heimatliebe« und der »Stolz auf die sozialistischen Errungenschaften« waren tägliche Propaganda. Es ist zu fragen, ob das sozialistische Programm, nämlich Völkerfreundschaft mit der Sowjetunion zu pflegen und sich zu identifizieren mit allen unterdrückten Völkern der Welt, nicht eher den üblichen Klischees nationaler Stereotypenbildung entsprachen, allerdings im sozialistischen Gewand.

Poutrus spricht in diesem Zusammenhang von »sozialhygienischen Gemeinsamkeiten staatssozialistischer und rechtsextremer Leitbilder«. Tatsächlicher Kontakt mit Ausländern bildete in der DDR die Ausnahme.

Zwar wurde abstrakt »die Völkersolidarität« beschworen, aber konkret wurden so genannte »Vertragsarbeiter« aus sozialistischen Ländern, kollektiv nach Geschlechtern getrennt, in Wohnheimen des Einsatzbetriebes untergebracht. Nach dem Prinzip äußerster Sparsamkeit erhielten sie sehr beschränkte Wohnmöglichkeiten, nämlich 5 m2 pro Person. Bis 1988 durften die Vertragsarbeiterinnen keine Kinder bekommen. Sie wurden vor die Alternative gestellt: Abtreibung oder Rückkehr in ihr Herkunftsland. Durch die Abschottung der Vertragsarbeiter entstanden Gerüchte z. B. über deren finanzielle Bevorzugung. Das vergrößerte die Distanz zwischen der DDR-Bevölkerung und den Vertragsarbeitern. Diskriminierung von schwarzen Arbeitern aus Mosambik, Angola und anderen Vertragsländern waren an der Tagesordnung.

Damit wird die fremden- und ausländerfeindliche Einstellung innerhalb der Bevölkerung der ehemaligen DDR lange vor dem Fall der Mauer offensichtlich. Allerdings durfte diese Einstellung nicht bewusst werden, weil sie ideologisch zur »anderen Seite«, d. h. zu Westdeutschland und den übrigen »imperialistischen und kapitalistischen« Staaten gehörte. Nach dem Fall der Mauer brach diese bis dahin durch Herrschaft unbewusst gemachte Einstellung voll heraus. Nicht nur, dass die westdeutsche altnazionalsozialistische Szene und die drei Parteien NPD, REP und DVU versuchten, auf schnellstem Wege in den östlichen Ländern Fuß zu fassen und dort auch erfolgreich waren, sie konnten dort auch an alte antikapitalistische, sozialistische und nationale, z. T. bewusste, z. T. aber unbewusste Vorurteile und Einstellungen anknüpfen, die seit 1933 und 1945 dort geherrscht hatten und niemals wirklich verarbeitet worden waren. Zusätzlich zu den genannten Einstellungen und Vorurteilen konnte noch auf größere Bereitschaft zu autoritären Denkweisen allgemein und antidemokratische Einstellungen im Besonderen zurückgegriffen werden.

Dass aber nach der Wende der Rechtsradikalismus weiter ansteigt, hat vor allem damit zu tun, dass der Modernisierungsprozess allgemein und die Wende im Besonderen der ehemaligen DDR-Bevölkerung die »Container-Funktion« der Gesellschaft genommen hat.

Denn in der DDR war z. B. der Arbeitsplatz weit mehr als ein Platz, wo man sein Geld verdiente: Er war Ort des Austauschs, der Kommunikation, der Geselligkeit. Mit der »kapitalistischen Übernahme« (nennen wir diesen Prozess ruhig so) und der damit verbundenen zu schnellen Zerstörung der zwar kritikablen, aber dennoch auch Halt verleihenden Strukturen wurden jene »anomischen« Verhältnisse geschaffen, die zwar unbeabsichtigt, aber dennoch viele Jugendliche ihres gesellschaftlichen Halts beraubten.

In jenen sich verflüssigenden gesellschaftlichen Grenzen und persönlichen Begrenzungen scheinen markige Sprüche der Rechtsradikalen festen Halt und solide Ich-Identität zu verleihen. Erst dann werden jene brüchigen Sozialisationsergebnisse virulent, die zuvor in einer wie auch immer unvollkommenen Welt aufgehoben zu sein schienen. Dann erst verschmelzen jene Individuen, deren Schädigungen weit in die Kindheit zurückreichen, mit den unsicheren gesellschaftlichen Verhältnissen und werden zu Protagonisten der neuen rechtsradikalen und gewalttätigen Bewegung. »Der faschistische Agitator ist im allgemeinen ein meisterlicher Verkäufer seiner eigenen psychischen Defekte« sagte Adorno schon vor langer Zeit und behielt damit Recht bis in die Gegenwart. Es ist aber die fehlende Containerfunktion einer gegeben Gesellschaft, die dies erst erlaubt.

Thesen zur Erklärung der neuen rechtsradikalen Gewalt in Deutschland

1. Jedes Individuum in einer gegebenen Gesellschaft wächst mit den normativen Gesetzmäßigkeiten auf, die es seine Eltern und andere frühe Objekte gelehrt haben. Nur so ist auch Traditionsbildung verständlich. In Gesamtdeutschland, d. h. in den alten und den neuen Bundesländern, haben die jetzigen Jugendlichen den noch nicht ausreichend bearbeiteten Anteil der vergangenen jüngsten Geschichte, insbesondere die Verarbeitung des Nationalsozialismus über die frühkindliche Sozialisation aufgenommen und müssen subjektiv damit fertig werden. Da durch Verdrängungsprozesse, erzwungen durch Herrschaft, weite Teile des tatsächlich Geschehenen »unbewusst« gemacht worden sind (Erdheim 1982), wirken jene Strukturen als transgenerationelle Übernahmen in den Psychen der derzeitigen Generation fort.
2. Die Verarbeitung der jüngsten Geschichte Deutschlands muss in einem Raum und in einer Zeit stattfinden, die nicht viel Raum und Zeit zur Reflexion und zum Nachdenken lässt. Während die alten Strukturen noch andauern, während die Verarbeitung alter Verbrechen, Schuld, Verletzungen und Demütigungen noch nicht geleistet ist, stellen sich ganz neue Aufgaben aufgrund des rasant ablaufenden Modernisierungsprozesses, dessen Stichworte »Globalisierung«, »Entgrenzung«, »Fragmentierung« sind. Diese Entwicklung ist unübertrieben nur zu vergleichen mit jenem ersten Industrialisierungsprozess im neunzehnten Jahrhundert und dem

damit in Zusammenhang stehenden sozialen Wandel, dem auch die Psychoanalyse ihre Entstehung verdankt (Tömmel 1985).
3. In Zeiten des rasanten sozialen Wandels, die Durkheim auch als »anomische« beschreibt (Durkheim 1900), gibt es regelmäßig auf der individuellen Ebene offenkundige Überforderungserscheinungen, die sich in Symptomen zeigen wie Gewalt gegen die eigene Person (steigende Suizidraten), Gewalt gegen andere (Heitmeyer 2001), extreme politische Strömungen, wie Rassismus, Kriege, Terror und gleichzeitig starke Bestrebungen, die eigenen Grenzen zu bewahren oder neu zu definieren als Versuch, zu einem Gefühl von Orientierung und Sicherheit zu gelangen, das das Leben erträglich macht.
4. In anomischen Zeiten des sozialen Wandels wird also für die Individuen Ich-Identität besonders wichtig. Sie liefert Sicherheit in unsicheren Zeiten, liefert das subjektive Gefühl, trotz einer sich rasant wandelnden und unter Umständen als unbeeinflussbar erlebten Gesellschaft stabil in der Zeit und im Raum zu bleiben.
5. Normalerweise wird die Ich-Identität bereits pränatal zugrunde gelegt, in der Interaktion mit den frühesten Objekten, meist den Eltern, in der frühen Kindheit fortentwickelt, in der Kommunikation mit Geschwistern, Gleichaltrigen und Mitschülern und noch später mit Lehrern und anderen auch als Vorbilder idealisierten Personen erweitert, bis sie nach der Adoleszenz, die nach Erikson ein besonders wichtiger Abschnitt für die Identitätsentwicklung darstellt, soweit gefestigt ist, dass sie zwar flexibel auf sich wandelnde Umstände reagieren kann, aber grundsätzlich als lebenslange, immer wieder neu zu konstruierende Einheit erhalten bleibt.
6. Wenn Störungen in der frühkindlichen Identitätsentwicklung aufgetreten sind, dann hat dies weitgehende Folgen für die seelische Gesundheit des Individuums, Folgen in der Art des sozialen Umgangs, in der Art des Selbstwertgefühls (Narzissmus), der Art und Weise des Arbeiten-und-Lieben-Könnens. Je größer die Identitätsdefizite in der frühen Kindheit waren, je weniger Urvertrauen herrschte, Abgrenzung erlaubt war und ein stabiles Selbstwertgefühl errungen werden konnte, desto größer ist das Bedürfnis, nunmehr auf dem Niveau der Gruppe alle die Defizite aufzuholen, die eine neue »Ganzheit« versprechen, Ich-Ideale an einen Führer abzugeben, sich mit einer Masse oder Gruppe zu identifizieren zu Ungunsten der Weiterentwicklung der Ich-Autonomie.
7. Der Prozess der Identitätsfindung kann nur in eben jener Gesellschaft stattfinden, in der die Menschen leben. Dementsprechend stehen kultu-

relle Angebote zur Defizitfüllung in mehr oder weniger begrenztem Umfang bereit. In Deutschland sind dies normalerweise durchaus demokratische Ideale, Möglichkeiten, sich selbst in der Welt zurechtzufinden, etwas zu lernen, das dem Ich Befriedigung liefert und auch dem Umfeld nützlich scheint, Freunde und Partner zu finden etc. Es gibt aber auch jene negative Identität, die dann gewählt wird, wenn ohnehin schon viele negative Erfahrungen bereitstanden: Unter dem Gesetz des Wiederholungszwangs und leider *Jenseits des Lustprinzips* (Freud 1922) werden Identitätselemente gesucht, die die frühen Erfahrungen zu bestätigen scheinen oder noch verstärken. Richtet sich die Aggression, die aus diesen Erfahrungen resultiert, gegen die eigene Person, so finden wir diese Jugendlichen u. U. und wenn sie Glück haben, in unseren Praxen wieder.

8. Es gibt aber auch jene Versuche der Wiedergutmachung, die Schwäche, Demütigung, »verratene« Allmachtsphantasien und Ideale auf dem politischen Gebiet auszugleichen versprechen. Jene Teilnahme an der Stärke und Macht eines gedachten Kollektivs, dessen Mitgliedschaft in der Welt anerkannt und geachtet wird, verspricht Ausgleich für persönlich erlittene Demütigungen. Diese Jugendlichen finden wir auf der Straße. Hier sind jene Jugendlichen gemeint, die normative Über-Ich-Inhalte wie Männlichkeit, Arbeitseifer, Sparsamkeit, militärische Stärke, Sauberkeit als Ersatz nehmen für persönliche Ich-Identität. Der Hass gegen alle, die diese Werte zu bedrohen scheinen, z. B. Punks, Ausländer (insbesondere Ausländer anderer Hautfarbe) oder auch »immer« schon abgelehnte Juden wird als berechtigt erlebt wegen der mit ihnen in Zusammenhang stehenden Entgrenzungsängste, sodass schließlich der Ausdruck in Gewalt und Brutalität gesucht und auch gefunden wird.

9. Weshalb die Straße derzeit eher rechts als links bevölkert wird, hat im Wesentlichen zwei Gründe. Erstens war, wie Ingo Hasselbach, ein Aussteiger aus der rechten Szene in der ehemaligen DDR, neulich in einem Filminterview erzählte, alles Linke von der herrschenden und beherrschenden SED besetzt. Es gab, wenn man in jugendlichem Protest das Gegenteil dessen besetzen wollte, was die etablierte Macht der SED darstellte, nur die rechte Ecke. Zweitens scheint jener Teil des Ich-Ideals, endlich ein Deutscher zu sein, in einer Welt von der deutschen Nation angeblich Unterlegenen zu leben, offenbar für ehemalige DDR-Jugendliche sehr attraktiv zu sein und hat Tradition, Gegenwart und vermeintlich auch Zukunft.

10. Wahrscheinlich ist bei den meisten Jugendlichen überwiegend die Libido (Freud 1921) das Band, das die Gruppe oder das Kollektiv zusammenhält. Fußballstadien, andere Sportveranstaltungen, Lichterketten, runde Tische etc. sind Gruppen, die durch libidinöse Bindungen zustande kommen. Aber es gibt auch jene malignen Gruppen, in denen abgespaltene und externalisierte frühe Objektrepräsentanzen tödliche Aggressionen freisetzen, die in Mord und Selbstmord kulminieren. Selbstverständlich gibt es dabei alle Schattierungen verfestigter ideologischer Fixierungen.

Besonders für rechtsradikale Jugendliche hat Gertrud Hardtmann (2001) dargestellt, dass durch gute psychoanalytische Sozialarbeit in einer gegebenen und von ihr untersuchten Gruppe, die vielleicht eine Containerfunktion übernehmen konnte, alle in eine normale Welt zurückgefunden haben, außer einem einzigen Mann.

Welche Formen aber die Abgabe des Ichs zugunsten eines gemeinsamen Ideal-Ichs auch annehmen kann (an einen Führer, einen Gott, eine Idee, eine Ideologie), und welche entsetzlichen Konsequenzen sich aus der hieraus entstehenden Verachtung des Lebens, man könnte auch sagen, der Hingabe an den Tod ergeben können, das haben wir am 11. September 2001 gesehen.

Abschließend möchte ich der Beobachtung Mentzos' zustimmen, der betont, wie irrational, inkonsequent, unberechenbar er Menschen erlebt »und dies nicht nur im Sinne des unberechenbar destruktiv Aggressiven und Autodestruktiven, sondern auch umgekehrt, im Bereich des Solidarischen, der Aufopferung, des Altruistischen, der Liebe« (Mentzos 1992, S. 139).

Das gibt Hoffnung, auch und trotz des kürzlich erlebten Schocks.

Literatur

Adorno, T. W. (1975): Erziehung zur Mündigkeit. Frankfurt a. M. (Suhrkamp).
Altvater, E. (1998): Der Preis der Globalisierung. Berlin (Rowohlt).
Beck, U. (1986): Risikogesellschaft. Auf dem Weg in eine andere Moderne. Frankfurt a. M. (Suhrkamp).
Beck, U., Beck-Gernsheim, E. (1994): Riskante Freiheiten. Frankfurt a. M. (Suhrkamp).
Blos, P. (1978): Adoleszenz. Eine psychoanalytische Interpretation. Stuttgart (Klett-Cotta).
Bohleber, W. (1992): Nationalismus, Fremdenhaß und Antisemitismus. Psychoanalytische Überlegungen, Psyche 46 (Klett-Cotta), S. 689-709.
Bohleber, W. (Hg.) (1996): Adoleszenz und Identität. Stuttgart (Klett-Cotta).
Dubiel, H. (1999): Niemand ist frei von der Geschichte. Die nationalsozialistische Herrschaft in den Debatten des Bundestags. München, Wien (Hanser).
Durkheim, E. (1900): Der Selbstmord. Frankfurt a. M. 1975 (Suhrkamp).
Elias, N. (1992): Studien über die Deutschen. Machtkämpfe und Habitusentwicklung im 19. und 20. Jahrhundert. Frankfurt a. M. (Suhrkamp).
Erdheim, M. (1984): Die gesellschaftliche Produktion von Unbewußtheit. Eine Einführung in den ethnopsychoanalytischen Prozess. Frankfurt a. M. (Suhrkamp).
Francis, E. (1971): Ethnos und Demos.
Erikson, E. H. (1959): Identität und Lebenszyklus. Frankfurt a. M. 1973 (Suhrkamp)
Erikson, E. H. (1950): Kindheit und Gesellschaft. Stuttgart 1982 (Klett-Cotta).
Erikson, E. H. (1982): Dimensionen einer neuen Identität. Frankfurt a. M. (Suhrkamp).
Freud, A. (1936): Das Ich und die Abwehrmechanismen. In: Die Schriften der Anna Freud Bd. I. München 1980 (Kindler).
Freud, S. (1922): Jenseits des Lustprinzips. GW XIII, S. 2-69.
Freud, S. (1921): Massenpsychologie und Ich-Analyse, GW XIII, S. 27-161.
Fromm, E. (1974): Die Anatomie der menschlichen Destruktivität. Hamburg (Rowohlt).
Hardtmann, G. (2001): Die Funktionalisierung des Opfers als »Container«. Rechtsradikale Jugendliche und Gewalt. In: Psyche 9/10 (Klett-Cotta).
Honneth, A. (2000): Objektbeziehungstheorie und postmoderne Identität, über das vermeintliche Veralten der Psychoanalyse. In: Psyche 11. (Klett-Cotta), S. 11087-1107.
Hartung, K. (1998): Rechte Mitbürger. In: Kursbuch, Auftritt von rechts, Heft 134. Berlin (Rowohlt), S. 1-14.
Heitmeyer, W. (2001): Autoritärer Kapitalismus. Demokratieentleerung und Rechtspopulismus. In: Loch, Heitmeyer (2001).
Kernberg, O. (1992): Wut und Hass. Stuttgart (Klett).
Kernberg, O. (2001): Psychoanalytische Beiträge zur Verhinderung gesellschaftlich sanktionierter Gewalt. In: Psyche, Sonderheft zur Psychoanalyse menschlicher Destruktivität, Heft 9/10 (Klett-Cotta).

Keupp, H. (1999): Identitätskonstruktionen. Das Patchwork der Identitäten in der Spätmoderne. Hamburg (Rowohlt).

Koukkou, M., Leuzinger-Bohleber, M., Mertens, W. (1998): Erinnerung von Wirklichkeiten. Psychoanalyse und Neurowissenschaften im Dialog. Stuttgart (Verlag Internationale Psychoanalyse).

Lajios, K. (Hg.) (1993): Die psychosoziale Situation von Ausländern in der Bundesrepublik, Integrationsprobleme ausländischer Familien und die seelischen Folgen. Opladen (Leske und Budrich).

Loch, D., Heitmeyer, W. (2001): Schattenseiten der Globalisierung. Frankfurt a. M. (Suhrkamp).

Luhmann, N. (1997): Die Gesellschaft der Gesellschaft. Frankfurt a. M. (Suhrkamp).

Mentzos, S. (1993): Der Krieg und seine psychosozialen Funktionen. Frankfurt a. M. (Fischer).

Niethammer, L. (2000): Kollektive Identität. Heimliche Quellen einer unheimlichen Konjunktur. Berlin (Rowohlt).

Poutrus, G. P., Behrends, J. C., Kuck, D. (2000): Historische Ursachen der Fremdenfeindlichkeit in den neuen Bundesländern. In: Aus Politik und Zeitgeschichte B 39/2000, S. 15-21.

Pfahl-Traughber, A. (2000): Die Entwicklung des Rechtsextremismus in Ost- und Westdeutschland. In: Aus Politik und Zeitgeschichte B 39/2000, S. 3-14.

Sloterdijk, P. (1990): Versprechen auf Deutsch. Rede über das eigene Land. Frankfurt a. M. (Edition Suhrkamp).

Tömmel, S. E. (1976): Nation und Nationalliteratur. Eine soziologische Analyse des Verhältnisses von Literatur und Gesellschaft in Belgien zwischen 1830 und 1840. Berlin (Duncker und Humblot).

Tömmel, S. E. (1985): Die Evolution der Psychoanalyse. Beitrag zu einer evolutionären Wissenschaftssoziologie. Frankfurt a. M., New York. (Campus)

Wagner, Bernd (2000): Zur Auseinandersetzung mit Rechtsextremismus und Rassismus in den neuen Bundesländern. In: Aus Politik und Zeitgeschichte B 39/2000, S. 30-39.

Anhang

Jahr	Ausländische Bevölkerung[1]	Anteil der ausländischen Bevölkerung an der Gesamtbevölkerung	Sozialversicherungspflichtig Beschäftigte[2]
	1.000	%	1.000
1960	686,2	1,2	279,4
1968	1.924,2	3,2	1.014,8
1969	2.381,1	3,9	1.372,1
1970	2.976,5	4,9	1.838,9
1971	3.438,7	5,6	2.168,8
1972	3.526,6	5,7	2.317,0
1973	3.966,2	6,4	[3]
1974	4.127,4	6,7	2.150,6
1975	4.089,6	6,6	1.932,6
1976	3.948,3	6,4	1.873,8
1977	3.948,3	6,4	1.833,5
1978	3.981,1	6,5	1.862,2
1979	4.143,8	6,7	1.965,8
1980	4.453,3	7,2	1.925,6
1981	4.629,7	7,5	1.832,2
1982	4.666,9	7,6	1.709,5
1983	4.534,9	7,4	1.640,6
1984	4.363,6	7,1	1.552,6
1985	4.378,9	7,2	1.536,0
1986	4.512,7	7,4	1.544,7
1987	4.240,5	6,9	1.557,0
1988	4.489,1	7,3	1.607,1
1989	4.845,9	7,7	1.683,8
1990	5.342,5	8,4	1.793,4
1991 [4]	5.882,3	7,3	1.908,7
1992	6.495,8	8,0	2.119,6
1993	6.878,1	8,5	2.150,1
1994	6.990,5	8,6	2.109,7
1995	7.173,9	8,8	2.094,0
1996	7.314,0	8,9	2.050,5
1997	7.365,8	9,0	1.997,8
1998	7.319,6	8,9	2.023,8
1999	7.343,6	9,0 [5]	2.015,1

[1] Bis 1984 Stichtag 30.09.; ab 1985 Stichtag 31.12. eines jeden Jahres.
[2] Ab 1960 Juli-Erhebung; 1968 - 1973 Juni-Erhebung; ab 1974 Dezember-Erhebung.
[3] Keine Erhebung.
[4] Ab 1991 gesamtdeutsches Ergebnis.
[5] 30.09.1999.

Ausländer in ausgewählten Städten am 31. Dezember 1995 [1]

Städte	Gesamte Bevölkerung[2]	Ausländer absolut	%
Frankfurt/Main	650.100	195.400	30,1
Stuttgart	585.600	141.300	24,1
München	1.236.400	292.100	23,6
Köln	965.700	197.900	20,5
Ludwigshafen	167.400	33.000	19,7
Düsseldorf	571.000	109.400	19,2
Wiesbaden	267.100	48.000	18,0
Duisburg	535.300	93.200	17,4
Augsburg	259.700	43.200	16,6
Saarbrücken	187.000	30.500	16,3
Hamburg	1.707.900	274.700	16,1
Hannover	523.100	78.000	14,9
Wuppertal	381.900	56.900	14,9
Gelsenkirchen	291.200	41.500	14,3
Berlin	3.471.400	449.500	12,9
Bremen	549.400	67.200	12,2
Braunschweig	252.500	20.600	8,2
Kiel	246.000	19.300	7,8
Leipzig	470.800	14.600	3,1
Dresden	469.100	13.800	2,9
Halle/Saale	282.800	7.000	2,5
Magdeburg	257.700	5.900	2,3
Schwerin	114.700	2.600	2,3
Potsdam	136.600	3.000	2,2
Rostock	227.500	4.000	1,8
Erfurt	211.100	2.900	1,4

[1] Zur Zeit keine neuen Erhebungen. [2] Stadtverband.

Quelle: Statistisches Bundesamt / Die Beauftragte der Bundesregierung für Ausländerfragen.

Jahr	Straftaten gesamt	Anteil der Gewalttaten
1989	2.747	252
1990	2.031	178
1991	4.073	849
1992	7.702	1.485
1993	10.561	1.322
1994	7.952	784
1995	7.896	612
1996	8.730	624
1997	11.719	790
1998	11.049	708
1999	10.037	746
2000	15.951	998

Abb. S. 277:
Entwicklung der Straftaten mit erwiesenem oder zu vermutendem rechtsextremistischen Hintergrund

Die Zahlen basieren ab 1993 auf Angaben des BKA.
[1] Ab 1997 werden Sachbeschädigungen mit Gewaltanwendung nicht mehr den Gewalttaten zugerechnet.
Zur besseren Vergleichbarkeit wurde auch die Zahl der Gewalttaten in den Vorjahren entsprechend bereinigt.
Sofern die Vergleichszahlen von früheren Statistiken abweichen, beruhen die jetzigen Angaben auf einem aktuelleren Erkenntnisstand.

Identität und »Deutsch-Sein«

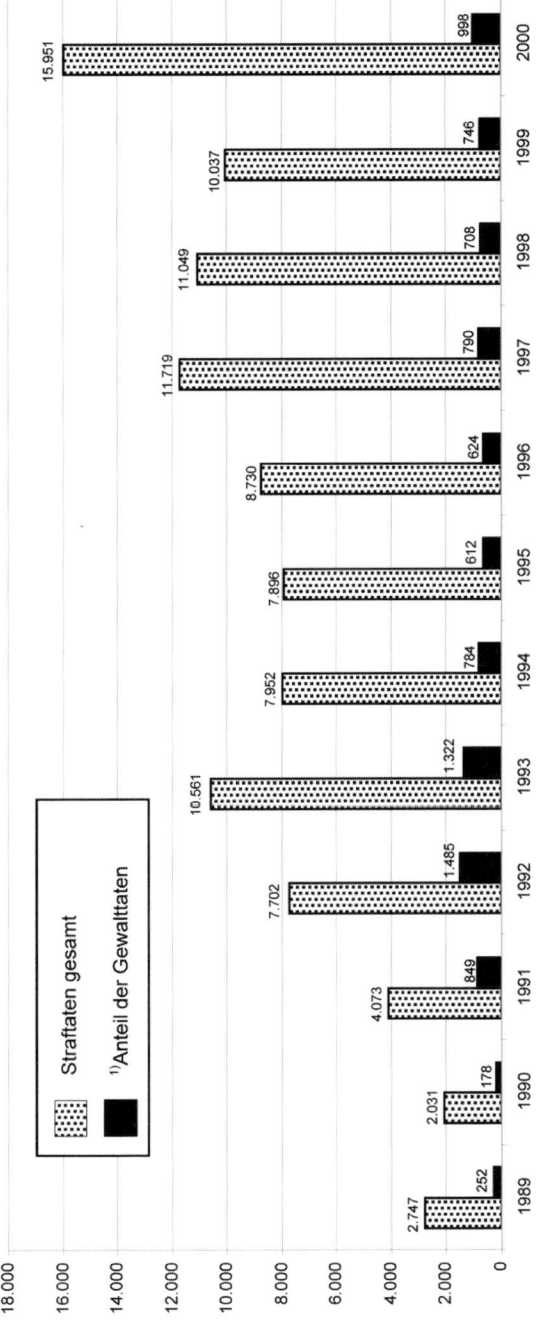

Ein psychoanalytisches Phasenmodell des Identitätswandels im vereinten Deutschland

Jörg Frommer

Ausgangspunkt der nachstehenden Überlegungen ist die psychoanalytische und sozialpsychologische Wendeforschung in Deutschland. Es wird die These vertreten, dass sich die Auseinandersetzung mit der westlichen Alltagskultur in den neuen Bundesländern in einem schrittweisen Prozess vollzieht, der als *Intimisierung der Wendeproblematik* bezeichnet werden kann. Dabei werden persönliche Eigenschaften, Werte und Gewohnheiten, die mit dem westlichen Lebensstil identifiziert werden, im Osten Deutschlands zunächst als Eigenschaften einer fremden Bevölkerungsgruppe, später als Eigenschaften anderer Personen im privaten Umfeld und schließlich als mehr oder weniger ichsyntone eigene Persönlichkeitsanteile empfunden. Klinisch-psychoanalytische und behandlungstechnische Implikationen dieses Phänomens werden an einer Fallvignette erörtert. Weiter wird davon ausgegangen, dass unter dem in der DDR herrschenden sozialen Anpassungsdruck bevorzugt Abwehrmechanismen entwickelt wurden, die bei der Bewältigung der Wendeerfahrung *anankastische Mechanismen der Identitätssicherung* mobilisierten. Diese These wird ergänzt durch die unbestrittene Beobachtung einer weitgehenden *Zerstörung der kulturellen und sozialen Strukturen bürgerlicher Öffentlichkeit* in der DDR. Die Bewältigung der mit diesen Deformationen einher gehenden psychosozialen Problemlagen ist dadurch erschwert, dass der sich als Alternative anbietenden westlichen Alltagskultur eine durch Anhedonie, Egozentrismus und narzisstische Austauschstrukturen gekennzeichnete Sinn- und Identitätskrise attestiert wird, und die Strukturen bürgerlicher Öffentlichkeit auch hier – wenn auch auf andere Weise – gefährdet erscheinen.

Psychische und psychosoziale Folgen der politischen Wende in Deutschland

Die unmittelbar im Gefolge des Niedergangs der Deutschen Demokratischen Republik einsetzende sozialwissenschaftliche Wendeforschung hat im

Verlauf der neunziger Jahre mit inzwischen mehr als 32.000 Publikationen eine kaum noch zu überblickende Fülle von Ergebnissen hervorgebracht. Für den Bereich der psychischen und psychosozialen Folgen der politischen Wende lassen sich die Forschungsansätze und -ergebnisse in zwei Phasen einteilen:

In der ersten Phase psychoanalytischer und sozialpsychologischer Wendeforschung beschäftigte sich ein Großteil der Arbeiten mit Differenzen im Befinden, Erleben und Verhalten von Ost- und Westdeutschen. Paradigmatisch weist diese Phase Mentalitätsdifferenzen auf, die insgesamt ein defizitäres Bild der Menschen in Ostdeutschland zeichnen. Sozialwissenschaftlichen Diagnosen der DDR als einem Überwachungs- und Betreuungsstaat, in dem für seine Bürger eine verordnete Unmündigkeit herrschte, zufolge, fungierte der Betrieb in der DDR als Vergesellschaftungskern mit übergreifender Gemeinschaftsbildung. Soziologisch gesprochen entstanden

> » warme , nicht kalte Kulturen, [...] bei denen die Gruppenmoral als partikularistische Binnenmoral, nicht aber die Individualmoral als universalistische Berufsmoral im Mittelpunkt stand. [...] die Betriebszugehörigkeit blieb für die individuelle Lebensführung letztlich bestimmend. Sie prägte Mentalitäten, für die Kollektiv-, nicht Ichorientierung, Versorgungs-, nicht Leistungsorientierung, Lokalismus, nicht Kosmopolitismus charakteristisch sind« (Schluchter 1996, S. 35f).

Die DDR- Führung betrieb über die Jahrzehnte eine radikale Entbürgerlichung und Zwangsproletarisierung, auch konnte sich in der DDR keine öffentliche Konfliktkultur ausbilden, mit der Folge der Flucht in die Nischen vor der Staatsaufsicht (vgl. Hammann, Strohmeyer 1991). Um einer Mentalität, die schon im frühen 20. Jahrhundert als deutscher Untertanengeist beschrieben worden war, zu entgehen, bildeten sich »Nischenidentitäten« (Misselwitz 1991, S. 32) heraus. Expansive Persönlichkeitsentwicklungen wurden durch repressive und gefühlsunterdrückende Erziehung behindert und es wurden vor allem zwanghafte und depressive Charakterstrukturen gefördert, die mit Unterwerfungsbereitschaft und Gehemmtheit den Nährboden für das Wuchern autoritärer Strukturen bildeten (vgl. Maaz 1990). Das hier verdichtet dargestellte Bild des »Ossi« im Spiegel früher Nachwendepublikationen erscheint desaströs und spitzte sich in populistischen Veröffentlichungen in verletzender Weise zu. Die neue Freiheit paarte sich für die ehemaligen DDR-Bürger auch in dem Bild ihrer selbst, welches ihnen vom Westen aus entgegenschlug, mit einer »kalte(n) Alltagskultur« (Schluchter 1996, S. 42).

Eine Entpolemisierung der Diskussion wurde Mitte der neunziger Jahre durch die Einführung prozessualer Betrachtungsweisen erzielt, die zum einen die mit der Wende in Ostdeutschland einsetzenden psychosozialen Veränderungen fokussierte und zum anderen die damit gewonnene Perspektive nutzte zu einer Bestandsaufnahme der Mentalitäten und Mentalitätsentwicklungen auch in den alten Ländern der Bundesrepublik Deutschland. Hierarchisch verstandene Unterschiede, verbunden mit einem Bild des dem Ostdeutschen in jeder Hinsicht überlegenen Westdeutschen, konnten nun zunehmend als sich in Entwicklung befindliche qualitative Unterschiede begriffen werden, die eine Vorab-Wertung nicht notwendig implizieren. Vor allem in den Ergebnissen der Untersuchungen von Brähler und Richter, die paradigmatisch diese zweite Phase der Wendeforschung charakterisieren, kehrt sich das Bild des »häßlichen Deutschen«-Ost (Geyer 1999) um in eine Kulturkritik der westdeutschen Gesellschaft. Bereits Hammann und Strohmeyer (1991) hatten sich dadurch beeindruckt gezeigt, dass die DDR manches – wenn auch in schlechtem Zustand – doch als »etwas Originäres bewahrt hat, während es bei uns, wenn es überhaupt überlebt hätte, mit der Renovierung zur Kopie verfälscht worden wäre« (ebd., S. 53). Ostdeutsche erscheinen nun im Spiegel empirischer Nachwendeforschung als nicht nur soziokulturell, sondern vor allem auch ökonomisch traumatisierte Spätopfer der nach dem Ende des Zweiten Weltkrieges geschaffenen politischen Strukturen in Europa, als unverdiente alleinige Büßer historischer deutscher Schuld, mit bewundernswerter Kreativität und der Fähigkeit zum Kulturerhalt unter ungünstigen Bedingungen. Während im Osten vor allem in der jungen Generation – noch schüchtern-skeptische – Aufbruchstimmung Raum greift, und zumindest ein Teil der aufgelisteten Negativcharakteristika als Reflex auf ungünstige sozio-ökonomische Lebensbedingungen – insbesondere Armut und Arbeitslosigkeit – erscheint, fühlen sich die Westdeutschen in ihrer Haut offensichtlich zunehmend unwohl: Geprägt durch einen »oberflächlichen Egozentrismus« (Richter 1995) sind sie einem kaum reflektierten psychologischen Wandel ausgesetzt, denken weniger nach über eigene Probleme und Probleme anderer Menschen, gehen großzügiger mit der Wahrheit um, fühlen sich zunehmend »anderen Menschen ferner, fressen mehr Ärger in sich hinein, suchen weniger Geselligkeit, erleben sich dem anderen Geschlecht gegenüber befangener, [...] sind in der Liebe weniger erlebnisfähig« (Brähler, Richter 1995, S. 19) und erleben – vor allem in der Arbeit – »weniger persönliche Wertschätzung« (ebd., S. 20). Holzschnittartig zugespitzt könnte man vor dem Hintergrund dieser Daten die Hypothese formulieren, dass den psychosozialen Folgeproblemen einer jungen postautoritären Gesellschaft im Osten die Entwicklungsprobleme einer alternden postmodernen, durch ökonomischen Überfluss und Sinnkrisen geprägten Gesellschaft im Westen gegenüberstehen.

Die politische Wende in Deutschland als Identitätsproblem und Entwicklungsaufgabe – Ein Phasenmodell

Während die Wende im politischen und administrativen Bereich eine weitgehende Übernahme von Institutionen und Strukturen der alten Bundesländer bedeutete, erscheinen Konzepte zu kurz gegriffen, die im gesellschaftlichen, kulturellen und psychosozialen Bereich ebenfalls von einer Übernahme westlicher Handlungsmuster ausgehen. Hier wurde vielmehr die Übernahme zum Konflikt und Identitätsproblem. Auch wenn von sozialpsychologischer Seite die lebensabschnittsspezifisch geprägte *patchwork*-Identität als Möglichkeit der Bewältigung postmoderner Rasanz soziokultureller Veränderungen betrachtet wird, so zeigt doch gerade die deutsche Geschichte des 20. Jahrhunderts, dass ein ungleichzeitiger, unkontrollierbarer und sich überstürzend vollziehender Werte- und Normenwandel kollektiv pathogene Macht entfalten kann.

In diesem Zusammenhang soll nachfolgend die These begründet werden, dass in den neunziger Jahren kollektiv ein Prozess stattgefunden hat, der als *Intimisierung der Wendeproblematik* bezeichnet werden kann. Diese These geht im Anschluss an die einleitenden Vorbemerkungen davon aus, dass personale Identität unabdingbar eine zeitübergreifende Dimension impliziert und bei raschen Veränderungszwängen oder -angeboten eine identitätssichernde Dynamik entfaltet. Psychoanalytisch gesprochen werden intrapsychische und interpersonelle Abwehrmechanismen mobilisiert, die den vorhandenen *Ich*-Überzeugungen und *Über-Ich*-Konstrukten die für ihre Funktionsfähigkeit unabdingbare Stabilität garantieren. Dieses impliziert, dass die Auseinandersetzung mit den durch die Wende bedingten soziokulturellen Veränderungen in einem Stufenprozess stattfand und stattfindet, der in einzelne Phasen unterteilt werden kann.

In einer ersten, noch groben Annäherung kann dieses nicht nur auf die sozialwissenschaftliche Wendeforschung, sondern auch auf klinisch-psychoanalytische Erfahrung gestützte Phasenmodell wie folgt beschrieben werden: Zu Beginn des Prozesses standen sich in hohem Maß durch die politisch-geographische Herkunft geprägte kollektiv bezogene Identitäten gegenüber.

Entweder war man »Ossi« oder »Wessi«, zumeist bereits auf den ersten Blick an äußeren Merkmalen wie Kleidung, Gestik, Mimik etc. zu erkennen. Zur Begründung infrage gestellter Verhaltensweisen diente in dieser Phase die einfache Bezugnahme auf das kollektive Wertsystem und die normative Ordnung der eigenen Heimat.

Vor allem ein großer Teil der jüngeren Generation in den neuen Bundesländern adaptierte allerdings rasch den westlichen Lebensstil mit selbstbewusstem Konsumanspruch, individuell gestaltetem Lebensplan und kosmopolitischem Selbstverständnis. So entstand in der zweiten Phase des Prozesses erstmals seit über 50 Jahren eine Heterogenität tragender Werte und Normen im öffentlichen Leben der neuen Bundesländer, die z. T. Ähnlichkeiten aufweist mit dem Generationenkonflikt, der Ende der sechziger Jahre die alte Bundesrepublik erschütterte. In vielen Familien sind die westdeutschen Lebensideale nähergerückt und die Auseinandersetzung mit ihnen findet nun innerhalb der eigenen vier Wände statt. Der Sohn oder die Tochter ist nun der oder die »Wessi«, deren Verhaltensweisen und Zukunftspläne die Elterngeneration weder verstehen kann noch will.

In der dritten Phase der Intimisierung rückt die Auseinandersetzung mit der westlichen Kultur insofern noch näher, als sie nun zum Teil der eigenen Identitätsproblematik wird. Das nachfolgende Fallbeispiel zeigt, wie prekär die Integration unterschiedlicher Selbstanteile werden kann, wenn die gewachsene DDR-Identität mit ihrer Kollektivorientierung, sozialen Rücksichtnahme, Bedürfnis nach Schutzsuche in engen privaten Nischen, öffentlicher Scheu und vor allem mit ihrer starken Autoritätsgebundenheit auf westlich geprägte Wünsche nach Expansion, öffentlicher Selbstverwirklichung und Autonomie trifft.

Ein Fallbeispiel

Frau M., eine zu Behandlungsbeginn 40 Jahre alte Patientin, klagt, sie fühle sich »unterlegen«, »nie sie selbst«. Sie fühle sich »vergewaltigt«, »verkrempelt«, traurig und nervös. Sie sei seit einigen Monaten arbeitslos, auf Anraten der vorbehandelnden Therapeutin habe sie ihren Arbeitsplatz gekündigt. Frau M. klagt über psycho-vegetative Beschwerden, wenn sie in Gegenwart anderer essen müsse, fürchte sie, dass ihre Hände zittern. Zudem werden früher nicht gekannte dysmorphophobe Züge deutlich, die hübsche und attraktive Patientin erwägt ernsthaft plastisch-chirurgische Eingriffe, reagiert krankhaft eifersüchtig auf jeden Blick, den ihr aus den alten Bundesländern stammender Lebenspartner anderen Frauen zuwirft.

Innerhalb der aus einer Kleinstadt in den neuen Bundesländern stammenden Herkunftsfamilie bestünde ein ständiger Nervenkrieg, angeheizt durch die kühl und distanziert geschilderte, seit der Kindheit gehbehinderte Mutter der Patientin, die das Sagen habe. Der Vater, dessen Eltern seinerzeit aus dem Osten zugewandert seien und der einfacheren sozialen Verhältnissen entstamme als die Mutter, habe sich nie gewehrt, habe immer geschluckt. Seit Jahren leide er an rezidivierenden Morbus Crohn-Schüben. Zu DDR-Zeiten sei er ein sehr leistungsorientierter selbständiger Lebensmittelhändler gewesen, habe es dadurch schwerer gehabt als andere.

Nach der Wende beginnt zunächst ein kontinuierlicher beruflicher Aufstieg. Über mehrfache Beförderungen, denen Frau M. immer nur mit Zögern und eigentlich widerwillig zustimmt, erlangt sie eine Position im mittleren Management eines Wirtschaftsunternehmens. Nach mehreren Jahren erfolgreicher Tätigkeit kündigt sie ihre Stelle plötzlich trotz intensiver Versuche des Arbeitgebers, sie zu halten, kurz nachdem sie ihren jetzigen Lebenspartner kennengelernt hatte.

Das verblüffende an dem geschilderten Fall ist die rasche, zunächst vollständig gelungen erscheinende Adaptation der Patientin an westliche Lebensgewohnheiten nach der politischen Wende. Kleidung, Frisur, Kommunikationsstil und Lebensgewohnheiten werden von der Patientin in kürzester Zeit perfektionistisch westlichen Ansprüchen entsprechend gestaltet. Dabei kann die Patientin durchaus auf die familiäre Tradition bürgerlicher Freiberuflichkeit zurückgreifen. Allerdings schließt das familiäre und gesellschaftliche »Erbe« auch mannigfache Formen des in der Leistungsbereitschaft Behindert-Werdens und Behindert-Seins ein, verbunden mit tiefsitzenden Selbstwertkonflikten. Getragen durch hohen Leistungsehrgeiz und narzisstische Ziele scheint die Patientin zunächst die mit der Wende hereinbrechenden Veränderungen orientierungsgebender Wertvorstellungen im Bereich von Existenzsicherung, beruflicher Selbstverwirklichung und zwischenmenschlichen Beziehungen mühelos zu bewältigen. Die von Plassmann (1995) beschriebene, durch die Wende ausgelöste *psychosomatische Regressionsbewegung*, verbunden mit sozialen Rückzugstendenzen und passiven Versorgungswünschen, erscheint kontraphobisch abgewehrt. Erst im Verlauf einer längeren psychoanalytischen Behandlung wird Frau M. bewusst, in welchem Spannungsverhältnis eigene Biographie, Identität und zwischenmenschliche Beziehungen in der DDR zu den mit der Wende hereinbrechenden Normen und Werten stehen. Sie entdeckt verschüttete und überholt geglaubte Überzeugungen wieder, narzisstische Spaltungsmechanismen werden allmählich bewusst. Mit dem Fortschreiten einer differenzierten Auseinandersetzung sowohl mit DDR-typischen als auch mit Nach-Wende-typischen Identitätsanteilen kehren allmählich Selbstvertrauen und Arbeitsfähigkeit zurück. Der Patientin wird während einer längeren Moratoriumsphase ohne berufliche Tätigkeit allmählich deutlich, dass ihre Problematik des *Scheiterns am Erfolg* darin begründet lag, dass sie ihren durch überschnelle Adaptation erreichten Erfolg deshalb nicht als *ihren* Erfolg annehmen konnte und zerstören musste, weil sie innerlich an zum Teil unbewusste alte Wertvorstellungen gebunden blieb, die ihr zum Teil bis heute wertvoll sind.

Bei der Bewältigung der Wendeerfahrung entscheidet neben anderen – insbesondere sozio-ökonomischen – Faktoren das durch die Primärsozialisation geprägte Integrationsniveau der Identität über den Erfolg und d. h. darüber, ob eine echte Integration von alten und neuen Identitätsanteilen stattfindet. Die psychoanalytische Objektbeziehungstheorie (vgl. Kernberg 1991) unterscheidet diesbezüglich ein Kontinuum zwischen reifen Persönlichkeiten mit ausreichend integrierter Identitätsbildung einerseits und schweren Persönlichkeitsstörungen andererseits, bei denen kulturell und gesellschaftlich vorgegebene Werte und Normen kein einheitliches System bilden, sodass Erleben und Handlungssteuerung von heterogenen Identitätsfragmenten und nur mangelhaft kontrollierten dynamischen Beständen beherrscht werden. Ist letzteres der Fall, so droht die Auseinandersetzung mit der Wendeproblematik auf die ersten beiden Phasen des postulierten Prozesses beschränkt zu bleiben. Sie bedienen sich interpersoneller Abwehrmechanismen wie beispielsweise Projektion und Spaltung und unterliegen einer Idealisierungs-/Entwertungsdynamik. Personen mit primär höherem Strukturniveau gelingt es hingegen, die Wendeproblematik zu einem intrapsychischen Problem mit Formen höher strukturierter Abwehr (Verdrängung, Verschiebung etc.) und introspektiven Prozessen werden zu lassen und so die dritte Phase des aufgezeigten Prozesses zu durchleben.

Kultursoziologisch finden die angesprochenen, durch mehr oder weniger kulturell adaptierte Formen der Diffusion (vgl. Marcia 1989) gekennzeichneten Prozesse von Identitätsentwicklung und Identitätswandel ihre Entsprechung in kollektiven *Akkulturationskrisen*, gekennzeichnet durch Stress, Verlust- und Ablehnungsgefühle, Verwirrung, Überraschung, Angst, Empörung und Ohnmachtsgefühle, die rasch eine durch Entdifferenzierung und Eskalation charakterisierte destruktive soziale Dynamik entfalten können (vgl. Oberg 1960; Wagner 1996).

Von autoritären Anpassungsprozessen zur postmodernen Tyrannei der Intimität

Dies leitet über zu der Frage nach den Determinanten und Strukturen der spezifischen Erfahrungen, Mentalitäten und Handlungsweisen, die die Sozialisation und Lebensweise vor der Wende prägten. Bei der DDR handelte es sich um ein autoritär strukturiertes Staatswesen mit entsprechendem Überwachungs- und Sanktionspotential gegenüber seinen Bürgern. In einer empirischen Vergleichsuntersuchung an Grundschülern in Kassel und Jena konnten Leuzinger-Bohleber und Garlichs in diesem Sinne zu Beginn der neunziger Jahre bei den Jenenser Kindern eine auffallend häufiger geäußerte Selbstkritik und eine ungebrochenere Unterordnung unter Autoritäten nachweisen. Unter Bezugnahme auf die DDR-typische Früherziehung mit Krippenunterbringung bereits im ersten Lebensjahr und früher, durch die Sozialisationsbedingungen erzwungener funktioneller Autonomie interpretierten die Autorinnen dieser Studie ihre Befunde im Lichte neuerer psychoanalytischer Säuglingsforschung wie folgt: Sie sahen

>»bei den Kasseler Kindern eher die Auswirkungen eines übertriebenen Individualismus, bei dem die Gefahr besteht, dass zugunsten einer egoistisch verstandenen Individualität tiefe Objektbeziehungen und solidarisches Sozialverhalten zu kurz kommen. Dagegen schien bei den Jenenser Kindern eine zu frühe Unterordnung individueller Wünsche und Interessen unter kollektive Vorstellungen verlangt worden zu sein, die eine Schwäche im Selbst- und Autonomiebereich begünstigte« (Leuzinger-Bohleber, Garlichs 1993, S. 220).

Die marxistisch beeinflusste Psychoanalyse und die psychoanalytisch geprägte Soziologie der Frankfurter Schule haben bereits in den vierziger Jahren gezeigt, dass autoritäre Gesellschaftsformen ihnen entsprechende Mentalitäten erzeugen. Erich Fromm sprach in diesem Zusammenhang von der sadomasochistischen Lösung des Ödipuskomplexes und Horkheimer und Adorno zufolge

>»geht äußere gesellschaftliche Repression mit innerer Verdrängung von Triebregungen zusammen. Um die Internalisierung des gesellschaftlichen Zwangs zu erreichen, die dem Individuum stets mehr abverlangt als sie ihm gibt, nimmt dessen Haltung gegenüber der Autorität und ihrer psychologischen Instanz, dem Über-Ich, einen irrationalen Zug an. Das Individuum kann die eigene soziale

Anpassung nur vollbringen, wenn es an Gehorsam und Unterordnung Gefallen findet; die sadomasochistische Triebstruktur ist daher beides, Bedingung und Resultat gesellschaftlicher Anpassung« (Adorno 1973, S. 323).

Der zwanghaft-autoritäre Charakter neigt nicht nur zu projektiven und paranoiden Tendenzen bei der Bewältigung der durch Anpassung unterdrückten Triebenergien, er zeichnet sich auch aus durch seine rigide Über-Ich-Struktur, sein negatives Weltbild und seine geringe Ambiguitätstoleranz.

Geht man davon aus, dass die durch die zitierten Befunde von Leuzinger-Bohleber und Garlichs gestützte Annahme einer Wahlverwandtschaft zwischen dem Gesellschaftssystem der DDR und autoritären Charakterstrukturen bei den Bürgern dieses Staates Überzeugungskraft entfalten kann, stellt sich zugleich die Frage, welche Formen der Verarbeitung der Wendeerfahrung diesem Persönlichkeitstypus inhärent sind. Vor allem Hermann Lang (1981) und Hans Quint (1984) haben in ihren Arbeiten zum Zwang darauf hingewiesen, dass anankastisches Verhalten eine primitive Vorform integrativer synthetisierender Ich-Leistungen darstellt und damit nicht nur der verdeckten sadomasochistischen Triebbefriedigung dient, sondern mindestens ebenso sehr basalen Selbsterhaltungs- und Syntheseinteressen angesichts schier unvereinbarer Es-Impulse und Über-Ich-Anforderungen. Damit wird der präödipale Charakter zwanghafter Verhaltensauffälligkeiten betont. Bereits die These einer Intimisierung der Wendeproblematik hatte impliziert, dass bei einem überraschenden Umbruch Halt gebender soziokultureller Strukturen zunächst frühe interpersonelle Abwehrmechanismen mobilisiert werden und dass das primärpersönliche Strukturniveau darüber entscheidet, ob diese im weiteren Verlauf durch reifere intrapsychische Abwehrformen ergänzt und schließlich ersetzt werden können. Nach einer kurzen euphorischen initialen Idealisierungsphase – einer Phase der *Euphorie* im Sinne von Wagner (1996) – stand daher am Anfang der Wendebewältigung für einen Teil der ehemaligen DDR-Bürger die Überwindung *analzwanghafter Mechanismen der Identitätssicherung*, gekennzeichnet durch Trotz, Verleugnung, Ungeschehen-Machen und anale Entwertung der neuen, aus dem Westen kommenden Lebensgewohnheiten und sozialen Strukturen (Phase der *Entfremdung*, Phase der *Eskalation* und Phase der *Missverständnisse* im Sinne von Wagner 1996). Stagnation durch Verleugnung von Entwicklungsnotwendigkeit sowie mangelnde Flexibilität und Offenheit bei den Bürgern der ehemaligen DDR waren vor diesem Hintergrund zu verstehen als Mechanismen der Identitätsbewahrung angesichts einer als überwältigend erlebten Veränderung der Lebensbedingungen.

Die idealtypisch zugespitzte Beschreibung der Situation in Ostdeutschland als autoritär strukturierte Gesellschaft, die z. T. noch neben raschen und oft unintegrierten Adaptationen an westliche Lebensgewohnheiten vor allem bei der älteren Generation persistiert, fügt sich in das Bild einer rückständigen und nicht nur ökonomisch, sondern auch soziokulturell unterlegenen sozialen Ordnung. Vor allem entstand für viele Ostdeutsche der trügerische Eindruck, dass angesichts der offensichtlichen Defizite bezüglich freier individueller Entfaltung in der ehemaligen DDR durch eine rasche Anpassung an westliche Lebensformen eine individualistisch zentrierte Identität zu gewinnen sei.

Diese Hoffnung übersah, dass sich auch die westdeutsche Gesellschaft in einer – allerdings anders gearteten – Identitätskrise befindet. Im Zentrum dieser Krise finden sich Phänomene, die eng mit den Grenzlinien zwischen öffentlicher und privater Lebenssphäre zusammenhängen. Sozialpsychologisch betrachtet nehmen großstädtische Lebensformen zu, gekennzeichnet durch soziale Netzwerke, »die groß sind, mehr schwache Bindungen beinhalten, eine geringe Dichte, hohe Dispersion und geringe Homogenität aufweisen« (Keupp 1989, S. 55). Diese Netzwerke erhalten bei den Betroffenen eher eine *dezentralisierte Patchworkidentität* (ebd., S. 64) aufrecht, gekennzeichnet durch hohe Komplexität und Offenheit für Veränderung. Für eine große Zahl junger Erwachsener zeichnet sich unter diesen Bedingungen »kein Ende des Moratoriums ab, sie können also im Sinne von Erikson nicht erwachsen werden«(ebd., S. 59). Die den Prozessen der Identitätsdiffusion entgegengerichtete *Identitätsarbeit* wird unter diesen Bedingungen zum unverzichtbaren Charakteristikum postmoderner Existenz (Sennett 1983, S. 24). Wo diese Identitätsarbeit vernachlässigt wird, kennzeichnen Phänomene, die im Sinne der psychoanalytischen Objektbeziehungstheorie als Ausdruck eines *falschen Selbst* (vgl. Winnicott 1974) bezeichnet werden können, sowohl die psychische als auch die interpersonelle Welt der Betroffenen. Mangel an Authentizität und Echtheit, narzisstische Isolation und Ausblendung unliebsamer Realität, instabile pseudointime Beziehungen und Funktionalisierung von Mitmenschen werden sowohl im Kontext kulturkritischer Diagnosen postmoderner Existenz thematisiert als auch im Zusammenhang mit den an Häufigkeit zunehmenden narzisstischen Psychopathologien.

Während also im Westen der gesellschaftliche Transformationsprozess einer totalen Rationalisierung zustrebt, die keine Nischen mehr zulässt, »in denen eine nicht gesellschaftlich präparierte, irgend unabhängige Subjektivität sich verstecken könnte« (Adorno 1970, S. 51), trug die gesellschaftliche Entwicklung im Osten Deutschlands bis 1989 andere Züge. Das bürgerliche Leben war hier durch staatliche Gewalt weitgehend in die Defensive gedrängt worden. Dem Zerfall öffentlicher Kultur war bewusste Vernachlässigung und Zerstörung an die Seite getreten, ausgehend von einem Staat, der Öffentlichkeit als bürgerliches Relikt diffamierte und die von ihr ausgehenden politischen Impulse – wie sich später zeigte zu Recht – fürchtete. Wo selbst der intime familiäre Lebensbereich nicht vor polizeilichen Ein- und Übergriffen geschützt war, bedeutete die Ansammlung mehrerer Menschen auf Straßen und Plätzen eine potentielle Gefahr für das autoritär verordnete pseudoöffentliche Leben unter staatlicher Kontrolle. Der offensichtlichen und für jedermann spürbaren öffentlichen Unterdrückung von Individualität und Kreativität entsprach der Versuch der Menschen in Ostdeutschland, Ersatzformen und Nischen einzurichten, die Entfaltungsraum und Austauschmöglichkeiten schufen. So konnten Teile der subjektzentrierten diskursiven Kultur erhalten werden, wenn auch eingeengt auf Binnenräume mit beschränkter Austauschmöglichkeit.

Bezogen auf das Modell einer phasenweisen Intimisierung der Wendeproblematik bedeutet die typologische Kontrastierung ost- und westdeutscher Identitätsproblematik paradoxerweise, dass die kränkende und mühevolle Auseinandersetzung mit der westdeutschen Mentalität den Menschen im Ostteil der BRD gerade das *nicht* einbringt, was sich viele von dieser Auseinandersetzung erhoffen: eine authentische öffentliche Identität, deren Strukturen zeitüberdauernd Halt und Sicherheit gewähren. Der Überwindung verinnerlichter zwanghafter, passiver und durch Selbstwertproblematik gekennzeichneter Einstellungen und Verhaltensweisen folgen die Probleme des Sich-zurecht-findens in einer Welt der oberflächlichen Optionen, Relativierungen und Verunsicherungen.

Der therapeutische Umgang mit dieser Situation kann völlig unterschiedliche Ziele verfolgen. Zum einen kann im Sinne einer die Anpassung fördernden therapeutischen Strategie Konsens mit dem Patienten darüber herzustellen versucht werden, dass der Persönlichkeitswandel *vom Standardlebenslauf zum Selbst-Gestaltungsprojekt Persönlichkeit* die Überzeugung impliziert, dass »der Versuch, eine innere Einheitlichkeit und Kontinuität des Individuums monolithisch über die gesamte Lebenszeit aufrechtzuerhalten, zu einem irrealen Unternehmen« (Schröder 1999, S. 45) geworden sei. Im Sinne verhaltenstherapeutischer Übungsprogramme können vor dem Hintergrund eines solchen Problemverständnisses reflexive und external anforderungsbezogene Kompetenzen zukunftsgerichtet trainiert werden, ohne dass die Identitätsproblematik in ihrer diachronen Tiefe berührt wird. Das psychoanalytische Verständnis setzt dagegen an einer anderen Stelle an. Frühe identitätsprägende Erfahrungen werden auch dann in das Zentrum des Interesses gerückt, wenn sie verpönt und unzeitgemäß erscheinen. Schamaffekte, Schuldgefühle, seelischer Schmerz und Selbstwertprobleme werden *besprochen* und so trotz all ihrer Sperrigkeit gegenüber dem Zeitgeist zu synton erlebten Identitätsanteilen modifiziert, indem sie in der Übertragungs-Gegenübertragungsdynamik erneut durchlebt werden. Dieses Grundanliegen psychoanalytischer Behandlung erhält in der therapeutischen Arbeit mit den durch die Wendeerfahrung geprägten Patienten seine besondere identitätsbewahrende Bedeutung. Denn wenn es in diesem Veränderungsprozess nicht gelingt, Identitätsanteile festzuhalten, wenn also der Auseinandersetzungsprozess mit westlichen Lebensgewohnheiten als vergangenheitsverdrängende unkritische Übernahme erfolgt, so beraubt sich der Betreffende gerade dessen, was ihm durch die Anpassung nicht wieder gegeben werden kann. Vielleicht wird vor dem Hintergrund dieser Überlegungen die große Enttäuschung vieler ostdeutscher Intellektueller darüber verständlich, dass die ersehnte, ihnen lange Zeit staatlich verwehrte bürgerliche Kultur sich nicht – oder doch zumindest nicht in wünschenswerter Form – aus dem Westen importieren ließ. Was im Osten gewaltsam verlorengegangen war, hatte man im Westen unbemerkt geopfert.

Schlussfolgerungen

Fassen wir an dieser Stelle zusammen: Wird Psychoanalyse maßgeblich als Identitätsarbeit verstanden, deren zentrales Anliegen die Integration disparater Persönlichkeitsanteile darstellt, die zum einen aus der Trieb- und Bedürfnissphäre, zum anderen aus soziokulturellen Prägungen hervorgehen, so ergibt sich daraus zwingend, dass historischer Wandel, gesellschaftliche Transformationen und Epochenbrüche eine besondere Herausforderung für die psychoanalytische Theorie und Praxis darstellen. Je dramatischer die soziokulturellen Veränderungen vor sich gehen, desto deutlicher wird, dass sich die Auseinandersetzung mit ihnen nur in einem schrittweisen Prozess vollziehen kann, der in Bezug auf die deutsche Wiedervereinigung als *Intimisierung der Wendeproblematik* bezeichnet werden kann. Meiner These zufolge werden persönliche Eigenschaften, Werte und Gewohnheiten, die mit dem westlichen Lebensstil identifiziert werden, im Osten Deutschlands zunächst als Eigenschaften einer fremden Bevölkerungsgruppe, später als Eigenschaften anderer Personen im privaten Umfeld und schließlich als mehr oder weniger ichsyntone eigene Persönlichkeitsanteile empfunden. Weiter gehe ich davon aus, dass unter dem sozialen Anpassungsdruck der DDR-Gesellschaft, einhergehend mit einer weitgehenden Unterdrückung und Zerstörung öffentlicher Formen bürgerlicher Kultur, nicht nur depressive, sondern vor allem auch autoritär-zwanghafte Charakterstrukturen bevorzugt herausgebildet wurden. Dementsprechend kam analen Abwehrmechanismen bei der Bewältigung der Wendeerfahrung im Sinne einer *anankastischen Identitätssicherung* ein bevorzugter Stellenwert zu. Diese These wird ergänzt durch die Beobachtung einer weitgehenden *Zerstörung der kulturellen und sozialen Strukturen bürgerlicher Öffentlichkeit*, die innerhalb autoritärer Staatsstrukturen als gefährliche Brutstätte nonkonformer Aktivitäten erscheinen musste. Unter psychoanalytischer Perspektive erscheint dies bedeutsam, weil die Kulturerscheinungen des öffentlichen Raumes als Identifikationsobjekte dienen und die Herausbildung integrierter Identitäten fördern, die die eigene Biographie als selbstgeschaffen begreifen. Die Hoffnung, nach der Wende die verlorene identitätsstiftende öffentliche Kultur reimportieren zu können, erwies sich in weiten Bereichen als trügerisch, weil die öffentliche Kultur auch im Westen einen Niedergang erlebt und zunehmend narzisstischen Austauschstrukturen gewichen ist.

Literatur

Adorno, T. W. (1970): Aufsätze zur Gesellschaftstheorie und Methodologie. Frankfurt a. M. (Suhrkamp).
Adorno, T. W. (1973): Studien zum autoritären Charakter. Frankfurt a. M. (Suhrkamp).
Brähler, E., und Richter, H.-E. (1995): Deutsche Befindlichkeiten im Ost-West-Vergleich. In: Psychosozial 18, S. 7-20.
Geyer, M. (1999): Der häßliche Deutsche – ein DDR-Krippenkind? In: Die Zeit v. 8. April, S. 19.
Hammann, W., und Strohmeyer, K. (1991): Die Mentalitätsdifferenz zwischen Ost- und Westdeutschen oder: zwei verschiedene Identitätsschicksale. In: Psychosozial 14, S. 51-57.
Kernberg, O. F. (1991): Schwere Persönlichkeitsstörungen. 3. Auflage. Stuttgart (Klett-Cotta).
Keupp, H. (1989): Auf der Suche nach der verlorenen Identität. In: Keupp, H., und Bilden, H. (Hg.) (1989): Verunsicherungen. Das Subjekt im gesellschaftlichen Wandel. Göttingen, Toronto, Zürich (Hogrefe), S. 47-69.
Lang, H. (1981): Zur Frage des Zusammenhangs zwischen Zwang und Schizophrenie. In: Der Nervenarzt 52, S.643-648.

Leuzinger-Bohleber, M., und Garlichs, A. (1993): Früherziehung West-Ost. Zukunftserwartungen, Autonomieentwicklung und Beziehungsfähigkeit von Kindern und Jugendlichen. Weinheim München (Juventa).

Maaz, H.-J. (1990): Der Gefühlsstau – Ein Psychogramm der DDR. Berlin (Argon).

Marcia, J. E. (1989): Identity diffusion differentiated. In: Luszcz, M. A., und Nettelbeck, T. (Hg.) (1989): Psychological development. Perspectives across the lifespan. North-Holland (Elsevier), S. 289-294.

Misselwitz, I. (1991): Identität der DDR-Bürger – eine erste Gedankensammlung. In: Psychosozial 14, S. 30-33.

Oberg, K. (1960): Cultural shock: adjustment to new cultural environments. In: Practical Anthropology 7, S. 177-182.

Plassmann, R. (1995): Psychosomatische Erkrankungen in Ostdeutschland. Befunde und Hintergründe. In: Psychotherapeut 40, S. 120-123.

Quint, H. (1984): Der Zwang im Dienste der Selbsterhaltung. In: Psyche 38, S. 717-737.

Richter, H.-E. (1995): »Nicht Selbstverwirklichung, sondern oberflächlicher Egozentrismus«. Ein Gespräch mit Horst-Eberhard Richter. In: Psychologie Heute, Juli 1995, S. 56-59.

Schluchter, W. (1996): Institutionen und Mentalitäten. Über die Gleichzeitigkeit des Ungleichzeitigen oder: Von dem schließlich doch nur allmählichen Untergang der DDR. In: Schluchter, W. (1996): Neubeginn durch Anpassung? Studien zum ostdeutschen Übergang. Frankfurt a. M. (Suhrkamp), S. 11-59.

Schröder, H. (1999): Riskante Chancen – Vom Standardlebenslauf zum Selbst-Gestaltungsprojekt »Persönlichkeit«. In: Hessel, A., Geyer, M., und Brähler, E. (Hg.) (1999): Gewinne und Verluste sozialen Wandels. Globalisierung und Wiedervereinigung aus psychosozialer Sicht. Opladen (Westdeutscher Verlag), S. 41-51.

Sennett, R. (1983): Verfall und Ende des öffentlichen Lebens. Die Tyrannei der Intimität. Frankfurt a. M. (Suhrkamp).

Wagner, W. (1996): Kulturschock Deutschland. Hamburg (Rotbuch).

Winnicott, D. W. (1974): Vom Spiel zur Kreativität. Stuttgart (Klett-Cotta).

Zur Faszination rechter Gewalt in den Medien
Ein psychoanalytischer Beitrag zur qualitativen Erforschung des Rechtsextremismus

Hans-Dieter König

Einleitung

Zur Fragestellung

Die mediale Berichterstattung über einzelne dramatische Ereignisse – 1991 die Angriffe auf Ausländer- und Asylbewerber-Wohnheime in Hoyerswerda, 1992 die Krawalle in Rostock und 1993 der Brandanschlag in Solingen – hatten weniger eine abschreckende, als vielmehr eine viele Jugendgruppen mobilisierende Wirkung, sodass es zu mehreren Wellen der Gewalt kam, die sich in einer Unzahl von Angriffen auf Asylbewerber und Ausländer niederschlugen. Die Frage, wie Rechtsextremismus über die Medien zu faszinieren vermag, habe ich daraufhin zum Gegenstand mehrerer Seminare und Empiriepraktika an der Universität Frankfurt a. M. gemacht, in denen Soziologiestudenten das Erheben und Auswerten von Datenmaterial erlernen. Das Datenmaterial, das für dieses Forschungsprojekt ausgesucht und mithilfe von Gruppeninterpretationen analysiert wurde, setzt sich aus vier Forschungsfeldern zusammen:

1. Das erste Forschungsfeld bildet der Dokumentarfilm *Beruf Neonazi*, der 1993 einen politischen Skandal erzeugte, als der Zentralrat der Juden wegen der Verbreitung der Auschwitzlüge Anzeige erstattete. Dem linken Regisseur Bonengel wurde vorgeworfen, keine Distanz zu dem von ihm portraitierten Münchner Neonazi Althans zu haben, vielmehr für ihn zu werben.
2. Das zweite Forschungsfeld stellen von den Studentinnen und Studenten erhobene Gruppendiskussionen mit Jugendlichen dar, in denen sie nach der Filmvorführung über ihr Erleben und ihre Einschätzung des Münchner Neonazis sprachen.
3. Das dritte Forschungsfeld bildet eine Schulstunde über den Film, in der eine Lehrerin mit den Schülern und Schülerinnen einer zehnten Klasse

über den Neonazi und seine Wirkung auf die Jugendlichen diskutierte.
4. Das vierte Forschungsfeld erschließt sich durch ein biographisch-narratives Interview mit einem Soziologiestudenten, der an einem der Seminare über den Bonengel-Film teilnahm und nach der ersten Filmvorführung von Althans – zu seinem eigenen Befremden – in besonderer Weise fasziniert war.

Zur Methode

Das auf diesen Forschungsfeldern erhobene Datenmaterial wurde mit Hilfe der von Lorenzer (1986) entwickelten Verfahrensweise der tiefenhermeneutischen Kulturanalyse rekonstruiert. Bei der Tiefenhermeneutik (vgl. König 1997c, 2000b, 2001) handelt es sich um eine Verfahrensweise psychoanalytischer Kulturforschung, welche den narrativen Gehalt von Texten oder Filmen auf eine methodologisch reflektierte Weise untersucht. Damit unterscheidet sich die Tiefenhermeneutik von einer naiven Form der subsumtionslogischen Anwendung der Psychoanalyse auf die Kultur, die klinische Diagnosen an kulturellen Erscheinungen bloß illustriert und damit zur Psychologisierung und Pathologisierung des sozialwissenschaftlichen Forschungsgegenstandes führt. Dabei wird das methodologische Problem ignoriert, das mit der Anwendung der Psychoanalyse auf die Kultur verbunden ist. Die psychoanalytischen Begriffe, die in einer therapeutischen Praxis entwickelt wurden und auf sie zugeschnitten sind, lassen sich nicht einfach auf die Kultur übertragen, weil es sich hierbei um ein Forschungsfeld mit anderen und eigenen Merkmalen handelt. Die Tiefenhermeneutik wird diesem methodologischen Problem gerecht, indem sie die in der therapeutischen Praxis entwickelte Methode des psychoanalytischen Interpretierens, das Lorenzer (1970) als szenisches Verstehen auf den Begriff gebracht hat, den Erfordernissen einer kritischen Sozialforschung anpasst, die ganz im Sinne Adornos (1961) den Forschungsgegenstand nicht unter vorweg konstruierte abstrakte Begriffe »subsumiert« (S. 227). Vielmehr soll die Kulturanalyse einem emphatischen Begriff der »lebendigen Erfahrung« der Sache gerecht werden (Adorno 1957, S. 212), die durch eine »immanente Analyse« dessen erschlossen werden soll, was die Sache von sich aus darstellt (ebd., S. 215). Mit Adorno wird das psychoanalytische Interpretieren (vgl. König 1996a, König 2000a) als eine tastende Spurensuche begriffen, im Zuge derer man durch das Verstehen des Besonderen in seinen konkreten Konstellationen Einsichten in theoretisch zu begreifende sozialpsychologische Prozesse zu gewinnen versucht.

Das an anderer Stelle erörterte Problem (vgl. König 2000b, 2001), wie die Methode der Tiefenhermeneutik konkret verfährt, lässt sich im Rahmen dieses Beitrags nur ansatzweise erläutern:

1. Es geht um die szenische Rekonstruktion des im Text oder Film arrangierten Interaktionsdramas, in dem die auf der Bühne des Geschehens auftretenden Personen konkrete Lebensentwürfe (Wünsche, Ängste, Phantasien) durch den Austausch von sinnlich-anschaulichen Gesten und durch Sprache zum Ausdruck bringen.
2. Die Bedeutung dieses Interaktionsgefüges wird über das Erleben einer Gruppe von Interpreten erschlossen, die sich der Wirkung des Textes oder Films auf das eigene Erleben aussetzen und sich von den Regeln der freien Assoziation und der gleichschwebenden Aufmerksamkeit leiten lassen (vgl. König 1993).
3. Von besonderem Interesse sind jene Assoziationen zum Text, welche an irritierenden Interaktionssequenzen ansetzen. Der von Lorenzer (1990) eingeführte Begriff der *Irritation* (vgl. auch König 1996a, S. 353ff) hebt darauf ab, dass bestimmte Interaktionsszenen befremden, weil sie Lesarten widersprechen, die sich im Zuge eines routinisierten Textverstehens aufdrängen. Irritationen stellen kognitive und affektive Reaktionen auf Interaktionssequenzen dar, die Schlüsselszenen bilden, weil sie aufgrund ihrer Widersprüchlichkeit und Inkonsistenz einen Zugang zu einer latenten Sinnebene erschließen.
4. Rekonstruiert wird die Doppelbödigkeit eines Interaktionsdramas, dessen Bedeutung sich in der Spannung zwischen einem manifesten und einem latenten Sinn entfaltet. Der manifeste Sinn des Interagierens wird durch jene Lebensentwürfe (Intentionen, Wünsche, Phantasien) bestimmt, die dem Bewusstsein zugänglich sind und seiner Kontrolle unterliegen. Auf der latenten Bedeutungsebene verschaffen sich hingegen jene Lebensentwürfe (Sehnsüchte, Träume, Triebimpulse) einen Ausdruck, welche bislang noch nicht bewusst geworden sind oder aufgrund ihrer Unvereinbarkeit mit den eigenen Moralvorstellungen der Verdrängung unterworfen werden.
5. Die sich in der Umgangssprache vollziehende szenische Interpretation der Gruppenmitglieder stellt ein erstes Feld der hermeneutischen Rekonstruktion dar, das strikt vom theoretischen Begreifen zu unterscheiden ist. Erst auf diesem zweiten Feld der tiefenhermeneutischen Kulturanalyse wird auf psychoanalytische und sozialwissenschaftliche Theorien zurückgegriffen, um die konkreten Interpretationsergebnisse zu typisieren und zu verallgemeinern.

Die szenische Rekonstruktion des Dokumentarfilms über einen Münchner Neonazi

Die medialen Inszenierungen von Althans

Beruf Neonazi erzählt von Althans, einem 28-jährigen Neonazi aus München, der sich vor der Kamera als ein smarter und lässiger junger Mann präsentiert. Wie er sich im Film in Szene setzt, möchte ich anhand seines Besuchs der Gedenkstätte Auschwitz zeigen, eine Bildersequenz, die den dramatischen Höhepunkt des Films bildet[1].

Althans, der T-Shirt, Jeans und Sonnenbrille trägt, schlüpft in dieser Szenensequenz in vier Rollen, um die Besucher der Gedenkstätte zu provozieren und das Filmpublikum zu beeindrucken: So spielt er im Krematorium einen zornigen Neonazi, der den Besuchern der Gedenkstätte lautstark vorhält, sie würden sich durch Attrappen führen lassen. Die zweite Rolle besteht darin, dass er als ein über alles Bescheid wissender Experte agiert, der den Völkermord im Rückgriff auf unwiderlegbare Fakten wie architektonische Sachverhalte und physikalische Gesetze zu widerlegen scheint. Das dritte Rollenspiel wird dadurch bestimmt, dass Althans als trotziger Jugendlicher auftritt, der Auschwitz als »'ne völlige riesengroße Verarschung« bezeichnet (zit. n. König 1998 a, S. 384) und den Streit mit den Besuchern zur Bühne einer Auseinandersetzung der jüngeren Generation mit der älteren Generation stilisiert, von der er sich als junger Mann nichts mehr sagen lasse. Wie Althans sich konkret in Szene setzt, soll anhand des vierten Schauspiels veranschaulicht werden, das sich dadurch als besonders zeitgemäß erweist, dass er einen gut gelaunten Touristen spielt.

Nachdem er entspannt an Baracken, Wachtürmen und hohen Bäumen entlang geschlendert ist, kommt er an dem Lagertor an, über dem die berüchtigten Worte »Arbeit macht frei« stehen. Entspannt erklärt er: »Das ist das Stammlager Auschwitz« (ebd., S. 377). Dadurch, dass er das nicht ernst, sondern locker und gleichgültig sagt, signalisiert er, dass Auschwitz für ihn kein Grund zur Trauer ist. Vielmehr versucht er den Eindruck zu erwecken, dass es für ihn keinen Unterschied zwischen dem ehemaligen Vernichtungslager und einem beliebigen Ausflugsort gibt. Durch sein lässiges und aufgeschlossenes Auftreten unterstreicht Althans, dass er einen touristischen Abstecher unternimmt. Ganz in diesem Sinne beginnt er den Besuch der Gedenkstätte damit, dass er ein Kiosk ansteuert. Dort kauft er sich ein Buch, freilich nicht, um sich über Auschwitz zu informieren, sondern um sich zu unterhalten. Denn mit dem Buch »gibt es was zu lachen auf der Rückfahrt«

(ebd.). Und als ein Unterhaltungsangebot, bei dem man sich gut amüsieren kann, beendet Althans auch seinen Ausflug nach Auschwitz. Als er nach München zurückgekehrt ist, führt er seinen Kameraden nämlich gut gelaunt die Diabilder vor, die er auf seiner Fotosafari aufgenommen hat. Wie sehr er das genießt, verrät der Witz, den er sich dabei erlaubt. Stolz erzählt er, dass er vom Weg der offiziellen Tourenführung abgewichen ist und auf eigene Faust recherchiert hat. Dabei habe er ein Schwimmbad entdeckt, das ein handgreiflicher Beweis für die Harmlosigkeit von Auschwitz sei:

> »Da mußten die Häftlinge also mit Sicherheit nicht, wie man vermutet, Wasserball gegen Krokodile spielen, sondern, äh, da konnten die Leute eben baden im Sommer, wenn's denen heiß war« (ebd., S. 378).

Die gängige Vorstellung, Auschwitz sei das »grausamste Vernichtungslager aller Zeiten« gewesen (ebd.), wird Althans zufolge schon dadurch widerlegt, dass ja der Gedanke absurd sei, die Juden hätten dort wie römische Gladiatoren auf Leben und Tod mit wilden Tieren gekämpft. So verhöhnt Althans Auschwitz durch den Vergleich mit einem Witz, der allein im Rahmen der Comicwelt Goscinnys und Uderzos unterhaltsam erscheinen kann. Denn in dieser fiktiven Welt geht es zwar heftig zu, die Gladiatoren kommen jedoch mit dem Leben davon, weil Asterix und Obelix im letzten Augenblick eingreifen und den Römern durch Prügel einen kräftigen Denkzettel verabreichen. So lässt der Witz über das Wasserballspiel gegen Krokodile Auschwitz noch einmal als das erscheinen, wozu Althans das Vernichtungslager durch den Scherz macht, es handele sich um »ein Walt-Disneyland für Osteuropa« (ebd.).

Manifest ist, dass Althans einen Touristen spielt, der Auschwitz nicht ernst nimmt, sondern darüber dumme und zynische Witze macht. Auf diese Weise entweiht er die Gedenkstätte. Und weil alle Unterschiede zwischen einem Mahnmal und einem Ausflugsort für Touristen, zwischen dem Monströsen des Völkermordes und der Banalität eines Comic nivelliert werden, verflüchtigt sich das Grauen, das sich mit Auschwitz verbindet. Die Aufmerksamkeit der Zuschauer richtet sich stattdessen auf die Selbstinszenierung eines Touristen, der sich in Auschwitz gut amüsiert.

Der latente Sinn dieser Szene offenbart sich, wenn man sich vergegenwärtigt, dass der Witz das, was er zu verleugnen versucht, zugleich in Erinnerung ruft. Denn das Bild der Menschen fressenden Krokodile irritiert, weil es auch die Vorstellung weckt, dass die Nazis gefährliche Bestien waren, welche die Juden in den Todeslagern quälten und ermordeten. Der manifeste

Sinn, dass Althans sich in Auschwitz mit großer Leichtigkeit amüsiert, täuscht daher über den latenten Sinn hinweg, dass er durch das Leugnen des Völkermordes an den europäischen Juden die Sittlichkeit auf eine ungeheuerliche Weise verletzt und die Gefühle abwehrt, welche die Konfrontation mit den von den Nazis begangenen Gräueltaten auslösen würde.

Die filmische Inszenierung von Althans durch den Regisseur Bonengel
Wenden wir uns nun der Frage zu, wie der Regisseur, der über die politischen Aktivitäten eines Neonazis aufklären wollte, Althans in Szene setzt. Das Problem besteht darin, dass Bonengel dem Rechtsextremisten auf zweierlei Weise eine Bühne zur Verfügung stellt, auf der Althans unter Beweis stellen kann, dass er wirklich ein skrupelloser Neonazi ist:
1.) Wenn Althans das Krematorium in eine Bühne für seine rechtsextremistische Agitation transformiert, dann sorgen Regisseur und Kameramann nicht nur für das diese Szenerie richtig ins Bild setzende Scheinwerferlicht, sondern durch die Filmproduktion auch noch dafür, dass dieser ungeheuerliche Auftritt in der Öffentlichkeit einen – von Althans provozierten – politischen Skandal entfesselt.
2.) Hinzu kommt, dass Regisseur und Kameramann auch dadurch an den schockierenden Auftritten von Althans beteiligt sind, dass sie das Auftreten des Neonazis ästhetisieren:

Da der Film auf Kommentare verzichtet und es Althans erlaubt, in die Rolle eines Moderators zu schlüpfen, der seine politischen Aktionen selbst kommentiert, gewinnt er eine überlegene Position. Die anderen Akteure geraten in die unterlegene Rolle von Spielfiguren, die Althans dem eigenem Willen entsprechend handhabt, weil er stets das letzte Wort hat. Ob er das Flugzeug oder das Taxi benutzt, ob er sich in Kanada, Polen oder in den neuen Bundesländern aufhält, es entsteht das Bild eines politisch engagierten und tatkräftigen Rechtsintellektuellen, dessen Kommentare zu den eingeblendeten Filmsequenzen suggerieren, dass er seine politischen Aktionen reflektiert. Ob die Kamera festhält, wie er sich energiegeladen seinen Weg durch eine Menge von Passanten bahnt, die er um Haupteslänge überragt, ob die Kamera sich von seinem sympathischen Lächeln gefangen nehmen lässt, ob das Kamera-Auge aus nächster Nähe sein gut aussehendes Gesicht mit den blauen Augen und der blonden Kurzhaarfrisur abtastet oder zärtlich bei der Betrachtung seiner linken Ohrmuschel verweilt, immer wieder entstehen schöne Bilder von Althans. Diese sich auch in der Rede vom »Yuppie-Typ« (zit. n. König 1998a, S. 394) spiegelnde Ästhetisierung des Neonazis ist deshalb fragwürdig, weil sie über seine Arroganz und seinen Egozentrismus, seinen Zynismus und die Ungeheuerlichkeit seines Auschwitz entweihenden Handelns hinweg täuscht.

Durch die Art und Weise, wie der Regisseur Auschwitz inszeniert, trägt er darüber hinaus zur Dekonstruktion des Mahnmals bei: Wo sich nämlich Touristen bei warmen Sommerwetter wohl fühlen und mit den Reiseleitern über die Wege des Stammlagers schlendern, wo das Grün der Bäume, Sträucher und Wiesen durch die Sonnenstrahlen lichtdurchflutet erscheint, da kann das Filmpublikum die düstere Hoffnungslosigkeit und mitleidlose Kälte nicht nachempfinden, unter denen die Häftlinge litten, die in Auschwitz auf unmenschliche Weise eingesperrt, gequält und umgebracht wurden. Und wo, wie zu Beginn dieser Filmsequenz, Kinder fröhlich Verstecken spielen, da ist nicht nacherlebbar, dass in Auschwitz alles Leben erstarb, Hunderttausende, ja anderthalb Millionen unschuldiger Menschen umgebracht wurden.

So führt die filmische Inszenierung in die Irre, weil sich durch eine Ästhetisierung des Todeslagers die Stätte des Grauens verflüchtigt. Stattdessen führt der Film eine märchenhafte Bilderwelt vor, die sich zwischen unser Wissen von Auschwitz und die grauenvolle Realität von damals schiebt. Auf eine sinnlich-bildhafte Weise werden durch die Selbstinszenierungen von Althans sprachlich nicht fassbare Wünsche inszeniert – einmal die Sehnsucht, dass Auschwitz gar nicht gewesen sein möge, und das andere Mal der Traum, dass über den Holocaust das Gras so wachsen möge wie auf dem Gelände des Stammlagers, auf dem heutzutage Kinder wieder Verstecken spielen. Obwohl die Bilder und Szenen des Films eine Realität dokumentieren, sind sie so trügerisch, dass sie darüber hinwegtäuschen, was Auschwitz eigentlich bedeutet. So entfremden uns die Bilder und Szenen des Bonengel-Films einer nach wie vor nicht bewältigten deutschen Vergangenheit und arbeiten damit auf der Wirkungsebene ästhetischer Inszenierungen denjenigen in die Hände, die wie beispielsweise die Historiker Hillgruber und Nolte den Holocaust relativieren (vgl. Diner 1987) oder wie Kohl einen Schlussstrich unter die Geschichte des Nationalsozialismus ziehen (vgl. König 1998b).

Die Gruppendiskussionen mit Jugendlichen über Althans

Eine Besonderheit der zu Beginn der neunziger Jahre aufgetretenen Wellen fremdenfeindlicher Gewalt bestand darin, dass sie wie nie zuvor von Jugendlichen getragen wurden. So gelangten Willems u. a. (1993) bei einer Auswertung polizeilicher Ermittlungsakten zu dem Ergebnis, dass 72 Prozent der zwischen Januar 1991 und April 1992 registrierten Tatverdächtigen zwischen fünfzehn und zwanzig Jahren und insgesamt 90 Prozent unter fünfundzwanzig Jahren alt waren. Berücksichtigt man zudem, dass der Münchner Neonazi sich als ein modisch gekleideter Angehöriger der jüngeren Generation in Szene setzt, der gegen die ältere Generation aufbegehrt, dann ist zu fragen, wie die Inszenierungen von Althans auf Jugendliche wirken. Es wurde angenommen, dass sich die Medienaneignung von Jugendlichen vor allem in der Gruppe Gleichaltriger vollzieht. Wenn sich aber Jugendliche über das Gespräch miteinander eine Meinung über einen Film bilden, dann liegt es nahe, sich ein zweites Forschungsfeld durch das Gruppendiskussionsverfahren zu erschließen. Die Studenten und Studentinnen suchten daher homogene Gruppen von Jugendlichen mit einem gemeinsamen Erfahrungshintergrund auf, denen sie ihr Forschungsanliegen vortrugen und die sie dazu aufforderten zu erzählen, was ihnen zu Althans einfalle, wie sie ihn erlebt hätten, was ihnen besonders aufgefallen sei oder was sie auch befremde. Die StudentInnen sprachen zu zweit mit zahlreichen Gruppen von Jugendlichen, die je nach Altersgruppe zwischen 16 und 22 Jahren alt waren. Im Zuge der tiefenhermeneutischen Rekonstruktion der Gruppendiskussionen mit den Schülerinnen und Schülern schälten sich vier Gruppen von Jugendlichen heraus, die sehr unterschiedlich auf Althans reagierten[2]:

Die ersten beiden Gruppen von SchülerInnen bezogen Althans gegenüber eine sehr kritische Position. Eine erste Gruppe betrachtete den Neonazi aus ideologiekritischer Perspektive: Althans wirke von seiner Ausstrahlung her schon sympathisch; aufgrund seiner Größe, Schlankheit, des blondes Haars und der blauen Augen sehe er schon gut aus; das zähle jedoch nicht, weil er dadurch, dass er im Rückgriff auf den Nationalsozialismus eine rechtsextreme Agitation verbreite, einfach unsympathisch wirke und wütend mache. In aller Deutlichkeit brachten diese Jugendlichen zum Ausdruck, dass sie das Auftreten von Althans nicht beeindrucken könne, weil sie die von ihm verfochtenen Ideologie strikt ablehnen.

Eine zweite Gruppe von SchülerInnen entwickelte auf einem anderen Weg eine kritische Einstellung zu Althans: Diese Jugendlichen räumten ein, dass Althans aufgrund seiner Statur und seines Aussehens schon »unwahrscheinlich überzeugend« sei (zit. n. König 1996b, S. 37). Doch auch wenn das »dreiste« und »kaltschnäuzige« Verhalten von Althans in der Gaskammer schockiere, so hätten sie doch gespürt, dass sie »selber beeindruckt« von seinem »soliden Auftreten«, seinem Äußeren und seinem Selbstbewusstsein waren (ebd.). Althans fasziniere, weil er ein Selbstbewusstsein habe, das ihnen fehle. Diese Jugendlichen praktizierten intuitiv ein szenisches Verstehen: Sie ließen die Inszenierungen von Althans auf das eigene Erleben wirken, machten sich diese Wirkung bewusst und setzten sich mit den eigenen emotionalen Reaktionen kritisch auseinander, um herauszufinden, wie dieser Neonazi sein Publikum zu vereinnahmen versucht.

Zwei weitere Gruppen von Schülern zeichneten sich dadurch aus, dass sie die Wirkung von Althans auf das eigene Erleben verleugneten oder aber unter dem Einfluss der Filmwirkung aggressive Impulse blind agierten, deren Auftauchen durch die Auftritte des Neonazis provoziert worden war. Bei der dritten Gruppe handelte es sich nämlich um SchülerInnen eines Gymnasiums, die einerseits über Althans schockiert waren, ihn »ziemlich fies«, sein Gerede »schwachsinnig« fanden und sich »voll geschämt« haben, wie er sich in der Gaskammer aufführte (zit. n. König 1995b, S. 21). Andererseits fanden sie, dass Althans »ziemlich intelligent« sei, sich »ziemlich gut ausgedrückt« habe und seine »Einstellung verdammt gut rüber« bringe. Das müsse man »erst mal nachmachen«, wozu dieser »kluge Kopf« imstande sei (ebd.). Die Jugendlichen bemerkten nicht, dass ihr Lob für Althans Ausdruck einer Einschätzung war, die aufgrund der Wirkung von Althans auf ihr Erleben zustande kam. Das blendeten sie aus, indem sie Althans gegenüber eine moralisierende Haltung einnahmen. Was die SchülerInnen derart verleugneten und verdrängten, verschoben sie auf die »weniger Gebildeten«, die für Rechtsextremismus anfällig seien, weil sie nicht einen so guten Geschichtsunterricht gehabt hätten. Manifest ist, dass die Jugendlichen sich als Angehörige einer aufgeklärten in-group begreifen, die das Gerede von Althans als »hirnloses Zeug« ablehnen. Die dem eigenen Selbstverständnis widersprechende Empfänglichkeit für Althans wird dagegen auf eine latente Bedeutungsebene verbannt und auf die out-group der Hauptschüler verschoben, die als anfällig für Althans bedauert oder verachtet werden.

Die vierte Gruppe bildeten Berufsschüler, die im zweiten Lehrjahr als Chemikanten arbeiten. Mit unverhohlener Sympathie brachten sie zum Ausdruck, dass das, was Althans sage, »sich nicht verkehrt angehört« habe (ebd. S. 23). Der Neonazi sei doch ein »junger intelligenter Mann«, der schon wisse, »was er sagt« (ebd.). Mit den Worten, dass Auschwitz sie »nicht jucke« stimmten sie mit Althans darin überein, dass die jüngere Generation nichts mehr mit Auschwitz zu tun haben wolle. Wie Althans seien sie auch einfach »stolz darauf«, Deutsche zu sein. Und wenn sie davon sprechen, dass »die Ausländer hier aus Deutschland wieder rauskommen« müssten, »um hier ein freies Deutschland zu machen« (ebd., S. 24), dann wird deutlich, wie die antisemitische Hetze von Althans bei den Berufsschülern einen Hass auf Asylbewerber und Ausländer weckt, Fremde, die sie in der Gruppendiskussion ausgiebig als »Kanaken«, »Molukken« oder »Hühnerficker« beschimpfen (ebd.).

Wenn sie sodann auf die Frage der beiden Interviewerinnen, welche Gefühle der Film in ihnen ausgelöst habe, erwidern, es hätten sie mehr die Chips, die Schokolade und die Cola bewegt, welche die Studentinnen mitgebracht hätten; und wenn die Berufsschüler die Gegenfrage stellen, wie alt die Interviewerinnen denn seien, und fortfahren, dass sie als Chemikanten nicht nur Pampers, sondern auch das Zeugs für die Frauen herstellen, die ja nicht wie sie zur Bundeswehr müssten, dafür aber die Tage hätten, dann wird deutlich, wie die Berufsschüler in der Gruppendiskussion das aggressive und verächtliche Verhalten von Althans reproduzieren: Sie agieren die Affekte aus, die in ihnen durch das Anschauen der Selbstinszenierungen von Althans geweckt worden sind. Von der Skrupellosigkeit, mit der Althans die Gedenkstätte entweiht, gegen die Juden hetzt und die Besucher der Gedenkstätte provoziert, lassen die Berufsschüler sich anstecken. So verletzen sie die Regeln der Interviewsituation, indem sie die Studentinnen durch frauenfeindliche Angriffe provozieren. Wie der Witz über die Skinheads, die sich einfach aus Langeweile prügeln würden, oder der Scherz über die durch Chips versüßte Gruppendiskussion illustrieren, geht es auf der manifesten Bedeutungsebene darum, dass eine lustvolle Unterhaltung zustande kommt, in der verschiedene Triebimpulse (aggressive Wünsche, orale Gier) verbal ausgelebt werden. Auf der latenten Bedeutungsebene geht es hingegen darum, durch das spielerische Ausagieren von Triebansprüchen die ernsthafte Auseinandersetzung mit dem Thema und das Gespräch darüber, was die Auftritte von Althans bedeuten, zum Scheitern zu bringen. Wie Althans Auschwitz zur Bühne für seine Selbstinszenierung als skrupelloser Neonazi stilisiert, so verwandeln die sich mit dem Münchner Neonazi identifizierenden Berufsschüler die Gruppendiskussion in eine Bühne, auf der sie die Interaktion mit den beiden Frauen als Kampf auffassen, bei dem sie sich dem »schwachen Geschlecht« gegenüber als starke Männer produzieren.

Die Schulstunde über den Bonengel-Film mit Schülern einer 10. Klasse

Die Gruppendiskussionen warfen unter anderem die Frage auf, ob das Moralisieren der GymnasialschülerInnen, die sich emotional auf den Film nicht einlassen konnten, vielleicht auch die Folge einer Unterrichtspraxis ist, in der eingeübt wird, die von Lehrern erwünschten Antworten zu erraten, um gute Noten zu erzielen. Um zu untersuchen, welchen Einfluss das Interagieren der Lehrkräfte auf das Verhalten der Schüler nehmen kann, erschien es sinnvoll, die Schule als ein weiteres Forschungsfeld einzubeziehen, um anhand einzelner Fallrekonstruktionen exemplarisch zu untersuchen, welche Sozialisationsprozesse im Unterricht ablaufen. Ich beziehe mich bei den folgenden Ausführungen auf eine Schulstunde, die ein wissenschaftlicher Mitarbeiter an einer westdeutschen Schule erhoben hat. In dieser Unterrichtsstunde diskutierte eine 50 Jahre alte Lehrerin mit den Schülern einer 10. Klasse über den Neonazi Althans, nachdem sie sich den Film gemeinsam angeschaut hatten[3].

Zunächst fällt an der Schulstunde auf, dass die Lehrerin die Schüler schon zu Beginn des Unterrichts in paradoxe Handlungssituationen verwickelt: Obwohl sie die Schulstunde damit eröffnet, dass die Jugendlichen »ganz spontan« ihre Eindrucke schildern sollten, lässt sie keine offene Diskussion zu, sondern kontrolliert die Schüler, indem sie fortwährend Fragen stellte, deren Antworten die Jugendlichen erraten sollen. Ein Beispiel dafür ist die Art und Weise, wie die Lehrerin mit Petra umgeht:

> »Petra: Ja, wie der [Althans] vor den Jugendlichen geredet hat, da kam er mir irgendwie so vor – wir haben einen Film über Hitler gesehen – da hat er genauso geredet wie er, hat immer so Sätze gemacht und halt so kleine Pausen. Und wenn so was Wichtiges kam, dann hat er irgendwie das Wort so lang gezogen, so wie so Hitler so früher so. Der hat so 'ne gute Überredungskunst gehabt und der hat des halt so versucht nachzumachen.
> Lehrerin: Aber er hat's nur versucht nachzumachen, ja?
> (Durcheinander)
> Lehrerin: War des nur Dein Eindruck oder hat er das erreicht? Also, er hat die Ausstrahlung, dass er also wirklich 'ne Führerpersönlichkeit ist oder bleibt er auf der Ebene des, äh, des Nachmachers?
> Petra: Für mich war der nur so'n Nachmacher, weil seine Körperhaltung, da war er erst so gekrümmt und danach richtet er sich so ganz locker so auf, so komisch halt, des 's irgendwie so'n Nachmacher« (zit. n. König 1997b, S. 100).

Auffällig ist, wie sehr sich Petra den Erwartungen der Lehrerin anpasst: Während sie anfangs von der »guten Überredungskunst« dieses Neonaziführers spricht, der »genauso geredet« habe wie Hitler, äußert sie sich nach der Intervention der Lehrerin abfällig über den »Nachmacher« Althans, der es gar nicht mit Hitler aufnehmen könne. Warum redet Petra der Lehrerin derart nach dem Mund? Tatsächlich besteht die Intervention der Lehrerin darin, dass sie die Äußerung der Schülerin in eine bestimmte Bahn lenkt: Es gehe doch wohl nicht darum, dass dieser Neonazi sein Vorbild Hitler nachzuahmen verstehe, sondern darum, dass er es »nur« versuche. Obwohl die Jugendlichen ihre Eindrücke zum Film schildern sollen, hebt die Lehrerin hier darauf ab, dass die SchülerInnen zwischen ihren »Eindrücken« und der Tatsache unterscheiden sollen, dass Althans sein Ziel – zum Beispiel bei dieser Klasse – offensichtlich nicht »erreicht« hat. Mit ihrer Frage verwickelt die Lehrerin Petra unbeabsichtigt in eine double-bind-Situation[4]: Während es auf der manifesten Bedeutungsebene des Interagierens darum geht, dass die Lehrerin freundlich nachfragt, was denn die Schülerin mit ihren Worten genau meine, legt sie ihr auf der latenten Bedeutungsebene die Antwort in den Mund, dass Althans doch keine »Führerpersönlichkeit«, sondern lediglich ein »Nachmacher« sei. Was sie damit meint, unterstreicht der Zusatz, dass dieser Neonazi nur »auf der Ebene« eines Nachmachers bleibe. Damit entwirft sie die fragwürdige Vorstellung, dass es zwei »levels« gebe – einmal die Ebene politisch erfolgreicher Agitatoren wie Hitler, das andere Mal die niedere Ebene schwacher Nachahmer, die wie Althans zum Scheitern verurteilt seien.

Die übermäßige Anpassung der Schülerin erklärt sich somit aus der zugrunde liegenden double-bind-Situation, in welche die Lehrerin Petra ungewollt verwickelt: Während die Schülerin auf der manifesten Bedeutungsebene als Heranwachsende ernst genommen wird, deren Autonomie und Eigenaktivität die Lehrerin fördert, wird sie auf der latenten Bedeutungsebene wie ein kleines Mädchen behandelt, das auf eine fürsorglich-verständnisvolle Weise bemuttert wird. Die Tatsache, dass auf diese Weise eine paradoxe Handlungssituation entsteht, ist weder der Lehrerin noch der Schülerin bewusst. Denn das Interagieren beider ist darauf abgestimmt, gemeinsam zum Gelingen der Vorführstunde beizutragen.

Noch bevor die Hälfte der Unterrichtsstunde herum ist, stellt die Lehrerin die Frage, ob die Schüler und Schülerinnen, wenn sie Gesetzgeber wären, den Film verbieten würden oder nicht. Zwar könnte eine solche Frage nach einer moralischen Beurteilung des Films gegen Ende der Diskussion sinnvoll sein. Da die Lehrerin diese Frage mitten in der Schulstunde stellt, sorgt sie jedoch dafür, dass die Jugendlichen sich vorzeitig vom Film distanzieren. Die Worte der Lehrerin, »ich bin also nicht wenig stolz und nicht wenig beruhigt darüber, dass diese Klasse da mit Distanz rangeht und sagt, also dieser Typ kann uns ja nun überhaupt nicht erreichen«, mit dem kann diese Klasse sich »nicht identifizieren«, verdeutlichen (ebd., S. 103), wie sehr die Pädagogin die Schüler dazu auffordert, den Film und seinen Inhalt auf der Grundlage einer moralisierenden Abwehr zu verurteilen. Dennoch verfolgt die Lehrerin das Problem, ob der Film nicht doch eine faszinierende Wirkung auf Jugendliche haben könnte, weiter, indem sie die Frage aufwirft, »welche Gruppe unter welchen Bedingungen denn von so einem leicht Gestörten noch verführbar ist« (ebd., S. 107). Nachdem sie die SchülerInnen ermuntert hat, an Jugendliche außerhalb des eigenen Bundeslandes zu denken, errät ein Schüler die von der Lehrerin erwünschte Antwort:

> »Ich denk' mir, die aus den neuen Bundesländern, weil denen fehlt der soziale Halt, den wir erfahren haben [...], und des is' halt in den neuen Bundesländern [...] halt alles zerstört worden, ist halt alles kaputt gegangen [...], weil das 'n alter Apparat war [...]. Und dann sind die halt 'ne gefährdete Gruppe im Gegensatz zu uns, da wir ma' des erfahren hatten einen Zusammenhang« (ebd., S. 107f).

Das Dilemma dieser Sozialkundestunde besteht darin, dass die Lehrerin eine Diskussion über den Film gar nicht zulässt und ihn stattdessen als Illustrationsfolie benutzt, um das in vergangenen Stunden erlernte Wissen über psychische und soziale Motive des Rechtsextremismus abzufragen. Dabei schlägt der Anspruch, über den Film aufzuklären, auf zweierlei Weise ins Gegenteil um:

– Einerseits übermittelt die Lehrerin der Klasse durch ihre Erleichterung darüber, dass diese sich nicht von Althans beeindrucken lässt, die Botschaft, sie sei für Rechtsextremismus nicht anfällig. Vielmehr könnten die SchülerInnen die Sprüche von Althans als »totalen Schwachsinn« durchschauen, weil sie eine gute »Schulausbildung« genossen hätten und durch ihr »Engagement in [der] Schule« wüssten, was richtig und was falsch ist (ebd., S. 108).

– Andererseits lädt die Lehrerin die Jugendlichen durch die Aufforderung, sich zu vergegenwärtigen, »welche Gruppe [...] verführbar« sei (ebd.), dazu ein, das Problem der Anfälligkeit für Rechtsextremismus auf Fremdgruppen zu verschieben. Und da wenige Jahre nach der Wiedervereinigung in Westdeutschland das Vorurteil weit verbreitet ist, dass man einen Solidarzuschlag für die materiell unterentwickelten neuen Bundesländer zahlen muss, die auch bildungsmäßig zurückgeblieben seien, kommen die jugendlichen Wessis dieser Sozialkundestunde wie von selbst darauf, dass die jugendlichen Ossis, die nach dem Zusammenbruch des Staatsapparats der DDR keinen sozialen Halt mehr haben und unter Arbeitslosigkeit leiden, in besonderem Maße für Rechtsextremismus anfällig seien. So entsteht die paradoxe Situation, dass der gut gemeinte Versuch, im Anschluss an die Filmvorführung politisch aufzuklären, auf doppelte Weise in eine Gegenaufklärung umschlägt, die Vorurteile auf eine fatale Weise bestätigt. Denn während es auf der manifesten Bedeutungsebene darum geht, dass die SchülerInnen unter der Leitung ihrer Lehrerin über psychische und soziale Beweggründe von Neonazis nachdenken, wird auf der latenten Bedeutungsebene zugleich eingeübt, dass der Rechtsextremismus nicht für die gebildete in-group, sondern lediglich für die out-group ein Problem darstellt, die aufgrund nachvollziehbarer psychischer und sozialer Faktoren für die Parolen und Inszenierungen von Neonazis anfällig sei. Auf diese Weise gerät die Gruppendiskussion in den Sog einer autoritären Vorurteilsbildung[5]. Denn wie Adorno (1950) rekonstruiert hat, berühren die Kernbestandteile der autoritären Konfliktverarbeitung alle das Moralproblem– schließlich geht es um das starre Einhalten konventioneller Verhaltensnormen, um die bedingungslose Unterwerfung unter eine Autorität, welche die tradierten Werte auferlegt, und um die Aggression gegen diejenigen, die diese Moralvorstellungen verletzen. Eine ebensolche moralisierende Abwehr setzt sich unter der Leitung der Lehrerin in der Diskussion über den Film durch: Wie die SchülerInnen unkritisch die ethnozentrische Vorstellung der Lehrerin übernehmen, dass sie aufgrund eines ausgezeichneten Sozialkundeunterrichts eine politisch aufgeklärte in-group darstellen, die »durchblickt«, so wenden die Jugendlichen die Aggression, mit der sie unterschwellig auf die sie bevormundende Lehrerin reagieren, gegen eine out-group, die, weil sie weniger gebildet, sozial desintegriert und vor allem in den neuen Bundesländern anzutreffen sei, als eine für Rechtsextremismus anfällige Gruppe gilt. So schlägt in dieser Sozialkundestunde ein Prozess der politischen Aufklärung in ein gegenaufklärerisches Insistieren auf der richtigen politischen Gesinnung um, über welche die Eigengruppe im Unterschied zu den ostdeutschen Jugendlichen verfüge, die unter Zuhilfenahme psychologischer und soziologischer Erklärungen unter das Vorurteil mangelnder Bildung subsumiert werden.

Das Interview mit einem Soziologiestudenten

Wie die Gruppendiskussionen mit Jugendlichen und die Schulstunde wurde auch der Bonengel-Film von den Studenten und Studentinnen sehr kontrovers erörtert. Immer wieder polarisierte sich die Diskussion zwischen denjenigen, die sich von den Inszenierungen Althans' faszinieren ließen, und denjenigen, die schockiert und wütend reagierten[6]. Als in einem dieser Seminare der Film zum ersten Male vorgeführt worden war, widersprach ein Student entschieden den Beiträgen seiner Kommilitonen, die sich von dem Münchener Neonazi mit Nachdruck distanzierten. Freimütig erklärte er, Althans habe ihm imponiert, ja, er habe sich von dessen Männlichkeit angesprochen gefühlt. Und wenn es ihm auch schwer falle, das zu sagen, so müsse er doch zugeben, danach auf dem Campus Gewaltphantasien entwickelt zu haben. Wie es sich in dem Gespräch nach der Seminarveranstaltung herausstellte, hatte dieser Student ein großes Bedürfnis danach, mit mir über sein von der Mehrheit der Seminarteilnehmer abweichendes Filmerleben zu sprechen. Wir vereinbarten daher die Erhebung eines narrativen Interviews, das es dem Studenten ermöglichen sollte, das ihn irritierende eigene Erleben im Rückgriff auf die eigene Biographie selbstreflexiv zu verarbeiten. Zugleich sah ich in dem narrativen Interview die Chance, dem Forschungsprojekt ein weiteres Forschungsfeld zu erschließen: Durch die szenische Rekonstruktion eines biographisch-narrativen Interviews würde sich auf eine exemplarische Weise ein Zugang zu den unbewussten Wünschen, Ängsten und Phantasien erschließen, die der Begeisterung für einen Neonazi wie Althans zugrunde liegen können. Es würde sich beispielhaft zeigen lassen, auf welche Weise der Münchner Neonazi durch seine medialen Inszenierungen bewusste und unbewusste Lebensentwürfe seiner Zuschauer aufgreift, um diese für seine Weltanschauung einzunehmen.

Ich leitete das narrative Interview durch den Erzählimpuls ein, ob Markus Pohl – so möchte ich den 33 Jahre alten Studenten nennen – mir zunächst noch einmal erzählen könnte, wie er den Film erlebt habe und was ihm danach zugestoßen sei. Herr Pohl erwiderte, sich der Wirkung des Films ohne Vorbehalte überlassen und die Rollen übernommen zu haben, die der Film ihm anbot. Einerseits habe er sich darüber geärgert, womit Althans ihn konfrontierte. Andererseits habe er jedoch das Gefühl gehabt, dass dieser Neonazi, der »sich 'nen Dreck um irgendwelche Konventionen oder Moralvorstellungen« kümmere, in seiner Art und Weise »freier« als er selbst sei (König 1995a, I, S. 3). Ihn habe »seine Körperlichkeit, [...] seine Größe, seine

Schultern, sein Nacken, das kurze Haar« irgendwie fasziniert (ebd.). Diese »Provokation«, die er sich in Auschwitz leiste, »das wär' für mich undenkbar, so 'ne Provokation irgendwo nur rein körperlich so durchzuhalten« (ebd.). Althans habe sich »voll im Griff« gehabt, Herr Pohl habe seinen »Willen« und auch seinen »Körper« gespürt, das »Zackige«, das »irgendwie abschreckend, aber auch faszinierend« sei (ebd., S. 4). Als der Film vorbei war, habe er gemerkt, »dass es mir körperlich gut geht, also, dass ich so'n bisschen was von dieser Zackigkeit, äh, an mich genommen hab« (ebd.).

Nach dem Verlassen des Seminarraums habe er die Frauen, denen er auf dem Campus begegnete, »mit so 'nem lässigeren« und »männlicheren Blick [...] registriert« (ebd.). Er habe die ihm entgegen kommenden Kommilitonen als »so'n Strom von Menschen« wahrgenommen, die da »wie so Automaten« entlang gehen (ebd.). Plötzlich habe er »'ne Japanerin oder 'ne Asiatin im Blick gehabt«, die er als »anders« und als »störend« empfunden habe, weil sie in sein Wahrnehmungsraster nicht reingepasst habe. Als sie seinen Blick bemerkt habe, habe er versucht, »diese Aggression ähm abzublocken« und sie »anzugrinsen«. Er habe deshalb seinen »Liebe-Leute-Blick« aufgesetzt (ebd., S. 6). Als er sich einen Kaffee in der Studentenkneipe auf dem Campus geholt hatte, habe er seinen Blick über die anderen Gäste wandern lassen. Da seien ihm die Obdachlosen unangenehm aufgefallen, die sich da regelmäßig versammeln: »Gestalten wie aus'm Gruselkabinett«, »kaputte Gestalten«, die »sich so hängen lassen [...] in ihrer Elendigkeit« (zit. n. König 1999, S. 277). Ohne Scham hätten die ihre »blutigen und offenen Wunden«, ihre »Zerrissenheit« und »Ungepflegtheit« zur Schau gestellt (ebd.). Die seien überhaupt nicht »zackig« gewesen (ebd.). Er sei »erschrocken« über seine Phantasien gewesen (König 1995a, I, S. 7), das sei etwas gewesen, das er »vorher noch nie empfunden hab« (ebd., S. 8), denn er sei doch sonst ein »aggressionsloser Mensch«, der er auch sein wolle (ebd., S. 9). Als ihm der Gedanke kam, wie es wäre, wenn jetzt der Althans hier wäre, habe ihn eine solche Aggression überflutet, dass ihn die Phantasie überkam, sich auf diese Obdachlosen zu stürzen, sodass es »ins Fleisch« oder »in Bauch« geht (zit. n. König 1999, S. 278). Er hätte die Leute auch »zu Brei« schlagen oder deren Fleisch »zerhacken« können (ebd., S. 279), sodass man die Obdachlosen »wahrscheinlich nachher nicht mehr erkennen kann« (ebd.). Wie er in dieser Situation Althans nahe war, so habe er das Gefühl gehabt, dass ihm auch die Kommilitonen nicht in den Rücken gefallen wären, sondern ihm im Gegenteil den Rücken gestärkt hätten (vgl. König 1995a, I, S. 10).

Nachdem Herr Pohl geschildert hatte, was er nach der Filmvorführung erlebte, bat ich ihn zu erzählen, wie sich seine Lebensgeschichte von Kindheit an entwickelt habe. Ich beschränke mich darauf, die wichtigsten Szenen seiner biographischen Erzählung in aller Kürze zu umreißen: Herr Pohl wuchs in einer Kleinstadt auf. Der Großvater väterlicherseits war Landarbeiter oder Knecht, der sich mit seiner Frau »immer geschlagen und geprügelt« habe (zit. n. König 1999, S. 266). Da der Vater es schaffte, »als kleiner Polizist« ein Haus zu bauen, habe er sich für den »Tollsten und Größten« gehalten (ebd.). Die Familie litt unter den »Hassausbrüchen« des launischen Vaters (ebd.), der sich schon über Kleinigkeiten wie ungeputzte Schuhe oder lange Haare maßlos aufgeregt habe (ebd.). Die Mutter habe sich dem Vater bedingungslos unterworfen. Sie ist die Tochter eines Steigers, die in der Nachbarschaft als Putzfrau arbeitete. Sie sei eine schwache Frau ohne »Selbstvertrauen, »total unselbständig« und habe bis in die Gegenwart hinein viel Angst vor ihrem Ehemann (ebd.).

Sein Verhältnis zu seiner Mutter sei dadurch geprägt, dass er auch heute noch so empfänglich für ihre emotionale Verfassung ist, dass er schon »am Telephon spür[t]«, wenn seine Mutter Angst hat. Die Worte, dass sich das selbst am Telephon »leicht überträgt« und er dann »richtig, äh, konfus« reagiert (ebd., S. 269), sprechen für eine ungewöhnlich enge Bindung an die Mutter, die jedoch stets abbrach, wenn der Vater auftrat. Denn dann sei er immer »sekundär« gewesen. Herr Pohl habe heute noch das Gefühl, dass die Mutter sich in Anwesenheit des Vaters über sein Dasein geärgert habe. Sie habe so »einen körperlich spürbaren Widerwillen gegen ihn gehabt«, »ihre Augen seien dann wie Blei« gewesen, ja, »ihre großen groben Hände« seien dann »unglaublich hart«, »so versteinert« gewesen (ebd., S. 270). So schildert Herr Pohl, dass er einerseits eine sehr enge Beziehung zur Mutter gehabt, andererseits jedoch darunter gelitten habe, dass die Mutter ihn sich selbst überließ, sobald der Vater auftauchte.

Der Umstand, dass Herr Pohl als Kleinkind an Neurodermitis und Asthma bronchiale litt, spricht ebenfalls für eine Störung der dyadischen Interaktion. Zum einen ist zu fragen, ob die mangelnde Intaktheit der Hautgrenzen nicht damit im Zusammenhang steht, dass es zwischen Mutter und Sohn keine Grenzen gab. Zum anderen lassen Herrn Pohls Worte, er habe die Mutter nachts mit Hilfe seiner Asthmaanfälle an sein Bett gerufen, vermuten, dass er sich der Mutter durch seine Anfälle so bemächtigte, wie der Vater die Mutter durch sein Geschrei beherrschte.

Die Beziehung zum Vater wurde dadurch bestimmt, dass Herr Pohl – wie er stotternd berichtet – eine große Angst vor den Wutausbrüchen des Vaters gehabt habe. Freilich drücken seine Worte, dass er alle »auch wirklich gekonnt« fertig gemacht habe (ebd.), auch Bewunderung für den Vater aus. In einer weiteren Szene des Interviews wird ebenfalls deutlich, wie Markus seinen Vater früher idealisierte: Von seinem Vater sei einmal ein Photo in einer Zeitung veröffentlicht worden, weil er das »Paradebeispiel eines arischen [...] Kindes« gewesen sei (ebd., S. 271).

Die positive Bindung an den Vater wurde jedoch dadurch erschüttert, dass Herr Pohl »äh, nach, nach dem sechsten oder siebten Lebensjahr ja ein sehr enges Verhältnis« zur Mutter entwickelte (ebd.). Das Durchlaufen des ödipalen Dramas endete also nicht damit, dass Herr Pohl seine Männlichkeit auf der Grundlage einer stabilen Identifikation mit dem Vater entfaltete. Vielmehr wandte er sich vom Vater ab und suchte die Nähe der Mutter. Der Umstand, dass die Mutter ihn ein »paarmal mit in die Badewanne genommen« hat, ja, dass sie ihm ohne Scham »ihre Sexualität näher gebracht« habe (ebd.), offenbart eine weitere Grenzverletzung. Die Mutter wird ihren Sohn nicht sexuell missbraucht haben. Aber weil sie ihn als ihren Ersatzpartner behandelte, ohne zu sehen, dass sie auf diese Weise seine sexuellen Wünsche stimulierte, kann man doch von einem Missbrauch sprechen.

Doch Herr Pohl war nicht nur das Opfer, mit dessen Hilfe die Mutter ihr Selbstgefühl, das durch die Angriffe des Ehemannes erschüttert worden war, zu reparieren versuchte. Vielmehr genoss er es auch, der »Lieblingssohn« der Mutter zu sein (ebd., S. 272) und den Retter zu spielen, der gegen den Vater Partei ergriff. Wenn er davon spricht, dass der Vater sich als ein lächerlicher Haustyrann aufgeführt und seine innere Unsicherheit durch eine äußere Haltung überspielt habe, die er durch die Uniform gewann, mit der er sich »so'n Mäntelchen« übergezogen habe, das es ihm ermöglichte, »irgendwer zu sein« (ebd., S. 271), dann wird deutlich, wie Herr Pohl sich nachträglich von der frühen Idealisierung des Vaters distanziert.

Das grenzenlose Einvernehmen von Mutter und Sohn wurde zur Matrix für die weitere Entwicklung von Herrn Pohl: Während der Vater sich um seine Schulleistungen »nie gekümmert« habe, sprach er »über Probleme [...] immer mit meiner Mutter« (ebd.). Und anders als der Vater, der entschieden gegen das Politikstudium war, habe seine Mutter auch in dieser Situation »immer [...] zu mir gehalten« (ebd.). Während die Mutter als Tochter eines Steigers die Bildungsimpulse des Sohnes förderte, entwickelte der Vater ein ambivalentes Verhältnis dazu. Einerseits lehnte er die schulische und universitäre Ausbildung des Sohnes strikt ab. Andererseits war es für die Studienwahl des Sohnes entscheidend, dass der Vater sein Interesse an Politik geweckt hatte. Als Parteimitglied der SPD vermittelte der Vater dem Sohn nämlich einen lebhaften

Eindruck davon, dass »die Großen« sich Schlösser bauen und »die Kleinen« ausbeuten, welche immer schon »die Steine heranschafften« (ebd., S. 273). Die väterlichen Einführungskurse in die Politik konvergieren nämlich mit der Entscheidung von Herrn Pohl, Politologie zu studieren. Sobald Herr Pohl das Grundstudium bestanden hatte, geriet er in eine Krise, in der er das Studium aufgab und schließlich eine Ausbildung als Krankenpfleger absolvierte. Im Zuge dieser Berufswahl griff Herr Pohl auf im Zuge der Identifikation mit der Mutter entwickelte weibliche Fähigkeiten der Fürsorge für Hilfsbedürftige zurück. Als er durch die Arbeit als Krankenpfleger von den Eltern finanziell unabhängig geworden war, nahm er das Studium erneut auf. Das sozialwissenschaftliche Interesse des Vaters, in dessen Bücherschrank sich unter anderem die von Gente (1970) herausgegebenen Sammelbände *Marxismus, Psychoanalyse, Sexpol* befanden, traf sich mit einem neuen Interesse von Herrn Pohl, der von der Politologie zur Soziologie wechselte und sich auf psychoanalytische Sozialforschung konzentrierte.

Herr Pohl realisierte also zwei biographische Handlungsschemata, die sich einmal der Identifikation mit der Mutter, das andere Mal der Identifikation mit dem Vater verdanken. Die Frage, weshalb der Neonazi Herrn Pohl faszinierte, lässt sich daher folgendermaßen beantworten: Seine Arbeit als Krankenpfleger geht auf die weibliche Identifizierung mit der Mutter zurück, im Zuge derer er die moralische Maxime verinnerlicht hatte, Hilfsbedürftige zu pflegen. Die Entwicklung einer männlichen Identität wurde dadurch erschwert, dass Herr Pohl Schwierigkeiten hatte, sich mit dem Vater positiv zu identifizieren. In seiner Kindheit hatte Herr Pohl den Vater zwar als einen Mann mit einem schönen arischen Körper und einer »zackigen« Uniform idealisiert. Als Heranwachsender begann er jedoch, den Vater zu entwerten. Wie er die Herrenlaunen des Vaters als Ausdruck von Schwäche durchschaute, so verachtete er ihn als ein »unselbständiges kleines Kind« (König 1995a, I, S. 40).

Betrachtet man vor dem Hintergrund dieses lebensgeschichtlichen Dramas die Begeisterung von Herrn Pohl für Althans, dann könnte man mit Horkheimer (1949) davon sprechen, dass dem Sohn aufgrund der Wutausbrüche des Vaters »die autoritäre Unterwürfigkeit [...] noch eingeprägt« wurde (S. 350), er den Vater aufgrund seiner Schwäche (»unselbständiges kleines Kind«) aber nicht mehr akzeptieren konnte. Daher lässt sich bei Herrn Pohl neben der vorherrschenden Tendenz, Konflikte über die diskursive Verständigung mit Anderen auszutragen, auch eine unbewusste Neigung vermuten, »Ausschau nach einem stärkeren, machtvolleren Vater« zu halten,

»einem Über-Vater, wie ihn [beispielsweise] die faschistische Vorstellungswelt anbietet« (ebd.). Durch seine Selbstinszenierung als zorniger Neonazi hätte Althans dann in Herrn Pohl eben diese autoritäre Bereitschaft geweckt, sich einer starken Vaterfigur zu unterwerfen und die gegen sie aufkommenden aggressiven Impulse gegen Schwächere zu verschieben. Durch die Faszination, die Althans auf ihn ausübte, konnte Herr Pohl zugleich für einige Augenblicke lang an der Macht teilhaben, die der Münchner Neonazi dadurch gewann, dass er Auschwitz mit Hilfe eines Films in eine Hintergrundkulisse für seine narzisstische Selbstinszenierung als Rechtsextremist verwandelte. Das bedeutet aber, dass Herr Pohl sich – wie er kritisch kommentiert – »in der Identifikation mit Althans« (König 1995a, I, S. 8) auf einmal stark und männlich fühlte.

Zudem wurde durch die antisemitische Agitation von Althans die Wiederkehr unterdrückter aggressiver Impulse provoziert, die Herr Pohl nach dem Verlassen des Seminars zuerst gegen eine Asiatin und anschließend gegen die Obdachlosen richtete. Betrachtet man diese Impulsdurchbrüche, dann fällt auf, dass sie in zweierlei Gestalt auftreten:
- Wenn Herr Pohl sich für einen »zackigen« Neonazi begeistert (zit. n. König 1999, S. 276), dann verkörpert Althans für ihn all das, was er einstmals an seinem Vater bewundert hat, den er als einen »schönen Mann« schätzt (ebd., S. 271) und der als Polizist in Uniform sicherlich »etwas Zackiges« an sich gehabt hat. Dass Herr Pohl von einem Neonazi fasziniert ist, der von seinen Kameraden bedingungslosen Gehorsam verlangt, lässt vermuten, dass in diesem Moment die ödipale Bereitschaft zur Unterwerfung unter den Vater wiederbelebt wird. Denn Herr Pohl hatte sich ja als Kind durchaus mit dem aggressiven Vater identifiziert und die aggressiven Impulse gegen ihn gegen die eigene Person gewendet. Die Rede von Althans in Cottbus, in welcher er die Jugendlichen als »junge Kämpfer« anredet, die durch ihren Einsatz »Volk und Vaterland« befreien sollen (vgl. König 1997a), belebt die Sehnsucht wieder, sich einer starken Vaterfigur zu unterwerfen und zugleich den verdrängten Hass auf den Vater. Denn die verletzenden Worte, mit denen der Vater den Sohn niederschrie, der Sohn sei ein »Weichei«, weil er »nich' genug kämpfe« (zit. n. König 1999, S. 278), weckten wahrscheinlich eine ohnmächtige Wut auf den Vater, die Herr Pohl im Zuge der Identifizierung mit dem Aggressor gegen sich selbst richtete. Schließlich spricht er sehr verächtlich davon, ein »Weichei« zu sein, weil er häufig »konturlos sozusagen« da sitze (ebd.). Was er an sich selbst nicht ertragen kann und was zugleich Hassgefühle gegen den Vater

speist, verschiebt Herr Pohl anscheinend gegen die Obdachlosen, die er auch wegen ihrer mangelnden »Zackigkeit« zu hassen anfängt.
– Warum aber reagierte Herr Pohl auf die »blutig[en] und offen[en] Wunden« der Obdachlosen wütend? Weshalb erlebt er diese »Wunden«, ja, diese »rote Haut« als eine »penetrante Fleischigkeit« (ebd.), die ihn wie »ein Sog« anziehe? Wieso phantasierte er einen »offenen Raum«, in den er »aggressiv« eindringen wolle und bei dem es »ins Fleisch geht« oder »in Bauch« (ebd.)? Diese Fragen lassen sich beantworten, wenn man sich vergegenwärtigt, dass die offenen Wunden der Obdachlosen Herrn Pohl auf eine gerade körperliche Weise anwidern, weil sie ihm die blutigen Wunden widerspiegeln, die an seinen Händen regelmäßig aufgrund seiner Neurodermitis ausbrechen.

Wenn Herr Pohl – wie andere Szenen der biographischen Erzählung zeigen – als Pfleger seinen Ärger über weinende und einkotende alte Leute hinter seiner Überfürsorglichkeit verbirgt, dann wiederholt er vermutlich ein in früher Kindheit im Umgang mit der Mutter eingeübtes Interaktionsmuster. Die psychoanalytische Erfahrung, dass Neurodermitis in der frühen Kindheit in dem Maße entstehen kann, wie sich die unterdrückte Aggression gegen die Mutter gegen die eigene Person richtet und zur psychosomatischen Erkrankung führt, spricht dafür, dass Herr Pohl auf die Obdachlosen auch eine gegen die eigene Person gerichtete Wut auf die Mutter verschiebt. Bestätigt wird dieser Deutungsversuch dadurch, dass sich die Wut auf die Obdachlosen »insbesondere« gegen »die eine Frau« richtet, die »öfters [...] vollgepinkelt« ist und blutige und offene Wunden aufweist (ebd., S. 279).

Zusammenfassend heißt das Folgendes: Während es auf der Ebene der Identifizierung mit dem Vater um den ödipalen Hass geht, die Obdachlosen so niederzumachen, wie Herr Pohl von seinem Vater niedergeschrien und gegängelt wurde, geht es auf der Ebene der Identifizierung mit der Mutter um die narzisstische Wut, die ihn anwidernden Obdachlosen physisch zu vernichten, die an die eigenen Wunden erinnern, welche auf die grenzverletzenden Erfahrungen der dyadischen Interaktion zurückzuführen sind und auf eine körperliche Weise nach wie vor in der Hautallergie zutage treten.

Theoretisches Begreifen der szenischen Fallrekonstruktionen

Nachdem ein Überblick über die szenischen Rekonstruktionen gegeben wurde, die auf verschiedenen Forschungsfeldern erhoben wurden, ist zu fragen, welche theoretischen Schlüsse sich aus diesen Fallbeispielen ziehen lassen.

Der Münchner Neonazi Althans versucht mit Hilfe seiner medialen Inszenierungen zweierlei zu erreichen: Einerseits geht es ihm um eine Antwort auf eine politische und historische Frage, wie Deutsche mit der nationalsozialistischen Vergangenheit und dem Völkermord an den europäischen Juden umgehen sollen. Indem er sich in Auschwitz als gut gelaunter Tourist inszeniert, der eine sightseeing-tour unternimmt, indem er dort als über alles Bescheid wissender Experte, als gegen die ältere Generation rebellierender Jugendlicher und als zorniger Neonazi auftritt, versucht er die Gedenkstätte der Shoah zu destruieren, um mithilfe von Auschwitz einen neuen Antisemitismus zu erzeugen. Andererseits gibt Althans durch seine medialen Inszenierungen eine Antwort auf ungelöste Triebkonflikte. Dabei nimmt er das Publikum etwa für die autoritäre Verhaltensstrategie, ihm zu folgen und Hassgefühle dem antisemitischen Vorurteil entsprechend auf die zum Sündenbock stilisierten Juden zu verschieben, auf der Basis von Rollenspielen ein, die den Zuschauern die Botschaft übermitteln, wie sie sozial verpönte Lebensentwürfe ausleben können, wenn sie sich Althans anschließen. Denn er führt doch in Auschwitz vor, wie man eben dadurch, dass man sich in einen zornigen Neonazi verwandelt, der sich über die herrschende Moral der älteren Generation hinwegsetzt, Größenphantasien, eine aggressive Männlichkeit und destruktive Triebimpulse ausleben kann.

Die Gruppendiskussionen zeigen, dass durchweg alle Jugendlichen, wie unterschiedlich sie Althans auch einschätzten, von dem Münchner Neonazi zumindest beeindruckt sind: Diejenigen Jugendlichen, die sich der Wirkung seiner Inszenierungen auf das eigene Erleben aussetzen, um im Zuge eines intuitiv praktizierten szenischen Verstehens herauszufinden, wie ein Neonazi agitiert, sprechen davon, selbst gespürt zu haben, wie Althans seine Zuhörer zu vereinnahmen vermag. Die zweite Gruppe von SchülerInnen räumt ein, dass Althans schon beeindrucke, sie jedoch nicht faszinieren könne, weil sie ihn wegen seines Rechtsextremismus strikt ablehnen. Die Berufsschüler sind von Althans so begeistert, dass sie sich von seinen Inszenierungen in Auschwitz anstecken lassen. Die durch den Münchner Neonazi geweckten Größenphantasien, seine zwanghafte Männlichkeit und seine antisemitische Hetze haben zur Folge, dass die Berufsschüler sich in der Gruppendiskussion als überlegene Männer fühlen, die narzisstische Phantasien und destruktive Impulse auf eine autoritätsgeleitete Weise ausagieren, indem sie Ausländer/Asylbewerber beschimpfen und mit den Studentinnen auf frauenfeindliche Weise umgehen. Doch auch die GymnasialschülerInnen, die über Althans entrüstet sind und davor warnen, dass weniger Gebildete anfällig für einen solchen Rechtsextremisten sind, leben ihre Affekte auf eine autoritäre Weise aus: Zwar kritisieren sie Althans auf der Grundlage einer intellektualisierenden und moralisierenden Abwehr, sie verleugnen jedoch das eigene emotionale Reagieren und verschieben das Problem der Anfälligkeit für Rechtsextremismus auf eine autoritätsgeleitete Weise auf die Hauptschüler. Wenn aber die Jugendlichen wie in diesem Fall über Neonazis reden, ohne sich davon emotional berühren zu lassen, dann besteht die Gefahr, dass die in der Schule erarbeiteten theoretischen Einsichten nicht verhaltenswirksam werden. Werden solche GymnasialschülerInnen zu Zeugen oder gar zu Mitläufern von fremdenfeindlichen Gewaltaktionen, dann geschieht das in diesen Fällen auch deshalb, weil sie auf der Straße die Affekte ausleben können, die sie aufgrund eines kognitivistisch ausgerichteten Unterrichts in der Schule nicht zu verarbeiten gelernt haben.

Zweifellos gibt es Lehrkräfte, die über Nationalsozialismus und Shoah auf eine die Jugendlichen aufklärende und sie zugleich emotional bewegende Weise zu unterrichten imstande sind. Die vorliegende Schulstunde ist jedoch ein Beispiel für jene Lehrer und Lehrerinnen, deren Unterricht über das Dritte Reich oder den aktuellen Rechtsextremismus zum Scheitern verurteilt ist[7]. Indem die Lehrerin der dargestellten Schulstunde die emotionale Wirkung von Althans auf das Erleben der Jugendlichen verleugnet und das Problem von dessen Faszination auf eine vorurteilsgeleitete Weise auf die Jugendlichen in den neuen Bundesländern projiziert, praktiziert sie einen autoritären Umgang mit den SchülerInnen. Sie will ein emotionales Sich-Einlassen der Jugendlichen auf das heikle Thema verhindern, weil sie Angst davor hat, dass die SchülerInnen sich von den Ressentiments und destruktiven Impulsen anstecken lassen, die Althans auslebt. Es ist der Lehrerin fremd, dass das Zur-Sprache-Bringen der Affekte, die ein Neonazi wie Althans weckt, ein erster Schritt auf dem Weg ist, auf dem man die Macht rechtsextremer Agitation zu unterlaufen vermag, die auf die Wirkung eben jener Emotionen setzt, welche sich der bewussten Selbstverfügung der Zuhörer entziehen und als sozial anstößig gelten.

Wo der Unterricht so intellektualisierend und moralisierend wie in dieser Schulstunde abläuft, da setzt sich ein kognitivistischer Umgang mit dem Rechtsextremismus durch, der ein affektives Verstehen verhindert. Solche Schulstunden stellen daher das Gegenstück zu einem Film wie *Beruf Neonazi* dar, der durch eine Ästhetisierung der Auftritte von Althans in Auschwitz dazu einlädt, sich beim Anschauen einer faszinierend-gruseligen Welt gut zu unterhalten. Denn die permanente Produktion schöner Bilder, die von einem gut aussehenden Neonazi und von einer Gedenkstätte erzählen, die durch das frische Grün der Bäume und durch das unbefangene Spiel von Kindern auf einer Wiese freundlich wirkt, unterschlägt die Bösartigkeit von Althans und das Grauen, das sich mit der Erinnerung an Auschwitz verbindet. Die Affekte, die in der Schule durch einen intellektualisierenden und moralisierenden Umgang mit Auschwitz verleugnet und verdrängt werden, greift der Film von Bonengel durch die von Althans in Auschwitz präsentierten schönen Bilder auf, ohne dass sie im Film reflektiert werden. Wenn Bonengel die Auffassung vertritt, dass der Film für sich selbst spreche und keiner Kommentare bedürfe, dann unterstellt er, dass die Zuschauer sich beim Betrachten des Films von ihrer Vernunft leiten lassen. Damit abstrahiert er freilich davon, worauf rechtsextreme Agitation setzt: Neonazis versuchen Einwände der Vernunft gerade dadurch zu unterlaufen, dass sie Ängste und Vorurteile schüren und durch ihre Selbstinszenierungen dazu einladen, als sozial anstößig geltende Größenphantasien und destruktive Impulse in der Gruppe der Rechtsextremisten auszuleben. Wie die Schulstunde verfehlt daher auch der Film die Absicht, über Rechtsextremismus aufzuklären. Freilich gibt es dafür unterschiedliche Gründe: Wie die Lehrerin durch ihr Intellektualisieren und Moralisieren die Chance verspielt, den Schülern das Umgehen mit den Affekten beizubringen, auf welche die Neonazis setzen, so unterliegt Bonengel den von Althans geweckten Affekten, weil er nicht die Notwendigkeit einer rationalen Auseinandersetzung mit den durch den Münchner Neonazi geweckten Affekten begreift. Aus diesem Grunde reflektiert er nicht die von den Neonazis produzierte Ästhetisierung des Politischen durch kritische Kommentare, sondern reproduziert sie mit seinen filmischen Mitteln.

Das narrative Interview wurde dadurch möglich, dass ein Seminarteilnehmer, der die medialen Inszenierungen von Althans auf das eigene Erleben wirken ließ, über den Widerspruch zwischen seiner Vernunft, aufgrund derer er Rechtsextremismus strikt ablehnt, und seinen Affekten, aufgrund derer er sich für Althans begeisterte, befremdet war. Was mit ihm geschah, verdeutlicht der Vergleich mit den Berufsschülern: Ähnlich wie die Berufsschüler lässt Herr Pohl sich von den Größenphantasien, der zwanghaften Männlichkeit und der antisemitischen Hetze anstecken, die Althans auslebt. Wie die Jugendlichen in der Gruppendiskussion mit den Studentinnen ausländer- und frauenfeindlich auftreten, so entwickelt Herr Pohl nach der Seminarveranstaltung aggressive Impulse einer Asiatin und den Obdachlosen gegenüber. Über dieser Gemeinsamkeit darf jedoch die entscheidende Differenz nicht

übersehen werden: Während die Berufsschüler die durch Althans geweckte destruktiven Impulse blind ausagieren, erlebt
   Herr Pohl sie als Gewaltphantasien. Und anders als die Berufsschüler, die das Ausleben ihrer destruktiven Impulse mit großer Lust genießen, ist Herr Pohl über seine aggressiven Affekte irritiert und reflektiert sie mithilfe eines narrativen Interviews.
   Das biographisch-narrative Interview zeigt daher, dass ein Neonazi wie Althans durch seine Agitation selbst unbewusste Erlebnisfiguren eines Mannes anzusprechen vermag, der den Rechtsextremismus aufgrund seiner sozialwissenschaftlichen Aufgeklärtheit entschieden verurteilt. Durch die biographische Erzählung lässt sich erschließen, wie die medialen Inszenierungen des Neonazis aufseiten von Herrn Pohl die Wiederkehr archaischer Größenphantasien und destruktiver Triebimpulsen provozieren, die jener im Alltag aufgrund seiner zurückhaltenden und aggressionsgehemmten Persönlichkeit abzuwehren und zu verdrängen gewohnt ist. Das narrative Interview illustriert daher exemplarisch, dass die Agitation eines Neonazis sich nicht einfach – wie die moralisierenden Gymnasiasten meinen und wie auch die Lehrerin glaubt, die ihre Schüler in double-bind-Situationen verwickelt – an wenig gebildete Jugendliche oder an soziale Außenseiter wendet. Vielmehr appellieren solche Inszenierungen an die unbewussten Erlebnisfiguren zahlreicher Männer, deren politische Orientierungen von der extremen Rechten über die politische Mitte bis zur kritischen Linken reichen.
   Die Frage, welche Affekte sich als Angelpunkte einer solchen politischen Agitation erweisen, lässt sich im Rückgriff auf eine psychoanalytischen Sozialisationstheorie beantworten, welche die Metaphorik der Metapsychologie dechiffriert, die Geschichts- und Gesellschaftsblindheit der Freud'schen Begrifflichkeit aufhebt und die unterschiedlichen Theoriekonstruktionen integriert und systematisiert (vgl. Lorenzer 1972; 1974, S. 218ff): Die unbewussten und bewussten Strukturen der Persönlichkeit lassen sich sozialisationstheoretisch als das Ergebnis primärer Sozialisationsprozesse – als Niederschlag familialer Interaktionsstrukturen – und sekundärer Sozialisationsprozesse – als die Folge der Vergesellschaftung durch Institutionen und kulturelle Objektivationen – begreifen. Dabei ist zu beachten, dass sich die Strukturen der Persönlichkeit auf zweierlei Weise organisieren:
1. Auf der einen Seite fördert das Gelingen von familiären Sozialisationsprozessen, die durch einen guten Kontakt zwischen Eltern und Kind zustande kommen, die Entwicklung der Persönlichkeit: So basiert die Entwicklung von Phantasie darauf, dass das Kind die eigene Erlebnis-

fähigkeit entwickeln kann, indem es Affekte und Triebimpulse durch das Spiel mit Gegenständen auf eine sinnlich-bildhafte Weise zu symbolisieren lernt[8]. Und das die Selbstreflexion ermöglichende Denken entfaltet sich in dem Maße, wie das Kind unbewusste Verhaltensentwürfe durch das Sprechenlernen mit Sprachsymbolen zu verknüpfen anfängt. Das Ich lässt sich daher als eine Symbolorganisation beschreiben, die sich auf einer (dem Primärprozess entsprechenden) sinnlich-bildhaften Bedeutungsebene und auf einer (dem Sekundärprozess äquivalenten) sprachlichen Bedeutungsebene entfaltet.

2. Auf der anderen Seite beschädigt das Scheitern familiärer Sozialisationsprozesse die sich entwickelnde Subjektivität. Denn Freuds (1908) Einsicht, dass das neurotische Leiden als Ausdruck eines allgemeinen Leidens aller Menschen unter einer Kulturentwicklung zu begreifen ist, die auf der »Unterdrückung von Trieben« und auf ihrer »Sublimierung« aufgebaut ist (S. 18), heißt sozialisationstheoretisch, dass sich die gesellschaftlichen Widersprüche in familiären Konflikten zwischen Eltern und Kindern reproduzieren, die im Falle ihrer Unlösbarkeit die kindliche Subjektivität punktuell beschädigen: Die Phantasie verkümmert in dem Maße, wie der nicht genügend gute Umgang der Mutter mit dem Kind zu einer narzisstischen Verkürzung der Erlebnisfähigkeit führt. Und die Entwicklung der schöpferischen Intelligenz wird in dem Maße gestört, wie neurotische Symptombildungen um sich greifen, die sich folgendermaßen erklären lassen: Der Wunsch, dem aufgrund seiner sozialen Anstößigkeit die sprachliche Lizenz wieder entzogen wird, rächt sich für seine Verdrängung, indem er sich hinter dem Rücken des Ichs auf eine bewusstlos-symptomatische Weise einen sozialen Ausdruck verschafft.

Wie die Entwicklung von Phantasie und Selbstreflexivität Indizien für die Entwicklung der – ein starkes Ich konstituierenden – Symbolbildungsprozesse sind, aufgrund derer rechtsextremistische Agitation kritisch durchschaut wird und Handlungsinitiativen gegen Fremdenfeindlichkeit entwickelt werden können, so wird das Ich durch die sich in Symptombildungen niederschlagenden punktuellen Beschädigungen der Subjektivität geschwächt, die das Einfallstor für die politische Agitation der extremen Rechten sind. Das lässt sich anhand des narrativen Interviews exemplarisch illustrieren: Es ist unübersehbar, dass Herr Pohl sich auf der Basis der Symbolbildungsprozesse seines Ichs emotional einlässt und sein Denken und Fühlen gerade auch im Zuge seiner biographischen Erzählung selbstkritisch reflektiert. Zugleich zeigen sich jedoch punktuelle Beschädigungen seiner

Subjektivität darin, dass er sich unter dem Eindruck des Films mit dem Münchner Neonazi identifiziert und aufgrund einer momentanen Teilhabe an dessen Macht und Größe vorübergehend von narzisstischen Phantasien und destruktiven Triebimpulsen heimgesucht wird, die sich auf einen unbewussten Hass auf den Vater und auf eine archaische Wut auf die Mutter zurückführen lassen.

Das Forschungsprojekt zeigt daher am Beispiel eines Dokumentarfilms über die politische Agitation eines Rechtsextremisten, wie ein Neonazi vermittels medialer Inszenierungen die irrationalen Emotionen eines Publikums zu wecken und dabei gerade auch Jugendliche zu vereinnahmen sucht. Die Gruppendiskussionen mit SchülerInnen und das narrative Interview mit einem Studenten sprechen dafür, dass für solche Inszenierungen der extremen Rechten nicht nur Randgruppen empfänglich sind, sondern zahlreiche Akteure aus allen sozialen Gruppierungen. Wie unübersehbar es ist, dass das in bestimmten Lagen der Klasse oder Schicht, das in spezifischen subkulturellen Milieus erfahrene soziale Leid für Rechtsextremismus anfällig machen kann, letztlich entscheidet in der sozialen und psychischen Krisenlage das augenblickliche Mischungsverhältnis von entwickelten Symbolbildungsprozessen und punktuellen Symptombildungen darüber, ob sich das Ich des Einzelnen von Einwänden der Vernunft und Irritationen des Unbewussten oder aber von irrationalen Affekten leiten lässt. Schulen stehen diesem Problem hilflos gegenüber, wenn im Unterricht wie im Falle der obigen Lehrerin nur kognitiv informiert wird, ohne dass eine affektive Verarbeitung der Wirkung der Auftritte eines solchen Neonazis auf das eigene Erleben ermöglicht wird. Und Dokumentarfilme verfehlen ihre aufklärerische Funktion, wenn Regisseure wie Bonengel nicht einbeziehen, dass die durch die medialen Inszenierungen eines Neonazis geweckten Affekte auch reflektiert werden müssen, wenn man die Gefahr ausschließen will, dass das Publikum sich vom schönen Schein der medialen Aktionen emotional anstecken lässt.

Anmerkungen

1 Eine szenische Rekonstruktion dieser Filmsequenz findet sich in König 1998a.
2 Die szenische Rekonstruktion dieser Gruppendiskussionen mit Jugendlichen findet sich in König 1995b, 1996b.
3 Eine eingehende tiefenhermeneutische Rekonstruktion dieser Schulstunde findet sich in König 1997b.

4 Wenn in diesem Beitrag von einem paradoxen Interagieren oder auch von einer *double bind*-Situation gesprochen wird, dann wird auf die Ergebnisse der Kommunikationsforschung von Bateson u. a. (1956) zurückgegriffen. Zweifellos überzeugt die Einschätzung der Autoren, die der Schizophrenie zugrunde liegende Kommunikationsstörung darauf zurückzuführen, dass die Mutter das Kind durch widersprüchliche Botschaften in eine Beziehungsfalle verstrickt, der es hilflos ausgeliefert ist. Problematisch ist freilich die kognitivistische Erklärung der zum Scheitern verurteilten Verständigung zwischen Mutter und Kind. Denn nach Auffassung von Bateson u. a. legt die schizophrenogene Mutter dem Kind gegenüber ein »feindseliges Verhalten« an den Tag, das sie durch eine »simulierte Liebe« verleugnet (S. 25). Entscheidend ist für Bateson u. a., »dass ihr liebevolles Verhalten ihr feindseliges kommentiert (da es dessen Kompensation darstellt) und folglich einer anderen Art von Botschaft angehört als das feindselige Verhalten– es ist eine Botschaft über einen Ablauf von Botschaften« (ebd.). Die Kommunikationsstörung beruht also nach Einschätzung von Bateson u. a. darauf, dass »ein primär negatives Gebot« mit einem »sekundäre[n] Gebot [...] auf einer abstrakteren Ebene in Konflikt gerät« (ebd., S. 16f). Das Kind werde dadurch verwirrt, dass die Mutter ihr Interagieren mit dem Kind metakommunikativ dementiert. Eben weil die Mutter das Kind kontrolliere, indem sie ihm jede Kritik verbietet, sei Schizophrenie die Folge der Unfähigkeit, »die metakommunikative Ebene zu benutzen« (ebd., S. 28).
Wie Lorenzer (1977) zu Recht kritisiert, setzt sich dieser kommunikationstheoretische Erklärungsansatz über die Tatsache hinweg, dass psychotische Erkrankungen auf Störungen der frühesten Mutter-Kind-Interaktionen zurückzuführen sind. Der Säugling verfügt noch nicht über Sprache und kann sich daher auch nicht metakommunikativ verständigen. Als Beispiel führt Lorenzer einen Fallbericht von Spitz an, der Filmaufnahmen von einer jungen Mutter mit Stillschwierigkeiten ausgewertet hat. Sie verwickelte den Säugling in ein widersprüchliches Verhalten, indem sie ihm die Brust anbot, die Brustwarze jedoch in dem Augenblick zurückzog, als der Saugreflex einsetzte. Nicht um das Gegeneinander von Kommunikation und Metakommunikation geht es in dieser double bind-Situation, sondern um die Unvereinbarkeit einander widersprechender Verhaltensweisen: Weil die Mutter sich aufgrund ambivalenter Gefühle dem Säugling zuwendet und sich von ihm abwendet, wird das Kind das Opfer eines double bind. Den miteinander konfligierenden Interaktions-

angeboten der Mutter ist der Säugling hilflos ausgeliefert, weil er dieser Beziehungsfalle aufgrund der mangelnden Verfügung über Sprache nicht durch eine metakommunikative Stellungnahme entrinnen kann.

Dem Säugling wird so ein Gefüge »antagonistisch inkonsistenter Interaktionsfiguren« einsozialisiert (S. 64), das im Zuge der Einführung des Kindes in Sprache metakommunikativ verfestigt wird. Da die Mutter die Beziehung mit dem Kind dadurch kontrolliert, dass sie lediglich sozial akzeptierte Lebensentwürfe zur Sprache bringt, avanciert ihr positiver Umgang mit dem Kind zum manifesten Sinn der Interaktion. Dahinter verbirgt sich die Ablehnung des Kindes, die als der latente Sinn dieses Interaktionszusammenhangs aus Sprache ausgeschlossen bleibt. Worüber die Mutter schweigt und was sie verleugnet, kann sich daher nur, wie Bateson u. a. (1956) bemerken, in »averbalen Vermittlungen« ausdrücken: »Körperhaltung, Gestik, Gesichtsausdruck, Tonfall und der Kontext« (S. 13). Eben diesen latenten Sinn von Handlungssituationen versucht die Tiefenhermeneutik durch das szenische Verstehen zu entziffern.

Wenn in diesem Beitrag also von double bind-Situationen gesprochen wird, dann geht es nicht um eine kommunikationstheoretische Analyse des Austausches von Botschaften verschiedener logischer Ordnung, sondern um das szenische Verstehen der im Unterricht miteinander konfligierenden Interaktionsfiguren. Während der manifeste Sinn der Schulstunde durch die Lebensentwürfe bestimmt wird, die aufgrund ihrer Übereinstimmung mit der schulischen Ordnung sozial akzeptiert sind, setzt sich der latente Sinn aus den Lebensentwürfen zusammen, die aufgrund ihrer sozialen Anstößigkeit verpönt sind und daher jeder Kritik entzogen werden.

5 Der Rückgriff auf Adornos Konzept des Autoritarismus bedarf einer Erläuterung: Im Zuge einer sozialisationstheoretischen Reformulierung der Adorno'schen Einsichten geht es nicht um die Analyse eines für antidemokratische Propaganda anfälligen Sozialcharakters, vielmehr wird ein Vergesellschaftungsmechanismus untersucht, unter Zuhilfenahme dessen Individuen durch Konfliktsituationen ausgelöste innere und äußere Spannungen auf eine konformistische Weise lösen (vgl. König 1992).

6 Es sei nur am Rande erwähnt, dass sich diese Polarisierung von Lesarten ganz im Sinne der Methode der Tiefenhermeneutik entwickelt. Denn je mehr sich die Kontroverse über gegensätzliche Lesarten zuspitzt, um so reichhaltiger und differenzierter fällt die Deutung des Films oder Textes

aus, die sich aus einer Konstruktion verschiedenen Lesarten entwickelt (vgl. König 1993, 206-212).

7 Vergleiche zum Scheitern pädagogischer Anstrengungen, auf eine angemessene Weise nach Auschwitz zu erziehen, auch König 1998c.

8 So verarbeitet das von Freud (1920, S. 224ff) im Alter von anderthalb Jahren beobachtete Kind die unlustvolle Erfahrung der zeitweiligen Trennung von der Mutter durch das Spiel mit der an einen Faden geknüpften Garnrolle, die es immer wieder hinter dem Bettrand verschwinden lässt und wieder hervorholt.

Literatur

Adorno, T. W., Frenkel-Brunswik, E., Levinson, D. J., Sanford, R. N. (1950): The Authoritarian Personality. New York (Harper & Brothers).

Adorno, T. W. (1957): Soziologie und empirische Forschung. GS Bd. VIII, Frankfurt a. M. (Suhrkamp), S. 196-216.

Adorno, T. W. (1961): Über Statik und Dynamik als soziologische Kategorien. GS Bd. VIII, Frankfurt a. M. (Suhrkamp), S. 217-237.

Bateson, G. u. a. (1956): Auf dem Weg zu einer Schizophrenie-Theorie. In: Bateson u. a.: Schizophrenie und Familie. Frankfurt a. M. 1977 (Suhrkamp), S. 11-43.

Diner, D. (1987): Zwischen Aporie und Apologie. Über Grenzen der Historisierbarkeit des Nationalsozialismus. In: Diner (Hg.): Ist der Nationalsozialismus Geschichte? Zu Historisierung und Historikerstreit. Frankfurt a. M. (Fischer), S. 62-73.

Freud, S.(1908): Die kulturelle Sexualmoral und die moderne Nervosität. Studienausgabe Bd. IX, S. 9-32. Frankfurt a. M.(Fischer).

Freud, S. (1920): Jenseits des Lustprinzips. Studienausgabe Bd. III, S. 213-272, Frankfurt a. M. (Fischer).

Gente, H.-P. (1970): Marxismus, Psychoanalyse, Sexpol. Frankfurt a. M. (Fischer).

Horkheimer, M. (1949): Autorität und Familie in der Gegenwart. In: Dahmer, H. (Hg.): Analytische Sozialpsychologie, Bd. I, Frankfurt a. M. (Suhrkamp), S. 343-359.

König, H. D. (1992): Autoritarismus und Konsumsteuerung. Zum Wandel der Konformismusproblematik in der fortgeschrittenen Industriegesellschaft. In: Institut für Sozialforschung (Hg.): Kritik und Utopie im Werk von Herbert Marcuse. Frankfurt a. M. (Suhrkamp), S. 217-246,.

König, H. D. (1993): Die Methode der tiefenhermeneutischen Kultursoziologie. In: Jung, T., Müller-Doohm, S. (Hg.): »Wirklichkeit« im Deutungsprozeß. Verstehen und Methoden in den Kultur- und Sozialwissenschaften. Frankfurt a. M. (Suhrkamp), S. 190-222.

König, H. D. (1995a): Interviews mit Markus (I, II) und Gedächtnisprotokoll eines dritten Gesprächs (III). Verschriftet von Ingrid Gaiser. Typoskript.

König, H. D. (1995b): Wie Schüler »Beruf Neonazi« sehen. Zur Wirkung des Films bei GymnasiastInnen und Berufsschülern. Tiefenhermeneutische Medienwirkungsforschung I. In: *medien praktisch*, Heft 4/95, S. 20-26.

König, H. D. (1996a): Methodologie und Methode der tiefenhermeneutischen Kultursoziologie in der Perspektive von Adornos Verständnis kritischer Sozialforschung. In: König (Hg.): Neue Versuche, Becketts Endspiel zu verstehen. Sozialwissenschaftliches Interpretieren nach Adorno. Frankfurt a. M. (Suhrkamp), S. 314-387.

König, H. D. (1996b): Wie Schüler »Beruf Neonazi« sehen. Ideologiekritik und szenisches Verstehen. Tiefenhermeneutische Medienwirkungsforschung II. In: *medien praktisch*, Heft 1/96, S. 36-40.

König, H. D. (1997a): »Ihr seid Ihr selbst und müßt Euch selber befreien!« Ideologiekritische und sozialpsychologische Rekonstruktion der Rede eines Neonazis vor Jugendlichen in Cottbus. In: Heim, R., König, H. D. (Hg.): Generation, Unbewusstes und politische Kultur, psychosozial 68, 20. Jg., S. 69-90.

König, H. D. (1997b): Pädagogische Intervention und ungewollte Vorurteilsproduktion. Tiefenhermeneutischen Rekonstruktion einer Sozialkundestunde zu dem Bonengel-Film *Beruf Neonazi*. In: Politisches Lernen 1/97, S. 96-115.

König, H. D. (1997c): Tiefenhermeneutik als Methode kultursoziologischer Forschung. In: Hitzler, R., Honer, A. (Hg.): Sozialwissenschaftliche Hermeneutik. Leverkusen (UTB Leske + Budrich), S. 213-241.

König, H. D. (1998a): Ein Neonazi in Auschwitz. Tiefenhermeneutische Rekonstruktion einer Filmsequenz aus Bonengels *Beruf Neonazi* und ihre Wirkung im kulturellen Klima der Postmoderne. In: König (Hg.) 1998d, S. 372-415.

König, H. D. (1998b): Helmut Kohls Rede von der »Gnade der späten Geburt«. Die Privatisierung des Politischen als Konstruktion einer Gemeinschaft von Opfern. In: K. Imhof, P. Schulz, Hg., Die Veröffentlichung des Privaten– die Privatisierung des Öffentlichen, Opladen, Wiesbaden (Westdeutscher Verlag), S. 225-239.

König, H. D. (1998c): Pädagogisches Moralisieren nach Auschwitz. Tiefenhermeneutische Rekonstruktion der in einer Sozialkundestunde mit einer Zeitzeugin zutage tretenden Professionalisierungsdefizite. In: Henkenborg, P., Kuhn, H.-W. (Hg.): Der alltägliche Politikunterricht. Beispiele qualitativer Unterrichtsforschung zur politischen Bildung in der Schule. Opladen (Leske + Budrich), S. 135-149.

König, H. D. (Hg.) (1998d): Sozialpsychologie des Rechtsextremismus. Frankfurt a. M. (Suhrkamp).

König, H. D. (1999): Fasziniert vom Körper eines Neonazis. Soziologische und psychoanalytische Rekonstruktion einer Studentenbiographie. In: Alheit, P.; Dausien, B., Hanses, A., Keil, A. (Hg.): Biographie und Leib. Gießen (Psychosozial-Verlag), S. 264-286.

König, H. D. (2000a): Adornos psychoanalytische Kulturkritik und die Tiefenhermeneutik. Zugleich eine Sekundäranalyse des 24. Aphorismus der *Minima Moralia*. In: Zeitschrift für kritische Theorie, 6. Jg., Heft 10, S. 7-26.

König, H. D. (2000b): Tiefenhermeneutik. In: Flick, U., Kardoff, E. v., Steinke, I. (Hg.): Qualitative Forschung: Ein Handbuch. Reinbek bei Hamburg (Rowohlt).

König, H. D. (2001): Tiefenhermeneutik als Methode psychoanalytischer Kulturforschung. In: Appelsmeyer, H., Billmann-Mahecha, E. (Hg.): Kulturwissenschaft,. Felder einer prozessorientierten wissenschaftlichen Praxis, S. 168-194. Weilerswist (Velbrück).

Lorenzer, A. (1970): Sprachzerstörung und Rekonstruktion. Frankfurt a. M. (Suhrkamp).
Lorenzer, A. (1972): Zur Begründung einer materialistischen Sozialisationstheorie. Frankfurt a. M. (Suhrkamp).
Lorenzer, A. (1974): Die Wahrheit der psychoanalytischen Erkenntnis. Ein historisch-materialistischer Entwurf. Frankfurt a. M. (Suhrkamp).
Lorenzer, A. (1977): Antagonistische Interaktionsformen beim »Double-bind«. In: A. Lorenzer: Sprachspiel und Interaktionsformen. Frankfurt a. M. (Suhrkamp), S. 58-74.
Lorenzer, A. (1986): Tiefenhermeneutische Kulturanalyse. In: König, Lorenzer u. a.: Kultur-Analysen. Psychoanalytische Studien zur Kultur. Herausgegeben von A. Lorenzer. Frankfurt a. M. (Fischer), S. 11-98.
Lorenzer, A. (1990): Verführung zur Selbstpreisgabe – psychoanalytisch-tiefenhermeneutische Analyse des Gedichtes von Rudolf Alexander Schröder. In: Kulturanalysen. Zeitschrift für Tiefenhermeneutik und Sozialisationstheorie, 2. Jg., S. 261-277.
Willems, H., Eckert, R., Würtz, S., Steinmetz, L. (1993): Fremdenfeindliche Gewalt. Einstellungen, Täter, Konflikteskalation. Opladen (Leske+Budrich).

Staatliches Gewaltmonopol, Gewaltenteilung, Notwehr und Unterdrückung der Geschichte von Gewalterfahrungen – Eine mögliche Ursache für Gewalt gegen »Fremde« durch marginale Gruppen?

Georg R. Gfäller

»[...] in einer Gesellschaft, in der es Gesetze gibt, kann die Freiheit nur darin bestehen, das tun zu können, was man wollen darf, und nicht gezwungen zu sein, zu tun, was man nicht wollen darf.«
Montesquieu 1951, S. 212f

Dieser Aufsatz ist ein Versuch, im Sinne eines interdisziplinären Gesprächs durch Kombination verschiedener wissenschaftlicher Ansätze Hypothesen zu den eingangs gestellten Fragen zu entwickeln. Die Problematik ist die anscheinend zunehmende Gewaltbereitschaft von wachsenden Randgruppen gegen andere Randgruppen der Gesellschaft, wobei es einer breiten Mehrheit der Bevölkerung gestattet scheint, sich zunehmend von solchen Randgruppen abzuschotten. Randgruppen werden weiter marginalisiert und verlieren eine Chance nach der anderen, doch noch aus eigener Kraft gesellschaftliche Anerkennung und damit Selbstachtung zu gewinnen (vgl. Habermas 1990, S. 183). (Die spezifisch hier im Zentrum stehende Problematik ist die der Gewalt gegen »Fremde«[1])

Gewalt

Der Begriff der Gewalt wird nicht einheitlich diskutiert. Zuerst denkt man an einfache körperliche Gewalt wie Mord, Totschlag, Prügel, dann aber auch an staatliche Gewalt, die Gewalt von Institutionen wie z. B. Polizeigewalt, an Terror, kriegerische Gewalt usw. Nach Montesquieu (1951, S. 212ff) hat Gewalt viel mit dem Begriff der Freiheit zu tun: »Die politische Freiheit des Bürgers ist jene Ruhe des Gemüts, die aus dem Vertrauen erwächst, das ein jeder zu seiner Sicherheit hat. Damit man diese Freiheit hat, muß eine Regierung so eingerichtet sein, daß ein Bürger den anderen nicht zu fürchten braucht« (S. 215). Gewalt schränkt Freiheit ein. An diese Definition schließen sich Galtung (1975) mit dem Begriff der »strukturellen Gewalt« und Senghaas (1971) mit der Unterscheidung zwischen personeller und struktureller Gewalt an. Entsprechend der Gewaltforschung kann man drei wesentliche Theoreme erkennen: a) Gewalt als gesellschaftliches Phänomen, b) als Ergebnis und Teil von Interaktionsprozessen und c) als Handlungsform (siehe Montau 1996, S. 19). Nach Galtung (1975, S. 9) ist in der Gesellschaft Gewalt präsent, wenn die Beeinflussung von Menschen sich so auswirkt, dass ihre aktuelle körperliche und geistige Verwirklichung geringer ist als ihre potentielle. Die Analyse personaler Gewalt ist nicht loslösbar von Untersuchungen der Gesellschaft samt ihrer strukturellen Gewalt. Bei struktureller Gewalt wird die Gewalt anonym. Man kann niemanden persönlich dafür haftbar machen. Senghaas sah z. B. das Problem der unterentwickelten Länder in gezielter Politik der Unterentwicklung durch die reichen Länder. Oder wer ist der Staat, der massenhaft Arbeitslosigkeit entweder produziert oder zulässt? Der »Staat« ist weitgehend anonym geworden.

Nach den geltenden Gesetzen ist personelle Gewaltausübung nur dem Staat gestattet, wo heute im Rahmen der Diskussion um die Atomkraft oder Umweltfragen das staatliche Gewaltmonopol zumindest teilweise in Frage gestellt wird. Wer legitimiert Gewalt, wenn der gegebene Staat als offensichtlich ungerecht oder gefährlich für die Nachkommen erlebt wird?

Die *Analysen und Vorschläge der Unabhängigen Regierungskommission zur Verhinderung und Bekämpfung von Gewalt* (Schwind, Baumann 1990), eine der wichtigsten Zusammenfassungen zum Thema Gewalt, ermöglichen nach eigener Darstellung wegen vielfacher Defizite der empirischen Gewaltforschung kaum präzise Auskünfte über Strukturen und Prozesse der Gewalt in unserer Gesellschaft. Es werden zwar Wechselwirkungen zwischen biographischen Verläufen und gesellschaftlichen Entwicklungen angenommen (bei personeller Gewalt), aber vielleicht bietet die Psychoanalyse und die Gruppenanalyse eine Möglichkeit, diese Wechselwirkungen ein wenig zu erhellen.

Hypothesen

Wenn hier Hypothesen genannt werden, die ich später erläutern möchte, so spreche ich nicht von Ursachen kausaler oder linearer Art, auch nicht von »Faktorenbündeln«, sondern von »bereitstehenden Potentialitäten«, die in Wechselwirkung mal mehr, mal weniger zum Tragen kommen. Das Ganze ist mehr. Einige Teile kann ich schon benennen. Ein unabgeschlossener Rundgang (v. Weizsäcker 1992). Das ist die implizite Logik meiner Hypothesen.

1. Menschen stehen in bewusster und unbewusster Weise miteinander in Kommunikation, sind miteinander vernetzt (Foulkes 1992) und figuriert, auch als Kollektive, Gruppen, Institutionen, Gesellschaften und Staaten (Elias 1990).
2. Wenn bestimmte Dinge aus der öffentlichen Diskussion herausgehalten werden, entfalten diese eine Dynamik ähnlich dem von Freud beschriebenen Unbewussten. Die Gruppenanalyse (Foulkes) beschreibt diesen Prozess als Abwehr im Sinne von Verschiebung, Personifikation oder Lokalisierung, wenn er als positiver Lösungsprozess auftritt, als Kondensatorphänomen.
3. Es gibt keine Handlung eines Menschen, gleichgültig, was dieser tut, denkt und fühlt, die nicht prinzipiell und in vielleicht unterschiedlicher Ausprägung jedem möglich wäre.
4. Menschen sind, hier fühle ich mich Freud (1933), aber auch der Geschichtsschreibung verbunden, grundsätzlich von destruktiven als auch konstruktiven Trieben bestimmt. Die destruktiven Anteile scheinen aber dem Selbstgefühl der Mehrheit sehr unangenehm zu sein, sodass diese meist der Verdrängung im weitesten Sinne, siehe Punkt 2, unterliegen. Die »bösen« Selbstanteile können leicht im Rahmen familiärer und gesellschaftlicher Prozesse in anderen, z. B. den »Fremden«, lokalisiert werden. Es gibt zudem eine lange Geschichte von Möglichkeiten, andere Menschen einfach als Nicht-Menschen zu bezeichnen, um an ihnen Aggression abzuladen. Ein fragiles Selbst ermöglicht leichter reale Gewaltausübung als ein solches, das im Wechsel von Engagement und Distanzierung besonnen handeln kann.
5. Kulturprozesse fordern Gewaltverzicht, Demokratie, Toleranz, Verstärkung libidinöser anstelle aggressiver und destruktiver Tendenzen, Sublimierung usw., aber die Gegenseite lauert kampfbereit, notfalls im Sinne von Projektion oder Verschiebung.
6. Mit den neuen Medien samt ebenso Ländergrenzen nicht achtenden Wanderungsprozessen verschiedenster Bevölkerungsteile treffen viele Kulturen aufeinander, ohne schon gute Verständigungsmöglichkeiten entwickelt zu haben.
7. Ich vermute ein zunehmendes Verschwinden einer inneren Repräsentanz des Todes nicht nur in westlichen Gesellschaften, wo nicht nur Kinder kaum mehr sinnliche Erfahrungen mit getöteten oder toten Tieren usw.

machen können, sondern frühzeitig misshandelt, traumatisiert oder über allzu frühen Konsum von Scheinwelten labilisiert werden, welche zudem die Phantasietätigkeit lahm legen, wie z. B. über gleichzeitiges Wort und Bild im Fernsehen oder in Videos, wo aber auch der Tod real in Krankenhäusern oder sonstigen Einrichtungen vom Blick der Gesellschaft ferngehalten wird, sodass er tendenziell anonym wird. Die schweren Traumatisierungen von Kindern in Kriegs- oder Bürgerkriegsgebieten lassen nur wenig ein in unserem Sinne humanes Menschenbild entstehen. Es scheint so etwas zu kommen wie eine Entlibidionisierung vieler Lebensbereiche, wo es in aufgereizten Situationen durchaus dazu kommen kann, in der Schwäche und Angst eines anderen Menschen das eigene verhinderte Leben und den unbändigen Wunsch dazu zu erkennen, um es zu vernichten. Das von Eriksson propagierte »Wir-Gefühl« samt dem dazugehörigen »Ur-Vertrauen« scheint zunehmend abhanden zu kommen, zumindest in unterprivilegierten Gesellschaftsschichten. Gewalt wird dann gar nicht mehr als Gewalt erlebt, sondern als notwendige Abwehrreaktion und Vernichtungswillen am Anderen, der das repräsentieren könnte, was man in sich selbst weitestgehend verloren hat – das lebendige Leben.

8. Tiere, die andere als Nahrungskonkurrenten sehen, vernichten diese gnadenlos. Das dürfte auch für Menschen gelten, vor allem dann, wenn die anderen »keine wirklichen Menschen« (siehe 4) sind. Konrad Lorenz (pers. Mitteilung) sah zudem beim Menschen das Problem, dass dieser als »Allesfresser« nicht wie Raubtiere eine ererbte »Beißhemmung« habe gegenüber Konkurrenten der eigenen Spezies, sodass das Töten nur gesellschaftlich (Kulturprozess) zu unterbinden wäre.

9. Marginalisierte Gruppen der Gesellschaft tendieren dazu, die in der Gesamtgesellschaft unterdrückten Triebanteile auszuleben, bei Lähmung der Mehrheit (wegen der Triebunterdrückung), wirklich Sinnvolles dagegen zu unternehmen.

10. Der jetzige besonders schnelle Wandel der Gesellschaft, Stichworte Werteverlust bzw. -wandel, zunehmende Arbeitslosigkeit, Globalisierung, Individualisierung, Privatisierung, Abbau von Hierarchien usw., der von Soziologen und Politologen recht genau beobachtet wird, bewirkt Unsicherheiten, aus psychoanalytischer Sicht Regressionen, sodass lange gesellschaftlich geschmiedete Abwehrvorgänge nicht mehr so greifen, sondern »primitive« Abwehr einsetzt, in der insbesondere destruktive Prozesse neuen Raum beanspruchen, der beim zu beobachtenden Prozess der Abschottung der Mehrheit von den genannten marginalisierten Grup-

pen zur Aufladung dieser mit der abgewehrten Destruktion führen dürfte. Mit dem schnellen Wandel geht die Legitimationsbasis gewachsener Strukturen verloren.

10a. Das gegebene Rechtssystem ist auf allgemeine Lösungen spezialisiert, nicht hingegen auf individuelle. Zudem kennt das Rechtssystem keine »Prozesse«, keine mediativen Entwicklungen (Mähler, Mähler 2000), die der jeweiligen spezifischen Problematik gerecht werden könnten, sondern nur die häufig unzureichenden statischen Alternativen zwischen richtig oder falsch. Die absolute Delegation des »Rechts« an den Staat bewirkte eine gewisse Entrechtung und Ungerechtigkeit gegenüber individuellen Situationen. Dazu gehört auch, dass der im Grundgesetz Art. 20 genannte Grundsatz, dass die Staatsgewalt vom Volke ausgehe, keinesfalls bedeutet »Selbstregulierung des Volkes« oder »Volksherrschaft«, sondern »lediglich eine Herrschafts- und Regierungsform mit verfassungsmäßig geregelter und periodisch revozierbarer Zustimmung des Volkes« beinhalte (Ellwein 1973, S. 113). Tatsächlich sind auch staatliche Entscheidungsprozesse oder die von Parlamenten längst so überkomplex und für den Einzelnen undurchschaubar, dass hier, wie man so sagt, Politikmüdigkeit eintritt. Der Staat und das Recht samt Vertrauen dazu rücken in weite Ferne.

11. Das staatliche Gewaltmonopol war ursprünglich gedacht zum Schutze der Bürger, dass größere oder kleinere Gruppen der Bevölkerung keine eigenen Armeen oder Polizeikräfte unterhalten durften, damit der Staat sowohl nach außen als auch im Binnenverhältnis den größtmöglichen Schutz vor Übergriffen gewährleisten könne. Öffentliches Tragen von Waffen und überhaupt der Besitz definierter gefährlicher Waffen unterliegt staatlicher Aufsicht und Kontrolle. Die von Montesquieu entworfene Gewaltenteilung hatte die Absicht, staatliche Macht in ein gewisses Gleichgewicht zu bringen mit der Freiheit der Bürger. Diese Gewaltenteilung ist zutiefst durchlöchert vor allem durch Bürokratie und Verwaltung, dann sind die Gesetze nicht mehr durchschaubar. Der freie Wille des Bürgers erscheint kaum mehr über den Umweg der Parteien, wie es das Grundgesetz fordert, als Ausdrucksmittel, vielmehr bestimmen eher die Parteien, Interessenverbände und in den letzten Jahren zunehmend die Medien die Politik.

12. Von der Religion her hat sich aus der Entwicklung matriarchalischer zu patriarchalischer Struktur ergeben, dass die bestrafbare Faktizität der Tat sich umgewandelt hat in die bestrafbare oder zu lobende Motivationalität.

Nicht mehr der Fakt der Tötung oder der Verletzung eines Anderen ist zu beurteilen, sondern vielmehr das Motiv für die Tat. Besonders ist dies zu sehen an der Frage der Notwehr. In Notwehr darf ich töten, also konstruiere ich mir (mit anderen Gleichgesinnten) möglicherweise eine Situation, in der ich zum Zwecke der Abfuhr destruktiver Energie in »Notwehr« gerate, um dann all das zu tun, was mir ansonsten verboten wäre. Möglich ist dies auch über den Weg des projektiven »Erkennens« von falschem oder destruktivem Handeln von anderen, wie es die ausgewerteten Biographien von rechtsradikalen Gewalttätern von Montau (1996) nahe legen.

13. In Geschichtsbüchern wird nicht tradiert, was »fremde« Truppen im mitteleuropäischen Raum an wirklichem Elend und Leid (nicht nur im Dreißigjährigen Krieg) bei der Bevölkerung angerichtet haben, dort wird von Jahreszahlen, Kriegen, Schlachten und Heerführern gesprochen (Gfäller 1998). Und das Nicht-Kommunizierte entfaltet unbewusste Dynamik, die in der figurierten Gesellschaft meist in marginalen Gruppen ausbrechen kann.

Das ist die Argumentationslinie in kurzer Form, die nun überprüft wird.

Die figurierte oder vernetzte Gesellschaft

Der Ausgangspunkt meiner Hypothesen ist die Frage, ob und wie Menschen miteinander verbunden sind, sodass es möglich wird, dass unbewusste Kommunikationsprozesse und Dynamiken ähnlich den Gesetzen der Gruppenforschung sich an vom Konflikt oft weit entfernten Orten in recht drastischer Weise äußern können. Freud (1912/13) hatte in *Totem und Tabu* in ausführlicher Weise über gleichzeitig im Individuum und im Kollektiv stattfindende Prozesse geschrieben. Er hatte dazu auf heute, aber nicht im Punkt der kollektiven Prozesse, etwas fragwürdige völkerkundliche Texte zurückgegriffen. In *Massenpsychologie und Ich-Analyse* (1921c) zeigte er anhand der Beispiele von Kirche und Heer auf, wie auch Gruppenprozesse wie die Identifikation mit dem Führer samt möglicher Gewaltentfaltung bei Regression der Gruppenmitglieder psychoanalytisch gut verstanden werden können. In *Warum Krieg* (1933) antwortete er skeptisch auf die Frage von Einstein, ob Menschen in absehbarer Zeit friedfertig werden könnten, damit es nicht wieder zu einem Krieg kommt. Er war aufgrund psychoanalytischer Kenntnis sicher, dass sich Gewalt und Krieg auf lange Zeit noch immer wieder wegen der menschlichen Destruktionsbereitschaft Raum schaffen werden. Somit hat sich Freud das Recht herausgenommen, von individuellen Prozessen auf kollektive zu schließen. Er verwendete dazu vor allem die Konzepte von Übertragung, gemeinsamen unbewussten Phantasien und transpersonellen Abwehrvorgängen. S. H. Foulkes baute darauf auf, verwendete für seine gruppenanalytische Theorie zudem die Theorien von Norbert und der damaligen Soziologie, neben Erkenntnissen der damaligen Hirnforschung, wo man heute von »neuronalen Netzen« spricht. Foulkes wies mit seiner Gruppenforschung nochmals nach, dass Menschen zumindest in kleineren oder größeren Gruppen »vernetzt« sind. Dies ergänzte und bestätigte die Ergebnisse des Gruppenforschers Kurt Lewin. Die Soziologie hatte schon damals nachgewiesen, dass es den autarken und von seiner Umwelt unabhängigen »Einzelnen« nicht gibt. Die Idee eines von seiner Gesellschaft unabhängigen, autonomen Individuums erwies sich als Ideologie und falsch. Diese Argumentation reicht nur, um die Behauptung der Vernetzung aufrechtzuerhalten, aber man weiß noch nicht, wie die Vernetzung stattfindet. Es muss sich nach der Beobachtung meist um Wechselwirkungen handeln, ähnlich wie die moderne Physik Wechselwirkungsprozessen mehr Gewicht zuspricht als linearen oder kausalen Entwicklungen. In diesem Sinne wichtige Gruppenabwehrmechanismus sind: Lokalisierung, Personalisierung, projektive Identifikation, Affektverschiebung, Untergruppenbildung, Dichotomisierung, samt in der Gesellschaft übliche Mechanismen wie Institutionalisierungen. Mit Lokalisierung ist in kurzer Form gemeint, dass eine Gruppe dafür sorgt, dass ein innerhalb der Gruppe bestehendes Konfliktpotential nicht die gesamte Gruppe bewegt, sondern nur einzelne. Die anderen können dann mehr oder weniger kopfschüttelnd zuschen, wie seltsam sich diese verhalten. Personalisierung ist in etwa, dass für wiederum in der Gruppe bestehende unerträgliche Spannungen Einzelne dafür ausgewählt werden, die ihrerseits von ihrer individuellen Geschichte genügend Möglichkeiten mitbringen, das auszuleben, was von der Gruppe auf sie hin verschoben wird. Es erscheint dann als persönliches Problem dieser Einzelnen, was ursprünglich zuviel Spannung in der Gruppe verursacht hätte. Projektive Identifikation ist in der Literatur ausführlich bekannt, hier ist spezifisch gemeint, dass wiederum unerträgliche Selbstanteile auf andere hin projiziert werden, die diese dann auch annehmen. Hier muss es nicht einmal sein, dass der Empfänger der Projektion unbedingt viel inneres Material bereitstellen muss, um entsprechend zu reagieren, die Projektion scheint genügend aufzuladen. Die Affektverschiebung meint, dass es einer Gruppe häufig gut gelingen kann, Affekte die dem einen unerträglich sind, auf andere zu verschieben, die dann wie aufgeladen wirken und nach Spannungsabfuhr suchen. Untergruppenbildungen kommen meistens in größeren Gruppen vor, was zuerst rein psychologisch den Sinn hat, Gruppen überschaubarer zu machen, dann aber auch, um die vielen in einer Gruppe vorhandenen Affekte, die sich gerne äußern würden, gewissermaßen in kleinen Gruppen zu diversifizieren und die Widersprüchlichkeit dann als Konflikt zwischen den Untergruppen darzustellen. Die Dichotomisierung ist ein Vorgang, der zuerst in analytischen Großgruppen ausführlich untersucht, dann aber als allgemeine Abwehrerscheinung größerer Gruppen bezeichnet wurde, wo größere und große Gruppen wiederum zum Zwecke einerseits der besseren Überschaubarkeit und andererseits zur Abwehr von Angst Gegensatzpaare bilden, z. B. »die Männer« und »die Frauen«, »Rechtsradikale« und »Linksradikale«, es werden also Gegensatzpaare gebildet, die sich gegenseitig im unlösbaren Gleichgewicht halten sollen. Hier spielt, das wurde in analytischen Großgruppen gesehen, vor allem die Angst vor unkontrollierten Gewaltausbrüchen eine Rolle, wobei auch diese Angst eher unbewusst als bewusst ist. Auf das Phänomen des Sündenbocks gehe ich hier nicht ein, weil es mir in seiner vollen Form mehr ein Problem zwischen Führung und Gruppe darzustellen scheint, als das Faktum des Benennens eines Sündenbocks, der dann ausgeschlossen wird, weil ja dieser Sündenbock Träger der Aggression gegenüber einer Führungsperson sein soll, die als zu schwach gesehen wird, um diese Aggression auszuhalten. Es gibt noch andere Gruppenabwehrmechanismen, die durchaus benannt werden können, aber für diesen Zweck genügt es, dass gewissermaßen der Beweis geführt wird, dass Menschen in Vernetzungen spezifischer Art leben, es kann daraus geschlossen werden, dass diese Vernetzungen auch weiter auf alle Bereiche zutreffen, die von Menschen geschaffen wurden, Institutionen, Gesellschaften, Kollektive, Staaten usw. Die Berechtigung dürfte damit gegeben sein, einen Staat wie z. B. die Bundesrepublik Deutschland, aber auch die internationale Politik unter solchen vernetzten oder figurierten Gesichtspunkten zu betrachten.

Das Gruppenunbewusste

In Erweiterung des Konzepts, das Freud bezüglich des Unbewussten erstellte, konnte Foulkes (1964) feststellen, dass es in Gruppen nicht notwendig ist, dass niemand von einer bestimmten Sache oder einem bestimmten Affekt weiß, sondern dass die dynamische Wirkung ähnlich dem Freud'schen Unbewussten dadurch entsteht, wenn etwas nicht kommuniziert wird. Es ist zu vermuten und auch zu beobachten, dass direkt unterdrückte Kommunikation noch mehr

Gegendynamik entwickelt als nur einfach nicht Gewusstes oder Verschwiegenes. Es genügt der Fakt, dass etwas aus der Gruppenkommunikation ausgeschlossen ist, um Gruppenabwehrmechanismen in Gang zu setzen. Ein positives Beispiel sind Kabaretts in Diktaturen. So begann ein bayerischer Kabarettist, der »Weiß Ferdl«, nachdem Hermann Göring und seine Frau das Kabarett begutachten wollten, die Vorstellung damit, dass er einen Eber und ein Schwein auf die Bühne trieb und diese vorstellte, das ist Herr Mann und das ist Frau Mann; lähmendes Entsetzen im Publikum, bis sich Hermann Göring zu einem Lächeln entschloss und die Vorstellung weitergehen konnte. Einige mehr für unseren Zweck wichtige Gruppenabwehrmechanismen habe ich oben schon beschrieben. Das Konzept der Gruppenabwehrmechanismen (Foulkes 1964) verhindert die Gefahr einer Dyadisierung von Prozessen, die in Wechselwirkungen zwischen vielen Personen, Institutionen, Gesellschaften usw. stattfinden. So sprach man in Westdeutschland in den fünfziger bis siebziger Jahren stolz von den Wiederaufbauleistungen, ohne deren Grundlagen, nämlich den Marschallplan, zu erwähnen. Man verglich sich mit der früheren DDR, sah auf diese herab, neben den ideologischen Dichotomisierungen oder Polarisierungen, verleugnend, dass dort nicht bald nach dem Krieg enorme finanzielle Zuschüsse von außen kamen, im Gegenteil, die vorhandene Industrie wurde abgebaut und in die Sowjetunion verlagert. Dort verleugnete man umgekehrt die westdeutsche Fähigkeit des Wiederaufbaus, führte diese ausschließlich auf den Marschallplan zurück. Bezüglich des deutschen Nationalgefühls scheint es so, als ob dieses auf eine Nation von über tausend Jahren zurückblicken könnte, in Wirklichkeit aber gibt es Deutschland erst seit 1871. Alles andere, auch das Heilige Römische Reich Deutscher Nation beruhte auf Machtansprüchen von Adelshäusern und Herzogtümern, die in ihren internationalen und familiären Bezügen gebunden waren, nicht aber mit einem deutschen Staatsgebilde. Ich erinnere an die Diskussionen vor 1871, ob es ein Kleindeutsches Reich (ohne Österreich) oder ein Großdeutsches Reich (mit Österreich) geben sollte. Mit der zwangsweisen Eingliederung Österreichs 1938 bezog sich Hitler auf diese Diskussion. Erwin Ringel, ein verstorbener österreichischer Psychiater und Psychoanalytiker, brachte solche Fähigkeiten des »wahren Österreichers« in einem Vortrag auf den Punkt: Dem »Österreicher« ist es gelungen, aus Hitler einen »Deutschen« und aus Beethoven einen »Österreicher« zu machen. Damit ist etwas über die Bedeutung von Gruppenphantasien, seien sie bewusst oder unbewusst, gesagt. In Gruppen gibt es Anpassungsbereitschaft, Mitläufertum, Führertum, Gefolgsleute, ebenso Anpassungsdruck (Konformitätsdruck), Hierarchien, Aggressionsbereitschaft nach außen, usw. In der analytischen

Gruppentherapie wird im positiven Sinne von einem »Kondensatorphänomen« gesprochen, womit gemeint ist, dass manchmal an einem einzelnen Gruppenmitglied nicht wie im Sinne der Abwehr sondern eher im Sinne eines hier konzentrierten Beispiels für alle das gemeinsame Problem bearbeitet werden kann. Die anderen sehen im Einzelnen oder der Untergruppe eigene Anteile, ohne diese bei sich selbst abwehren zu müssen. Wenn im Sinne dieses Beitrags die Mehrheit der Bevölkerung in den Gewalttaten marginaliserter Gruppen eigene Affekte und eigene Handlungsbereitschaften erkennen könnte, wäre das Kondensatorphänomen eine Hilfe, weil dann der Projektionsdruck nicht bestünde. Aus diesem Grunde ist das Argument von Punkt 3 der Hypothesen nicht nur plakativ gemeint.

Ubiquität

In Fortsetzung der obigen Gedanken dürfte es empfehlenswert sein, von einer gewissen Ubiquität menschlicher Handlungsbereitschaften auszugehen. Gerade die Psychoanalyse hat immer wieder darauf hingewiesen, dass im Menschen heftiges destruktives Potential lauert (Freud 1933). Man kann da die Schlussfolgerung ziehen, je mehr man geneigt ist, sich in vermeintlich echter selbstkritischer Überlegung für einen »guten« Menschen zu halten, ist man immer in Gefahr, die andere Seite projektiv in anderen zu finden. Es ist in jedem Fall eine gewisse Hilfe, sich nicht nur moralisch über schreckliche Taten zu entrüsten, sondern in der Entrüstung auch ein wenig mitzudenken, dass das, was andere Menschen machen, unter bestimmten Umständen einem selbst durchaus möglich sein könnte. In einer vierjährigen Fortbildung für Direktoren/innen von großen deutschen Strafvollzugsanstalten habe ich hier viel von diesen in Bezug auf ihr Verhältnis auch zu schwersten Gewalttätern gelernt. Allerdings wurde mit dem Begriff des guten Menschen (»Gutmensch«) auch geheuchelt, gelogen, betrogen (Richter 1996, S. III), wo man sich lustig machte über Menschen, die ihre Empfindsamkeit gegenüber gesellschaftlichen Prozessen noch nicht verloren hatten. Aber es gibt auch noch eine andere Seite des selben Arguments, die dann für mehr Friedfertigkeit sprechen würde. Freud meinte eben schon 1933, dass gegenüber der Destruktivität im Menschen auch noch eine andere Kraft sei, nämlich die des Eros, d. h. der Konstruktivität, der Liebe usw. Auch ein Gewalttäter ist in diesem Sinne ein Mensch. Man hat es nur viel leichter, sich in positiven Eigenschaften anderer wiederzufinden als in deren schlechten.

Der »böse« Andere, der Nicht-Mensch

Freud sagte 1933 in seiner Antwort auf Albert Einstein, dass die einzige gegenläufige Kraft gegenüber der gewaltigen Destruktivität des Menschen der Eros, also die konstruktiven Kräfte, sei. Die destruktiven Anteile sind aber aufgrund unserer kulturellen Erziehung auch im Sinne einer gewissen Sozialschädlichkeit meist der Verdrängung anheim gestellt. Da die Verdrängung aber niemals gänzlich stattfindet, sucht die Psyche nach Möglichkeiten, diese Anteile wieder aktivieren zu können. Im Rahmen von gesellschaftlichen oder auch Gruppenprozessen ist es dann möglich, dann, wenn man meint »Recht zu haben«, oder auch in Situationen der Notwehr (s. u.) in großer Destruktivität handeln zu können. Menschen waren wahrscheinlich nie wirklich friedlich. Es hat immer Kriege gegeben, immer Morde, Vergewaltigungen usw. Neben der psychologischen Möglichkeit von Fremden als gefährlichen Wesen (z. B. die Abspaltung der »guten« von der »bösen« Mutter beim »Fremdeln«), eignen sich Fremde als Lokalisierungs- und Personalisierungsplatz in solchen Gegenden der Welt besonders gut, wo Fremde über Jahrhunderte hinweg selten geladenen Gäste, sondern meist Eroberer, Plünderer und Mörder waren (siehe Gfäller 1998). Wenn anonyme strukturelle Gewaltverhältnisse die eigene Lebenssituation und Freiheit der Entfaltung stark einschränken, richtet sich die ursprünglich ohnmächtige Wut gerne auf etwas Fassbares, sie lokalisiert die Gefahr z. B. im Fremden. Die Gegenseite ist die Aufwertung und Idealisierung des Eigenen, des eigenen Staates oder der eigenen Nation. Wenn also die Fremden nicht wären, lebte man in einem idealen Land. Die biographische Gewaltforschung konnte zudem feststellen, dass bei zunehmender Verminderung der eigenen Entfaltungsmöglichkeiten eine Identifikation mit strengsten Über-Ich-Anteilen erfolge, weshalb Gewalttäter häufig als Argument für ihre Tat aufführen, der andere habe sich nicht an das gehalten, was »richtig« sei. Eine andere Seite ist, dass Ethnologen vielfach festgestellt haben, dass sich menschliche Volksgruppen oder Ethnien selbst als Mensch und andere Volksgruppen als Nicht-Mensch bezeichnen. So heißt z. B. Inuit Mensch oder auch Same. Im Kampf ums Überleben angesichts geringer Naturressourcen war deshalb die Tötung der Nicht-Menschen über Jahrtausende völlig unproblematisch. Im immer wieder aufflackernden Rassismus ist diese Tendenz enthalten.

Die Gegentendenz dazu ist die Idealisierung des »Wilden«. Ein bedeutender Ethnologe, H.-Joachim Papproth, wie mich in einem Gespräch darauf hin, dass z. B. die als naturverbunden idealisierten Indianer Nordamerikas die

Anzahl der lebenden Büffel nicht dadurch vermehrten oder erhielten, dass man sorgsam mit der Jagd umging, sondern in dem sich Stämme, die auch auf Büffel jagten, gegenseitig bekämpften. Man reduzierte die Jäger und Esser, und diese anderen Stämme waren Nicht-Menschen. Nicht-Menschen dürfen unter bedrohlichen Umständen wie auszurottende Insekten behandelt werden. Wenn dann im Rahmen von Gruppenprozessen öffentlich oder heimlich Gewalttäter Unterstützung erfahren oder die beschriebene Lähmung bei der Mehrheit aufgrund deren Abwehrprozessen eintritt, findet das Ich dieser Täter genügend Bestätigung, um nur wenig Selbstzweifel zu haben. Eine innerlich wirksame Referenzgruppe, von der man sich gestützt fühlt, ist meist notwendig, um das Über-Ich zu beruhigen.

Kulturprozess

Im *Unbehagen der Kultur* (1930) schrieb Freud, dass der menschliche Kulturisierungsprozess immer wieder begleitet ist von entgegengesetzten Durchbrüchen. Daran schloss sich Norbert Elias (1936, 1990) an. Elias differenzierte diesen Kulturprozess, indem er darauf hinwies, dass die jeweils aufsteigenden Gruppen in der Machthierarchie der Gesellschaft versuchen, in das Über-Ich der Kinder den Habitus und die inneren Normen einzupflanzen, von denen sie meinen, dass sie die jeweils höhere Gruppe der Gesellschaft verkörpern. Dies diene dem Zweck des Aufstiegs. Vom Abstieg bedrohte Gruppen wie z. B. der Adel, pflanzen in das Über-Ich ihrer Kinder häufig so genannte bürgerliche Normen ein, um später in der bürgerlichen Gesellschaft gute Machtpositionen erhalten zu können. Bezüglich der Deutschen (Elias 1989) ist er der Ansicht, dass hier wegen der nie wirklich stattgefundenen bürgerlichen Revolution gegenüber dem Adel immer noch ein tief verwurzeltes obrigkeitsstaatliches Denken vorhanden sei. Dies gehe einher mit der Idealisierung abstrakter Normen und der Überhöhung des Nationalgefühls, was sich z. B. dadurch Ausdruck verschaffe, dass man, wenn man an Deutschland, wie oben erwähnt, denkt, meist vergisst, dass es dieses Land erst seit 1871 gibt. So kann man einen allgemeinen Kulturprozess, wie Freud, konstatieren und zusätzlich den, wie er im konkreten Deutschland, hier jetzt auch in den Herzogtümern und Königreichen, die später Deutschland bildeten, stattfand. Dieses obrigkeitsstaatliche Denken, das einhergeht mit einer tendenziellen vollständigen Delegation von Macht, Recht und Gewalt an den Staat, könne beim Einzelnen aufgrund der dadurch selbst wieder erlebten Ohnmächtigkeit zu Gewaltpotenzialen führen, die das ohnehin vorhandene

Gewaltpotential verstärken. Kulturprozesse fordern allgemein Gewaltverzicht, Demokratie, Toleranz, Verstärkung libidinöser anstelle aggressivdestruktiver Tendenzen usw. Das geschieht über Wechselwirkungen, die man auch Legitimationsprozesse nennen kann, Gruppenbildungen zur Bildung von Institutionen und Staaten. Stabile staatliche Strukturen, die den Einzelnen schützen vor Gewalt durch andere, Freiheit und Wohlergehen vermitteln, lassen die Verzichte als richtig erscheinen. Wenn solche Strukturen aber wanken, ihren Auftrag nicht erfüllen, die Legitimationsbasis verloren geht oder der Staat zunehmend anonymer und unberechenbarer wird, ermöglicht dies leichter den Ausbruch von Destruktivität; die ohnehin immer schon lauert. Am meisten davon betroffen sind Randgruppen der Gesellschaft.

Vielleicht könnte ein gut ablaufender Kulturprozess so aussehen, dass Eros die Destruktivität zumindest längere Zeit nutzen und lenken kann, statt sie zu verdrängen.

Neue Medien, Auflösung der Grenzen

Es dürfte als erwiesen gelten, dass Gewaltszenen in Wort und Bild, wie sie zuhauf in unsere Kinderstuben über das Fernsehen kommen, die grundsätzliche innere Schranke vor eigener Gewalttätigkeit senken. Dies vor allem dann, wenn auch die familiären Strukturen nicht mehr den nötigen Halt geben. Mit den neuen Medien nun gibt es auch keine Grenzen mehr, in denen sich die bisherige Identität mit definierte. Im Internet ist jedes Land und jede Kultur präsent, für den einigermaßen Stabilen wird dies eine Befruchtung und Bereicherung darstellen können, für den eher Unsicheren kann das Angst machen. Die Definitionsgrenzen der eigenen nationalen Identität werden brüchig. Dies geschieht natürlich auch dadurch, dass man auf allen Straßen und Plätzen Fremden begegnen kann, die entweder inzwischen von ihrer Nationalität her Deutsche sind oder zumindest vorhaben, lange zu bleiben. Dazu kommen noch die vielen Touristen, die eigene kulturelle Gegebenheiten zumindest erst einmal infrage stellen, was manche Reiseunternehmen zur Besänftigung der damit verbundenen Ängste so gestalten, dass sie in fremden Ländern für die Touristen des eigenen Landes fast so etwas wie Ghettos unter Ausschluss der einheimischen Bevölkerung einrichten. Mit dieser Internationalisierung oder Globalisierung werden alle bisherigen traditionellen Gegebenheiten tendenziell infrage gestellt. In den USA ist in diesem Zusammenhang ein breiter Markt für eine neue Managementmethode entstanden, die der Mediation (Mähler, Mähler 2000) ähnlich ist, wo Manager lernen, das jeweilig kulturspezifische Potential verschiedener Volksgruppen in den Firmen nicht gewaltsam zu »integrieren«, sondern in seiner Verschiedenartigkeit zu nutzen, wodurch in diesen Firmen viel Reibungspotential verloren und neues Potential gewonnen werden konnte. Jedenfalls aber schaffen die neuen Medien samt den untergründigen weltweiten Wanderungsprozessen zuerst einmal nicht Bereicherung des Eigenen, sondern Angst, vor allem bei ohnehin bei der Gesellschaft nicht sicher dastehenden Menschen und Gruppen. Es ist ja nicht nur schwer, im Fremden das Eigene zu erkennen, schwerer noch ist es, das spezifisch Fremde ohne Idealisierung und damit Abwehr als befruchtend zu erleben. Ich fürchte, dass Letzteres, die Freude am Anderen, die Freude an der produktiven Kommunikation mit unterschiedlichen oder gar gegensätzlichen Kulturen, Normen und Haltungen eine stabile Eingebundenheit in eigene Kultur- und Wertesysteme, die zunehmend verloren gehen, voraussetzt.

Der Verlust des Todes, die Verdinglichung des Menschen

Hier möchte ich weniger auf die Literatur eingehen, mehr auf Erfahrungen aus der psycho- und gruppenanalytischen Praxis. Es häufen sich bei mir PatientInnen, die – von entweder zu jungen oder zu alten Eltern – im Rahmen einer recht desolaten Familiensituation aufgewachsen sind. Der Fernseher samt Video-Recorder war schon von Babyzeitalter an so etwas wie Babysitter. Teilweise wurden diese Kinder so vernachlässigt oder auch misshandelt, dass Jugendämter einschritten, teilweise aber wuchsen sie auch ohne extreme Vernachlässigung vor den Bildschirmen auf. Wenn Vernachlässigung, z. B. in mangelndem Essen oder gar in gefährlichen Schlägen und sonstigen Traumatisierungen samt Missbrauch stattfand, entwickelte sich oft im Kindergarten oder in der Schule eine aus Erwachsensicht unerträgliche Gewalttätigkeit samt Quälereien anderer, die teilweise in kriminelles Verhalten mündete. Waren sie bei sonstiger guter Versorgung »nur« vor dem Babysitter-Fernseher, entwickelten sie so etwas wie eine zweite Schein-Welt, in die sie sich meist zurückzogen, bald den Computer kennen lernten und damit in täglichen stundenlangen Spielen gewalttätigen Charakters versanken. Einige von ihnen entdeckten bald Gewaltvideos oder konnten sich aus dem Internet gefahrlos und ohne Aufsicht der Eltern grausigste Szenen herunterladen. Aber auch hier war der Wechsel von der Scheinwelt zur realen Welt häufig begleitet von heftigsten Impulsen absoluter brutaler Gewalt, die manche dann auch auslebten. Diese Kinder haben sich nicht wie früher Kinder auf dem Lande mit vielleicht sadistischen Spielen an Tieren mit dem Problem des Tot- oder Lebendig-Seins auseinandersetzen können. In der virtuellen Welt gibt es zwar alles, aber eben nur virtuell, eine sinnliche Erfahrung im Sinne eigener Aktivität und Beteiligung samt den dazugehörigen Phantasien, Schuldgefühlen usw. wurde nicht erlebt. Der Tod als innere Repräsentanz blieb weitgehend unbekannt, da das eigene Leben und Erleben schon kaum als ein Lebendiges zu bezeichnen war. Der Umgang mit dem Tod ist ohnehin schwierig, aber ich glaube vermuten zu dürfen, dass die gesellschaftliche zunehmende Ausgrenzung des Todes und damit der Erfahrungen des Sterbens anderer, wie es in westlichen Gesellschaften zunimmt, ohnehin eine gewisse Grundlage dafür liefert, den Tod weniger als innere Repräsentanz aufbauen zu können. Wenn dann noch diese virtuellen Welten, die von Kleinkind auf Kinder in ihren Bann reißen, immer mächtiger werden aufgrund mangelnder menschlicher Fürsorge für die Kinder, dann entstehen scheinbar lebens- und tod-lose Wesen. Misshandlungen, Missbräuche usw. tun das Ihre dazu, die Schranke vor Handlungen herabzusetzen, die tödlich, lebensgefährlich oder zumindest schwer verletzend für andere sind. In analytischen Gruppenpsychotherapien äußern sich solche PatientenInnen dann, wenn sie wieder mehr in ihrer virtuellen Welt sind, so grausam und herabsetzend gegenüber anderen, dass dies kaum erträglich erscheint. Es scheint tatsächlich so zu sein, dass sie die Angst und damit die Lebendigkeit in anderen wecken und gleichzeitig zerstören wollen, weil solche Gefühle wohl ganz tief in ihnen selbst schlummern, so etwas wie unterbundene Lebendigkeit repräsentieren, was unbedingt zu vernichten ist, weil ansonsten die Libido in der inneren Situation dieser Menschen die Gefahr brächte, die Destruktion und die Kälte unmöglich zu machen. Nur mit dieser aber scheinen solche Menschen wenn schon nicht lebens- so doch überlebensfähig zu sein. Es wäre hier sicherlich eine vertiefte psychoanalytische Untersuchung über die Sozialisation durch Dinge, durch Verhältnisse angebracht, was vielleicht im Rahmen des Narzissmus möglich wäre, mit Blick auf die sozialisatorische Kraft dieser Dinge und Verhältnisse gerichtet. Die Kindersoldaten in armen und sehr armen Gesellschaften repräsentieren meist das Ergebnis schwerster Traumatisierungen. Fernseher oder Videos spielen da wohl kaum eine Rolle, wohl aber entmenschlichte Lebensverhältnisse, in denen diese Kinder aufwachsen. Sowohl aus den Kindersoldaten als auch aus den Fernsehkindern dürften sich durch geeignete Ideologisierung und Gruppenbildungen, die grausam hierarchische Normen und Regeln haben, was gewissen »Familienersatz« äußerlicher Art bedeuten könnte, problemlos zu Attentätern, Terroristen oder auch

Selbstmordattentätern entwickeln lassen. Solche Menschen können tendenziell in anderen Menschen kein lebendiges Ebenbild mehr erkennen, sie selbst sind Sachen geworden und die anderen entweder ebensolche Sachen oder gar die Projektion zur Figur des eigenen unterdrückten und nach Hilfe schreienden Lebens, das ausgelöscht werden muss. Hoffnung dabei gibt, dass ich bei den meisten solcher PatientenInnen nach genügend langer Zeit, d. h. meist 5-10 Jahren intensiver Gruppenanalyse (Einzelanalyse schien mir da selten sehr geeignet zu sein), einen langsamen Verlebendigungsprozess, natürlich mit großen Krisen, begleiten konnte.

Nahrungskonkurrenz

Menschen sind auch Nahrungskonkurrenten, wo schon viele Forscher angesichts der zunehmenden Wasser- und Nahrungsmittelknappheit auf der Südhälfte der Erde und des Wasser- und Nahrungsreichtums auf der Nordhälfte grausame Kriege prognostizieren. Bei Tieren, das weiß man aus der Verhaltensforschung und der Jagd, werden Nahrungskonkurrenten gnadenlos vernichtet. So stürzen sich die Krähen auf den Adler, Hunde und Katzen bekämpfen sich und wiederum den Marder oder den Fuchs oder den Dachs, dies dürfte allgemein bekannt sein. Die Schlussfolgerung auf den Menschen, dass auch er, wenn Lebens- und Subsistenzmöglichkeiten verschwinden, ähnlich grausam wird, ist durchaus angebracht. Man kann den Golfkrieg unter diesem Aspekt (Erdöl) sehen, die Auseinandersetzung zwischen Israelis und Palästinensern hat auch ein wenig mit dem geringen Wasser des Jordans, das israelische Fabriken weitgehend verbrauchen, zu tun. Wenn die Lebensressourcen für die Menschen insgesamt geringer werden und ungleich verteilt sind, sind Kriege wahrscheinlich. Es dürfte dies auch im Kleinen gelten, dass dann, wenn der eigene Lebenshorizont vor allem bei jungen Menschen immer düsterer wird, wenn kaum Möglichkeiten der Entfaltung mehr bestehen, dass dann der grausame Mechanismus der Nahrungskonkurrenten durchschlägt. Mit der Fähigkeit, andere Menschen als Nicht-Menschen einzustufen, dürfte keine innere Einschränkung mehr bezüglich der Fähigkeit zur Ausrottung dieser anderen Nicht-Menschen bestehen. Hitler spielte grandios auf diesem Instrument, Deutschland war arm, geknechtet und am Verhungern »aufgrund« der Versailler Verträge und noch mehr aufgrund der Weltwirtschaftskrise Ende der zwanziger Jahre, man musste nur übersteigern, wie bedroht die deutsche Bevölkerung war, dann hatte man das Recht, die »reichen Juden« als Nahrungskonkurrenten und

Nicht-Menschen zu vernichten. Da Nahrungskonkurrenz jede Schranke gegenüber der Destruktivität niederreißen kann, in der psychologischen Literatur darüber aber wenig gesprochen wird, halte ich dieses Phänomen für sehr gefährlich. Zudem stellte Konrad Lorenz (pers. Mitteilung) die Hypothese auf, dass Menschen, weil sie »Allesfresser« seien, also keine Raubtiere, deswegen keine »Beißhemmung« gegenüber anderen hätten. Er meinte damals, dass Nahrungsmittelkonkurrenz und nicht vorhandene Beißhemmung allein schon gewichtige Faktoren für das Niederreißen jeglicher Schranken vor Destruktivität seien, also bräuchte es nicht einmal die Definition des anderen als Nicht-Mensch. Ob der Kulturprozess genügend stabil und stark ist, dass solche Tendenzen nur in geringem Maße ausbrechen, sei dahingestellt. Man kann nur hoffen, dass die andere Kraft, Eros, sich dem genügend lange, bis weltweit die Ressourcen besser verteilt werden, widersetzen kann.

Marginalisierte Gruppen

Die Soziologie spricht von marginalisierten Gruppen der Gesellschaft, wenn diese am Rand der Gesellschaft stehen, relativ unbedeutend und ohne Einfluss sind und zusätzlich über kaum mehr Möglichkeiten verfügen, ihre Interessen und Lebenssituationen so zu gestalten, dass sie einigermaßen zufrieden gestellt sind. Wenn sich dann die Mehrheit der Gesellschaft von bestimmten marginalisierten Gruppen zunehmend abschließt und sie vielleicht sogar noch stigmatisiert, was in einem Wechselwirkungsprozess dann diese Gruppen oft selbst durch äußere Kennzeichen (Uniformen, Haarschmuck) bestätigen, dann stützen und halten die äußeren und inneren Strukturen des so genannten Kulturprozesses hier nicht mehr. Es kommt zu einer gewissen Regression, in der leicht Abwehrmechanismen primitiver werden, innere Ich-Strukturen sich lockern und so diese Gruppen leicht zu Projektionsempfängern von unterdrückten Anteilen der abgeschotteten Mehrheit werden. Ich habe schon mehrfach von der nicht integrierten und nur verdrängten Gewaltbereitschaft der allgemeinen Bevölkerung gesprochen, sodass anzunehmen ist, dass diese marginalisierten Gruppen in noch verstärktere Gewaltbereitschaft kommen als ohnehin aufgrund der eigenen Situation. In den Jahren um 1968 entwickelte sich auf ähnliche Weise gegenüber der allgemein unterdrückten Sexualität die »freie Liebe« bei den Hippies und in so genannten Kommunen. Hier könnte man als Gegenargument einwerfen, dass die damaligen Studenten, die diese freie Liebe auslebten, häufig aus bürgerlichen Familien stammten. Dies stimmt teilweise, aber als

Gegenargument muss aufgeführt werden, dass diese Studenten tatsächlich auch marginalisiert wurden und nur schlechte Möglichkeiten an den Universitäten vorfanden, ein ihren Fähigkeiten entsprechendes Studium bei autoritären und verkrusteten Strukturen und angesichts der immer noch kollektiv verdrängten nationalsozialistischen Geschichte wahrzunehmen. Innerhalb den jeweilig marginalisierten Gruppen herrschen hohe Ehrenkodexe, man könnte sagen, kompensatorisch überhöhte. Es steht dies im Zusammenhang damit, dass dann, wenn äußere Strukturen nicht mehr halten, wenigstens stabile Gruppenstrukturen und Ideologien gebildet werden müssen. Die heutigen rechtsradikalen Gruppierungen, aber auch fundamentalistisch neue Religionsgemeinschaften christlichen Charakters, verfügen über ein geradezu extremes normatives und habituelles Strukturgewebe. Aber die extremen Normen sind nicht unbedingt ein Kennzeichen für ausschließlich marginalisierte Gruppen. So ist die Skinhead-Szene überhaupt nicht durch ein spezifisches Gruppenbinnenverhältnis gekennzeichnet. Die gegenseitigen Identifikationsmöglichkeiten sind meist nur auf Äußerlichkeiten wie Uniform oder Springerstiefel oder andere Utensilien und auch Haarschmuck beschränkt. Man ist da eher eine lockere peer-group, die sich zu bestimmten Anlässen und an bestimmten Orten treffen kann. Ein intensives persönliches Verhältnis wie in einer strukturierten Gruppe ist selten aufzufinden. So kann man zu erklären versuchen, warum tödliche oder lebensgefährliche rechtsradikale Gewalttaten eher wenig von organisierten rechtsradikalen Splitterparteien und -gruppen ausgingen, vielmehr eigentlich von unorganisierten und am Tatort mehr oder weniger zufällig zusammengetroffenen Personen. Das Potential gefährlicher Gewalttaten liegt natürlich auch in strukturierten Gruppen, wo man sich gegenseitig aufheizt über den Konformitätsdruck in der Gruppe und dann auch Handlungen ausführt. Hier greifen dann die Mechanismen, die Freud schon 1921 beschrieb. Es ist auch die Frage, ob die rechtsradikalen Organisationen und Gruppen, obwohl sie auch Zulauf aus marginalisierten Bevölkerungsschichten haben, insgesamt als marginalisiert bezeichnet werden können. Organisierten Völkermord jedenfalls machen marginalisierte Gruppen nicht, dazu fehlt die Organisation. Das ändert aber nichts daran, dass marginalisierte Gruppen aufgrund ihrer wohl anzunehmenden Regression in besonderer Weise dafür geeignet sind, unterdrückte Potentiale der Gesellschaft in sich aufzunehmen und wegen der gesellschaftlich bedingten geringeren inneren Steuerungsfähigkeit auch auszuleben. Biographisch konnte dies in der Gewaltforschung dadurch bestätigt werden, dass frühere Gewalttäter, wenn sie eine feste Arbeitsstelle erhielten und eine Familie gründen konnten, sich von ihrer Gewalttätigkeit loslösten.

Ein guter Beleg für die Explosion lange unterdrückter Gewaltbereitschaft der Mehrheit ist die sofortige Gewaltbereitschaft angesichts der grauenhaften Terroranschläge in den USA im September des Jahres 2001. Inwieweit die Wahl von G. Bush schon vorher mit dieser Gewaltbereitschaft im Zusammenhang stand, könnte überlegt werden.

Der Wandel der Gesellschaft

Soziologen und Politologen erkennen in der letzten Zeit einen besonders schnellen Wandel der Gesellschaft, wo alte Werte nicht mehr gelten, neue eher beliebig werden, wo sich gewachsene Strukturen wie die Kleinfamilie oder auch anderes weitgehend auflösen, wo in Betrieben Hierarchien abgebaut werden, man spricht von Individualisierungs- und Privatisierungsprozessen samt dem Schlagwort der Globalisierung. Da äußere Strukturen immer auch im engen Verhältnis zu inneren Strukturen stehen, dürfte sich dieser Wandel in allen Gesellschaftsschichten bemerkbar machen. Alle inneren Strukturen sind nicht unabhängig von gesellschaftlichen Veränderungsprozessen. Sloterdijk sprach in einem schönen Wort von der zunehmenden »metaphysischen Obdachlosigkeit« des Menschen. Es ist anzunehmen, dass diese Veränderungsprozesse im Einzelnen und auch in verschiedenen gesellschaftlichen Gruppierungen Unsicherheiten und damit Regressionen auslösen samt dem aus der Psychoanalyse bekannten Phänomen der zunehmenden Entmischung der Triebanteile, wodurch wiederum die Schranke vor Destruktion niedriger werden dürfte. Dies könnte noch verstärkt werden durch Desintegration der Selbst- und Objektgrenzen, der gewachsenen und der der Außenbestätigung bedürftigen Identität. In besonderer Weise sind davon Gruppen innerhalb der Gesellschaft betroffen, die von solchen Prozessen wenig profitieren oder gar am Rande liegen bleiben. Ebenso ist anzunehmen, dass die Jugend, die zunehmend Schwierigkeiten bekommt, realisierbare Lebensziele zu verwirklichen, besonders betroffen ist. Gerade in der Spätpubertät und Adoleszenz soll es ja zur Übernahme und letztlichen Identifikation mit gegebenen gesellschaftlichen Wertesystemen kommen. Man kann z. B. seit langem beobachten, dass es keine klaren Definitionen mehr dafür gibt, was »wirklich männlich« oder »wirklich weiblich« ist. Unklar wird zunehmend, was Prestige und damit die nötige narzisstische Rückkopplung bei gewählten Tätigkeiten, Berufen usw. schafft. Natürlich ermöglicht der beständige Wertewandel auch eine gewisse

Freiheit für eigene Lebensentwürfe, vielleicht sogar mehr als jemals zuvor, wie manche Soziologen glauben belegen zu können, aber dieses mehr an individueller Freiheit heißt auch ein weniger an zwischenmenschlicher Gebundenheit. Ich brauche darüber nicht allzu viel zu sagen, weil diese Diskussion alltäglich in den Zeitungen und soziologischen Fachblättern geführt wird. Für unseren Zweck genügt es, dass beobachtet wird, dass schnelle Wandlungsprozesse in der Gesellschaft stattfinden, verbunden mit unserem Wissen, dass äußere Veränderungen in Wechselwirkung mit inneren stehen, seien es Einzelmenschen, Gruppen oder Gesellschaften, sodass in jedem Fall zu sagen ist, dass die ursprünglich gewachsenen Strukturen keinen sicheren Halt mehr gewähren, sodass der psychologische Mechanismus der Regression zu befürchten ist. Und dies, wie gesagt, in besonderer Weise bei Jugendlichen und Adoleszenten. Destruktive Prozesse sind von daher gerade bei Jugendlichen und Adoleszenten in besonderer Weise erleichtert. Aber auch die Mehrheit der Bevölkerung dürfte von diesen Regressionen betroffen sein, sodass deren Abwehr wahrscheinlich auf primitivere Abwehrmechanismen wie die der Projektion, Lokalisierung, Personalisierung, Dichotomisierung usw. zurückgreift. Marginalisierte Gruppen eignen sich, wie schon beschrieben, in besonderer Weise für die Aufladung mit der abgewehrten Seite der Mehrheit. Die Mehrheit kann sich dann mit Staunen, Lähmung, Zynismus (Richter 1996, S. II) und kopfschüttelnd von diesen gewaltsamen Ausbrüchen abwenden und abschotten.

Der gesellschaftliche Wandlungsprozess hängt auch mit großen Veränderungen im Rechtssystem zusammen, darauf hat mich H. G. Mähler (pers. Mitteilung, siehe auch Mähler, Mähler 2000) hingewiesen. Ohnehin ist das Rechtssystem nicht auf individuelle sondern auf allgemeine Lösungen spezialisiert. Man sieht dies insbesondere bei Scheidungsprozessen, wo das individuelle Recht durchaus sehr unterschiedlich zum gesprochenen Recht sein kann. Das Recht kann nur sagen, was richtig oder was falsch ist. Einen Prozess kennt das Recht nicht. Man sieht das auch im Bereich der Strafjustiz und dem Strafvollzug. Justiziabel sind Fakten, aber schon über diese kann man gut streiten. Fakten repräsentieren aber immer Vergangenheit, die Gegenwart ist in Bewegung, die Zukunft unbekannt und höchstens mit Wahrscheinlichkeiten zu beschreiben. Im Strafvollzug kennt man das fast unmögliche Problem der Einschätzung zukünftiger Handlungen einsitzender Straftäter. Man hat nur Wahrscheinlichkeiten und ist zwangsläufig damit im Sinne des Rechts ungerecht. Die Delegation des Rechts und der Gewalt an den Staat, wie es in unseren westlichen Demokratien üblich ist, bewirkt immer auf der anderen Seite eine gewisse Entmachtung, Entrechtung und Ohnmächtigkeit der Bürger. Das mag gut gehen, wenn der Staat in der Lage wäre das zu sichern, was Montesquieu bezüglich der Freiheit der Bürger in einem solchen Staat forderte. Aber auch Rechtspositionen ändern sich, es gab z. B. sehr viele Grundgesetzänderungen in Deutschland – gerade in den letzten Jahren. Ich möchte nur darauf hinweisen, dass es noch vor zehn Jahren undenkbar gewesen wäre, deutsche Truppen im Ausland zu stationieren. Die alte Rede vom »nie wieder Krieg«, die entstanden war nach dem Zusammenbruch des Nationalsozialismus, dürfte langsam in Vergessenheit geraten. Wie ich in meinen Hypothesen schon geschrieben habe, geht natürlich nicht alle Staatsgewalt vom Volke aus, wie es das Grundgesetz möchte, sondern der Staat ist längst so überkomplex und ein Parteienstaat geworden, dass man jetzt sagen kann, alle Gewalt geht in Wirklichkeit vom Staate und den Parteien aus, ist dem Bürger genommen. Damit ist eine gewisse Entmündigung des Bürgers eingetreten, wie sie anhand der vom jetzigen amerikanischen Präsidenten im Wahlkampf geforderten Waffenfreiheit für jeden Bürger in Diskussion war. Bush meinte, es sei das natürliche Recht jedes amerikanischen Bürgers, sich selbst genügend verteidigen zu dürfen. Dazu bedarf es einer schlagkräftigen Waffe. Der geradezu explodierende Waffenhandel und Waffenbesitz in Deutschland, der über die so genannte Waffenbesitzkarte geregelt ist, spricht hier Bände. Auch wenn der freie Zugang zu den Waffen gesetzlich behindert ist, kann sich doch fast jeder Faustfeuerwaffen, Gewehre, Sprengstoff und Flinten illegal beschaffen. In Amerika meinte man in der Diskussion, dass der Waffenbesitz eingeschränkt werden müsse, um Gewalttaten mit Waffen einzuschränken. Das Gegenargument war, wer nicht frühzeitig den sinnvollen Umgang mit Waffen lerne und diese auch besitzen könne, könne dann, wenn er sich diese illegal erwerbe, schon gar nicht sinnvoll damit umgehen. Es sind durchaus stichhaltige Argumente, aber man kann doch sehen, dass in Ländern, wo der Waffenbesitz gesetzlich sehr eingeschränkt ist, etwas weniger Gewalttaten mit Waffen geschehen als in den anderen Ländern. Doch zurück zur Frage der sich verändernden Rechtssituationen. Das jetzig gegebene Recht auch in der Bundesrepublik Deutschland ist so gestaltet, dass es so kompliziert geworden ist, dass vielfältige Bemühung um Straffung des Rechts in Gang gesetzt werden. Tatsächlich wird das Recht immer schwieriger, sodass es inzwischen nicht nur einfache Rechtsanwälte zur Verteidigung des eigenen Rechts gibt, sondern speziell ausgebildete Fachanwälte für die jeweiligen Rechtsbereiche. Dies war notwendig geworden, weil das Recht unüberschaubar geworden ist. Wenn man also schon Fachanwälte für die verschiedenen Rechtsbereiche braucht, ist es für den einzelnen Bürger geradezu unmöglich, das Recht zu durchblicken. Das Ergebnis davon ist, dass man sich auf ideologisch gefestigte oder tradierte Rechtsbegriffe zurückzieht, dass persönlich empfundenes Recht somit im Gegensatz zur staatlichen Entwicklung langsam immer primitiver und undifferenzierter werden kann. Die Kluft zwischen dem persönlich empfundenen Recht und der tatsächlichen Gerichtsbarkeit steigt. Ich möchte nur zwei Beispiele nennen:

a) Nach dem Deutschen Jagdrecht wird Wilderei in der Regel härter bestraft als Totschlag.

b) Ein Geschäftsmann, der mit Hilfe eines betrügerischen Konkurses unendliche Mengen Geld stiehlt, wird in der Regel deutlich weniger bestraft als ein Dieb, der anderen ihren Geldbeutel entwendet.

Es gibt viele Beispiele. Auch das Ehe- und Scheidungsrecht muss wegen immer wieder auftauchender schreiender Ungerechtigkeiten beständig verändert werden. Somit ist für den einzelnen Bürger das gesamte Rechtssystem so unüberschaubar und individuell oft ungerecht geworden, dass auch von hier her gegebene strukturelle Unsicherheiten sich im Innenleben spiegeln. Man kann natürlich abstumpfen im Sinne des »obrigkeitsstaatlichen Denkens« (Elias 1989), was aber wieder ein Abwehrprozess wäre und Folgen hat. Die Mehrheit der Bevölkerung tut dies gewiss, für Jugendliche und marginalisierte Gruppen und besonders für Jugendliche in solchen Gruppen wirkt sich dieses geradezu katastrophal aus. Sie verlieren jeden Glauben an Gerechtigkeit. Die Tendenz zum Faustrecht und zu den genannten destruktiven Entladungen aufgrund eigener innerer extrem strenger Rechtsauffassungen über das Über-Ich wird wiederum erleichtert. Der Staat und seine Entscheidungsprozesse sind überkomplex, undurchschaubar und von den Einzelnen kaum zu beeinflussen. Man muss schon über sehr gesicherte Lebenspositionen verfügen, also eine gewisse Machtstellung in der Gesellschaft inne haben, um nicht in Unsicherheit zu geraten. Das Recht seinerseits sucht natürlich mit allen möglichen Mitteln und immer noch komplizierteren Formulierungen einigermaßen Schritt zu halten mit der Wandlung der Gesellschaft. Aber man kann kaum einem unsicheren Jugendlichen sagen, dass das Recht nicht das Recht der Stärkeren ist, was sich der gesellschaftlich Stärkere aufgrund seiner besseren Position besser erkaufen kann. Es ist anzunehmen, dass auch dieser Prozess eine zunehmende Verunsicherung im Sinne gesunder Adoleszenz oder auch erwachsener Identitätsbildung bewirkt.

Staatliches Gewaltmonopol

Dieses ist unter Punkt 10 in meinen Hypothesen schon beschrieben. Zu ergänzen ist nur, dass die mit dem Gewaltmonopol zusammenhängende Gewaltenteilung in der ursprünglich beabsichtigten Form nicht mehr funktioniert. Parteien haben die wesentliche Macht und die innerparteilichen Entwicklungsprozesse sind für den normalen Bürger kaum durchschaubar. Zudem sind die wirklichen Entscheidungsprozesse längst in Bürokratie oder Verwaltung vorbereitet, erscheinen kaum in der Öffentlichkeit. In der heute stattfindenden Medienpolitik wird nur noch in plakativen Äußerungen gesprochen, die dahinterliegenden Prozesse bleiben unklar. Trotz der neuen Medien kann sich nur noch derjenige mit gewissen Entscheidungsprozessen und auch da nur in Ausschnitten auseinandersetzen, wenn er dafür die nötige Zeit aufwenden kann. Zusätzliche Voraussetzung ist, mit den meist nicht umgangssprachlichen Begriffen umgehen zu können. Dies aber ist dem Normalbürger verwehrt. Offensichtlich ist jedoch für jeden Beobachter, dass die Gewaltenteilung zwischen Parlament und Regierung nur noch die zwischen Mehrheit und Minderheit ist. Mehrere Versuche, in dieser Sicht eine Parlamentsreform durchzuführen, sind gescheitert. Parlamentarier sind selbst überfordert von der Überkomplexität des zu bearbeitenden Stoffes, auch sie haben nicht mehr das nötige Fachwissen, um außerhalb der jeweiligen Fachleute sich in ihren Parteien eine wirkliche eigene Meinung zu bilden. Der Fraktionszwang tut ein Übriges. Es ist zu hoffen, dass neue Parlamentsreformen dem Parlament und damit der Demokratie wieder mehr Einfluss ermöglichen.

Religion und Notwehr

Auch wenn die Religion ebenso in diesen Werte- und sonstigen Wandel der Gesellschaft mit einbezogen ist, hatte sie doch über lange Zeit eine stabilisierende Funktion. Bezüglich der Gewaltbereitschaft ist unseren jetzigen Religionen, vor allem den christlichen, leider zu bestätigen, dass sie oft wenig dazu getan haben, um die inneren und äußeren Schranken vor Gewalttätigkeit, wenn man sich im Recht und im »richtigen« Glauben wähnte, zu senken. Dies auch dann, wenn gerade die christliche Religion für Feindes- und Nächstenliebe stehen könnte. Theologieforscher, vor allem Kerény (1966) und Otto (1947) haben beim Übergang von matriarchalischen zu patriarchalischen Religionen Folgendes beobachtet: In matriarchalisch organisierten

Religionen galt das Prinzip, dass nur die tatsächliche Tat beurteilt und verurteilt wurde. Wer einen anderen Menschen tötet, muss selbst getötet werden, gleich, aus welcher Motivation er handelte. In patriarchalischen Religionen wie dem Christentum wurde das Motiv für die Beurteilung der Tat eingeführt. Nun war bei Beurteilung der Tat nicht mehr die Tat als solche im Vordergrund, sondern das Motiv für diese. War das Motiv »gut«, dann war die Tat erlaubt. Die Bibel zeugt von solchen Veränderungen. David darf Goliath mit einer nicht vereinbarten neuen Waffe töten, usw. Man darf Menschen wegen ihres Glaubens töten. Ein zusätzliches Argument in der Theologie war die Notwehr. Diese wurde in allen Staaten als Recht eingeführt, die diesen Wandel von matriarchalischen zu patriarchalischen Religionen vollzogen hatten. In Notwehr darf ich nun alles tun. Was liegt der menschlichen Psyche nun näher, als bei steigender innerer Destruktionsbereitschaft sich Situationen zu konstruieren, in denen man scheinbar in Notwehr handelt, um seine Destruktivität abführen zu können? Das Über-Ich duldet Notwehr, zumindest zeitweise. Soldaten in Kriegen handeln immer in »Notwehr«, wenn sie den »Feind« töten. Dass dieses Notwehrargument trotzdem innere Kraft erfordert, weil die Faktizität der Tötung ja doch nicht ausgeschaltet ist, sah man z. B. an den Rechtfertigungsversuchen deutscher Soldaten nach der Heimkehr vom Zweiten Weltkrieg. Nichts desto trotz wird »Notwehr« als Rechtfertigungsversuch gegenüber dem Über-Ich weiterhin gerne verwendet. So wehren sich rechtsradikale Gewalttäter in »Notwehr« gegen Asylanten, die ihnen vermeintlich drohen, ihre Lebensgrundlage zu nehmen. Der Begriff der Notwehr wie auch der Wandel von Faktizität zur Motivationalität setzen wiederum die Schranke für die Umwandlung von Gewaltbereitschaft zur tatsächlichen Gewaltausübung herab. Andererseits könnte die christliche Religion möglicherweise mit der Idee des »Splitters« im Auge des anderen, dem »Balken« im eigenen samt der Möglichkeit des Verzeihens einen Beitrag für die Erhöhung der Schranke vor Gewaltausübung liefern. Auch dafür darf sie zur Verantwortung gezogen werden.

Erfahrungen mit fremden Truppen

Bei nochmaliger Durchsicht von Geschichtsbüchern, vor allem solchen, die an Schulen verwendet werden, habe ich dieselbe Situation gefunden wie schon bei meinem Bericht von 1998 (Gfäller 1998). Einerseits wurde bestätigt, dass über mindestens 2000 Jahre im mitteleuropäischen Raum beständig fremde Truppen einmarschierten, auf Kosten der Bevölkerung Machtpositionen von irgendwelchen Herrschern oder Herrscherhäusern sichern wollten. Andererseits fand ich wiederum bestätigt, dass das Leid der Bevölkerung angesichts dieser fremden Truppen nur wenig beschrieben wurde. Fremde Truppen haben fast nie die Lebensmöglichkeiten der Bevölkerung verbessert, meist extrem verschlechtert. Sogar die eigenen Landesfürsten haben zur Ausbeutung und Unterdrückung ihrer Bevölkerung Fremde in ihren Truppen verwendet, um die Soldaten und Milizen nicht gegenüber der eigenen Bevölkerung korrumpierbar zu machen. So waren bis vor kurzem Zöllner und Grenztruppen in Süddeutschland mehrheitlich Norddeutsche und umgekehrt. Regierungen schienen immer ein gewisses Misstrauen gegenüber ihrer Bevölkerung zu haben, dies bis in die letzte Zeit, sodass Fremde nur in seltenen Fällen wirklich Gastfreunde oder Gäste waren, sondern extrem bedrohlich für die eigene Lebenssituation. Das aber wird in Geschichtsbüchern nicht tradiert. Nach Kenntnis der Gruppenanalyse (Foulkes) und wohl aller analytischen Gruppenverfahren samt der Gruppendynamik ist es so, dass Dinge, die von der öffentlichen oder gruppalen Diskussion ausgeschlossen sind, unbewusste Dynamik in der Weise entfalten, dass diese Dynamik an irgendeiner Stelle der Gruppe, des Volkes oder des Staates wieder hervorbricht. Es ist wahrscheinlich so, dass in Deutschland, das in Mitteleuropa eine zentrale Stelle einnimmt und von daher immer wieder von Truppen fremder Art überfallen wurde, diese Geschichte neu erzählt und verarbeitet werden muss, bevor man davon sprechen kann, Fremde nun als Gäste aufzunehmen, die das eigene Leben und die eigene Kultur befruchten. Wenn das öffentliche Erzählen und Berichten über die Mord- und Schandtaten fremder Truppen in Deutschland, aber auch in anderen Ländern mit ähnlicher Vergangenheit, nicht endlich beginnt, ähnlich wie die Auseinandersetzung mit Nationalsozialismus, so ist von daher zu befürchten, dass an irgendeiner Stelle der Gesellschaft enormer Hass gegenüber den Fremden ausbricht. Und dieser Hass bricht natürlich nicht in der Mehrheit der gutsituierten Gesellschaft aus, sondern wird verschoben auf Gruppen, die man in der Soziologie marginale Gruppen nennt. Die weitgehende Unfähigkeit der Gesellschaft, diesen Gewaltausbrüchen genügend Widerstand entgegenzusetzen, rührt mit hoher Wahrscheinlichkeit daher, dass eben diese marginalisierten Gruppen genau das machen, was die anderen unbewusst unterdrücken. Die Vermeidung der Kommunikation über das Leid der Bevölkerung durch fremde Truppen über Jahrhunderte bzw. Jahrtausende hinweg ist ein unerschöpflicher Quell für Gewaltexplosionen gegenüber eben diesen

Menschen, die als Fremde angesehen werden. Man könnte hier einwenden, dass Tacitus über die Germanen schrieb, dass deren höchstes Gesetz die Gastfreundschaft sei. Er bewunderte die Germanen, unsere Vorfahren, dafür. Aber diese Fähigkeit zur Gastfreundschaft dürfte schon in den Jahren der Besetzung Germaniens durch die Römer langsam verloren gegangen sein. Andere beständig einfallende Truppen samt Verwüstungen und Gewalttaten taten das Übrige.

Über-Ich und stark marginalisierte gesellschaftliche Gruppen

Zuletzt könnte man noch das Elias'sche (1976, 1990) Argument anführen, dass um mehr Einfluss kämpfende gesellschaftliche Gruppierungen ihren Kindern das Über-Ich der weiter oben stehenden gesellschaftlichen Gruppierung einzupflanzen versuchen. Das müsste dann auch auf marginalisierte Gruppen zutreffen. Aber hier ist einzuwenden, dass gesellschaftliche Gruppierungen, die jeden Glauben an mögliche Aufstiegschancen aufgrund gegebener gesellschaftlicher Struktur verloren haben, ihren Kindern wahrscheinlich recht individualisierte Über-Ich-Strukturen einbläuen. Anzunehmen ist, das diese Über-Ich-Strukturen in solchen marginalisierten Gruppen recht holzschnittartig und archaisch sind, sich wegen des Verzichts auf gesellschaftlichen Aufstieg, der ohnehin unmöglich erscheint, an ebenso archaischen Einstellungen orientieren. Marx sprach in Abwertung dieser Schichten vom »Lumpenproletariat«. Er wertete dies damit genauso ab wie es die jetzige Mehrheit der Bevölkerung gegenüber diesen Randgruppen tut. Es ist somit also nicht zu hoffen, dass in den Erziehungszielen extrem marginalisierter Gruppen »hohe« bürgerliche Werte vermittelt werden. Das Gesetz des Stärkeren wird vorherrschen samt archaischen Über-Ich-Vorläufern.

Ausblick

Eine Gesellschaftspolitik, die diese Überlegungen berücksichtigt, dürfte etwas besser in der Lage sein, die destruktiven Potentiale der Gesellschaft wieder der allgemeinen Kommunikation zugänglich zu machen und damit den Projektionsdruck auf marginalisierte Gruppen verhindern.

Gesellschaftsentwicklungen, in denen der Kulturprozess genügend innere und äußere Sicherheit und die Verstärkung des Eros gegenüber der Destruktion anbieten kann, vielleicht noch besser: die Steuerung der Destrudo durch den Eros, wird es wohl auf absehbare Zeit nicht geben. Dies heißt, sich einzusetzen für die Veröffentlichung und Kommunikation aller dieser destruktiven Anteile auch der Mehrheit der Bevölkerung und aufzuzeigen, dass jede größere Bedrohung des Selbst durch traumatische Ereignisse samt Ausgeliefertsein der strukturellen Gewalt dieses Potential nur zu leicht wecken kann[2]. Objektbeziehungstheoretisch lässt sich formulieren: Jeder Mensch, jedes Selbst, auch das des grausamsten Terroristen benötigt eine innerlich repräsentierte Referenzgruppe, für die es sich zu sterben lohnt. Die gruppale, kollektive und gesellschaftliche Verankerung des Menschen, die neben den Gruppentheorien auch Parin (1983) mit seinen »Anpassungsmechanismen« wie »Gruppen-Ich« (ebd., S. 86f), »Clan-Gewissen« (ebd., S. 92 f) und der »Identifikation mit der Rolle« (ebd., S. 96f) sieht, könnten möglicherweise auch eine Hilfe gegen Gewalt, Terrorismus und sonstige Obstruktion darstellen. Wenn es durch geeignete Maßnahmen kaum mehr möglich ist, in sich und außerhalb eine Referenzgruppe zu finden, die Gewalt und Terrorismus schweigend, duldend oder gar unterstützend trägt, dürften vor allem Selbstmordattentate, in denen man der »Held« für andere sein kann, schwierig werden. Eine Hoffnung, wahrscheinlich aber Utopie.

Empfehlenswert wäre, dass in Geschichtsbüchern nicht mehr nur Führer, Generäle usw. und allgemeine Truppen erscheinen, sondern auch das Leid der Bevölkerung.

Der schwierige Prozess, sich als figuriert und damit im Zusammenhang und in Wechselwirkung mit anderen zu verstehen und gerade darin eine sicherere Identität zu finden samt der Aufdeckung der dem Selbstgefühl unangenehmen eigenen inneren Tendenzen steht erst am Anfang, die Gewaltforschung könnte ein wenig davon profitieren.

Ich hoffe, mit diesem ersten Rundgang aufgezeigt zu haben, dass Gruppenanalyse und Psychoanalyse einen nicht ganz unwichtigen Beitrag zur Erforschung der Gewalt allgemein, der jüngsten Gewalttaten und der Gewalt gegen Fremde leisten kann.

Angesichts der jetzt aktuellen Situation, wo militärische »Vergeltungs-Schläge« der USA und ihrer Verbündeten zu erwarten sind, beim Lesen dieses Textes sind diese längst geschehen und haben weitere Entwicklungen provoziert, möchte ich die »friedfertigen« Menschen warnen, jetzt statt in den Terroristen nun die USA als unsinnig gewalttätig usw. zu betrachten, man möge sich die eigenen Phantasien ausmalen und dann sehen, wie in der eigenen Phantasietätigkeit trotz aller gewünschten Friedfertigkeit mörderische Szenarien entstehen. Dabei kann die Wirklichkeit gut identisch mit der eigenen Phantasie werden. Mit diesem Wissen geht es vielleicht leichter, Einfluss zu nehmen auf Staaten und Regierungen, die mit Unterstützung einer gewissen Mehrheit Lynchjustiz, völkerrechtswidrige Gewalttaten usw. begehen könnten. Im Sinne meiner Thesen wäre es spannend zu überprüfen, ob dann, wenn die Mehrheit Gewalt akzeptiert, marginalisierte Gruppen friedfertiger werden.

Anmerkungen

1   Während der Überarbeitung dieses Textes ist der alles überschattende schreckliche Terroranschlag am 11. September 2001 in den USA geschehen. In meinen analytischen Gruppen und auch in den Einzelanalysen beherrschten dieser Terroranschlag und die möglichen Folgen immer wieder die Sitzungen. Aber: So grauenhaft die Ereignisse auch waren, mit Scham- und Schuldgefühlen traten Gefühle auf, sich mit den Terroristen identifizieren zu können – neben der schnellen Identifikation mit dem Leid und Schrecken der amerikanischen Bevölkerung.
2   Siehe dazu die Beiträge von Mentzos und Trimborn in diesem Band.

Literatur

Elias, N. (1936): Über den Prozess der Zivilisation. Bern: Francke. Neuauflage: Frankfurt a. M. 1976 (Suhrkamp).
Elias, N. (1989): Studien über die Deutschen. Machtkämpfe und Habitusentwicklung im 19. und 20. Jahrhundert. Frankfurt a. M.(Suhrkamp).
Elias, N. (1990): Norbert Elias über sich selbst. Frankfurt a. M. (Suhrkamp).
Ellwein, Th. (1973): Das Regierungssystem der Bundesrepublik Deutschland. Opladen (Westdeutscher Verlag).
Foulkes, S. H. (1948): Introduction to Group-Analytic Psychotherapy. London (W. Heinemann).
Foulkes, S. H. (1964): Therapeutic Group Analysis (Gruppenanalytische Psychotherapie) London 1992 (Allen & Unwin).
Fraenkel, E., Bracher, K.-D. (Hg.) (1957): Staat und Politik. Frankfurt a. M. 1974 (Fischer).
Freud, S. (1912/13): Totem und Tabu. GW IX. Frankfurt a. M. (Fischer).
Freud, S. (1921c): Massenpsychologie und Ich-Analyse. GW XIII. Frankfurt a. M. (Fischer).
Freud, S. (1930): Das Unbehagen in der Kultur. GW XIV. Frankfurt a. M. (Fischer).
Freud, S. (1933): Warum Krieg? GW XVI. Frankfurt a. M. (Fischer).
Galtung, J. (1975): Strukturelle Gewalt. Beiträge zur Friedens- und Konfliktforschung. Reinbek (Rowohlt).
Gfäller, G. R. (1996): Beziehungen von Soziologie und Gruppenanalyse (Foulkes). In: Gruppenpsychother. Gruppendynamik 32, S. 42-66.

Gfäller, G. R. (1998): Fremde Invasoren: Verdrängte Geschichte und die Folgen. Gruppenpsychother. In: Gruppendynamik 34, S. 37-53.

Habermas, J. (1990): Gewaltmonopol, Rechtsbewusstsein und demokratischer Prozess. Erste Eindrücke bei der Lektüre des »Endgutachtens der Gewaltkommission. In: P.-A. Albrecht, O. Backes (Hg.): Verdeckte Gewalt. Plädoyers für eine »Innere Abrüstung« Frankfurt a. M., S. 180-188.

Kerény, K. (1966): Die Mythologie der Griechen. München (dtv).

Mähler, H.-G., Mähler, G. (2000): Gerechtigkeit in der Mediation. In: Dieter, Montada, Schulze (Hg.): Gerechtigkeit im Konfliktmanagement und in der Mediation. Frankfurt a. M. (Campus), S. 9 ff.

Montau, R. (1996): Gewalt im biographischen Kontext. Gießen (Psychosozial).

Montesquieu (Charles-Louis de Secondat, Baron de la Brède et de Montesquieu) (1748): De l'Esprit des Lois. (Vom Geist der Gesetze). Band 1. Tübingen 1951 (Mohr).

Otto, W. F. (1947): Die Götter Griechenlands. Das Bild des Göttlichen im Spiegel des griechischen Geistes. Frankfurt a. M. (G. Schulte-Bulmke).

Parin, P. (1983): Der Widerspruch im Subjekt. Frankfurt a. M. (Syndikat).

Richter, H.-E. (1996): Zur Psychologie des Friedens. Gießen (Psychosozial).

Schwind, H.-D., Baumann, J. u. a. (Hg.) (1990): Ursachen, Prävention und Kontrolle von Gewalt: Analysen und Vorschläge der Unabhängigen Regierungskommission zur Verhinderung und Bekämpfung von Gewalt (Gewaltkommission). Berlin (Deutsche Bundesregierung).

Senghaas, D. (1971): Aggression und kollektive Gewalt. Stuttgart (Klett).

Weizsäcker, C. F. v. (1992): Zeit und Wissen. München (Hanser).

Die 68er-Generation und das Problem der Gewalt

Hans-Jürgen Wirth

Die »Fischer-Debatte«

Mit dem Machtwechsel von Helmut Kohl zur rot/grünen Bundesregierung im Jahre 1998 ist die 68er-Generation zur staatstragenden politischen Generation geworden, die gegenwärtig die politische Hauptverantwortung inne hat. Man mag darüber streiten, was von den damaligen Überzeugungen, Zielen und Wertvorstellungen noch übrig geblieben ist. Offensichtlich ist jedoch, dass von den Ideen und Impulsen der 68er-Bewegung für konservative Kreise auch mehr als 30 Jahre später noch immer eine so große Beunruhigung ausgeht, dass diese nun versuchen, die Revolte von 68 im Nachhinein als eine Bewegung von Terroristen, Kriminellen und politischen Wirrköpfen zu diffamieren.

Die Diskussion um Joschka Fischers Vergangenheit als Frankfurter »Sponti« und militanter Straßenkämpfer weitete sich schnell aus zu einer Debatte über die Legitimität der 68er-Bewegung. Den Konservativen ging es um eine späte Abrechnung mit der Bewegung von 68, der sie nie verzeihen konnten, dass diese im wahrsten Sinne des Wortes aufbrach, um die verkrusteten Strukturen der Gesellschaft aufzubrechen und das kollektive Schweigen über die Zeit des Nationalsozialismus aufzukündigen. Ziel der konservativen Kreise ist – ähnlich wie beim Historiker-Streit – eine Neuinterpretation der Geschichte. Der konservative Historiker Michael Stürmer (1986, S. 1) hat die Funktion der politischen Rhetorik für die politische Auseinandersetzung unverhohlen ausgesprochen: »In einem geschichtslosen Land [gewinnt derjenige] die Zukunft, der die Erinnerung füllt, die Begriffe prägt und die Vergangenheit deutet.« Alle mit 68 verbundenen Symbole, Worte, Theorien, Phantasien, Ideen, Utopien, die über das bestehende System hinausweisen, sollen mit dem Makel des Realitätsfernen, des Unmoralischen, des Gewaltsamen belegt werden (vgl. Negt 1995, S. 45).

Doch ist die Diskussion um die militante Vergangenheit von Außenminister Joschka Fischer und um das Gewalt-Problem der 68er-Bewegung in mindestens zweifacher Hinsicht ergänzungsbedürftig: Auf der einen Seite wurden in der »Fischer-Debatte« ganz einseitig die Teile der 68er-Bewegung hervorgehoben, die sich in Gewalt verstrickten. Diese Bewegung trat aber ausdrücklich mit dem Ziel an, die Gesellschaft humaner, friedlicher und gewaltfreier machen zu wollen. Und tatsächlich waren die siebziger Jahre nicht nur ein Jahrzehnt, das durch den Terrorismus der RAF geprägt wurde, sondern auch eines, in dem die Alternativ-, die Ökologie- und die Frauenbewegung entstanden und in dem die eher unspektakuläre Bewegung der Initiativ- und Selbsthilfegruppen ihren Höhepunkt hatte, die sich in unzähligen lokalen Initiativen, Kinderläden, Stadtteilzeitungen, Kritischen Universitäten, Republikanischen Clubs und Bürgerinitiativen organisierte. Diese »Neuen Sozialen Bewegungen« haben in der Tradition von 68 mit friedlichen Mitteln eine tiefgreifendere Veränderung der Gesellschaft bewirkt, als den meisten Menschen bewusst ist, und sie haben neue Formen des Denkens, des Fühlens und des sozialen Handelns entwickelt, die bis heute in vielen Bereichen wegweisend geblieben sind.

Auf der anderen Seite hat sich die in ihrem Kern emanzipatorische Freiheitsbewegung von 68 auch in Sackgassen verrannt, ist zahlreiche Irrwege gegangen und hat sich in Dogmatismus und Gewalt verstrickt. Einen der folgenreichsten und tragischsten Irrwege stellt der Terrorismus und die Militanz dar. Die persönliche und politische Biographie von Mitgliedern der RAF kann in mancherlei Hinsicht als exemplarisch nicht nur für die Terroristen, sondern für die gesamte Protest-Generation gelten. Am Beispiel von Gudrun Ensslin und Birgit Hogefeld lässt sich zeigen, dass die Gewalt, der moralische Rigorismus, die übersteigerte Ideologisierung der 68er-Bewegung als eine unbewusste Antwort auf die Verleugnung der nationalsozialistischen Vergangenheit verstanden werden kann (vgl. Wirth 2001; 2002). Ein in England publiziertes Buch von Jillian Becker bezeichnete die RAF als Hitler's Children und wollte damit ausdrücken, dass sich der Terror der RAF unmittelbar aus der Gewaltherrschaft der Nationalsozialisten herleiten lasse. Diese Argumentation wurde von konservativer Seite begeistert aufgegriffen. Tatsächlich sind die RAF-Terroristen »Hitler's Children«, allerdings »nicht im Sinne einer ideologischen Kontinuität, wie es die Argumentation der Konservativen unterstellte, sondern im Sinne einer überkompensierenden Reaktionsbildung auf die unterbliebene Auseinandersetzung der Gründergeneration der Bundesrepublik mit dem Nationalsozialismus« (Dubiel 1999, S. 149).

Auch wenn es sich bei den Angriffen der CDU/CSU und der FDP auf Joschka Fischers politische Vergangenheit als militanter Straßenkämpfer um ein durchsichtiges Manöver zur Ablenkung von den eigenen Skandalen handelte, darf nicht verkannt werden, dass die Generation der 68er auch unabhängig davon einen Bedarf hat, die dunklen Seiten ihrer eigenen Geschichte aufzuarbeiten. Was den Irrweg des Dogmatismus, der insbesondere, aber nicht nur in den K-Gruppen seinen Ausdruck fand, und was den Irrweg der Gewalt, die auch ein Bestandteil der 68er-Bewegung und ihrer Folge-Erscheinungen war, angeht, hat ein solcher Aufarbeitungsprozess erst in gewissem Umfang stattgefunden. Offenbar besteht hier noch die Notwendigkeit, die eigene Geschichte besser zu verstehen. Es geht dabei weder um eine nachträgliche Heroisierung der damaligen Zeit, noch um Nostalgie noch darum, die alten Schlachten noch einmal zu schlagen. Allerdings soll die 68er-Bewegung auch nicht pauschal nur nach ihren Fehlern beurteilt werden. Vielmehr muss jede politische Kraft, jede politische Idee, jede politische Generation sich ihrer historischen Ursprünge bewusst sein, wenn sie ihr gegenwärtiges So-gewor-den-Sein angemessen verstehen will. Der Blick zurück soll das Bewusstsein sowohl für die Stärken als auch für die Schwächen und Fehler der eigenen politischen Positionen schärfen. Die demokratische Selbstvergewisserung bedarf der stetigen Rückbesinnung auf die eigene historische Entwicklung, um die Perspektiven für die Gegenwart und die Zukunft zu öffnen.

Die »Vertiefung des demokratischen Engagements« durch die 68er-Bewegung

Der »lange Marsch durch die Institutionen«, den einst Rudi Dutschke der Studentenbewegung als langfristige Strategie auf die Fahnen schrieb, hat in den vergangenen 30 Jahren stattgefunden – nicht nur im Bundeskanzleramt und im Bundesaußenministerium, sondern in nahezu allen Bereichen der Gesellschaft. Die Geschichte der Jugend- und Studentenbewegung ist eng verknüpft mit der Geschichte der Bundesrepublik. Die Revolte von 68 hat die Bundesrepublik »durchlüftet« (Schmid 2001, S. I) und die »formierte« Gesellschaft der fünfziger Jahre in eine »offene« verwandelt. Die Rebellion von 68 war der zweite nachholende Gründungsakt der Bundesrepublik, der aus der von den Siegermächten verordneten bzw. geschenkten Demokratie ein wirklich demokratisches Gemeinwesen machte. Ohne die Bewegung von 68 hätte die Bundesrepublik heute ein anderes Gesicht. Zu dieser Bewegung sind allerdings nicht nur die politisch aktiven Studenten im Umfeld des SDS zu zählen, sondern eine Vielzahl recht unterschiedlicher Gruppierungen, deren Gemeinsamkeit darin bestand, die verknöcherte Gesellschaft der fünfziger Jahre zum Tanzen bringen zu wollen:

- Der weiche Protest der Hippies ermöglichte ein unverkrampfteres Verhältnis zur Sexualität, zum eigenen Körper, zu seelischen Empfindungen;
- die Selbsthilfe- und Initiativgruppen-Bewegung entdeckte in den psychisch Kranken, den Heimzöglingen, den sozial Ausgestoßenen in den Randgruppen der Gesellschaft die verleugneten und abgespaltenen Anteile des eigenen Selbst;
- die Alternativ- und die Frauenbewegung veränderten das Verhältnis zwischen Kindern und Eltern, zwischen Männern und Frauen, zwischen Vorgesetzten und Untergebenen;
- die Anti-Atomkraft-, die Ökologie- und die Friedensbewegung, die unmittelbar aus der 68er-Bewegung hervorgingen, haben das öffentliche Bewusstsein von der Verantwortung des Menschen für das gesellschaftliche Zusammenleben, für die Natur und für die Existenz des Menschen auf diesem Globus geschärft;
- die antiautoritäre Studentenbewegung hat dem politischen System der Bundesrepublik einen Demokratisierungsschub beschert, insbesondere durch die Thematisierung der nationalsozialistischen Vergangenheit Deutschlands.

Bemerkenswert ist auch die Affinität, die zwischen der sozialen Gruppe der Psychotherapeuten und der 68er-Bewegung besteht. Viele Psychotherapeuten, die altersmäßig zur 68er Generation gehören, haben sich aktiv an dieser Bewegung oder ihren Folgebewegungen beteiligt oder sind doch zumindest in ihren politischen Auffassungen, in ihrem Lebensstil und ihren Wertorientierungen von dieser Bewegung geprägt. Entsprechendes gilt übrigens auch für Psychotherapeuten aus dem Osten. Überproportional viele Psychotherapeutinnen und Psychotherapeuten waren aktiv in der Bürgerrechtsbewegung engagiert, die zum Fall der Mauer führte. In gewisser Weise kann man sogar sagen, dass die Revolution in der DDR von 1989 die antiautoritäre Revolte von 1968 nachgeholt hat, dabei aber sehr viel besonnener mit manchen Problemen umging, insbesondere mit dem der Gewalt, und deshalb ungleich erfolgreicher war als die 68er.

Doch darf sich die 68er-Bewegung zugute halten, als eine Art experimentelles Laboratorium für die »Fundamentalliberalisierung der Gesellschaft« (Habermas), für die Erprobung neuer Formen des Zusammenlebens, für die Entwicklung eines »Neuen Denkens und Fühlens« in der nachindustriellen Gesellschaft die ersten Gehversuche unternommen zu haben. Kein geringerer als Bundespräsident Richard von Weizsäcker formulierte beim

Staatsakt am 3. Oktober 1990 die Verdienste der 68er-Generation in aller Deutlichkeit:

»Die Menschen haben im Laufe der Jahre Zuneigung zu ihrem Gemeinwesen entwickelt, frei von gekünstelten Gefühlen und nationalistischem Pathos. Gewiss, in der vierzigjährigen Geschichte der Bundesrepublik gab es manche tiefgreifenden Konflikte zwischen Generationen, sozialen Gruppen und politischen Richtungen. Sie wurden oft mit Schärfe ausgetragen, aber ohne den Hang zum Destruktiven, der die Weimarer Republik allzusehr belastete. Die Jugendrevolte am Ende der sechziger Jahre trug allen Verwundungen zum Trotz zu einer Vertiefung des demokratischen Engagements in der Gesellschaft bei« (zit. n. Bude 1995, S. 20f).

Von all den sozialen Konflikten in der vierzigjährigen Geschichte der Bundesrepublik nennt der Bundespräsident ausschließlich die 68er-Bewegung und bescheinigt ihr, zur Demokratisierung der Gesellschaft einen wesentlichen Beitrag geleistet zu haben. Er ist offenbar der Ansicht, dass die Bundesrepublik im Grunde erst mit und durch diese Bewegung zu einem wirklich demokratischen Gemeinwesen geworden ist (vgl. ebd., S. 21). Die 68er-Generation hat in der Konfrontation mit der Elterngeneration, die die Bundesrepublik wirtschaftlich aufgebaut hat, diesen Staat genötigt, sich mit seiner nationalsozialistischen Vergangenheit auseinanderzusetzen. Dieses Verdienst würdigte auch Bundespräsident Johannes Rau im Zusammenhang mit der »Fischer-Debatte« ausdrücklich.

Was ist überhaupt eine Generation?

Claus Leggewie (1995) und Heinz Bude (1995) haben darauf aufmerksam gemacht, dass das soziologische Konzept der Generation, das von Karl Mannheim (1928) entwickelt wurde, zum Verständnis der Studentenbewegung und auch anderer kollektiver Phänomene nützliche Dienste leisten kann. Eine Generation meint die Bildung einer kollektiven Identität von Angehörigen einer bestimmten Altersspanne. »Die im Laufe des Lebens gesammelten Erlebnisse summieren sich nicht einfach, sondern organisieren sich immer wieder neu in Bezug auf einen tief verankerten biographischen Ausgangspunkt« (Bude 1995, S. 35). Spätere gesellschaftliche Ereignisse werden aus der »Perspektive früherer Erfahrungen« (ebd.) wahrgenommen und interpretiert und eben dadurch konstituiert sich eine Vielzahl von Individuen, die in benachbarten historischen Zeiten aufgewachsen sind, als Generation, die auch über den Lauf der Zeit ein kontinuierliches Selbstverständnis und charakteristisches Lebensgefühl beibehält. Dazu bedarf es »bestimmter Schlüsselereignisse« und einer bewussten Auseinandersetzung mit den politischen Leitideen und Werten (Leggewie 1995, S. 257f). Findet in der politisch sensiblen Phase der Adoleszenz eine solche Auseinandersetzung statt, die die Generationszugehörigen »zu einer langfristig stabilen Neuorientierung ihrer politischen Grundhaltungen« (ebd.) bewegt, bildet sich eine politische Generation heraus. So trug die »Flakhelfer-Generation« (Bude 1987) den wirtschaftlichen Wiederaufbau der Bundesrepublik auf ihren Schultern und die 68er-Generation bewirkte als »Laboratorium der nachindustriellen Gesellschaft« (Leggewie 1995, S. 315) die kulturelle Erneuerung der Bundesrepublik.

Nicht jede Alterskohorte hat die Chance (und Last), identitätsstiftende »Wir-Gefühle« zu entwickeln. Nicht jede Alterskohorte konstituiert sich als politische Generationseinheit. Eine solche kollektive Identität ist aber die Voraussetzung dafür, dass eine jugendliche Protestbewegung entstehen kann. Die besondere Chance, die ein Adoleszenter hat, der zu einer deutlich identifizierbaren Generation gehört, besteht zum einen darin, dass er seine Adoleszenzkonflikte besonders intensiv durchlebt, denn der Prozess der Neubildung seiner eigenen Persönlichkeit läuft parallel zum gesellschaftlichen Erneuerungsprozess. Zudem findet der Adoleszente, der zu einer Generation gehört, eine beachtliche Rückenstärkung durch die Tatsache, dass er seine individuellen Probleme, Konfliktlagen, Wünsche, Bedürfnisse und Kritiken auf dem Hintergrund der generationsübergreifenden Prozesse verstehen und vertreten kann. Ein individueller Konflikt eines Jugendlichen erfährt einen enormen Bedeutungszuwachs, wenn er im Rahmen einer kulturellen und politischen Generationsauseinandersetzung stattfindet. So konnte in der 68er-Generation die Auseinandersetzung eines Jugendlichen mit seinen Eltern über Haarlänge und Kleidungsfragen eine geradezu »kulturrevolutionäre« Bedeutung erlangen. Das steigerte natürlich auch die narzisstischen Größenphantasien der Adoleszenten enorm, denn sie konnten sich in der Auseinandersetzung mit Eltern, Lehrern und anderen Autoritäten der Unterstützung einer ganzen Generation sicher sein. Zudem konnten sie auf Argumente zurückgreifen, die ihnen die »kritischen Theoretiker« der Kultur vorformuliert hatten.

Diese Zusammenhänge machen verständlich, warum für viele der heute 50- bis 60-Jährigen die Protestbewegung der sechziger und siebziger Jahre ein so bedeutsames Bezugssystem für ihr Denken und Fühlen darstellt. Auch die Tatsache, dass Joschka Fischer während seiner (ersten) Amtszeit als Außenminister der beliebteste Politiker war, hängt damit zusammen, dass er als

Repräsentant dieser Generation etwas von dem Lebensgefühl, den Werten, Hoffnungen und Zielen der damaligen Zeit und der durch sie geprägten Generation ausdrückt. Allerdings repräsentiert Fischer nicht nur die idealisierte »Revoluzzer-Vergangenheit«, sondern auch die – wie auch immer gerechtfertigte – Integration ins einst verhasste »System«. Deshalb polarisiert Fischer auch innerhalb des rot/grünen Spektrums auf besondere Weise: Für die einen ist er ein rotes Tuch, sie hassen ihn, schimpfen ihn einen Verräter und behaupten sarkastisch, bei ihm herrsche eine biographische Kontinuität der Gewaltbereitschaft von seiner Zeit als militanter Straßenkämpfer bis hin zur Befürwortung des Nato-Einsatzes im Kosovo und den Militärschlägen gegen den Terrorismus. Die anderen erkennen in ihm den Weg wieder, den sie selbst gegangen sind: Von der kompromisslosen Absolutheit des Denkens, Handelns und moralischen Argumentierens in den sechziger und siebziger Jahren hin zu einer weniger rigorosen Moral, der Fähigkeit zum Kompromiss, der Anerkennung der Realität, der Relativierung der eigenen Größen- und Allmachtsphantasien. Ob Joschka Fischer auf seinem Weg vom Frankfurter Häuserkampf zum Außenministerium seine persönliche moralisch-politische Integrität verloren hat oder ob er sie bewahren konnte, ist deshalb eine so heiß diskutierte Frage, weil jeder Angehörige der 68er-Generation diese Frage auch an sich selbst richten muss.

»Nur wer sich ändert, bleibt sich treu«

Der Satz von Wolf Biermann hat sowohl unter soziologischen als auch unter psychologischen Gesichtspunkten seine Gültigkeit: Nur wer sich ändert, bewahrt seine Identität. Wie der Psychoanalytiker Erik Erikson (1959), auf den der Begriff der Identität zurückgeht, ausgeführt hat, meint Identität sowohl die Selbstwahrnehmung von »Gleichheit und Kontinuität in der Zeit«, als auch »die damit verbundene Wahrnehmung, daß auch andere diese Gleichheit und Kontinuität erkennen«. Ein weiteres konstituierendes Merkmal von Identität ist die Fähigkeit, trotz der Wahrung der Kontinuität eine Synthese von Widersprüchen in der Persönlichkeit zu ermöglichen und Veränderungen so zu gestalten, dass trotz aller Wandlungsfähigkeit die persönlichen und kulturellen Wurzeln erkennbar bleiben (vgl. de Levita 1965).

Die individuelle Ich-Identität bestimmt sich zudem durch die Gruppen-Identität der sozialen Bewegung und die realen gesellschaftlichen Prozesse, die durch diese Bewegung ausgelöst werden, d. h. sie steht in einem komplexen Spannungsfeld zwischen Wunsch und Wirklichkeit. Denn »es gehört zum Wesen des geschichtlichen Prozesses, daß zwischen den Motiven und den Konsequenzen des Handelns keine lineare Verbindung besteht« (Bude 1995, S. 17). Vielmehr klafft häufig zwischen den Motiven, die ein politischer Akteur – handele es sich nun um einen einzelnen Aktivisten oder um eine soziale Bewegung – dem eigenen Handeln zugrunde legt, und der realen historischen Wirkung eine tiefe Kluft. Was sich aus der Sicht der Aktivisten als Scheitern darstellen mag, kann im Kontext des historischen Prozesses als Erfolg gewertet werden, »wobei allerdings die früheren Absichten mit den späteren Wirkungen oft wenig zu tun haben« (ebd.). Das »Pathos sozialer Bewegungen«, die »Ideologie der Akteure« (ebd.), ihr Beharren auf dem, was sie selbst als ihre »politische Identität« bezeichnen, verstellt ihnen häufig den Blick auf die Veränderungen der gesellschaftlichen Verhältnisse, die sich teils ohne, teils aber durchaus auch mit ihrem Zutun abgespielt haben.

Es ist schon eine erstaunliche Karriere, die der Schulabbrecher mit der abgebrochenen Fotografenlehre, der ehemalige Taxifahrer, Buchhändler und militante Straßenkämpfer aus der Frankfurter Sponti-Szene gemacht hat. Dass sie möglich war – und momentan noch möglich ist – spricht unter psychologischen Gesichtspunkten für die Lern- und Wandlungsfähigkeit von Joschka Fischer und der politisch engagierten 68er-Generation, die er repräsentiert. Unter politikwissenschaftlichen Aspekten kann diese Karriere aber auch als ein Kompliment an die Durchlässigkeit, Offenheit, Wandlungsfähigkeit und Integrationskraft des demokratischen Systems der Bundesrepublik Deutschland angesehen werden. Nach der Integration der nationalsozialistischen Mitläufer stellt die Integration der antiautoritären Bewegung eine der großen historischen Leistungen der noch jungen Demokratie dar. Es gelang ihr, die Spirale der Gewalt wieder zurückzudrehen, die Spaltung der Gesellschaft zu überwinden und die radikalisierten Minderheiten wieder in das demokratische System zu integrieren. »Die Erfolgsstory der Grünen besteht darin, den Bruch überwunden zu haben«, sagte Daniel Cohn-Bendit (2001) in einem Spiegel-Interview. Die Biographie von Joschka Fischer steht symbolisch für diesen langwierigen und schmerzhaften Prozess. Aber nicht nur Joschka Fischer, die Grünen und die 68er haben sich gewandelt, sondern auch in der Bundesrepublik hat sich ein grundlegender Mentalitätswandel vollzogen, zu dem die Bewegung von 68 einen nicht unerheblichen Beitrag geleistet hat.

Gerhard Schröder und Joschka Fischer, die beiden am Beginn des neuen Jahrtausends führenden Politiker der Bundesrepublik, sind typische Vertreter der 68er-Generation. Damals gehörten sie unterschiedlichen, teilweise verfeindeten Fraktionen der Protestbewegung an: Auf der einen Seite der »reformistische« Juso-Chef Schröder, auf der anderen der »revolutionäre Sponti« Fischer. Beide kamen aus eher bescheidenen Verhältnissen und sind soziale Aufsteiger par excellence. Schröder, der schon immer offen machthungrig war, rüttelte bereits als Jungsozialist buchstäblich an den Gitterstäben, die das Bundeskanzleramt einzäunten. Fischer stellte als spontaneistisch-anarchistischer Straßenkämpfer die Legitimität staatlicher Machtstrukturen prinzipiell in Frage. Er genoss und nutzte den emotionalen Aufruhr der Adoleszenz bis ins post-adoleszente Alter von 29 Jahren in vollen Zügen, bis er im »deutschen Herbst« des Jahres 1977 eine Wandlung erfuhr. Fischer, der ja bekannt ist für seine Sprachgewalt, seine rhetorische Begabung und sein moralisches Pathos, brauchte recht lange, um sich vom revolutionären Pathos der Studenten- und speziell der Sponti-Bewegung zu verabschieden. Erst im Jahre 1976, nach dem Selbstmord von Ulrike Meinhoff in Stammheim, konnte er sich zu einer Distanzierung von der RAF durchringen, auch wenn er sogar zu diesem Zeitpunkt noch mit verklärendem Pathos von den »Genossen der Stadtguerilla« sprach: »Wir können uns aber auch nicht einfach von den Genossen der Stadtguerilla distanzieren, weil wir uns dann von uns selbst distanzieren müßten, weil wir unter dem selben Widerspruch leiden, zwischen Hoffnungslosigkeit und blindem Aktionismus hin und her schwenken,« sagte Fischer in seiner Rede auf dem vom »Sozialistischen Büro« veranstalteten Pfingstkongress 1976. In seinem Hin- und Herschwanken zwischen Distanzierungen von der RAF und Solidaritätsbekundungen mit ihr wird deutlich, wie zwiespältig und unentschlossen Fischers Haltung war. Noch in seiner abschließenden Aufforderung an die RAF, die Waffen niederzulegen, zeigt sich diese Ambivalenz:

> »Gerade weil unsere Solidarität den Genossen im Untergrund gehört, weil wir uns mit ihnen so eng verbunden fühlen, fordern wir sie von hier aus auf, Schluß zu machen mit diesem Todestrip, runter zu kommen von ihrer bewaffneten Selbstisolation , die Bomben wegzulegen und die Steine, mit einem Widerstand, der ein anderes Leben meint, wiederaufzunehmen« (Fischer, zit. n. Negt 1995, S. 265f).

Es verdient allerdings festgehalten zu werden, dass Fischers öffentliche Distanzierung vom Terrorismus bereits vor dem »Deutschen Herbst« des Jahres 1977[2] stattfand. Doch lange genug hatte die romantische Verklärung von Revolution und Illegalität die längst überfällige Abgrenzung von der RAF erschwert. Die abenteuerlich-heroische Figur des »streetfighting man«, dem die Rolling Stones in ihrem Song 1968 ein Denkmal setzten, gehörte zu den romantischen

Mythen dieser Bewegung, dem auch Fischer verfallen war. Diese Mythen und das Pathos sowie die damit verknüpften Größen- und Allmachtsphantasien hatten sich tief in der Psyche der 68er-Generation – nicht nur bei der kleinen Gruppe der Aktivisten, sondern auch in den Wertvorstellungen und im Zeitgeist einer ganzen Epoche – verwurzelt. Die Trennung davon war ein politisch zwar längst notwendiger, aber individuell und kollektiv äußerst schwieriger Schritt. Man kann Fischer allerdings zu Gute halten, dass er sich schließlich nicht nur von dem Liebäugeln mit der Gewalt trennte, sondern seine Fehler und die der Bewegung zum zentralen Angelpunkt seines weiteren politischen Lebensweges machte und nun auch in dieser Hinsicht stellvertretend für seine Generation eine Aufgabe wahrnahm, die in diesem Fall aus dem Abschied von Illusionen und der Anerkennung der Realität bestand. Aus dem fundamentalistischen Saulus wurde ein realistischer Paulus. Entsprechend heftig waren die Anfeindungen, denen sich Fischer während seiner anschließenden parteipolitischen Karriere bei den Grünen durchgehend ausgesetzt sah. Im oft hasserfüllten Streit zwischen »Fundis« und »Realos« spielte mehr oder weniger untergründig die Frage der Legitimität von Gewalt immer noch eine Rolle. Fischer war innerhalb der Grünen aufgrund seiner militanten Vergangenheit eine glaubwürdige und letztlich überzeugende Identifikationsfigur, die den Grünen half, ihre ambivalente Haltung zur Frage der Gewalt, des Parlamentarismus und der Fundamentalopposition in realistischere Einstellungen zu wandeln. Notwendigerweise wurde er in diesem Prozess auch zur Zielscheibe für den Hass und die Verachtung, die von einem überhöhten, unnachgiebigen, sich revolutionär gerierenden »linken« Ich-Ideal ausgeübt wurde. Diese Kritik galt im Grunde dem eigenen Selbst der Militanz-Befürworter. In Fischer fanden einerseits die opportunistischen Selbstanteile seiner Feinde eine willkommene Projektionsfläche und andererseits einen Sündenbock, den sie wegen des scheinbaren Verrats der revolutionären Ideale in die Wüste schicken wollten. Dass dies bislang nicht gelungen ist, verdankt Fischer dem eher »schweigenden«, besonnenen Teil der 68er-Generation, der ihm bis heute die hohen Sympathiewerte bei Umfragen beschert.

Der Historiker und Politologe Wolfgang Kraushaar, der 1974/75 Asta-Vorsitzender der Frankfurter Universität war, und Fischer aus diesen Jahren persönlich kannte, schreibt über ihn:

> »Er personifiziert zwei ganz unterschiedliche Seiten der bundesdeutschen Geschichte: auf der einen Seite den Bruch mit der NS-Generation, den Angriff auf den Staat, und die Ablehnung des Parlamentarismus, auf der anderen Seite die Vitalität des parlamentarischen Systems, die Integrationsfähigkeit des Parteien-

staates und die Relegitimierung des Verfassungsstaates. Dazwischen liegen rund dreißig Jahre, Jahre der Abrechnung, Kämpfe und Konflikte, aber auch solche der Veränderung, Aussöhnung und Entdramatisierung. Fischer fokussiert diese beiden Tendenzen in ihrer jeweiligen Extremheit wie kaum ein zweiter. Er ist die Person gewordene Versöhnung und Teilhabe. Gerade das macht ihn bei einem Teil seiner ehemaligen Weggefährten so verhasst. All jene, die auf Desintegration, Antistaatlichkeit und Konfrontation setzen, die eifernde Jutta Ditfurth an der Spitze, versuchen ihn zu entlarven, vorzuführen und auszumanövrieren« (Kraushaar 2001, S. 34f).

Aber nicht nur vom eigenen Lager muss sich Fischer Kritik, Polemik und oft auch hasserfüllte Ablehnung gefallen lassen, sondern auch von der entgegengesetzten Seite des politischen Spektrums. Die Frage von CDU-Generalsekretär Laurent Meyer, wie einer, der vor 30 Jahren einen Polizisten verprügelt hat, heute als Repräsentant des deutschen Staates gewalttätigen jugendlichen Skinheads glaubwürdig den Verzicht auf Gewalt abverlangen könne, lässt sich aus psychotherapeutischer Perspektive indessen leicht beantworten: In der Alkohol- und Drogentherapie, aber gerade auch in der sozialtherapeutischen Arbeit mit Gewalttätern sind es sehr häufig die »Ehemaligen«, die geläuterten Gewalttäter, die der Gewalt abgeschworen haben, die trockenen Alkoholiker, die keinen Tropfen mehr anrühren, die den besten Kontakt zu den Problem-Jugendlichen finden und sie am überzeugendsten von ihrem zerstörerischen und selbstzerstörerischen Weg abbringen können. Die Jugendlichen haben bei einem Ehemaligen das Gefühl, dass dieser weiß, wovon er spricht, dass er sich einfühlen kann in ihre verzweifelte Situation, die den subjektiven motivationalen Hintergrund für das destruktive Handeln geliefert hat. Dieser Vergleich mit der sozialtherapeutischen Arbeit im Drogen- und Gewaltmilieu stellt mehr als eine Analogie dar, denn die Funktion, die vor allem Daniel Cohn-Bendit, aber auch Joschka Fischer für die militante Szene der siebziger und achtziger Jahre innehatten, betraf exakt diesen Punkt. Die beiden militanten Spontis besaßen in der linken Szene Glaubwürdigkeit, wobei Daniel Cohn-Bendit aufgrund seiner tragenden Rolle im Pariser Mai 68 in der Frankfurter Alternativ-Szene großes Ansehen genoss. Der argumentative Kampf von Cohn-Bendit und Fischer gegen die Parolen und die Gewalt-Ideologie der RAF hat sicherlich einige – vielleicht sogar viele – Militante davon abgehalten, in den terroristischen Untergrund abzutauchen.

In der Bundesrepublik existiert heute kein nennenswertes Gewaltpotential in der linken Szene und erst recht keine intellektuell und politisch ernst zu nehmende Gruppierung mehr, die Gewalt in der politischen Auseinandersetzung innerhalb einer parlamentarischen Demokratie befürworten würde. Dies ist das Ergebnis eines langen und oft schmerzlichen Lernprozesses, den die Linke durchmachen musste. Cohn-Bendit und Fischer haben wesentlich zur inneren Befriedung der Bundesrepublik beigetragen und Cohn-Bendit ermöglichte einzelnen RAF-Sympathisanten den Ausstieg aus der Terror-Szene.

Die Vergangenheit ist gegenwärtig

Die deutsche Vergangenheit wirft bis heute ihre Schatten auf das Leben in der Bundesrepublik. Die Versuche, den Faschismus zu verdrängen, konnten seine unbewusste und bewusste Virulenz nicht ausschalten. Vielmehr prägten die Mechanismen der Abwehr einerseits und die Wiederkehr der verdrängten Vergangenheit andererseits das gesellschaftliche Leben und hatten insbesondere auf das Verhältnis von Jungen und Alten einen starken Einfluss. »Je hartnäckiger die Eltern geschwiegen hatten, um so mehr mußte die Jugend ahnen, daß in sie selbst etwas Unbegriffenes überging, das um so gefährlicher und bedrückender erschien, als die Eltern eben nicht wagten, sich damit anzuvertrauen« (Richter 1985, S. 152). Die Beziehung der Generationen lud sich auf mit der emotionalen Spannung, die sich aus den abgewehrten Erinnerungen an die Nazi-Zeit speiste. Die sich verändernden Generationskonflikte der letzten fünf Jahrzehnte sind ein Spiegel für die Nachwirkungen des Nationalsozialismus auf die unbewussten kollektiven Prozesse in der Nachkriegsgesellschaft der Bundesrepublik (vgl. Wirth 1986; 1988). Norbert Elias (1992, S. 340f) weist darauf hin, dass »auch in anderen europäischen Industrienationen die Vergangenheit einen Schatten auf das politische Handeln und Denken« warf, da mit dem Zweiten Weltkrieg die Vormachtstellung der großen Imperialländer zerfiel. Das Ende der kolonialen Vormachtstellung Europas in der Welt »hat auch hier bei den jeweils jüngeren Generationen zu Haltungen und Einstellungen geführt, die als eine Art von Distanzierungs- und Reinigungsritual in bezug auf die Sünden der Väter gelten können« (ebd., S. 341). Diese Tendenz und »der Schuldkomplex der jüngeren Generation wegen der Untaten der Väter« (ebd., S. 341) seien allerdings in Deutschland besonders ausgeprägt.

Im Laufe der sechziger Jahre kam es mit der Studentenbewegung zu einer Politisierung des jugendlichen Protestes, der mit einer zunehmend kritischeren Einstellung der Jugend zu der bislang idealisierten westlichen Welt einherging. Am Krieg in Vietnam, dessen Problematik die Flakhelfer-Generation nicht wahrzunehmen bereit war, weil sie mit dem Retter und ehemaligen Feind Amerika überidentifiziert war, wurde deutlich, dass zwischen den demokratischen und freiheitlichen Idealen der westlichen Welt und der politischen Wirklichkeit eine Diskrepanz aufklaffte (vgl. Richter 1985). Am Vietnam-Krieg entzündete sich eine tief greifende Auseinandersetzung der Jugend mit großen Teilen der älteren Generation, »die sich dadurch in ihrem mühsam wieder aufgebauten Selbstwertgefühl zentral angegriffen fühlte. Je starrer die Abwehrhaltung gegen die Durcharbeitung der Vergangenheit ist, umso leichter ist dann das auf Verleugnung aufgebaute neue Selbstwertgefühl zu lädieren« (Mitscherlich-Nielsen 1979, S. 21f).

Die Kritik der Studenten löste erstmals eine öffentliche, kontroverse und emotional bedeutsame Auseinandersetzung mit der deutschen Vergangenheit aus. Die studentische Protestbewegung attackierte die nationalsozialistische Vergangenheit vieler Politiker und Repräsentanten des öffentlichen und wirtschaftlichen Lebens – wie Kiesinger, Flick, Carstens, Filbinger u. a. – scharf. Den protestierenden Studenten erschien die Tatsache, dass viele dieser Repräsentanten ihre politische oder wirtschaftliche Karriere, die sie unter den Nazis begonnen hatten, jetzt bruchlos in der »BRD« fortsetzen konnten, als Beweis dafür, dass die Bundesrepublik ein faschistischer, zumindest ein »faschistoider« Staat sei. Die Weigerung des »Establishments«, zum Krieg der Amerikaner in Vietnam kritisch Stellung zu nehmen, und die massiven Überreaktionen des Staates auf die Proteste der Studenten schienen diese Einschätzung zu bestätigen.

Im Protest gegen den Vietnam-Krieg der Amerikaner klagte die junge Generation unbewusst auch die Nazi-Vergangenheit der Elterngeneration an (vgl. Richter 1985). Nur so lässt sich die Schärfe der Auseinandersetzungen über den Krieg in Vietnam, die außerhalb Amerikas nur in Deutschland einen solch unversöhnlichen Charakter annahmen, erklären. Die Studenten fühlten eine moralische Verpflichtung, gerade als Bürger Deutschlands, das den Zweiten Weltkrieg verschuldet und unter dem Banner des Anti-Kommunismus Russland überfallen hatte, nun gegen einen neuen antikommunistischen Kreuzzug Stellung zu beziehen. Der Loyalitätskonflikt, in dem sich die Deutschen gegenüber ihrem Befreier Amerika befanden, wurde aufgelöst durch eine Spaltung der Ambivalenz auf die beiden Generationen. Die ältere Generation hatte ihr lädiertes Selbstbewusstsein durch eine Überidentifikation mit Amerika gestärkt und erlaubte sich deshalb keine Kritik an dem Krieg der Amerikaner, zumal sie auf diese Weise den alten Anti-Kommunismus weiter pflegen konnte. Die junge Generation übernahm hingegen die andere Seite der Ambivalenz, nämlich die moralische Lehre aus der nationalsozialistischen Katastrophe zu ziehen und einen Angriffskrieg im Zeichen des Anti-Kommunismus abzulehnen.

Die Studenten fühlten sich moralisch im Recht, versuchten sie doch nur, die moralische Aufforderung ihrer geistigen Väter, der so genannten »kritischen Autoritäten« wie Theodor W. Adorno, Herbert Marcuse und Alexander Mitscherlich zur Vergangenheitsbewältigung ins Praktische zu wenden, indem sie die Elterngeneration nach ihrer Haltung im Nationalsozialismus befragten. Allerdings kam kein wirklich offenes Gespräch zwischen den Generationen zustande. Die ältere Generation fühlte sich angegriffen, in ihrer neu aufgebauten Identität verunsichert und reagierte mit einer defensiven und aggressiven Abwehrhaltung. Die Protestgeneration ihrerseits kam über ein aggressives Attackieren und moralisches Anklagen nicht hinaus. Ihre Kritik blieb distanziert, moralisierend, scharf und über weite Strecken selbstgerecht und verhinderte damit ein offenes Gespräch. Anstatt daß sich ein »gemeinsamer Verarbeitungsprozeß im Dialog unter mehreren Generationen« (ebd., S. 294) entwickelt hätte, kam es bei den Etablierten zu einer Paranoia gegenüber allen, die sich als Verfassungsfeinde, Terroristen, Sympathisanten und Alternative verdächtig machten, und aufseiten mancher Protestler zu einem blindwütigen Kampf gegen die ältere Generation und gegen die etablierte Gesellschaft.

Der jungen Generation erschien das moralische Versagen der Eltern so fundamental zu sein, dass sie glaubte »alles, aber auch alles neu machen zu müssen« (Simon 2000, S. 60). Insbesondere die satte Selbstzufriedenheit in den Jahren des Wirtschaftswunders stand für die Jungen in einem unerträglichen Gegensatz zu dem von Deutschland verschuldeten Elend. Die »Fresswelle«, die »Bekleidungswelle« und die generelle Konsumorientierung, die aus Deutschland einen »großen Konsumverein« machte (Glaser 1986, S. 96), ekelte sie regelrecht an und begründete ihre radikale Kritik an der Konsumgesellschaft. Die Konsumverweigerung, der Hang zur Askese, deren Einfluss sich in allen Teilen der zugleich hedonistischen Protestbewegung finden lässt, ist als Gegenreaktion auf die Flucht in den Konsum zu verstehen, den die Mehrheit der Nachkriegsgesellschaft antrat. Auch neigte die junge Nachkriegsgeneration dazu, »im Gegenschlag zu den Herrschaftsattitüden der Vätergeneration, die sich selbst [...] als menschlich bessere und wertvollere Gruppen erlebten, [...] nun gerade die unterdrückten Gruppen als die menschlich besseren und wertvolleren anzusehen« (Elias 1992, S. 341) und sich mit den »Verdammten dieser Erde« zu solidarisieren und zu identifizieren. Die Scham über die Untaten der Elterngeneration unter dem Nationalsozialismus steigerte ihre Sensibilität »für die Schlechtigkeit der Welt überhaupt« (ebd., S. 343). Die Verantwortung, die diese Generation auf ihren Schultern spürte, war so übergroß, dass sie entweder erdrückend wirkte und zu Rückzug, Verweigerung, Depression und Selbstdestruktion führte oder aber zu einem gewaltsamen Befreiungsschlag. Beide Verarbeitungsmuster sind in der 68er-Generation weit verbreitet.

Wie Christian Schneider, Annette Simon, Herbert Steinert und Christiane Stillke (2002) in ihren Interviews mit Angehörigen der 68er-Generation festgestellt haben, waren viele von einer Grundhaltung geprägt, die Simon (2000) als »Nichts-Werden-Wollen« bezeichnet hat. Sie führt diese Einstellung auf »eine Verweigerungshaltung gegenüber den Aufstiegsphantasien« zurück, »die die Eltern in der Nachkriegszeit für diese Kinder entworfen hatten« (ebd.). Und doch war die Rebellion der 68er-Generation nicht eigentlich gegen die Eltern gerichtet, sondern ist als Wiedergutmachung zu verstehen, die einen wirklichen Neubeginn nach 1945 ermöglichen sollte. »Es war eine stellvertretende Rebellion, die im Grunde von einem schützenden Impuls gegenüber den Eltern beherrscht war, die ihre eigene Geschichte nicht mehr tragen konnten« (Bude 1995, S. 35). Die 68er-Generation nahm hingegen die schwere Last auf sich, die in dem früh eingepflanzten Lebensgefühl des »Schuldig-Geborenseins« (Sichrovsky 1987) bestand. Um die Schuld der Väter wieder gutzumachen, fühlte die 68er-Generation »Herzklopfen für das Wohl der Menschheit« (Hegel, zit. n. Elias 1992, S.) und überforderte sich heillos mit dem Anspruch gegen alle Übel der Welt ankämpfen zu müssen.

Der unterlassene Widerstand der Eltern und der übersteigerte Widerstand der RAF

In radikal zugespitzter Weise stellt sich diese Problematik bei den Mitgliedern der RAF dar. Bei ihnen ist unverkennbar, dass sie im unbewussten Auftrag ihrer Eltern handelten, als sie die aus ihrer Sicht »faschistische BRD« mit terroristischer Gewalt bekämpften. Auf einer unbewussten Ebene holten die Terroristen der RAF das nach, was ihre Eltern seinerzeit zu tun versäumt hatten: Widerstand zu leisten. Diese familiendynamischen Zusammenhänge sind beispielsweise in den Biographien von Birgit Hogefeld (vgl. Richter 2001) und Gudrun Ensslin (vgl. Aust 1986) deutlich zu erkennen. In beiden Fällen zeigen die Eltern ihre Sympathie mit den terroristischen Gewalttaten ihrer Töchter und rechtfertigen diese teilweise mit dem Verweis auf den unterlassenen Widerstand ihrer eigenen Generation während der Nazi-Herrschaft. So sagte Pfarrer Helmut Ensslin, der Vater von Gudrun Ensslin, nachdem seine Tochter wegen der Brandstiftung in einem Frankfurter Kaufhaus verurteilt worden war, gegenüber einem Reporter:

> »Was sie sagen wollte, ist doch dies: eine Generation, die am eigenen Volk und im Namen des Volkes erlebt hat, wie Konzentrationslager gebaut wurden, Judenhaß, Völkermord, darf die Restauration nicht zulassen. Darf nicht zulassen, daß die Hoffnungen auf einen Neuanfang, Reformation, Neugeburt verschlissen werden. Das sind junge Menschen, die nicht gewillt sind, diese Frustration dauernd zu schlucken und dadurch korrumpiert zu werden. Für mich ist erstaunlich gewesen, daß Gudrun, die immer sehr rational und klug überlegt hat, fast den Zustand einer euphorischen Selbstverwirklichung erlebte, einer ganz heiligen Selbstverwirklichung, so wie geredet wird vom heiligen Menschentum. Das ist für mich das größere Fanal als die Brandlegung selbst, daß ein Menschenkind, um zu einer Selbstverwirklichung zu kommen, über solche Taten hinweggeht« (zit. n. Aust 1986, S. 73f).

Vater Ensslin distanziert sich zwar an anderen Stellen des Interviews ausdrücklich von den Taten seiner Tochter, doch zeigen seine »einfühlsamen« Interpretationen, dass er eine große Nähe zum Gefühlsleben und der Gedankenwelt seiner Tochter empfindet. Der Vater fühlt sich offenbar angesprochen, wenn seine Tochter seiner eigenen Generation, die »erlebt hat, wie Konzentrationslager gebaut wurden«, vorwirft, sie lasse die Restauration zu. Die »jungen Menschen« sind frustriert – so Pfarrer Ensslin – weil die ältere Generation sich hat korrumpieren lassen und nicht klar Stellung bezieht zu Judenhass und Völkermord in der deutschen Vergangenheit und zur »Restauration« in der deutschen Gegenwart. Aber die jungen Menschen sind nicht mehr gewillt, »diese Frustration dauernd zu schlucken« und sich durch ihr Stillhalten selbst auch zu korrumpieren. Die junge Generation übernimmt – so könnte man Helmut Ensslins weitere Ausführungen interpretieren – stellvertretend für die Elterngeneration die »heilige« Aufgabe, in einem Kreuzzug gegen den faschistischen Staat sich selbst und das deutsche Volk von dem Fluch des Nationalsozialismus zu reinigen. Wie die mehrfache Verwendung des Wortes »heilig« vermuten lässt, spürt Helmut Ensslin sehr feinfühlig das Sendungsbewusstsein, den religiös anmutenden Eifer, den Fanatismus, die Erlösungshoffnungen, die seine Tochter zu ihren Taten antreiben. Die RAF-Terroristen sind »unbewusste Delegierte« (Stierlin 1978) ihrer Eltern, daher ihr »heiliger« Eifer. Sie handeln im unbewussten Auftrag der Elterngeneration an der »Bewältigung der deutschen Vergangenheit«, d. h. an der Vergangenheit ihrer Eltern. Aber diese Vergangenheit ist so gewaltig, so monströs, dass jeder Versuch, sie im Handstreich zu »bewältigen«, nicht nur scheitern muss, sondern selbst wieder neue Gewalt hervorbringt. Der Protestant Ensslin verrät seine unbewusste Identifikation mit dem »Protest« seiner Tochter, wenn er die Brandstiftung mit der Reformation und dem »heiligen Menschentum« assoziiert und sie als ein »Fanal« bezeichnet. Er ist fasziniert von der extremen Risikobereitschaft, der Märtyrer-Mentalität und der Radikalität seiner Tochter sich selbst und anderen gegenüber. Er übernimmt die Selbstglorifizierung der RAF, ja, in gewisser Weise steigert er sie sogar noch, wenn er »das größere Fanal als die Brandlegung selbst« in der »heiligen Selbstverwirklichung« dieses »Menschenkindes« sieht, das, »um zu einer Selbstverwirklichung zu kommen, über solche Taten hinweggeht«. Helmut Ensslin meint mit dem letzten Satz wohl, Gudrun gehe, »um zu einer Selbstverwirklichung zu kommen«, über die Folgen, die ihre Tat für andere aber auch für sie selbst hat, hinweg. Um ihrer »heiligen« Mission willen ist Gudrun bereit, andere, vor allem aber sich selbst zu opfern. Der eigene Märtyrer-Tod wird geradezu gesucht, einerseits als Beweis für die Bösartigkeit des »Systems« und andererseits als Opfer, das die Schuld der Elterngeneration wieder gutmachen soll.

Helmut Ensslins Beziehung zu seiner Tochter ist von einer tiefen Ambivalenz geprägt: Er kann sich so gut in sie einfühlen, weil sie einen Teil von ihm repräsentiert, weil sie etwas auslebt, was ursprünglich sein eigenes Bedürfnis war. Vater Ensslin hat sein eigenes narzisstisch überhöhtes Ich-Ideal, ein antifaschistischer Widerstandskämpfer sein zu wollen, auf seine Tochter projiziert, und sie hat diese Rolle angenommen und ausgeführt. In diesem Fall ist der Vater in der Rolle des Komplementär-Narzissten, der seine Tochter in der narzisstischen Rolle der grandiosen Freiheitskämpferin und Märtyrerin glorifiziert.

Auch Ilse Ensslin, die Mutter von Gudrun Ensslin, bekennt sich in einem Interview nach dem Kaufhausbrand-Prozess zur Tat ihrer Tochter:

> »Ich spüre, daß sie mit ihrer Tat auch etwas Freies bewirkt hat, sogar in der Familie. Plötzlich, seit ich sie vor zwei Tagen in der Haft gesehen habe, bin ich selbst befreit von einer Enge und auch Angst, die – vielleicht zu Recht oder Unrecht – mein Leben hatte. Vielleicht auch kirchliche Konvention. Das alles hat Gudrun immer sprengen wollen, und ich habe es verhindern wollen. Daß es Menschen gibt, die weitergetrieben werden, aus der Konvention heraus, zu Taten, die ich nicht übersehen kann, vielleicht aber in zehn Jahren als berechtigt anerkennen muß. Das wäre mir vor einem Jahr oder vielleicht noch vor einer Woche unmög-

lich gewesen zu sagen. Aber sie hat mir eine Angst genommen, und sie hat mir den Glauben an sie nicht genommen« (zit. n. Aust 1986, S. 73f).

Ilse Ensslin hat das Gefühl, dass durch die kriminelle Tat ihrer Tochter »etwas Freies« in ihr bewirkt worden sei. Sie fühlt sich befreit von Angst und einem Gefühl der Beklommenheit. Die Tochter hat das getan, was sich die Mutter nie zu tun gewagt hat: die Konvention zu brechen. Die Kaufhausbrandstiftung moralisch zu verurteilen oder auch nur unsinnig zu finden, kann sich die Mutter nicht entschließen, so sehr ist sie fasziniert und entlastet von dem Befreiungsschlag der Tochter, mit dem sie sich unbewusst identifiziert. Die Tat moralisch gutzuheißen würde ihrem Gewissen allerdings widersprechen, doch kann sie sich immerhin vorstellen, dass man die Tat vielleicht in zehn Jahren als berechtigt anerkennen muss. Und zum Schluss bekräftigt die Mutter nochmals ihre Auffassung, dass sie an ihre Tochter glaube und dass die Tochter ihr mit dieser Tat die Angst genommen habe. Offenbar fühlt sich Ilse Ensslin psychisch entlastet, weil die Tochter ihren eigenen unbewussten Konflikt stellvertretend für sie ausagiert. Gudrun Ensslin handelt aufgrund eines unbewussten Rollenauftrages ihrer Mutter.

Richter (2001, S. 79) hat die gleichen unbewussten Verstrickungen zwischen Birgit Hogefeld und ihrem Vater herausgearbeitet:

»Ihre unbewusste Mission als rächende Erlöserin des Vaters, der Märtyrer-Mythos des Holger Meins und die Identifizierung mit einer Gruppe, die sich mit jeder Niederlage nur noch entschlossener in der Festung ihres Menschheitsbefreiungswahns verbarrikadierte, das waren die Antriebe, die sie am Ende zum willfährigen Teil einer destruktiven Gruppenpsychose machten. Wie die anderen an ihrer Seite vollzog sie die von Freud beschriebene Reaktion der Wahnbildung, nämlich die versagende Realität aufgeben und durch eine paranoische Wunschwelt zu ersetzen, nämlich durch den unbeirrbaren Glauben an die siegreiche Revolution, von dem sich die Massen der 1968 mobilisierten Linken schon resigniert verabschiedet hatten.«

In diese unbewusste Dynamik verstrickt, schufen sich die Terroristen eine phantasierte gesellschaftliche Realität, die ihrem unbewussten elterlichen Rollenauftrag entsprach und diesen rechtfertigte. In einer »Self-fulfilling-prophecy« forderten sie die Staatsmacht gewalttätig heraus, bis diese schließlich ihre »autoritär-kapitalistische Fratze« zeigte. Diese Dynamik springt im Falle der Terroristinnen Ensslin und Hogefeld geradezu ins Auge, ist aber in abgeschwächter Form charakteristisch für das Generationenverhältnis insgesamt.

Von Willy Brandt und den Sozialdemokraten erwartete die 68er-Generation eine kompromisslose Auseinandersetzung mit der Gewaltherrschaft des

Hitler-Regimes. Doch die große Koalition, die sich sogleich die Verabschiedung der Notstandsgesetze vornahm, machte diese Hoffnungen zunichte. Als dann Willy Brandts sozial-liberale Koalition mit dem Programm antrat, »mehr Demokratie zu wagen«, keimten neue Hoffnungen auf. Im Grunde war die Wahl Willy Brandts zum Bundeskanzler erst durch den kulturellen Klimawandel ermöglicht worden, den die Jugendbewegung der sechziger Jahre in Gang gesetzt hatte. Der ganz überwiegende Teil der 68er-Generation nahm Willy Brandts Einladung »mehr Demokratie zu wagen« an und machte sich auf den »langen Marsch durch die Institutionen« oder gründete eigene Institutionen, die sich auf den langen Weg einer friedlichen Veränderung der Gesellschaft machten. Die Frauen-, die Alternativ-, die Öko- und die Friedensbewegung, aber natürlich auch die Partei der Grünen und die zahlreichen namenlosen Initiativ- und Selbsthilfegruppen im Bereich der Psychiatrie, der psychosozialen Versorgung von Randgruppen, zur Erprobung neuer Formen der Erziehung sind aus diesen Bemühungen hervorgegangen. Für einen relativ kleinen aber lautstarken Teil der 68er-Generation kam die Einladung Willy Brandts gleichsam zu spät. Dieser Teil hatte sich – frustriert von den Beharrungskräften und der Ignoranz der »formierten Gesellschaft«, die sich im Übrigen mit der Wahl von Willy Brandt nicht über Nacht verwandelte, sondern sich durch Berufs-, Denk- und Publikationsverbote, durch Sympathisantenhetze und den Ausbau des Polizeiapparates profilierte – schon in die verschiedensten Subkulturen abgesetzt. Mit dem Zerfall der studentischen Protestbewegung bildeten sich auf der einen Seite Gruppierungen, die sich in eine innere Emigration zurückzogen (religiöse Sekten, Drogen-Szene, Psycho-Boom) und auf der anderen Seite entstanden Gruppen, die sich in dogmatischen Kommunismus, in Stalinismus und in anarchistischen Terrorismus flüchteten. Entgegen den geweckten Hoffnungen auf eine friedlichere und demokratischere Gesellschaft kam es im Verlauf der siebziger Jahre zu einer Welle terroristischer Anschläge der RAF, die zu »bürgerkriegsähnlichen Stimmungen« (Dubiel 1999, S. 146) und zu dem weit verbreiteten Gefühl in der Öffentlichkeit, Staat und Demokratie der Bundesrepublik seien existenziell herausgefordert, führten.

Zwar lehnte die Studentenbewegung in ihrer überwiegenden Mehrheit die Strategie des bewaffneten Kampfes zur Veränderung der gesellschaftlichen Verhältnisse grundsätzlich ab, aber gleichwohl teilte die gesamte 68er-Generation in gewissen Grundzügen den moralischen Rigorismus und »das vom Antifaschismus geprägte Feind- und Weltbild der RAF-Terroristen« (ebd., S. 147). Wie Richter (2001, S. 75) schreibt, war die RAF eben nicht »von vornherein ein Außenseiter-Phänomen, sondern nur eine Extrem-Variante einer Bewegung, die ausgezogen war, der Hitler-Generation die heuchlerische Anpassungsmaske vom Gesicht zu reißen, weswegen die Kerngruppe sich auch noch längere Zeit auf ein beträchtliches linkes Sympathisanten-Gefolge stützen konnte«. Über den Zusammenhang zwischen der nationalsozialistischen Vergangenheit und dem anarchistischen Terrorismus der RAF führte Norbert Elias anlässlich der Verleihung des Theodor W. Adorno-Preises an ihn im Jahre 1977 aus:

> »Für viele Menschen der jüngeren Generation bedeutete das Bekenntnis zum Marxismus und in extremen Fällen zum terroristischen Anarchismus im Grunde auch einen Versuch, sich und Deutschland von dem Fluch des Nationalsozialismus zu reinigen. Sie spürten den Fluch. Es half nichts, wenn sie sagten: Aber wir waren ja noch nicht einmal geboren, wir hatten nie etwas mit der Hitlerei zu tun. Ob jung oder alt, das wunde Wir-Bild deutscher Menschen blieb belastet durch die Erinnerung. Die Ereignisse von 1968 in Deutschland lassen sich gewiß nicht auf den Nenner einer einzelnen Erklärung bringen. Ein ganzer Komplex von Faktoren spielte hier eine Rolle. Aber die Hingabe an den Marxismus hatte für manche Studenten unter anderem auch die Funktion eines Schutzmittels; sie half jungen Menschen, sich vor sich selbst und vor der ganzen Welt von dem Stigma der Gaskammern zu reinigen, mit dem der Name der Deutschen belastet war. Es wäre nicht undenkbar, daß dieses Bemühen um Reinigung von dem Fluch, an dem viele junge Menschen nicht ganz zu Unrecht ihren Vätern, dem deutschen Bürgertum, schuld geben, auch bei der gegenwärtigen Welle der Gewalt eine Rolle spielt. Dieser Hang zum Extrem, die Verachtung der Kompromisse, die ja tief in der deutschen Tradition verankert ist, hat – wie wir alle sehen – auch heute ihre Wirksamkeit noch nicht verloren« (Elias, Lepenies 1977, S. 61f).

Die Terroristen der RAF führten der Nazi-Generation demonstrativ vor, wie man einen rigorosen, bis zum Letzten, zur Selbstaufopferung gehenden Widerstand gegen ein Terror-System leistet. Dass sie die politische Realität der Bundesrepublik fälschlicherweise mit der des nationalsozialistischen Staates gleichsetzten und als »offenen Faschismus« bezeichneten, macht eine ihrer Realitätsverkennungen aus. Indem sie gegen die bestehende kapitalistische Gesellschaftsordnung ankämpften, wollten sie auf der bewussten Ebene die Arbeiterklasse und die unterdrückten Völker befreien, unbewusst waren sie aber auch von dem Verlangen bestimmt, sich selbst von der unerträglichen moralischen Last der nationalsozialistischen Vergangenheit der Elterngeneration zu befreien. Dies führte zu einem übersteigerten moralischen Anspruch, sich nicht korrumpieren zu lassen, sich mit dem »Schweine-System« in keiner Weise einzulassen. Der Wunsch, nicht infiziert und integriert zu werden, schuf einen »generationsspezifische[n] militante[n] Antifaschismus« (Dubiel 1999, S. 147) und bewirkte demonstrative Abgrenzungsversuche, die bis zum Terrorismus gehen konnten. Die Aufteilung der Welt in gut und böse, die denunziatorische Bestialisierung des politischen Gegners als »Schwein«, das bedenkungslos getötet werden kann, und die Erlösungsfunktion sowohl der Gewalttat gegen andere als auch der Selbstopferung verband die geistig-emotionale Haltung der RAF mit der des Nationalsozialismus (vgl. Vondung 1988, S. 478ff). Auf tragische Weise bildete der terroristische Kampf der RAF eine Wiederkehr der verdrängten nationalsozialistischen Vergangenheit, während der die Staatsraison den Terror ausübte. Da die Terroristen gleichsam nicht aus freien Stücken, sondern als unbewusste Delegierte im Auftrag der Elterngeneration handelten, blieben sie unbewusst gebunden an die unverarbeitete nationalsozialistische Vergangenheit, und sie waren gezwungen, diese zu wiederholen – gerade auch da, wo sie gegen diese ankämpften. Ihr Kampf gegen das, was sie als »offenen Faschismus« bezeichneten, nahm selbst faschistische Züge an.

Und schließlich gaben die Terroristen der gesamten deutschen Öffentlichkeit die Möglichkeit, sich voll moralischer Empörung und Entrüstung an der uneingeschränkten Verfolgung und Verurteilung jedes einzelnen Terroristen zu beteiligen und dabei von der gewaltsamen Vergangenheit der Deutschen abzulenken. Margarete Mitscherlich-Nielsen (1979, S. 22) schreibt dazu:

»Die gesamte deutsche Öffentlichkeit beteiligte sich mit starkem Affekt an der Verurteilung der Terroristen, wobei deren sinnlose und grausame Morde hier gewiß nicht verharmlost werden sollen. Dennoch, verglichen mit den schwachen Reaktionen auf Massenmorde unvorstellbar grausamer Natur fallen die oft an Hysterie grenzenden Reaktionen auf die Handlungen einiger weniger ins Abseits geratener Aktivisten besonders ins Auge. Ganz anders als über diejenigen, die sich an Hitlers Untaten beteiligt hatten oder gar auch seine Mitläufer, erregte man sich jetzt über die so genannten Sympathisanten . Wer nur zu verstehen oder zu erklären versuchte, was die Terroristen zu ihrem Verhalten oder zu ihren unsinnigen Taten trieb, galt als verfolgungswürdig, und mancher, der die bestehenden Wertvorstellungen und die ihnen entsprechenden politischen Handlungsweisen einer Kritik zu unterziehen gewagt hatte, wurde als geistiger Urheber der Terrorszene angesehen« (Mitscherlich-Nielsen 1979, S. 21f).

Prominente Opfer dieser Sympathisandenjagd waren unter anderen Heinrich Böll, Kurt Scharff, Heinrich Albertz und Peter Brückner. Der ideologisch übersteigerte Antifaschismus der 68er-Generation, der auf der unbewusst vermittelten Delegation der Elterngeneration beruhte, den antifaschistischen Widerstand nachzuholen, den die Eltern »aus Feigheit oder purer Komplizenschaft unterlassen hatten« (Dubiel 1999, S. 147), führte zu einer Identitätsdiffusion, die sich in der Ambivalenz zur Frage der Gewalt symptomatisch ausdrückte.

Psychodynamisch entspringt der Konflikt einem als unerträglich empfundenen Ohnmachtsgefühl, angesichts des in der Vergangenheit von der Elterngeneration begangenen Unrechts und der Tatsache, am gegenwärtigen Unheil in der Welt nichts ausrichten zu können. Alle mit enthusiastischem Engagement begonnenen Initiativen scheinen an der Arroganz der Macht zu scheitern. Die narzisstische Kränkung, die aus der erfahrenen Hilflosigkeit und Ohnmacht resultiert, wandelt sich um in narzisstische Wut, die sich im terroristischen Gewaltakt Befriedigung verschafft. Auch wenn die RAF-Terroristen keine Selbstmord-Attentate ausführten, waren sie doch bereit, ihr eigenes Leben nicht nur aufs Spiel zu setzen, sondern auch als Fanal gezielt einzusetzen. Insofern gilt Enzensbergers im Hinblick auf die Attentäter vom 11. September 2001 in New York geäußerte Vermutung, hier sei ein »Stolz auf den eigenen Untergang« (FAZ vom 18. 9. 2001) am Werk, auch für die RAF. Die Selbstvernichtung ist verbunden mit der grandiosen Vorstellung von der eigenen Größe und Bedeutung. Die Welt soll endlich anerkennen, wie korrupt und schlecht die kritisierte Gesellschaft ist, wie bedeutend die eigenen politischen Vorstellungen sind und wie aufopferungsbereit die eigene Terrorgruppe ist. In der narzisstischen Phantasie, die ganze Welt beachte den eigene Tod, werden die Selbstzweifel, narzisstischen Kränkungen und Minderwertigkeitsgefühle der Terroristen kompensiert. Der Terror der RAF lässt sich weder aus den triebhaften Tiefen eines inneren Todestriebes der Terroristen noch aus dem Außen der gesellschaftlichen Reaktionen auf den Protest der 68er-Generation erklären, sondern nur aus dem Zusammenspiel zwischen den Generationen (vgl. Altmeyer 2001c, S. 15). Der Mangel an wechselseitiger Anerkennung zwischen den Generationen schuf narzisstische Kränkungen, die sich in gewaltsamen Demonstrationen destruktiver Macht zum Ausdruck brachten.

»Klammheimliche Freude« und Sympathisantenjagd

Im April 1977 verfasste ein Göttinger Student unter dem Pseudonym »Mescalero« einen Nachruf auf den von der RAF ermordeten Generalbundesanwalt Buback. Der Mescalero verurteilte zwar diesen Mord, bekannte sich aber auch zu seiner »klammheimlichen Freude«. Dieser Nachruf, der in einer Göttinger Studentenzeitung erschienen war, erregte infolge einer Anzeige des RCDS bundesweite Aufmerksamkeit. Einigen Wissenschaftlern, die den vollständigen Text des Mescalero als Dokument veröffentlicht hatten, wurde eine Distanzierungserklärung abverlangt (vgl. Brückner 1977).

Natürlich ist die klammheimliche Freude an der Ermordung eines Menschen unmoralisch, sadistisch und geschmacklos. Aber könnte das Bekenntnis des Mescalero nicht auch als ein Zeichen einer radikalen Ehrlichkeit gegenüber den eigenen Empfindungen verstanden werden, die den Keim der Selbstkritik schon in sich trägt? Im Zusammenhang mit den Verbrechen der Nazi-Zeit hätte man sich den ein oder anderen Beteiligten geradezu gewünscht, der sich zu seiner sadistischen Lust oder eben zumindest zu seiner klammheimlichen Freude über die Ermordung der Juden bekannt hätte, denn solche Menschen musste es ja gegeben haben. Um das Monströse an Auschwitz verstehen und bearbeiten zu können, hätte die Gesellschaft Menschen benötigt, die sich mit reflektierender Distanz zu ihrer damaligen Beteiligung und inneren Verflechtung mit dem Nazi-Regime bekannt hätten. Stattdessen traf die junge Generation bei ihren Fragen nach der Beteiligung der Eltern am Nationalsozialismus nur auf eisiges Schweigen, auf die alte Nazi-Mentalität und die Beteuerung, man habe von den schlimmen Verbrechen des Nazi-Regimes nichts gewusst und erst recht nichts damit zu tun gehabt.

Aus heutiger Sicht lässt sich der Mescalero-Nachruf auch als Versuch verstehen, die historisch-gesellschaftliche Mitverantwortung der Protest-Generation am Terrorismus zu thematisieren und zu problematisieren. Wie Peter Brückner (1977) gezeigt hat, stand der Mescalero der RAF durchaus kritisch gegenüber. Die Formulierung »klammheimliche Freude« kann ja bereits als Zeichen einer »reflektierten Selbstironie« (Dubiel 1999, S. 147) betrachtet werden, denn das »klammheimlich« verweist darauf, dass die Freude gebrochen ist und sich vor der eigenen Moral verstecken muss. Das offene Eingeständnis des Mescalero hätte eine Ausgangsbasis sein können, die psychohistorischen Voraussetzungen des Terrorismus zu analysieren. Erst auf der Grundlage einer Art von Mitverantwortung, die der Mescalero mit diesem Bekenntnis auf sich nahm, wäre eine solidarische Kritik – eine Kritik aus dem Gefühl der Betroffenheit und der Mitverantwortung heraus, nicht nur eine moralische Verurteilung von außen – möglich gewesen.

Ich war immer wieder verzweifelt und traurig über die Tatsache, dass die Terroristen der RAF aus der studentischen Protestbewegung hervorgingen, der auch ich mich zugehörig fühlte. Obwohl ich nie mit terroristischen Zielen und mit Gewalt sympathisierte, fühlte ich eine Art Mitverantwortung dafür, dass Menschen meiner Generation, Menschen, die ursprünglich mit den gleichen humanistischen Absichten angetreten waren wie ich, sich in terroristische Gewalt verstrickten. Der Gedanke ließ sich nicht ganz von der Hand weisen, dass ich nur aufgrund glücklicher Umstände, die es mir ermöglichten, Frustrationen in der politischen Arbeit länger auszuhalten und kleine Erfolge schon als hoffnungsträchtige Hinweise auf zukünftige Entwicklungen zu interpretieren, nicht in der Nähe terroristischer Gruppierungen gelandet war. Ich will damit zweierlei sagen: Zum einen lässt sich der Terrorismus nicht auf die Psychopathologie einzelner reduzieren, sondern einzelne haben stellvertretend für ihre eigene Generation und für die der Eltern etwas ausagiert. Die späteren Terroristen hatten einst als uneigennützige Idealisten begonnen, sich politisch zu engagieren, verhärteten sich aber während der eskalierenden Auseinandersetzungen mit dem Staats- und Polizeiapparat zunehmend, der seinerseits zu immer härteren und schärferen Maßnahmen griff (vgl. Elias 1992, S. 343). Zum anderen zeigt sich beispielsweise an der Gegenüberstellung von Außenminister Fischer und dem Ex-Terroristen Hans-Joachim Klein, wie schmal der Grat ist, auf dem wir alle wandeln. Eigentlich käme es darauf an, dass wir erkennen würden, wie leicht sich jeder von uns in Unrecht verstricken kann. Das konnte man während der Nazi-Zeit ebenso beobachten wie in der DDR und eben im Rahmen der 68er-Protestbewegung, auch wenn das begangene Unrecht sehr unterschiedlich zu bewerten ist. Entscheidend wäre, sich mit den dunklen Seiten der eigenen Vergangenheit offen auseinanderzusetzen.

Im Terrorismus der RAF hat sich die 68er-Generation in Gewalt verstrickt, eine Gewalt, die auf die Schrecken der Nazi-Vergangenheit zurückverweist. Die Generation der 68er trägt eine Art moralischer und politischer Mitverantwortung für die Gewalt der RAF, weil das ideologische Freund-Feind-Denken in gewissem Umfang das Denken dieser ganzen Generation infiziert hatte. Der Göttinger Mescalero thematisiert dieses Phänomen. Der Einzelne kann nicht ohne weiteres aus einem solchen Zeitgeist aussteigen. Er wird mitschuldig, auch wenn er nie einen Stein geworfen hat. Der kleinste Anflug von klammheimlicher Freude angesichts des Todes von Schleyer und Buback macht es schon aus, dass man sich als Teil dieser Generation innerlich von den Verirrungen dieser Bewegung nicht hinreichend distanziert hat. Insofern trägt man Mitverantwortung für die Fehler, die die Generation beging, der man angehört. Das ist Teil der Last, die der Einzelne tragen und ertragen muss, sobald er zu einer Generation im oben definierten Sinne gehört. Nur wenn man diese Verantwortung annimmt, kann man sich wirklich von den Irrtümern distanzieren. Die moralische Distanzierung von Gewalt ist leicht ausgesprochen. Wenn sie nicht bloßes Lippenbekenntnis bleiben soll, setzt sie notwendig einen inneren Verarbeitungsprozess, der u. a. mit Trauer über die begangenen Irrtümer verbunden ist, voraus. Die bloße Zuschreibung der Verantwortung an den politischen Gegner leistet keinen Beitrag zur gesellschaftlichen Bearbeitung des Gewalt-Problems.

Mit der Gleichsetzung von rechter und linker Gewalt will sich die CDU aus der Verantwortung stehlen für die Gewalt, die sie selbst mit zu verantworten hätte. Die Kampagne gegen Asylbewerber, der CDU-Wahlslogan »Kinder statt Inder« und die Warnungen von CSU-Chef und Kanzler-Kandidat Edmund Stoiber vor einer »Durchrassung der Gesellschaft« liefern den ideologischen Hintergrund und schaffen das emotional-psychologische Klima, in dem rechte Gewalt gedeiht. In einem moralischen, in einem politischen und in einem psychologischen Sinn haftet die jeweilige Gruppe, die den Gewalttätern sozial, ideologisch, traditionell oder psychokulturell am nächsten steht, mit für die Taten, die sie zumindest nicht verhindert, häufig aber psychologisch unterstützt hat. Die Deutschen haften mit oder ohne »Gnade der späten Geburt« für die Nazis, so wie die 68er für die RAF und die CDU für die Neonazis haften. Nur wenn man diese innere Mitverantwortung, die natürlich keine juristische ist, anerkennt, wird die Gewalt bearbeitbar. Ich glaube, es ist wichtig, dies zu sehen, wenn der Wiederholungszwang, der immer neue Gewalt hervorbringt, durchbrochen werden soll. Ob es zukünftig zu einer etwas besseren Bearbeitung der Vergangenheit kommt als bislang, wird wesentlich davon abhängen, ob es gelingt, dass alle Generationen – trotz ihrer unterschiedlichen Ausgangslage – sich daran als Betroffene beteiligen.

Literatur

Altmeyer, M. (2000): Narzissmus und Objekt. Ein intersubjektives Verständnis der Selbstbezogenheit. Göttingen (Vandenhoeck & Ruprecht).
Aust, S. (1986): Der Bader Meinhoff Komplex. Hamburg (Hoffmann & Campe).
Brückner, P. (1977): Die Mescalero-Affäre. Hannover (Internationalismus).
Bude, H. (1987): Deutsche Karrieren. Lebenskonstruktion sozialer Aufsteiger aus der Flakhelfer-Generation. Frankfurt a. M. (Suhrkamp).
Bude, H. (1995): Das Altern einer Generation. Frankfurt a. M. (Suhrkamp).
Cohn-Bendit, D. (2001): »Ein Segen für dieses Land«. In: Der Spiegel 5/2001, S. 86-92.
De Levita, D. (1971): Der Begriff der Identität. Neuauflage Gießen 2002 (Psychosozial-Verlag).
Dubiel, H. (1999): Niemand ist frei von der Geschichte. Die nationalsozialistische Herrschaft in den Debatten des Deutschen Bundestages. München (Hanser).
Elias, N. (1992): Studien über die Deutschen. Machtkämpfe und Habitusentwicklungen im 19. und 20. Jahrhundert. Frankfurt a. M. (Suhrkamp).
Elias, N. und Lepenies, W. (1977): Zwei Reden anläßlich der Verleihung des Theodor W. Adorno-Preises 1977. Frankfurt a. M. (Suhrkamp).
Erikson, E. H. (1959): Identität und Lebenszyklus. 3 Aufsätze. Frankfurt a. M. 1966 (Suhrkamp).
Glaser, H. (1986): Kulturgeschichte der Bundesrepublik Deutschland. Zwischen Grundgesetz und Großer Koalition. München, Wien (Hanser).
Kraushaar, W. (2001): Fischer in Frankfurt. Karriere eines Außenseiters. Hamburg (Hamburger Edition).
Leggewie, C. (1995): Die 89er. Portrait einer Generation. Hamburg (Hoffmann & Campe).
Mannheim, K. (1928): Das Problem der Generationen. In: Mannheim, K. (1970): Wissenssoziologie. Auswahl aus dem Werk. Neuwied (Luchterhand), S. 509-565.
Mitscherlich-Nielsen, M. (1979): Die Notwendigkeit zu trauern. In: Psyche 33, S. 981-990.
Negt, O. (1995): Achtundsechzig. Politische Intellektuelle und die Macht. Göttingen (Steidl).
Richter, H.-E. (1985): Bedenken gegen Anpassung. Hamburg (Hoffmann & Campe).
Richter, H.-E. (2001): Was mich mit einer gewandelten RAF-Gefangenen und ihrem Vater verbindet. In: Wirth 2001, S. 73-80.
Schmid, T. (2001): Ein deutsches Wunder. Wie die Bürgergesellschaft laufen lernte und was die Staatsfeinde von ehedem damit zu tun haben. In: Frankfurter Allgemeine Zeitung, Bilder und Zeiten, Nr. 29 I, vom 3. 2. 2001, S. I-II.
Schneider, C., Simon, A., Steinert, H., Stillke, C., (2002): Identität und Macht. Gießen (Psychosozial-Verlag), Publikation in Vorbereitung.
Sichrovsky, P. (1987): Schuldig geboren. Kinder aus Nazi-Familien. Köln (Kiepenheuer & Witsch).
Simon, A. (2000): »Wir wollen immer artig sein« – Generationskonflikte in Ost und West. In: Beziehungsdynamik 1 (2000), S. 55-74.

Stierlin, H. (1978): Delegation und Familie. Beiträge zum Heidelberger Familiendynamischen Konzept. Frankfurt a. M. (Suhrkamp).

Stürmer, M. (1986): Suche nach der verlorenen Erinnerung. In: Das Parlament, 17, vom 24. 5. 1986.

Vondung, K. (1988): Die Apokalypse in Deutschland. München (dtv).

Wirth, H.-J. (1986): Deutsche Dumpfheit – deutsche Sensibilität. Über den besonderen Umgang der Deutschen mit existentiellen Bedrohungen. In: psychosozial 29, 9. Jg., S. 48-56.

Wirth, H.-J. (1988): Der Fall Jenninger und unsere Schwierigkeiten mit der deutschen Vergangenheit. In: psychosozial 36, 11. Jhg., 1988, Heft IV, S. 55-61.

Wirth, H.-J. (Hg.), (2001): Hitlers Enkel – oder Kinder der Demokratie? Die 68er-Generation, die RAF und die Fischer-Debatte. Gießen (Psychosozial-Verlag).

Wirth, H.-J. (2002): Narzissmus und Macht. Zur Psychoanalyse seelischer Störungen in der Politik. Gießen (Psychosozial-Verlag).

Zygmunt Bauman und Christopher Browning
Sozio-historische Erklärungsversuche zur nationalsozialistischen Menschenvernichtung und ihre Konsequenzen für die Psychoanalyse

Joachim W. Hohl

Die Arbeiten von Bauman und Browning liefern zwei unterschiedliche Erklärungsansätze zur nationalsozialistischen Menschenvernichtung – dem so genannten Holocaust – die ich für besonders wichtige neuere Ansätze auf diesem Gebiet halte und von denen wir als Psychoanalytiker eine Menge lernen können, wenn wir uns mit der Frage beschäftigen, wie Auschwitz möglich war. Bei der folgenden Darstellung beziehe ich mich primär aber nicht ausschließlich auf zwei Bücher – von Bauman *Dialektik der Ordnung. Die Moderne und der Holocaust* (deutsch 1992) und von Browning: *Ganz normale Männer. Das Reserve-Polizeibataillon 101 und die Endlösung in Polen* (deutsch 1996). Bei diesen beiden Arbeiten handelt es sich um qualitativ sehr unterschiedliche Ansätze: Bauman ist Soziologe; er liefert eine soziologische Theorie des Holocaust, in der er diesen in eine Theorie der Moderne einbettet und ihn als Produkt einer spezifisch »modernen« Gesellschaft deutet. Er fragt mithin nach den gesellschaftlichen Bedingungen, die den Holocaust möglich gemacht haben. Anders hingegen Browning: Er ist Historiker und legt mit seiner Untersuchung des Reserve-Polizeibataillons 101 eine historische Fallstudie zu einer bestimmten Tätergruppe vor. Während Baumans Frage also lautet: Wie war es möglich? lautet Brownings Frage: Was war der Fall? Beide Autoren machen jedoch unabhängig voneinander Aussagen über das Handeln der Täter, seine Ursachen bzw. Motive. Und das ist ja das Thema, das uns als Analytiker besonders interessiert.

Ich beginne mit Baumans Theorie, gehe dann über zu Browning und werde am Schluss thesenartig einige Konsequenzen formulieren, die wir als Psychoanalytiker aus diesen beiden Ansätzen ziehen sollten.

Zunächst also zu Zygmunt Bauman. Der Untertitel seiner Arbeit – *Die Moderne und der Holocaust* – verweist schon auf seine zentrale These, dass nämlich die nationalsozialistische Menschenvernichtung als ein Projekt der

Moderne verstanden werden muss, als ein Phänomen, welches nur in einer »modernen«, d. h. differenzierten, technisierten, zivilisierten, bürokratisierten Gesellschaft möglich war und dem man nur gerecht werden kann, wenn man es aus den Funktionsprinzipien einer solchen Gesellschaft heraus zu verstehen sucht. Anders formuliert: Wir verfehlen das Wesen des Holocaust völlig, wenn wir ihn lediglich als Produkt eines wie auch immer wahnhaft übersteigerten Antisemitismus begreifen oder als historisches Ergebnis einer spezifisch deutschen Nationalgeschichte oder als »Rückfall in die Barbarei«, d. h. als ein historisch regressives Phänomen, einen Anachronismus, der dem Wesen zivilisiert-moderner Gesellschaften völlig fremd ist. Wie begründet nun Bauman diese These? Er nennt v. a. folgende drei Faktoren, die für moderne Gesellschaften konstitutiv sind und deren Zusammenwirken seines Erachtens Auschwitz möglich – wenn auch nicht: *notwendig* – gemacht hat:

1. Technik: Das genozidale Programm des Nationalsozialismus setzte zu seiner Realisierung einen hocheffizienten wissenschaftlich-technischen Apparat voraus, der die zur industriellen Massenvernichtung notwendigen materiellen Bedingungen bereitzustellen vermochte – vom Cyclon B der Firma BASF über die Hochleistungsöfen in Auschwitz bis hin zum Schienennetz der Deutschen Reichsbahn, über das die Züge in die Todeslager rollten. Die grausige Effizienz des Prozesses wird bei Browning deutlich, demzufolge 60% aller Opfer des Holocaust – also weit über drei Millionen Menschen – in nur elf Monaten, nämlich von Mitte März 1942 bis Mitte Februar 1943, zu Tode gebracht wurden. Mit dem archaischen Mittel des Pogroms, das für die Judenverfolgungen in vormodernen Gesellschaften typisch war, hätte sich das auf totale Ausrottung abzielende Programm der »Endlösung« nicht realisieren lassen.

2. Bürokratie und Verwaltung: Moderne Gesellschaften zeichnen sich durch einen hohen Grad von Verwaltung und damit Bürokratisierung aus. Bürokratisierte Verwaltung heißt nach Max Weber: hochgradige Arbeitsteilung, Standardisierung und Routinisierung von Arbeitsabläufen, hierarchische Organisation von Entscheidungsprozessen, affektive Neutralität und Zweckrationalität des Verwaltungshandelns, d. h. rationale Kalkulation der vorhandenen Mittel zur Erreichung vorgegebener Zwecke. Über diese zu befinden fällt nicht in den Kompetenzbereich der Verwaltung. Es liegt im Wesen der Bürokratie – und nicht etwa an der Bösartigkeit der Bürokraten – dass sie dort, wo sie es mit Menschen zu tun hat, diese zu »Fällen«, also zu Objekten macht; sie tut dies, um sie verwalten zu können. Das Projekt der

»Endlösung« setzt zu seiner Realisierung nach Bauman einen effizienten bürokratisierten Verwaltungsapparat voraus, wie er nur in modernen Gesellschaften existiert. Dies gilt in sachlicher wie in psychologischer Hinsicht: Was heißt Verwaltungshandeln für den Handelnden?

a. Arbeitsteilung bedeutet, dass jeder Einzelne nur für einen kleinen Teil des Gesamtprozesses zuständig ist, dass kaum einer noch das große Ganze überblickt. Insofern braucht sich auch niemand verantwortlich zu fühlen für das Gesamtresultat. Aufgabe des Lokführers ist es, seinen Zug pünktlich ans Ziel zu bringen – die Frage, ob er in den Viehwaggons Kühe oder Menschen transportiert, oder gar, was am Ziel mit seiner Fracht geschieht, fällt nicht in seinen Zuständigkeitsbereich.

b. Die Diffusion der Verantwortlichkeit wird verstärkt durch die hierarchische Organisation der Entscheidungsprozesse: Die »oben« treffen Entscheidungen, mit deren Folgen sie sich nicht zu konfrontieren brauchen, die »unten« führen Anweisungen aus, für die sie sich nicht verantwortlich zu fühlen brauchen.

c. Die moralischen Maßstäbe der Gesellschaft sind für das Funktionieren des bürokratischen Apparates nicht nur irrelevant, dieser erzeugt vielmehr seine eigene Moral: Er ersetzt die vorgängige moralische Verantwortung des Einzelnen für sein Handeln durch die technisch-formale Verantwortung für die Effizienz seines Handelns:

> »Ist die nötige Distanz der Handelnden vom Resultat durch die komplexe funktionale Differenzierung innerhalb einer Bürokratie erst einmal erreicht, können sich moralische Erwägungen voll und ganz auf die Erledigung der Aufgabe konzentrieren. Moral in der Bürokratie heißt nur noch, effizient, gewissenhaft und fachmännisch einwandfrei zu arbeiten« (Baumann 1992, S. 116f).

Der Vorwurf an Eichmann, er habe unmoralisch gehandelt, greift zu kurz – auch Eichmann handelt in einem gewissen Sinne »moralisch«, nur ist sein Handeln eben orientiert an der internen Funktionsmoral der Bürokratie.
3. Rassismus als moderne Staatsideologie: Mit der Entstehung der bürgerlich-modernen Gesellschaft – also etwa seit dem späten 17. Jahrhundert – beginnt sich die Auffassung vom Wesen des Staates zu ändern. In der vormodernen Gesellschaft wurde seine Aufgabe im Wesentlichen darin gesehen, Gesetze aufzustellen, deren Einhaltung zu überwachen und so die Aufrechterhaltung sozialer Ordnung zu garantieren. Mit der beginnenden Moderne wachsen dem Staat jedoch viel weiter gehende Funktionen zu: Nun soll der Staat aktiv in gesellschaftliche Prozesse eingreifen, um den Wohlstand des Gemeinwe-

sens zu mehren und die Wohlfahrt der Bürger zu fördern. Diese Staatsauffassung kleidet Bauman in die Metapher vom »Gärtnerstaat«: So wie es Aufgabe des Gärtners ist, seinen Garten zum Blühen zu bringen, indem er ihn wässert und düngt, indem er die nützlichen Pflanzen hegt und das Unkraut jätet, so sei es auch die Aufgabe des Staates, die Gesellschaft zum Blühen zu bringen und all jenes auszumerzen, was diesem Ziel im Wege steht. (Ähnliche Überlegungen wie hier bei Bauman finden wir bei Foucault unter dem Begriff der »Pastoral-Macht« oder der »Bio-Politik« des modernen Staates.) Bauman versteht nun den Rassismus des Nationalsozialismus – mit seinen beiden Aspekten Antisemitismus und Herrenrassen-Ideologie – als eine, wengleich extreme, Variante dieser genuin modernen Staatsauffassung: Aufgabe des NS-Staates ist es, die »perfekte Gesellschaft« (Bauman) herbeizuführen, indem er der arischen Herrenrasse zur Herrschaft verhilft. Das impliziert notwendigerweise die Elimination bzw. Ausmerzung anderer, als minderwertig definierter Gruppen oder Rassen. Wir erinnern uns: Das erste groß angelegte Vernichtungsprogramm der Nationalsozialisten war die »Operation T 4«, sie zielte unter dem Namen »Euthanasie« auf die Vernichtung »unwerten Lebens«.

So gelangt Bauman zu einer Sichtweise des Holocaust als einer Form von »social engineering«:

> »Der moderne Genozid verfolgt ein höheres Ziel.[...] Dieses Ziel ist die Vision einer besseren, von Grund auf gewandelten Gesellschaft. Der moderne Genozid ist ein Element des social engineering , mit dem eine soziale Ordnung realisiert werden soll, die dem Entwurf einer perfekten Gesellschaft entspricht« (Bauman 1992, S. 106).

Anzumerken bleibt, dass die historischen Wurzeln des Antisemitismus in seiner Form als Antijudaismus natürlich weit hinter den Beginn der Moderne zurückreichen. Betrachtet man ihn als religiös verbrämtes, affektiv hochgeladenes Vorurteil, so ist er natürlich kein modernes, sondern ein vormodernes, ja archaisches Phänomen. Aber nicht in der individuellen Heterophobie liegt für Bauman die wesentliche Qualität des »Judenhasses« in der Moderne, sondern in der Form, die der »alte« Antijudaismus im 19. und 20. Jahrhundert annimmt: In Gestalt des biologisch-genetisch begründeten Antisemitismus wird er Teil der »Rassenlehre« und avanciert so zu einer wissenschaftlich begründeten Form der »Weltanschauung«. Indem er sich mit dem Konzept des »Gärtnerstaates« verbindet, wird er zum politischen Programm, und darin sieht Bauman seine wesentliche Qualität als Phänomen der Moderne.

Ohne diese drei mit dem Wesen moderner Gesellschaften verbundenen Faktoren – also effiziente Technik, bürokratisierte Verwaltung und das moderne Konzept vom »Gärtnerstaat« – wäre der Holocaust nach Bauman nicht möglich gewesen. Dass er dann tatsächlich realisiert wurde, hängt darüber hinaus natürlich noch von einer ganzen Reihe anderer Faktoren ab, die man jedoch im Vergleich zu den drei genannten als historisch zufällig bezeichnen muss, wie etwa die Tatsache, dass die Nationalsozialisten überhaupt an die Macht kommen konnten, die Kriegssituation, die Indifferenz der Bevölkerung gegenüber der antisemitischen Politik des Regimes usw. Festzuhalten bleibt, dass in Baumans Modell die traditionelle Sichtweise des Holocaust radikal umgekehrt wird: Dieser resultiert gerade nicht aus einem Versagen der Zivilisation, er entspringt gerade nicht aus dem Durchbrechen archaischer Affekte, prä-zivilisatorischer Vorurteile oder barbarischer Denkmuster und Verhaltensweisen – im Gegenteil: Es ist gerade das Wirken der Zivilisation und nicht ihr Versagen, das ihn möglich macht, es ist die Zivilisation selbst, die das ideologische Programm des Genozids hervorbringt, und die die technischen und sozialen Mittel zu dessen Realisierung bereitstellt. Bauman wird nicht müde, auf die Rationalität des Vernichtungsprozesses hinzuweisen, die in der erzwungenen Kooperation der Opfer – und hier vor allem der »Judenräte« – bei diesem Prozess kulminierte.

Nun zur Frage nach der konkreten Motivation des Täterhandelns. An dieser Stelle rekurriert Bauman auf die Gehorsamsexperimente von Stanley Milgram. Bauman liest Milgram als psychologisch-experimentelle Umsetzung seiner allgemeinen soziologischen Theorie: Die Versuchsperson bei Milgram befindet sich strukturell in derselben Situation wie der Täter, der als Teil der nationalsozialistischen Vernichtungsbürokratie agiert; hier wie dort resultiert grausames Verhalten nicht aus Persönlichkeitsfaktoren, sondern aus der sozialen Struktur des Handlungsfeldes. Diese ist durch folgende Faktoren gekennzeichnet: Hierarchische Autoritätsstruktur mit dem Prinzip von Befehl und Gehorsam, Arbeitsteilung und Delegation der Verantwortung »nach oben«, soziale, z. T. auch räumliche Distanz zum Opfer, Trennung von Handeln und den erlebten Folgen des Handelns und schließlich die allmähliche Routinisierung des grausamen Verhaltens. Welche Bedeutung hat nun der Antisemitismus – verstanden als kollektiv verbreitetes individuelles Vorurteil – in Baumans Modell? Als Kausalfaktor bei der Erklärung von Täterhandeln ist er für Bauman irrelevant; mit H. Feingold nimmt er an, dass der Antisemitismus im Deutschland der Weimarer Republik sogar schwächer war als in vergleichbaren europäischen Ländern, wie etwa in Frankreich (vgl.

Bauman 1992, S. 45). Wichtig ist der Antisemitismus allerdings, um die apathische Folgebereitschaft des »arischen« Teils der deutschen Bevölkerung angesichts der NS-Judenpolitik zu verstehen: Der Antisemitismus im Deutschland der 20er und 30er Jahre war zu schwach, um erfolgreich Pogrome durchführen zu können – weswegen sich ja auch die »Reichskristallnacht« letztlich als Fehlschlag für das Regime erwies – er war jedoch stark genug um sicherzustellen, dass sich keine Hand zum Protest oder gar zum Widerstand regte, als die jüdischen Mitbürger erst ihre Rechte verloren, dann ihr Eigentum und schließlich ihr Leben...

Zusammenfassend hier noch einmal die Kausalfaktoren des Täterhandelns nach Bauman:

Bauman fragt nicht nach spezifischen Motiven des Täterhandelns. Für ihn resultiert dieses automatisch aus sozialen Situationen, die nach dem Muster des rollenförmigen, bürokratisierten Verwaltungshandelns organisiert sind und die folgende Charakteristika aufweisen:
- hierarische Autoritätsstruktur
- Arbeitsteiligkeit der Problembewältigung
- soziale und gegebenenfalls räumliche Trennung des Täters von den Objekten seines Handelns
- Trennung des Täters vom erlebbaren Effekt seines Handelns
- Substitution allgemeiner Moral durch interne Verwaltungsmoral
- Routinisierung des Handelns

Beim NS-Täter kommt noch ein weiterer Faktor hinzu, für den sich keine Entsprechung in den Milgram-Experimenten findet: die »Erzeugung moralischer Indifferenz« bei den »arischen« Deutschen gegenüber ihren »nichtarischen« Mitbürgern – ein Prozess, den Bauman in seiner Rede bei der Entgegennahme des Amalfi-Preises als »Adiaphorisierung« beschrieben hat (vgl. Bauman 1992, S. 234ff). Die Mittel, die der Nationalsozialismus in diesem Prozess eingesetzt hat, waren v. a. antisemitische Propaganda, juristische Diskriminierung (Judengesetzgebung), optische Stigmatisierung (Judenstern) und räumliche Ausgrenzung (Ghettoisierung). Alle diese Maßnahmen zielten darauf ab, die Juden als eine soziale Gruppe sui generis zu konstituieren, nämlich als Fremde. Damit wurden sie Schritt für Schritt aus dem Spektrum derjenigen ausgegrenzt, denen gegenüber moralische Obligationen bestehen. Die Strategie der Erzeugung moralischer Indifferenz kulminierte im Bild des Juden als »Untermenschen«, ja als Tier (Ungeziefer, Schädling).

Soweit der Ansatz von Zygmunt Bauman. Ich denke, seine Theorie hat viel für sich; abgesehen von den kritischen Einwänden, die man sicher gegen sie vorbringen kann, hat sie jedoch einen ganz entscheidenden Mangel: Sie kann nur für einen bestimmten Teil der NS-Täter Gültigkeit beanspruchen; denn offensichtlich bezieht sich Baumans Analyse auf die bürokratisierte Planung und die quasi-industrielle Durchführung der Menschenvernichtung in den nationalsozialistischen Todesfabriken. Eichmann stellt, wie ich meine, den Typ des Täters dar, der Baumans Analyse unausgesprochen zugrunde liegt. Wir wissen jedoch heute, dass »nur« etwa 60% der Opfer in den Vernichtungslagern umgebracht wurden, die anderen 40% – also rund zweieinhalb Millionen Menschen – wurden auf Todesmärschen, bei Ghettoauflösungen oder auf so genannten »Judenjagden« von Angehörigen der »Einssatzgruppen«, der Reservepolizei und anderen erschossen. Um das Handeln dieses Tätertyps geht es in der Arbeit von Christopher Browning.

Vorab ein Wort zu Brownings methodischen Vorgehen: In der Zeit von 1962 bis 1972 hat die Hamburger Staatsanwaltschaft gegen die ehemaligen Mitglieder des Polizeibataillons 101 Ermittlungen geführt. Browning hat die gerichtlichen Vernehmungsprotokolle von 210 ehemaligen Angehörigen des Bataillons ausgewertet und daraus detailliert dessen Einsätze im Rahmen der »Endlösung« in Polen von Juli 1942 bis November 1943 rekonstruiert:

In aller Frühe werden die Männer des Polizeibataillons 101 am 13. Juli 1942 aus den Betten geholt und von ihrem Standort Bilgoraj in Ostpolen in die 30 km entfernte Ortschaft Jozefow gefahren. Dort angekommen lässt der Bataillonskommandeur, Major Trapp, seine Männer antreten; bleich und nervös, mit Tränen in den Augen eröffnet er ihnen ihren Auftrag:

> »Das Bataillon stehe vor einer furchtbar unangenehmen Aufgabe, erklärte er mit tränenerstickter Stimme. Ihm selbst gefalle der Auftrag ganz und gar nicht, die ganze Sache sei höchst bedauerlich, aber der Befehl dazu komme von ganz oben. [...] In Jozefow gebe es Juden, die mit den Partisanen unter einer Decke steckten. Das Bataillon habe nun den Befehl, diese Juden zusammenzutreiben. Die Männer im arbeitsfähigen Altern sollten dann von den anderen abgesondert und in ein Arbeitslager gebracht werden, während die übrigen Juden – Frauen, Kinder und ältere Männer – auf der Stelle zu erschießen seien« (Browning 1997, S. 22).

Abschließend macht Major Trapp ein außergewöhnliches Angebot: Wer sich dieser Aufgabe nicht gewachsen fühle, könne beiseite treten. Eine Weile ist es still, dann treten, zögernd, einer nach dem anderen, etwa ein Dutzend Männer vor. Sie geben ihre Gewehre ab und werden aufgefordert, sich für weitere Befehle von Trapp zur Verfügung zu halten. Die anderen machen sich an die Arbeit. Die Juden werden auf dem Marktplatz zusammengetrieben, die

»Arbeitsjuden« werden von den anderen getrennt. Diese werden auf LKWs verladen und in den Wald gefahren. Dort wartet bereits das Erschießungskommando.

> »Jeder übernahm einen Gefangenen und marschierte mit seinem Opfer den Waldweg entlang. [Hauptwachtmeister] Kammer befahl den Juden sodann, sich in einer Reihe hinzulegen. Die Polizisten traten hinter sie, setzten das Bajonett anweisungsgemäß an einem Wirbel oberhalb der Schulterblätter an und schossen gemeinsam auf Kammers Kommando« (Browning 1997, S. 93).

Diese Art der Erschießung aus nächster Nähe verhinderte zwar weitgehend Fehlschüsse, hatte dafür aber andere Folgen, die ganz wesentlich zur emotionalen Belastung der Schützen beitrugen: Bei den Nahschüssen trifft das Geschoss den Schädel des Opfers mit einer solchen Rasanz, dass die ganze Schädeldecke abgerissen wird und der Schütze von herumfliegenden Knochensplittern getroffen und durch herumspritzendes Blut und Gehirnmasse besudelt wird. Im Verlauf dieses ersten Einsatztages treten noch eine Reihe weiterer Polizisten von dieser Aufgabe zurück, die meisten nach ihrer ersten Erschießung, manche auch erst, nachdem sie schon vier oder fünf Opfer erschossen hatten. Weitaus häufiger als die offene Verweigerung waren heimliche Versuche einzelner Polizisten, sich dem Morden zu entziehen – manche schossen absichtlich daneben oder ließen in einem unbeobachteten Moment »ihren« Juden laufen, andere versuchten, sich im Wald »zu verdrücken« oder meldeten sich freiwillig zum Absperrungsdienst. Browning schätzt die Zahl der Täter, die sich entweder offen verweigerten oder sich heimlich dem Morden zu entziehen versuchten, auf 10-20 %. Nach 17 Stunden pausenlosem Einsatz sind 1500 der 1800 Juden von Jozefow tot, die restlichen 300 werden in Waggons getrieben und in ein Lager bei Lublin geschafft. Als die Männer nach diesem ersten Einsatztag wieder in ihren Unterkünften ankamen

> »waren sie bedrückt, empört, verbittert und erschüttert. Sie aßen wenig und tranken viel.[...] Major Trapp ging herum und versuchte, seine Männer zu trösten und wieder aufzubauen, wobei er von neuem betonte, dass höhere Stellen die Verantwortung hätten. Doch vielen Polizisten konnten weder der Alkohol noch Trapps tröstende Worte das Entsetzen und die Scham nehmen, die sie empfanden« (Browning 1997, S. 103).

Bei den weiteren Einsätzen des Bataillons – und es sollten noch viele folgen – wurden zwei wichtige Änderungen eingeführt: Zum einen wurden die Polizisten nun größtenteils »nur noch« bei der Räumung von Ghettos und der Durchführung von Deportationen eingesetzt, weniger – wie noch in Jezofow – bei offenen Massakern vor Ort. Zum anderen arbeitete das Bataillon nun mit Verbänden von »Hilfswilligen« so genannten Trawniki aus den besetzten russischen Gebieten zusammen, und diesen wurden bei den nachfolgenden »Aktionen« soweit wie möglich die schlimmsten Aufgaben zugewiesen.

Im Herbst 1943 ist der Einsatz des Reservepolizeibataillons 101 im Rahmen der »Endlösung« beendet. Für die anderthalb Jahre seines Einsatzes in Polen stellt Browning folgende Bilanz auf: Das Bataillon war an der Erschießung von mindestens 38 000 Menschen direkt beteiligt und hat für die Deportation von weiteren ca. 45 000 Opfern in die Todeslager gesorgt. Die Gesamtzahl seiner Opfer beläuft sich damit auf mindestens 83000 Menschen.

Was wissen wir nun über das weitere Verhalten und die Motive der Täter: Warum haben sie mitgemacht, obwohl sie die Möglichkeit hatten, »nein« zu sagen? Zunächst zum Verhalten der Täter:
1. Bei den folgenden Einsätzen nehmen die Proteste der Männer ab und die Zahl der offenen Verweigerer sinkt rapide. Der größte Teil der Täter – etwa 60-80% – hat sich offenbar ziemlich rasch daran gewöhnt, die Mordaufträge weisungsgemäß auszuführen – ohne Begeisterung zwar, aber auch ohne erkennbaren Widerstand. Man könnte hier vom Prozess einer *kumulativen Habitualisierung* sprechen.
2. Eine kleine Gruppe von Polizisten und Offizieren scheint zunehmend an den »Aktionen« Gefallen zu finden – sie melden sich freiwillig zu den Erschießungen und den »Judenjagden«, führen alle Aufträge mit Begeisterung durch und manche machen sich einen Spaß daraus, die Opfer noch zusätzlich zu erniedrigen und zu quälen. Aus anderen Arbeiten Brownings geht hervor, dass der Anteil dieser Gruppe mit ebenfalls ca. 10-20% jener der »Verweigerer« in etwa entspricht. Bei dieser Gruppe kommt es offenbar zu einem Prozess der *kumulativen Brutalisierung*.
3. Die psychische Belastung der Täter war in dem Moment praktisch völlig aufgehoben, in dem sie »nur noch« mit dem Zusammentreiben der Opfer, mit Deportationen oder mit Absperrmaßnahmen beschäftigt waren und das Schießen anderen überlassen konnten. »Wenn sie die Erschießungen nicht unmittelbar selbst durchführen mussten, hatten die Polizisten offenbar kaum das Gefühl, mit dem Massenmord etwas zu tun zu haben« (Browning 1997, S. 122). (»*Ent-Emotionalisierung durch Arbeitsteilung*«).
4. Ganz wichtig sind nun die Begründungen, die von den Verweigerern für ihr Handeln angeführt werden: Alle begründen ihre Verweigerung mit

eigenen Defiziten – sie seien zu schwach oder zu weich, fühlten sich den Erschießungen einfach nicht gewachsen, seien mit den Nerven total fertig oder schlicht zu feige zum Schießen. In keinem einzigen Fall wurde der Sinn des Mordens infrage gestellt oder gar das konforme Handeln der Kameraden in Zweifel gezogen. Auch 25 Jahre danach, bei ihrer Vernehmung durch die Hamburger Staatsanwaltschaft »nannten die meisten der Polizisten, die sich der Beteiligung an den Erschießungen früher oder später entzogen hatten, als Hauptmotiv nicht irgendwelche ethischen oder politischen Prinzipien, sondern rein körperlichen Ekel vor ihrem Tun« (Browning 1997, S. 108f).

Um zu verstehen, warum die große Mehrheit der Täter – nämlich 80-90% – tut, was sie tut, ohne wirklich zu müssen, wenden wir uns jetzt den möglichen Kausalfaktoren zu, die von Browning selbst genannt und diskutiert werden: 1. Brutalisierung durch den Krieg; 2. Antisemitismus; 3. Arbeitsteiliges Vorgehen; 4. Besondere Selektion der Täter; 5. Ideologische Indoktrinierung; 6. Befehlsgehorsam; 7. Karrierismus; 8. Gruppendruck.

Zu 1. *Brutalisierung durch den Krieg*: Mit Ausnahme von einigen der älteren Offiziere, die schon im Ersten Weltkrieg gedient hatten, verfügte keiner der Männer über Kriegserfahrung. Insofern können wir die Brutalisierung als primären Kausalfaktor streichen: Die bei den Polizisten im Laufe der Zeit sehr wohl eintretende »Brutalisierung« – bei Browning ist damit der Prozess gemeint, den ich oben als »Habitualisierung« bezeichnet habe – ist nach Browning nicht *Ursache*, sondern *Folge* ihres Verhaltens.

Zu 2. *Antisemitismus*: Gewiss teilten die Polizisten den in der deutschen Bevölkerung »üblichen« Antisemitismus, der ja nicht erst seit 1933 selbstverständlicher Teil des herrschenden Weltbildes war. Aber abgesehen von einigen Ausnahmen findet Browning keine Hinweise auf die Existenz eines »eliminatorischen Antisemitismus« im Sinne Goldhagens, auf den man das Handeln der Täter plausibel zurückführen könnte. Gänzlich irrelevant ist der Faktor Antisemitismus jedoch auch nicht, denn er erleichtert den Tätern über eine Dehumanisierung der Opfer das Töten (vgl. hierzu Baumans *Konzept der Adiaphorisierung*).

Zu fragen bleibt, ob Browning nicht das Ausmaß des Antisemitismus als Kausalfaktor aufgrund der Datenlage unterschätzt: Im deutschen Strafrecht gilt »Rassenhass« bei Tötungsdelikten als »niederer Beweggrund« und damit als strafverschärfend. Die Täter waren also gut beraten, wenn sie bei ihrer späteren Vernehmung durch die Staatsanwaltschaft rassistische Motive verschwiegen oder herunterspielten.

Zu 3. Ähnlich haben wir auch den Faktor *Arbeitsteiliges Vorgehen* einzuschätzen: Sofern die Täter selber schießen, spielt die Arbeitsteiligkeit des gesamten Vernichtungsprozesses natürlich keine Rolle. In dem Moment jedoch, wo sich die Aktivität der Polizisten auf flankierende Maßnahmen und/oder Zulieferdienste zu den Erschießungen beschränkte, half ihnen die Arbeitsteilung dabei, sich vom Töten emotional zu distanzieren und ihre Mitwirkung bei den Massenmorden zu routinisieren.

Zu 4. *Besondere Selektion der Täter*: Bei den Angehörigen des Reservepolizeibataillons 101 handelte es sich durchweg um Männer mittleren Alters, die zum großen Teil aus der Hamburger Arbeiterschicht stammten. Aufgrund ihres Alters haben alle ihre sozialisatorische Prägung schon lange vor 1933 erhalten. Browning findet keine Indizien für Fremd- oder Selbstselektionsprozesse, die auf eine überdurchschnittliche Häufung von Rassismus, NS-Fanatismus, Sadismus oder autoritären Charakteren unter den Polizisten schließen ließe – im Gegenteil diese »erscheinen im Hinblick auf die zu erfüllende Aufgabe [...] in der Praxis eher als Negativauswahl« (Browning 1997, S. 214).

Zu 5. *Ideologische Indoktrinierung*: Für alle Bataillonsangehörigen war die Teilnahme an der »weltanschaulichen Schulung« Pflicht. Dabei handelte es sich um wöchentliche, halb- bis dreiviertelstündige Sitzungen, auf denen von den Offizieren »weltanschauliche Vorträge« gehalten oder einschlägige SS-Broschüren behandelt wurden. Browning analysiert diese Schulungen sowie das dabei verwendete Material und kommt zu dem Schluss, dass die SS-Indoktrinierung weder in quantitativer noch in qualitativer Hinsicht eine ausreichende Erklärung für die Entwicklung dieser Männer zu Mördern liefern kann (vgl. Browning 1997, S. 233).

Zu 6. *Befehlsgehorsam*: Wie in Kriegsverbrecher-Prozessen üblich, haben sich die Polizisten bei ihrer Vernehmung in den 60er Jahren auf den Befehlsnotstand berufen. Dieser lag jedoch im Fall des Bataillons 101 nicht vor – Major Trapp hatte sich zwar bei der Ansprache an seine Männer auf »einen Befehl von ganz oben« berufen, ihnen jedoch zugleich die Möglichkeit eingeräumt, sich an der Ausführung dieses Befehls nicht zu beteiligen. Auch die Annahme einer diffusen allgemeinen Gehorsamsbereitschaft hilft hier nicht viel weiter, denn durch das Handeln der Verweigerer wurde den anderen ja täglich vor Augen geführt, dass sie »nein« sagen konnten, ohne dafür bestraft zu werden. (Es ist übrigens bis heute kein einziger Fall bekannt geworden, bei dem die Weigerung, sich an der Ermordung von *unbewaffneten Zivilisten* zu beteiligen, tatsächlich zu einer gravierenden Bestrafung geführt hätte. Vgl. Browning 1997, S. 222f).

Zu 7. *Karrierismus*: Dieser Faktor spielt nach Browning eine »bedeutende Rolle« (Browning 1997, S. 222) bei der Erklärung des Täterhandelns – und zwar sowohl bei den Tätern wie bei den Verweigerern: Eine ganze Reihe der Polizisten trug sich mit dem Gedanken, nach dem Krieg bei der Polizei zu bleiben und hier eventuell Karriere zu machen. Um diese Aussichten nicht zu gefährden, schien es diesen Polizisten offenbar geraten, sich den Erschießungen nicht zu entziehen. Umgekehrt begründeten einige Verweigerer ihren Schritt später damit, dass sie ja gute Zivilberufe hatten und deshalb nicht auf eine Karriere bei der Polizei angewiesen waren.

Zu 8. *Gruppendruck*: Den wichtigsten Kausalfaktor bei der Erklärung des Täterhandelns sieht Browning offenbar in der Anpassung der Täter an den Gruppendruck bzw. in ihrer Gruppenloyalität: Nicht mitzuschießen bedeutete ja, den Kameraden die »Drecksarbeit« zu überlassen, sie im Stich zu lassen bei einer äußerst unangenehmen kollektiven Aufgabe. Trapps Angebot anzunehmen war also gleichbedeutend mit einem unsozialen Akt, es hieß, sich ein gutes Gewissen auf Kosten der Kameraden zu verschaffen. Dazu kam die Angst vor sozialer Isolation:

> »Wer nicht schoß, riskierte, von den anderen abgelehnt und geschnitten zu werden, und das war keine angenehme Aussicht, wenn man bedenkt, daß sich das Bataillon im Ausland inmitten einer feindselig eingestellten Bevölkerung befand, wo man stark aufeinander angewiesen war und praktisch keine anderen Möglichkeiten hatte, Unterstützung zu finden oder soziale Kontakte zu knüpfen« (Browning 1997, S. 241).

Jetzt wird auch verständlich, warum die Männer, die nicht mitschießen wollten, bei der Begründung für ihre Verweigerung so drauf bedacht waren, sich selbst die Schuld zu geben, indem sie sich der Schwäche oder Feigheit bezichtigten: Sie vermieden es dadurch, die Haltung der Kameraden infrage zu stellen, bestätigten diese vielmehr noch in ihrer überlegenen »Härte«. Indem sie auf ethisch-moralische Begründungen verzichteten, versuchten sie also, den drohenden Loyalitätskonflikt mit der Mehrheit zu entschärfen und die soziale Exkommunikation zu verhindern. Indirekt bekräftigten sie damit aber fatalerweise die auf Härte und Pflichterfüllung basierenden »Männlichkeitswerte« der anderen, mit denen diese ihre Mitwirkung am Massenmord rechtfertigten. Fazit Browning: »Die meisten schafften es einfach nicht, aus dem Glied zu treten und offen nonkonformes Verhalten zu zeigen. Zu schießen fiel ihnen leichter« (Browning 1997, S. 241). Eine andere Interpretation zieht Browning selbst gar nicht in Betracht: Wie, wenn diese Männer tatsächlich keine ethisch-moralischen Gründe für ihre Verweigerung hatten, wenn sie wirklich nur durch Ekelgefühle motiviert waren? Dafür würde immerhin sprechen, dass sie sich auch bei ihrer Vernehmung ein Vierteljahrhundert später nicht auf »höhere« Motive berufen haben. Versucht man nun, Brownings Argumentation zu systematisieren und die von ihm diskutierten Faktoren zu gewichten, so ergibt sich etwa folgendes Bild:

Kausalfaktoren des Täterhandelns nach Browning
1. Faktoren erster Ordnung
(Faktoren, die das Täterhandeln *direkt motivieren*)
– Gruppendruck/Gruppenloyalität
– Karriereorientierung

2. Faktoren zweiter Ordnung
(Faktoren, die das Täterhandeln *erleichtern*)
– Antisemitismus
– Arbeitsteilung
– Brutalisierung *durch den Prozess selbst* (»kumulative Habitualisierung«)

3. Faktoren, die für das Erklären von Täterhandeln (weitgehend) *irrelevant* sind:
– Befehlsgehorsam
– Fremd- oder Selbstselektion der Täter
– Ideologische Indoktrinierung
– *vorausgehende* Brutalisierung

Browning unterscheidet nicht zwischen Habitualisierung und Brutalisierung, wie ich es hier tue. Denn m. E. handelt es sich dabei um zwei psychologisch sehr unterschiedliche Prozesse: Brutalisierung bezieht sich in meinem Sprachgebrauch auf die Gruppe jener 10-20% Fanatiker, Sadisten etc.: *Deren* Handeln wird im Lauf der Zeit immer brutaler – das der anderen nicht; bei diesen kommt es »nur« zu einer Art Abstumpfung, ohne dass sie erkennbare Lust am Töten entwickeln.

Folgerungen für die Psychoanalyse aus den Ansätzen von Bauman und Browning
1. Beide Ansätze stellen das Pathologie-Modell des Täterhandelns infrage: Die Täter sind in ihrer großen Mehrheit psychisch unauffällig, in der Regel handelt es sich um »ganz normale Männer«.

2. Auch das Affekt-Modell des Täterhandelns wird infrage gestellt: Affekte wie Wut oder Hass spielen als Kausalfaktoren bei der Mehrheit der Täter keine Rolle; diese handeln vielmehr weitgehend affektfrei.
3. Der Faktor des Befehlsgehorsams, der »Agens-Zustand« im Sinne Milgrams, gilt nur für einen Teil der NS-Täter (den »Bauman-Täter«).
4. Wir sollten uns verabschieden von vertrauten aber falschen Deutungsmustern: Der Antisemitismus spielt ebenso wie die Herrenrasse-Ideologie für die Erklärung des Täterhandelns nur eine untergeordnete Rolle.
5. Dagegen sollten wir uns mit scheinbar banalen Faktoren wie dem Karrierismus auseinandersetzen und uns Gedanken über die Gruppenloyalität als Kausalfaktor machen.
6. In psychoanalytischen Untersuchungen ist oft von der Schuld und den Schuldgefühlen der Täter die Rede. Wir finden jedoch weder bei Browning, und erst recht nicht bei Bauman, Hinweise auf Selbstkritik oder gar Schuldgefühle der Täter. Dies gilt nicht nur für die große Mehrzahl der Mit-Täter, sondern ebenso für die Verweigerer: Auch 25 Jahre später tauchen bei diesen nur ganz vereinzelt ethische Begründungen für ihr Handeln auf – nach wie vor dominiert als Motiv »rein körperlicher Ekel vor ihrem Tun« (Browning 1997, S. 108f).
7. Theoretisch interessant und praktisch relevant scheint mir die Untersuchung jener 60-80% »Mit-Täter« – und nicht die der 10-20% »Fanatiker«, »Sadisten« etc., auf welche die Psychoanalyse so gern ihr Interesse richtet. Bei diesen können wir problemlos auf vorgängige Persönlichkeitsfaktoren rekurrieren – aber das ist eben die Minderheit. Wir sollten uns mehr für die »ganz normalen Männer« interessieren, als für die Fanatiker und Sadisten.
8. Statt statische Analysen anzustellen – also nach Persönlichkeitsfaktoren zu fahnden, die Kindheitsgeschichte von Tätern zu rekonstruieren etc. – sollten wir stärker *Prozesse* untersuchen: Wie ändern sich psychische Strukturen im Verlauf eines Prozesses von Habitualisierung bzw. Brutalisierung? Wie wirkt sich ein solcher Prozess auf das Verhältnis Ich-Überich bzw. Ich-Ichideal aus? Das würde auch bedeuten, die uns vertraute Reihenfolge der Analyse umzukehren: Nicht ein bestimmtes Verhalten aus einer psychische Struktur abzuleiten, sondern die Änderung der Struktur als Folge eines (induzierten) Verhaltens zu untersuchen.

Literatur

Bauman, Z. (1992) Dialektik der Ordnung. Die Moderne und der Holocaust. Hamburg (Europäische Verlagsanstalt).

Browning, C. (1997) Ganz normale Männer. Das Reserve-Polizeibataillon 101 und die »Endlösung« in Polen. Hamburg (Rowohlt).

Browning, C. (2001) Judenmord. NS-Politik, Zwangsarbeit und das Verhalten der Täter. Frankfurt am Main (S. Fischer).

»Kampf – wie eine Erlösung« (Goebbels)
Motive der nationalsozialistischen Erlebniswelt

Gudrun Brockhaus

Die Analyse von NS-Originaltexten aus den Jahren 1932 und 1933 zielt auf eine genauere Beschreibung der emotionalen Welt der Nationalsozialisten. Sie benutzt als Quelle der politisch-psychologischen Überlegungen nicht biographische Daten, sondern Zeitungsartikel und Bücher, die von sehr vielen gelesen wurden. Sie können genaueren Aufschluss geben, worin die Anziehungskraft der NS-Ideologie für so viele Menschen bestanden hat. Es wird sich zeigen, welche Bedeutung in der emotionalen Welt der Nationalsozialisten der Sprung in die aggressive, destruktive Aktion aus einer Situation von Demütigung und Beschämung heraus, der man sich ohnmächtig ausgeliefert fühlt, hat. Dieser Prozess beinhaltet eine Suchtmechanik, in der aus inneren Gründen immer neue Feinde gefunden werden müssen.

Nach wie vor erscheint eine präzise Aufklärung über die Gründe für den Massenerfolg des Nationalsozialismus eminent wichtig. Die Analyse der regressiven psychischen Mechanismen, die damals wirksam waren, ist jedoch über dieses historische Anliegen hinaus von Interesse – psychische Mechanismen, auch wenn sie sich an neue Inhalte heften, ändern sich nicht so leicht.

Ich befasse mich mit Originaldokumenten von 1932/33, und zwar zum einen Goebbels' Leitartikeln aus *Der Angriff*, wie die von ihm 1927 gegründete Zeitschrift hieß (Goebbels 1939); zum anderen mit seinem 1934 veröffentlichten Buch *Vom Kaiserhof zur Reichskanzlei. Eine historische Darstellung in Tagebuchblättern* (Goebbels 1934)[1]. Es enthält die von Goebbels für die Veröffentlichung bearbeiteten Tagebucheintragungen vom Januar 1932 bis Mai 1933. Inhalt ist eine Eloge auf Härte und Weite des Weges zur Macht, wie der Titel nahelegt (Kaiserhof hieß das Hotel, in dem Hitler in Berlin logierte). Die Aufzeichnungen beschreiben die 13 Monate bis zu Hitlers Kanzlerschaft am 30.1.1933 und die ersten Monate der Konsolidierung der Macht und Ausschaltung der innenpolitischen Gegner.

Das Tagebuch, aber auch die politischen Artikel, möchte ich auf ihre subjektive Seite hin untersuchen: Wie wird auf die Welt und die Geschichte geblickt, welche Gefühle werden welchen Situationen zugeordnet und insbesondere: Welche Rolle spielen Gewalt, Aggression, Umgang mit Feinden, Sieg und Niederlage?

Aus Goebbels' Artikeln und Buch werden v. a. solche Motive benannt, die sich auch bei anderen Nationalsozialisten finden, insbesondere bei Hitler. Goebbels enorme Erfolge als Gauleiter von Berlin wie als Autor seiner Tagebuchveröffentlichungen, die mehrere Auflagen verzeichnen konnten, werden als Indiz dafür gewertet, dass der Tenor seiner Artikel und seines Buches dem Denken und Fühlen vieler Anhänger entsprochen haben dürfte.[2]

Die These eines Zusammenhangs von psychischen Dispositionen und faschistischer Weltanschauung übernehme ich aus den im Exil entstandenen Arbeiten von Adorno (1951) und Löwenthal (1949) über faschistische Agitatoren. Sie vertreten die These, dass der Erfolg der faschistischen Propaganda darauf beruht, dass »Sehnsüchte und Erwartungen, Ängste und Unruhen die Menschen für bestimmte Überzeugungen empfänglich und anderen gegenüber resistent machen« (Adorno 1950, S. 13). Der Propagandist kann sie nicht erzeugen, sondern er bringt diese Sehnsüchte und Ängste nur zur Darstellung, akzentuiert oder verstärkt sie höchstens. Die Basis des Erfolgs liegt in der

> »Ähnlichkeit zwischen Führer und Geführten. [...] Der Führer kann die seelischen Bedürfnisse und Wünsche der für seine Propaganda Anfälligen erraten, weil er ihnen seelisch ähnlich ist, und was ihn von ihnen unterscheidet, ist nicht irgendeine echte Überlegenheit, sondern die Fähigkeit, das, was in ihnen latent ist, ohne ihre Hemmungen auszudrücken« (Adorno 1951, S. 335f).

Bewegung statt Programm

In vielen Berichten der Anhänger über ihren Weg in die NSDAP fällt auf, welche marginale Rolle die Inhalte spielen – z. B. in den Schilderungen von Riefenstahl (1990) oder Speer (1969). Goebbels selbst beschreibt in seinem autobiographischen Roman *Michael. Ein deutsches Schicksal in Tagebuchblättern* seine Bekehrung zum Nationalsozialismus durch einen NS-Agitator, der unschwer als Hitler zu identifizieren ist. In der ausführlichen Beschreibung dieser Situation erschöpft sich die Wiedergabe des Inhaltes der Rede in drei Schlagwörtern: »Ehre? Arbeit? Fahne? Was höre ich? Gibt es das noch in diesem Volk, von dem Gott seine segnende Hand gezogen« (Goebbels 1929, S. 102)?

Beschrieben wird stattdessen die Leidenschaftlichkeit des Redners, seine Stimme (»wie das Donnern des Jüngsten Gerichts«) seine Augen (»glühende

Augensterne wie Flammenstrahlen«), die Steigerungsdramaturgie, die Redner wie Publikum außer sich, völlig erschöpft zurückließ. Es sind Beschreibungen wie von grandiosen Kino- oder Opernerlebnissen. Bekanntlich waren die NSDAP-Veranstaltungen dramaturgisch durchgestaltet, von der Lichtregie, dem Aufbau der Rede, dem Einsatz von Medien, der Musik, der Statisterie (die in die ersten Reihen plazierten SA-Leute mit riesigen Kopf-Verbänden), dem verspäteten Auftreten des Redners bis hin zur provozierten Schlägerei.

Goebbels schildert Politik immer als Inszenierung. Wie er selber sagt, ist das Wie wichtiger als das Was: »Wir haben mit allen Mitteln journalistischer Schreibekunst die Hirne aufgemacht und die Herzen hochgerissen. [...] Es kam uns nicht so sehr darauf an, dem Volke zu sagen, was vor sich geht, sondern wie es vor sich geht« (A 320). Es geht um die Gestaltung eines »großartigen geschichtlichen Schauspiels« (Müller 1939, S. 12), die Herstellung einer »großen Tribüne« (S. 156), die Aufführung eines »tollen Theaters« (S. 100). Jeder Bericht über eine Politveranstaltung benennt Größe des Publikums, die Atmosphäre und Stimmung, die Tagesform der Akteure – »gut in Form« (z. B. S. 49, S. 61, S. 79, S. 235) –, und beurteilt ihre Fähigkeit, das Publikum »hochzureißen«. Der Nationalsozialismus wird als Rezept gegen die Langeweile verkauft. »Man mag uns Nationalsozialisten vorwerfen, was man will; eins wird man nicht behaupten können: daß wir langweilig wären« (A 378). Hier herrscht nicht – so Hitler (1926, S. 539) in *Mein Kampf* – wie bei der bürgerlichen Rechten die »friedliche Stimmung [...] eines gähnenden Kartenspielklubs«. Historiker wie Martin Broszat (1969, S. 41) haben beschrieben, dass die Veranstaltungen der Nazis »als eine Art Volksvergnügen genossen wurden, dem die Begeisterungswilligen schon vorher wie einer sportlichen Sensation entgegen fieberten. Hier war etwas los ...«

Sind also die Inhalte unwichtig? Geht es nur um massenpsychologische Techniken, von denen es immer wieder heißt, Goebbels, der »Meister der Lüge« habe sie kaltblütig, genial, mit »untrüglichem Instinkt« (Knopp 1996, S. 36) angewandt? Ich glaube nicht, dass dies nur Techniken sind und die Inhalte auf einem anderen Blatt stehen. Vielmehr ist die Suche nach exzeptionellen, umfassenden Erregungen, die »Idee der Mobilisierung als Selbstzweck« (Mommsen 1994, S. 37) Teil des Politikverständnisses: Politik ist, was erregt, ins Erhabene überhöht, durch eskalierende Dramatisierung das Ich zu vergessen erlaubt.

In Goebbels' Buch finden sich kaum Bezüge auf Privates, jedoch zahllose Bezüge auf Kunsterlebnisse. Politik- und Kunstereignisse werden mit demselben Vokabular intensiver Gefühlsäußerungen beschrieben. Kunst und Politik erregen[3], entrücken in den Zustand erhabenen Schauders, »[es] läuft einem eiskalt den Rücken herunter« (S. 137), man ist »ergriffen und erschüttert«. Auf das Unechte, Kitschige, Theatralische bei den Nazis, das dennoch tiefste Leidenschaftlichkeit zu mobilisieren vermag, hat Ernst Bloch (1935, S. 64) in seinen Aufzeichnungen schon seit den frühen zwanziger Jahren immer wieder verwiesen: »Dazu also hat die Phrase Blut getrunken und lebt!«

»Die deutsche Revolution ist niemals eine Angelegenheit des lauten Pathos und des spielerischen Kitsches gewesen« (S. 9). Goebbels ist hier schon ganz nahe an der Psychodynamik der Verneinung. Denn an vielen anderen Stellen beschwört er das Pathos als Möglichkeit, sich selbst und andere der Wirklichkeit zu entrücken, und dabei doch das Gefühl von Authentizität herzustellen. Hitler gerät »in ein wunderbares, unwahrscheinliches, rednerisches Pathos hinein und schließt mit dem Wort Amen! . Das wirkt so natürlich, daß die Menschen alle auf das tiefste davon erschüttert und ergriffen sind« (S. 260). Solche Formulierungen lassen den Eindruck entstehen, als sei Goebbels der Ernst und der Realitätsgehalt des politischen Handelns nicht präsent. Mehrfach analogisiert er den politischen Kampf mit einem Schachspiel um die Macht, »eine Partie, die mit Tempo, Klugheit und zum Teil auch mit Raffinement durchgespielt werden wird« (S. 20).

Als Hitler am 30.1.1933 Reichskanzler wird, zeigt Goebbels in seinem Eintrag, wie überrascht er ist, dass dieses Spiel nun Wirklichkeit geworden ist: »Es ist fast wie ein Traum. [...] Ich fahre zum Gaubüro und verkünde dort in einer feierlichen Stille die Neuwerdung der Dinge. Alle sind ganz erschüttert und aufs tiefste ergriffen. In diesem Saale [...] herrscht großes Schweigen wie in einer Kirche. [...] Der weitere Tag verläuft wie ein Traum. Alles mutet an, als wäre es ein Märchen« (S. 251ff).

Die Vergleiche mit Sage, Märchen, Traum werden schließlich zu einer messianischen Geste gesteigert. Die NS-Bewegung wird aus der Profanität einer politischen Partei in die höheren Sphären religiöser Rituale (»Verkündigung, Weihe«) und Auferstehungsphantasien (Wunder, »Das neue Reich ist erstanden«) gehoben. »Millionen Menschen in Deutschland [sind] der heiligen Überzeugung, daß der Nationalsozialismus mehr als Politik ist, daß sich in ihm Gottes Wort und Gottes Wille verkündet« (S. 13). Diese Selbstdeutungen der NS-Bewegung als Religion der Moderne (vgl. Ley, Schoeps 1997) überhöhen und entrücken Politik einem menschlichen Maßstab, ganz ähnlich wie die Sicht der Politik als Gesamtkunstwerk.

Wie stark das eigene Gefühl für die Inauthentizität ist, belegt schließlich die nur als Fehlleistung zu verstehende Formulierung »In einem sinnlosen Taumel der Begeisterung geht diese Nacht des großen Wunders zu Ende« (S. 254).

Die Stelle zeigt – wie viele andere – die Suche nach totaler, alle Sinne umfassender, rastloser Erregung und Spannung – eine ganz offene Idealisierung der Manie und ihres Realitätsverlustes: »Der Sportpalast rast und tobt eine ganze Stunde in einer Art Besinnungslosigkeit« (S. 54), »verrückt vor Begeisterung« (S. 104) »maßlos«, »grenzenlos«.

Grenzüberschreitung wird in jeder Hinsicht positiv bewertet – auch wenn es um Destruktion geht. Letzteres zeigt sich an der frappanten Umwertung von Begriffen, die Verletzungen zivilisatorischer Triebkontrolle benennen: trotzig, fanatisch, besinnungslos, verrückt, die in der NS-Terminologie rein positiv und als Legitimation politischer Ziele begriffen werden: »Ein unbeschreiblicher Taumel der Verzückung. [...] Viele sind ganz außer sich [...] Das ist wirklich eine Bewegung, die siegen muß« (S. 50).

Diese Überhöhungen und Exzesse sind unverzichtbar. Goebbels beklagt seine Überlastung, aber schon zwei Sätze später heißt es: »Man ist der langen Ruhe schon müde. Ohne wildes und mitreißendes Tempo kann man sich ein Leben, das überhaupt lebenswert ist, gar nicht mehr vorstellen« (S. 16). Die politische Inszenierung wird als Antidepressivum genutzt, wobei die Depression sich umgekehrt auch daraus speist, daß alle narzisstische Zufuhr von der Politik kommen muß, weil die private Welt von Gefühlen entleert erscheint. Er spricht von der furchtbarsten Einsamkeit, dumpfen Trostlosigkeit, der inneren Leere, die ihn befällt, wenn das politische Theater aus und er auf sich selbst zurückgeworfen ist. Wenn es ihm schlecht geht, sucht er die politische Arena: »Mit Beifallsorkan empfangen. [...] Das reißt mich wieder etwas hoch« (S. 85), er redet sich »allen Groll von der Seele herunter« (S. 115), schreit »den Zorn ins Grab hinein« (S. 32).

Die Unfähigkeit zum Aushalten von Pausen, Abwarten, Geduld wird umstandslos in ein politisches Programm übersetzt: »Der Nationalsozialismus ist das scharfe Schwert, mit dem der gordische Knoten der deutschen Verzweiflung durchschlagen werden soll« (A 274).

Hitler sagt 1922: »Unsere Partei ist keine Organisation, sondern der verkörperte glühende Glaube an unser Volk« (zit. n. Mommsen 1994, S. 38). Die NSDAP ist keine Partei, sondern »Bewegung«, die ihre Anhänger in einen atemlosen, überhitzten Spiralwirbel einbindet, der zu immer neuen Höhepunkten drängt (vgl. Peukert 1982, S. 46). Die Wahlparole heißt:

»Schluß jetzt! Wir haben es satt, wir wollen ein Ende machen! Her mit einem neuen Regiment!«

Es entsteht die Dynamik des Superlativs, der Nationalsozialismus ist das »ganz große Projekt, das [...] in der Welt noch nicht dagewesen ist« (S. 28), das – immer wieder – einmalige, unvergleichliche Ereignisse und letzte Entscheidungen herbeiführen muss.

Es gibt keine allmähliche Entwicklung, der Spannungsbogen ist permanent bis zum Äußersten angespannt – wer nur das Extrem besetzen kann, verschreibt sich einer Eskalationsdynamik, die nicht mit demokratischen Verhandlungsmodellen kompatibel ist, sondern nur mit einer radikalen Schwarz-Weiß- und Schluss-jetzt-Logik, wie Goebbels auch klar formuliert: »Wenn revolutionäre Fieberschauer die Völker und Nationen durchzittern, dann muß man Partei ergreifen, dann muß man für oder wider sein. [...] Alles Große ist einfach und alles Einfache ist groß« (A 326).

Thomas Mann diagnostiziert bei Hitler »das Nie-sich-Genügetun, das Vergessen der Erfolge, ihr rasches Sich-Abnutzen für das Selbstbewußtsein, die Leere und Langeweile, das Nichtigkeitsgefühl, sobald nichts anzustellen und die Welt nicht in Atem zu halten ist« (Mann 1939, S. 224) und Goebbels formuliert ganz offen Unersättlichkeit und Unstillbarkeit des Begehrens nach Erfolg: »Wir haben das Gefühl, als ginge es uns wie den Kindern vor Weihnachten: sie wünschen sich viel, bekommen aber nur wenig und meistens das, was sie sich nicht gewünscht haben« (S. 131f). Die Enttäuschung setzt eine Suchtdynamik in Gang: Weil es nie genug und nie das Richtige ist, wünscht man sich immer mehr. Goebbels schreibt im Juli 1932 verzweifelt über die Folgen dieser selbst produzierten Gewöhnung an Eskalation: Es steht eine »gewaltsame Explosion« (S. 123) bevor, weil SA und Parteibasis ein längeres Taktieren und Abwarten nicht mehr aushalten können. »Wir sind machtlos dagegen« (S. 118).

Kampf – eine Erlösung

Bis jetzt haben wir uns mit dem »Hier war etwas los« (Broszat 1969, S. 41) beschäftigt, das die Historiker als Motiv der frühen NS-Begeisterung benennen. Im Weiteren geht es nun um das zweite Motivbündel, auf dem der Erfolg der NS-Bewegung basiert: Man genoss den aggressiven, furchtlosen Stil, die kompromisslose Feindschaft: »Hier wurde schonungslos abgerechnet« (Broszat ebd., vgl. Abel 1938).

Die nachträgliche Rechtfertigung des »ja« zum Nationalsozialismus benennt v. a. das Versprechen Hitlers, die Arbeitslosigkeit und die drückende wirtschaftliche Not zu beseitigen. Natürlich hat die NSDAP mit der Not Politik gemacht. Zentral dabei war aber immer die Anklage, die Schuldzuschreibung an das Weimarer System, an die jüdischen Erfüllungsgehilfen des Schandvertrages von Versailles, die sogar für die Weltwirtschaftskrise verantwortlich gemacht werden: »Die Weltwirtschaftskrise ist eine zwangsläufige [...] Folge der seit dreizehn Jahren hemmungslos betriebenen Tributpolitik« (A 254). Keineswegs fühlte man sich verpflichtet zur Ausarbeitung einer positiven Perspektive. »Nationalsozialismus ist das Gegenteil von dem, was ist!« (Strasser zit. n. Grieswelle 1972, S. 90). Seine Identität gewinnt der Nazi durch das anti: Anti-Semitismus, Anti-Bolschewismus, Anti-Intellektualismus, Anti-Parlamentarismus. Die NS-Bewegung erblickte »ihre politischen Ziele nur in der völligen Vernichtung eines schmachbedeckten Systems« (Müller 1939, S. 357). Goebbels sagt in einem Wahlaufruf, es gehe darum, mit der NSDAP dem »großen Nein« zur Macht zu verhelfen (A 255). Die Anklage-, Kampf- und Racheposition wird idealisiert.

Die positive Selbstbeschreibung des Nationalsozialismus greift auf den religiösen Symbolraum zurück. Sie zehrt mit ihren vagen messianischen Selbstdeutungen des NS-Sieges als »Wiedergeburt« und »Erlösung« von dem Kredit etablierter religiöser Symbole. »Wir wollen, daß Deutschland wieder aufersteht« (A 285). Die Märzwahl 1933 kommentiert Goebbels: »Es ist, als ob das deutsche Volk [...] auf unser Regiment wie auf eine Erlösung gewartet hätte« (S. 378).

Goebbels (ebenso Hitler) setzen die NS-Bewegung der Urkirche gleich, eine verlachte und verhöhnte Sekte, die gegen die überwältigenden Mächte der Finsternis kämpfen muss. Der Nationalsozialist kämpft wie der junge Jesus im Tempel gegen Starrheit, Verlogenheit, Machtverliebtheit der Pharisäer. Er steht heroisch, unerschrocken, unbeirrt »ganz allein [...] gegen eine Welt von Feinden« (A 271). Als einzige wagen die Nazis unpopuläre Wahrheiten, reißen dem Terror der öffentlichen Meinung die Maske vom Gesicht, heben die Kulissen der politischen Lüge hoch. Sie kennen nicht die falsche Klugheit des Ausrechnens von Erfolgschancen, »die schon Clausewitz als hassenswert und verächtlich empfand, sondern wir bekannten uns mit ihm zur wildesten Verzweiflung« (A 282), zum Kampf auch auf verlorenem Posten. »Wir sind es unseren Toten schuldig, daß wir eigensinnig und trotzig bei unserem Recht bleiben [...] auch, wenn unser Kampf aussichtslos erscheint« (S. 165).

Es ist die Identifikation mit der selbstgerechten Anklage-Position des Adoleszenten, der sich in der Phantasie elterlicher Übermacht ausschließlich auf die Position des Ohnmächtigen zurückziehen kann, der keine eigene Verantwortung trägt[4].

Aus der adoleszenten Welt scheint auch die körpernahe Bildsprache von Abscheu und Ekel entnommen. »Das edle Wild [die Nationalsozialisten, G. B.] soll zur Strecke gebracht werden« (A 98). Es wird in einer gemeinen heimtückischen Hetzjagd von den blassen, fetten, feisten, feigen, polierten, schlaffen »Volkswanzen [...] von satten Spießern und faulen Bäuchen« (A 369) gejagt.

Der Gegner verbirgt »hinter Stahl und Panzer, Kraft und Wucht nur ein feiges Herzchen, wie ein Lämmerschwänzchen zitternd, [das] der kommenden Abrechnung durch das betrogene Volk entgegenklopft« (A 265). Einen offenen Kampf wagen sie nicht in ihrer »blasse(n) Furcht, der NS könne über sie hinwegschreiten« (A 98), sondern greifen zu allen Mitteln. »Durch Terror sind sie groß geworden, und durch Terror suchen sie sich heute an der Macht zu halten« (A 291). Vor allem versuchte der Gegner, die eigene feige Täterschaft und hinterhältigen Morde zu leugnen und die unschuldigen NS-Opfer als Täter zu brandmarken[5]. In immer neuen Varianten kehrt Goebbels die Vorwürfe an die NS-Bewegung um und weist Verlogenheit, hohles Pathos, Phrasendrescherei, Brutalität, Arroganz, Unsachlichkeit, Verleumdung, Terror als Merkmale der Gegner selber aus.

Der Gegner »beliebt sich da in der Rolle der verfolgten Unschuld« (A 85)[6].

Dabei sind die Nationalsozialisten die verfolgte Unschuld: Sie haben nie angefangen. Es wird »Ursache und Wirkung verwechselt [...]. Der Antisemitismus wird immer in seinem Anfang von Juden propagiert. Nicht wir hetzen das Volk gegen die Juden auf« (A 85). Ebenso ist es mit Gewalt und Terror, den die Nazis selbstverständlich ablehnen: Juden und Kommunisten hätten mit Terror und Mord gegen Andersdenkende begonnen. Terroristische Gewalt, die SA-Leuten vorgeworfen wird, sei entweder erlogen, oder verständliche Gegengewalt gegen den Terror des Gegners[7].

Kaum zu zählen sind die Opfer- und Märtyrerstilisierungen, die mit immer gleicher bebender Entrüstung vorgetragen und von ungebremsten Rachephantasien begleitet werden. Demutsvollen Respekt vor den unendlichen Opfern der Bewegung einzufordern ist Goebbels' Motiv, sein Tagebuch zu veröffentlichen. Er ist voller Wut über die Undankbarkeit der Menschen. Die Machtergreifung werde wahrgenommen, als sei sie der NSDAP »wie eine reife Frucht in den Schoß gefallen«, dabei sei es ein einziger Opfergang, ein Martyrium beispielloser politischer Verfolgungen, Misshandlungen und Quälerei, eine blutige »Leidensschule«[8].

Kein Wunder, so Goebbels immer wieder, dass die Nationalsozialisten »Tag für Tag durch Verfolgung und Verleumdung hart gehämmert und eisern geschmiedet« (A 87) werden und in ihnen unerbittlicher Rachedurst entstehen muss, für den sie selbst nicht verantwortlich zu machen sind. Die Rachephantasien malen sadistische Szenarios emphatisch aus: Wenn man an der Macht ist, wird der Feind »mit der Hundepeitsche aus Deutschland gejagt« (S. 44). »Dieses Gesindel muß einmal wie Ratten ausgerottet werden« (S. 34). Hier kann Goebbels den Gestus des kühlen Strategen oft nicht mehr halten, die Sprache zeigt den Verlust der Kontrolle über die Gewaltimpulse.

Eigentlich hat der Nationalsozialist den Hass nicht zu fürchten, sondern zu ersehnen. »Wie stolz muß doch ein Nationalsozialist auf seine Bewegung sein, wenn er sieht, wie viele sie hassen« (A 98). Der Hass der Feinde – so Hitler (1926, S. 386) – ist die »Voraussetzung zur eigenen Daseinsberechtigung«. Aber damit formuliert Hitler auch die existentielle Abhängigkeit des Nationalsozialisten vom Feind – ohne ihn ist er nichts. Nur der Feind garantiert die Sicherheit der eigenen Identitätsgrenzen.

Fast in jeder Eintragung sucht Goebbels in der Presse nach Äußerungen über ihn und die NSDAP. Stolz berichtet er: Wir sind »das Zentrum der ganzen politischen Sensation und Neugierde« (S. 19).

Immer wieder wird deutlich, dass das hymnische Lob der Feindschaft nur schützen soll vor der Sehnsucht nach umfassender Anerkennung durch die Autorität, die einem eigentlich zustünde und von der man sich gänzlich abhängig fühlt. »Die bürgerliche Welt versteht uns nicht« (S. 20) klagt er selbstmitleidig, sie ist »ungerecht gegen uns« (S. 120). Die latente Erwartung auf Zuwendung auch durch den Feind wird an dem intensiven Beleidigt-Sein deutlich, wenn die Gegner sich als Gegner, d. h. feindselig, verhalten: Goebbels beklagt ihre »impertinente Arroganz und Hochnäsigkeit« (S. 163) die Feinde kennen »keine Pietät« (S. 28), sind unverschämt, »unausstehlich frech und anmaßend« (S. 168) »hundsgemein« (S. 135), »mitleidlos« (S. 39). Aktionen des Gegners – wie das SA-Verbot – lösen ungläubige Überraschung aus, selbst wenn man sie durch eigene Aktionen provoziert hat. »Wir benehmen uns frech und provozierend. Es ist ja schließlich egal, was dabei herauskommt« (S. 74). Als das Verbot dann kommt, sind alle »in Weißglut vor Wut« (S. 80). Goebbels sieht sich in einer »Schmutzflut von Lügen; man wird ganz wund daran« (S. 77).

Wie stark die abgewehrten Wünsche nach Aufgehoben-Sein in der Zuwendung der Mächtigen ist, wird in der Ablehnung von Koalitionen mit den an der Macht befindlichen Parteien deutlich.

Sie geht weit über eine politische Positionsformulierung hinaus – es werden Ekel, Abscheu und Angst ausgedrückt. Koalition »ist zum Kotzen« (S. 87), demütigend. »Beim Verhandeln ziehen wir doch immer den kürzeren« (S. 158). Man gerät in die »Defensive, aus der es kein Entrinnen mehr gibt« (S. 141). »Bloß weg aus der kompromittierenden Nachbarschaft dieser bürgerlichen Halbstarken. [...] Sonst sind wir verloren« (S. 182). »Tolerierung macht tot« (S. 137).

Rettung vor dieser Bedrohung durch Vernebelung, Vermischung, Verunreinigung bietet nur der Kampf: »Wir müssen klar bleiben und kämpfen. Nicht nachgeben; es geht um alles« (S. 52). »Drum Schluß mit den ewigen Packeleien! Angreifen! Schlagen! Nur so können wir siegen« (S. 159). »Hauptsache ist, daß wir stark bleiben und keine Kompromisse schließen. Dann werden wir nach einem Naturgesetz siegen« (S. 20).

Kampf ist »die einzige Freude, die einen immer wieder aufrichtet« (S. 181), »Befreiung vom Alpdruck, wie eine Erlösung« (S. 132). Für den Nationalsozialisten bringt der Kampf den inneren Frieden: »Nun beginnt aufs neue der Kampf. Ruhe und Entspannung sind in unsere Reihen zurückgekehrt« (S. 210). Nicht so wichtig ist dabei, ob der Kampf berechtigt ist oder nicht: »Wir geben zu, daß wir manchmal daneben geschlagen haben. [...] aber wir haben wenigstens geschlagen« (A 320).

Goebbels ist überzeugt, daß es diese hochaggressive Radikalität ist, die den Erfolg bringt. »Man muß den Roten nur die Zähne zeigen, dann kuschen sie« (S. 131). Aggressivität gilt ihm auch als das Erfolgsrezept zur Gewinnung neuer Anhänger. Immer wieder schildert Goebbels den selben Ablauf: »Wir bügeln ihn zusammen, daß er einfach hingeschmettert wird. Das Publikum rast vor Begeisterung« (S. 82). Hitlers »Entschluß, den Parteidefaitisten das Genick zu brechen , wird mit frenetischem Beifallssalven beantwortet« (S. 245).

Hitler wie Goebbels haben ausgiebig und äußerst erfolgreich mit Sarkasmus und schadenfrohem Witz gearbeitet. Die politischen Gegner werden als Witzfiguren vorgeführt und der Lächerlichkeit preisgegeben: die dicken Bäuche, die Ungeschicklichkeit, die polierten Fingernägel, das krampfhafte Verbergen von Angst, das panische Herumtaktieren. Goebbels hat seinen Erfolg in Berlin – bis weit hinein in liberale Kreise – v. a. mit der Isidor-Weiß-Kampagne gemacht, in der er sich erbarmungslos über den stellvertretenden Polizeipräsidenten von Berlin Bernhard Weiß lustig machte. Rainer Krause (2001, S. 942f) bezeichnet diesen Vorgang als »lustvolle Beuteaggression«, in der sich eine Identifikation mit dem Täter und eine erleichternde Disidentifikation mit dem Opfer vollzieht.

Die Idealisierung des Kampfes impliziert jedoch keineswegs die Fähigkeit, Niederlagen ertragen zu können, was Goebbels auch weiß: »Wir müssen uns davor hüten, daß am Ende ein Mißerfolg nicht zu einer großen Depression führt« (S. 55). Nach dem 30. Januar 1933 gibt er zu, welche Erlösung der Sieg bedeutete. Vorher hatte er die katastrophalen Auswirkungen von Niederlagen auf die Stimmung in der Partei und sein eigenes psychisches Gleichgewicht verleugnet und ins Gegenteil zu kehren gesucht. Er beteuert – entsprechend dem Selbstbild des auf verlorenem Posten kämpfenden Helden: »Die Partei ist um so stärker, je schlechter es ihr geht« (S. 146). Aber die Unmöglichkeit, Niederlagen zu ertragen, lässt diese Fassade schnell zusammenbrechen und er bekennt »große Hoffnungslosigkeit; die SA ist verzweifelt« (S. 146). »Wir sind geschlagen [...] auf das tiefste deprimiert und mutlos« (S. 62).

Niederlagen lösen enorme Wut aus – »Die ganze Partei zittert vor Wut« (S. 53), ist »besessen [...] von grenzenloser Wut« (S. 222). Sie rechtfertigen umstandslos terroristische Racheakte: Der Hitlerschmäher, »die feige Kreatur«, wird mit fingierten Telefonanrufen zum Wimmern gebracht (S. 24), bei anderen dringt man in die Wohnung ein, verprügelt Wehrlose.

Der Nazi ist das von einer feindlichen Übermacht umzingelte Opfer, das sich verzweifelt wehrt mit dem berechtigten, schuldlos zu genießenden Vernichtungshaß des Ohnmächtigen. Aber die Position des wehrlosen Opfers bietet keine dauerhafte Stabilisierung. Nur der immer expandierende Sieger hat ein Recht auf Überleben. Dem Unterlegenen, dem Schwachen gebuhrt kein Mitleid: »Es mußte stürzen, weil es nicht mehr lebensfähig war« (S. 17). Niederlagen lösen nicht nur »Depressivstimmung«, sondern extreme Beschämung aus, man möchte im Boden versinken, gerät in einen Zustand des Ekels vor sich selbst[9].

Ein Nationalsozialist darf nicht verlieren – wer ist er dann nach seiner eigenen Ideologie: der lebensunwerte Schwächling. Niederlagen sind vernichtend, lebensbedrohend. »Alles verzeiht das Volk, nur nicht eine demütige Kapitulation« (S. 78).

Dieser Antagonismus der gleichermaßen für das Selbstwertgefühl unverzichtbaren Positionen des unschuldig verfolgten Opfers und des ungebrochenen Siegers führt zu heftigen Abwehrinszenierungen – zu einem ständigen Schwanken zwischen der Pose des grandiosen Triumphators und der des an die Wand gedrückten Opfers, das ohne Schuldgefühle seine Vernichtungsphantasien in die Realität umsetzen kann.

Was wird aus diesen Motiven, als der Sieg errungen ist?

Die Gegner »kuschen« (S. 259) »verschüchtert« (S. 267). »Die Nation wird uns fast kampflos zufallen« (S. 260). Wir werden »unschwer über alle Gegner triumphieren können« (S. 267).
  Die Einträge werden kürzer und lustloser. »Es gibt viel Ärger« (S. 259). »Es ist sehr schwer, die Partei [...] aus der bisherigen Siedehitze der Opposition in den Staat zu überführen« (S. 261).
  Nur der Reichtagsbrand schafft für eine kurze Zeitspanne Belebung. Goebbels sieht sich wieder durch einen Feind existenziell bedroht. Er glüht vor Begeisterung: »vollständige Vernichtung [...] Todesstrafe [...]. Nun wird die rote Pest mit Stumpf und Stiel ausgerottet [...] und dann werden wir unseren großen Triumph feiern können. Es ist wieder eine Lust zu leben« (S. 271).
  Danach wieder fast in jedem Eintrag Berichte über den »jämmerlich zusammengebrochen[en]« (S. 278) Gegner. Statt erregendem Kampf warten nun ermüdende, zermürbende Besprechungen, es gilt, »täglich an allem und jedem herumzuarbeiten« (S. 297), »man schaut kaum über die Aktenberge hinweg. Und dabei ist mir nichts mehr zuwider, als mich mit Akten herumzuplagen« (S. 284).
  Im März 1933 muss er konstatieren: »Alle Widerstände sind gebrochen« (S. 282). Aber wenige Tage später ist aus dem totalen Sieger wieder das ohnmächtige Opfer geworden: »Wir sind wehrlos den Attacken unserer Gegner preisgegeben« (S. 288). Ein neuer Gegner ist erstanden, die »Weltgreuelhetze«. »Nur eine ganz große Aktion kann uns jetzt noch [...] helfen. Ein herrlicher Frühling liegt über Deutschland« (S. 289). Die Rettungsaktion ist der Boykott der jüdischen Geschäfte – »ein großer moralischer Sieg« (S. 291).

Ich fasse zusammen:
Als wiederkehrendes Motiv zeigt sich in den Texten die Unfähigkeit, Spannungen, Niederlagen und Ohnmachtserfahrungen auszuhalten.
- Was nicht eine Steigerung, ein neuer, einmaliger, totaler Sieg ist, wird als Niederlage wahrgenommen.
- Niederlagen werden als demütigende und beschämende Ohnmacht erlebt.
- Enttäuschungswut rechtfertigt Kampf bis zur Vernichtung des Gegners.
- der Siegestriumph hält nicht vor und setzt erneut eine eskalierende Gewaltdynamik frei.

Das unvermittelte Nebeneinander von Sieger- und Opferpose ist ein Beispiel für die Schwierigkeiten, die sich den Forschern bei der Analyse von NS-

Texten stellen. Von einem rationalen Politikverständnis her erscheint das nationalsozialistische Programm als ein Bündel von Widersprüchen und Absurditäten, mit dem eine Auseinandersetzung nicht lohnt.

Von unserem Fach her erschließt sich jedoch die innere, emotionale Logik solcher Widersprüche. Ich wünsche mir, dass die Psychoanalyse aktiver zum Verständnis solcher scheinbarer Absurditäten im politischen Leben beiträgt, mit denen wir gerade jetzt in der Auseinandersetzung mit dem Terrorismus konfrontiert werden.

Anmerkungen

1 Um die Lesbarkeit des Textes zu erhalten, werden diese beiden Bücher im Folgenden verkürzt zitiert: Die Artikel-Sammlung aus *Der Angriff* wird zitiert mit A und Seitenangabe ohne Namens-und Jahres-Angabe (Goebbels 1939). *Vom Kaiserhof zur Reichskanzlei. Eine historische Darstellung in Tagebuchblättern* (Goebbels 1934) wird ausschließlich mit Angabe der Seitenzahl zitiert.

2 Im Folgenden geht es also nicht um die Privatperson Goebbels. Analysen von Texten, auch wenn es sich nicht um Propagandatexte handelt wie im vorliegenden Fall, lassen nur sehr eingeschränkte Rückschlüsse auf die psychische Situation einer realen Person zu. Die Textanalyse weist gewisse Ähnlichkeiten zu der ersten Begegnung mit einem Patienten auf, den ich nicht kenne und dessen Äußerungen die einzige Informationsquelle sind, aus der ich ein Bild der zentralen Lebensthemen einer Person zu gewinnen versuche. Allerdings habe ich bei der Lektüre eines Textes keinen Dialog, keine nonverbalen Äußerungen, keine selbst erzählte Biographie, die mir mehr Sicherheit der Deutung geben könnten. Dies ist durch die Herstellung des historischen Kontextes, in dem ein Text steht, nur unvollkommen zu ersetzen und schränkt die Deutungssicherheit ein (vgl. Lorenzer 1986).

Dennoch rede ich im folgenden aus Gründen der sprachlichen Vereinfachung von Goebbels, wenn ich über den Text spreche. Diese Gleichsetzung des Autors mit seinem Text ist eigentlich nicht zulässig. Hartmut Raguse (1991; 1992; 1993) hat sich in einigen Arbeiten zur psychoanalytischen Textinterpretation mit der Notwendigkeit der Differenzierung von Autor- und Leserperspektiven auseinandergesetzt

3 Neubaur und Wilkens (1997, S. 266) beschreiben diese Ähnlichkeit der politischen Darstellung zu einer Medieninszenierung in *Vom Kaiserhof*

zur Reichskanzlei: »Konflikte und Triumphe werden in Wochenschaumanier auf den bloßen Erregungswert reduziert.«

4 »Am Ende behält die Jugend immer recht« (S. 39). Erik Erikson (1942) hat auf die Bedeutung des adoleszenten Selbstverständnisses für die nationalsozialistische Psychologie hingewiesen. Er zeichnet dies überzeugend an dem autobiographischen Beginn des ersten Teils von *Mein Kampf* nach, der bezeichnenderweise den Titel »Eine Abrechnung« trägt. Eine genauere Analyse dieses Motivs findet sich in der Analyse der ersten 8 Sätze von *Mein Kampf* in Brockhaus (1997), Kap. 10, S. 286-310

5 Zur Gründung der »Eisernen Front«: »Die braven Juden umgürten hier ihre starke Männerbrust mit einem Stahlpanzer, der dem Asthma ihrer Angst sehr wenig beikommen wird.« Ihre Tatkräftigkeit bestünde nur darin, bei Nacht feige SA-Männer umzubringen und am anderen Tage zu schreien, »daß nicht der Mörder, sondern der Ermordete schuldig seien« (A 264).

6 Goebbels beschäftigt sich mit dem Vorwurf, die Nazis seien »so aggressiv und roh«. »Man beliebt sich da in der Rolle der verfolgten Unschuld und möchte die Öffentlichkeit gern glauben machen, man sei selbst der Wärter für Tugend und Anstand« (A 85) und Goebbels wendet sich dann einem ziemlich üblen abschätzigen Spottgedicht von Tucholsky in der Weltbühne zu, das Goebbels als Markierer und Angeber bezeichnet, der sein körperliches und seelisches Zu-Kurz-Gekommensein kompensieren will. Genußvoll zitiert Goebbels Artikel, die auf seinen aufwendigen Lebensstil etc. abheben und offensichtliche Übertreibungen und haltlose Unterstellungen beinhalten. »Das deutsche Volk soll wissen, mit welchen Mitteln gegen die nationalsozialistische Bewegung gekämpft wird, um daraus zu erkennen, was es an ihr und an ihnen hat« (A 98).

7 »Wir betonen noch einmal und eindringlicher denn je, daß wir den Terror im politischen Kampf ablehnen« (A 109). Darauf folgt natürlich ein Aber: »Die Kommunistische Partei hat den Mordterror in Deutschland begonnen... Von ihr kamen jene feigen Mordbuben, die [...] dieses wehrlose Opfer zu Tode marterten« (A 109). »Die Juden [...] haben damit angefangen, dem den Schädel zu zertrümmern, der nicht ihr Genosse sein wollte« (A 325).

8 »[...] vierzehnjährigen beispiellosen Misshandlungen, die vierzehnjährige Qual und Verfolgung« (A 306). »Nahezu eine Million nationalsozialistischer Parteigenossen sind stolz und ungebeugt durch das Martyrium einer beispiellosen politischen Verfolgung hindurchgeschritten« (A 266). »Sie

sind durch die Leidensschule der marxistisch-kommunistischen Tyrannei hindurchgegangen, sie haben unter ihrem blutigen Terror gelitten und geblutet« (A 380).

9 »Ich mag gar nicht vom Zimmer heruntergehen. [...] Man schämte sich fast, durch die Straßen zu fahren«(S. 65). Dieselbe Formulierung nach dem Strasser-Debakel: »Man schämt sich fast [...]. Am liebsten möchte man in den Boden versinken« (S. 221). »Ekelhaftes Herumwürgen [...] neue Niederlage« (S. 196).

Literatur

Abel, T. (1938): Why Hitler Came into Power. An Answer Based on the Original Life Stories of Six Hundred of His Followers. New York (Prentice Hall).
Adorno, T. W. (1950): Studien zum autoritären Charakter. Frankfurt a. M. 1973 (Suhrkamp).
Adorno, T. W. (1951): Die Freudsche Theorie und die Struktur der faschistischen Propaganda. In: Dahmer, H. (Hg.) (1980): Analytische Sozialpychologie, Band I., Frankfurt a. M. (Suhrkamp), S. 318-342.
Bloch, E. (1935): Erbschaft dieser Zeit. Frankfurt a. M. 1985 (Suhrkamp).
Brockhaus, G. (1992): Psychoanalytische Hitler-Deutungen. In: Luzifer-Amor. Zeitschrift zur Geschichte der Psychoanalyse. 5. Jg., Nr. 9, S. 8-24.
Brockhaus, G. (1997): Schauder und Idylle. Faschismus als Erlebnisangebot. München (Kunstmann).
Broszat, M. (1969): Der Staat Hitlers. Grundlegung und Entwicklung seiner inneren Verfassung. München (dtv).
Erikson, E. H. (1942): Die Legende von Hitlers Kindheit. In: Dahmer, H. (Hg.) (1980): Analytische Sozialpychologie, Band I., Frankfurt a. M. (Suhrkamp), S. 257-281.
Goebbels, J. (1929): Michael. Ein deutsches Schicksal in Tagebuchblättern. München (Eher).
Goebbels, J. (1934): Vom Kaiserhof zur Reichskanzlei. Eine historische Darstellung in Tagebuchblättern. München (Eher).
Goebbels, J. (1939): Wetterleuchten. Aufsätze aus der Kampfzeit 2. Band »Der Angriff«. München (Eher).
Grieswelle, D. (1972): Propaganda der Friedlosigkeit. Eine Studie zu Hitlers Rhetorik 1920-1933. Stuttgart (Enke).
Hitler, A. (1926): Mein Kampf. Einbändige Volksausgabe. München 1938 (Eher)
Knopp, G. (1996): Hitlers Helfer. München (Bertelsmann).
Krause, R. (2001): Affektpsychologische Überlegungen zur menschlichen Destruktivität. In: Psyche 55, S. 934-961.
Ley, M., Schoeps, J. H. (Hg.) (1997): Der Nationalsozialismus als politische Religion. Bodenheim (Philo).
Löwenthal, L. (1949): Falsche Propheten. Studien zum Autoritarismus. Frankfurt a. M. 1990 (Suhrkamp).

Lorenzer, A. (1986): Tiefenhermeneutische Kulturanalyse. In: Lorenzer, A.: (Hg.) (1986): Kulturanalysen. Frankfurt a. M. (Fischer), S. 11-98.

Mann, T. (1939): Ein Bruder. In: Mann, T. (1977): Essays. Band 2 Politik. Frankfurt a. M. (Fischer), S. 222-227.

Mommsen, H. (1994): Adolf Hitler und der 9. November 1923. In: Willms, J. (Hg.) (1994): Der 9. November: fünf Essays zur deutschen Geschichte. München (Beck).

Müller, G.-W. (1939): Vorwort und Kommentare. In: Goebbels, J. (1939): Wetterleuchten. Aufsätze aus der Kampfzeit. München (Eher).

Neubaur, C., Wilkens, L. (1997): Religion der Propaganda im Nationalsozialismus, in Psyche 51, S. 253-277.

Peukert, D. (1982): Volksgenossen und Gemeinschaftsfremde. Anpassung, Ausmerze und Aufbegehren unter dem Nationalsozialismus. Köln (Bund).

Peukert, D (1987): Die Weimarer Republik. Krisenjahr der Klassischen Moderne. Frankfurt a. M. (Suhrkamp).

Raguse, H. (1991) Leserlenkung und Übertragungsentwicklung – hermeneutische Erwägungen zur psychoanalytischen Interpretation von Texten. In: Zeitschrift für psychoanalytische Theorie und Praxis, 6. Jg., Heft 1, S. 106-120.

Raguse, H. (1992):»Freie Assoziation« als Sprache der Psychoanalyse – einige linguistische Reflexionen. In: Zeitschrift für psychoanalytische Theorie und Praxis, 7. Jg., Heft 3, S. 293-305.

Raguse H. (1993): Psychoanalyse und biblische Interpretation. Eine Auseinandersetzung mit Eugen Drewermanns Auslegung der Johannes-Apokalypse. Stuttgart, Berlin (Kolhammer).

Riefenstahl, L. (1990): Memoiren 102-1945. Frankfurt a. M., Berlin (Ullstein).

Speer, A. (1969): Erinnerungen. Frankfurt a. M., Berlin (Ullstein).

Aggressive und kannibalische Triebimpulse im modernen Gewand der Lebendorgantransplantation

Margit Venner und Uwe Wutzler

Bei Ludwig Bechstein (1853) findet sich eine Sage, in der berichtet wird, wie der Schmied von Jüterbogk dem Tod und dem Teufel ein Schnippchen schlägt. Sein Schutzpatron Petrus gewährte ihm drei Wünsche. Mit dem ersten Wunsch setzte er den Tod im Birnbaum fest, der ihn nach einem langen Leben holen wollte. Nachdem der Tod alle Birnen verspeist hatte, aß er sich selbst mit Haut und Haaren auf, sodass nur das Gerippe übrig blieb, als welches wir ihn heute kennen. Erst danach ließ ihn der Schmied laufen und auf der Welt aufräumen, wo viel Unheil entstanden war, weil niemand mehr gestorben war. Mit dem zweiten Wunsch fing er den Teufel, den ihm der Tod auf den Hals gehetzt hatte, in einem Ledersack und schlug ihn windelweich. Der dritte Wunsch war ein nie versiegendes Lebenselixier in Form eines Magenschnapses. So lebte denn der Schmied bei bester Gesundheit lange und fröhlich. Als nun alle Freunde und Bekannten gestorben waren, gefiel es dem Schmied auf Erden nicht mehr und er begab sich an die Himmelspforte. Petrus aber verwehrte ihm den Eintritt in den Himmel, weil der Schmied vergessen hatte, sich die Seligkeit zu wünschen. Auch in der Hölle kam der Schmied nicht unter, da der Teufel bei seinem Herannahen die Hölle gegen ihn mobil machte und seine Tore verschloss. Es blieb ihm nichts anderes übrig, als zu seinem alten Herrn, dem Kaiser Barbarossa, in den Kyffhäuser zu gehen, um dort mit ihm auf seine Erlösung zu warten.

Unsterblich zu sein, ist ein alter Traum der Menschheit. In der vorliegenden Geschichte ist es dazu notwendig, Tod und Teufel in die Flucht zu schlagen. Das Märchen macht aber an diesem Punkt nicht Halt, sondern beschreibt die Unsterblichkeit auch als Last, von der man erst erlöst werden muss.

In der griechischen Sage ist die Unsterblichkeit den Göttern vorbehalten und wird als besondere Gabe gelegentlich Sterblichen freiwillig oder unfreiwillig verliehen. Allerdings bleibt auch hier fraglich, ob die Unsterblichkeit wirklich so erstrebenswert ist. So wird der unsterbliche Kronos durch seinen Sohn Zeus entmannt, um ihn zu stürzen und die ebenfalls unsterblichen Titanen werden gefesselt in eine Höhle der Unterwelt verbannt. Prometheus, an einen Fels geschmiedet, wird von einem Adler täglich die Leber aus dem Leib gehackt, aber da er unsterblich ist, erneuert sie sich immer wieder und seine Qualen bleiben (Schwab 1981).

In der Hoffnung darauf, dass es der Fortschritt der Zivilisation möglich macht, eines Tages den Tod zu überwinden und die Unsterblichkeit zu erlangen, wurde in den USA die »Kryonik« entwickelt (Reinhard 1987). Damit ist es möglich, einen Leichnam in flüssigem Stickstoff bei minus 196 Grad für 200.000 Mark oder den Kopf für 40.000 Mark einfrieren zu lassen. Auch in Deutschland gibt es diese Lebensverlängerungsbewegung in Form eines Fördervereins für Alternsforschung, Lebensverlängerung und Kryonik e.V.

Tatsächlich grenzt es an Wunder, wie rasant sich die Wissenschaften entwickeln. So hat die Möglichkeit der Organtransplantation einen völlig neuen Weg in der Behandlung bisher zum Tode führender Erkrankungen eröffnet. Damit ist die Vision verbunden, bei einem Menschen, wie bei einer Maschine, verschlissene Teile zu ersetzen, auf diese Weise das Leben zu verlängern und den Tod zu überwinden. Die eigene Sterblichkeit gerät damit in den Hintergrund und der Tod scheint ein zufälliges Ereignis zu sein, das ausgeräumt werden kann. Nach Freud (1915, S. 50, 56) versucht der Mensch, den Tod von einer Notwendigkeit auf eine Zufälligkeit herab zu drücken; denn »Unser Unbewusstes glaubt nicht an den Tod, es gebärdet sich unsterblich«. Freud (1915, S. 60) empfiehlt: »Wenn du das Leben aushalten willst, so richte dich auf den Tod ein.« Der Mensch aber will das nicht. Er kämpft mit allen Mitteln gegen den Tod an.

Die Entwicklung der Organtransplantation ist dafür beispielhaft. Die erste gelungene Lebendnierentransplantation führte J. E. Murray bei eineiigen Zwillingen 1954 in Boston durch. Er erhielt dafür 1990 den Nobelpreis für Medizin. Die Zahl der erfolgreich transplantierten Organe ist erheblich angestiegen. Trotzdem kann der Bedarf bei weitem nicht gedeckt werden (Land 1993a, b). Allein in Deutschland wurden im Jahr 2000 3.819 Organe transplantiert. In 3.383 Fällen handelte es sich um die Transplantation post mortem entnommener Organe, bei 436 um Lebendorganspenden (Molzahn 2001)

Postmortale Organspende
(ges.: 3383)

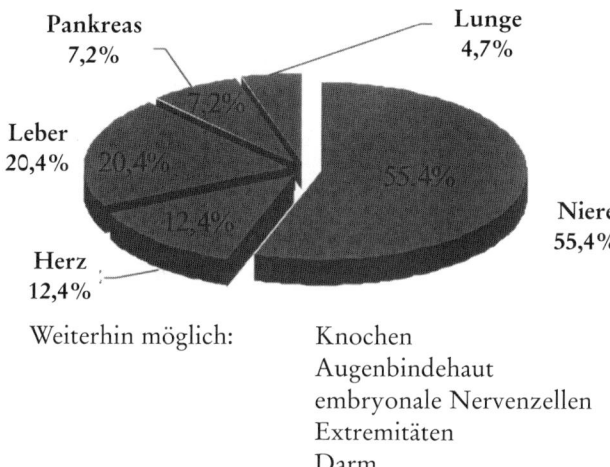

Pankreas 7,2%
Lunge 4,7%
Leber 20,4%
Niere 55,4%
Herz 12,4%

Weiterhin möglich: Knochen
Augenbindehaut
embryonale Nervenzellen
Extremitäten
Darm

Lebendorganspende
(ges.: 436)

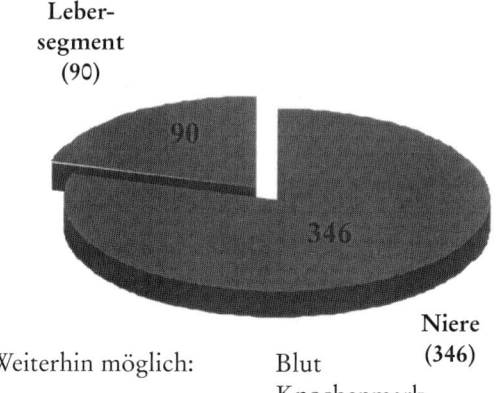

Lebersegment (90)

Niere (346)

Weiterhin möglich: Blut
Knochenmark

Abb. 1: Organtransplantation in Deutschland 2000.
Angaben: Deutsche Stiftung Organtransplantation

Wir sind seit 1996 mit der Lebendnierentransplantation befasst. Zu diesem Zeitpunkt erfolgte erstmalig in Jena an der Klinik für Urologie die Übertragung einer Niere, die eine Ehefrau ihrem Ehemann spendete. Im Zuge der präoperativen Untersuchungen des Spender-Empfänger-Paares wurde eine interdisziplinäre Arbeitsgruppe im Transplantationszentrum Jena gebildet. An der klinischen, operativen und psychologischen Vorbereitung der Paare sind immer Spezialisten verschiedener Fachgebiete beteiligt. Innerhalb dieser Arbeitsgruppe führen wir die präoperative psychologische Evaluierung und Beratung sowie die postoperative Betreuung der Paare durch (Venner 2000a, b; Werner 2000). Das 1998 wirksam gewordene Transplantationsgesetz schreibt ein solches Vorgehen fest (Gesetz über die Spende, Entnahme und Übertragung von Organen 1997).

Im Allgemeinen umfasst der Ablauf einer Lebendnierenspende im Transplantationszentrum Jena folgende Schritte:
1. Orientierendes Erstgespräch mit Spender und Empfänger durch den behandelnden Urologen, Nephrologen, Hausarzt oder das Dialyseteam sowie immunologische Laboruntersuchung (u. a. die Blutgruppenbestimmung) zur Feststellung, ob zwischen Spender und Empfänger eine Gewebeverträglichkeit vorliegt
2. Medizinische Spenderuntersuchung und psychologische Evaluierung des Spender-Empfänger-Paares
3. Abschließende Beratung der Transplantationskommission und gemeinsames Gespräch mit Spender und Empfänger
4. Transplantation
5. Medizinische und psychologische Nachbetreuung von Spender und Empfänger in festen Abständen

Wir haben seit 1996 im Transplantationszentrum Jena 36 Paare untersucht (Stand September 2001). Davon sind 18 Paare miteinander verwandt, bei 18 Spenden handelt es sich um nichtverwandte Paare. 29 Paare wurden erfolgreich transplantiert, einmal musste die transplantierte Niere postoperativ wieder entfernt werden.

Lebendorganspende heißt, dass sich ein gesunder Organspender freiwillig beschädigen lässt. Es wird ihm gewaltsam etwas genommen, was sich der Empfänger aktiv und gegen bisherige Regeln und Tabus verstoßend einverleibt und aneignet. Bereits im Vorfeld werden dabei aggressive und kannibalische Triebimpulse aktiviert, die überwunden oder zumindest vorübergehend gebunden werden müssen, da sie eng mit der Entstehung von Angst und heftigen Schuldgefühlen verbunden sind (Abraham 1924). Da es sich um sehr frühe Triebimpulse handelt, liegt die Vermutung nahe, dass auch frühe Abwehrmechanismen zur Überwindung dieser Ängste benutzt werden, wie sie Melanie Klein (1962) für die frühkindliche Entwicklung beschrieben hat. Das sind vor allem Spaltungsmechanismen in Form der Projektion des Bösen nach außen und der Introjektion des Guten nach innen. Projektive Abwehrmechanismen funktionieren bei der Organspende deshalb so gut, weil der Operateur per se mit der Entnahme des Organs identifiziert ist und ihm für die praktizierte Aggressivität die Verantwortung übergeben wird. Daneben ermöglicht die Idealisierung des Spenders dem Empfänger die Introjektion eines narzisstisch besetzten guten Objektes, zum Beispiel der Spenderniere.

Freud (1927, S. 144) benennt die Triebimpulse Inzest, Kannibalismus und Mordlust als den »animalischen Urzustand des Menschen«. Gerlach (2000) führt dazu aus, dass der Mensch seiner Triebnatur gemäß ein kannibalisches Wesen ist mit heftigen Impulsen zur Vernichtung und Inkorporation seiner Artgenossen, allerdings auch mit der Fähigkeit zur Projektion aller unerwünschten Selbstaspekte auf Geister, Götter oder »Aliens«. Gegen diese Erkenntnis und das Anerkennen der eigenen Triebnatur besteht jedoch ein erheblicher innerer Widerstand. Die Notwendigkeit der Abwehr begründet Melanie Klein (1962, S. 31f) in ihren Ausführungen über die frühesten Entwicklungsstufen des Kindes:

> »Die Phase der oral-sadistischen Begierde, die Brust, resp. die Mutter zu fressen [...] umfaßt [...] die höchste Blüte des Sadismus. Das Übermaß des Sadismus löst Angst aus und setzt die frühesten Methoden der Abwehr seitens des Ichs in Gang.«

Die früheste Abwehr des Ichs richtet sich gegen zwei Gefahrenquellen: gegen den eigenen Sadismus und das angegriffene Objekt. Diese Abwehr trägt einen gewaltsamen, dem Ausmaß des Sadismus entsprechenden Charakter (Klein 1962, S. 32).

Die existenzielle Bedrohung durch das Versagen eines lebenswichtigen Organs belebt offensichtlich solche frühen Abwehrmechanismen.
Das folgende Beispiel soll unsere Überlegungen illustrieren:

Vom Transplantationszentrum wurde an uns das Anliegen herangetragen, die psychologische Untersuchung und Vorbereitung eines Spender-Empfänger-Paares sehr kurzfristig und zeitgerafft zu ermöglichen. Es würde sich um eine achtzigjährige Mutter handeln, die ihrem fünfzigjährigen Sohn eine Niere spenden wolle. Die alte Dame sei in einem »Top-Zustand«, was sich bei allen klinischen Untersuchungen und Funktionstests bestätigt habe. Sie hätte schon ihren Mann 1975 durch das Nierenleiden verloren, an dem nun auch ihr einziger Sohn erkrankt sei, der drohe, dialysepflichtig zu werden. Im ersten Gespräch mit dem Spender-Empfänger-Paar trat der Sohn sehr fordernd auf. Von uns befragt, wie er dazu stehe, dass seine alte Mutter ihm die Niere spenden wolle und damit doch ein erhebliches gesundheitliches Risiko auf sich nähme, reagierte er abweisend. Er wolle die Niere natürlich nicht, wenn sie nicht ausreichend funktioniere oder nur zwei Jahre halten würde. Seine Ehefrau käme auch als Spenderin in Frage, aber er wolle zunächst die Niere der Mutter, weil deren Möglichkeit zur Spende zeitlich begrenzt sei. Aus eben diesem Grund wurde die Transplantation vom Zentrum auch noch vor der Dialysepflichtigkeit des Sohnes geplant und durchgeführt. Das Hochaggressive dieses Vorgehens wurde von allen abgewehrt und abgespalten – was einzig im Bewusstsein blieb, war das Motiv der menschlichen Hilfe durch das Opfer einer Mutter für ihren einzigen Sohn. Alle waren voller Respekt und Hochachtung für den Mut der Spenderin, sodass Befürchtungen und Ängste nicht laut werden konnten. Als der Sohn jedoch eine laparoskopische Nierenentnahme vorschlug, die Videodokumentation der Transplantation forderte und wünschte, mit seiner Mutter in einem Krankenzimmer untergebracht zu werden, kamen bei den Mitgliedern der Transplantationskommission Bedenken auf. Die laparoskopische Operation hätte für die Mutter wegen der doppelt so langen Narkosezeit ein erhöhtes Risiko bedeutet. Sowohl die Videodokumentation als auch die Unterbringung von Mutter und Sohn in einem Krankenzimmer erschienen allen grenzüberschreitend und beunruhigend. Uns war dabei auffällig, dass die inzestuösen Bestrebungen im Transplantationsteam wahrgenommen, während die aggressiven und mörderischen Impulse nicht reflektiert wurden, sondern im Gegenteil für die Durchführung der Transplantation benutzt worden sind.

Vergleicht man Lebend- und Todnierentransplantation, so ist die Verdrängung des Aggressiven bei postmortaler Transplantation schwieriger zu bewerkstelligen; denn Voraussetzung dafür ist der Tod eines anderen Menschen.

Zum Beispiel stellte sich ein zweiundfünfzigjähriger Lehrer mit einer dilatativen Kardiomyopathie in einem Studentenseminar sehr souverän und gefasst dar. Seine einzige Möglichkeit zum Weiterleben bestand in einer Herztransplantation. Auf die Frage nach seinen Gedanken über den möglichen Spender entgegnete er mit fordernder Stimme, ob auch alle einen Organspendeausweis besäßen. Dann schaute er aus dem Fenster – es war Januar, die

Straßen waren überfroren – und meinte: »Das Wetter ist günstig.« Im selben Atemzug verlangte er, wieder auf sein Zimmer gebracht zu werden. Die ganz unverhüllt zutage tretenden aggressiven und mörderischen Phantasien wurden im Nachhinein von den Studenten abgewehrt, die seine souveräne und gefasste Haltung bewunderten. Nur eine Studentin beklagte sich fast unter Tränen über die schreckliche Aggressivität des Mannes.

Wie das Beispiel zeigt, können die aggressiven Wünsche für das eigene Überleben sehr intensiv und heftig sein. Hinzu kommt, dass bei der Todorgantransplantation der Spender unbekannt bleibt. Der Empfänger ist auf seine Phantasien angewiesen. Wie in einem Hitchcock-Film können dabei selbst harmlose Details eine Bedeutung bekommen, die zu Ängsten und Befürchtungen führt. Wo die Abwehr dieser Phantasien versagt, werden Schuldgefühle und Bestrafungsängste aktiviert, die die psychische Integration des Fremdorganes erschweren; denn mit der Organentnahme von Toten wird ein Tabu gebrochen, eine Leichenschändung begangen. Das findet sich sowohl in der Fachsprache wieder, wo der Begriff »Kadaverorgan« verwendet wird, als auch in Redewendungen, wie: »einer geht über Leichen« oder »der nimmt es selbst von den Toten«.

Die aufgeführten Besonderheiten sind möglicherweise ein Grund dafür, dass 50-70 % der Empfänger post mortem entnommener Organe unter Persönlichkeitsveränderungen, Identitätsproblemen, Angstzuständen und Depressionen leiden (Bergmann 2000, Müller-Nienstedt 2000).

Anders als bei der Todorgantransplantation werden die bei der Lebendorganspende wirksamen archaischen Triebimpulse von einem System – nämlich von Empfänger und Spender ausgehandelt und abgewehrt. Wenn seit Jahren oder Jahrzehnten vertraute oder verwandte Personen sich zu einer Lebendorgantransplantation entschließen, ist das zunächst ein Prozess zwischen diesen beiden Personen oder in dem System Familie. Anschließend werden die Fachleute hinzugezogen und es folgen viele, zum Teil gemeinsame Untersuchungen des Spender-Empfänger-Paares. Durch das Spendevorhaben wird die Beziehung zwischen Spender und Empfänger intensiviert und auch idealisiert, positive Eigenschaften des Spenders werden hervorgehoben. So vergeht nach unserer Erfahrung vom ersten Gedanken an eine Lebendnierenspende und der Bestätigung einer solchen Möglichkeit durch die Bestimmung der Blutgruppe bis zur Transplantation meist ein Jahr. Man muss dieses Jahr als eine Zeit der Auserwählung und Vorbereitung ansehen, in der körperlich, psychisch und sozial die Transplantation eingeleitet wird. Der Spender wird zum Hoffnungsträger des Empfängers für sein Verbleiben in der Welt (Venner 2001).

Mario Erdheim (1988, S. 229ff) beschreibt Vergleichbares in seinem Buch *Die gesellschaftliche Produktion von Unbewusstheit* beim Opferritual der Azteken: Ein makelloser Jüngling wurde auserwählt. Ein Jahr lang wurde er als Gott gefeiert. Dann erfolgte die Opferung, bei der ihm der Priester das Herz herausriss und den Leib zur kannibalischen Kommunion freigab. Nach dem Glauben der Azteken brauchte die Sonne Menschenblut und Menschenherzen, um sich am Himmel zu bewegen. Würde das Opfer nicht stattfinden, ginge die Welt unter.

In diesem Zusammenhang wird auch deutlich, dass Riten bei der Überwindung des Tabus kannibalischer Triebimpulse eine wichtige Rolle spielen. Rituelle Regeln stellen eine unbewusste Kompromissbildung zwischen Triebimpuls und Abwehr dar, das heißt, dass das Ritual die Angst vor Bestrafung und Zurückweisung beim Ausagieren kannibalischer Wünsche neutralisiert.

Rückblickend müssen wir erkennen, dass auch wir unbewusst ein Ritual etabliert haben, das eine moralische Absicherung unseres Tuns bewirkt. Nach Abschluss aller Untersuchungen am Tag vor der Operation (das ist immer an einem Montag um 14.00 Uhr) finden sich alle Mitglieder der Transplantationskommission in einem bestimmten Raum der Urologischen Klinik zusammen. In kurzen Worten berichtet jeder über seine Untersuchungsergebnisse und geht auf die vorliegenden Besonderheiten hinsichtlich der Vorbefunde, der bevorstehenden Operation und der postoperativen Betreuung ein. Abschließend schaut der Rechtsanwalt die Krankenakte durch und überprüft die rechtlichen Formalitäten. Vereint geht die gesamte Gruppe auf die Station ins Krankenzimmer. Der Operateur hält eine kurze Rede an das Paar, in der er nochmals die vorliegenden Besonderheiten zusammenfasst und nach Unklarheiten fragt. Danach wünscht jeder dem Paar persönlich einen guten Verlauf. Dieses beschriebene Ritual ist ein fester Bestandteil unserer unmittelbaren Transplantationsvorbereitung geworden. Als einmal zur Diskussion stand, aus Zeitersparnis abschließend mehrere Paare ohne zeitlichen Zusammenhang zum Transplantationstermin zu besprechen, wurde dies von allen Mitgliedern der Kommission abgelehnt und der bestehende Ablauf intuitiv vehement verteidigt (Venner 2001).

Das Aggressive und Gewalttätige des Vorganges der Transplantation wird vom Bewusstsein abgespalten. Es wird u.a. auf die mit der Transplantation befassten Ärzte verschoben. Auch die Ärzte müssen ihrerseits die unbewusst erregten Affekte handhaben können. Zum einen geschieht das über den Hilfsauftrag, ein Leben zu retten, der auch darüber hinwegtäuscht, dass durch die Beschädigung eines Gesunden gegen den Hippokratischen Eid verstoßen wird. Hinzu kommt ein erheblicher narzisstischer Gewinn, sowohl durch die besondere Stellung innerhalb der Ärzteschaft, als auch als Verbesserer der göttlichen Schöpfung. Zum anderen teilen sich die Ärzte die Verantwortung, ein ganzes Team ist an der Vorbereitung und Durchführung der Lebendorgantransplantation beteiligt, sodass rechtlich der Einzelne vor späteren Vorwürfen geschützt bleibt. Auch der Vorgang der Transplantation wird aufgeteilt, Organentnahme und Organimplantation werden von zwei verschiedenen Operationsteams in verschiedenen Operationssälen durchgeführt. Das Aggressive und Zerstörerische findet im ersten Saal statt, danach kommt der Akt der Einverleibung, das Kannibalische im zweiten Saal.

Wenn man davon ausgeht, dass bei der Lebendorgantransplantation archaische Triebimpulse alle zur Verfügung stehenden Mittel der Abwehr aktivieren, werden ethisch bedenkliche Vorgehensweisen und Entscheidungen, wie zum Beispiel die bei der Lebendlebertransplantation relativ häufige Spende von volljährigen Kindern auf ihre Eltern verständlich.

Ein Leberversagen führt unweigerlich zum Tode und macht ein rasches Handeln notwendig. Deshalb werden über ein Screening der Angehörigen mögliche Spender ermittelt und zur Leberteilspende aufgefordert. Sich in einer solchen Situation zu verweigern ist nahezu unmöglich, da enorme Schuldgefühle mobilisiert werden (Wutzler 2001).

Die Organspende von Kindern auf die Eltern bedeutet, dass die Kinder unter Einbuße der körperlichen und seelischen Integrität ihre Eltern am Leben erhalten. Das widerspricht eigentlich dem gesunden Menschenverstand; denn keinem fiele es ein, sein altes wackliges Auto auf Vordermann zu bringen, in dem aus dem nagelneuen BMW bestimmte Teile entfernt und dem alten Auto eingesetzt werden. Der neue BMW wäre defekt, nicht mehr neu und würde stark an Wert verlieren. Ebenso werden die erwachsenen Kinder als Hoffnungsträger für die nächste Generation beschädigt und beruflichen wie sozialen Einschränkungen ausgesetzt. Ein junger Mensch hat den größten Teil seines Lebens noch vor sich. Er muss sich beruflich etablieren, wird eine Familie gründen und dieser einen angemessenen Lebensstandard ermöglichen wollen. Mit einer halben Leber oder nur einer Niere ergeben sich für den jungen Spender unter anderem Schwierigkeiten auf dem Arbeitsmarkt und Einschränkungen bei dem Abschluss von Versicherungen. In jedem Fall ist er im Nachteil gegenüber Gleichaltrigen, sowohl bezüglich der aktuellen Lebensgestaltung, als auch bezüglich der körperlichen Reserven bei möglichen Erkrankungen im höheren Lebensalter.

Lebendnierenspende
(insges. 346)

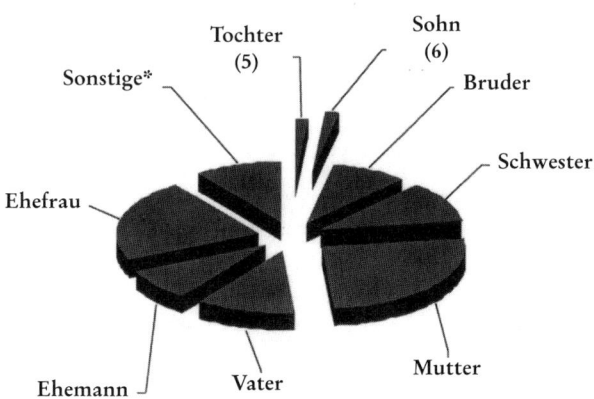

Leberteilspende
(insges. 90)

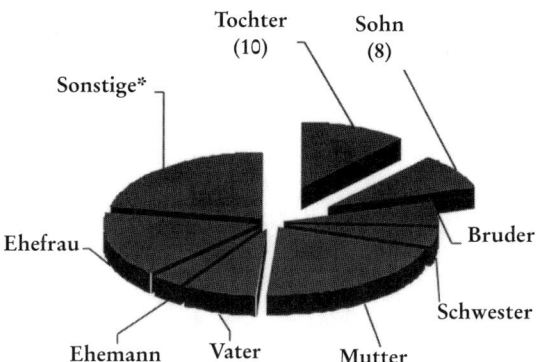

(* Cousins, Tante, Onkel,
Großeltern, Freunde, Schwager,
Schwägerin, Lebensgefährte, »Domio«)

*Abb. 2: Verwandschaftsgrade bei Lebendorganspende (2000).
Angaben: Deutsche Stiftung Organtransplantation*

Es stellt sich die Frage, warum junge Erwachsene bereit sind, diese Risiken und Einschränkungen auf sich zu nehmen. Ein mögliches Motiv könnte eine verbliebene Abhängigkeit sein und daraus resultierende Schuldgefühle. Genauso müssen wir fragen, weshalb Eltern bereit sind, solche Opfer von ihren Kindern anzunehmen. Die Aktivierung archaischer Triebimpulse durch die Angst vor dem Tod und der Wunsch nach Unsterblichkeit wären dafür eine Erklärung. Das Ergebnis der Lebendtransplantation ist aber nicht die Unsterblichkeit, sondern eine Lebensverlängerung chronisch Kranker. Es sind eine regelmäßige Immunsuppression und regelmäßige ärztliche Kontrolluntersuchungen erforderlich. Wirkliche Unsterblichkeit können wir, wie unsere Vorfahren, nur durch die Zeugung und Bewahrung einer neuen Generation erreichen, oder wie Melanie Klein (1962, S. 131) sagt: »Die Vermehrung ist das wesentliche Mittel, um dem Tod entgegenzuwirken.«

Bereits in der griechischen Mythologie findet sich die Darstellung einer ähnlichen Problematik. Kronos, Vater des Zeus, fraß seine Kinder aus Angst, von ihnen entmachtet zu werden, wie er selbst seinen Vater Uranos entmachtet hatte. Damit war die Entwicklung einer neuen Generation nicht möglich. Sie wurde zum Erhalt der eigenen Unsterblichkeit geopfert. Erst durch Zeus, den seine Mutter Rhea aus Liebe versteckte und heimlich aufziehen ließ, wurde Kronos entmannt und entmachtet. Dadurch konnte die neue Generation, die griechischen Götter, den Olymp beziehen (Roberts 1997).

Die archaischen Triebimpulse werden nicht nur bei der zu realisierenden Organtransplantation wirksam, sondern schon allein durch deren phantasierte Möglichkeit. Das betrifft zum Beispiel den großen Teil chronisch Kranker, die auf ein passendes Organ warten müssen, oder die vielen Paare und Familien, in denen die Möglichkeit zur Lebendorganspende bekannt ist, aber das Thema nicht angesprochen wird, weil keiner zur Spende bereit ist.

Bei der Vielfalt emotionaler Verwicklungen bleibt offen, welche Themen und Probleme uns bei Patienten vor und nach Organspende begegnen werden. Bedenkt man die zukünftigen Möglichkeiten der Organübertragung, z. B. die Transplantation von Köpfen, Hoden oder Tierorganen, muss man sich fragen, mit welcher Art Mensch wir es überhaupt zu tun haben werden (Eberbach 2000).

Es könnte der Eindruck entstanden sein, dass wir uns mit dem Gesagten dem wissenschaftlichen Fortschritt verschließen und ein steinzeitliches Leben favorisieren. Dem ist nicht so. Im Gegenteil bewundern wir zutiefst und immer wieder das Wissen und die Kunstfertigkeit unserer Kollegen, sowohl in der Vorbereitung der Lebendspende, als auch im Operationssaal.

Wir bewundern auch die Ergebnisse der Transplantation und freuen uns mit den Paaren über deren neu gewonnenes Leben. Betrachten wir uns aber die gegenwärtige Entwicklung, so entsteht der Eindruck, dass vieles gemacht wird, eben nur, weil es machbar ist. Die Konsequenzen des Handelns werden oft nicht bedacht.

Im Hinblick auf die weitere Entwicklung der Organtransplantation und ihre Anwendung können wir nur hoffen, dass Freud mit seiner Aussage recht behält, »dass die Liebe nicht um vieles jünger sein kann, als die Mordlust« (Freud 1915, S. 53).

Literatur

Abraham, K. (1924): Versuch einer Entwicklungsgeschichte der Libido auf Grund der Psychoanalyse seelischer Störungen. In: Neue Arbeiten zur ärztlichen Psychoanalyse. 11, S. 96.

Bechstein, L. (1853): Der Schmied von Jüterbogk. In: Uther, H.-J. (Hg.) (1997): Ludwig Bechstein Märchen. München (Diederichs).

Bergmann, A. (2000): Tabuverletzung und Schuldkonflikte in der Transplantationsmedizin. In: Psychoanalyse, Texte zur Sozialforschung. Themenheft »Psychoanalyse und Körper«. 4. Jahrgang, Heft 6, S. 127-151.

Eberbach, W. (2000): Übertragbare Organe – ein »knappes Gut«. In: Ärzteblatt Thüringen, 11/11, S. 609-612.

Erdheim, M. (1988): Die gesellschaftliche Produktion von Unbewußtheit. Frankfurt a. M. (Suhrkamp).

Freud, S. (1915): Unser Verhältnis zum Tode. In: Thure von Uexküll; Grubrich-Simitis (Hg.) (1994): Studienausgabe, Band IX. Frankfurt a. M. (Fischer), S. 49-60.

Freud, S. (1927): Die Zukunft der Illusion. In: Uexküll, T. v., Gubrich-Simitis (Hg.) (1994): Studienausgabe. Bd. IX. Frankfurt a. M. (Fischer), S. 135-189.

Gerlach, A. (2000): Verdrängung des Kannibalismus und seine Wiederkehr in Sexualität und Kultur. In: Gerlach, A. (Hg.) (2000): Die Tigerkuh. Gießen (Psychosozial), S. 43-84.

Gesetz über die Spende, Entnahme und Übertragung von Organen (Transplantationsgesetz – TPG). Bundesgesetzblatt Jahrgang 1997, Teil I Nr. 74, 11. November 1997, S. 2631-2639.

Klein, M. (1962): Das Seelenleben des Kleinkindes und andere Beiträge zur Psychoanalyse. Reinbeck bei Hamburg (Rowohlt).

Land, W. (1993a): Editorial: Organspende von gesunden Personen – neue Überlegungen sind angezeigt. In: Zeitschrift für Transplantationsmedizin 5,2; S. 51.

Land, W. (1993b): Lebendspende von Organen – derzeitiger Stand in der internationalen Debatte. In: Zeitschrift für Transplantationsmedizin, 5,2; S. 59-63.

Molzahn, M., Taffs, A., Köhler, A. (2001): Organspende und Transplantation in Deutschland 2000. Deutsche Stiftung Organtransplantation (Hg.). Neu-Isenburg.

Müller-Nienstedt, H.-R. (2000): Geliehenes Leben – Konsequenzen und Forderungen aus Organtransplantationen. In: Psyche und Transzendenzen im gesellschaftlichen Spannungsfeld. S. 125-153.

Reinhard, K. (1987): Wie der Mensch den Tod besiegt – Technische Verfahren zur Unsterblichkeit. Wien (Orac).

Roberts, M. J. (1997): Mythologie der Griechen & Römer. Ketterig (Athenaion).

Schwab, G. (1981): Die Irrfahrten des Odysseus. Berlin (Kinderbuchverlag).

Venner, M., Wutzler, U. (2000a): Procedere, bisherige Ergebnisse und Probleme der Integration der psychologischen Untersuchung von Spender-Empfänger-Paaren zur Lebendnierenspende. In: Johann, B. & Teichel, U. (Hg.) (2000): Beiträge der Psychosomatik zur Transplantationsmedizin. Lengerich (Pabst), S. 9-21.

Venner, M., Wutzler, U. (2000b): Psychologische Aspekte der Lebendnierentransplantation. In: Ärzteblatt Thüringen. 11/4, S. 195-197.

Venner, M., Wutzler, U. (2001): »Dem Tod ein Schnippchen schlagen« – Lebendnierenspende bei älteren Ehepaaren. In: Peters, M. (Hg.): Altern zwischen Defiziterfahrung und Entwicklungschancen. Gießen (Psychosozial). Im Druck.

Werner, W., Venner, M., Wutzler, U., Sperschneider, H., Schubert, J. (2000): Erfahrungen der Transplantationskommission – Ergebnisse der psychologischen Evaluierung vor Nierenlebendspende (LNS). In: Transplantationsmedizin. Supp., S. 84.

Wutzler, U., Venner, M. (2001): Methodische Aspekte der psychologischen Evaluierung vor Lebendnierentransplantation am Beispiel des Jenaer Modells. In: Kirste, G. (Hg.): Nieren-Lebendspende. Lengerich (Pabst). Band 3. In Druck.

Krankheit – (verleugnete) alltägliche Gewalterfahrung

Joachim Grefe

Gewalt und Zivilisation stehen in Widerspruch zueinander, ist doch Zivilisation der Versuch, im Rahmen eines geregelten Gemeinschaftslebens Gewalt auszuschalten. Gewalt wird dem Barbaren, dem Fremden, Außenstehenden zugeschrieben und der Gewalttäter ist exkommuniziert, aus der Gemeinschaft ausgeschlossen.

Gewalt ist in ihrem Ursprung nicht auf den menschlichen Gewalttäter begrenzt – aber der Zivilisationsprozess ist vor allem geeignet, diesen durch Regeln des Zusammenlebens und ihre Durchsetzung zu zähmen. Bedrohungen durch Naturkatastrophen, Krieg, Krankheit und Tod, stellen eine Form der Gewalt dar, die sich zivilisatorischer Zähmung entzieht. Dies ist durch Regeln und Gesetze nicht zu leisten, daher müssen andere Mittel greifen – und gegenüber den Naturgewalten gibt es herausragend deren zwei.

Erstens die *Ausgrenzung*. Krieg und Terror z. B. gelten grundsätzlich als etwas, das an den und außerhalb der eigenen Grenzen stattfindet. Der Fremde ist dabei der Angreifer, der Rechtsbrecher. Über den Tod ließe sich Ähnliches sagen.

Zweitens die *Negierung*. Krankheit wie auch Hunger lassen sich als allgegenwärtige Phänomene in der Gemeinschaft nicht so einfach ausgrenzen. Früher waren sie Schicksal, göttliche Fügung oder Strafe – Eingriffe von außen allemal, darin Krieg und Tod ähnlich, wie in der Bedrohung mit dem Ende des Lebens. Seit uns der ausgrenzende Rückgriff auf eine göttliche Macht nicht zuletzt wegen der Entdeckung anderer Erklärungsmöglichkeiten nicht mehr so einfach zugänglich ist, lässt Krankheit sich nicht mehr ausgrenzen – muss für nichtig erklärt werden: Sie darf nicht sein, darf nicht wirksam sein, muss – erfolgreich – bekämpft werden, damit sie nicht mehr erscheine.

Begriffliche Eingrenzungen

Gewalt ist »die zielgerichtete, direkte physische Schädigung von Menschen durch Menschen«, so die Definition der Gewaltkommission der Bundesregierung 1989 (zit. n. Bohleber 2000). Aber Gewalt ist auch seelisches Erleben von Gewalt: die Erfahrung direkter physischer Schädigung von außen, die ich hier nicht trennen möchte von der Quelle im anderen Menschen (wie es die Gewaltkommission tut), weil im Innerseelischen das von außen Herangetragene immer als vom anderen, vom Objekt, daher »durch Menschen« kommend und zudem in der unbewussten Phantasie zielgerichtet gegen das Subjekt erlebt wird.

So soll Gewalt hier verstanden werden als zerstörerische äußere Einwirkung, woher sie auch komme – ein Realtrauma i. S. der Definition der Posttraumatischen Belastungsstörung (z. B. Weltgesundheitsorganisation 1991): Katastrophen, Kampfhandlungen, schwere Unfälle, Zeugenschaft beim gewaltsamen Tod anderer oder selbst Opfer von Folterung, Terrorismus, Vergewaltigung oder anderen Verbrechen zu sein, stellen beispielhafte Situationen der Gewalterfahrungen dar. Es ist davon auszugehen, dass im seelischen Erleben und Verarbeiten Gewalt immer als persönlich und zielgerichtet erfahren wird.

Alltag betrachte ich hier als die naiv erlebte Wirklichkeit einer vorgegebenen äußeren Welt. Eco (1992) spricht in diesem Zusammenhang von common sense-Wirklichkeit, eine die Beliebigkeit begrenzende und gleichermaßen praktische wie plausible Annahme eines Verständnisrahmens und, wie ich andernorts (Grefe 1997) ausgeführt habe, will ich ihm darin folgen.

Gerade im psychoanalytischen Begriff der *Verleugnung* scheint deutlich, dass und in welchem nicht zu unterschätzenden Umfang wir uns in der Psychoanalyse auf eine so verstandene äußere Realität beziehen. Verleugnung besteht laut Laplanche und Pontalis (1967, S. 595) »in einer Weigerung des Subjekts [...], die Realität einer traumatisierenden Wahrnehmung anzuerkennen, insbesondere die Penislosigkeit der Frau«. Freud beschreibe mit der Verleugnung »einen gegen die äußere Realität gerichteten ursprünglichen Abwehrmechanismus« (S. 597), mit dem die Wahrnehmung der (Folgen der) Kastration der Frau geleugnet werden solle, aber gleichzeitig das Fehlen des Penis, die Wunde und die Weiblichkeit anerkannt werden können.

Wir halten an dieser Stelle fest: Verleugnung ist die Weigerung, die Wahrnehmung von etwas Fehlendem, einer Wunde anzuerkennen, diese schmerzhafte Wirklichkeit in der äußeren Realität in jenem Teil zu leugnen, der besagt, dass eine Gewalttat, eine Verletzung, die Kastration, zu dem wahrgenommenen Zustand geführt haben muss.

Körperliche *Krankheiten* – auf diese beziehe ich mich im Folgenden vorzugsweise, wenn von Krankheit die Rede ist – gehören zu unserem Alltagsleben, in unsere ständig erfahrene Welt. Die Scheidung in körperliche und seelische Erkrankungen, die ich hiermit vollziehe, ist in vieler Hinsicht Unsinn, weil die Störung und Zerstörung des Wohlbefindens, der Funktion usw., also das, was Krankheit auszeichnet, körperlichen wie seelischen Krankheiten gleichermaßen eignet. Aber unsere spontan auftretende Alltagslogik und -praxis legt großen Wert auf diese Unterscheidung. Für die angestrebte Darstellung scheint mir eine vereinfachende Pointierung hilfreich.

Die Notwendigkeit der Verleugnung von Krankheit

Krankheit ist Funktionseinschränkung: Bauchweh, Erbrechen, Husten, Schnupfen, Abgeschlagenheit, Schmerzen, Wunden und Knochenbrüche prägen unsere Erfahrung mit uns und unserer Welt von Anbeginn und Krankheit ist schon immer ein Teil der menschlichen Existenzbedingungen.

Trotzdem und zugleich ist unserer Körper Gebrauchsgegenstand im Alltag par excellence: Wir benutzen ihn täglich und erwarten fraglos, dass er uns zu Diensten ist – ähnlich wie unser Auto oder der ICE: ständig verfügbar, unbegrenzt einsatzfähig und unzerstörbar. So soll unser Körper sein. Ist er das nicht, sind wir je nach Lage der Dinge auf ihn böse und mit ihm ungehalten – aber manchmal ist sein Versagen auch eine willkommene Entschuldigung gegenüber ungeliebten Anforderungen.

So ist unser Körper für uns in einem narzisstischen Sinne konflikthaft: Einerseits ist er in seiner Allgegenwart und Alltäglichkeit, also in Zeit und Raum selbstverständlich – damit aber auch unerkennbar. Wenn er sich nicht mit Bedürfnissen nach Wärme, Nahrung, Streicheleinheiten, Verdauung, Sex oder sonstiger Betätigung drängend-triebhaft meldet, bemerken wir ihn als eine Konstante unseres Daseins nicht. Und in einem hinreichend befriedigend funktionierenden Alltag werden diese Bedürfnisse auch als unproblematisch nicht weiter gewürdigt, fallen nicht auf.

Die Befriedigung der genannten Bedürfnisse ist Quelle höchster Genüsse – und wir träumen von ungehemmter, orgiastischer Befriedigung unseres Begehrens, phantasieren unseren Körper in Allmachtphantasien als unbegrenzt leistungsfähig, »forever young« usw. Denn das zu lange Ausbleiben dieser Befriedigungen ist Anlass von Leid, Selbstwertzweifeln, Enttäuschung und Wut; und die Vorstellung eingeschränkter Funktion in dieser Hinsicht und der damit verbundenen Minderung von Befriedigungsmöglichkeiten ist eine lebhafte Imagination bevorstehenden Leidens. Um dieses Ungemach zu vermeiden, wird die Allmachtsphantasie des unzerstörbaren Körpers aufrecht erhalten.

Diesen Bedürfnissen und Vorstellungen steht die Alltagserfahrung entgegen, dass unser Körper per se angreifbar, verletzbar, anfällig für Krankheiten, schwach ist. Im rationalen Diskurs und in unserer common sense-Wirklichkeit ist dies trivial. Wird es uns aber emotional gar zu präsent, werden wir leidende Hypochonder, die in ständiger besorgter Selbstbeobachtung den Körper nicht mehr nutzen und genießen, sondern nur noch als potentielles Opfer von Schmerz bringenden, das Leben gefährdenden und die Funktionsfähigkeit zerstörenden Infektions- und Verletzungsquellen, von Krankheiten jeder Art betrachten können.

So sind wir zur Erhaltung unseres täglichen Wohlbefindens zu erheblichen Verleugnungsleistungen gegenüber diesen Gefahren zugunsten einer gleichermaßen unrealistischen Allmachtsphantasie von Gesundheit und Unverletzbarkeit genötigt. Diese unterstützen wir durch Gottesfürchtigkeit und Gebete, Wellness-Programme und Diäten – oder platte Ignoranz: »Mir wird schon nichts passieren.«

Ich möchte dies an einem alten Bild, an bekannten Tatsachen kurz verdeutlichen: Die vier apokalyptischen Reiter, Krieg, Hunger, Seuche und Tod, diese schicksalhaften ständigen Bedrohungen des Menschen und der Menschheit, müssen schon immer mittels Verleugnung eingegrenzt, ausgegrenzt und abgewehrt werden. Dies erst recht in unserer heutigen hochtechnisierten, per Mobilität und Kommunikation nahezu grenzenlosen Welt, in der sich eben auch Krieg, Seuche und Tod weder informationell noch real so gut begrenzen lassen, wie dies in früheren Jahrhunderten der Fall war. Letzte Beispiele für diese Entwicklung sind HIV, BSE, MKS, oder der Unfall von Eschede und der Anschlag auf das World Trade Center in New York am 11.9.01 – Schreck, Panik und Entsetzen in der so genannten zivilisierten Welt, unbegrenzt sowohl die Infektionen und Informationen wie auch die heftigen und heftigsten Reaktionen – und dann der die Bedrohung rasch wieder vergessende Übergang zum Alltag: business as usual.

Fallbeispiele

Krankheit ist Gewalt – über solch einen Gegenstand zu schreiben grenzt an Unverschämtheit, weil es so selbstverständlich ist: Geschwüre, blutende Wunden, gebrochene Knochen, Schmerzen, Schwäche – ein Kranker ist niedergestreckt, an sein Lager gefesselt, ein Opfer der Gewalt eben.

Krankheitsbedingte Funktionsstörungen oder -einschränkungen sind vielfältig. Von der erschwerten Atmung bei einer Erkältung oder dem Gefühl der Abgeschlagenheit bei einem fieberhaften Allgemeininfekt oder den passageren Einschränkungen nach einer Verletzung reichen sie über erhebliche Veränderungen im Alltag bei vielen chronischen Erkrankungen bis hin zu Verstümmelung und Tod.

Aber man muss nicht gleich an das Schlimmste denken. Vergegenwärtigen Sie sich doch Ihre letzte schwere Erkältung. Mag sie privat und beruflich noch so gelegen gekommen sein und die lange überfällige Pause im stressigen Alltag erzwungen haben – aber das Gefühl der Luftnot, der dröhnende Kopf, die allgemeine Lustlosigkeit und Abgeschlagenheit, das diffuse Gefühl von Schmerz und Schwäche, der Husten, der Rotz, die tränenden Augen, und nachts kaum ein Auge zugetan. […] Auch in Kenntnis des in der Regel günstigen Verlaufs mit baldiger Besserung: es war sicher alles andere als ein Genuss, eher doch eine Qual.

Ein wegen eines Schmerzsyndroms stationär behandelter junger Mann mit ausgeprägt narzisstischer Persönlichkeit wurde in den Tagen einer Erkältung akut suizidal. Er ertrug es nicht, so niedergestreckt zu sein, weil er sich aus neurotischen Gründen seine Lebendigkeit, seine Potenz und seinen Wert in ständiger Aktivität beweisen musste.

Leicht verständlich ist die hier anvisierte Bedeutung von Krankheit bei schweren Erkrankungen mit ungewissem oder fatalen Ausgang: Krebs zu aller erst, aber z. B. auch Multiple Sklerose, wo vielen Menschen sofort Zustände von Behinderung und unaufhaltsamem, tödlichem Schicksal einfallen. Häufig sind diese Perspektiven verbunden mit depressivem Erleben und zumindest suizidalen Erwägungen, die letztendlich besagen: »Wenn ich schon ohnmächtig auf eine solche Zukunft zugetrieben werde, mein unerträglich schreckliches Schicksal unweigerlich über mich kommt, dann bringe ich mich doch lieber selber ums Leben, komme der hilflosen Auslieferung an dies Schicksal, den Einschränkungen, den Schmerzen, der Verstümmelung, dem Tod durch mein eigenes Handeln zuvor.«

Mit einigen kurzen Fallbeispielen möchte ich den von mir gewählten Aspekt auf Krankheit verdeutlichen.

Frau A erkrankte im so genannten besten Erwachsenenalter an einer schweren Herzkrankheit, die sie praktisch leistungsunfähig machte. Schon geringe körperliche und seelische Belastungen waren ihr zuviel und zudem aus pathophysiologischer Sicht lebensbedrohlich. Nach den ersten Monaten der Erkrankung entwickelte sie zusätzlich ein schweres depressives Störungsbild, das sich bei näherer Betrachtung als typische posttraumatische Belastungsstörung erwies. Die Inhalte der jetzt quälenden Erinnerungen waren Frau A schon immer bekannt gewesen – aber nach Verlust ihrer Leistungsfähigkeit in Sport und Beruf und weiteren im gleichen Zeitraum verlorenen Aufgaben und Verpflichtungen, die offenbar insgesamt stabilisierenden Einfluss hatten, war diese bis dahin tragfähige Bewältigung früherer Traumata – ausgelöst durch die körperliche Erkrankung – zusammengebrochen.

Herr B erkrankte in seinen dreißiger Jahren an einem Krebsleiden, das mit den zur Verfügung stehenden Mitteln der Schulmedizin – Operation, Bestrahlung und Chemotherapie – sozusagen erfolgreich behandelt werden konnte. Der Krebs war besiegt, aber Herr B teilweise verstümmelt und mit erheblichen Behinderungen wieder in seinen Alltag zurückgekehrt. Zunächst hatte er versucht, sein zuvor aktives gesellschaftliches Leben als fröhlicher und kommunikationsfreudiger Mensch wieder aufzunehmen. Er musste aber feststellen, dass die Krankheitsfolgen hierin außerordentlich hinderlich waren und weder er noch seine früheren Freunde rasch genug Möglichkeiten fanden, damit umzugehen, sich darauf einzustellen. Mit der Zeit entwickelte auch dieser Patient heftigste Symptome einer schweren PTSD, deren Inhalte sich auf Gewalterfahrungen in Kindheit und Jugend bezogen. Diese waren dem Patienten immer bekannt gewesen, aber es war ihm – wie Frau A – gelungen, durch eine aktive Lebensgestaltung die Wirksamkeit der traumatischen Erfahrung auszuschalten – bis die traumatischen Erfahrungen der Krankheit die alten Erlebnisse wieder reaktivierten.

In beiden Fällen wird deutlich: die früheren traumatischen Erlebnisse sind bekannt, haben aber keine erkennbare symptomatische Wirkung, sind in diesem Sinne erfolgreich abgewehrt. Die körperliche Krankheit zerstört Funktionen, die kompensatorisch eingesetzt waren, die Unversehrtheit trotz Traumatisierung zu behaupten im Sinne eines »Ich bin nicht zerstört!« Wenn die Forderung gilt, dass das auslösende Ereignis, das die Abwehr zusammenbrechen lässt, im Sinne des ursprünglichen Traumas spezifische Aspekte haben muss, dann ist es eben dies: sowohl Herr B wie Frau A erfahren, dass sie nun doch zerstört sind, dass ihre Selbstbehauptung Illusion war. Die Abwehr bricht zusammen, weil die körperliche Integrität Schaden genommen hat *wie zuvor* in den kindlichen und adoleszenten Traumatisierungen. Die Krankheit und die mit ihr einhergehende körperliche Zer-Störung hat also die gleiche Bedeutung wie die vorangehende Erfahrung von Gewalt.

Zwei weitere Beispiele aus dem konsiliarischen Erfahrungsbereich sollen einen weiteren Aspekt der Wirkung und Bedeutung von Krankheit neben den der Zerstörung von Körper und Funktion stellen – den des Ausgeliefertseins:

Vor einigen Jahren wurde ich als psychiatrischer Konsiliarius zu einem Patienten auf einer Intensivstation gerufen. Dieser Mann litt an einer entzündlichen Herzmuskelerkrankung, die sein Herz so geschwächt hatte, dass es nicht mehr in der Lage war, die Kraft aufzubringen, seinen Körper mit Blut zu versorgen. Die an sich geplante und lebensnotwendige Herztransplantation war wegen der noch aktiven Entzündung nicht möglich. Also wurde der Patient hilfsweise von einer künstlichen Pumpe unterstützt, die neben seinem Bett stand und das Blut durch seine Gefäße pulsen ließ. Der Patient war trotz sedierender Medikamente bei vollem Bewusstsein und schilderte seine Hilflosigkeit, seine Machtlosigkeit, seinen Hass und seine Hoffnung: dieser ständige, gleichmäßige Puls, der ihn am Leben erhielt, war ihm eine Qual, wie Schläge, die ihn ständig trafen und trieben: »Wann ist das endlich vorbei.«

Ganz zu Beginn meiner ärztlichen Arbeit traf ich auf einer Spezialstation eine ältere Frau die an einem Plasmozytom litt, seit vielen Jahren schon regelmäßig hierher kam, wenn wieder Symptome auftraten, ein neuer Behandlungszyklus erforderlich wurde. Mit großer Dankbarkeit für die medizinische Hilfe durch »ihr« Krankenhaus und mit profunder Kenntnis ihrer Krankheit erzählte sie mir ihre lange Krankengeschichte, ihr Leben mit der Krankheit. Und sie endete mit der Feststellung: »Wissen Sie, das ist ja alles ganz gut, ich kenne mich, die Krankheit und die Behandlung, vertrage die Chemotherapie auch gut – aber was für mich daran schrecklich ist, ist die Ungewissheit. Nicht die anderen Symptome, die Schmerzen, nicht die Therapie, diese Ungewissheit ist es, die mich manchmal wünschen lässt, es wäre endlich vorbei!«

Krankheit ist Gewalt

Diese kurzen Beispiele sollen zeigen: Krankheit konfrontiert ungefragt und unabweisbar – darin schon gewalttätig – mit dem Verlust, der Zerstörung von körperlicher Integrität und Funktion, mit dem Verlust von Freiheitsgraden, Optionen im Leben; der Krankheit ist der Kranke (in unterschiedlichem Ausmaß) ausgeliefert, sie kommt über ihn und bestimmt seine Alltagsgestaltung – und wenn der Kranke nicht mitmacht, drohen böse Folgen.

Aber wer macht sich das schon klar, wenn der Arzt ihm sagt, er leide an diesem oder jenem. Schnell, viel zu schnell, sind wir mit Lebensweisheiten, Rezepten zur Hand, auch mit der gelernten Überzeugung, dass Krankheit eben etwas sei, mit dem man leben müsse. So störend eine Erkrankung sein mag, dafür gibt es Spezialisten, Medikamente usw. Mit Gewalt hat das nichts zu tun, es ist halt etwas Alltägliches.

Ein Gutachter schrieb vor gar nicht so langer Zeit über einen Mann, der nach einer Geiselnahme eine schwere PTSD zeigte, mit einer Geiselnahme müsse man hierzulande rechnen, daher könne die Reaktion des Mannes nur übertrieben und i. S. eines (sofort wie eine Simulation bewerteten) Rentenbegehrens zweckdienlich sein.

Was »normal« ist, kann keine Gewalt sein, darf als solche nicht bezeichnet werden!

Das klingt skandalös, war es in diesem Fall auch – aber es ist eben auch wahr: wir schützen unseren Alltag, indem wir das Gegebene, Vorgefundene als »normal« aufnehmen – so wie ein Kind, das, von Kindheit an von Erwachsenen sexuell benutzt, nicht auf die Idee kommen wird, dass daran etwas falsch sein könne; so wie ein geschlagenes Kind die Prügel für »richtige« Erziehungsmaßnahmen hält und der Sklave die Peitsche… (vgl. Herman 1992).

Was alltägliche Normalität beansprucht, ist in seiner Gewalttätigkeit nicht erkennbar, ob es sich um psychische oder körperliche Traumatisierungen handele.

Aber nun muss geprüft werden, ob Krankheit Charakteristika von Traumatisierung, von Gewalt aufweist. Ich folge J. L. Herman (1992) in der Darstellung der Eigenschaften von traumatisierender Gewalt.

> »Ein […] traumatisches Ereignis kann nahezu überall passieren. Zu länger anhaltenden, sich wiederholenden traumatischen Ereignissen kommt es […] nur unter den Bedingungen der Gefangenschaft. Ist das Opfer frei und kann fliehen, wird es sich nicht ein zweites Mal misshandeln lassen. Das Trauma wiederholt sich nur, wenn das Opfer gefangen ist, nicht fliehen kann und unter der Kontrolle des Täters steht. Solche Bedingungen herrschen sichtbar in Gefängnissen, Konzentrations- und Zwangsarbeitslagern, können aber auch in religiösen Sekten, Bordellen, anderen Institutionen organisierter sexueller Ausbeutung und in der Familie auftreten.« (S. 107)

Immer entsteht bei längerem Kontakt zwischen Täter und Opfer eine spezifisch von den Bedingungen des Zwangs und der Unterwerfung geprägte Beziehung. Unter den stark eingeschränkten Bedingungen der Gefangenschaft, die ja die Kontaktmöglichkeiten des Gefangenen weitgehend auf Wächter und Misshandler begrenzt, ist schnell der Täter das einzig relevante Objekt und wird so zum wichtigsten Menschen im Leben des Opfers. Der Täter kontrolliert das Opfer total, in allen Lebensbereichen und Lebensäußerungen.

Die Entmachtung des Opfers wird am sichersten erreicht durch vollständige Kontrolle der physiologischen, damit intimsten Lebensfunktionen. Der Täter kontrolliert, was das Opfer isst, was es trinkt, wann es zur Toilette geht, wie und was es da tut, ob, wie und wann es sich wäscht, was es anzieht. Diese Funktionen werden nicht nur kontrolliert, sondern bestimmt. Die Verweigerung oder schwere Einschränkung dieser Bedürfnisse führt zu körperlicher Schwächung – aber selbst wenn diese Grenze nicht überschritten wird, stellt doch die Kontrolle über diese Bereiche personaler Autonomie eine Quelle übelster Scham und Erniedrigung dar.

»In der Isolation wächst die Abhängigkeit des Opfers vom Täter ständig, nicht nur was das Überleben und elementare körperliche Bedürfnisse angeht, sondern auch im Hinblick auf Informationen und sogar emotionalen Beistand. Je stärker die Angst, desto größer wird die Versuchung, sich an die eine erlaubte Beziehung zu klammern: die Beziehung zum Täter. Da alle anderen menschlichen Bindungen fehlen, versucht das Opfer, das Menschliche im Täter zu entdecken. Da es keine andere Meinung hört, wird es die Welt schließlich mit den Augen des Täters betrachten.« (S. 116)

Der Kranke kann sich seiner Krankheit nicht entziehen, er ist ihr ausgeliefert, ihr Gefangener. Er steht unter ihrer Kontrolle, solange sie andauert, und kann ihr nicht entfliehen. Der Kranke ist gezwungen, sich den Bedingungen des Krankseins (und dem Gesundheitssystems einschließlich der Behandler) zu unterwerfen. Sein Dasein wird von den Wächtern über seine Gesundheit (äußere und/oder internalisierte Regeln) bestimmt, seine Krankheit und sein kranker Körper werden seine wesentlichen Gegenüber. Jegliche Scham ist gegebenenfalls gefährlich und muss überwunden werden. Alle anderen Ziele und Wünsche müssen zurücktreten hinter die Notwendigkeiten, die die Krankheit mit sich bringt.

In dieser kurzen Beschreibung mag deutlich genug werden, dass mehr Gewalt in alltäglicher Krankheit steckt, als gemeinhin angenommen wird. Diese Gewalt wird unter dem beherrschenden Eindruck von alltäglicher Normalität nicht als solche erkennbar – und ist nicht offen als solche wirksam, bis ihr gewalttätiger Charakter aufgedeckt wird. Aber wie in den Beispielen versucht wurde zu zeigen, ist diese Latenz im Phänomen Krankheit vorhanden und allzeit bereit, auszubrechen, wirksam zu werden.

Folgen der Gewalt

In den Folgen und gegebenenfalls der Chronizität einer Erkrankung liegt die täglich wiederholte Konfrontation mit ihrer Gewalttätigkeit, die immer neue Bestätigung, Verstärkung und Betonung ihrer Unausweichlichkeit.

Hans Keilson hat anhand seiner Erfahrungen mit Opfern der Naziverfolgung herausgearbeitet, dass es insbesondere die dem eigentlichen Trauma folgenden Erlebnisse von Aussonderung, Besonderheit und Stigmatisierung sind, aber auch die Zweifel am Zusammenhang von psychischen Folgen und Trauma, die verstärkend und fixierend wirken.

Er hat anhand seiner langjährigen und eingehenden Erfahrungen mit während des Zweiten Weltkrieges versteckten oder in Konzentrationslagern gefangenen Kindern und Jugendlichen von einer »sequentiellen Traumatisierung« gesprochen. Er unterteilt die Verfolgung und Traumatisierung in drei Stufen:
1. Die Belastungssituation durch Bedrohung mit Gewalt
2. Aufenthalt in der Gefangenschaft oder Folter
3. Die Zeit danach mit allen Schwierigkeiten der Wiedereingliederung

Jede dieser Sequenzen enthält ihre eigenen traumatisierenden Momente, nicht nur die zweite Phase der direkten Gewalterfahrung, der Auslieferung und des Kontrollverlusts. In der ersten Phase werden alle Sicherheiten, alle Gegebenheiten der bisherigen Sozialisierung in der existentiellen Bedrohung infrage gestellt. In der dritten Phase sieht sich der Traumatisierte zurückgeworfen in eine »Normalität« einer nicht so misshandelten Umwelt, der er sich nicht angemessen mitteilen kann, auf deren Verständnis er nicht hoffen darf – ein Ausgestoßener, der so täglich neue Kränkungen in seiner Sonderstellung erfährt und nicht in der Lage ist, sich angesichts der Fortwirkungen des Traumas diesem Alltag anzupassen.

In seiner großen Untersuchungsgruppe konnte Keilson feststellen (1979, S. 318, zit. n. Gäßler 1995):

> »Das Ausmaß der Traumatisierung [während der 2. Sequenz] [...] gestattet keine Vorhersage über die Weise, wie der Betreffende [...] in seinem weiteren Leben funktioniert. Das Ausmaß der Traumatisierung während der dritten Sequenz gestattet diese Vorhersage wohl.«

Diese Feststellung hat eine herausragende Bedeutung für den Umgang mit traumatisierten Menschen, besagt sie doch, dass die Umgebungsbedingungen nach der direkten, eigentlichen Trauma-Erfahrung prägenden Einfluss auf die

Folgen, das posttraumatische Funktionieren haben.

Solches geschieht, wenn im regulären Medizinbetrieb die Krankheit – als rein organisch diagnostiziert – kein Grund für seelische Folgeerscheinungen sein darf und kann. Dies geschieht aber auch, wenn aus rein psychodynamischer Betrachtung nach seelischen, konflikthaften Ursachen gesucht wird, wo im Erleben des Patienten körperliche (Gewalt-)Erfahrung absolut das Erleben beherrscht. Und ebenso passiert dies, wenn je die eine Seite feststellt (oder gar beide dies tun), dass angesichts der jeweils anderen nichts mehr zu machen sei: »Wenn Sie sich so anstellen, kann ich Ihnen auch nicht mehr helfen!« – Sei das »Anstellen« nun eine Fixierung im Somatischen oder die seelische Qual.

Aber allein schon die innere und gesellschaftliche Rollenzuweisung des Kranken als Kranker, die Notwendigkeit ständiger Medikamenteneinnahme, Labor- oder sonstiger Kontrollen, das Achten auf Symptome, Veränderungen usw. kann für den Einzelnen die Funktion einer sequentiellen Traumatisierung in Anlehnung an Keilson annehmen. Behandler sprechen dann von schlechter Compliance, von ungünstigem Coping – und ärgern sich ggf. über Patienten, die ihnen feindlich oder zu unterwürfig beggnen, die sich nicht krankheits-angemessen verhalten und damit ihre Gesundheit gefährden. Dass dies Ausdruck des ständigen weiteren Erlebens von Gewalt aufseiten des Kranken ist, entgeht der Aufmerksamkeit.

Für die Verarbeitung der Traumatisierung sind natürlich weitere Faktoren wirksam und entscheiden darüber, ob und in welchem Ausmaß eine Krankheit traumatisierend wirkt. Eine kurze und weniger gravierende Erkrankung wird als einmalige Gewalterfahrung in der Regel leichter bewältigt, unterstützt durch die Neigung zur Verleugnung, durch die folgende Erfahrung der Restitution und soziale Unterstützung. Positive oder negative Vorerfahrungen im Umgang mit Katastrophen in diesem Sinne prägen die Bewältigungsmöglichkeiten ebenso, wie deren Häufigkeit in einem individuellen Leben.

Es bleibt die Frage bestehen, warum die Verleugnung der Gewalt in der Krankheit notwendig ist.

In der Vergangenheit war über Jahrtausende Krankheit, Altern und körperliche Beschädigung etwas Normales, Alltägliches, Gottgegebenes – als Allgegenwärtiges und Normales nicht sinnvoll als Gewalterfahrung erkennbar und charakterisierbar, weil nicht veränderlich. Denn dies ist der ursprüngliche Sinn jeder Abwehr, so auch der Verleugnung: das Unabänderliche von seinen unerträglichen Bedeutungen zu befreien und damit aushaltbar zu machen.

Angesichts wissenschaftlicher und informationeller Veränderungen, die mit ihrer ständig zunehmenden Geschwindigkeit unsere heutige Zivilisation bestimmen, wissen wir mehr über Krankheiten, können sie in Jahrtausende lang nicht vorstellbarer (aber immer gewünschter) Weise günstig beeinflussen – Krankheit ist kein unausweichliches Schicksal mehr in unserer heutigen Weltsicht. Dies führt zu einem gesellschaftlichen Ideal von Gesundheit, Jugend, körperlicher Fitness usw., das zunehmend den Charakter einer Norm, einer Verpflichtung gewinnt. Diese Rahmenbedingungen lassen Krankheit heute anders erscheinen als noch vor wenigen Jahrhunderten: ein Ereignis, das den Körper beschädigt, wird erfahrbar als Gewaltakt, verliert seinen Schein des unabweislich Schicksalhaften.

Eine Einwirkung von Gewalt war Krankheit, Tod, Verletzung schon immer, aber erkennbar erst heute, denn erst heute bestehen Bedingungen, die der Angst vor dieser zerstörerischen Gewalt etwas entgegensetzen können und damit den Blick auf die Gewalt erlauben. Eine Deutung, ein Aufdecken von Bedeutung ist erst dann sinnvoll möglich, wenn die Angst, die die Abwehr einst motivierte, auf ein erträgliches Maß gemildert worden ist.

Psychoanalytische Theoriebildung

In der psychoanalytisch-psychosomatischen Debatte spielt dieser traumatisierende Aspekt von Krankheit kaum eine Rolle. Lange Jahre suchte die Forschung nach krankheitsspezifischen psychodynamischen Ursachen und es wurden viele interessante Einzelfälle und daraus abgeleitete Hypothesen beschrieben, die unsere Kenntnisse um die möglichen Bedingungen von Krankheit bereicherten. Ich verweise hier nur auf die Übersichten bei Overbeck u. a. (1999) und Küchenhoff (1994). Derzeit ist diesen Autoren folgend festzustellen, dass es bei jedem einzelnen Kranken dessen individuell spezifischen Bedingungen zu verstehen gilt, »dass man sich die Spezifitätsfrage bei jedem einzelnen Patienten immer wieder neu stellen muss« (Overbeck u. a. 1999, S. 4).

Rückblickend fällt bei Betrachtung der psychoanalytischen Literatur zum Thema auf, dass immer der kranke Körper als Vehikel des Seelischen und nicht Krankheit als Gegebenheit in der Welt gesehen wird, die auf die Seele wirkt. Konsequent wurde der Möglichkeit, dass der Körper und seine Krankheit auf die Seele als Einfluss aus dem Erfahrungsraum wirken, kaum Beachtung geschenkt und ganz auf die Suche nach seelischen Ursachen der Krankheit fokussiert.

Wenn die Psychoanalyse den materiellen, körperlich-wirklichen, alltagswirklichen Aspekt von Krankheit abgeblendet, ausgeblendet, ungesehen lässt und allein die seelische Wirklichkeit betrachtet, verleugnet sie wesentliche, wesenseigene und damit das Phänomen konstituierende Faktoren. Diese Faktoren sind – wie ich versucht habe herauszuarbeiten – zerstörerische und gewalttätige, unausweichliche, aber wegen der Normalität von Krankheit auch dringend verleugnungsbedürftige Bedeutungen von Krankheit. Lange Jahre hat die Psychoanalyse versucht, spezifische und unspezifische psychodynamische Ursachen oder Entstehungsbedingungen von Krankheiten zu finden, was misslang. In diesem Bemühen aber wurde zugleich die Gewalt, die zerstörerische Potenz im Alltagsphänomen Krankheit weiter außer Acht gelassen, also seine Verleugnung unterstützt und fortgesetzt. Und dies in doppelter Weise: erstens wurde die Gewalt, die destruktive Wirkung, so offensichtlich sie auch sein mochte, nicht thematisiert, und zweitens wurde in der Suche nach psychodynamischen, konflikthaften oder entwicklungspathologischen Gründen der Krankheit rationalisierend die – alltägliche – Illusion einer analysierbaren, damit verstehbaren, beherrschbaren und heilbaren Situation gefördert. Dann wäre durch Erforschung des spezifischen Konflikts die zerstörerische Macht der Krankheit und Ohnmacht des Kranken ihr gegenüber auflösbar und heilend in neue Macht über den Krankheitsprozess umzuwandeln. Die Gewalt der Krankheit wäre durch die Psychoanalyse gebrochen. Dem ist entgegen zu halten, dass die angehende Gewalt nicht ungeschehen gemacht werden kann und daher für eine angemessene Verarbeitung Anerkennung finden muss.

Dies muss nicht verhindern, dass einige allgemeingültige unbewusste Konfliktbereiche im Krankheitsgeschehen des Einzelnen mit großer Wahrscheinlichkeit berührt werden.

Die körperliche Schädigung, Beschädigung, der Funktionsverlust ist im psychoanalytischen Sprachgebrauch im Bild und in der unbewussten Vorstellung der Kastration paradigmatisch gefasst. Und dieses Konfliktthema verweist zurück auf die kindliche Triade, auf Begehren und Strafangst, die Träger von Entwicklungsmotivation und Eingrenzung der Willkür in der Genese des Einzelnen wie im Zivilisationsprozess. So werden im Erleben der Beschädigung des Körpers durch die Krankheit allemal der ödipale Konflikt und seine Ängste berührt, damit nachträglich die Krankheit in die funktionelle Nähe eines hysterischen Symptoms gerückt. Dies besagt aber nicht, dass die Krankheit Folge des ödipalen Konflikts ist, auch wenn dies in der unbewussten psychischen Wirklichkeit des Kranken so erscheinen mag.

Der Körper ist Teil des Selbst wie der Außenwelt, damit ist er differenziert innerseelisch repräsentiert. Wird der Körper in der Funktionsstörung bemerkbar, entstellt er sich aus dem ich-syntonen, unbemerkten Funktionieren ins Äußere, ins Gestörte und fungiert mehr als quasi äußeres Objekt. Dies markiert zugleich den Verlust zu bestimmender Teile oder Qualitäten des inneren Objektes, das er war. Der Körper war – ungestört – »einfach da« und wird in seiner Verweigerung, seiner unerwarteten Andersartigkeit in der Krankheit quasi-autonom, macht nicht mehr mit, macht mit dem Kranken, was er will, ist für Überraschungen gut, stört Pläne, setzt Zeichen usw. – all dies Kennzeichen des abgrenzbaren, abgegrenzten äußeren Objekts. So wird der Körper zum Ort individuell bedeutsamer Beziehungsinszenierungen (s. a. Küchenhoff 2000). Zudem erscheint die bedrohliche und zerstörende Gestalt der Krankheit als eventuell neues, Anschluss suchendes und integrationsbedürftiges Objekt im Erfahrungsraum der Repräsentanzenwelt.

Zur Einführung des Narzissmus zitiert Freud 1914 Wilhelm Busch (S. 148f.): »Einzig in der engen Höhle [...] des Backenzahnes weilt die Seele.« Und Schüßler schreibt (1998, S. 383): »Jede Erkrankung stellt eine narzisstische Kränkung dar, sie erschüttert das anscheinend naturgegebene Gefühl der Unverletzbarkeit und Allmacht.« Krankheit ist ein narzisstisches Phänomen. In der neurotischen Hinwendung auf seinen Körper ist der Kranke sich selbst genug, der Rest der Welt wird ihm unwichtig, allenfalls als Arzt usw. dienstbar: »Ich mache das mit mir ab, ziehe mich aus den Beziehungen zurück auf die Beziehung zu meinem kranken Körper.« Krankheit bedeutet zugleich den Verzicht auf wesentliche selbstwertschaffende Befriedigungsmöglichkeiten, die auf die unbeeinträchtigte Funktionsfähigkeit des Körpers an sich und im Besonderen angewiesen sind. Damit führt Krankheit (wie am ersten Fallbeispiel erkennbar) in eine narzisstische Krise. So ist der in seiner Funktion beeinträchtigte Körper als Ort narzisstischer Kränkung eine Bedrohung des im Ich erlebten Selbstwertgefühls. Daher müssen die körperlichen Äußerungen der Krankheit geleugnet oder verzerrt werden, um das Selbstwertgefühl zu schützen und ein erträgliches narzisstisches Gleichgewicht sicherzustellen.

Im täglichen Umgang des Behandlers mit Kranken kann es ausgesprochen hilfreich sein, das Erleben von Gewalt in der Krankheit, sei es in seinen materiellen Aspekten der Zerstörung von Körperteilen und -funktionen, sei es in seinen seelischen Aspekten aufzunehmen. Dazu ist es aber zunächst erforderlich, zu erkennen, was beim jeweiligen Patienten vorrangig ist. Natürlich ist innerseelisch eine narzisstische Störungskomponente immer anzutreffen, mal mehr, mal weniger – aber ein Kranker, in dessen

Erleben die materielle Störungsseite ganz beherrschend ist, wird zu Recht sich erneut missverstanden und gekränkt fühlen, wenn auf sein Erleben (und damit auf seinen für ihn zunächst allein relevant Bedeutung verleihenden innerseelischen Blick auf das Geschehen) nicht eingegangen wird. In vielen Fällen, in denen ein psychotherapeutischer Zugang zum Kranken nicht gelingt, weil er so im Somatischen fixiert ist, lässt sich eine psychotherapeutische Gesprächsbasis finden, wenn auf die im normalen Diskurs unzugängliche traumatisierende, zerstörerische Seite der Krankheit eingegangen wird – eine Deutung verleugneter, weil konflikthafter Anteile, die weiterhilft. Aber dazu ist erforderlich, dass der Analytiker sich erlaubt, die äußere Realität als Konfliktpartner eigenen Rechts nicht nur in der frühen infantilen Entwicklung, sondern auch in der Gegenwart der Beschädigung des erwachsenen Patienten durch seine Krankheit zuzulassen, zu erkennen und einzubeziehen.

Literatur

Bohleber, W. (2000): Gewalt in psychoanalytischen Institutionen. Luzifer-Amor, Zeitschrift zur Geschichte der Psychoanalyse 13, S. 7-15.

Eco, U. (1992): Die Grenzen der Interpretation. München, Wien (Hanser).

Freud, S. (1914): Zur Einführung des Narzißmus. GW X, S. 137-170.

Gäßler, K. (1995): Wunden, die nicht vergehen. Extremtraumatisierung in der Pubertät. In: Psyche 49, S. 41-68.

Grefe, J. (1997): Grenzen der Deutung. Vortrag DPG-Jahrestagung »Deuten im psychoanalytischen Prozeß«, Stuttgart, 8.-11. Mai 1997.

Herman, J. L. (1992): Narben der Gewalt. Traumatische Erfahrungen verstehen und überwinden. München 1993 (Kindler).

Keilson, H. (1979): Sequentielle Traumatisierung bei Kindern. Stuttgart (Enke).

Küchenhoff, J. (1994): Spezifitätsmodelle in der Psychosomatischen Medizin: Rückblick auf eine alte Kontroverse. In: Zsch. Psychosom. Med. 40, S. 236-248.

Küchenhoff, J. (2000): Der Körper als Ort der Beziehungsinszenierung. In: Streeck, U. (Hg.): Erinnern, Agieren und Inszenieren. Enactments und szenische Darstellungen im therapeutischen Prozeß. Göttingen (Vandenhoeck & Ruprecht) S. 143-160.

Laplanche, J., Pontalis, J.-B. (1967): Das Vokabular der Psychoanalyse. Frankfurt a. M. 1973 (Suhrkamp).

Overbeck, G., Grabhorn, R., Stirn, A., Jordan, J. (1999): Neuere Entwicklungen in der psychosomatischen Medizin. Versuch einer aktuellen Standortbestimmung. In: Psychotherapeut 44, S. 1-12.

Schüßler, G. (1998): Krankheitsbewältigung und Psychotherapie bei körperlichen und chronischen Erkrankungen. In: Psychotherapeut 43, S. 382-390.

Weltgesundheitsorganisation (1991): Internationale Klassifikation psychischer Störungen. ICD-10 Kapitel V (F). Klinisch-diagnostische Leitlinien. Herausgeben von H. Dilling, W. Mombour und M. H. Schmidt. Bern, Göttingen, Toronto (Huber).

Kunst, Kultur, Sublimierung

Die ich rief, die Geister, werd' ich nun nicht los!
Zur Entstehung von Gewalt aus der Kultur

Ricarda Elgeti

Einleitung

Diese Zeile aus Goethes Gedicht *Der Zauberlehrling* (Goethe 1965) charakterisiert die Thematik zweier Behandlungen, von denen heute die Rede sein soll. Im Alltag wird sie häufig in Situationen zitiert, die die vermeintliche Hybris menschlicher Ziele und Wünsche einerseits und die menschliche Unfähigkeit andererseits demonstrieren. Insbesondere die menschliche Neugier und ihre Folgen, also Ergebnisse aus Wissenschaft und Technik, sowie alle Spielarten des politischen oder religiösen Radikalismus werden als Indiz menschlicher Destruktivität interpretiert. Seit dem 11. September 2001 haben die Geister einen neuen Namen: islamistische Terroristen. Dieser Sichtweise liegt ein ähnliches Menschenbild zugrunde, wie den meisten psychoanalytischen Theorien über Gewalt und Zivilisation.

Gegen Ende seines Lebens vertrat Freud bekanntlich seine zweite, dualistische Triebtheorie. Freud (1930) verstand hier Aggression im Sinne der Destruktion. Dementsprechend sah er Gewalt als destruktive Äußerung des Menschen, der jener schicksalhaft unterliegt. Im Rahmen dieses Modells findet sich die Destruktion in der »analytischen Kur« als Widerstand (Freud 1937, S. 392). Der Widerstand ist gegen die unbewussten Triebwünsche bewusst machende Deutung gerichtet, deren Aufgabe es ist, die neurotischen Übertragungsphantasien zu zerstören. Als Ich-Leistung sind Widerstand und Deutung zwar Repräsentanten der libidinösen, konstruktiven Seite des Menschen. In diesem Modell ist Gewalt Ausdruck des Triebes als Widerpart des Ichs. Schwierigkeiten ergeben sich aus der Tatsache, dass das Ich auch als im Trieb verankert gedacht wird. Das wirft die Frage auf, ob diese Unschärfe des Ich-Begriffs nur durch eine dualistische Theorie beseitigt werden kann. Ich meine, nein. Der Freud'schen These von der Gewalt als Ausdruck des Todestriebs und der Kultur als Abwehr, d. h. Sublimierung dieses Triebes, will ich eine These über die Kultur als Quelle der Gewalt als Ausdruck der

Geistigkeit des Menschen gegenüberstellen. Diese These ist eine monistische Triebtheorie. Welchen therapeutischen Nutzen diese veränderte Sichtweise haben kann, werde ich später an zwei Fallvignetten zeigen.

Diesem monistischen Modell liegen bestimmte anthropologische Vorannahmen zu Grunde, die sich von den Freudschen Vorannahmen unterscheiden. Aggression verstehe ich im Sinne des Adgredi, d. h. an eine Sache herantreten (vgl. Kluge 1989, S. 13). Das Adgredi ist eine Lebensäußerung; es ist konstruktiv, dem Überleben dienlich. Das Wort konstruktiv ist ein wertneutraler Begriff. Er beschreibt die Intentionalität des Lebens, den stetigen Austausch zwischen Individuum und Welt. Leben ist gleichermaßen individuell wie sozial. Trennung und Bezogenheit bedingen sich gegenseitig; sie unterliegen im Hinblick auf das Leben keinerlei Wertung.

Auch das Wort Gewalt wird wertneutral benutzt: es wird nicht eingeschränkt auf seine Bedeutung als destruktive physische und psychische Machtausübung, die zur Einschränkung der Freiheit eines anderen führt. Dieser andere ist der »cives«, der Bürger, der über »civilité« verfügt. Der ursprünglichen Bedeutungsgehalt des Wortes »Gewalt« wird abgeleitet vom Verb »walten« und bedeutet »Stärke«, »Handlung«, »Macht« (vgl. Kluge 1989, S. 776); es ist also eine Beschreibung des Adgredi oder der Intentionalität.

In Rahmen dieser Anthropologie wird der Mensch also gesehen als prinzipiell geordnetes, auf Beziehung gerichtetes Wesen. Jedes Verhalten ist eine die Beziehungswirklichkeit gestaltende Handlung. Sie lässt sich sowohl unter dem Aspekt der Bindung wie auch der Trennung betrachten.

Findet dieses Modell seine Anwendung im analytischen Prozess, ist die Aufmerksamkeit auf das Verhalten als Abwehr von Angst gerichtet. Deutung zielt hier darauf, die Sinnhaftigkeit des Verhaltens sichtbar zu machen. Wir haben es also mit zwei verschiedenen Modellen zu tun:

Zum einen mit dem Freud'schen dualistischen Todestrieb-Modell; hier ist das Ziel der Therapie die Einsicht in die Destruktivität des Verhaltens und die Notwendigkeit des Triebverzichts. Es fokussiert auf das Resultat des Verhaltens, die Destruktion aus der Perspektive des Objektes.

Zum anderen mein monistisches Modell, das auf das Verständnis der Konstruktivität des Verhaltens und seine mögliche Dysfunktionalität ausgerichtet ist. Dies fokussiert die Beziehungswirklichkeit, d. h. mögliche Sinnbezüge handelnder Subjekte. Berücksichtigt man die Tatsache, dass sich die Sinnhaftigkeit einer Handlung nicht nur aus der Position eines Gegenübers und seinen Interessen ergibt, sondern auch aus den Vorerfahrungen des

Subjektes und deren Verarbeitung, darf man mögliche Sinnbezüge der Handlung nicht nur in der realen Situation suchen, sondern muss auch die rezente Vorerfahrung, deren Verarbeitung und deren Wirkung auf den Wahrnehmungsprozess mit berücksichtigen. Das Erleben der Bedrohung der Selbstintegration wird vom intrapsychischen Erleben also mindestens so sehr beeinflusst, wie von der interpersonellen Situation. Was aus der Perspektive eines Gegenübers als destruktives Verhalten imponiert, ist u. U. aus der Perspektive des Subjekts eine lebenserhaltende, konstruktive Maßnahme. Das Ausmaß des Gefühls der Bedrohung hängt also nicht von objektiven Gegebenheiten ab. Allerdings kann es sehr schwierig sein, die Dynamik des intrapsychischen Geschehens zu erfassen.

Im analytischen Prozess lassen sich Beziehungskonstellationen beobachten, deren Intensität und Persistenz einen analytischen Prozess unmöglich zu machen oder zum Erliegen zu bringen scheinen. Mit meiner alternativen Theorie kann man die Beziehung als Ausdruck eines komplexen sinnstiftenden Verhaltens verstehen. Das Verhalten kann mit dem aktuellen sozialen Beziehungsgefüge in Konflikt geraten. Dieser Konflikt entfacht u. U. eine komplexe Dynamik, beweist jedoch keineswegs die genuine Destruktivität des Verhaltens.

Bevor ich im Folgenden zwei Fallvignetten vorstelle, bei denen die »negative Übertragung« eine Rolle spielt, möchte ich bei einigen theoretischen Erwägungen verweilen. Im ersten Schritt möchte ich kurz die in der psychoanalytischen Theorie derzeit gebräuchlichen Aggressionsmodelle reflektieren, um deutlich zu machen, inwiefern die Modelle dem dualistischen Freud'schen Todestrieb-Modell entsprechen, also deterministisch sind und Gewalt als angeborene schicksalhafte Destruktivität verstehen. Im nächsten Schritt möchte ich zeigen, welche Aspekte unser alternatives Modell berücksichtigen muss, damit es in der Lage ist, die Dimension der Sinnhaftigkeit einzubeziehen.

Aggressionstheorien

Wenden wir uns zunächst den Aggressionstheorien zu. In der wissenschaftlichen Diskussion lassen sich vier Modelle abgrenzen (vgl. Brockhaus 1986, Bd. I, S. 211f):
1. Die endogene Aggressionstheorie, wie sie z. B. von K. Lorenz (1965) vertreten wurde. Hier ist Aggressionsverhalten eine angeborene Verhaltensschablone zur Verteidigung von Lebensressourcen.

2. Die Frustrations- Aggressionshypothese, die Aggression also als angeborenes oder erworbenes reaktives Verhalten auf erlebte Frustration versteht.
3. Das lerntheoretische Aggressionsmodell, das in der Identifikation mit aggressivem sozialen Verhalten die Quelle der Aggression sieht.
4. Das sozialtheoretische Aggressionsmodell, das Aggression als Ausdruck gesellschaftlicher Konfliktsituationen begreift.

Bei all diesen Modellen wird das Verhältnis von angeborener Grundlage und Erwerb bestimmter Verhaltensmuster unterschiedlich gewichtet. Die ersten beiden betonen eher die angeborenen Aspekte, sind also deterministisch; die letzten beiden fokussieren das Lernen, implizieren aber auch angeborene Voraussetzungen. Alle vier Theorien gehen von einem Reiz-Reaktionsschema aus und nicht von Intentionalität und subjektivem Sinnerleben als Steuerungsfaktoren des Verhaltens.

Verschiedene psychoanalytische Vorstellungen zur Aggression lassen sich den eben genannten Aspekten mit unterschiedlicher Schwerpunktsetzung zuordnen (vgl. Gay 1996, S. 655ff). So lassen sich bei Freud in der Triebtheorie Aspekte der endogenen Aggressionstheorie sehen, im Narzissmuskonzept Aspekte der Frustrationstheorie, in seinen Vorstellungen zur Identifikation lerntheoretische und in seinen Vorstellungen zum Über-Ich sozialtheoretische Überlegungen.

Nach Freuds Strukturmodell ist Aggression dem Es zuzuordnen (Freud 1923). Das Ich muss die Vermittlung zwischen Trieb und Umwelt bewerkstelligen, auch in seiner Gestalt als Ideal- bzw. Über-Ich. Der Mensch hat also eine angeborene Gewaltbereitschaft, die durch verschiedene angeborene und erworbene Ich- Funktionen in der Sublimierung modifiziert wird.

Die Kleinianische- und die Objektbeziehungstheorie (Britton 1998) gehen ebenso von archaischer angeborener Destruktivität aus, die erst im Rahmen von Entwicklung im Zustand der Objektkonstanz zu einer konstruktiven Gestalt finden. Ermöglicht wird das Erlangen von Konstruktivität durch die Identifikation mit einem »Container« im Bion'schen Sinne, also durch Lernen.

Die amerikanische Ich-Psychologie (z. B. Blanck, Blanck 1978) bevorzugt die Frustrationstheorie: Angeborene und erworbene Verhaltensmuster sind auf die Abwehr von Gefahr ausgerichtet.

Die Selbstpsychologen, z. B. Lichtenberg, Lachmann und Fossage (2000) sehen Destruktion als Ausdruck der Störung der Selbstkohärenz. Selbstkohärenz entsteht als eigenständige Struktur durch das Zusammenspiel verschiedener motivationaler Systeme. Das Zusammenspiel der Wünsche nach Bindung, Expressivität, Regulation, Aversivität und sinnlichem Vergnügen bestimmt grundsätzlich jedes Verhalten.

Vermutlich ließe sich die selbstpsychologische Betrachtungsweise auch unter das erste, nichtdualistische Freud'sche Libidokonzept subsumieren. Unterschiedlich wäre allerdings die Annahme einer das Triebgeschehen organisierenden Selbststruktur, die nicht mit den Ich-Funktionen identisch ist. Es erübrigt sich die Annahme eines dualistischen Antagonismus im Triebgeschehen und die Gleichsetzung von Aggression und Destruktion. Offen bleibt aber trotz des Selbstkonzeptes auch bei Lichtenberg ebenso wie bei Freud, aufgrund welcher Eigenschaften der Mensch zu einem Selbst, einem sich selbst organisierenden System wird, das nicht an seine angeborenen und erlernten Muster gebunden bleibt. Kohut (1979) beschrieb die Strukturen des Selbst, seine Qualität auch als Triebgeschehen, aber nicht den »Mechanismus« seiner Entstehung. Die Metapher vom »Glanz im Auge der Mutter« bleibt diesbezüglich eher vage.

Deshalb muss man Ausschau halten nach einer biologischen Theorie, die die Grundlagen bereitstellt für ein biologisches Verständnis des menschlichen Handelns als Ausdruck einer sinnerlebenden Selbststruktur. Die anfänglich genannte Voraussetzung war, dass mit einer einheitlichen Theorie alle Phänomene innerhalb einer Methode (der Biologie) erklärt werden sollen.

Der Mensch als ein seine Endlichkeit erlebender Geist.

Eine solche Theorie ist z. B. der neuronale Darwinismus (vgl. Edelman 1993). An anderer Stelle habe ich sie näher erläutert (Elgeti 1999, S. 309ff). Sie geht davon aus, dass alle Phänomene, die den Menschen ausmachen, körperlich sind. Auch die Seele ist Körper, auch das Selbst ist eine vom Körper gebildete Struktur. Das Selbst ist keine Ich-Funktion zur Koordinierung von Wahrnehmung und Motorik, Gedächtnis und Vegetativum. Es ist ein sich seiner selbst bewusstes Bewusstsein. Diese Struktur entsteht durch das Sprachvermögen (Edelman 1995, S. 180f). Sprache ermöglicht die mentale Repräsentation von Selbst und Welt und deren Beziehung zueinander. Sie ermöglicht Phantasien und Kommunikation über Phantasien. Sie ermöglicht Antizipation, d. h. Vorstellung von Zukunft und damit die Vorstellung von Endlichkeit und Tod: d. h. Sprache ermöglicht die Vorstellung von der Negation des Lebens. Sprache ermöglicht Kultur, denn Kultur ist zur Handlung gebrachte Phantasie.

Exkurs: Sprachlichkeit

Die Sprache erlaubt es, Bezüge vom erlebenden Subjekt zu beliebigen Objekten der Wahrnehmung darzustellen. Die Objekte der Wahrnehmung sind dabei nicht nur die äußere Realität oder die Erinnerung daran, die von äußerer Realität evoziert wird, sondern auch mentale Ereignisse, d. h. Phantasien. Die Kategorisierung dieser Korrelationen ermöglicht ein Bewusstsein höherer Ordnung: also nicht nur ein Bewusstsein, das ist, sondern ein Bewusstsein, das sich bewusst ist, dass es ist: quasi ein virtueller Beobachter seiner selbst (Edelman 1995, S. 214f).

Dieses Bewusstsein ist keine Teileigenschaft, sondern verleiht dem ganzen Organismus eine neue Systemeigenschaft: Es definiert die Spezies »Mensch«. Eine Eigenschaft des Bewusstseins ist, dass es nicht als körperlich erlebt wird. Es erscheint abstrakt. Man bezeichnet es als Geist. Die Sprache erleben wir als Indikator dieses Geistes. Wenn wir Worte hören, verbinden wir damit unbewusst das Wissen von einem Sprecher, einem menschlichen Geist, der uns Mitteilungen über seine innere Welt, seine Phantasien macht.

Die Entwicklung des Menschen hat gezeigt, welche evolutionären Vorteile die Fähigkeit zu Selbstbewusstsein hat. Die Fähigkeit, die Realität ohne die Realität in der Wahrnehmung in der Phantasie zur Verfügung zu haben, eröffnet die Möglichkeit, in Alternativen zu denken, Phantasien als mögliche Realitäten zu denken, d. h. Zukunft zu antizipieren, potentielle Gefahren zu antizipieren und gemeinsam mit anderen das Überleben zu organisieren. Die Stärke des Menschen besteht nicht mehr darin, eine Faust zu haben, sondern »Faust« zu sein, mit der Fähigkeit, zu Denken und das Gedachte im Modus der Sprache zur Verfügung zu haben. Oder anders ausgedrückt: der Mensch erlebt sich als Schöpfer seiner Welt, er schafft Beziehung, Sinn, d. h. Kultur.

Sprache bedeutet auch die Fähigkeit zur Antizipation. Das impliziert, dass der Mensch seine Endlichkeit denken kann. Der Tod ist nicht länger nur ein schicksalhaftes Geschehen, das ihn wie jedes Lebewesen ereilt. Mit dem Wort »Tod« kann die Negation des Lebens gedacht werden. Das sich seiner selbst bewusste Bewusstsein nimmt wahr, dass es keineswegs abstrakt ist, sondern körperlich und dass seine Existenz endlich ist.

Was bedeutet das Erleben der Endlichkeit für den menschlichen Geist? Der potentielle Tod bedeutet Gefahr für das Leben. Diese Gefahr mobilisiert die Fähigkeit zu planendem Denken, d.h. Phantasie, Vorstellungskraft. Es entstehen alle Facetten des kulturellen Lebens: Es entstehen Geschichten: Ursprungsmythen, Gottesvorstellungen, religiöse Denk- und Sozialsysteme. Es entstehen konkrete Bilder über Ideale, Sinnzusammenhänge. Alle diese zivilisatorischen Erfindungen stellen eine Interpretation zum Erleben der Körperlichkeit und Endlichkeit menschlichen Lebens dar. Diese Vorstellungen führen zur Idee des Lebens nach dem Tod wie bei den alten Ägyptern (Assmann 2000), der Idee des Bundes des Volkes mit seinem Gott, wie bei den Juden, der Teilhabe am Nirwana wie in den östlichen Religionen, oder der Teilhabe am Weltgeist wie im Pantheismus, oder die Idee von der Erlösung vom Leiden wie im Christentum. Mit der Säkularisierung wird das Paradies ins Diesseits verlegt (Fortschrittsglauben) oder der Sinnlosigkeit des Todes ins Auge geschaut (Existentialismus). Im Existentialismus (Brockhaus 1988, Bd. 7, S. 14) ist die Säkularisierung konsequent an ihr Ende gekommen. Hier wird die Endlichkeit des Lebens als Konstante des Lebens gedacht. Nicht zwingend ist dabei, die Grundbefindlichkeit als Angst zu definieren. Gleichwohl wird von vielen Autoren die Angst vor der Endlichkeit als Quelle der religiösen Phantasien oder sonstiger Ersatzbildungen gesehen. An ihnen lässt sich das ganze Arsenal der seelischen Verarbeitungsmechanismen studieren: insbesondere Verleugnung, Projektion und Idealisierung schaffen Ideologien, Feindbilder und den unversöhnlichen Drang zur Realisierung dieser Vorstellungen, d. h. gewalttätigen Radikalismus.

Allerdings gibt es auch Formen des Existentialismus, die nicht die Angst als Grundbefindlichkeit beschreiben, sondern bei denen sich Sinn aus dem »Sein«, nicht aus der Transzendenz, sondern aus sich selbst erschließt. Deswegen kann es auch als sterbliches, begrenztes sinnvoll sein. Philosophische Denkoperationen reflektieren ja wie alle Denkoperationen konkretes menschliches Erleben und seine seelische Verarbeitung. Welches sind die Voraussetzungen für diese Vorstellungen? Ob man Angst für ein Existential hält oder nicht, könnte vielleicht davon abhängen, ob die Erlebnisstruktur eher von geglückten Beziehungserfahrungen und dazu gehörigen mentale Prozessen abhängt, die es erlauben, Trennung und Schmerz nicht als Antithese zum Bindungsgeschehen zu verstehen, oder ob Angst das Erleben ist, das Beziehungsgeschehen maßgeblich bestimmt (vgl. Kollbrunner 2001).

Mit Lichtenberg kann man feststellen, dass zum menschlichen Erleben nicht nur Aversivität, Enttäuschungswut über den Mangel, gehört, sondern auch Lust über Befriedigung, Neugier und Tatendrang. Sind Impulse eingebettet in ein elementare Bedürfnisse befriedigendes soziales Kontexterleben, haben sie keine traumatischen Qualitäten, Frustration erreicht keine übermäßigen Intensitätsgrade und stört nicht die empathische Wahrnehmung der Umwelt. So kann die Umwelt in ihrem Realitätsgehalt wahrgenommen werden und muss nicht durch Phantasiebildungen ersetzt werden. Es bleibt vielmehr ein breites assoziatives Feld, in dem vielfältige Beziehungsaspekte, d. h. Sinngebungen, erfahren werden können. Die Vielfalt der Sinngebungen ereignet sich im Sprechen.

Die Sprache ermöglicht die Unterscheidung von Innen und Außen, von Phantasie und Realität, von Gedanke und Handlung, von Ich und Du, von Selbst und Welt. Sprache ermöglicht Subjektivität; sie ermöglicht Ganzheitserleben und die Möglichkeit zur Alternativität. Sprache ist verstanden als eine die menschliche Lebendigkeit durch und durch strukturierende Erscheinung. Sie ist kein Epiphänomen, das als zufällige Beigabe zum Körperlichen zu sehen ist, folglich auch für die triebhaften Vorgänge nicht von Belang ist. Die Fähigkeit zur Sprache ist die Quelle menschlichen Selbsterlebens, die Quelle der Kultur. Kultur ist die in Realität verwandelte Phantasie. Kultur ist quasi »der Stoffwechsel« des Geistes.

Vielleicht lässt sich jetzt einwenden, dass ja schon Freud die Wurzel des Ichs im Es beschrieben hat, und dass sich mit den angestellten Überlegungen wiederum der Trieb als Quelle der Destruktivität herausstellt, insofern ich das sich seiner selbst bewusste Bewusstsein auch als ein körperliches beschrieben habe. Der Unterschied zur Freud'schen Position liegt 1. in der Beurteilung der Bedeutung der Sprache als strukturierende Funktion des Selbstbewusstseins, das etwas anderes ist, als eine Ichfunktion und 2. in der Interpretation der Manifestation des Triebes als destruktive Aggression. Ob Triebäußerungen destruktiv sind oder nicht, bestimmt der jeweilige Beziehungskontext mit dem dazu gehörigen intrapsychischen Erlebnishorizont der beteiligten Subjekte: Wenn eine Person A die Handlung von einer Person B als gegen sich gerichtet, d. h. destruktiv, erlebt, heißt das noch lange nicht, dass die Person B ihre Handlung genauso destruktiv erlebt wie die Person A, oder dass die Person B ihre Motive so erlebt, wie die Person A sie erlebt, oder dass die Person B eine Vorstellung davon hat, welche Vorstellungen ihre Handlung bei der Person A hervorgerufen haben. Person A und Person B können gleiche oder differierende Vorstellungsinhalte haben, die das Verhalten begleiten. Das Sprichwort fasst es prägnant: » Was den en sin Uhl is, is den andern sin Nachtigall.« Wenn Menschen sich in der Realität so verhalten, dass sie zumindest aus der Perspektive ihres Gegenübers destruktiv sind, entspringt dieses Verhalten den Phantasien und nicht einem geistlosen Körper.

Leben bedeutet für den Menschen sowohl gedeihliche Interaktionen mit der Umwelt als auch Bedrohung des Lebens, d. h. Gefährdungen. Die Wahrnehmung dieser Gefährdungen kreiert Phantasien, die in Verhalten umgesetzt werden. Es mobilisiert z. B. das aversive motivationale System, aber nicht nur dieses, sondern auch alle übrigen. Die ganz persönliche Korrelation zwischen diesen Systemen entscheidet über die Gestalt der antizipatorischen Phantasie und dem sich daraus ergebenden Verhalten. Wichtig ist des weiteren, dass das Erleben des eigenen Selbst mit Affekten einhergeht, die aus der Selbstreflexion resultieren: Scham- und Schulderleben.

Das Management für die Situation »Gefährdung« hängt zum einen von der Wahrnehmung der Umwelt und zum anderen von den Phantasien des Gefährdung erlebenden Subjektes ab. Das Verhalten kann Flucht, Distanzierung, Angriff oder Konfrontation sein. Ob die Konfrontation verbale Kommunikation ist, hängt von Erleben, Erwartungen und Befürchtungen der Kontrahenten ab. Es hängt davon ab, ob sie sich diesen Freiraum einräumen und ob sie diesem Krisenmanagement Chancen geben. Entsprechend wird das Verhalten ausfallen. Allein die Benutzung der Sprache eröffnet »Spielräume«, d. h. die Möglichkeit zur Reflexion, zu Selbstreflexion und Freiheit.

Es ist also die Sprachlichkeit, durch die ein sich seiner selbst bewusstes Bewusstsein entsteht, das über Phantasie, d. h. alternative Handlungsentwürfe verfügt. Die Motive des Verhaltens entstehen aus der Erfahrung und ihrer intrapsychischen Verarbeitung (Phantasie). Welches Ziel dieses Verhalten verfolgt und welcher Bewertung dieses Verhalten unterliegt, hängt von der Interpretation des Beziehungsgeschehens ab. Es ergibt sich nicht aus einer »objektiven« Kategorie.

Wenn z. B. versucht wird, den Rechtsradikalismus oder Terrorismus mit desolaten sozialen Verhältnissen zu erklären, wird angenommen, dass die soziale Situation Frustration hervorruft, auf die so reagiert wird (Joas 2000). Oder es wird angenommen, dass die Konfrontation mit Angsterleben, z. B. Fremdenangst, zu archaischen Ausdrucksformen von Destruktivität führt. Es wird nicht angenommen, dass evtl. mangelndes Sinnerleben als Motiv des Verhaltens infrage kommt. Vielmehr wird Sinnerleben und Triebbefriedigung gleichgesetzt. Es könnte allerdings sein, dass die Bewertung der Beziehungswirklichkeit für ein sich seiner selbst bewusstes Bewusstsein anders aussieht, als die Bewertung der Triebbefriedigung durch ein einfaches Bewusstsein.

Wir halten also fest: die sprachliche, auf Sinnerleben gerichtete Struktur des sich seiner selbst bewussten Bewusstseins, d. h. die Geistigkeit des Menschen, ermöglicht Negation und Alternativität des Handelns: Konstruktion und Destruktion. Es ermöglicht eine Modifikation der Beziehungsgestaltung jenseits von Flucht und Angriff.

Fallvignetten

Bei beiden Behandlungen war der analytische Prozess durch nachhaltigen Widerstand gekennzeichnet. Die Stagnation im Prozess veranlasste mich zu der Frage, ob es sich hier um den »gewachsenen Fels« (Freud 1937, S. 392), also den Todestrieb oder ein unüberwindliches ichstrukturelles Defizit handelt, gegen das die »talking Cur« nichts auszurichten vermag, wie Freud meinte. Oder hatte ich vielleicht die Sinnhaftigkeit der Beziehungsgestaltung, in die die Patienten mich verwickelten, nicht verstanden?

Vielleicht wird das scheinbar destruktive Beziehungsverhalten durch die Tatsache bedingt, dass die menschliche Seele von einer schier unerschöpflichen Vielfalt innerer Bildern erfüllt ist, deren Zustandekommen und Struktur Außenstehenden nicht ohne weiteres zugänglich sind und so zu verwirrenden Kommunikationssituationen führen, die wir als »entgleisten« Dialog erleben.

Könnte es sich um Situationen handeln, deren Konstruktivität darin besteht, dass der Verstehensprozess scheitern muss, um einem Gegenüber nahe zu bringen, welche lebensbedrohlichen Züge gelingende Beziehungen in der Erwartung der Patienten haben? Soll ich verstehen, dass ich nicht verstehen darf? Und wenn ich tatsächlich verstehe, dass ich nicht verstehen darf, verstehe ich ja doch! Das ist dann sehr ängstigend und gefährlich. Die Abwehr der Angst vor dem Wunsch, verstanden zu werden, wird diesen Wunsch für den Patienten selbst und sein Gegenüber unsichtbar machen.

Erste Fallvignette

Der Patient war im fortgeschrittenen Alter. Er sucht die Analyse wegen depressiver Verstimmungen und Beziehungsstörungen auf. Die Anfangsphase der Behandlung ist gekennzeichnet durch detaillierte »Berichte« aus seinem Leben, was er alles kann und schafft; nach einer Weile kommt es zu einer langsamen Akzentverschiebung: jetzt geht es darum, wogegen er kämpft, sich wehren und behaupten muss. Es folgt eine Phase mehr oder weniger heftiger Selbstanklagen und schließlich überwiegt der Tenor von Anklage, Jammer und Selbstmitleid. In dieser Phase erkrankt der Patient an einer sehr schmerzhaften rechtsseitigen neurologischen Erkrankung. Im Anschluss an diesen desolaten Zustand waren Gegenstand seiner Assoziationen diverse Ängste: Angst vor Krebs, Angst zu versagen, Angst vor dem Altwerden, Angst vor dem Verlust der Affektkontrolle, schließlich die Angst vor dem Verlust der Lebendigkeit (Müdigkeit, Gefühl der Überforderung etc.) Die Überzeugung des Patienten über den Unwert der Welt und seiner eigenen Person fand ihren dezidierten Ausdruck in seiner prononciert christlichen, reformatorischen Weltanschauung. Sie ermöglichte es dem Patienten, sich in mancherlei Hinsicht schuldig zu fühlen; wir förderten verschiedene infantile Phantasien zutage, die angesichts einer Erkrankung eines Geschwister mit tödlichem Ausgang die Schuldgefühlsthematik beleuchteten. Doch die Verstimmtheit des Patienten widerstand, trotz einiger positiver Entwicklungen, den deutenden Bemühungen. Alle Deutungen, die darauf hinausliefen, seine Selbst- oder Fremdanklage als Projektion seiner Enttäuschungswut über die Unvollkommenheit oder Schlechtigkeit dieser Welt zu verstehen, blieben letztlich wirkungslos. Der Patient blieb dabei, sich von der Therapeutin verfolgt, beschämt, zurechtgewiesen, belächelt oder missverstanden zu fühlen. In dieser Situation kam es vermehrt zu vereinzelt wieder aufflackernden rechtsseitigen Schmerzsymptomen. Diese führten durchaus nicht zum ersten Mal zur Erinnerung an den Bericht der Mutter über eine Erkrankung und deren Folgen zu Beginn seines zweiten Lebensjahres. Die Mutter hatte erzählt, dass der Patient an diversen viralen und bakteriellen Erkrankungen gleichzeitig erkrankte, die eine Hospitalisierung und Isolierung des Kindes erzwangen. Infolge des Kriegsgeschehens hätten keinerlei Medikamente zur Verfügung gestanden und das Kind habe wider alle Erwartungen den Zustand mit langanhaltendem hohem Fieber, einer rechtsseitigen abzedierenden Osteomyelitis und einer Enzephalitis überstanden. Die Krankheit bescherte dem Patienten einen gravierenden Rückschritt in der Entwicklung, eine rechtsseitige persistierende neurologische Störung, mehrere komplizierte Operationen und schmerzhafte Nachbehandlungen. Der Patient betont, dass er keinerlei Erinnerung an die ersten Krankheitserlebnisse habe, und erzählt im gleichen Atemzug einen Traum, einen »Albtraum« wie er sagt, den er schon so lange träume, als er denken könne. »Ein Häuschen. Die eine Hälfte ist richtig, ordentlich, Dielen auf dem Fußboden. Die andere Seite, hinten rechts, roher Lehmschlag, Staub; es gibt Zwerge mit langen Bärten, grau, fahl, bedrohlich, sie machen mir Angst.« In früheren Träumen sei die verfallene Seite des Hauses durch einen Vorhang abgetrennt gewesen. Mit Hilfe der rechtsseitigen Körpersymptomatik, der Assoziationen und der Gegenübertragung verstanden wir den Traum als Erinnerung eines traumatischen Körpererlebens und seiner seelischen Verarbeitung, und den Zustand der Abwesenheit einer heilenden Deutung im analytischen Prozess als Reinszenierung des traumatischen körperlichen und seelischen Zustandes innerhalb eines traumatischen Beziehungsgeschehens: Sein Verlangen nach der Mutter.

Jammer und Anklage waren die einzig konstruktive Form der Beziehungsgestaltung. Im Jammer wird die Bindung zur Welt aufrecht erhalten. Jammer und Anklage ist der adäquate Ausdruck des subjektiven Erlebens in der Beziehung, das Gefühl der Angst vor dem Sterben die einzig mögliche Form des Lebendigseins. Das Erleben von unerträglichem Schmerz und dem Getrenntsein von der vertrauten Welt hatte zu einem spezifischen Selbstbild geführt: Der mentale Raum war nicht zerstört, sondern persistierte als depressive Anklage und sehnsuchtsvolle Idealisierung im Selbsterleben. Wir verstanden das Traumbild als Ausdruck des Wunsches, Krankheit und Schmerz nicht als totale Dimension sondern als Teil seiner Lebendigkeit erleben zu können; als Leidender nicht ein vergeblich rufender, sondern ein von mir angenommener zu sein; sich nicht bestraft und ausgegrenzt zu fühlen für Hilflosigkeit und Verzweiflung. Bei dieser Deutung wich die Depression einem traurigen, selbstempathischen, aber nicht selbstmitleidigen Gefühl über das eigene Schicksal, und es bildeten sich langsam die Fähigkeit, allein zu sein und Genuss zu empfinden.

Zweite Fallvignette
Der Patient hat bereits viele therapeutische Bemühungen hinter sich, als er zur analytischen Behandlung kommt. Er leidet u. a. unter chronischen Suizidimpulsen, chronischer Dissoziation und Schmerzzuständen. Das Eröffnungsritual über lange Zeit ist Schweigen und, nachdem ich dem Schweigen Wörter verliehen habe, das Beschreiben der Angst vor dem Reden, des Verlustes der Erinnerung an Wörter oder der Fähigkeit, Wörter zu verstehen. Die therapeutische Arbeit bestand im Klären dieser inneren Zustände und einer Zuordnung von Wörtern und Erlebtem. Ferien, einschränkende Rahmenbedingungen oder unempathische, unkorrekte Deutungen führten mehrfach zu Unterbrechungen der Therapie. Die Betrachtung der innerseelischen Vorgänge, die zu diesen Unterbrechungen geführt hatten, nämlich das Erleben von Enttäuschung und Hilflosigkeit angesichts meines Unverständnisses, ermöglichte dem Patienten einen Zuwachs an Empathie in sich selbst. Sichtbar wurde dies an Aktivitäten im Alltag, die dann möglich waren. Nachdem wir verstanden hatten, dass der Patient die Therapeutin in doppelter Hinsicht erlebt: nämlich einerseits als Verfolger, der ihn (mit Erinnerungen) quält und gleichzeitig als Identifikationsfigur, von der er sich Linderung des Leidens erhofft, indem sie ihm Selbstempathie ermöglicht, veränderte sich das Eröffnungsritual: Der Patient setzt sich, schaut mich an und fragt mit einer Mischung aus Beunruhigung, Trauer und einem Anflug von Lächeln: »Kann ich jetzt gehen?«

Ist auch dies wieder eine Spielart des Widerstandes wie anfänglich das Schweigen? Ausdruck des Wunsches, die Analyse unwirksam zu machen, die Therapeutin zu kränken, zu kastrieren, oder Ausdruck des Hasses oder der Verleugnung des Wunsches nach der Identifikation mit einem hilfreichen Objekt? Oder ist der Satz vielleicht die Darstellung einer komplexen intrapsychischen und interpersonellen Situation, mit deren Hilfe der Patient die Quintessenz seines ihn tragenden Selbsterlebens ausdrückt? Welche Aspekte sprechen für diese Interpretation?

Um einer Deutung dieser Situation näher zu kommen, erinnere ich mich an die traumatischen Erfahrungen des Patienten: als Kind und Jungendlicher war er gezwungen, an den Riten eines Satanskultes teilzunehmen. Erleben, Vorstellungen, Phantasien, Gefühle und Handlungen aus diesen Situationen kennzeichnen sein Seelenleben. Andauernde Suizidalität, multiple Schmerzzustände, dissoziative Zustände und gravierende Denkstörungen resultieren aus der Traumatisierung durch Drogen, Hypnose, Folter, sexuellen Missbrauch und Mord. Die Tatsache, dass der Patient durch nächste Bezugspersonen in diese Situationen gebracht worden war, hat fast jede Möglichkeit für eine vertrauensvolle Beziehung zerstört. Das bedeutet zum einen reale Einsamkeit und zum anderen die fortwährende Frustration von lebensnotwendigen Bindungswünschen (vgl. Brisch 2000), d. h. Verrat an der eigenen Lebendigkeit. Der Wunsch des Patienten, die traumatischen Situationen zu überleben, hatte dazu geführt, dass er sich mit den Vorstellungen der Sekte und den daraus resultierenden Befehlen identifiziert hatte. Das führte zu einer Umwertung aller Werte: Der Böse war für ihn gut, das Gute war verachtenswert und wurde bestraft. Lebendigkeit versprach nur die bedingungslose Einhaltung der Gesetze der Gemeinschaft und absolute Loyalität (vgl. Wurmser 1989), d. h. die totale Verleugnung aller individuellen Empfindungen wie Angst, Trauer, Schuldgefühl, Mitleid etc. Aber er konnte die Stimme seines Gewissens nicht gänzlich »abschalten«. Er hatte ein Gefühl und eine Vorstellung davon, dass das, was er tat, nicht richtig war. So lebte er häufig in zwei (dissoziierten) Welten gleichzeitig. In der einen Welt sprachen ihn die »Stimmen« schuldig für den Verrat an der Gemeinschaft, in der anderen Welt schickten ihn die Stimmen für seinen Wunsch, zur Gemeinschaft dazuzugehören, in den Tod. Im nicht dissoziierten Zustand quälte ihn die Sehnsucht nach einem Leben, in dem dieser Konflikt nicht mehr existiert, nach einer Welt, in der der Wunsch nach Beziehung nicht gleichzeitig Misstrauen, Schuldgefühl und Strafangst bedeutet. Mir zu versichern, dass er sich der Therapie verweigern möchte, ist die einzige Möglichkeit, sich seiner moralischen Integrität zu versichern. So sagt er mir, dass er nur abwesend anwesend sein kann. Dargestellt war diese seelische Situation in der Frage bei seinem Kommen. »Kann ich jetzt gehen?« Dementsprechend verstanden wir die Verweigerung als Kernstück der Selbstachtung und des positiven Selbstwerterlebens. Am Misstrauen festzuhalten wurde gedeutet als lebensnotwendig und lebensbedrohlich zugleich. Diese Deutung verringerte Häufigkeit und Dauer der dissoziativen Zustände. Der Patient traute sich wieder zu, sich eine Arbeit zu suchen.

Diskussion der Behandlungsverläufe

Ich habe zwei Behandlungsverläufe geschildert, die mich veranlasst haben, über die gängigen analytischen Theorie zur Aggression zu reflektieren und nach Alternativen zu suchen. Es lässt sich zeigen, dass das Beziehungsgeschehen verständlicher wird, wenn man das Geschehen aus der Perspektive des Selbstes betrachtet (vgl. Ornstein 2000). Das Verhalten wird gesehen als Indikator für die Bedingungen, unter denen Selbstkohärenz möglich bleibt. Das Selbst ist jene als »Geist« bezeichnete Struktur, die in der sprachlichen Dimension erfahrbar wird. Sie ist die Bedingung der Möglichkeit für einen inneren Raum, d. h. Potentialität, Phantasien, Motive und alternatives Handeln.

Die beiden geschilderten Prozessverläufe sind gekennzeichnet durch scheinbar destruktive Beziehungsfiguren, die sich als konstruktive entschlüsseln lassen. Sie sind deswegen irritierend, weil sie Beziehung in Form einer Leerstelle bzw. der Negation darstellen.

Als Indikatoren für diese besondere Form der Kommunikation ließen sich Symptome, Eigentümlichkeiten in der Biographie, spezifische Abwehrmechanismen und ein typischer Prozessverlauf beobachten:
1. Bezüglich der Symptome sind zu nennen: reduziertes Selbstwerterleben, depressive Verstimmtheit, diverse Schmerzsensationen, körperliche Erkrankungen, Selbstschädigendes Verhalten, offene oder latente Suizidalität, hypochondrische Ängste, Angst vor dem Verlust der Affektkontrolle, Störungen des Beziehungsgeschehens, eine verminderte Frustrationstoleranz, ein rigides Gewissen mit einer massiven Tendenz zur Selbst- und Fremdentwertung, rigides Schwarzweißdenken, Denkstörungen.
2. Bezüglich der biographischen Daten sind zu nennen: schwere körperliche Traumatisierungen in der frühen Kindheit, Lebensbedrohung und Todesangst infolge körperlicher Torturen; religiöse Vorstellungen, die von nahen Bezugspersonen vermittelt wurden.

3. Bezüglich der prominenten Abwehrmechanismen lassen sich beschreiben: die Verschiebung von innen nach Außen (Verwechslung von Phantasie und Realität), die Verleugnung und die Idealisierung. Beim zweiten Patienten spielt zusätzlich die Dissoziation eine dominierende Rolle.
4. Im Hinblick auf den Prozessverlauf ist festzustellen: In beiden Fällen entstand eine Beziehungsdynamik, die auf den ersten Blick destruktiv anmutete, die sich aber bei näherer Betrachtung als die Darstellung einer spezifischen seelischen Erlebnisqualität verstehen ließ: es geht um den subjektiven, historisch-individuell entstandenen Selbstzustand, der darauf abzielt, die Beziehung zu erhalten. Sinnvoll erscheint mir dieses Verhalten vor dem Hintergrund der Annahme, dass die Patienten ein irgendwie geartetes integriertes Selbsterleben haben. Die Tatsache, dass ihr Beziehungsmuster unverständlich bleibt, erklärt der Umstand, dass die Patienten und ihre Umwelt unter diesem Zustand leiden.

Deutungen i. S. des Scheiterns am Erfolg blieben unwirksam. Die Deutung der Symptome bzw. der Beziehungsfiguren führte erst in dem Moment zu einer Verbesserung der Selbstkohärenz (Abnahme der Schmerzen, Verbesserung der Beziehungskompetenz), als der Widerstand nicht als destruktiver Aspekt des Verhaltens, sondern als ein für die Selbstkohärenz zentraler Aspekt verstanden und versprachlicht wurde.

Die Patienten fühlten sich nicht in einem archaisch-infantilen, destruktiven Zustand gespiegelt, den sie überwinden müssten, sondern mit ihrer gesunden Aversivität wahrgenommen. Die Interpretation der Aversivität als kommunikative Handlung ermöglicht den Zugang zum Sinn des Verhaltens. Das alles entscheidende Vehikel in diesem Prozess ist die Sprache. Mit Hilfe der Deutung wurden Verbindungen hergestellt zwischen Erlebtem, Gefühltem, Gedachtem, Erinnertem, Gewünschtem, Phantasiertem und dem Verhalten.

Falsche Interpretationen waren deshalb falsch, weil sie die Aversivität als gegen die Beziehung gerichtetes, negatives Verhalten, interpretierten. Dies stellt eine Re-Traumatisierung dar, weil sie die Abwesenheit der Kompetenz zur Aversivität als wünschenswert darstellt. Eben diese Unfähigkeit zur Aversivität führte dazu, dass das Selbsterleben der Patienten in der Vergangenheit gestört wurde, in der Folge verständliches Verhalten unmöglich wurde und die Beziehungssituationen wiederum traumatische Qualitäten annahmen.

Es ist also festzuhalten: Deutungen, die auf Vorannahmen einer dualistischen Theorie über menschliche Aggressivität als triebbedingt destruktiv gründen, sind nicht geeignet, eine Zunahme der Selbstkohärenz auf dem gegenwärtigen erwachsenen Niveau zu verbessern. Erst die Würdigung aller motivationalen Systeme, insbesondere die der Fähigkeit zur Verneinung und eine positive Sinnzuschreibung dieses Verhaltens im interpersonellen Raum ermöglicht dem Menschen Selbstkohärenz, d. h. die Entfaltung seiner Fähigkeit als Kulturwesen.

Die Interpretation des Zauberlehrlings

Zum Schluss möchte ich auf den Titel meines Beitrags zurückkommen und das Gesagte in Form einer kurzen Interpretation von Goethes *Zauberlehrling* (Goethe 1965, S. 147) zusammenfassen: Das Gedicht thematisiert das Faustmotiv:

> »Hat der alte Hexenmeister
> sich doch einmal wegbegeben!
> Und nun sollen seine Geister
> Auch nach meinem Willen leben.
> Seine Wort` und Werke
> Merkt ich und den Brauch,
> Und mit Geistesstärke
> Tu ich Wunder auch.«

Im Folgenden wird berichtet, wie der Zauberlehrling einen Besen in einen dienstbaren Geist verwandeln möchte, den er zum Wasserschöpfen schickt. Doch er hat das rechte Wort vergessen, dessen es bedarf, um dem Knecht zu befehlen, aufzuhören. Er will dem Spuk gewaltsam ein Ende machen. Er versucht den unbeugsamen Knecht zu erschlagen. Doch das gelingt nicht. Er spaltet ihn und hat nun zwei Geister, die das Unheil noch beschleunigen. Das Haus droht, in den Wasserfluten zu versinken:

> »Und sie laufen! Nass und Nässer
> Wirds im Saal und auf den Stufen.
> Welch entsetzliches Gewässer!
> Herr und Meister! hör mich rufen!-
> Ach, da kommt der Meister!
> Herr, die Not ist groß!
> Die ich rief, die Geister
> Werd ich nun nicht los!«

Sind die »Geister«, die man ruft und derer man nicht Herr wird, eine Metapher für den Trieb, die Affekte, die Wünsche, die Ideale oder die Phantasien? Dann wären die Geister also all jene Triebkräfte, die als Es oder als Ich das menschliche Leben schicksalhaft determinieren. Ist dann der »Meister« derjenige, der die Gesetze der Natur kennt und sich ihnen unterwirft? Steht am Ende des Lebens der Tod als Akt grausamer Überwältigung durch die Gesetze der Natur? Wäre Gewalt der vergebliche Versuch, gegen die Natur aufzubegehren, gespeist aus dem Wunsch, der Angst vor einem sinnlosen Tod zu entkommen? Dies wäre eine naturalistische Position, wie sie auch dem Freud'schen Kulturverständnis oder manchem modernen Neognostizismus (vgl. Rudolph 1994) entspräche. Diese Sichtweise führt zu einer pessimistischen Haltung gegenüber dem Leben.

Pessimismus finden wir am Ende des Gedichtes allerdings nicht. Hier erscheint nämlich der »Meister«, der die Gewalten mit »Geistesstärke« zu bändigen weiß. Unter »Geistesstärke« versteht Goethe den Gebrauch von »Wille«, »Wort, Werk und Brauch«. Geistesstärke ermöglicht »Wunder«. »Werk und Brauch«, d. h. das Handeln im Rückbezug auf die Vergangenheit, aber insbesondere das rechte Wort, d. h. Sprache, vermag der Situation einen Sinn zu geben. Die Sprache schafft gleichermaßen ungeahnte Möglichkeiten, nämlich den Geist bzw. die Geister, wie auch die Katastrophe, wenn das rechte Wort nicht verfügbar ist. »Meister« ist derjenige, der über das rechte Wort verfügt.

Schiller rühmte Goethes Blick, der nie Gefahr laufe, »auf Abwege« zu geraten; d. h. sich in Spekulationen des Denkens oder Phantasmen der Einbildungskraft zu verlieren. Stattdessen suche er lieber »Kräuter oder betreibe Mineralogie«, getreu der Überzeugung, dass die Wahrheit nicht hinter den Dingen zu suchen sei, sondern die Phänomene selber die »Lehre« seien, die den Sinnen zugänglich sei, aber oft durch das Urteil verstellt werde (Fest 1996, S. 43).

Mit dem Gedicht positioniert sich Goethe zwischen dem die Ratio betonenden Menschenbild der Aufklärung einerseits und der allein dem Gefühl verpflichteten Romantik andererseits. Beide Extreme werden verworfen. Der Mensch ist weder der durch seine Ratio oder seine Willkür beherrschende Weltenlenker, noch ist er in romantischer Verirrung machtlos den Wallungen seiner Triebe und Phantasmen ausgeliefert. Vielmehr ist er ein mit Geist ausgestattetes Wesen. »Wille, Werk, Brauch«, Verstand und Einbildungskraft, aber vor allem das rechte Wort, das Realität schafft, bringt auch Rettung. Heißt es doch am Ende:

»Besen! Besen!
Seid's gewesen.
Denn als Geister
Ruft euch nur, zu diesem Zwecke
Erst hervor der alte Meister.«

Das rechte Wort verzaubert und entzaubert die Welt und vermag die Hirngespinste der Einbildungskraft zu bändigen und den Geist zu heilen. Nicht die Mystifizierung angeblich dunkler, unerforschbarer Dimensionen unserer Existenz als Quelle der Gewalt fördert die Selbsterkenntnis, sondern die Erforschung der Bedingung der Möglichkeit des Geistseins.

Literatur

Assmann, J. (2000): Herrschaft und Heil. München (Carl Hanser Verlag).
Blanck, R. und Blanck, G. (1978): Angewandte Ich-Psychologie. Stuttgart (Klett-Cotta).
Brisch, K. H. (2000): Bindungsstörungen. Stuttgart (Klett-Kotta).
Britton, R., Feldman, M., O'Shaughnessy, E. (1998): Der Ödipuskomplex in der Schule Melanie Kleins. Stuttgart (Klett-Cotta).
Brockhaus-Enzyklopädie, Bd.1 (1986): Aggression. Mannheim (F. A. Brockhaus).
Brockhaus-Enzyklopädie, Bd. 7 (1988): Existenzphilosophie. Mannheim (F. A. Brockhaus).
Edelmann, G. M. (1993): Unser Gehirn – ein dynamisches System. München (Piper).
Edelmann, G. M. (1995): Göttliche Luft, vernichtendes Feuer. München (Piper).
Elgeti, R. (1999): Unsterblichkeitsglaube – Tröstungsphantasie oder Selbsterkenntnis. In: Schlösser, A.-M., Höhfeld, K. (Hg.): Trennungen. Gießen (Psychosozial-Verlag).
Fest, J. (1996): Fremdheit und Nähe. Stuttgart (DVA).
Freud, S. (1920): Jenseits des Lustprinzips. In: Freud-Studienausgabe Bd. III. Frankfurt a. M. 1975 (Fischer).
Freud, S. (1923): Das Ich und das Es. In: Freud-Studienausgabe Bd. III. Frankfurt a. M. 1975 (Fischer).
Freud, S. (1930): Das Unbehagen in der Kultur. Freud-Studienausgabe Bd. IX. Frankfurt a. M. 1975 (Fischer).
Freud, S. (1937): Die endliche und die unendliche Analyse. In: Freud-Studienausgabe, Ergänzungsband (1975). Frankfurt a. M. (Fischer).
Gay, P. (1996): Kult der Gewalt. München (C. H. Beck).
Goethe, J. W. von (1965): Gedichte. Frankfurt a. M. (Insel).
Joas, H. (2000): Kriege und Werte. Weilerswist (Velbrück Wissenschaft).
Kluge, F. (1989): Ethymologisches Wörterbuch. Berlin (de Gruyter).
Kohut, H. (1976): Narzißmus. Frankfurt a. M. (Suhrkamp).
Kohut, H. (1979): Die Heilung des Selbst. Frankfurt a. M. (Suhrkamp).
Kollbrunner, J. (2001): Der kranke Freud. Stuttgart (Klett-Cotta).
Lichtenberg, J. D. (1991): Psychoanalyse und Säuglingsforschung. Heidelberg (Springer).
Lichtenberg, J. D., Lachman, F. M., und Fosshage, J. L. (2000): Das Selbst und die motivationalen Systeme. Frankfurt (Brandes und Apsel).
Lichtenberg, J. D., Lachman, F. M., und Fosshage, J. L. (2000): Zehn Prinzipien psychoanalytischer Behandlungstechnik. Stuttgart (Pfeiffer).

Lorenz, K. (1965): Das sogenannte Böse. Wien (Dr. G. Borotha-Schoeler).
Luhmann, N. (2000): Die Religion der Gesellschaft. Frankfurt a. M. (Suhrkamp).
Ornstein, P. H. (2000): Vom Narzissmus zur Ich-Psychologie zur Selbst-Psychologie. In: Sandler, J. (Hg.): Über Freuds »Zur Einführung des Narzissmus«. Stuttgart, Bad Cannstatt (frommann-holzboog).
Rudolph, K. (1994): Die Gnosis. Göttingen (Vandenhoeck und Ruprecht, UTB).
Wilson, W. D. (1999): Das Goethe-Tabu. München (dtv).
Wurmser, L. (1989): Die zerbrochene Wirklichkeit. Berlin (Springer).

Der gemeine Unfrieden der Kultur
Geschichte der Gewalt in Europa

Gerhard Armanski

Nach den Katastrophen des 20. Jahrhunderts und den neuerlichen Gewaltexzessen lässt sich umso dringlicher mit Freud die »Schicksalsfrage der Menschheit« stellen, »ob und in welchem Maß es ihrer Kulturentwicklung gelingen wird, der Störung des Zusammenlebens durch den menschlichen Aggressions- und Selbstvernichtungstrieb Herr zu werden« (GW XIV,S. 506). Die gesellschaftliche Szene stellt dies unverändert zur Debatte und gibt dabei wenig Anlass zum Optimismus. Denn Gewalt tritt geradezu beklemmend ubiquitär auf, tief gestaffelt und weltweit. Auch und gerade daran sind die utopischen Entwürfe eines friedlichen Zusammenlebens der Menschen zerschellt. »Sind wir nicht in einem ewigen Gewaltzustand?« rief Georg Büchner vor fast zweihundert Jahren aus. Das meint(e) keineswegs bloß spektakuläre Akte, sondern die gewöhnlichen Lebensformen der Kultur und ihren Alltag.

Die Erfahrung und Anschauung der Gewalt sowie die Rede über sie sind aktueller denn je, wie schon ein Blick in die Medien zeigt. Sie tobt nicht nur in der Ferne, sondern rührt sich massiv bei, zwischen und in uns. Sie als pathologisch zu kennzeichnen, provoziert die Frage, was dann angesichts ihrer Allgegenwart normal wäre. Vielleicht gibt es diesen Unterschied gar nicht, weil beides viel zu sehr verzahnt ist, die Normalität ihre eigene Abweichung hervorbringt, ja diese selbst sein mag. Der Verbreitung und Dichte des Phänomens entspricht eine außerordentliche Vielfalt seiner Formen – subtil oder offen, spontan oder strukturell, heiß oder kalt, habituell, affektiv oder strategisch, bewusst oder unbewusst als mehr oder minder geläufige Arten scharfer Willensdurchsetzung der Gewalttätigen und der Angst ihrer Objekte.

Realität und Begriff der Gewalt sind zutiefst ambivalent, verschwistert in gleitender und eben doch gebrochener Linie mit der legitimen Macht einerseits, mit heftigster Bemächtigung bis Tötung des anderen. Das Wort Gewalt (aus indogerman. val = verfügen) hat mindestens drei Dimensionen in sich aufgenommen, nämlich potentia (Kraft), potestas (Amtsgewalt) und violentia (Gewalttätigkeit), die allesamt in ihrem Umgang mitschwingen. Um die letztere soll es hier vor allem gehen, aber ihre Legierungen sind nicht zu übersehen, etwa in der Erscheinung zustimmender Massengewalt (auch gegen sich selbst). Nach Popitz (1992) ist der Mensch grundsätzlich verletzungsoffen und verletzungsmächtig, stellt sich das vor und agiert es aus. Bei ihm handelt es sich um eine gegen den Körper des anderen gerichtete Kraft, die man sicher um die soziale und psychische erweitern muss, ohne in den allzu weiten Mantel der »strukturellen Gewalt« zu geraten. Räumlich/zeitlich handelt Gewalt unmittelbarer und zwingender als etwa Macht. Fast immer verbergen sich hinter ihrer inszenierten Plötzlichkeit die persönlichen und sozialen Beweggründe. Sie sind nicht fort, bloß nicht prima facie sichtbar. Genau das mag Theoretiker wie Wolfgang Sofsky (1996) oder André Green (1988) dazu führen, die Begründung vor allem entgrenzter, deobjektalisierender Gewalt in ihrer eigendynamischen und sich steigernden Selbstläufigkeit zu sehen, d. h. sie letztlich aus sich selbst entstehen zu lassen. Damit verschiebt sich die Frage vom Warum zum Wie der Gewalt. Aber wir halten daran fest, dass es zur Aufgabe der Humanwissenschaften gehört, der wie auch immer gearteten und rätselhaften menschlichen Gewalthaftigkeit nachzuspüren. Noch die Gräuel der Nazizeit, so Imre Kertész(1996) verweisen auf ihnen Zuvor- und Zuunterst-Liegendes.

Woher kommt die gewaltförmige »Störung des menschlichen Zusammenlebens«?

Die Frage nach der Gewalt hat alle Weltreligionen sowie Heerscharen von Wissenschaftlern und Philosophen umgetrieben und bis heute mannigfache Interpretationen, aber keine schlüssige Antwort erbracht. Die christliche »unde malum«-Theologie hat sie vor allem in der mittelalterlichen Scholastik in der menschlichen Erbsünde gegen Gottes Gebot zu finden geglaubt. Am einfachsten machen es sich diejenigen, die die Gewalt einfach in der anthropologisch-biochemischen Struktur des Menschen verankert sehen und/oder sie ethologisch festmachen. Der Beweis dafür steht allerdings aus, wenn wir nicht die zirkuläre Begründung vom Phänomen als Ursache akzeptieren.

Näher kommen wir der Sache schon, wenn wir sie der Herrschaft des Menschen über den Menschen zuweisen, die in klassengesellschaftlicher Form seit etwa fünftausend Jahren die Geschichte geprägt hat. Ihr ist nolens volens nicht nur die legitime Machtausübung, sondern auch die ganze Skala von Gewalt eingeschrieben – wie sie sich etwa an den Pylonen ägyptischer Tempel in der rituellen Niederschlagung der Feinde kundtut. Infolge des Doppelcharakters der Herrschaft von konkret-nützlicher und gesellschaftlich-abstrakter hätten wir indes zu unterscheiden zwischen einer unhintergehbaren Herrschaft, die dem Stoffwechsel mit der Natur geschuldet ist und einer solchen, die zwangsweise auf die Einfügung der Untertanen zielt. Obwohl sie ineinander verschränkt sind, lässt sich etwa die Spanne von möglicher und erreichter Gerechtigkeit als Trenn- und Beurteilungskriterium anwenden.

Eine ganze Reihe von Theorien sieht Gewalt als Element der Kultur oder Zivilisation selbst. So hat Freud bekanntlich das sozialdestruktive Potential den Triebversagungen der Kultur und der daraus resultierenden Anhäufung unterdrückter und abgespaltener aggressiver Anteile zugeschrieben. Zugleich hat nach ihm die Kultur unaufgebbar für die Zähmung der destrudo zu sorgen, das ist ihr Dilemma und Widerspruch. Die Grundannahme einer permanenten und fortschreitenden Zivilisierung im Geschichtsprozess, wie sie so unterschiedliche Theoretiker wie Karl Marx, Emile Durkheim oder Norbert Elias vertreten, wird allerdings von anderen mit guten Gründen bezweifelt. Sie sehen zwischen den Großverbrechen etwa des 20. Jahrhunderts und dem Zivilisierungsprozess keinen Zusammenhang oder gerade in diesem mitsamt seiner technisch-wissenschaftlichen Rationalität, Bürokratie und Zweck-Mittel-Kalkülen die Quelle eines außerordentlichen Destruktivitätspotentials. Eine letzte hier vorzustellende Auffassung schließlich geht von einer grundlegenden Ambivalenz von Zivilisation und Barbarei aus. Demnach hätte jene zwar die Friedensfähigkeit gesteigert, zugleich aber die staatliche Konzentration der Zerstörungsmittel und die Tendenz zur sozialhygienischen Verwaltung des Menschen (vgl. die Arbeiten von Zygmunt Bauman) – eine notwendige, wenn auch nicht hinreichende Bedingung der Entgleisung der Kultur, die stets auf diese selbst zurückverweist.

Alfred Krovoza (2001) hat hier neue Grenzvermessungen vorgenommen. Diese sind durchaus einleuchtend, lassen aber eine zentrale Tatsache des Menschseins außer Acht, nämlich seine historische Gewordenheit, die auf die Gegenwart ebenso wirken mag wie die der Lebensgeschichte des Individuums. Was geschah, kann wieder geschehen, und was geschieht, ist schon geschehen – aber eben unter spezifischen geschichtlichen Bedingungen, die sich allerorts und -zeiten unterscheiden und gleichwohl einander mitteilen. Insofern wäre individuelle und kollektive Gewalt auch historisch-genetisch aufzuschlüsseln und in die Gegenwartsanalye zu überführen. Durch dieses Verfahren lässt sich die »Aggression als ein vitales Grundvermögen, als eine Triebausstattung« (Alexander Mitscherlich) im Sinne einer historischen Kulturanthropologie differenzieren. Der gegen ihre Hinter- und Abgründe

gegenüber blinder Gewalt wäre so eine weitere essentielle Dimension abzugewinnen, nämlich die Erkenntnis ihrer Erblast.

Geschichte der Gewalt

Ich gehe davon aus, dass das soziale und psychische Gedächtnis, auch und gerade das emotionale, wesentlich weiter zurückreicht als in die familiär fassbaren Zeiträume von zwei oder drei Generationen. Dazu bedarf es gar nicht der ahistorisch gefassten Jung'schen Archetypen, auch wenn nicht zu bestreiten sein dürfte, dass in der Gewalt eine archaische Grundierung existiert, wie sie etwa das häufige Motiv des bethlehemitischen Kindermordes oder die Märchen aufzeigen. Die Gewalt bildet nicht nur eine Handlungskette, sondern auch eine Erzählreihe der Grunderfahrung an ihr. Über archaische Sedimente hinaus werden Gewaltakte horizontal und vertikal weiter erzählt – wobei sich wie in der »stillen Post« die narrativen Bestände u. U. diametral verschieben können. Nach den Befunden der historischen Sozialforschung hat uns die Geschichte ein mentales und habituelles Reservoir der Gewalteinübung hinterlassen, gewissermaßen als ihre Geschiebefracht. Damit überschreitet sie beständig die Grenzen der Gegenwart, öffnet neue Muster und Räume, wandelt Tatsachen und Deutungen. Das Gestern überträgt sich ins Heute und fügt bestimmte Bausteine in die aktuelle Morphogenese der Gewalt. Umgekehrt ist diese ohne den Rückgriff auf ihre historischen Vorläufer nicht oder nur unzureichend zu erklären. So greifen letztlich alle Versuche, die Gräuel des 20. Jahrhunderts nur aus ihm selbst abzuleiten, zu kurz. Denn in ihm sind geschichtliche Gewaltpotenzen des Abendlandes gehäuft und beschleunigt zum Ausbruch gekommen. Jede anscheinend noch so abseitige Handlung hat so ihre Vorgeschichte und begründet sich jedenfalls anfangs nicht aus sich selbst.

»Die Bereitschaft, neue Formen von Gewalt ernst zu nehmen, darf uns nicht blind für die Kontinuität zwischen alten und neuen Formen der Gewalt und für die Wiederkehr der alten Formen machen« (Hans Joas 1993). Eher geht es darum, sie in ihrer jeweiligen strukturellen und kontingenten Gemischtheit kenntlich zu machen. Hier ähnelt die historische Forschung dem therapeutischen Verfahren: das Leiden an der Gewalt wird erst verstehbar und (vielleicht) angehbar, wenn wir ihre Wurzeln aufdecken und ihre Erscheinungen durchgehen. Wie auch immer die anthropologische und ontogenetische Grundausstattung des Menschen in der Gewaltfrage aussehen mag, sie begründet und aktualisiert sich allemal, greifbar oder subkutan, schärfer oder milder, in der je konkreten Geschichte, in der es sich fortpflanzt und wandelt. In der historischen Besonderung wird sie erkennbar und vergleichbar und wird in der Gegenwart aufgefunden. Insoweit das nicht geschieht, bleibt diese von ihrem Herkommen abgeschnitten und daher bezugslos. Denn das Wüten der Täter und das Leiden der Opfer hinterlassen ihre Abdrücke, selbst wenn niemand mehr ihre Abkunft kennt. Im Handeln, in Ideologie, Bauten und Einrichtungen, in Bildern und Büchern, am Stammtisch und in der Familie leben und wandeln sie sich.

»Die Katastrophen des Terrors haben ihre historischen Genealogien. Vor allem beruhen sie auf einer Grundschicht exzessiver Gewalt, die in einer Vergleichsreihe allererst freizulegen ist« (Sofsky 1993). Eben diese selbst ist über das Archaische hinaus geschichtlich formiert worden. Es gilt daher, spezifische historische Konfigurationen in den Blick zu nehmen. Eine bloße Auflistung geschichtlicher Gewalttaten hat über den Beweis der Allpräsenz des Bösen hinaus keinen Erklärungswert. Schließlich hat es friedfertige(re) Gesellschaften gegeben, die weder in ihren Selbstbeschreibungen noch in ihren Artefakten auf nennenswerte Gewaltübungen schließen lassen (etwa die minoisch-kretische oder die maltesische Megalithkultur). Was wir ohnehin implizit tun, auch wissenschaftlich zumeist, in Fragen des Menschen und der Gewalt im Horizont unserer Kultur zu bleiben, wird zum bewussten Programm: die europäische Folie der Gewalt freizulegen, die gerade durch ihre nachhaltige Wirkung viele Alternativen im Umgang mit ihr ad acta gelegt hat.

Gewalt in der europäischen Zivilisation

Die Formen kollektiver Gewalt, um die es hier vor allem geht, sind im Zusammenhang der abendländischen Geschichte vom hohen Mittelalter über die frühe Neuzeit bis zum modernen Weltsystem der Nationalstaaten und des Kapitalismus entstanden. Sie bilden die Grundbestände europäischer Sittlichkeit *und* ihrer Zertrümmerung, die sich weltweit ausgebreitet haben und etwa im Attentat von New York auf sie zurückzufallen drohen. Im Verlauf ihrer Entwicklung haben sich Motive und Formen einer auch im interkulturellen Vergleich besonderen Gewaltfähigkeit herausgebildet. In der Tat hat die Menschheit keine andere derart leistungs- und destruktionspotente Gesellschaftsformation hervorgebracht. Ihre Fortschritte waren und sind daher janusköpfig, haben die Chancen einer humanen und produktiven menschlichen Existenz erhöht und zugleich immer wieder massiv vernichtet.

Sie hat Menschen- und Bürgerrechte aufgerichtet und doch beständig durchkreuzt. Ihr entgegenstehende Sozialformen hat sie beseitigt und ihr Projekt ebenso universalistisch wie rigide durchgesetzt – sei es jenes der christlich-kirchlichen Weltgestaltung, das der Kolonialisierung oder neuerdings das der neoliberalen Globalisierung – mit ebenso vorantreibenden wie verheerenden Folgen. Ungeachtet der langen historischen Ahnenreihe des Gewaltmodells im mitmenschlichen Umgang erfuhr es im europäisch-nordamerikanischen Zeitalter einer enorme und systematische Verschärfung.

Während individuelle und Kleingruppengewalt gezähmt wurde, traten die herrschaftlichen Großverbände staatlicher oder kirchlicher Art und später die Nationen als neue Akteure auf. Kennzeichen der von ihnen ausgeübten Gewalt sind u. a.: Radikale ideologische Feindansprache – unter welchem ideologischen Vorzeichen auch immer –, Antagonisierung des Anderen, möglichst vollkommene Austilgung des missliebigen und unwerten Gegners, die Effizienz und Planung der Vernichtungsmittel und -handlungen in weitestgehendem Umfang. Die Moderne, worunter ich die industrieförmige Gesellschaftsorganisation des 19. und 20. Jahrhunderts verstehe, fügte dem den Rassismus sowie administrativ-bürokratische und ationale Modi der Beseitigung hinzu, ganz im negativ gewendeten Sinn der *perfectibilité de l'homme* der Aufklärung. Für die Opfer geriet die gewaltige (pseudo-)staatliche Anmaßung zur »absoluten Hilflosigkeit vor der absoluten Macht« (Millett 1993). Schon mit der Vertreibung der Muslime aus den ehemals osmanischen Gebieten, im Massaker an den Armenieren, in den Weltkriegsschlachten und schließlich im Massenmord der Nazis vermögen wir eine genozidale Potenz der Moderne zu erkennen. Die durch das Versagen tradierter Regel- und Bindemechanismen entgrenzte Gewalt war nicht etwa ein barbarischer Rückfall, sondern der arbeitsteilig-abstrakten gesellschaftlichen Synthese adäquat. In ihr sind die Taten und ihre Gründe monströs, nicht die Täter, die aufgespalten, amoralisch und distanziert handeln. Die Helfer und Zuschauer stimmen den obrigkeitlich exekutierten Gewaltakten zu oder zeigen sich mindestens gleichgültig. Das Mitmachen hat sich psychisch und/oder materiell ausgezahlt. Im Wesentlichen aber konzentrierte sich die kumulierte und aktualisierte Gewaltbereitschaft der Individuen in der ihnen fremden und zugleich zugehörigen terroristischen Staatsmacht, wie im Pogrom an den deutschen Juden 1938.

Von der offenen Gewalt an den Rändern des kolonialistisch expandierenden Europas im hohen Mittelalter und der anhebenden Neuzeit zog sich dieses (un-)bewusste Gewaltskript bis in die eigenen sozialen Reihen und in den menschlichen Gewalthaushalt. In diesem Sinne werden im Folgenden die Trittsteine der Gewalt in der europäischen Geschichte vorgestellt. Sie bilden indes keine kohärente Trittleiter, da ihren Teilen trotz aller historischen Bedingtheit und Verklammerung ein Element der Kontingenz anhaftet. Sie sind konstitutiv geworden, wenn auch weder zwingend noch quasi als Verhängnis immer gleich. Hier dürfen wir nicht einer »retrospektiven Fatalitätsillusion« (Raymond Aron) aufsitzen. Oder, wie es Martin Walser (1998, S. 281) ausdrückt:

> »Vergangenheit ist in der Gegenwart auf eine Weise enthalten, daß sie nicht aus ihr gewonnen werden kann, wie man einen Stoff, der in einem anderen Stoff enthalten ist, durch ein kluges Verfahren herausziehen, und man hätte ihn dann als solchen. Die Vergangenheit als solche gibt es nicht. Es gibt sie nur als etwas, das in der Gegenwart enthalten ist, ausschlaggebend oder unterdrückt, dann als unterdrückte ausschlaggebend.«

Genau darum, den Spuren der Geschichte trotz aller heutigen Interessengeleitetheit, Camouflage oder selektiven Vergessens nachzugehen, geht es.

Organisierte, weltanschaulich begründete und langanhaltende Gewalt setzte in Europa mit den *Kreuzzügen* im 11. Jahrhundert ein – auch darin ein Zeitalter des Aufbruchs. Getrieben von der expansiven Eigentumsdynamik des Feudalismus und dem Kriegsfall der Kirche, zog ein Gottesstreitertum herauf, das auf sozial- und gottgefälliges Heil zielte und dabei den Gegner unumwunden für vernichtenswert erklärte. Die europäische Identität als vom Fremden scharf abgesetzte, ja ihm feindliche, entwickelte sich in dieser ideologischen Figur. In Südfrankreich und anderwärts verschlang sie sich mit der *Ketzerverfolgung*, die indes weitgehend aus eigener Kraft kirchlichen Vertilgungswillens gegenüber Abweichungen vom katholischen Glauben und Gnadenapparat agierte. Eine ausgrenzende Kriminalistik schuf den Verbrechertyp des Ketzers, den es mit allen raffinierten Methoden der Fahndung, Akten- und Prozessführung auszuschalten galt. In den Geheim- und Gedankenpolizeien des 20. Jahrhunderts können wir sie unschwer kenntlich machen. Vermittels der Inquisition und ihrer Schemata griffen die Kettenglieder der Gewaltgeschichte weiter ineinander, indem sie an der Schwelle der Neuzeit in der Jahrhunderte lang währenden *Hexenjagd* neue Opfer ins Visier nahm. Ein durch den heraufziehenden Kapitalismus und abergläubische Altbestände verängstigtes Gemeinwesen verband sich mit der neuen theologischen Teufelslehre zur Abstrafung bis hin zur Ausmerzung der willkürlich Designierten. Vor allem Randständige und Frauen, die als Einfallstore des Bösen galten, fielen dem zum Opfer. Als Hauptakteur der Verfolgungen trat nun der frühneuzeitliche Staat auf. Die *Inquisition* gegen Ketzer und Hexen stellte das entscheidende Scharnier der Separation und Vernichtung. In ihr entfielen selbst die damaligen Rechtsgarantien der Person weitgehend, wurde die Folter im Verhör bedenkenlos und mannigfach geübt, degradierte man die Opfer zu bloßen angst- und schmerzerfüllten Objekten, denen mit allen Mitteln ein vorgestanztes Geständnis zu entreißen war. Ihr bürokratisches Wüten zu kirchenfrommen und sozialsanitären Zwecken verschlang hunderttausende Menschen, am spektakulärsten auf dem Scheiterhaufen. Denn das aufsehenerregende Straffinale war durchaus als massive Drohung gemeint. Das *Theater des Schreckens* (Dülmen 1985) mit seinen barbarischen Aufführungen durchzog eine Zeit des Humanismus und der Renaissance, also der Einzigartigkeit und Schönheit des Menschen, eine immer wieder anzutreffende Zwieschlächtigkeit in der europäischen Entwicklung.

Der Schatten vor allem der kreuzzüglerischen Intransigenz lag auch über der *Conquista* der Neuen Welt und dem nachfolgenden weltumspannenden europäischen Kolonialismus, der den Erdball für die eigenen Interessen requirierte. Trotz einer gleichzeitig vernehmlicheren Sprache des Gewissens amalgamierte sich die Heidenmission mit Beutelust und merkantilem Ausgreifen zu einem explosiven Gewaltgemisch. Infolge der beabsichtigten Verwertung des Fremden hatte ein interkultureller Dialog von vornherein keine Chance. Die politische Enthauptung und soziale Vereinnahmung der eroberten Länder gipfelte im Sozio- und Genozid an der einheimischen Bevölkerung, dem ersten der neuzeitlichen europäischen Geschichte. Hier erprobte sich nach dem tapferen christlichen Kreuzritter und dem unbestechlich-strengen Inquisitor die dritte Form des europäischen Helden: die des so entschlossenen wie rücksichtslosen und wirksamen Conquistadors. Sein bis zum aneignenden Raub und Mord reichendes Rechtsverständnis teilte auch der ihm nachfolgende Kolonialkaufmann, der Ströme von Edelmetall nach Europa leitete und dem transatlantischen Handel neue Wege eröffnete, insofern als Sturmvogel des heraufziehenden Kapitalismus diente.

> »Die Entdeckung der Gold- und Silberländer in Amerika, die Ausrottung, Versklavung und Vergrabung der eingebornen Bevölkerung in die Bergwerke, die beginnende Eroberung und Ausplünderung von Ostindien, die Verwandlung von Afrika in ein Geheg zur Handelsjagd auf Schwarzhäute, bezeichnen die Morgenröte der kapitalistischen Produktionsära« (Marx 1968, S. 779).

Die neuzeitliche *Sklaverei* riss Millionen Menschen aus ihrer afrikanischen Heimat und verwandelte sie in zirkulierenden und produzierende Waren. Auch das ist nicht vorüber, wenn wir an die heutige Kontrakt- und Sexsklaverei denken. Derart einschneidende Vorgänge wirken traumatisierend nach. Der Höhepunkt des Sklavensystems im 18. Jahrhundert fiel mit der Blüte der Aufklärung zusammen, die den Menschen aus seiner »selbstverschuldeten Unmündigkeit« zu reißen trachtete, sich um die Sklaverei aber nicht kümmerte. Hingegen wanderte in die Mentalität der Herren die rassistische Überzeugung von der eigenen Überlegenheit ein.

Bekannter schon sind der Dreißigjährige Krieg, den Norbert Elias als »Katastrophe der kulturellen Verarmung und zunehmenden Verrohung« bezeichnete und die sich mit ihm erhebende absolutistische Staatsmaschinerie. In jenem wurde der Krieg zum Dauerphänomen auf dem Rücken der Bevölkerung, das sie terrorisierte, barbarisierte und dezimierte. Er führte zu einer Orgie der Zerstörung und zu einem tiefen, sich erst später entladenden Ingrimm im Volk. Der absolutistische Staat richtete seine Untertanen in scharfer obrigkeitlicher Gängelung zu produktiven, steuer- und militärfähigen Objekten ab. Sein apparathaftes Denken stand im Widerspruch etwa zu den Theorien Voltaires und Rousseaus vom sich entfaltenden Individuum. Im extremen soldatischen Drill wie im tief versenkten Stachel des zivilen Gehorsams ging das – freilich nie vollkommen realisierte – Muster des willfährigen Automaten um.

Mit Gewalt ist auch ein gemeinhin mit ihr gar nicht zusammen Gesehenes zu assoziieren, nämlich die *Industrialisierung*, die als Pate der sprunghaften Entwicklung der modernen Produktivkräfte gilt. Sie riss Bauern und Handwerker, die von ihrem Gewerbe nicht mehr leben konnten, unter ökonomischem und außerökonomischem Zwang von ihren gewohnten Arbeits- und Lebensbedingungen los. Unter dem Diktat der »Verfleißigung« etwa durch Zucht- und Arbeitsanstalten oder Industrieschulen unterwarf man sie dem modernen Fabrikregime mit seiner rigiden Zeit- und Arbeitsdisziplin. Die Industrie konstituierte sich sozialökonomisch als despotischer Kooperationszusammenhang, der sich seine Produzenten zurichtete und ihrem Wohl und Wehe unterwarf. Als Teil der industriellen Aggregate entstand unter enormen sozialmoralischen Kosten der Träger der neuen Produktionsagenturen, nämlich der einschlägig sozialisierte und organisierte Arbeiter. Dieser stellte auch den Soldaten der *europäischen Großkriege* des 20. Jahrhunderts, die sich niemand auf dem Höhepunkt des Zivilisationsdünkels vorzustellen vermocht hatte. Nicht nur waren sie von staatlich gebündelten industriellen Ressourcen abhängig, sie bedienten auch das Schlachtfeld im Masseneinsatz von Menschen und Material wie ein Fließband des Todes – eine in der Geschichte der Zivilisationen und Gewalt nie dagewesene Erscheinung. In Europa gingen in der Tat die Lichter aus. Vor allem in der ideologisierten Form des Vernichtungskrieges erfassten dieser tendenziell die ganze Gesellschaft und alle Räume. Im entgrenzten Kosmos der Tötung und Todesgefahr schrumpfte der Mensch zum Rädchen einer Militärmaschine, in der sich sein Humanum an die moderne Gewalt verlor. Nicht zufällig erfuhr in abstumpfenden Kriegszeiten auch eine weitere Erfindung des vergangenen Jahrhunderts, nämlich die Konzentrationslager, ihre schlimmste Ausprägung. Als Produkt des nazistischen rassistischen Imperialismus standen auch sie unter dem Vorzeichen entfesselter Gewalt zum Zweck der Absonderung, Ausbeutung und/oder Vernichtung. Sie bedienten sich in ihrer Serialisierung, bürokratischen Arbeitsteiligkeit, im taktmäßigen Transport und Töten durchaus moderner Mittel, bezogen auch ihr Personal aus zeitgenössischer Sozialisation. Im Lager als negativ gewendete soziale Anatomie des Menschen traten sowohl die kalte Maschinisierung der Unterwerfung wie die Behandlung der Opfer als absolut nichtige in unüberbietbarer Steigerung auf. Der Sinn lag subinstrumentell im Zurichten und Hinrichten der Lagerinsassen. Obwohl er vorgelagert und ursprünglich handlungskonstituiert war, lief er gewissermaßen im monströsen Gewaltapparat leer. Ihm erschienen seine Objekte überflüssig und daher vernichtenswert. Ob man die Täter von rassistischer Ideologie, professioneller Rollendistanz, Abspaltung sadistischer Impulse oder auch nur von gleichgültigem Mitmachen motiviert sieht, spielt insoweit keine Rolle, als es sich um das abgrundtiefe Desaster einer von Moral abgekoppelten exterminatorischen Handlungskette handelte. In ihr kam die Gewaltgeschichte Europas und besonders Deutschlands an ihren Höhepunkt und gewissermaßen zu sich.

Obwohl an der Weitergabe mentaler und institutioneller Muster dieser hier skizzierten europäischen Gewaltgeschichte kein Zweifel bestehen kann, ist das Bild bei näherem Zusehen erheblich komplizierter. Nicht nur bestehen mannigfaltige Möglichkeiten der Leugnung, Abbiegung oder Umdeutung des Geschehens. Die Frage, auf welche Weise und wie lange historische Eindrücke halten, ist theoretisch und empirisch wenig erforscht worden. Hier stoßen wir auf das Problem der intergenerativen Vermittlung. Die psychoanalytisch ermittelte inter- wie intrapsychische Dynamik von Aggression ist handlungsgeleitet und handlungsleitend. In unserem Zusammenhang erhellt möglicherweise der in den letzten Jahren wieder stärker ins Blickfeld gerückte Begriff des Traumas das Weiter- oder Wiederbestehen extremer Gewalterfahrungen, als lebensgeschichtlich individuelles oder historisch kollektives. Über ihn könnten sie an die nächste und folgende Generationen vermittelt werden. Im Sinne der Retraumatisierung docken fortdauernde oder neue Beweggründe von Gewalt an ihre tradieren Bestände an.

Schöne neue Welt?

»Es wurde ein Fehler gemacht, wie die Gesellschaft geschaffen worden, und wir machen ihn, indem wir uns in dem Zustand erhalten, es fehlt uns was, das keinen Namen mehr hat, wir werden es nicht aus den Strukturen herauswühlen, wir werden drum die Verhältnisse nicht zerbrechen« (Braun 2000, S. 56).

Ist es das Bewusstsein unserer Geschichte und dessen, was sie anrichtete, das uns fehlt? Wie weit lässt es sich von den Verhältnissen abheben und aus ihnen herausholen? Auch wenn wir nicht genau wissen, wie, so gehen doch massive historische Erfahrungen in die heutige »große gesellschaftliche Erzählung« (Lyotard) ein, ohne dass diese jene nur abbildete. Vielmehr gründet sie in den postmodernen Zuständen selbst, die sich kleinräumig, plural und individualistisch geben und damit von der großindustriellen Moderne unterscheiden – gleichwohl im globalisierenden, uniformierenden und kollektiven Kontext stehen.

Die Ambivalenz der Moderne mit ihren Großverbrechen ist aber nicht verschwunden. Meine These lautet, dass sie in den heutigen Verhältnissen aufgehoben ist. Diese sind nach wie vor von hochgradiger gesellschaftlicher Arbeitsteilung und Entfremdung in der Arbeit, Differenzierung und Hierarchisierung der Herrschaft, sprunghaft wachsenden Produktiv- und Destruktivkräften, sowie vom Modell des rationalen Menschen geleitet. Aber die Konfigurationen haben sich geändert, sind flexibler und (re)kombinierbarer geworden, paradigmatisch repräsentiert im Internet. Damit geht auch ein Funktionswandel und eine Formveränderung der Gewalt einher. Ihre historisch gesättigte und aus immer neuen Quellen aufgeladene Energie verliert sich nicht, sondern diffundiert und privatisiert sich geradezu kapillarisch in den Poren der Gesellschaft. Die großen Gewaltzeiten der europäischen Geschichte sind nicht abgeebbt, vielmehr in den Binnen- und Nahraum der Personen eingewandert, wo Hochleistung, Ellenbogen und Entwertung in massiv aggressiver Form umgehen. Die warenförmige Behandlung der Menschen und das frostige gesellschaftliche Klima tun ein übriges. Mildernde soziale Instanzen schmelzen ab.

Damit lockert sich die gesellschaftliche Kohäsion und neue Antriebe wie Gestalten der Gewalt entstehen, die kaum merklich aus der »Normalität« hervorwachsen. Hier sind vor allem Tendenzen der Entgrenzung, Entsinnlichung und Grundlosigkeit einer Gewalt zu nennen, die sich aus sich selbst zu begründen scheint und doch einen anomischen gesellschaftlichen Selbstlauf widerspiegelt. Somit lässt sie sich auch nicht als vormodernes Relikt abtun. Noch immer ist sie eine zentrale Option der europäischen Kultur und muss – bei aller Irrationalität der Taten – einer rationalen Zweck-Mittel-Relation, die den Gewinner ermitteln soll, keineswegs entbehren. Der neoliberale Entwurf zielt auf die umfassende »employability« des Menschen für den Markt. Gerade die Kluft zwischen zwingenden globalisierten Abhängigkeiten und dem Anspruch auf eine individuelle Lebensgestaltung mag zu gewaltförmigen Fluchtphantasien und Grenzziehungen führen.

Auf der Megaebene leistet sich unsere Zivilisation einen verschwenderischen Umgang mit der Natur sowie die Abkoppelung großer Gebiete von der wirtschaftlichen Entwicklung. Die daraus folgenden Konflikte werden als atavistische Gewaltsümpfe verhöhnt – und schlagen doch, wie die neuesten Ereignisse zeigen, auf die Metropolen zurück, die sie nicht zum wenigsten historisch verursacht haben und gleichwohl kaum darüber reflektieren. Neuere wissenschaftliche Entwicklungen enthalten ein Gewaltpotential, das noch gar nicht ausgelotet ist. Das materielle Substrat Mensch scheint mit den Eingriffen in die Genstruktur einer tiefgreifenden Umwälzung entgegenzusehen, immerhin noch von moralischen Prinzipien gebremst. In diesem Licht ist die utilitaristische artifizielle Reproduktion der Gattung zumindest denkbar – Aldous Huxley lässt grüßen. So tanzt unsere vorgeblich so schöne und omnipotente Welt auf dem Vulkan ihrer eigenen Erinnerungen und Handlungen, von allfälligen Störungen nur kurzfristig erschreckt.

Lässt sich das wenden? Schwer jedenfalls, weil gewichtige Würfel gefallen sind. Wohl ist die Anstrengung der historischen und humanwissenschaftlichen Anamnese der Gewalt möglich und sinnvoll. Die Bedingungen des eigenen Handelns zu kennen, ist allemal der Ausgangspunkt jeglicher Änderung. Die aufgezeigten Gewaltpotenzen sind weder eine Erbsünde noch ein Fluch, vielmehr die einer bestimmten, nämlich der abendländischen kulturellen und gesellschaftlichen Formation eigenen destruktiven Energien. Insoweit steht ihr humanisierender Umbau nach wie vor auf dem Programm. Bescheidener und naheliegender aber wäre es, die gewaltbegrenzende Ressource der Solidarität zu schützen und Dezivilisierung im Alltag wie in der großen Politik nicht zuzulassen. Hierzu sind vor allem Sensibilisierung und unterhintergehbare Standards der Würde von Mensch und Schöpfung gefragt. Ihr gehört auch der Schmerz zu, aber nur der unvermeidbare. Gewalt zu überleben, sie zu verstehen und anzugehen – das wäre schon viel.

Literatur

Braun, V. (2000): Wozu sollen wir Menschen miteinander kämpfen? In: FAZ, 30.10.2000, S. 56.

Bauman, Z. (1991): Modernity and Ambivalence. Cambridge (Polity Press).

Dülmen, R. v. (1985): Theater des Schreckens. München (C. H. Beck).

Elias, N. (1989): Studien über die Deutschen. Frankfurt a. M. (Suhrkamp).

Green, A. (1998): Warum Böses? In: Green, A. (2000): Geheime Verrücktheit. Grenzfälle der psychoanalytischen Praxis. Gießen (Psychosozial-Verlag)., S. 263-299.

Joas, H. (1993): Epochenbruch oder Kontinuität der Gewalt. In: Mittelweg 36, 2. Jg. Okt./Nov., S. 26.

Kertécz, I. (1996): Kaddisch für ein nichtgeborenes Kind. Reinbek (Rowohlt).

Krovoza, A. (2001): Zum Verhältnis von Psychogenese und Soziogenese im Gewaltdiskurs. In: Psyche 9/10, S. 906-933.

Marx, K. (1968): Kapital 1. Hamburg (Europäische Verlagsanstalt), S. 779.

Millett, K. (1993): Entmenschlicht. Versuch über die Folter. Hamburg (Junius).

Mitscherlich, A. (1975): Freiheit – Eine Utopie? Frankfurt a. M. (Büchergilde Gutenberg), S. 212.

Popitz, H. (1992): Phänomene der Macht. Tübingen (Mohr).

Sofsky, W. (1993): Formen absoluter Gewalt. In: Mittelweg 36, S. 36.

Sofsky, W. (1996): Traktat über die Gewalt. Frankfurt a. M. (Fischer).

Walser, M. (1998: Ein springender Brunnen. Frankfurt a. M. (Suhrkamp), S. 281.

Die Opferung des Kindes als eine Grundlage unserer Kultur

Mathias Hirsch

Der Mensch ist das einzige Lebewesen, das imstande ist, Exemplare der eigenen Spezies zu töten, auch sich selbst zu töten, zugunsten eines höheren Wertes oder Interesses. Die Schöpfungsgeschichte kann man leicht verstehen als Metapher für den Austritt des Menschen aus dem Paradies des instinktgesteuerten Tierreichs:

> »Mit der Freiheit [...] der Entscheidung haben die Menschen das naturgegebene Maß verloren, sie müssen es sich herstellen (sie schaffen sich Götter, Moral, Gesetze) und sind immer wieder vor die Entscheidung gestellt, es einzuhalten oder zu überschreiten. Das Überschreiten eines solchen Maßes, seiner Grenzen, bedeutet Schuld; ohne die Freiheit zur Grenzüberschreitung gibt es keine Schuld« (Hirsch 1997, S. 18).

An die Stelle der Instinkte ist die *Kultur* der Menschen getreten: Freud (1930a, S. 448f) meint, »dass das Wort Kultur die ganze Summe der Leistungen und Einrichtungen bezeichnet, [...] die zwei Zwecken dienen: dem Schutz des Menschen gegen die Natur und der Regelung der Beziehungen der Menschen untereinander«. In früheren Zeiten wird der Mensch es sicher sehr nötig gehabt haben, sich gegen Naturgewalten zu schützen, heute denken wir eher, die Natur müsse vor den Menschen geschützt werden, und auch Freud (1930a, S. 506) meinte schon 1930, vor der Entdeckung der Kernspaltung, sie hätten es »jetzt in der Beherrschung der Naturkräfte so weit gebracht, dass sie es mit deren Hilfe leicht haben, einander bis auf den letzten Mann auszurotten.«

Elternschaft im instinktgesteuerten Tierreich ist wohl von der absoluten Priorität des Schutzes für die Nachkommenschaft bestimmt; wem sollte die sprichwörtliche Löwenmutter ihr Junges opfern? Beim Menschen liegen die Verhältnisse anders, ungestraft schlägt man sein Kind, während jeden Anderen zu schlagen verpönt ist. Mit Jubel und Begeisterung schickt man die Söhne in den Krieg, um welches höhere Gut zu verteidigen?

Die frühesten Opfer-Riten hatten den Charakter eines gemütlichen Zusammensitzens des Clans mit seiner Gottheit beim gemeinsamen Mahle, eine *communio*, wie es Freud (1912/13, S. 163) berichtet. Der Akt des gemeinsamen Essens verband Gott und die Menschen wie es auch noch immer Ausdruck der Gastfreundschaft, der friedfertigen Einstellung dem Fremden gegenüber, ist. Freud möchte in *Totem und Tabu* auf die Identität von Mensch, Gott und Opfertier hinaus, dem Totemtier, das den einst ermordeten Vater der Urhorde repräsentiert, also den Anfängen des Partriarchats entspräche. Die Einheit von »weiblich und männlich, Mutter und Sohn, Erde und Lichtgott, Boden und Mais« findet Neumann (1956, S. 189) bei den matriarchalen Strukturen der Azteken. Jünglinge und Mädchen werden geopfert, sie sind dann Götter und Göttinnen, »denn die Geopferten waren in Mexiko immer mit den Göttern identisch« (ebd., S. 187), der Tod bedeutet gleichzeitig Hochzeit, Befruchtung; das herausgerissene Herz ist gleichgesetzt mit dem aufgebrochenen Maiskolben, das Blut mit dem Regen. Es entsteht der Eindruck eines Einvernehmens von Mensch, Natur und Gottheit, die eher im Matriarchat anzusiedeln ist, auch noch in der Opferung der eigenen Kinder. Die Ziele, die mit dem Opfer erreicht werden sollen, bestehen in der Sicherung der Ernährung, der Vergewisserung des Ablaufs der Fruchtbarkeitszyklen, dessen die Menschen nicht sicher sein konnten, ohne eben die Götter, die Natur, gnädig zu stimmen.

Nach dem Übergang zum Patriarchat, dem auch die religiösen Systeme angepasst wurden, dürfte auch die relative Verbundenheit mit der Natur geschwunden sein. Insofern ist das männliche Prinzip erfolgreicher, als mit autoritären Strukturen Wirtschaft, Wissenschaft und Technik derart entwickelt werden konnten, dass die sozialen Gemeinschaften wie Staat und Familie, aber auch Ideologien besser überleben konnten. Es scheint, als ob man den Wechsel zum Patriarchat als eine zweite Paradiesvertreibung ansehen kann, falls man das Matriarchat nicht allzu sehr idealisiert. Opferung wird hier nicht mehr demütig Bitte um Fruchtbarkeit, also leben können, bedeuten, sondern die Minderung von Schuld angesichts eines strengen Gesetzes, vertreten durch einen patriarchalischen Gott.

Seit dem Anfang der Welt gab es mörderische Aggressionen der Väter gegen ihre Kinder: Kronos verschlang seine Kinder, Laios setzte Ödipus aus, als wäre die Nachfolge durch den Sohn für den Vater lebensbedrohlich. Sind das noch Beispiele von Opferung der eigenen Kinder? Sie sind vielleicht nur Akte brutaler Machterhaltung; bestenfalls könnte man sagen, die Kinder werden dem Prinzip der Macht geopfert, deren Erhalt oberstes Gesetz wäre. Wie hier die Väter schuldig sind, kann man auch dem Gott des alten Testaments unlautere Motive unterstellen, untersucht man die Geschichte der

Genesis genauer, wie Blumenberg (1988, S. 94) es unternimmt. Die Frage ist, ob nicht Gott die Verantwortung für das Schuldig-Sein des Menschen trägt, da er ihn doch so gemacht hat, dass er ihm etwas verbieten musste, und zwar so, dass er das Verbot übertrat. Ähnlich autoritär und verwirrend fordert dieser Gott von Abraham die Opferung des einzigen Sohnes Isaak (1. Moses 22, 2). Abraham wehrt sich nicht und wird belohnt, der Engel weist ihn an, dem Knaben entgegen der ursprünglichen Anordnung nichts zu tun, »denn nun weiß ich, dass du Gott fürchtest, und hast deines eigenen Sohnes nicht verschont um meinetwillen« (ebd. 22, 12). Gott wird sich später revanchieren und *seinen* Sohn nicht verschonen um der Menschen willen.

Es gibt ein mythologisches Muster, das von der Opferung eines unschuldigen und von *dem* Vater über alles geliebten Kindes handelt, der versagt hat oder befürchtet zu versagen und der unwissentlich den Göttern das Kind opfert, um sich selbst und das, was er repräsentiert, zu retten. Betrachten wir zunächst die Geschichte von *Jephtha* im Buch der Richter des Alten Testaments. Jephtha, ein Feldherr, gelobt Gott, das Erste, was ihm aus seiner Haustür entgegenkommt, zu opfern, wenn er siegreich nach Hause zurückkehre. Es wird nicht gesagt, was er sich vorstellte, das aus dem Haus treten würde, vielleicht ein Haustier, es war jedenfalls seine einzige Tochter. Sie fügt sich klaglos: »Mein Vater, hast du deinen Mund aufgetan gegen den Herrn, so tue mir, wie es aus deinem Munde gegangen ist« (11, 36). Sie erbittet noch eine Frist, um ihre Jungfernschaft – nie wird sie einen Mann haben – und ihr Schicksal zu beweinen, das sich erfüllt, denn der Vater opfert sie tatsächlich. Die Betonung der Jungfernschaft dürfte ein Hinweis auf ihre Unschuld sein, unschuldig wie ein Lamm, als das Jesus Christus auch bezeichnet wird.

Idomenäus erfährt ein ähnliches Schicksal: Aus dem Krieg um Troja auf dem Seewege zurückkehrend,

> »wurde er von einem Sturm erfasst; er gelobte, die erste Person, der er begegnen würde, dem Poseidon zu opfern, dies war sein eigener Sohn – oder wie manche sagen – eine seiner Töchter. Er wollte gerade seinen Eid erfüllen, als eine Seuche das Land heimsuchte und das Opfer unterbrach« (v. Ranke-Graves 1955, II, S. 340).

Leukos, sein Widersacher, der ihm schon Ehefrau und Thron genommen hatte, sah darin einen »guten Grund, Idomenäus zu verbannen«. Die Seuche werden die Götter geschickt haben, die in diesem Fall wohl keine Lust hatten, das aus Kleinmut, Angst und Dummheit versprochene Opfer anzunehmen.

Iphigenies Geschichte spielt auch im Zusammenhang mit dem trojanischen Krieg; ihr Vater Agamemnon hatte Artemis erzürnt, weil er ein Hirschkalb aus großer Entfernung erlegt und dabei selbstherrlich ausgesprochen hatte, nicht einmal sie, die Göttin, könnte es besser. Artemis sorgte also für ungünstiges Wetter, die Flotte konnte nicht auslaufen, Kalchas, der Seher, forderte die Opferung Iphigenies. Agamemnon versucht noch, den Tod der Tochter zu vermeiden, Iphigenie »aber willigt edelmütig ein, für den Ruhm Griechenlands zu sterben, und bot ohne ein Wort der Klage ihren Hals der Opferaxt« (v. Ranke-Graves 1955, II, S. 282). Wie bei Idomenäus ist es auch hier die Gottheit, die die Konsequenzen aus Leichtsinn, Dummheit und Hochmut der Menschen nicht ziehen will, sie rettet Iphigenie, indem sie sie mit einer Hündin vertauscht – wieder eine Bewegung vom Menschen- zum Tieropfer – und sie als ihre Priesterin nach Tauris entsendet.

Das Märchen vom *Mädchen ohne Hände* ist ein weiteres Beispiel eines Kindes, eines Mädchens wieder, das klaglos einwilligt, das Leben oder hier die körperliche Unversehrtheit zu opfern, um den Vater zu retten. Der Teufel verspricht dem Müller, der wirtschaftlich ruiniert ist, undenkbaren Reichtum, wenn er ihm gibt, was sich hinter dem Haus befindet. Dort ist aber nicht der Apfelbaum, wie der Vater denkt, sondern seine Tochter, »sein liebstes Kind«, die den Hof kehrt. Da die Tochter so unschuldig ist, kann der Teufel sie nicht bekommen, ohne dass ihr beide Hände abgehauen werden, der schwache Vater muss ihr sagen: » Mein Kind, wenn ich dir nicht beide Hände abhaue, so führt mich der Teufel fort, hilf mir doch in meiner Not... . Sie antwortete: Lieber Vater, macht mit mir, was ihr wollt, ich bin Euer Kind «. Der Vater tut es also, rettet sich damit, und die Tochter muss in die Welt ziehen, verlässt die »lebensfeindliche Vaterwelt« (Drewermann 1992, S. 29) und gerät in eine paradiesartige Mutter-Welt, in der sie vor großem Hunger nicht anders kann, als verbotenerweise von einem Birnbaum zu essen. Indem sie sich so schuldig macht, überwindet sie das übergroße Schuldgefühl, das sie zum Opfer hatte werden lassen, als sei sie dem Vater das Leben schuldig. Durch den »Mut zur Schuld« (Drewermann ebd.) erst findet sie zu einem Leben im eigenen Recht, zur Individuation.

Eine frühe Form der Opferung scheint also das mit der Gottheit vereinigende Mahl zu sein, die Kommunion mit einem freundlichem Gott, oder aber die Opferung eines Menschen (später eines Tieres), dessen Leben angesichts eines unbegreiflich rätselhaften Naturgottes ohne Frage in seinem Wert ganz zurücktreten musste. Die andere Art der Opferung, auf die es mir hier besonders ankommt, ist die des eigenen geliebten Kindes innerhalb einer patriarchalischen Gesellschaft mit den entsprechenden Göttern. In diesem Fall soll die Sünde des Vaters, seine Unvollkommenheit oder Hybris, auch sein Scheitern an den männlichen Zielen wie wirtschaftlichem oder kriegerischem Erfolg, durch das Leben des Kindes wieder gutgemacht werden. Auch in der jüdisch-christlichen Tradition ist das Hintanstellen des Lebensinteresses des Kindes zugunsten übergeordneter Interessen der Herrschenden bzw. ihres Gottes zu finden: Adam und Eva sowie Abraham müssen sich beugen, wenn auch Isaak noch einmal davon kommt. Diese Form des Opfers hat mit Schuld zu tun, mit der Schuld der Väter; aber nicht diese werden zur Verantwortung gezogen, sondern ihre unschuldigen Kinder. In den zehn Geboten des jüdischen Gottes wird vom Kind gefordert, eigenen Lebenswillen zurückzustellen und sein Wohlergehen von einer die Eltern ehrenden Haltung abhängig zu machen, gleichgültig, wie diese sich dem Kind gegenüber verhalten. Es könnte sein, dass das Kind die Schuld des Vaters übernehmen muss, weil dieser zur Erhaltung der sozialen Gemeinschaft noch gebraucht wird, oder wenigstens *meint*, unentbehrlich zu sein.

Das für mich am meisten rätselhafte Opfer ist das des Gottes, der das Leben seines eigenen Sohnes für die Schuld der Menschen hingibt. Dieses Menschenopfer – und Jesus Christus ist Mensch und Gott zugleich – kann man als ein Opfer der Menschen verstehen, um ihre Schuld aufgrund ihrer unbewältigten Aggression zu mildern. Kutter (Spiegel u. Kutter 1997, S. 110) bezieht sich auf Girard und meint,

>»dass zwischen Menschen ein unvermeidliches Gewaltpotential lauert, das jederzeit ausbrechen kann, wenn es nicht in Schach gehalten wird. Der Vorgang des Opferns bedeutet dann sinngemäß: Wir sind ja gar nicht so böse, wir tun doch Gutes, denn wir bringen Dir, hohe Gottheit, Opfer dar.« Ähnlich argumentiert Kutter, »dass gerade die Kreuzigung Christi [...] das Opfer ist, über das Gott gnädig gestimmt werden soll« (ebd. S. 173).

Demgegenüber möchte ich darauf aufmerksam machen, dass es Gott selbst ist, der den Sohn opfert, schließlich sagt Jesus: »Mein Vater, ist es möglich, so gehe dieser Kelch von mir; doch nicht wie ich will, sondern wie du willst« (Matthäus 26, 39). *Gott* opfert seinen Sohn, nicht die Menschen; könnte also dieser Mythos nicht so gemeint sein, dass auch er *schuldhaft* mit der Erschaffung des Menschen eine Grenze überschritten hat? Blumenberg (1988, S. 94), wie gesagt, empfindet den Menschen (wie er es übrigens als Neugeborenes auch ist) primär unschuldig und meint, Gott habe das Problem: »Er muss etwas zu verlieren haben. Was er verlieren kann, [...] ist der hoheitliche Vorbehalt, nur für sich selber er selbst zu sein.« Erst durch die *Vertreibung entstand* die Schuld: »Der Tod war es, der aus der fiktiven Schuld die reelle werden ließ: Das sterbliche Wesen kann nicht leben ohne die Schuld, wegen *seiner* endlichen Lebenszeit den Nächsten als den Rivalen um jedes Lebensgut nicht lieben *zu können*« (ebd. S. 95). So gesehen opfert Gott seinen Sohn, um nicht nur die Schuld des Menschen, sondern auch die eigene zu mildern. Damit gibt er ein Vorbild, er ist der Prototyp des patriarchalischen Vaters, der das eigene Kind höheren Interessen opfert.

Wie dem auch sei, Jesus Christus von den Menschen oder von Gottvater geopfert, unschuldig (das Lamm) nimmt er die Schuld der Schuldigen auf sich: »Der Gerechte erleidet den Tod, den der Sünder hat verdient. Der Schuldige ist frei, der Unschuldige verdammt« (Frank Martin 1949, S. 15f, nach Augustinus, Reflexiones VII). In einem solchen Gottes-Kind kann sich ein Kind, das Opfer einer Familiendynamik wurde, leicht wiederfinden, denn unschuldig übernimmt es in der Identifikation mit dem Aggressor die reale Schuld der Erwachsenen und leidet für sie unter Schuldgefühlen, wie es Ferenczi (1933) als Erster gesehen hat (vgl. Hirsch 1997).

Ein anderes Beispiel aus der Weltliteratur ist von van Quekelberghe und Haas (2000, S. 234) so schön ausgearbeitet worden: »Das Thema von *Romeo und Julia* ist die Opferung der Kinder.« Die Autoren meinen, die Tragödie »leitet sich vom Opferritual ab, [...] in der Kulturentwicklung [...] [wurde] der Opferstein durch die Bühne ersetzt [...] mit dem [...] Zweck, die Gemeinde der Zuschauer von ihren Leidenschaften zu reinigen« (ebd. S. 246). Julia liebt den Sohn einer erbittert feindlichen Familie, Romeo. Die heimliche Heirat führt die Familie nicht etwa zusammen, sondern wendet sich gegen die Liebenden. Während die Vorlage für Shakespeares Drama noch von der Schuld der Jugendlichen (Maßlosigkeit, Ungehorsam) ausgeht, ist »in Shakespeares Romeo und Julia [...] das Gemeinwesen krank« (S. 236), sodass »das sich opfernde Paar zum Behälter für das Kollektiv werden muss« (S. 242). Und im Hintergrund des Dramas lauert die Pest, wie schon bei Idomenäus »eine Seuche das Land erfasste« (v. Ranke-Graves 1955, II, S. 340) und im Ödipus-Drama erst die Sphinx, dann die Pest das Land, also das Volk, terrorisierte. Der Held nimmt die tragische Schuld der Menschen auf sich, wird geopfert, um diese davon zu befreien; die Plage, die Seuche, ist »die Krankheit des Gemeinwesens« (ebd. S. 247)

Kann man nicht leicht Parallelen finden zwischen den Mythen und den Verhältnissen in zeitgenössischen Familien und der therapeutischen Arbeit? Sind Kinder nicht oft Ziel der Aggression, die aus der Familiendynamik stammt, müssen sie nicht für narzisstische und sogar sexuelle Bedürfnisse der Eltern herhalten, die diese einander nicht genügend erfüllen können, also für die Eltern da sein anstatt umgekehrt diese für die Kinder? Ferenczi (1929) hat eine kurze Arbeit mit dem Titel *Das unwillkommene Kind und sein Todestrieb* veröffentlicht, die für meine Begriffe eine brillante Auseinandersetzung mit der Frage Trieb versus Umwelt darstellt. Ferenczi scheint zuerst ganz mit Freuds Todestriebkonzept als Gegenstück zu einer Auffassung der Lebenskräfte übereinzustimmen: Er habe Auswirkungen des Todestriebs gesehen, mit starken selbstzerstörerischen Tendenzen, allerdings aufgrund von »unlustvolle(n) Erlebnisse(n) [...], die dem Patienten das Leben kaum mehr lebenswert erscheinen ließen« (S. 447). Den zugrundeliegenden Einfluss der Umgebung in zwei Fällen von Suizidalität formuliert Ferenczi so: »Beide Patienten kamen sozusagen als unwillkommene Gäste der Familie zur Welt. [...] Alle Anzeichen sprechen dafür, dass diese Kinder die bewussten und unbewussten Merkmale der Abneigung [...] der Mutter wohl bemerkt und durch sie in ihrem Lebenwollen geknickt wurden« (S. 448, Hervorh. orig.). Ferenczi stellt nun unser jüdisch-christliches Denken (»Du sollst Vater und Mutter ehren!«) und auch die Grundannahme der Psychoanalyse, dass das Kind aufgrund seiner ödipalen Triebkräfte primär schuldig auf die Welt kommt (vgl. Grotstein 1990) auf den Kopf: »Das Kind muss durch ungeheuren Aufwand von Liebe [...] und Fürsorge dazu gebracht werden, es den Eltern zu verzeihen, dass sie es ohne seine Absicht zur Welt brachten, sonst regen sich alsbald die Zerstörungstriebe« (S. 450). Das bedeutet eine Umkehrung von Pflicht, Verantwortung und Schuldgefühl: Nicht das Kind hat dafür zu sorgen, dass es mit seiner Umgebung leben kann, indem es die Triebkräfte überwindet, sondern die Umgebung hat die primäre Pflicht, das Kind adäquat anzunehmen; nicht die Eltern haben dem Kind zu verzeihen, sondern umgekehrt, das Kind den Eltern für den schuldhaften Akt der ungefragten Erzeugung seines Lebens!

Der perverse Auswuchs der patriarchalischen Familienstruktur ist die Inzestfamilie, in der die Tochter real sexuell missbraucht wird, deren Dynamik aber latent durchaus unseren Familien strukturell immanent ist. Hier wird ein Kind nicht nur den sexuellen Bedürfnissen des Vaters geopfert, weit darüber hinausgehend sorgt die Opferung der Tochter für eine Stabilisierung des Familienzusammenhalts, für eine Rettung also des »kranken Gemeinwesens«. Denn das prototypische Muster ist das einer »paranoiden Festungsfamilie« (Hirsch 1987), alle Familienmitglieder haben wenig Außenkontakt und leiden unter massiven, vielleicht unbewussten Trennungsängsten. In diese Familie wird »nur« ein Mädchen hineingeboren, die Mutter, mit ihrer weiblichen Identität schon längst hadernd, lehnt es relativ ab, wie schon sich selbst als weibliches Wesen. Das Kind, so ungenügend angenommen, erleidet eine Art »Muttertrauma«, ist emotional vernachlässigt und wendet sich suchend an den Vater, der ihm die verdiente Liebe und Anerkennung verspricht, um es nun seinerseits schamlos für seine sexuellen Bedürfnisse auszubeuten. Indem er das tut, braucht er, da die Ehebeziehung erkaltet ist, sich nicht an Frauen außerhalb der Familie zu wenden (wovor er zudem große Angst hätte), und die Mutter, die ebenso große Trennungsangst hat, übersieht das inzestuöse Agieren – wenn sie das Kind wie in krassen Fällen ihm nicht direkt auf den Schoß setzt oder ins Bett legt –, kann sie sich doch so seines Bleibens sicher sein. In der Identifikation mit dem Missbrauch, und zwar in einer sich selbst aufgebenden Opferidentifikation (Ferenczi 1933; Hirsch 1987; 1997) stimmt das Kind dieser extremen Rollenumkehr zu, ein Schuldgefühl entwickelnd, das der Schuld der Eltern entspricht (Hirsch 1997). So scheint es kein Zufall zu sein, dass in den Mythen, in denen es um den Erhalt des »Gemeinwesens« geht, in der Mehrzahl doch die Töchter geopfert werden und sich entsagend in ihr Schicksal fügen; Söhne würden eher rebellieren.

Auch die Psychoanalyse, die ursprünglich von der schuldhaften Verführung des Kindes durch den Vater ausgegangen war, hat die Schuld, die Ursache psychischen Leidens im Kind, in seinen Trieben, gesehen. Grotstein (1990, S. 20) drückt das folgendermaßen aus: »Zu den Vermächtnissen, die Freud [...] hinterließ, gehört das Postulat des inhärenten Schuldgefühls, das der Mensch von Geburt an aufgrund jener unvermeidlichen und unerbittlichen Phantasien erwirbt, in denen er von dem einen Elternteil vollständig Besitz ergreift und eine mörderische Aggression gegen den andern Elternteil richtet, d. h. aufgrund des Ödipus-Komplexes.« Genauso gibt man Adam und Eva, auch Romeo und Julia die Schuld, den Vater entlastend.

Die Menschen scheinen so zu sein, dass sie Gewalt immer auch gegen das geliebte Eigene wenden, auch wenn sie selbst und der Fortbestand der Gattung dadurch existentiell bedroht sind. Die Möglichkeit der Beherrschung der Natur schließt ihre Vernichtung ein; Vandalismus gehört der Kulturgeschichte untrennbar an und ist nicht etwa ihr Gegenspieler (Thomas 2001). Der letzte Krieg in Deutschland war nicht genug: Nach dem Krieg mussten zahlreiche gothische Lübecker Bürgerhäuser Parkplätzen weichen, wurden das Berliner Schloss und die völlig erhaltene gothische Pauliner-Kirche in Leipzig dem Erdboden gleichgemacht... Schlagen wir unsere

Kinder, damit es uns, dem Elternpaar, besser geht, das sich schont, die Aggressionen gegen die Schwächsten richtet, um als Paar zu überleben und die Familie zu retten? Die Kinder scheinen es, sich fügend, zu begreifen, übernehmen die Schuld und leiden. Ist es nicht ein schreckliches Paradox, dass wir unsere Schuld, uns an der Natur zu versündigen, immer wieder auf Opfer projizieren, um das Schuldgefühl zu vermindern? Dass wir die Destruktion gegen die Natur richten, gegen das, was wir lieben und zum Überleben brauchen, und es opfern, um die Organisationen der Zivilisation überleben zu lassen?

Literatur

Blumenberg, H. (1988): Matthäus-Passion. Frankfurt a. M. (Suhrkamp).
Drewermann, E. (1992): Lieb Schwesterlein, lass' mich herein. Grimms Märchen tiefenpsychologisch gedeutet. München (dtv).
Ferenczi, S. (1929): Das unwillkommene Kind und sein Todestrieb. In: Bausteine zur Psychoanalyse III. Bern 1964 (Huber), S. 446-452.
Ferenczi, S. (1933): Sprachverwirrung zwischen den Erwachsenen und dem Kind. Bausteine zur Psychoanalyse III. Bern 1964 (Huber), S. 511-525.
Freud, S. (1912/13): Totem und Tabu. GW Bd. IX.
Freud, S. (1930a): Das Unbehagen in der Kultur. GW XIV.
Grotstein, J. S. (1990): Einleitung: In: Little, M. I.: Die Analyse psychotischer Ängste. Zwei unorthodoxe Fallgeschichten. Stuttgart 1994 (Klett-Cotta).
Hirsch, M. (1987): Realer Inzest. Psychodynamik des sexuellen Missbrauchs in der Familie. 3., überarbeitete Auflage. Gießen 1999 (Psychosozial-Verlag).
Hirsch, M. (1997): Schuld und Schuldgefühl – Zur Psychoanalyse von Trauma und Introjekt. Göttingen (Vandenhoeck & Ruprecht).
Martin, F. (1949): Golgotha. (Chorpartitur) Wien (Universal Edition).
Neumann, E. (1956): Die große Mutter. Eine Phänomenologie der weiblichen Gestaltungen des Unbewussten. Olten 1981 (Walter).
Spiegel, Y., Kutter, P. (1997): Kreuzwege. Theologische und psychoanalytische Zugänge zur Passion Jesu. München (Kohlhammer).
Thomas, C. (2001): Gewalt gegen Kultur-Sachen. Bamian ist überall: Eine kurze Kriminalgeschichte aus der Kulturgeschichte des Vandalismus aus aktuellem Anlass. Frankfurter Rundschau, 05.03.2001.
van Quekelberghe, E., Haas, E. T. (2000): Romeo und Julia von William Shakespeare. Jahrbuch Psychoanal. 42, S. 233-251.
v. Ranke-Graves, R. (1955): Griechische Mythologie. Quellen und Deutung. Bd. I und II. Reinbek 1960 (Rowohlt).

Liebe und (Selbst-)Erkenntnis von Gut und Böse als »Ursünden des Menschen«
Der paranoid-schizoide Paradies-Mythos der patriarchalen Zivilisation

Jens Christian

Wahrscheinlich sehen selbst die meisten Christen in dem Paradies-Mythos der Bibel nur einen überholten Aberglauben, der ohne Bedeutung für unsere Gesellschaft ist. In diesem Aufsatz möchte ich jedoch belegen, dass dies ebenfalls ein Aberglauben ist, wenn auch aufklärerisch intendiert. In Wirklichkeit beschreiben Mythen als Träume der Völker deren mehr oder minder unbewussten Interaktionen, die von tiefer Bedeutung für sie und repräsentativ für ihre Kultur sind. Dies gilt insbesondere für den Paradies-Mythos der jüdisch-christlichen Religion. Selbst die klassisch-psychoanalytischen Interpretationen sind eher in ihm befangen, als dass sie ihn in kritisch analysieren. Dabei ist es gerade die Jahrtausende alte *Tabuierung der (Selbst-) Erkenntnis von Gut und Böse sowie der sexuellen Liebe zwischen Adam und Eva als Ursünden des Menschengeschlechts,* gegen die die Psychoanalyse bis heute einen existenziellen Kampf führen muss. Es ist kein Zufall, dass ihr Streben nach tiefer Selbsterkenntnis sowie der Befreiung der sexuellen Liebe auf einen heftigen Abwehrkampf in den patriarchalen Gesellschaften stieß. Es wäre jedoch falsch, dies einzig der Religion anzulasten. Jene ist nur die Projektion der gesellschaftlichen und wirtschaftlichen Verhältnisse in den Himmel (oder die Hölle), wie wir es gerade am Beispiel des »heiligen Krieges« der islamischen Terroristen gegen die USA erleben können – aber auch an deren »Kreuzzug gegen das Böse« (Präsident Bush), ohne sich der wirtschaftlichen und politischen Unmenschlichkeit der »1.Welt« gegenüber der »Dritten Welt« bewusst zu sein. Die Reichen und Mächtigen werden immer reicher und mächtiger auf Kosten der Armen und Schwachen, für die der Begriff der Hölle inzwischen ein sehr realer geworden ist. Wie sich daraus leicht erkennen lässt, geht es bei diesen religiösen Begriffen nicht alleine um Glauben, sondern letztlich um tiefenpsychologische Dimensionen von Gut und Böse, Allmacht und Ohnmacht, Idealisierung und Abwertung, Verleugnung und projektive Identifikation – wie sie als Abwehrmechanismen der paranoid-schizoiden Position von Melanie Klein zuerst beschrieben wurden. Um dies näher zu erläutern, möchte ich zunächst auf die zentrale Frage dieses DGPT- Kongresses 2001 nach den indiviual-psychologischen Ursachen terroristisch-politischer Gewalt eingehen, insbesondere der zentralen Rolle von zwischenmenschlicher Beziehung und Fähigkeit zur Erkenntnis von Gut und Böse. Dafür erscheinen mir zwei empirische Studien über politische Einstellung und persönliches Verhalten von Soldaten im Krieg besonders gut geeignet (nach Gruen 2000): In der ersten *englischen Studie* von Henry Dicks wurden 1000 deutsche Soldaten zwischen 1942 und 1944 in englischer Kriegsgefangenschaft auf den Zusammenhang zwischen ihrer Einstellung zu den Nazis und ihrer Persönlichkeitsstruktur untersucht. Dabei ergaben sich sehr interessante Gegensätze: während die Anti-Nazis zu 47% eine reife Vaterbeziehung hatten, bestand bei 53% der Nazis eine Überidentifizierung mit dem väterlichen Aggressor, die auf Angst und Unterwerfung beruhte. Auf dem Hintergrund der modernen Kleinianischen Theorie würde man bei ihnen nicht nur einen klassischen Ödipus-Komplex, sondern auch paranoid-schizoide Tendenzen diagnostizieren, wenn wir Dicks Beschreibung hören: Während die Nazis den Vater idealisierten, empfanden sie sich als minderwertig und waren entsprechend besessen von Omnipotenzphantasien bei gleichzeitigem Fehlen eines eigenen Ichs und Über-Ichs, das sie auf äußere Autoritäten und deren Regeln externalisiert hatten – im Sinne einer sadistischen Identifikation mit dem kastrierenden Vater. So konnten sie sich an ihren Gewalttaten sadistisch vergnügen ohne Schuldgefühle. Umgekehrt waren nur 17% mit der Mutter identifiziert, wobei nur 34% ihre libidinöse Mutterbesetzung auf Frauen übertragen konnten, 78% dagegen auf den Führer oder Staat! Wie stark ihr Hass auf die Mutter war, lässt sich aus ihrer völligen Verachtung von Zärtlichkeit und Weichheit erkennen: diese Gefühle, die in der frühen Mutter-Kind-Beziehung entwickelt werden, wurden von ihnen gleichgesetzt mit Impotenz, Weibisch-Sein, Schwäche und durch Macho-Verhalten überkompensiert. Dementsprechend konnte nur ein Drittel von ihnen normal mit Angst umgehen. Bei den Antifaschisten dagegen hatten 83% eine reife Mutter-Beziehung, d. h. sie konnten ihre Mutterliebe zu 66% auf eine erwachsene weibliche Partnerin transformieren. Zwei Drittel von ihnen konnten ihre Ängste akzeptieren.

Interessant ist weiterhin, dass von den 1000 Kriegsgefangenen nur 9% aktive Antinazis waren – vergleichbar einer *Studie über Veteranen des Vietnam-Kriegs* von Hendlin und Haas (1984a): Wahrscheinlich waren nur 10% dieser amerikanischen GI's fähig, sich an grausamen Misshandlungen der

Vietnamesen nicht zu beteiligen, ja sogar sich verantwortungslosen Befehlen zu widersetzen, sodass sie keine Schuldgefühle entwickeln mussten (Gruen 2000, S.162). Dies spielte eine wesentliche Rolle dabei, dass sie kein *Posttraumatisches Syndrom (PTS)* entwickelten. Die Tatsache, dass sie mit den Grausamkeiten des Kriegs umgehen konnten, ohne traumatisiert zu werden, lag an folgenden charakteristischen Fähigkeiten (Hendlin, Haas 1984b):
1. ihrer Fähigkeit, in kritischen Situationen ruhig zu bleiben, d.h. selbst in chaotischen oder lebensbedrohlichen Momenten nicht die Kontrolle zu verlieren oder gar die eigene Männlichkeit durch selbstgefährdenden Mut oder Gewalttätigkeit beweisen zu müssen,
2. ihrer Überzeugung, dass es wichtig sei, den Sinn ihrer militärischen Aktionen zu verstehen und verantwortungsvoll zu handeln, also eine konstruktive, an den Problemen orientierte Lösung zu finden und zu kommunizieren,
3. dem Akzeptieren von Angstzittern, Trauer usw. als notwendige Gefühlsverarbeitung von unmenschlichen Belastungen und Frustrationen, die nicht sadistisch abgewehrt wurden,
4. dem Fehlen von gewalttätigen Ausbrüchen bzw. der Dehumanisierung des Gegners,
5. dem Freisein von schuldhaften Verhalten, ja sogar der Verweigerung von inhumanen oder unverantwortlichen Befehlen.

Psychoanalytisch gesehen verfügten sie also über drei wesentliche Ich-Funktionen, die für einen besonders hohen Reifungsgrad sprechen: Sie verfügten über eine starke innere Steuerungs-Instanz mit entsprechend hoch entwickelter Fähigkeit zur Problemlösung und Gefühlsverarbeitung und waren außergewöhnlich kommunikationsfähig. Dies deckt sich mit anderen Untersuchungen an verschiedenen Bevölkerungsgruppen, u. a. auch Veteranen des Zweiten Weltkriegs:

> »Nur eine kleine Minderheit außergewöhnlicher Individuen ist selbst in Extremsituationen unverwundbar [...] Besonders belastbare Menschen sind überdurchschnittlich kommunikativ, bewältigen Anforderungen reflektiert und aktiv und sind in hohem Maß davon überzeugt, dass sie ihr Schicksal meistern können« (Herman 1993, S. 86).

Dies gilt selbst für Kinder, wobei es auch bei ihnen etwa 10% sind, die über diese Eigenschaften verfügen: sie sind aufgeweckt-lebhafte Wesen mit überdurchschnittlicher Kommunikationsfähigkeit und innerer Steuerungsinstanz bzw. der Überzeugung, ihr Leben selbst in der Hand zu haben. Dies ergab z.

B. eine Langzeitstudie von E. E. Werner an »High-Risk-Children« bis zu deren 32. Lebensjahr, die gleichzeitig belegen konnte, wie zentral für diese außergewöhnliche Ich-Stärke die frühen liebevoll-einfühlenden Bezugspersonen waren.

Auch bei der Untersuchung der nichttraumatisierten Vietnam-Veteranen stellte sich heraus, dass fünf von den zehn untersuchten Personen »came from warm supportive families«, in denen die Beziehungen zu den Eltern stabil und liebevoll waren, während aus der Gruppe der 100 Traumatisierten nur fünf GI's einen vergleichbaren familiären Hintergrund hatte, also nur 5% (Hendin 1984a, S. 221). Die restlichen fünf aus der Gruppe der zehn Nichttraumatisierten stammten zwar aus einem »broken home«, hatten aber eine andere feste Bezugsperson in der frühen Kindheit, zu der sie eine tiefe menschliche Beziehung aufnehmen konnten (S. 222).

Während in der Nazi-Studie 40% der Kriegsgefangenen sich als »unpolitisch neutral« ausgaben, waren es »zwei Drittel der Vietnam-Veteranen, die bei Greueltaten mitmachten oder zusahen, ohne etwas dagegen zu tun« (Gruen 2000, S.162).

Letztere gehören also zur »schweigenden Mehrheit«, die sich wegen ihrer Gefühllosigkeit als ich-schwache Menschen schnell bedroht bzw. verfolgt fühlen – und damit besonders anfällig sind für diktatorische Führer, die ihnen Sicherheit anbieten.

Wenn ich noch einmal die genannten Studien zusammenfasse, handelt es sich bei der neutralen Mehrheit und erst recht bei den aktiven Nazis bzw. Gewalttätern um mehr oder minder paranoid-schizoide Persönlichkeiten – im Gegensatz zu einer kleinen Minderheit von wahrscheinlich nur 10% reifen oder genitalen Persönlichkeitsstrukturen, die aufgrund ihrer guten Elternbeziehung über ein starkes Ich und eine überdurchschnittliche Kommunikationsfähigkeit verfügten.

Im Folgenden wäre nun zu untersuchen, wie in dem Paradies-Mythos die Elternbeziehung zwischen dem patriarchalen Geist-Gott und seinen von ihm geschaffenen Kindern widergespiegelt wird, auch unter dem Aspekt der Ich-Funktionen wie Selbststeuerung, Selbstreflexion sowie Erkenntnis von Gut und Böse, die eng zusammenhängen.

Kurzer religionsgeschichtlicher Exkurs

Ohne hier auf die sozioökonomischen Hintergründe und archäologischen Befunde im Einzelnen eingehen zu können, lässt sich zumindest rein phänomenologisch vor 5000 Jahren ein grundsätzlicher Wandel von den so genannten heidnischen Naturreligionen zu unseren heutigen monotheistischen Hochreligionen feststellen. Sie nahmen ihren Ursprung in den damaligen Hochkulturen wie Ägypten, Babylon, dem Mittelmeerraum usw., in denen nicht nur große Städte, sondern damit verbunden hochorganisierte patriarchale Kriegerzivilisationen entstanden. Da sie wegen ihres Reichtums aufgrund der fruchtbaren Flusstäler bzw. der Küstennähe immer wieder von ärmeren Nachbarvölkern überfallen wurden, kam es notwendigerweise zu systematischen Kriegen, die natürlich auch zu einem völligen Wandel der zwischenmenschlichen Beziehungen einschließlich Kultur und Religion führten. Wie sich noch am griechischen Olymp leicht erkennen lässt, lebten in dem alten Pantheon große Götterfamilien, in denen ursprünglich die Göttinnen eine mindestens gleichberechtigte Rolle spielten, wenn sie nicht sogar matriarchal dominierten. Die zentrale Bedeutung der Frau ergab sich aus ihrer Fähigkeit, Schöpferin des Lebens, ja der ganzen »Natur« zu sein (von lat. *nascere, natus*, gebären, das Geborene). Sie wurde nicht nur als Liebes-Göttin verehrt, sondern auch als »Große Mutter« (Erich Neumann), (vgl. Eva, die von Adam als »Mutter alles Lebendigen« bezeichnet wird in Genesis 3,20) deren Reich naturgemäß auch der Ort der Schöpfung bzw. das Paradies war. Wenn im Paradies der Bibel nun plötzlich der patriarchale Vater-Gott alleine herrscht, so ist dies kein Zufall: es hat mit der zunehmenden »Verdrängung« der Frau nicht nur aus dem Pantheon der Götter, sondern auch aus der Gesellschaft, aus Kultur und Religion zu tun.

Der Sündenfall von Adam und Eva im Paradies-Mythos
Entsprechend der zunehmenden Macht des Mannes in den patriarchalen urbanen Kriegerzivilisationen zum Alleinherrscher über Leben und Tod, jener musste auch im Paradies der Schöpfer sein: Wie eine Projektion des städtischen Handwerkers schuf er nicht nur in einer Sechs-Tage-Woche die Welt, sondern auch aus Lehm den eigentlichen Urmenschen, den Mann – und erst sekundär aus dessen Rippe die »Männin« (Genesis 2,23). Doch noch bevor Eva geschaffen war, wurde Adam von Gott im Paradies das Verbot auferlegt: »Von allen Bäumen des Gartens darfst du essen, doch vom Baum der Erkenntnis von Gut und Böse darfst du nicht essen; denn sobald du davon isst, wirst du sterben« (Ge 2,16-17). Immerhin ist das eine Todesdrohung gegen den Wunsch des Menschen nach der Erkenntnis von Gut und Böse, um das Monopol des neuen patriarchalen Geist-Gottes auf Allwissenheit nicht zu gefährden! Dass es hier tatsächlich um die innere Erkenntnis von Gut und

Böse im Sinne des gnostischen »Erkenne Dich selbst« geht, werde ich noch ausführlich belegen.

Im Paradies-Mythos ist Gottes Sohn Adam jedoch zunächst gehorsam, bis Eva und mit ihr die Schlange ins Spiel kommt. Die Schlange war in den Naturreligionen u. a. das Symbol für die Weisheit der Göttinnen. So heißt es zunächst in Genesis 3,1-8:

> »Die Schlange war schlauer als alle Tiere des Feldes, die Gott, der Herr, gemacht hatte. Sie sagte zu der Frau: Hat Gott wirklich gesagt: Ihr dürft von keinem Baum des Gartens essen? [...] Nein, ihr werdet nicht sterben. Gott weiß vielmehr: Sobald ihr davon esst, gehen euch die Augen auf; ihr werdet wie Gott und erkennt Gut und Böse. Da sah die Frau, dass es köstlich wäre, von dem Baum zu essen, dass der Baum eine Augenweide war und dazu verlockte, klug zu werden. Sie nahm von seinen Früchten und aß; sie gab auch ihrem Mann, der bei ihr war, und auch er aß. Da gingen beiden die Augen auf, und sie erkannten, dass sie nackt waren. Sie hefteten Feigenblätter zusammen und machten sich einen Schurz. Als sie Gott, den Herrn, im Garten gegen den Tagwind einherschreiten hörten, versteckten sich Adam und seine Frau vor Gott, dem Herrn, unter den Bäumen des Gartens.«

Und so kam es, wie es kommen musste: Gott verfluchte die Schlange, Eva und Adam, um sie schließlich ganz aus dem Paradies zu verstoßen:

> »Dann sprach Gott, der Herr: Seht, der Mensch ist geworden wie wir; er erkennt Gut und Böse. Dass er jetzt nicht die Hand ausstreckt, auch vom Baum des Lebens nimmt, davon isst und ewig lebt! Gott, der Herr, schickte ihn aus dem Garten von Eden weg, damit er den Ackerboden bestellte, von dem er genommen war. Er vertrieb den Menschen und stellte östlich des Gartens von Eden die Kerubim auf und das lodernde Flammenschwert, damit sie den Weg zum Baum des Lebens bewachten« (Genesis 3,22-24).

Im Kommentar der Neuen Jerusalemer Bibel von 1985 (S. 16ff) heißt es dazu:

> »Die erste Sünde war ein Empören gegen die herrscherliche Hoheit Gottes. [...] Der sündigende Mensch maßt sich ein göttliches Vorrecht an und erhebt sich zum Richter über Gut und Böse [...]. Die Schlange ist hier ein Wesen, dass Gottes Pläne durchkreuzen will; für die späte Weisheitsliteratur, dann das NT und die christliche Tradition wird sie der Widersacher, der Teufel... Das Erwachen der Begierde ist ein erstes Zeichen für die tiefe Störung, die durch die Sünde in die Harmonie der Schöpfung eingebrochen ist [...] Die Sünde zerrüttet die von Gott gewollte Ordnung [...]. Aber die Hauptstrafe liegt im Verlust des vertrauen Umgangs mit Gott. Das sind die *Erbstrafen*. Die Lehre von einer Erb*schuld* wird erst bei Paulus entwickelt.«

Während die Priester-Schreiber der Bibel das *Sich-Erkennen von Adam und Eva* nur auf das äußere Wahrnehmen des körperlichen Geschlechts reduzieren, hat das ursprüngliche hebräische Wort *jadah* eine sehr viel tiefere Bedeutung – nämlich das innere *Sich-Erkennen von zwei Liebenden*, in dem diese sich tief verstehen.

Psychoanalytische Deutungen des Sündenfall-Mythos

Bisher wurde die Vertreibung aus dem Paradies von den Psychoanalytikern so gedeutet, dass der Mensch gerade durch seine spezifische Fähigkeit zur Erkenntnis von Gut und Böse aus der Harmonie mit der Natur, also dem Paradies, herausfiel.
Dabei wird fälschlicherweise unterstellt:
1. Dass das Paradies vom Bösen völlig abgespalten wäre – obwohl der entsprechende Baum gerade im Paradies steht und Gott auch davon weiß! In Wirklichkeit handelt es sich um einen patriarchalen Krieger-Mythos, der sich aus seiner eigenen Traumatisierung nach der absoluten Harmonie sehnt und nicht nur deswegen die innere Erkenntnis von Gut und Böse als tödlich fürchtet (»wirst du sterben«) und sie zur ersten Ursünde des Menschen verdammt – er muss auch eine schizoide Spaltung zwischen Himmel und Hölle herstellen, die es bei den Natur-Religionen vorher nicht gegeben hat: der Baum des Lebens bzw. der Erkenntnis verband beide Bereiche: indem seine Wurzeln in die Unterwelt reichten, wie die Krone in den Himmel strebte.
  Auf diesem Hintergrund der spezifischen Dynamik des kriegerischen Patriarchats, in dessen Kämpfen die Spaltung von Gut und Böse eine existenzielle Rolle spielen musste, konnte auch der Gott-Vater nur gut sein, während die Götter der Naturreligionen sowohl eine gute als auch böse Seite in sich vereinigten. Im *Buch Hiob* wird sehr anschaulich beschrieben, wie sich zwischen dem Jahwe-Gott und seinem Sohn Satan der Konflikt um gut und böse entwickelt, der schließlich zur Verdammnis von Satan in die Hölle führt, also zur totalen Spaltung zwischen nur gutem Gott vs. nur bösem Satan (Baudler, S.83), aber auch der absoluten = schizoid-paranoiden Spaltung zwischen Himmel und Hölle.
2. Dass es in dem Ursprungs-Paradies des Menschen, der Gebärmutter, nur Harmonie und nur gute Erfahrungen gebe – ebenfalls ein patriarchaler Mythos, wie wir längst wissen. Schwangere Frauen erleben Krisen mit Ängsten, die auf den Embryo übertragen werden, vorübergehende Ablehungsgefühle bis hin zu Abtreibungsversuchen. Welche Schwangere hat

heute überhaupt einen wirklichen gefühlsmäßigen Kontakt zu ihrem Baby? Warum ist die pränatale Psychotherapie immer noch ein Tabu für die Psychoanalyse? Wer fragt z. B. regelmäßig in der Anamnese, ob der Patient ein Wunschkind oder total abgelehnt wurde?

3. Dass Tiere nichts Böses tun oder erleiden könnten, sondern nur in Harmonie mit »der Natur« leben würden – als ob bei ihnen der Kampf ums Überleben, die Rangordnung und Dominanz im Rudel nicht noch härter wäre. So konnte z. B. gemessen werden, dass bei Affenrudeln die Stresssymptome mit abnehmenden Rang stärker werden. Löwen- und bestimmte Affenmännchen töten als erstes die Baby-Nachkommen des Vorgängers, wenn sie die Herrschaft über das Rudel übernommen haben! Tierarten ohne ausreichend natürliche Gegner zerstören die Natur und damit ihre eigene Nahrungsgrundlage, sodass sie sich selbst damit dezimieren. Warum soll da die höhere Fähigkeit zur Erkenntnis von Gut und Böse dem Menschen schaden, da sie ihm zumindest im Gegensatz zu den Tieren noch die freie Wahl gibt? Wenn sich der Mensch dann doch für das Böse entscheidet, kann dies nicht gerade daran liegen, dass er wegen der patriarchal-göttlichen Tabuierung nicht gelernt hat, Gut und Böse zu unterscheiden? Wie lange brauchen wir in der Analyse, bis wir unsere neurotische Abwehr aufgeben, ganz zu schweigen von dem langen Kampf der Freudianischen Psychoanalytiker gegen die kleinianische Theorie der paranoid-schizoiden Position mit Spaltung von Gut und Böse?

Interessant sind weitere, mehr differenzierte psychoanalytischen Interpretationen, über die der Theologe und Psychoanalytiker Eugen Drewermann (1988) einen guten Überblick gibt: Freud und Jung sehen im Baum mit den Früchten der Erkenntnis ein Symbol für die Mutter mit ihren Brüsten. Szondi spricht von dem Drang des Babys,

> »mit Mund und Hand an Brust und Leib der Mutter fest und fast untrennbar – wie an einem Lebensbaum – zu hängen und sich dort anzuklammern, die Mutter und all ihre Ersatzobjekte nur für sich selbst allein für die Ewigkeit zu sichern, dem Drang, im Schoß der Mutter sich zu verkriechen und diese Schoßgeborgenheit zu verewigen, dem Drang, von der Mutter bedingungslos im Urvertrauen so angenommen zu werden, wie man eben ist.«

Hier werden Elemente des Anklammerungs-Verhaltens von Primaten im Sinne der Bindungstheorie Bowlbys sowie das uterine Regressionsbedürfnis angesprochen. Andererseits werden damit die natürliche Autonomie und die damit verbundenen Ambivalenzkonflikte des Säuglings abgespalten.

Erikson deutet das Verstoßen aus dem oralen Paradies auf dem Hintergrund der Spannungsschmerzen des Zahnens und dem angeblich damit verbundenen Abstillen, das zu sadomasochistischer Verwirrung führe, wo nun die eigentliche Schmerzursache liege. Abraham spricht von dem Übergang zur oral-sadistischen Phase, die mit dem kannibalistischen Antrieb gegenüber der Mutter angeblich erstmals zu einem Gut-Böse-Ambivalenzkonflikt führe – und damit zur Vertreibung aus dem zuvor angeblich nur guten Paradies der »passiven« oralen Phase.

Das Konzept der »guten und bösen Brust« Melanie Kleins kommt der Frucht vom Baum der Erkenntnis von Gut und Böse noch näher: Die Vorstellungen des Säuglings von Gut und Böse entwickeln sich vor allem in seinen oralen Triebbeziehungserfahrungen. Allerdings ist Kleins Unterstellung, dass der Todestrieb des Säuglings per projektiver Identifikation erst die böse Brust erzeuge, auch eine Art Vertreibung des Menschenkindes aus dem mütterlich-oralen Paradies. Er stellt wahrscheinlich die matriarchale Variante dar, ist vielleicht aber auch erst durch die patriarchale Lustfeindlichkeit gegen den oralen Orgasmus entstanden.

Sowohl Szondi als auch Drewermann verweisen auf die wichtige Rolle des Vaters in der patriarchal organisierten Erziehung: Für Szondi ist der Vater das erste Realitätsobjekt überhaupt, als ob die Frau im Patriarchat nicht real existieren würde! Auch für Drewermann ist der Vater der Repräsentant des Realitätsprinzips, das angeblich nur aus Versagungen bestehe wie bei Freud – und das ihn damit zur »Kernfigur für alle späteren Über-Ich-Verbote« mache.

Kritik der patriarchal-psychoanalytischen Interpretationen

Anstatt den Sündenfall-Mythos zu analysieren, gerät die psychoanalytische Interpretation eher zu seiner Rechtfertigung: Die frühkindliche Verstoßungs-Katastrophe wird sogar zum patriarchalen »Realitäts-Prinzip« objektiviert, ähnlich wie der Fakt des Zahn-Schmerzes. Kein Wort über die zwei bis drei Jahre dauernden Stillzeiten bei Naturvölkern! Vom oralen Orgasmus ganz zu schweigen! Zu ergänzen wäre, dass Masters und Johnson schon 1970 davon berichteten, dass ein Sechstel der Mütter beim Stillen orgasmische Kontraktionen in Brust und Uterus hatten (mit entsprechendem Anstieg des Oxytocin)! Aber selbst diese Frauen hatten wegen des herrschenden patriarchalen Lust-Tabus große Schuldgefühle, darüber zu sprechen – wie auch leider in der Psychoanalyse das Thema tabu ist.

Weiterhin fehlt, dass das Neugeborene bisher in unseren Krankenhäusern sofort von der Mutter getrennt und auf die Baby-Station »verlegt« wurde –

ein schweres Trennungs-Trauma nach neun Monaten innigster seelisch-körperlicher Nähe! Schätzungsweise 60-80% der Geburten verlaufen traumatisierend – alleine schon das ergebe interessante Parallelen zur »Ausstoßung« aus dem Paradies und dem Fluch: »Unter Schmerzen sollst du gebären!« Dabei ist die Wahrscheinlichkeit sehr hoch, dass eine traumatisch geborene Mutter aufgrund ihrer Ängste wiederum eine traumatisierende Geburt reproduziert.

Besonders wichtig erscheint mir für das Verständnis des »Ausgestoßenseins aus dem Paradies« und der Natur, dass wir eine Distanzkultur sind, in der das Baby nicht mehr am Körper getragen wird, wie das für Jahrmillionen üblich war. Dabei kommen vergleichende ethnologische Studien zu dem Ergebnis, dass z. B. in Indonesien die Zahl der psychisch gestörten Kinder in einer sozial-pädiatrischen Ambulanz bei 4% liegt, in Deutschland hingegen bei 80% (von Loh 1996, S. 125). Schiefenhövels (1996) Untersuchungen (S. 279-281) bei den Trobriandern ergaben, dass die Babys durch den engen körperlichen Kontakt (60% der Tagesstunden) und die ständige Ansprache wesentlich lebendiger sind, auffällig weniger schlafen, selten weinen und im Vergleich eher intelligenter sind als die Schreibabys unserer westlichen Distanzkultur.

Dieses angeblich »spezifisch menschliche Herausfallen aus der Harmonie mit der Natur« hat nichts mit der Fähigkeit des Menschen zur Erkenntnis von Gut und Böse zu tun, sondern mit der Entwicklung der patriarchalen Kriegerzivilisation in den Stadtstaaten, wie dies z. B. der Psychoanalytiker F. Renggli durch alle Phasen der historischen Entwicklung nachweisen kann. In den frühen Beziehungen der Schwangerschaft und des ersten Lebensjahres liegen die Wurzeln für den »Verlust des Mitgefühls« (Gruen 1997), der bei starker Ablehnung (erst recht bei der »Verstoßung aus dem Paradies« durch den Gott-Vater) schließlich zum inneren gefühlsmäßigen Tod und der Identifikation mit dem tödlichen Aggressor führt, dem »Fremden in uns« (Gruen 2000).

Ferenczi sieht in dem tiefen Verschmelzungsbedürfnis der Liebenden bis hin zum *regressus uteri* ein durchaus natürliches Moment. Jung spricht von der *unio mystica* und Freud im Briefwechsel mit Romain Rolland über Religion vom »ozeanischen Erleben«, das er allerdings selbst nicht in sich empfinden könne. Geht dies nicht den meisten von uns in der westlichen patriarchalen Zivilisation so? Ist dies nicht die eigentliche *Vertreibung aus dem Paradies* aufgrund der allgemeinen Frühtraumatisierung der »primären Liebe« bzw. des »Urvertrauens« (Balint) in der symbiotischen Mutter-Kind-Beziehung? Liegt nicht gerade hier die Wurzel der schizoid-paranoiden

»Grundstörung« des patriarchalen Geist-Gottes, der selbst völlig abgespalten ist von seiner Götterfamilie, seinem Körper und seinen bösen Aspekten der Seele – und damit der »Ursprung der Angst« (Renggli 2001) ist?

Hier bleiben die psychoanalytischen Interpretationen leider zu sehr im Rahmen der patriarchalen Versündigungs-Moral, versuchen diese sogar noch entwicklungspsychologisch zu rechtfertigen.

Zum Schluss sei noch auf das Problem verwiesen, das sexuelle »Erkennen« von Adam und Eva als ödipalen Konflikt zu deuten: Da Eva aus der Rippe Adams geschaffen wurde, kann sie nicht seine Mutter gewesen sein. Hier will der patriarchale Mythos die Schöpfungsmacht der »Mutter allen Lebendigen« (Genesis 3,20) an sich reißen, indem er die »Männin« (Genesis 2,20) aus einer durchaus entbehrlichen Rippe erschafft. Außerdem war sie die Verführerin, und Adam alles andere als der gegen den Vater rebellierende Sohn, der im Inzest mit der Mutter an die Stelle des Vaters treten will. Aber selbst, wenn sich die »Kinder Gottes« von dem Vater lösen, indem sie eine sexuelle Beziehung eingehen, rechtfertigt dies nicht die Verstoßung aus dem Paradies. Nur ein vereinsamter patriarchaler Geist-Gott muss so eifersüchtig reagieren – und letztlich handelt es sich auch bei dem psychoanalytischen Ödipus-Komplex um einen typischen Mythos des kriegerischen Patriarchats. Dafür spricht schon Freuds Verdrängen der Vorgeschichte des Fluchs: Der Vater von Ödipus hatte einen Knaben vergewaltigt...

Sollten wir nicht vielmehr die Frage umkehren und darüber nachdenken, ob es nicht um ein Problem des patriarchalen Geist-Gottes selbst geht? Immerhin hat er sich sowohl religionsgeschichtlich als auch biologisch selbst an die Stelle des zeugenden Elternpaares gesetzt und als Schöpfer allen Lebens dargestellt – also im wahrsten Sinne des Wortes als *omnipotent* –, während er seine Kinder zunächst mit dem Tode bedroht, um sie dann durch seinen Bannfluch völlig ohnmächtig zu machen: Die Frau soll sich sexuell dem Mann unterwerfen, der wiederum bis zum Ende seiner Tage im Schweiße seines Angesichts auf einem Acker arbeiten, der durch den Fluch Gottes Dornen und Disteln wachsen lässt. Wie soll es da noch zu Lust auf Sexualität oder gar Kinder kommen? In diesem sexual- und kinderfeindlichen Sinne wird auch die Verfluchung Evas verständlich: Unter Schmerzen sollst du Kinder gebären! Dabei wurde die Geburt in den Naturreligionen von ihren Priesterinnen als ein heiliges Mysterium der Schöpfung zelebriert! Außerdem sind es die Kinder, die ihre Eltern unsterblich machen wie der Baum des Lebens. Handelt es sich also um den unbewussten Neid Gottes aus eigener völliger Ohnmacht? Ist er so einsam-abgespalten von allen Beziehungen und von sich selbst, dass er nur noch Geist

ist? Für diesen Neid würde auch sein Unterton sprechen, wenn er im Pluralis Majestatis ironisch konstatiert: »Seht, der Mensch ist geworden wie wir; er erkennt Gut und Böse. Dass er jetzt nicht die Hand ausstreckt, auch vom Baum des Lebens nimmt, davon isst und ewig lebt!« (3-22) Wenn er wirklich allmächtig-allwissend wäre, warum dann dieser Neid, warum überhaupt die strafenden Bannflüche, die totale Vertreibung aus dem Paradies? Warum dieser Hass, wenn nicht aus eigenem unerfülltem Leben? Ist er dann wirklich der *nur gute* Gott, der das *nur Böse* als Satan in die Hölle geschickt hat? Kann es wirklich nicht sein, dass die Allmacht und Allwissenheit dieses patriarchalen Geist-Gottes eine Abwehr gegen seine eigene Ohnmacht ist? Warum will er den Menschen nicht an seiner Göttlichkeit teilhaben lassen, während es zuvor in Genesis 8,1-27 völlig entgegengesetzt heißt: »Gott schuf also den Menschen als sein Ebenbild; als Ebenbild Gottes erschuf er ihn. Als Mann und Frau erschuf er sie. Gott segnete sie«. Hier wird sogar die Frau in ihrer Göttlichkeit völlig gleichberechtigt neben den Mann gestellt – im Gegensatz zur »Männin« in Genesis 2,20! Und was das sexuelle Erkennen der beiden betrifft, fordert Gott sie in Genesis 1,28 völlig unmissverständlich auf: »Seid fruchtbar und vermehret euch, bevölkert die Erde!« Hier wird endgültig offenbar, dass es sich bei dem patriarchalen Geist-Gott nicht um einen absoluten Gott handelt, der wirklich allmächtig-allwissend ist. Es existieren mindestens zwei patriarchale Geist-Götter, die sich in ihrer Absolutheit voll widersprechen. Dies legt den Schluss nahe, dass es diesen absoluten objektiven Geist-Gott gar nicht gibt, sondern dass es sich bei ihm um eine sehr menschliche Projektion der israelischen Krieger-Priester handelt.

Zu den psychodynamischen Ursachen des patriarchalen Paradies-Mythos

Wenn wir als Psychoanalytiker nach den Ursachen dieser schweren psychischen Deformationen suchen, werden wir geradezu darauf gestoßen, dass gerade das »Volk Gottes« Israel immer wieder schwer traumatisiert worden durch eine lange Geschichte von häufigen Kriegen, Verschleppungen, Gefangenschaft, Vertreibungen, Exil usw.? Ist es nicht ein Volk, das vor allem dadurch gekennzeichnet ist, dass es bis zu dem heutigen Tag um sein Überleben kämpfen muss – wie kein anderes Volk dieser Erde? Und braucht es nicht gerade deswegen einen Gott, der es zu »seinem Volk« erwählt hat – ein einzigartiges Volk mit einem einzigartigen Gott? Wurde dieser allmächtig-allwissende patriarchale Geist-Gott nicht dringend von den traumatisierten und traumatisierenden Kriegern gebraucht? Was wäre aus diesen Kriegern geworden, wenn es ihnen real möglich gewesen wäre, ihre Frauen zu lieben und nach der Selbst-Erkenntnis von Gut und Böse zu streben? Könnten diese dann noch ihre mörderisch-selbstmörderischen Kriege führen, sich völlig ich-los aufopfern für die Illusion, als heilige Krieger im Paradies belohnt zu werden, z. B. mit der Liebe von 70 Jungfrauen wie die jetzigen »Heiligen Märtyrer« des Islam?

Zusammenfassend lässt sich also feststellen, dass im Paradies-Mythos deutlich wird, wie der patriarchale Geist-Gott nach der absoluten Allmacht über die Frau strebt, die oral-symbiotischen und sexuellen Liebesbedürfnisse verbietet sowie die Selbst- Erkenntnis von Gut und Böse als göttliche Anmaßung verdammt. Dies lässt vermuten, dass es um eine paranoid-schizoide Dynamik von Täter und Opfer geht, die einen Widerhall der ständigen Kriege der patriarchalen Zivilisation darstellen. Das würde auch erklären, warum gerade die Psychoanalyse immer so angefeindet wurde, sei es wegen ihrer Betonung der Sexualität, der Selbsterkenntnis von Gut und Böse oder der Betonung der Bedeutung der frühen Objektbeziehungen.

Die Bedeutung der Frucht vom Baum der Erkenntnis

Bevor ich schließe, möchte ich das zum Verständnis des Paradies-Mythos sehr interessante Geheimnis enthüllen, worum es sich eigentlich bei der Frucht vom Baum der Erkenntnis handelt. Offensichtlich musste sie derart verdrängt-tabuiert werden, dass sie bis heute unbekannt blieb. Wenn wir jedoch die religionsgeschichtlichen Vorläufer des Paradies-Mythos mit dem Baum des Lebens und der Erkenntnis zurückverfolgen bis in die Vegetations-Kulte der Naturreligionen und Initiations-Rituale der Schamanen, dann erfahren wir, dass der Baum des Lebens nicht nur Symbol für das Werden und Vergehen des Lebens ist, sondern auch subjektiv offensichtlich an die Gebärmutter-Situation mit der sich baumartig verästelnden Nabelschnur erinnert. Deswegen ist es kein Zufall, dass sich z. B. die sibirischen Schamanen bei ihrer Initiation bzw. Schamanenreise in die Krone einer Birke setzten. Dass es gerade eine Birke war, hing wahrscheinlich mit der Tatsache zusammen, dass Fliegenpilze besonders häufig in ihrer Nähe zu finden sind. Diese Pilze enthalten bewusstseinserweiternde Substanzen, weswegen z. B. der Peyote-Pilz (Mecalin) von den Hopi-Indianern als »Fleisch der Götter« bezeichnet wurde: seine Einverleibung führte zu tiefen Selbsterfahrungen bis hin zu religiösen Erlebnissen von Hölle und Paradies, Dämonen und Göttern usw.

Abbildung des Fliegen-Pilzes als Baum der Erkenntnis-Fresko in einer römischen Kapelle (aus: Ch.Rätsch (1990), Pflanzen der Liebe, S.114, mit freundlicher Genehmigung des AT Verlages Aarau).

Deswegen wurde der Baum des Lebens u. a. auch als »kosmische Achse« bezeichnet, weil der Schamane auf ihr sowohl in die Unterwelt, als auch in den Himmel hinaufsteigen konnte – was natürlich davon abhängig war, dass er sich in Ekstase versetzte durch entsprechende bewusstseinserweiternde Pflanzen.

Liebe und (Selbst-)Erkenntnis von Gut und Böse als »Ursünden des Menschen«

Durch die Jahrtausende lange Tabuierung der verbotenen Früchte der Erkenntnis von Gut und Böse wissen heute immer noch die wenigsten, dass für diese ekstatischen Rituale von fast allen Naturvölkern bewusstseinserweiternde Pflanzen eingenommen wurden. Diese psychoaktiven Pflanzen wirken (vergleichbar dem LSD) wie ein »psychischer Katalysator« (vgl. Leuner), der das Bewusstwerden unbewusster Inhalte beschleunigt, vergleichbar einer tiefen Trance mit einem intensiven kathartischen Prozess, der meist zunächst traumatische Erfahrungen ans Tageslicht brachte, die als Sterben erlebt wurden. Anschließend kam es zu »Er-lösungs«-Gefühlen und schließlich zu himmlischen Paradies- und Erleuchtungs- bzw. Gottes-Erfahrungen, die ein Empfinden vermittelten, wie neugeboren zu sein. Deswegen besteht dieser enge Zusammenhang vom Paradies mit dem Baum der Erkenntnis von Gut und Böse sowie dem Baum des Lebens. Sie müssen jedoch prinzipiell unterschieden werden von Drogen wie Heroin, Cocain usw., die vorwiegend euphorische Gefühle stimulieren, also der Abwehr unangenehmer Gefühle dienen, während die bewusstseinserweiternden Pflanzen nur das jeweilig verdrängte Unbewusste aktivieren. Das können qualvolle Traumatisierungen mit panischen Ängsten sein, aber auch abgewehrte intensive sexuelle Lustgefühle. Deswegen werden sie oft auch als Aphrodisiaka bezeichnet. In niedrigeren Dosen wurden sie sogar z. B. bei Initiations-Ritualen für Jungfrau und Jungmann (Eva und Adam) vor ihrer Hochzeit. gegeben.. Deswegen wurde diese in den Vegetations-Kulten der Naturreligionen sogar als »Heilige Hochzeit« bezeichnet, weil die sexuelle Ekstase als Hoch-Zeit und heilend empfunden wurde, zumal sie zum Wunder der Schöpfung neuen Lebens führte. Noch bis heute sind diese orgiastischen Fruchtbarkeits-Feiern im Frühjahr erhalten geblieben in Form unseres Karnevals. Auch in der Bibel lassen sich noch Reste des Rituals der »Heiligen Hochzeit« auffinden, nämlich im *Hohen Lied der Liebe* von König Salomo und seiner Geliebten Schulammit. Dieses wurde laut Kommentar der Neuen Jerusalemer Bibel noch im ersten Jahrhundert von den Juden auf weltlichen Hochzeiten gesungen – trotz Verbot des Rabbi Akiba. Während der Kommentar zunächst einen Zusammenhang mit dem Ritual der Heiligen Hochzeit bestreitet, spricht er später doch davon, dass »das sexuelle Leben, das im heidnischen kaanitischen Milieu als Abbild der Beziehungen zwischen Fruchtbarkeitsgottheiten verstanden wurde, [...] unter dem Einfluss des Jahweglaubens entmythologisiert und mit einem gesunden Wirklichkeitssinn betrachtet (wurde)« (S. 906f).

Trotzdem tauchen solche verräterischen Begriffe wie »Paradies« und »Liebesäpfel« auf: So heißt es im Hohen Lied: »Ein verschlossener Garten ist meine Schwester Braut, ein verschlossener Garten, ein versiegelter Quell. Ein

Lustgarten sprosst aus dir...« Dazu erläutert der Kommentar: »Lustgarten«, hebräisch *pardes* ist ein Lehnwort aus dem Persischen, das »Park, Umfriedung« heißt und bedeutet daher *Paradies*. Zu ergänzen wäre, dass es sich wegen des Verlobtenstatus der Braut um einen »verschlossenen Lustgarten« handelt, der noch »versiegelt« ist, sodass daraus geschlossen werden kann, dass es sich bei dem Paradies um den weiblichen Schoß handelt. Im Lied 7-14 singt die Geliebte Schulammit schließlich von einem paradiesischen Garten voller wundervoll duftender Granat-Bäume und köstlichen Weinreben, wo sie ihren Geliebten empfangen will mit »Liebesäpfeln«. Dazu erläutert der Kommentar der Neuen Jerusalemer Bibel: »Liebesäpfel« (Mandragora) galten als förderlich für die Liebe und Fruchtbarkeit, vgl. Genesis 30,14-16, wo z. B. Lea ihrem Mann Jakob Mandragora gibt, damit er ihr noch ein Kind zeugt. Dort erläutert der Kommentar, dass »Mandragora« dieselbe Sprachwurzel hat wie das hebräische Wort »Liebe«, sodass sie wegen ihrer bekannten Wirkung als Aphrodisiakum auch als »Liebesapfel« bezeichnet wurde.

Abbildung der Früchte der Mandragora, die ähnlich wie Äpfel aussehen und sehr aromatisch duften (aus Ch. Rätsch (2000): Die psychoaktiven Pflanzen, mit freundlicher Genehmigung des AT Verlages Aarau).

In Deutschland heißt diese Wurzelpflanze Alraune. Ihre Wirkung wird in dem Buch *Liebestrank* von Miller (1992) am besten beschrieben:

> »Die Alraune eignet sich für jene veränderten Bewusstseinszustände, in denen luzide oder Wachträume sehr nahe an der Bewusstseinsoberfläche auftreten. Zu oft sind wir uns unserer innersten Gefühle nicht bewusst, nehmen die verborgenen Teile unserer Persönlichkeit nicht wahr und haben keinen Kontakt mit unseren unbewussten Emotionen... Wir können über Träume mit uns selbst und manchen unserer tiefstliegenden Gefühle in Berührung kommen« (S. 85).

Hier wird auch gleichzeitig deutlich, dass wir bei dem heutigen Kenntnisstand der Psychoanalyse nicht mehr wie die alten Naturvölker auf den Gebrauch von psychoaktiven Pflanzen angewiesen sind. Sie sind für uns deswegen nur noch religionsgeschichtlich interessant, um die Spuren zu den alten Selbst-Erkenntnis-Kulturen und ihren Erfahrungen wieder aufzunehmen.

In seinem Standardwerk über die *Pflanzen der Liebe* schreibt der Ethnobotaniker Ch. Rätsch, dass die Alraune

> »allen altorientalischen Völkern bekannt war [...] und zur berühmtesten Zauberpflanze der Alten Welt wurde [...]. Wie Tacitus berichtet, wurden bei den Germanen die Frauen, die in die Vergangenheit und Zukunft sehen konnten, Alrunen oder Alraunen genannt. *Runa* bedeutet Geheimnis, *alruna* die Geheimnis Wissende, aber auch die Runen Kennende. Die Runen waren Zauberzeichen, die Odin/Wotan, der Gott der Ekstase, des Wissens, des Rausches und der Dichtkunst ersann, als er neun Tage am Weltenbaum hing« (S. 138f).

Metzner (1994) erklärt, warum dieser kosmische oder Lebensbaum *Yggdrasil* hieß:

> »Ygg« ist einer der vielen Namen Odins, und »drasil« bedeutet Pferd, also heißt der Weltenbaum eigentlich »Odins Pferd«: »Einen Baum Pferd zu nennen, stimmt mit schamanischen Traditionen Asiens überein, in denen der kosmische Baum als Mittler oder Vehikel für die Reise in die verschiedenen Welten angesehen wird.« Interessant ist weiterhin in diesem schamanistischem Zusammenhang, dass der Name Odin den Stamm *od* = Ekstase enthält. Mircea Eliade definiert »Schamanismus = Technik der Ekstase« (S. 14). *Odroerir* bedeutet »der zur Ekstase anregende« und bezeichnet sowohl den Trank (Skaldenmet) als auch den ihn enthaltenden Kessel. So heißt es in einem Lied von Odin: »Ich trank den edelsten Met aus dem Kessel Odroerir. [...] Dies ist ein eindeutiger Hinweis darauf, dass im Rahmen schamanistischer Zeremonien Gebräue aus Halluzinogenen, visionären Pflanzen Anwendung fanden« (S. 186). Die schwere Prüfung bzw. Initiationserfahrung des Schamanengott-

Abbildung des Yggdrasil-Baumes (aus: E. Neumann: Die große Mutter, mit freundlicher Genehmigung des Patmos-Verlages).

es Odin ist in der »Alten Edda« in den »Sprüchen des Hohen« enthalten. Seine Runeneinweihung wird in folgenden Zeilen beschrieben: »Ich weiß, dass ich hing/ an dem windigen Baum/ neun Nächte lang,/ durchbohrt vom

Speer, Odin geopfert, ich selber mir selbst, an jenem Baum, dessen Wurzeln/ niemand kennt« (S. 183). »Weder Speise noch Trank/ gaben sie mir./ Da neigte ich mich nieder,/ nahm auf die Runen,/ nahm sie auf mit einem Schrei./ Dann stürzte ich herab.«

Hiermit lässt sich eine der wenigen noch erhaltenen Spuren über den Welten- bzw. Lebensbaum und die damit verbundenen schamanistischen Ekstase-Erfahrungen zurückverfolgen.

Zusammenfassend möchte ich noch einmal auf die geradezu existentiell-wichtige Bedeutung des biblischen Paradies-Mythos für unsere jüdisch-christlich geprägte westliche Zivilisation zurückkommen. Ursprünglich war der Baum des Lebens bzw. der Baum der Erkenntnis von Gut und Böse ein aus dem Schamanismus stammendes Symbol für die tiefe Selbsterfahrung des Initianden zwischen Hölle und Himmel, das zu seiner inneren Reinigung von traumatischen Erfahrungen diente, die über den symbolischen Tod zu einer Neu- oder Wiedergeburt führten, sodass er damit auch auf einen neuen Lebensabschnitt bzw. Reifungsprozess vorbereitet wurde. Es ist anzunehmen, dass es sich auch bei der Jungfrau Eva und dem Jungmann Adam um ein solches Initiations-Ritual handelte, wahrscheinlich im Rahmen einer »Heiligen Hochzeit«, in der sie sich sexuell, aber auch zutiefst innerlich im gnostischen Sinne, erkannten. Auf diesem schamanistisch-naturreligiösen Hintergrund ist auch der Baum der Erkenntnis von Gut und Böse zu verstehen. Bei seiner Frucht handelt es sich mit hoher Wahrscheinlichkeit um den »Liebesapfel«, also Mandragora bzw. Alraune, die sowohl den altorientalischen Völkern als auch der Alten Welt sehr gut bekannt war. Der biblische Paradiesmythos beschreibt daher eine doppelte Katastrophe: Zum einen die Vertreibung aus dem Paradies als Symbol für die traumatisierende Zerstörung der frühen Mutter-Kind-Beziehung, womit die Grundlage für paranoid-schizoide Struktur-Anteile gelegt wurden. Damit verbunden war auch das Verbot der Erkenntnis von Gut und Böse sowie der erkennend-sexuellen Liebe zwischen Mann und Frau. Dies ist wahrscheinlich durch die zunehmende Traumatisierung infolge der seit ca. 6000 Jahren andauernden systematischen Kriege der patriarchalen Kriegerzivilisationen zu erklären. Einerseits konnten sie keine Krieger brauchen, die fähig waren zu lieben und über eine eigene starke Persönlichkeit mit der Fähigkeit zur Erkenntnis von Gut und Böse verfügten. Andererseits führten die schweren Traumatisierungen zu einer paranoid-schizoiden Abwehr, zu der auch die generelle Ablehnung jeglicher Innenschau geschweige denn die Aufarbeitung der eigenen Traumatisierung gehörten. Gerade wir als Psychoanalytiker haben deswegen schon immer einen schweren Stand gehabt, weil wir die Sexualität sowie die Selbst-Erkenntnis von Gut und Böse auf unsere Fahnen geschrieben haben. Letztlich steht unsere patriarchale Zivilisation vor der existenziellen Frage, ob sie den Weg der systematischen Kriege fortsetzen will bis zur völligen Zerstörung der äußeren und inneren Natur – oder ob sie bereit ist, sich endlich ihrer Traumatisierung zu stellen im Sinne der Selbst-Erkenntnis von Gut und Böse, die zu einer Kultivierung unserer inneren und äußeren Natur führen könnte – bis hin zu der Möglichkeit, nicht nur die Hölle, sondern auch das Paradies wieder erleben zu können.

Literatur

Baudler, G. (1989): Erlösung vom Stiergott. München, Stuttgart (Kösel).
Drewermann, E. (1988): Strukturen des Bösen. Bd. 1-3. Paderborn (Schöningh).
Gruen, A. (1997): Der Verlust des Mitgefühls. Über die Politik der Gleichgültigkeit. München (dtv).
Gruen, A. (2000): Der Fremde in uns. Stuttgart (Klett-Cotta).
Gottschalk-Batschkus, C. E., und Schuler, J.(Hg.) (1996):Ethnomedizinische Perspektiven zur frühen Kindheit. Berlin (VWB-Verlag).
Herman, J. (1993): Die Narben der Gewalt. München (Kindler Verlag).
Hendlin, H., und Haas, A. (1984a): Wounds of War. The Psychological Aftermath of Combat in Vietnam. New York (Basic Books).
Hendlin, H., und Haas, A. (1984b): Combat Adaptations of Vietnam Veterans without Posttraumatic Stress Disorders. In: Am. J. Psychiatry, 141,8 (S. 956-960).
Hendin, Haas, Singer u.a. (1983):The Influence of Precombat Personality on Posttraumatic Stress Disorder. In: Compr. Psychiatry 24, S. 530-534.
Neue Jerusalemer Bibel (1985). Freiburg i. Breisgau (Herder).
Lerner, G. (1991): Die Entstehung des Patriarchats. Frankfurt, New York (Campus).
Leuner, H. (1981): Halluzinogene. Psychische Grenzzustände in Forschung und Psychotherapie. Bern (Hans Huber).
von Loh, S. (1996): Ins Leben getragen: Frühe Kindheit der Sundanesen auf West-Java, Indonesien. In Gottschalk-Batschkus (Hg.), S.115-127
Masters, W. H., und Johnson, V. E.(1966): Human sexual response. Boston.
Masters, W. H., und Johnson, V. E. (1970): Human sexual inadequacy. London.
Metzner, R. (1994): Der Brunnen der Erinnerung. Braunschweig (Aurum-Verlag).
Miller, R. (1992): Liebestrank. Frankfurt a. M. (Ullstein).
Neumann, E. (1989): Die Große Mutter – Eine Phänomenologie der weiblichen Gestaltungen des Unbewussten. Olten, Freiburg i.Br. (Walter).
Rätsch, C. (1995): Pflanzen der Liebe. Aarau (AT Verlag).
Rätsch, C. (2000): Die psychoaktiven Pflanzen. Aarau (AT Verlag).
Renggli, F. (1974): Angst und Geborgenheit. Soziokulturelle Folgen der Mutter-Kind- Beziehung im ersten Lebensjahr. Ergebnisse aus Verhaltensforschung, Psychoanalyse und Ethnologie. Hamburg.

Renggli, F. (2001): Der Ursprung der Angst. Düsseldorf, Zürich (Patmos-Verlag).
Schievenhöverl, S., und Schievenhöfel, W. (1996): »Am evolutionären Modell – Stillen und frühe Sozialisation bei den Trobriandern«. In: Gottschalk-Batschkus, S. 263-283.
Werner, E. E. (1989): High Risk Children in Young Adulthood: A Longitudinal Study from Birth to 32 Years. In: America Journal of Orthopsychiatry, 59.

Die Stadt *Dis*
Aspekte einer Topographie der Gewalt in der okzidentalen Zivilisation

Niels Beckenbach

Einleitung

Durch den terroristischen Anschlag vom 11. September 2001 ist das Verhältnis von Zivilisation und Barbarei erneut aus dem Gleichgewicht geraten. Die Genese von sozialen und politischen Konflikten, die Kontaminierung des politischen Terrains durch Misstrauen, Missgunst und offen artikulierten Hass, der Ausbruch von Gewalttaten und der Strudel von Gewalt und abermaliger Gewalt erstrecken sich heute über den gesamten Globus – wie ein dunkler unergründlicher Strom, hin- und herflutend, variierend in Stärke und Intensität, ständig neue und vielfach unerwartete Richtungen annehmend, durch Triebkräfte ausgelöst und durch Regelhaftigkeiten bestimmt, über die wir immer noch wenig wissen. Ich habe mich im vorliegenden Zusammenhang leiten lassen von der soziologischen Annahme, dass (a) Gewaltsamkeit typischerweise auftritt in einem bestimmten *setting*, also in einer durch Zeit, Ort und Situation bestimmten Szenerie und dass (b) Metaphern oder Bilder der Gewalt uns über den Weg des Imaginären einen Weg weisen können zu einem besseren Verständnis. Die Plethora der medialen Bilder führt beim Betrachter zu zwiespältigen Gefühlen. Schreck und Bewusstsein der Ohnmacht, mancherorts vielleicht auch ein Moment der klammheimlichen Faszination oder einfach der *mauvais gout* des Sensationellen – das Auge des Zeitzeugen ist durch die allseits präsenten Medien bereits an Vieles gewöhnt. Bilder der Gewalt können auch perverse Effekte der Gewöhnung, der Abstumpfung der Sinne und den Wunsch nach Mehr hervorrufen.

Die für jede Zivilisation essentielle Fähigkeit zu sensibler Wahrnehmung und zur Grenzziehung zwischen legitimer oder hinzunehmender und nichtlegitimer Gewalt muss derzeit neu austariert werden. Liegt das Problem eher aufseiten der gesellschaftlichen Wahrnehmung oder haben wir es mit einer realen historischen Schwellensituation zu tun? Fragen wie diese, ausgelöst durch Verunsicherung und Irritation von uns Allen, sei es in der Eigenschaft als Person, als Staatsbürger oder als Wissenschaftler, bedürfen mehr denn jemals der sozialwissenschaftlichen Diskussion.

Ich beobachte bei Mitgliedern der Friedensbewegung als unmittelbare Reaktion auf die terroristischen Anschläge in den USA ein hohes Ausmaß an Befürchtungen, teilweise einen offen geäußerten Argwohn, man könnte dort die Gelegenheit zu einem neuen Krieg ergreifen. Das Misstrauen richtet sich folglich eher auf die Gewaltpotentiale der Weltmacht und weniger auf die Akteure des Angriffs. Bei älteren Mitbürgern werden Bilder der zerstörten Deutschen Städte gegen Ende des zweiten Weltkrieges wieder wach. Gleichzeitig wird aber auch immer wieder eine Art universales Gerechtigkeitsprinzip genannt, dergestalt, dass die Verantwortlichen und die geistigen Urheber dieses Anschlags zur Rechenschaft zu ziehen seien. Die Kollektiverinnerung erweist sich als überaus heterogen. Der verbreitete Wunsch nach Erhalt des Friedens wird in den angelsächsischen Ländern eher im Verständnis einer wehrhaften Demokratie artikuliert; in den kontinental-europäischen Gesellschaften, gleichsam direkt proportional zur geographischen Entfernung vom Ort des terroristischen Angriffs wächst die Bedeutung friedenspolitischer Initiativen. Vereinzelt spürt man das Bemühen, mit demonstrativ-pazifistischen Gesten Wählerstimmen zu gewinnen. Für eine differenzierte Analyse der gegebenen Situation bedeutet dies, Vorstellungen im Alltag oder in der Tagespolitik sowohl intentional als auch kontextspezifisch zu verstehen.

Orte, Träger und Szenarien von Gewalt werden in der Geschichte Europas häufig topologisch, das heißt in Analogie zum Bild einer Landschaft aufgefasst. Die Darstellung der Gewalt ist in entsprechende topographische Bilder des Schreckens und der Zerstörung umgesetzt worden. Entweder schattenhaft-erhaben oder als höllische Unterwelt, als zerstörte Stadtlandschaft, unüberbietbar im Bild des apokalyptischen Sturzes in das Chaos oder aber, in der Sprache des ideologischen Zeitalters, als maligne Terrain des Feindes : In räumlichen Allegorien wie diesen werden dem Betrachter Einblicke eröffnet in eine bizarre Welt, deren Gespinste deutbar sind als menschliche Projektionen beim Umgang mit Zwang, Macht und Gewalt. Ähnlich wie Freuds topographische Vorstellungen einer Seelenlandschaft mit eher nach Außen oder nach Innen weisenden Orten sowie mit unterschiedlichen Bewusstheitsstufen und -stadien lassen sich auch der öffentliche Raum und das Ausdrucksmedium der politisch-sozialen Sprache verstehen als symbolische Orte, als eine Art der politischen Geographie mit Zonen der Bewusstheit und der Unbewusstheit, mit hellen und mit dunklen Flecken, mit positiv oder mit aversiv konnotierten Bedeutungsgehalten. Im vorliegenden Zusammenhang interessieren dabei vor allem die aversiven Zuspitzungen und die Bilder von Hass und Gewalt. Ich erwähne als ein Beispiel die öffentliche Sprache in der ehemaligen DDR. Das Wort westlich wurde dort im Sinne einer politisch kontaminierten Geographie als feindwärts umgeprägt. Die äußere Landschaft wurde gewissermaßen ideologisch vermint; öffentlich versprachtlicht, in Erziehungs- und Gehorsamkeitsritualen verinnerlicht und bei entsprechenden Anlässen öffentlich inszeniert[1].

Im Anschluss an die zivilisationstheoretischen Arbeiten von Norbert Elias spreche ich von Formationen oder von Episoden des Gewaltgeschehens und, korrespondierend, des Gewaltdiskurses. Ich diskutiere dabei den Typus des *Furor*, die Gewalt der gestauten und unbeherrschten Affekte, den Typ des *Leviathan* oder die *capitale* Gewalt als konzentrierte Macht des politischen Überbaus; die *Fama* als Gewalt des herabsetzenden Wortes und der ächtenden Rhetorik mit der Nebenbedeutung der paranoiden Verdrehung und schließlich den *Virus* als Ausdruck ortloser Gewalt. Diese Gebilde von maligner Gewalt lassen sich entschlüsseln als eine historisch-topographische Reihe von inner- und zwischenmenschlichen Zwangsverhältnissen, die sich gewissermaßen fortpflanzen wie die Spezies einer bestimmten Tier- oder Pflanzengattung, entweder in logischer oder kausaler Folge oder als Mutanten, Abarten und Sonderentwicklungen. Bei Autoren wie Elias oder Max Weber unterliegt die Vorstellung von einer Tendenz zur Bindung, also zur gesellschaftlichen Eingemeindung von Gewalt z. B. durch institutionelle Verankerung, durch friedliche Regelung oder durch Teilung, Umverteilung und partizipative Gestaltung. Ich will dem gegenüber ergänzend und unter einer gleichsam szenischen Perspektive untersuchen, wieweit die Entwicklung hin zur modernen Gesellschaft auch und gleichzeitig zu kennzeichnen ist durch Situationen und Prozesse der Frei-Werdung, also der Ent-Bindung von Gewalt[2]. Wie die Gespenster der *Fama* wechseln die Gesichter der Gewalt von der physischen Attacke auf das entstellende Wort, vom religiösen auf das politische Terrain und von dort in das Labyrinth der politisch-weltanschaulichen In-Feindsetzung. Die Gewalt-Botschaft springt über von der Bühne des Agitators auf die gewaltbereite Menge und wird von dort, wie eine gespenstische Metamorphose, umgesetzt in die Summe der dort oder woanders verübten Akte von Zerstörung; sie kommt als direkte Aggression daher oder sie wird unter dem Deckmantel der gesunden Empfindungen in Szene gesetzt. Ist der Teufelstanz der ausgelösten und ausagierten Gewalt einmal in Gang gesetzt, weiß am Ende niemand mehr Bescheid über die faktische Ausgangslage und die malignen Triebkräfte – alles und Jeder wird hineingerissen in den Strudel des Hasses und der Nichtung des Anderen. Die in der deutschen Bevölkerung weit verbreitete Faszination der NS- Ideologie, die vierzig Jahre andauernde Existenz der DDR oder auch die paranoiden Gebilde des kalten Krieges wären kaum verständlich ohne die Irrungen, Wirrungen und Verstrickungen dieses Teufelskreises von maligner Gewalt.

Ich will in drei Argumentationsschritten eine historische Spur über soziologische und sozial-philosophische Diskurse zu solchen Orten und Szenarien der Gewalt rekonstruieren, sodann einige mir relevant erscheinende Zäsuren und Übergänge zwischen vormoderner (gebundener) und moderner (entbundener) Gewalt rekonstruieren und die Relevanz dieser Szenarien für die aktuelle Situation untersuchen. Im Sinne eines sozialmoralischen Tableaus rekurriere ich zunächst auf zwei Beispiele aus der Kunst und der Mythologie, als Typus eines religiös gebundenen Gewaltszenarios. Anhand der künstlerisch dargestellten Beziehungen zwischen Schuld und Sühne in Dantes Göttlicher Komödie oder zwischen gutem und schlechtem Leben in einem Sieneser Fresko von Ambrogio Lorenzetti werde ich zunächst eine argumentative Ausgangsbasis herausarbeiten für den Diskurs über Gewalt in Europa. In einem zweiten Argumentationsschritt diskutiere ich unter der Figur des *Leviathan* Aspekte der Dynamik von freigesetzter und gewissermaßen gesellschaftlich wieder eingefangener oder eingemeindeter Gewaltpotentiale. Mit der Auflösung eines verbindlichen Hierarchiemodells von guter und schlechter Regierung in der alteuropäischen (aristotelisch geprägten) Diskussion wird damit auch die Gewalt in neuartiger Weise erklärungs- und legitimationsbedürftig.

Dies bedeutet im vorliegenden Zusammenhang, dass (a) die politische Zentralgewalt neuartig, und zwar nunmehr durch die Bindung (Lorenzetti spricht sinnbildlich von der *corda*) der gesellschaftlich-einsichtigen und einverständigen Interessen getragen werden muss und dass (b) die politische Rhetorik damit stärker als vorher mit sozialen Konflikten verwoben wird. Es konstituiert sich ein ideologischer Raum, in den die versprachlichte Gewalt einströmt – ein Entbindungsschritt im imaginären Raum. Ich diskutiere dies anhand einer zeitlich umrissenen Episode aus der französischen Revolution. Auch die historische Episode des *kalten Krieges* in den ersten beiden Dekaden nach dem Ende des Zweiten Weltkrieges lässt sich verstehen als eine solche Entbindungsstufe von imaginärer Gewalt, meinem Verständnis nach ein Ausdruck von ins Ideologische gewendeten kollektiven Zeitängsten. Abschließend präsentiere ich einige Überlegungen, um das gesellschaftliche

Potential der virtuellen Gewalt in medialen Darstellungen, in den Computer Games oder auch der uns immer dichter umgebenden Welt der Sachen abzuschätzen.

Als inhaltliches Leitmotiv und zugleich als initiales Bild erschien mir der von Dante in der *Göttlichen Komödie* dargestellte Ort *Dis* als ein ausdrucksstarkes Bild einer Gewalt-Landschaft. *Dis* bedeutet in der römischen Mythologie den Ort der Unterwelt, in enger Verbindung zum Hades in der griechischen Mythologie. Bei Dante wird dieser aus der Antike übernommene Begriff der Unterwelt verbunden mit der christlichen Überlieferung von der Hölle und vom Jüngsten Gericht als Ort der göttlichen Entscheidung und der Verurteilung des Bösen und Ungerechten. Die Stadt *Dis* steht in der Sprache Dantes für einen topographisch konkreten, bis in die Details präzise beschriebenen Ausschnitt des Jenseitsreiches – in der geographischen Topologie spiegelt sich ein gegliederter sozialmoralischer Raum. Von diesem Punkt führt eine geschichtliche Linie weiter. Ich werde in meinem Vortrag Diskurse und historische Epochen oder besser gesagt Episoden von Gewaltverhältnissen in der politischen Geschichte Europas rekonstruieren. Ich will herausarbeiten, dass die in der mittelalterlichen Bildersprache zunächst getrennt und geradezu diametral entgegengesetzten Sphären von *gut* und *böse* immer auch eine Vorstellung über legitime und nichtlegitime Gewalt, über Art und Reichweite von politischer Macht und über basale Prinzipien einer kommunikationsfähigen Moral mit einschließen. Dieser zivilisatorischen Bindung von Gewalt gegenüber ist die neuzeitliche oder, wie es seit den achtziger Jahren des 17. Jahrhunderts heißt, die moderne Entwicklung immer und untrennbar verbunden mit Tendenzen einer Entbindung oder Freisetzung von Gewalt. Drei solcher Stufen des, wie ich es nennen möchte Herauswachsens , also des Freiwerdens einer ungebundenen oder flotierenden Gewalt werde ich entwickeln als (a) die *capitale* Gewalt (von lat. *caput*, Haupt oder Zentrum), (b) die *ideologische* Gewalt und schließlich, mit aktuellem Bezug (c) von schattenhaft oder ortloser Gewalt. Ich werde dabei zeigen, dass innerhalb dieser Tendenz zu einer Freiwerdung von Gewalt ein relevanter Unterschiede besteht hinsichtlich der sozialen und örtlichen Topik – in diesem Zusammenhang werde ich unterscheiden zwischen verortbaren und ortlosen Formen der modernen Gewalt.

Zum besseren Verständnis der nachfolgend skizzierten Episoden zur Gewaltdebatte in der europäischen Zivilisation stelle ich ein Schema voran, wo unter den beiden Bezugspunkten der Bindungsqualität (*lien*) und des Ortes (*lieu*)[3] der argumentative Gang modellartig vereinfacht abgebildet wird.

	Lieu (Ort)	
	Fixiert	**Flotierend**
Lien (*Bindung*)	(++) **Stark** Gott und Teufel Numinose G.	(+-) Fama Ideologische G.
	Schwach Interesse Leviathan Capitale Gewalt (+-)	chaotischer Narzissmus Virus Ortlose Gewalt (+-)

Gewaltszenarien im europäischen Diskurs

Die gute und die schlechte Regierung

Das Sieneser Wandbild von Ambrogio Lorenzetti, einem Maler des 14. Jahrhunderts, enthält für die vorliegende Thematik einige instruktive Elemente, wobei die von Dante geprägten humanistischen Sprachmuster und Sinnbilder zum Teil wieder auftauchen. Die *Göttliche Komödie* von Dante Aligheri und die Fresken von Ambrogio Lorenzetti zur guten und schlechten Regierung sind beide in der ersten Hälfte des 14. Jahrhunderts, also im Hochmittelalter entstanden. Dennoch kommt beiden Werken eine Bedeutung zu, die weit über den Anlass ihrer Entstehung und die zeitgebundene Thematik hinausreicht. In der kunstvollen Verwebung von antiker Mythologie und christlicher Ethik, insbesondere aber durch den humanistischen Geist, der beide Werke durchdringt – in dieser Symbiose von religiösen Werten mit bildhaft veranschaulichten politischen Prinzipien im Sinne einer öffentlichen Darstellung des sozial förderlichen und des zerstörerischen Handelns liegt die Aussagekraft beider Werke auch für den vorliegenden Zusammenhang.

Das topographische Bild von den abwärts geneigten Höllenkreisen spiegelt in Dantes Darstellung des *Inferno* eine umgedrehte, eine im Sinne des Wortes auf den Kopf gestellte Moralordnung wieder. Als kreisförmige und abwärts weisende Terrassenlandschaft, eingefasst von Felsen, nach unten hin enger und szenarisch immer düsterer, grausamer und bedrängender für die dort Eingeschlossenen hat Dante und ihm Detail für Detail folgend auch Boticelli in seinem Zyklus das in bestimmte Zonen aufgeteilte Höllenreich dargestellt.[4] Das Inferno ist jener Teil der Unterwelt, in dem, ohne alle Hoffnung, die auf Ewig verurteilten und verdammten Übeltäter gefangen gehalten und furchtbaren Strafen unterworfen sind. Die Stadt *Dis,* im sechsten Höllenkreis angesiedelt, erinnert nur durch ihre Mauern an eine menschliche Behausung. Sie besteht aus lauter offenen Gräbern, in denen die Ketzer durch Flammen gepeinigt werden. Im tiefsten, dem neunten Kreis des Infernos steckt, den Kopf nach unten, der abgefallene Engel Luzifer, umgeben von ewigem Eis. Der Satan zermalmt in seinen drei gefräßigen Mäulern die drei Erzverräter Judas, Brutus und Cassius. Dante hat sich selber im Sinne einer passageren Existenz hinein plaziert in die Höllenlandschaft des *Inferno.* Der Höllenwanderer Dante wird begleitet und geführt von seinem antiken Vorbild Vergil, dem Schöpfer der Äneis. So wird in indirekter Weise ein erzählerischer Faden gesponnen vom Höllenort *Dis* zur Ursprungslegende der von Dante geliebten und verehrten ewigen Stadt Rom.

Bei Dante und bei Lorenzetti ist die Gewaltdarstellung mythologisch fundiert und ikonologisch eingebunden. Die Gewalt in Dantes Landschaft *Dis* wirkt als Strafgewalt, fürchterlich und den Leser bzw. Betrachter erschreckend wie die Monsterstudien eines Hieronymus Bosch aber zugleich gerecht im Sinne einer Schuld- und Strafmoral, gespeist aus dem Fundus antiker Gerechtigkeitswerte und christlicher Sünden- und Verantwortungsethik. Hinzu kommt als drittes Element, in der *Divina Commedia* repräsentiert durch eine Art biographische Analyse des Höllenpassanten Dante, ein dialogisch gewonnener Faden einer pragmatischen Alltagsvernunft. So wird der Aspekt des mythologisch und religiös fundierten Tribunals ergänzt durch alltagspraktische Erwägungen und Prinzipien der Angemessenheit und der dialogischen Verständigung über Triebkräfte, Folgen und Verantwortlichkeiten des menschlichen Handelns – der Absturz in die Bodenlosigkeit der Apokalypse wird vermieden. In ähnlicher Weise sprechen auch die Fresken von Ambrogio Lorenzetti diese doppelte Sprache einer kanonisierten Ethik und einer öffentlichen und man kann durchaus sagen staatsbürgerlichen Bewährung. Dies lässt sich etwa auch am Beispiel der allegorischen Darstellung der guten Regierung im *Fresko* von Lorenzetti verdeutlichen. Während auf der rechten Seite die sakrosankt erscheinende Figur des Herrschers unter dem Wertebaldachin der drei katholischen Tugenden Glaube, Liebe, Hoffnung ruht, ist die rechte Bildhälfte zentriert um die Allegorie der Iustitia, die ihrerseits von der eher säkularen Tugend der Weisheit *(sapientia)* ideell beschirmt wird. Sicherheit *(securitas)*, Zusammenhalt *(concordia)* und Gerechtigkeit *(iustitia)* figurieren als die drei Säulen einer sowohl religiös wie weltlich gebundenen und dadurch legitimierten Gewaltauffassung.

Auch in Ambrogio Lorenzettis Vedute von der schlechten Regierung hat die Gewalt einen Namen und sie erscheint als Teil einer topographischen Szenerie. Die *Tyrannia* als Zentralfigur der schlechten Regierung, also gleichsam der Stadt Dis auf Erden, ist als dämonische Figur, gehörnt wie der Teufel, abgebildet. Aber der Tyrann ist zugleich eine präzise beschriebene und analytisch transparent gemachte Figur in der *Politeia* des Aristoteles. Triebhafte, unbeherrschte [5] Wut, Spaltung *(Diviso)* im Sinne einer unheilvollen sozialen Spaltung zwischen den Geschlechtern oder zwischen Arm und Reich und, hier klingt die *Augustinische* Kritik an der Civitas Mundi an, die als korrumpierend und die öffentlichen Tugenden verderbend gedeuteten Untugenden der Habsucht, des Hochmutes und des verschwenderischen Luxus. *Furor,* eine verkleinerte Gestalt der *Tyrannia,* ihr zu Füßen und nochmals in der Figur des Minotauros auf dem Postament der Leitfiguren der schlechten Regierung, lässt sich als Mikrokosmos der *Stadt Dis* verstehen.

Man sieht: der *Furor* der triebhaften Leidenschaften, der Bürgerkrieg, die Macht der Herrschenden und der vernebelnde Glanz des Luxus gelten als Saat des Bösen im Gemeinwesen. Geblieben ist die Vorstellung einer vom Akteur her undurchschauten Gewaltbereitschaft, individuell, biographisch, zeitbezogen oder regional bedingt. Insofern spreche ich von durchschauter Gewalt. Bezogen auf die damalige Zeit stellte sich das Problem jedoch anders. Die politischen und gesellschaftlichen Ursachen hinter den malignen Handlungen waren noch weitgehend verborgen. Hier lag die Funktion der Sinnbilder. Das zivilisatorische Moment der *corda* wirkt in dieser szenischen Landschaft durch sittliche Ideen und/oder durch Gerechtigkeitsansprüche. Offen blieb bei Lorenzetti und Dante die Frage nach den Bestimmungsgründen für den Zustand der öffentlichen Angelegenheiten. Göttliche Vorsehung, gesellschaftlicher Stand und die jeweils vorherrschenden Zeitumstände erweisen sich im vormodernen Weltbild als Zusammenspiel von Fügung und Vorherbestimmtheit, das zu deuten allenfalls den großen Gelehrten vorbehalten war. Dies galt allerdings nur im Einklang mit der kirchlichen Prädestinationslehre. Insofern lag die Gewalt der vormodernen Zeit, ob nun gut oder schlecht, jedenfalls in festen Händen. Dort wo diese autoritative Zuschreibung der Macht an König und Kirche endet beginnt die neuzeitliche Entwicklung.

Die Geschöpfe des Leviathan

Nun zur zweiten Episode des Gewaltdiskurses. Ich nenne die in diesem Zusammenhang thematisierten Zwangsverhältnisse die *capitale* Gewalt oder die Geschöpfe des *Leviathan*. Die Figur des *Leviathan*, der jüdischen Überlieferung nach ein schuppenhäutiges Ungeheuer, ein Symbol der physischen Kraft, der Unbesiegbarkeit – eher Übermacht als gute Regierung im Sinne *Lorenzettis*. Der einschlägige Kontext ließe sich so charakterisieren, dass seit Mitte des 17. Jahrhunderts in England und rund einhundert Jahre später auch auf dem Kontinent das Gewaltthema unter den beiden Aspekten der Legitimation von Macht und Herrschaft und der physischen Zwangshandlungen gewissermaßen aus den Verankerungen des Heiligkeitsglaubens gerissen wird und in neuartiger Weise ausgetragen und ausgehandelt werden muss. Der *Leviathan* symbolisiert bei Hobbes die Angst vor den Schrecken des nachabsolutistischen Zeitalters, aber seine Schöpfung beruht gleichzeitig bereits auf nüchternem Kalkül und vorausschauender Klugheit, also auf der Tugend der *temperantia*. Wir erkennen also mythologische, projektive und konstruktiv-modellierende Züge. Nicht mehr die Heilserwartung des Paradieses oder die Furcht vor den Schrecken der Hölle; die Staatsmacht oder – wie ich es nennen möchte – das Monopol der *capitalen* Gewalt soll nun den Weg weisen aus dem Chaos des Kampfes Aller gegen Alle.

Der Hobbes'sche *Leviathan*, veröffentlicht im Jahre 1651, erscheint in geradezu paradoxer Weise zwar nicht als eine gute , jedenfalls aber als brauchbare Regierung mit schlechten Menschen. Der Hobbes'sche Staatsentwurf fordert mit den aktivistischen Eigenschaften des Begehrs und des Wettbewerbs zweifellos die materielle und kulturelle Dynamik. Er verweist in diesem Punkt auf die moderne Gesellschaft. Evident erscheinen allerdings auch die beiden kardinalen Gefährdungszonen in diesem Staatskonstrukt. Denkt man sich die Übergewalt des *Leviathan* als Staatsapparat mit handelnden Menschen, so erscheint die Verselbständigung dieses Apparates gegenüber den Herrschenden geradezu vorgezeichnet zu sein. Des Weiteren ist anzunehmen, dass in einem sozialen System des allseitigen Wettbewerb, in dem jeder bestrebt ist, den anderen als Rivalen oder als Gegner zu sehen, kaum genug Bindungselemente für die Grauzonen des Alltags oder gar für Zeiten der Krise zu finden sind. Die Entfesselung der Konkurrenz und die Weckung der menschlichen Gier nach Anerkennung, nach Macht und nach Eigentum, mit Hobbes gesprochen, die Mobilisierung der »wölfischen« Eigenschaften, bedeutet also eine Freisetzung der Gewalt und ein tendenzielles Überkippen der atavistischen gegenüber den zivilisatorischen Potentialen in der Gesellschaftsordnung.

Untersuchen wir auch hier die Bildersymbolik. Sie führt uns wiederum in die Vorstellungswelt über Gewalt und deren endogenes Potential (*potentia*) für die Bildungs- und Gestaltungsprozesse des menschlichen Gemeinwesens oder umgekehrt für zerstörerische Kräfte, die aus der Akkumulation von Macht erwachsen können. Während der Furor und sein mythologisches Vorbild, der Minotaurus, als destruktive Kraft schlechthin erscheint vereinen sich in der Symbolik des Leviathan, des Drachen bzw. in dem Gegenstück dazu in der nordischen Mythologie, der *Midgardschlange*, sowohl heilende als auch zerstörerische Kräfte. Mit der Schlange, dem Urbild der großen Kriechtiere, verbindet sich die Vorstellung der Unnahbarkeit, des Geheimnisses und auch der Gefahr. Ihr Gift wirkt tödlich, kann, wie in der Symbolik des *Asklepios* angedeutet, in kleinen Dosen jedoch als Heilmittel verabreicht und auch als ein Gegengift wirken. Der Fisch, aus dem der *Leviathan* hervorgegangen ist, dient dem Menschen als Nahrung. Die *Midgardschlange* umschließt im nordischen Mythos mit ihrem riesigen Leib den für die Menschen bewohnbaren Teil der Erde. Erst am Ende des mythischen Asenreichs erhebt sie sich, der Sage zufolge, um sich zu vereinen mit dem Wolf, dem Ur-Bösen mit dem Ziel, die alte Welt zu vernichten .

Welche Hilfe leisten uns diese mythologischen Bilder bei dem Versuch, das Wesen der *capitalen* Gewalt im *Leviathan* zu verstehen? Der entscheidende Punkt – entscheidend für die Wende von der Tradition zur Moderne – scheint mir darin zu liegen, dass die Dialektik von heilsamen Kräften und zerstörerischer Gewalt nun nicht mehr den überirdischen Mächten oder dem Reich der Transzendenz zugeschrieben wird. Es sind die menschlichen Leidenschaften und deren entweder gesellschaftlich segensreichen oder zerstörerischen Wirkungen, von denen der Zustand oder die Entwicklung der sozialen Individuen abhängt. Die potentiell zerstörerische Gewalt menschlicher Leidenschaften erscheint im Hobbes'schen Diskurs nicht mehr unter der normativen Figur eines Scheideweges zwischen gut und böse, zwischen tugendhaftem oder lasterhaftem Dasein. Das Streben nach Anerkennung, nach Macht und nach Eigentum wirkt im Falle der Abwesenheit (oder der mutwilligen Zerstörung) sozialer Bindungen als dissoziierende Gewalt. Diese anthropologische Gesetzmäßigkeit einer durch Nichts und Niemanden zu stoppenden, schrankenlosen, grenzverletzenden Natur der individuellen Strebungen bringt Hobbes zu der Überlegung einer gleichsam im wohlverstandenen Interesse aller liegenden Hilfskonstruktion. Die Monopolisierung der Macht durch staatliche Instanzen und/oder die Person des Souverän allein scheint nach Hobbes geeignet zu sein, um dem »Hauen und Stechen« der zersplitterten Interessen Einhalt zu gebieten und das Wohl der Gemeinschaft zu gewährleisten.

Der politische Überbau wird also, hier liegt die entscheidende Differenz gegenüber Aristoteles, Aquin und Lorenzetti, vollständig entzaubert und auf den einen zentralen Punkt des Überlebens aller konzentriert. Maligne Tendenzen wie etwa die Übergriffigkeit der Staatsgewalt, anders gesagt der »Narzissmus der Macht« (Erdheim) sind dabei nicht ausgeschlossen. *Bulimia* nennt Hobbes die Gefräßigkeit des Staatsmonsters nach außen als Eroberungsdrang; nach Innen als diktatorische Ausdehnung der Staatsmacht gegenüber dem Bürgerwillen.

Von diesem Punkt aus führen verschiedene Linien der Gewaltdebatte weiter. Die »Zivilisierung des Leviathan« durch zielgerichtete Politik könnte man als das möglicherweise wichtigste Handlungsfeld der Moderne bezeichnen – denken wir nur an die Nationalstaatlichkeit, an die Frage der Verbindung von politischer und ökonomischer Macht oder an Fragen der sozialpolitischen und technischen Infrastruktur. Wir können die drei Bestandsprobleme des vormodernen Gemeinwesens – *securitas* als Sicherheit vor Übergriffen aus der horizontalen oder der vertikalen Dimension; *iustitia* als Angemessenheit der Mittel und Maßnahmen in der wechselseitigen Gewaltbalance und *concordia* als Chance des stabilen Zusammenhalts – wiederfinden in der Topologie des *Leviathan*. Die *capitale* Gewalt bietet als Sicherheits- und als Wohlfahrtsstaat die Chance für eine zivile, rechtsstaatliche Entwicklung. Darüber hinaus repräsentiert die öffentliche Sphäre in den modernen arbeitsteiligen Gesellschaften einen jedenfalls im Prinzip für alle Bürger *(Citoyens)* zugänglichen Ort der Debatte, des Meinungsstreits und des potentiellen Einverständnisses. Hinter dem Schutzschild der öffentlich monopolisierten Gewalt, versammeln sich, bildlich ausgedrückt, die Bürger, um entweder persönlich, als Mitglieder von Einfluss suchenden Organisationen und Parteien oder aber indirekt über Wahlen und Medien die Politik zu beeinflussen und das Staatsmonster *Leviathan* nach und nach auf das administrative Gerüst einer effizienten Verwaltung zu reduzieren. Dieser Gedanke von der Minimierung der öffentlichen Gewalt beruht freilich auf der gewichtigen – allerdings unter historischem Blickpunkt gesehen nicht besonders realistischen – Annahme einer nach außen und nach innen hin friedlichen und im Großen und Ganzen krisenfreien Entwicklung.

Aber der *Leviathan* erzeugt auch Geschöpfe anderer Art. Das soziale Bild von der hässlichen, der monströsen und bereits durch die schiere Machtkonzentration malignen Erscheinungsform jedweder Zentralgestalt – politisch, ökonomisch, administrativ, baulich; in welcher Form auch immer, gehört in diesen Zusammenhang. Vieles, was etwa im Zeichen des wirtschaftlichen und gesellschaftlichen Wiederaufbaus der beiden ersten Nachkriegsdekaden als erstrebenswert und nachahmungswürdig empfunden wurde, erscheint seither eher kritikwürdig und etwa vor dem Hintergrund ökologischer Wertungen als unangemessen und anachronistisch. Der repressive Staat, also der gefräßige Leviathan mag in der westlichen Zivilisation der Vergangenheit angehören. In allen demokratischen Gesellschaften gehört ein Zustand der öffentlichen Aufmerksamkeit gegenüber (vermuteten) autoritären Regungen des *Leviathan* zur politischen Kultur. Dabei sind nationale Akzentuierungen zu beobachten. In Deutschland, einem Land mit übermächtiger autoritärer Tradition fehlt noch die zivilisatorische Selbstverständlichkeit einer selbstbewussten Öffentlichkeit. Der Argwohn gegenüber den Übergriffen der Zentralinstanz erscheint manchmal überzogen, aber er ist angesichts der deutschen Geschichte verständlich. In den westlichen Demokratien und namentlich in den USA wird der Staat demgegenüber eher posthobbesianisch als Erfüllungs- und Artikulationsinstanz der Bürgerinteressen wahrgenommen. Manches, was uns dort erschreckt, wird hierzulande verborgen und unter dem moralischen Postulat der guten Regierung auf autoritative Instanzen übertragen. Der mancherorts moralisierende Gestus und das Misstrauen gegenüber den politischen Instanzen in der Gewaltdebatte in Deutschland nach dem 11. September 2001 könnte ein Ausdruck sein für die immer noch nicht verheilten Wunden einer allzu langen Geschichte des Untertanentums.

Ich halte ein weiteres Zwischenergebnis fest: Im Hinblick auf die gesellschaftliche Herausbildung und die Bindungs-Entbindungsdynamik von Gewalt lassen sich wiederum eine Reihe von unterschiedlichen Entwicklungstendenzen ausmachen. Einmal geht es in der Perspektive der Monopolisierung der physischen Gewalt (Max Weber) um die Ausdifferenzierung einer öffentliche Sphäre von institutionalisierten Körperschaften, Informations- bzw. Teilhaberechten und von – rechtlich geschützten – Grundrechten, seit Montesquieu bekannt als das System der politischen Gewaltenteilung. Durch eine solche Institutionalisierung politischer und gesellschaftlicher Konflikte wird allerdings weder die Asymmetrie von sozialen Verfügungschancen, noch, als Folge, das reale Konfliktpotential zwischen Herrschenden und Beherrschten aufgehoben, es geht lediglich um institutionelle Bahnungen dieser Konflikte. Immer wieder ist, entweder auf dem Wege zu einer politischen Verfassung der Demokratie oder auch auf dem Boden einer solchen Verfassungswirklichkeit selber das Monopol der staatlichen Gewalt als illegitim kritisiert worden. Solche Infragestellungen der gegebenen Machtverhältnisse wurden teilweise begründet durch erfahrenes Leid und getragen durch kollektiv artikulierte Gefühle der Empörung und des Zorns; sie wurden entweder spontan in die Welt gesetzt wie im Fall der Bauernaufstände im 15. und 16. Jahrhundert oder sie wurden theoretisch begründet und vorgetragen mit dem Anspruch auf universale Geltung wie etwa im Falle der Aufklärung und der marxistisch-kommunistischen Bewegung im 19. Jahrhundert; sie resultierten schließlich im 20. Jahrhundert in neuen Gesellschaftsordnungen mit einem bis dahin nicht gekannten Ausmaß an Zwang und Verfolgung wie im Falle des Faschismus und des Realen Sozialismus.

Gewalt, so lässt sich festhalten, wird im Modell des modernen säkularen Nationalstaats durch die Institutionalisierung sozialer Einspruchs-, Informations- und Mitbestimmungsmöglichkeiten kanalisiert. Gleichzeitig und dazu gegenläufig werden affektive – zum relevanten Teil sozial aversive – Potentiale mobilisiert, die sich nicht allein wie noch bei Hobbes auf die Gegenstände des individuellen Begehrs sondern zunehmend auch auf vermutete, unterstellte oder projektiv zugewiesene Eigenschaften des politischen Kontrahenten richten. Es entsteht innerhalb der sozialen Welt ein kontaminiertes Terrain von aversiv besetzten Fremdbildern, eine komplexe Welt der Feind-Setzungen. Die Wert- Unwertrelationen der traditionalen Welt waren bestimmt durch den kulturellen Austausch einer geistigen Elite im Umkreis der höfischen Gesellschaft.[6] Enzyklopädisten wie Voltaire, Diderot und auch Rousseau rechneten damit, dass das Aufklärungsdenken nach und nach und im Zuge der Schul- und Allgemeinbildung nahtlos an die Stelle des klassischen Bildungswissens treten würde. Aber es kam anders.

In den konservativ-romantischen oder anarcho-individualistisch akzentuierten Gegenbewegungen zur Aufklärung wird nicht allein der institutionelle Überbau sondern dahinter zurückgreifend auch im Wesentlichen das Menschenbild der europäischen Aufklärung selber in Frage gestellt. Schopenhauer und Nietzsche in Deutschland, Pareto in Italien sowie Bergson und Sorel in Frankreich folgen in ihren Schriften wie gebannt der Leitidee einer vom vorherrschenden Vernunftideal abgewandten, dunklen, um Themen von Kampf und Gewalt kreisenden Verfassung der menschlichen Natur . Als oberflächlich, naiv und als unangemessen optimistisch hat Georges Sorel in seinen Reflexionen über die Leidenschaft[7] das Menschenbild von Renaissance und Aufklärung bezeichnet – der wilde Wille erblickt das Licht der Welt.

Ich komme hier nochmals auf das die von Hobbes entwickelte Ausgangsüberlegung zur *capitalen* Gewalt zurück. In den Theorien der Aufklärung – in der Regel etwa wie Diderot und d'Alembert eher auf Bacon und Locke als auf Hobbes rekurrierend – figurierte das individuelle Vorteilsstreben als eine Art instinkthafte Rohmasse, formbar durch rationale Interessen und individuelle oder kollektive Machtkalküle in einem öffentlichen Wettbewerb – Elias spricht von Ausschei-dungskämpfen; zivilisiert durch die systemischen Parameter Politik, Ökonomie und später auch durch die Alltagskultur: Ein Vorgang der Triebumleitung, der zumindest *à la longue* durch individuelle oder kollektive Güter prämiert und entschädigt werden sollte. So lauteten jedenfalls die Verheißungen der Aufklärer und ihrer *Vulgarisateurs* in den gesellschaftlichen Führungspositionen, in den Parteien und im Parlament. Ein teleologisches Moment und ein handfest utilitärer Akzent sind bei diesen proto- soziologischen Argumenten nicht zu übersehen. Und eben gegen diese Theorien eines säkularen Fortschritts setzt Nietzsche seine Kritik – nicht der soziale Nutzen oder das Glück der größten Zahl (J. St. Mill) sondern der unbedingte Wille zur Macht oder wie später Sorel sagen wird der »Wille zum Willen« werden als letztlich treibende Kräfte des menschlichen Handelns ausgemacht.

Der *homo lupus*, plaziert in der Wildbahn der post-aufklärerischen Welt, wird sich den Vorstellungen von Denkern wie Nietzsche, Bergson und vor allem Sorel zufolge nicht in erster Linie an öffentlichen Zielen ausrichten sondern er wird vorwärtsgetrieben durch die beiden basalen und bereits von Hobbes aufgewiesenen Leidenschaften – positiv gesprochen Machtstreben und Streben nach sozialer Anerkennung; nunmehr auch negativ geöffnet im Sinne der dissozialen Gewalt: rücksichtslose Demontage, totale Bekämpfung des Andersdenkenden, intellektuelle Ächtung, öffentliche Verhöhnung und intentionale Nichtung des Gegners werden zu wesentlichen Bestandteilen der politisch- sozialen Sprache. Die autoritären und faschistischen Regimes im 20. Jahrhundert konnten in ihren politischen Inszenierungen in Architektur, Literatur, Film und Massenspektakeln hier nahtlos anknüpfen[8].

Man hat das 19. Jahrhundert das ideologische Zeitalter genannt. Es erscheint wichtig, darauf hinzuweisen, dass diese ideologische Konnotation in der Regel mit der Konstruktion des imaginären Feindes einherging.[9] War dieser intellektuelle Rubikon einmal überschritten so lag der Schritt zur Identifizierung der *conditio humana* mit Kampf, Krieg und Destruktion bis hin zur Propagierung eines für recht und billig gehaltenen Vernichtungswillens gegenüber dem Feind nicht mehr fern. Eine Generation von Künstlern und Literaten nach dem Ende des Ersten Weltkriegs hat dann diesen verhängnisvollen Weg einer entweder indirekten oder ganz unverblümten Bejahung von physischer Gewalt auch beschritten und sie hat damit der destruktiven Sozialität die Gesellschaftsfähigkeit erstritten. Missachtung, Häme, Hass und Ressentiment als Hintergrundmotive der öffentlichen Auseinandersetzung waren die Früchte dieser Saat von intellektueller Gewalt in den zwanziger und dreißiger Jahren des 20. Jahrhunderts.

Der »kalte Krieg« und die Nichtung von *Alter*

Bei der Beschreibung der Sitten und Gebräuche der Bevölkerung auf der geheimnisvollen Insel *Utopia* erwähnt Thomas Morus auch eine eigentümliche Art der Kriegsführung – er nennt sie den »kalten Krieg«. Diese Kriegstechnik besteht darin, den Gegner nicht durch blutige Schlacht in die Knie zu zwingen sondern durch verbale Erniedrigung, durch gezielte Falschmeldung, durch Aussäen von Zwietracht oder etwa dadurch, dass auf den Anführer der gegnerischen Kriegspartei ein Kopfgeld ausgesetzt wird. Der Typus von Gewalt und der Ort, von dem hier die Rede ist, unterscheidet sich von den bisher diskutierten Formen der Gewalt durch den deutlich erweiterten Grad der Entbindung von seiner materialen Grundlage – zeitlich, örtlich und sozial gesehen. In diesen Zusammenhang passt die Beschreibung der *Fama* oder der üblen Nachrede in der Vergil'schen Äneis.

> »Es haben alle Felder kein so beschaffenes Thier voll Regung schlau und wach. Es wächst indem es läuft, ist anfangs klein und schwach. Bald aber fängt es an sich in die Luft zu strecken, geht auf der Erd und hat den Kopf in Wolken stecken. Die Tellus hat dies Tier aus Rache wie man spricht als Jupiter im Zorn die Riesen hingericht zuletzt zur Welt gebracht Es ist von leichten Füßen, noch leichter wenn es läßt die schnellen Flügel schießen.
> Ein schrecklich Ungeheuer groß und das in der Tat an Zungen fast so viel als offene Mäuler hat. Und soviel Augen auch und soviel Ohren als Tellus an dem Leib ihm Federn angeboren. Bei Nacht flieget es recht mitten durch die Luft, weiß nichts von Schlaf und Ruh, zischt durch die finstere Kluft. Pflegt wenn der Tag erscheint auf hohen Türmen und Spitzen und auf den Dächern oft als ein Spion zu sitzen. Erschreckt die ganze Stadt und hält in Athem sie Einerlei ob was es sagt wahr oder ersonnen sei« (zit. n. Pernet, S. 203[10]).

Der kalte Krieg ist keine Erfindung der modernen Zeit. Aber erst durch die politische Mobilisierung großer Menschenmassen, durch den organisierten Kampf der Meinungen und die Zuspitzung der politischen Rhetorik zum ideologischen Kampf auf Leben und Tod im öffentlichen Raum kann die maligne Gewalt der *Fama* zur destruktiven, ja zur mörderischen Waffe werden. In dem Moment, wo sich diese Aura des Ideologischen verbindet mit der *capitalen* Gewalt des Staats- oder Parteiapparates wird der terroristische *Leviathan* geboren, eine politische Materialisierung der *Fama* mit einem bis dahin nicht gekannten Zerstörungspotential.

Das Frankreich der Revolution; episodisch betrachtet der Umschlag von der Deklaration der Menschenrechte im August 1789 in den Zustand der Diktatur der Jakobiner vom Herbst 1783 bis Ende 1794 bildet den historischen Schauplatz für diese Verdichtung der politischen Fama zur Waffe im ideologischen Kampf. Es ist hier nicht der Raum, um den Prozess der Auseinandersetzungen zwischen diesen drei harsch voneinander unterschiedenen und in den Extremen tödlich verfeindeten Positionen im Einzelnen darzustellen. Nur soviel ist festzuhalten: Der *Leviathan*, der sich übermächtig aus der politischen Kultur der französischen Revolution erhob, zunächst visionär leuchtend und die freien Geister Europas und Amerikas mobilisierend, dann streng, schließlich grausam und vernichtungswütig, war das Ergebnis einer Spirale von äußerer Bedrohung und innerer Mangelerscheinungen. Vor allem aber die Durchsetzung des revolutionären Impetus der Solidarität und der kreativ-improvisatorischen Alltagskultur, jener vitalen *vita activa* der täglichen Bewährung durch das lähmende Gift von Misstrauen. Das Kriegsrecht (*la republique en danger*), ökonomische Mangelversorgung und eine reale Konspiration des Herrscherpaares Ludwig XVI. und der aus Österreich stammenden Kaisertochter Marie Antoinette boten als äußere Anlässe die Handhabe, um im vorgeblichen Interesse des Volkes ein auf allgemeines Misstrauen und Furcht gestütztes Regime zu installieren – eine Tyrannei der scharfen Parole , der sukzessive zunächst die Reformer wie Condorcet und dann auch die Revolutionäre selber, wie Danton und Desmoulins und schließlich auch Robespierre und Saint Just zum Opfer fielen. Volkssouveränität und Menschenrechte waren der Ausgangspunkt. Vor der Tribüne des Parlaments, auf dem Trottoir des Place Vendome und auf dem Marsfeld ist daraus ein blutiges Revolutionsspektakel geworden.

Die Imagologie der französischen Revolution in der kurzen Zeitspanne zwischen 1792 und 1794 bietet bereits einige Anhaltspunkte, um die zunehmende Entgleisung der politischen Leidenschaften zu erkennen. Die amerikanische Historikerin Lynn Hunt hat den Wandel der bildhaften Darstellungen in dieser Zeit untersucht. War in der ersten Republik von 1792 zunächst noch die römische Göttin *Minerva*, Schutzpatronin des Wissens und der Künste, auf dem Siegel der neuen Staatsmacht abgebildet, so wurde unter der Herrschaft der Jakobiner der maskulin-kraftstrotzende Herkules an ihre Stelle gesetzt[11]. Die *Xenotaphe* und die Massenrituale zum atheistischen »Kult des höchsten Wesens« auf dem *Champ de Mars* schließlich sind in diesem Zusammenhang aufschlussreich. Erkennbar wird hier ein Verlust der Maßstäbe, eine ins Gigantomanische[12] gesteigerte Geltungssucht. In den maßlosen architektonischen (allerdings nur zum geringen Teil auch real ausgeführten) Entwürfen (der französische Ausdruck *démesuré* trifft hier besser), in den Massenritualen und in einer leblos erstarrten Klassik spiegelte sich ein Zustand der durch Nichts und Niemanden kontrollierten Übermacht des politischen Überbaus wider, dessen zerstörerische Potenz zunächst nach außen und dann immer mehr nach innen wirksam wurde. Die Royalisten, die wirtschaftlich umtriebigen Strömungen im Umkreis der *Gironde*, enzyklopädistische Aufklärer wie Condorcet[13] oder Wissenschaftler wie Lavoisier, die immer noch verständigungsbereiten Vertreter der Revolution von unten wie Camille Desmoulins oder der bis zuletzt populäre Volkstribun Danton; schließlich sogar die Schreckensgestalten des Terrors selber wie Maximilian Robespierre und Saint Just wurden Opfer des revolutionären Terrors und endeten auf der Guillotine. Soweit einige, wie ich meine, für den vorliegenden Zusammenhang bedeutsame topologische und imagologische Aspekte der politischen Bewegung nach 1789[14].

Das Beispiel der französischen Revolution lässt sich verallgemeinern. Auch zur Zeit der Dreyfus-Affäre, am Anfang der politisch noch wenig gefestigten Dritten Republik in den achtziger und neunziger Jahren des 19. Jahrhunderts in Frankreich und noch verstärkt in der Weimarer Republik im Deutschland der zwanziger Jahre des 20. Jahrhunderts lässt sich ein vergleichbares Klima der politischen Unsicherheit, im letzteren Fall auch noch verbunden mit ökonomischer Krisenhaftigkeit feststellen. Als drittes und für den vorliegenden Zusammenhang instruktives Beispiel aus der jüngeren Vergangenheit kann die Zeit des kalten Krieges in den fünfziger und den frühen sechziger Jahren genannt werden. Die *capitale* Gewalt eines Staatsapparates oder einer zentralistischen Partei wird dabei politisch munitioniert durch die kontaminierende Wirkung der politischen *Fama*. Der revolutionäre *Leviathan* ist, mythologisch ausgedrückt, zum *Minotaurus* mutiert – verspeist, verschlingt, außer Kontrolle geraten und seine destruktiven Strebungen fütternd seine eigenen Kinder; zuerst die verhassten Aristokraten, dann die politischen Gegner, die Abweichler und Häretiker und schließlich die unerbittlichen Verfolger selber, diejenigen nämlich, die ihm diese grausame Gestalt gaben. Auch in der Sowjetunion der dreißiger Jahre des 20. Jahrhunderts und in den von der Sowjetunion abhängigen Satellitenstaaten nach dem Ende des Zweiten Weltkrieges wiederholt sich dieser grausige Prozess derart, dass die Vernichtungsgewalt einer monopolistischen Partei die eigenen Mitglieder und Protagonisten erfasst.

Die politische Paranoia bedeutet eine Manifestation der Gewalt von besonderer Art. Sie resultiert in der Regel aus undurchschauten gesellschaftlichen Verhältnissen, deren mentale Lasten den Menschen Angst bereiten, wobei die Ursachen dieser individuellen und kollektiven Ängste aber meistens im Verborgenen bleiben. Auffällige und für die Interessendemarkation und die Identitätsbehauptung maßgebliche Strukturmerkmale materieller oder symbolischer Art werden in den intellektuellen Labyrinthen der politischen Paranoia wie in einem religiösen Lehrgebäude kanonisiert; die Nichtbefolgung der Glaubensregeln wird unter schwere Strafe gestellt.

Ich weiß aus eigener Erfahrung, dass die öffentlich manifestierte Zugehörigkeit zu einer politischen Minderheit ein hohes Maß an individuellen Ängsten auslöst. Solche Ängste können durch Bekennerpose nach außen gewendet und niedergeschrien werden; sie können aber auch eingeflochten werden in öffentliche Strafrituale, wobei die Opfer häufig den Anklägern durch Selbstbezichtigung entgegenarbeiteten. Die zum Tode Verurteilten stimmten in den stalinistischen Schauprozessen in Osteuropa dabei häufig den drakonischen Strafen selber zu. Wolfgang Harich, ein prominenter Abweichler in der ehemaligen DDR hat, in den Zeugenstand gerufen beim Prozess gegen den ehemaligen Leiter des Ostberliner Aufbauverlages, nach der Verurteilung zu einer hohen Gefängnisstrafe mit allen Zeichen des Einverständnisses, eine Dankadresse in Richtung der kommunistischen Partei abgeliefert. Es kann angenommen werden, dass er dabei von niemandem in direkter Weise gezwungen war. Der verinnerlichte Zwang schlägt im Angesicht des scheinbar Unvermeidlichen im individuellen Verhalten durch als terroristische Gewalt des verinnerlichten sadistischen Überichs. Hierzu passt ein grausiges Bild aus den Abgründen von Dantes *Inferno*. In den tiefsten Höllenkreisen fressen sich die Opfer selber auf – ihnen entwachsen dämonische Kräfte, die den noch gesunden Leib sich einverleiben.

Der *Virus* oder die ortlose Gewalt

Die bisher analysierten Akte und Akteure der Gewalt sind entsprungene Geschöpfe oder gefallene Engel wie die Figur des Luzifer in der neutestamentarischen Dämonologie – sie erscheinen als Derivate von gestauten und dadurch überhitzten Gefühlen, sie entspringen der ungehemmten Gier oder dem kaltglühenden Hass, sie beruhen auf der Nichtung des Anderen, Fremden durch den Einzelnen oder die Gruppe oder sie resultieren aus einer selbstgerecht gewordenen moralischen Überhebung in den Instanzen der Zentralmacht; auch die Organisationen der Gegenmacht sind gegen maligne Impulse nicht gefeit. Aber in jedem dieser episodisch diskutierten Fallbeispiele existiert eine durch Zeit, Ort und Kontext definierte angebbare Topik, eine strukturierte Handlungskette und ein wie immer geartetes Beziehungsgeflecht zwischen Autor und Adressat, zwischen Täter und Opfer oder zwischen Geschehensort und der Verarbeitung dieses Geschehens. Die These von der Ubiquität sozialer Gewalt erhält damit eine soziale und anthropologische Grundlage. Gute und schlechte Regierung entscheidet sich danach, wieweit sich die Hydra der Gewalt einhegen oder gar zähmen lässt durch stabile Institutionen und eine Minderung der ideologischer Deformation von Sprache und Weltauffassung; vor allem aber dadurch, dass *Ego* gegenüber *Alter* eine generalisierte Haltung der, wie ich es nennen möcht, frei schwebenden Neugierde und Aufmerksamkeit bewahren kann. Dies gilt vor Allem gegenüber dem Fremden in der Rolle der kulturellen oder der ethnischen Minorität und es gilt besonders in Zeiten der Unsicherheit und der Krise.

An dem abschließend zu diskutierenden Typus der ortlosen Gewalt soll, in aller Kürze und Vorläufigkeit, ein Muster jenseits der *corda* von Einverständnishandeln und Interessenabgleichung diskutiert werden. Auch hierzu bringe ich zunächst eine Ereignisvignette. Als ich den vorliegenden Beitrag am Vortag der Konferenz im Computer speichern und ausdrucken wollte war das Gerät funktionsunfähig. Ein über das Internet eingeschleuster Virus hatte alle Funktionseinheiten lahmgelegt. Versuche der Entstörung und der Installierung von Virenschutz schlugen zunächst fehl. Ähnlich wie ein technischer Spezialist, nur unter dem umgekehrten Vorzeichen der gezielten Destruktion hatte hier ein Unbekannter seine Expertise unter Beweis gestellt. Das Auftreten von Milzbranderregern an verschiedenen Orten in den USA und die Fälle von vorgetäuschten Nachahmungstaten auch in Deutschland weisen in dieselbe Richtung. Die beabsichtigte Schädigung, in einem Falle lediglich technischer Art, in dem anderen jedoch von lebensbedrohender Natur, zielt nicht mehr auf einen spezifischen Adressatenkreis oder einen bestimmten Ort. Die Entbindung von Gewalt hat hier eine neue Stufe erreicht – sie streunt gewissermaßen auf der Suche nach Opfern und Gelegenheiten durch den Raum und die Zeit. Die beiden Linienmaschinen, die von arabischen Attentätern auf die beiden Türme des World Trade Center gelenkt wurden, sollten wahrscheinlich ein Symbol des westlichen Kapitalismus treffen. Die Anthrax-Erreger in der Briefverteilanlage in der amerikanischen Bundeshauptstadt Washington streuen wahllos und erwischten die Opfer wie bei einer echten Zufallsstichprobe.

Wir haben es offenbar mit zwei Hälften einer asymmetrisch strukturierten Situation oder man könnte auch sagen mit einer unvollständigen Handlung zu tun. Definiert ist der Sachverhalt der Schädigung als solcher. Der Täterkreis setzt eher auf allgemeine Verunsicherung, auf diffuse Angst, möglicherweise auch auf eine Beeinträchtigung der Grundlagen des Zusammenlebens. An die Stelle des inszenierten Tribunals, der revolutionären Tat oder des Racheaktes ist die stumme und anonyme Gewalt getreten – ohne jede Propaganda der Tat im Sinne Sorels, ohne den mindesten Versuch einer Rechtfertigung subjektlos, aus dem unbekannten Raum hereinbrechend und scheinbar ubiquitär wirkungsmächtig. Der neue Terrorismus hat – jedenfalls bisher – kein Gesicht und kein politisches oder soziales Profil. In dieser Dissymmetrie zwischen dem exorbitanten Schädigungspotential direkter und indirekter Art und der Ortlosigkeit des Entstehungskontextes könnte aber ein qualitativer Entbindungsschritt und möglicherweise auch ein bisher noch nicht präzise einzuschätzendes Steigerungspotential von zerstörerischer Gewalt zu verorten sein.

Die Asymmetrie und die ungeklärten Zusammenhänge zwischen den drei Bestandteilen der Gewaltkonstellation – Entstehungskontext, Tathergang sowie Wirkungs- bzw. Schädigungskontext – erweist sich als ein neuartiges Szenario; neuartig durch die dunkle und anonyme Natur des Verursachungs- und Motivierungsgeschehens, beunruhigend durch die Ubiquität oder die Ortlosigkeit des je konkreten Zerstörungsaktes. Aus dem religiös umfassten Abweichler, dem Sünder, Häretiker oder dem Ausgestoßenen wurde der politische Gegner und der weltanschauliche Feind, am Ende der verhasste Repräsentant des (wie es im Jargon der RAF hieß) Schweine - Systems. Die Gewaltspirale hatte ihre jedenfalls im Prinzip durchschaubare Architektur, kriminaltechnisch gesprochen: die Täter hinterließen eine Spur; häufig wurden bekennerische Pamphlete, Rechtfertigungsversuche, Appelle, Anklagen, abgegeben , Hinweise auf eine wie auch immer geartete und wie immer begründete Intention. Gerade das Absehen von solchen Zeichen der Intentionalität scheint charakteristisch zu sein für den neuartigen Gewalttyp. Abstrakt-ungerichtetes Zerstörungsstreben, möglicherweise die Lust am zerstörerischen Spiel, gepaart mit innerer Einsamkeit auf der einen; ein hohes Maß an Zielstrebigkeit, Energie und technisch-logistischer Befähigung auf der anderen Seite, also ein Typus von techno-autistischer Zurückbildung seelischer Empfindsamkeit könnte hier vorliegen. Vieles spricht dafür, dass bei diesen Tatkonstellationen eher die monadologische Vereinzelung, also die Dissoziation von der sozialen Bindung der Gruppe als etwa ein intentionaler Kontext von Kritik und Rebellion maßgeblich sein dürfte. Nicht mehr die Dialektik von guter und schlechter Regierung; ein monadologisches, ein fenster- und spiegelloses Terrain der chaotischen Kräfte, ein *Dis* ohne Zeit und Ort könnte als innere Landschaft zugrunde liegen[15]. Die Orte, die Munition und am Ende sogar die Adressaten solcher Gewaltakte lassen sich unter keines der bisher diskutierten Muster von Gewaltanwendung subsumieren. Es erscheint so, als ob der schiere Sachverhalt der Verwundbarkeit der modernen Gesellschaft die Täter in eine Art destruktiven Höhenrausch versetzen würde, so als würde die eigene Identität erst oder besonders im Zerstörungsakt erfahrbar – *destruo ergo sum*.

Wir wissen aus den empirischen Untersuchungen über Sozialisationsprozesse in technischen Berufen, dass dort neben Erwartungen nach sozialem Aufstieg und nach fachlich befriedigender Arbeit auch das Moment der reinen und unvermischten Funktionslust, also die Chance zur Beherrschung von technischen Abläufen eine wichtige Rolle spielt. Eine Art Universum der Verfügbarkeiten tut sich auf für diesen mentalen Typus, wo technisches Funktionieren, Machbarkeit und Verfügbarkeit ganz im Vordergrund stehen. Entweder spielerisch, perfektionsorientiert oder aber in strategischer Blickrichtung als Meister oder als Herr der Zerstörung in diesem scheinbar nur nach sachlich-logischen Kriterien entworfenen und funktionierenden Kosmos sind hier dem experimentierenden Handeln – aber auch dem Machtstreben – scheinbar keine Grenzen gesetzt. Technische Anordnungen oder mediale, virtuelle Fiktionen erlauben es, die individuelle Phantasie gewissermaßen durch den Grad der Zerstörungspotenz ins Grandiose zu erheben. Hier stellt sich auch die Frage nach der möglichen Inspirationsfunktion medialer Bilder. Alles scheint im virtuellen Raum möglich zu sein. Auf den neuen Videoclips mutieren Menschen zu Robotern, kopulieren Menschen und Maschinen. Nicht mehr Liebe und Erfüllung, sondern ein schizoid gespaltenes Zwischenreich, beherrscht von technischen Wesen, scheint sich aufzuprägen – eine maschinell regulierte, verdrahtete oder elektronisch medialisierte Zeichen-, Bild-, Ton- und Klangwelt. Im Falle der Popmusik erkennen wir das fiktionale Moment als Ausdruck künstlerischer Kreativität. Dort, wo bedingt durch die gesellschaftliche Umgebung oder durch einen problematischen Familienhintergrund kein hinreichendes emotionales Fundament erworben wurde, können technische Kompetenz und destruktive und dissoziale Strebungen sich wechselseitig ergänzen und verstärken.

Technische Welten, maschinisiert oder verdrahtet, elektronisch vernetzt oder virtuell, können zu Surrogaten von sozialen Beziehungen werden. Was aufseiten der Mensch-zu-Mensch-Kommunikation verloren geht kann, entsprechende sozialisatorische Bedingungen gegeben, durch eine entlebendigte technische Funktionswelt zur derealisierten Attrappe versteinern. Narziss, die auf sich bezogene, geschädigte, innerlich vereiste Psyche, vereist wie die Todeslandschaft des Luzifer bei Dante sowie das virtuelle Universum einer scheinbar beliebig verfügbaren Technik – liegt hier der Schlüssel für das mörderische Gewalt-Potential im nachideologischen Zeitalter? Begriffliche Klärungen und empirische Forschungen sind notwendig zur Beantwortung der hier aufgeworfenen Fragen .

Zu nachhaltig ist der Schock nach den Anschlägen des 11. September 2001, zu dürftig ist bisher die Faktenlage, ist insbesondere das Wissen über Tätertyp und Handlungsmotive, um gesicherte Aussagen machen zu können über die Hintergründe dieses massenmörderischen Attentats neuen Typs. Allerdings spricht Vieles für die Annahme, dass sich nach dem Ende des ideologischen Zeitalters ein neuer und möglicherweise globaler Typus von Konflikten ausbreiten könnte. Die politische Überwindung des Ancien Regime, die Klassenkonflikte zwischen Arbeit und Kapital und selbst noch der gezielte Terror der Stadtguerilla nach dem Vorbild der RAF – sie alle hatten ihren gesellschaftlichen Ort und sie waren, wie berechtigt oder wie irreal in ihrer Zielsetzung auch immer, jeweils gegen einen definierten Gegner gerichtet. Dagegen setzt sich in den Anschlägen vom 11. September jener Ablösungsprozess der ideologischen Topik, der Ausdrucks- und Bildersprache fort, der sich bereits in der politischen Paranoia des Kalten Krieges andeutete. Nicht das religiöse Motiv, etwa eine neue Kreuzzugsbewegung oder der Krieg der Verdammten dieser Erde gegen die privilegierten und etablierten Stadtregionen scheint mir der entscheidende Punkt zu sein. Es ist vielmehr, worauf Hans Magnus Enzensberger hingewiesen hat, die Mixtur zwischen Antimodernismus, religiösem Fundamentalismus und krimineller Energie, wodurch diese neue Gewaltwelle und der »kalt glühende« Hass der Täter zu charakterisieren wäre. Nicht die Rückwendung zur Religion oder etwa ein neuer globaler Kulturkampf sondern die *borderline* der Motivdiffusion wäre das eigentlich Neue dieser Anschlagserie. Hier komme ich nochmals auf die Beziehung zwischen Zivilisation und Barbarei zurück. Die sozialen Ursachen der Gewalt, auch der terroristischen Gewalt, müssen erkannt und durch rationale Politik beseitigt werden. Aber die Entbindung der Gewalt durch Dissoziation der Lebenswelten und Technisierung der Vorstellungswelt ist nicht mehr aufzuhalten. Hier, in den ortlosen Szenarien von regressiver Entlebendigung, medialer De-Realisierung und einer breit und wie es scheint an nahezu beliebigen Orten ausbrechenden, gewissermaßen streunenden Gewalt, könnte perspektivisch gesehen der eigentlich erschreckende Aspekt der Ereignisse vom 11. September liegen.

Anmerkungen

1. S. dazu Arnold, Fuhrmeister, Schiller (Hg.): Politische Inszenierung im 20. Jahrhundert. Zur Sinnlichkeit der Macht. Wien 1997.
2. Ich gehe dabei dem Aspekt der szenischen Rekonstruktion des Sozialen etwa im Anschluss an die Arbeiten von Irving Goffmann hier nicht weiter nach. Als psychoanalytisches Pendant dazu s. etwa B. Görlich: Das Szenische oder: Die Sozialität des Triebes in: Belgrad, Busch, Görlich, Haubl, Kalck (Hg.): Sprache – Szene – Unbewußtes. Gießen 1998.
3. Zum Verständnis dieser Kategorien s. A. Mattelart: L'Invention de la Communication. Paris 1993.
4. S. dazu etwa G. Morello: Sandro Boticelli und sein Bild vom Inferno, in: Sandro Boticelli. Der Bilderzyklus zu Dantes Göttlicher Komödie, Ausstellungskatalog, Staatliche Museen zu Berlin, Berlin 2000, S. 318 ff.
5. »Der Unbeherrschte«, sagt Aristoteles in der Nikomachischen Ethik, »ist nicht wie einer der weiß und erkennt sondern wie ein Schlafender und Betrunkener« (221). Man sagt, Einer ist nicht Herr seiner Sinne . Aristoteles: Die Nikomachische Ethik. Zürich, München 1972.
6. S. dazu etwa N. Elias: Die höfische Gesellschaft. Frankfurt/ M. 1986; am Beispiel der französischen Kultur s. etwa die beiden aufschlussreichen Arbeiten von P. Hazard La crise de la conscience européenne. Paris 1961 sowie ders.: La pensée européenne au 18ième Siècle, Paris 1963.
7. G. Sorel: Reflexions sur la Violence. Paris 1908; dt. Übers. 1929.
8. S. dazu Peter Cohens dokumentarischen Film *Architektur des Untergangs* aus dem Jahr 1988 zum Thema des Deutschen Faschismus.

9 Dazu am Beispiel der Deutschen Geschichte v. Verf.: The Imaginary Foe. On Traumata and Chasms in German Collective Memory, in: Comparative Social Research, Supplement 2, D. Sciully (Ed.). London, New York 1996.
10 N. Pernet: Ikonologie. Gotha 1759.
11 L. Hunt: Politics, Culture and Class in the French Revolution. Univ. of California 1984.
12 S. dazu D'Hombres (Hg.): Le gigantesque. Paris 1984.
13 Elisabeth und Robert Badinter: Condorcet. Un Intellectuel En Politique. Paris 1988.
14 Interessant erscheint mir in diesem Zusammenhang folgender Sachverhalt Das Regime der autoritativen Verdikte, übergehend in die maligne Rhetorik einer ausgefeilten Feindbildersprache, explodierend schließlich in dem totalen Ideologieverdacht gegenüber dem politischen Gegner etwa in der Zeit vor 1933 und dann nochmals in der Epoche des Kalten Krieges – diese Kette vom autoritativ verkündeten Urteil zur flotierenden ideologischen Kriegführung erscheint in der westlichen Zivilisation weitgehend als abgenutzt und aufgezehrt. Anders in den ethnisch-religiösen Bewegungen der östlichen, etwa der islamisch-arabischen Welt. Hier stehen gewissermaßen die Monsterbilder des ideologischen Auseinandersetzungen und des kalten Krieges wieder auf. Die Frage, wieweit sich hier eine Art globaler Zivilisationsgraben auftut, erscheint mir der näheren Untersuchung wert.
15 Hierzu passt das Sinnbild des zerstörten Spiegels. S. Ch. Rohde-Dachser (Hg.): Zerstörter Spiegel. Psychoanalytische Zeitdiagnosen. Göttingen 1990.

Literatur

Arnold, Fuhrmeister, Schiller (Hg.) (1997): Politische Inszenierung im 20. Jahrhundert. Zur Sinnlichkeit der Macht. Wien.

Badinter, E., Badiner, R. (1988): Condorcet. Un Intellectuel En Politique. Paris.

Beckenbach, N. (1996): The Imaginary Foe. On Traumata and Chasms in German collective Memory. In: Comparative Social Research, Supplement 2. London, New York.

Belgrad, J. u. a. (Hg.) (1998): Stimme – Sprache – Unbewußtes. Gießen (Psychosozial).

Elias, N. (1986): Die höfische Gesellschaft. Frankfurt a. M.

Hazard, P. (1961): La crise de la consciense européenne. Paris.

Hazard, P. (1963): La pensée européenne au 18ième Siècle. Paris.

Hunt, L. (1984): Politics, Culture and Class in the French Revolution. Univ. of California.

Mattelart, A. (1993): L'Invention de la Communication. Paris.

Rohde-Dachser, C. (1990) (Hg.): Zerstörter Spiegel. Psychoanalytische Zeitdiagnosen. Göttingen.

Sorel, G. (1908): Reflexions sur la Violence. Paris.

Gewalt und geistige Existenz
Eine Annäherung an Werk und Lebensgeschichte des Schriftstellers Thomas Bernhard

Rudolf Walter

Thomas Bernhard stirbt morgens um sieben Uhr am 12. Februar 1989. Sein Leben ringt er sich ab. Sein Atem ist schwer, ein Leben lang. Akute Atemnot, vielfache Todesnähe, dazu Morbus Boeck, diese ungeklärte entzündliche Systemerkrankung des mesenchymalen Gewebes, das Lymphknoten, Lunge und Haut befällt. Seinen 58. Geburtstag am 09.02.1989, drei Tage vor seinem Tod, feiert er mit einem Geburtstagsessen im Familienkreis. Am 10. Februar 1989 setzt er bei einem Notar in Salzburg seine Handschrift unter sein Testament. Bis 2059 Aufführungsverbot, Druckverbot, Vortragungsverbot.

> »Weder aus den von mir selbst bei Lebzeiten veröffentlichten noch aus dem nach meinem Tod gleich wo immer noch vorhandenen Nachlass darf auf die Dauer des gesetzlichen Urheberrechts innerhalb der Grenzen des österreichischen Staates, wie immer dieser Staat sich kennzeichnet, etwas in welcher Form immer von mir verfasstes Geschriebenes aufgeführt, gedruckt oder auch nur vorgetragen werden. Ausdrücklich betone ich, dass ich mit dem österreichischen Staat nichts zu tun haben will und ich verwahre mich nicht nur gegen jede Einmischung, sondern auch gegen jede Annäherung dieses österreichischen Staates meine Person und meine Arbeit betreffend in aller Zukunft.
> Nach meinem Tod darf aus meinem eventuell gleich wo noch vorhandenen literarischen Nachlass, worunter auch Briefe und Zettel zu verstehen sind, kein Wort mehr veröffentlicht werden« (Hoell 2000, S. 148).

Ein Akt absoluter Verweigerung, gewalttätig gegen sich und andere durchmischt mit Bestrafungs- und Beschämungswünschen. Sein radikales Verbot hält bis zum 15.07.1998. Eine Stiftung gründet sich unter dem Halbbruder Fabjan, dem Erben des Nachlasses. Eine Stiftung braucht sich nicht an alte Testamente zu halten. Die Stiftungsmitglieder entscheiden gegen den letzten Willen Bernhards. Wieder ein Akt der Gewalt?
Im *Theatermacher* lässt Bernhard Herrn Bruscon sagen:

> »Wenn wir ehrlich sind
> ist das Theater an sich eine Absurdität
> aber wenn wir ehrlich sind
> können wir kein Theater machen
> weder können wir wenn wir ehrlich sind
> ein Theaterstück schreiben
> noch ein Theaterstück spielen
> wenn wir ehrlich sind
> können wir überhaupt nichts mehr tun
> außer uns umbringen« (Bernhard 1991, S. 36).

Er schildert eine hoffnungslose Welt. Isolation, Trennung, Unverständnis und zum Schluss versteht man sich selbst nicht mehr. Er schreibt gegen sein Publikum, aber für seine geistige Existenz, körperlich so bedroht. Er muss auch um sein Leben kämpfen, sein *Luftleben*, Atmungskampf, dessen Lebenswille unzählige Male geprüft wird. In der Finsternis wird alles deutlich«, sagt er später. Als er im Januar 1949, 18-jährig, bewusstlos ins Krankenhaus eingeliefert wird, geht es ihm so dramatisch schlecht, dass er ins Sterbezimmer gelegt wird. In dem 26-Betten Großraumsaal liegen schwerkranke Patienten, von denen täglich mehrere sterben. Er wird ins Badezimmer geschoben, in dem die Todeskandidaten auf die letzte Ölung warten, die er auch erhält. Er hört noch den Atem des Mitpatienten, der dann stirbt und fortgeschafft wird.

> »Ich wollte *leben*, alles andere bedeutete nichts. Leben, und zwar *mein* Leben, *wie und solange ich es will*. Das war kein Schwur, das hatte sich der, der *schon aufgegeben gewesen war*, in dem Augenblick in welchem der andere vor ihm zu atmen aufgehört hatte, vorgenommen. Von zwei möglichen Wegen hatte ich mich in dieser Nacht in dem entscheidenden Augenblick für den des Lebens entschieden« (Bernhard 1999, S. 15).

Die Besuche des Großvaters, Johannes Freumbichler, Dichter und geliebte Person, sind einziger Trost, sehnsüchtig erhofft.

Der erste eigene Atemstoß gelingt am 9. Februar 1931 in Heerlen in Holland. Er saugt Meerluft in seine Lungen, die ihm später das Atmen so schwer und das Leben so störrisch machen.

Ein Leben spannt sich auf zwischen den Eckpunkten, die es begrenzen. Ein Leben das viele Fragen aufwirft. In einem Spannungsbogen zwischen Unbeugsamkeit, Gewalt gegen sich und andere, Starrheit, geistiger Freiheit, Willensantrieb und Verletzbarkeit. Seine Sinne sind geschärft. Seine Wahrnehmung vergrößert wie eine Lupe alles, was ihm unter die Augen gerät. Er seziert nicht nur, er deckt auf, schonungslos gegen sich und andere, besessen von einer gewaltigen oder gewaltsamen Menschlichkeit und einer grenzenlosen oder entgrenzten Sehnsucht nach Wahrheit. Hierin berühren sich Psychoanalyse und Dichtung, haben ähnliche Ziele. Freud und Bernhard, zwei österreichische Denker. Freud weist allerdings auf den feinen, aber entscheidenden Unterschied hin. Verfügt der Dichter über die poetische Freiheit, die es ihm erlaubt intellektuelle und ästhetische Lust als Stilmittel einzusetzen, so muss sich die Wissenschaft und der Wissenschaftler am vollkommensten vom Lustprinzip lossagen (Freud 1999, GW Bd. VIII, S. 66f).

Bernhard wählt als sein Lust- und Stilmittel die Übertreibung. Er steigert das Bedürftige der menschlichen Existenz bis ins Unerträgliche. Man möchte die Augen schließen, die Ohren und schließlich die Sinne, man möchte sich abwenden und bleibt doch getroffen und verletzt zurück oder verstört, obdachlos in sich selbst. Seine Sprache ist gewaltig, manchmal auch gewalttätig, bohrt sich hinein wie ein Schraubgewinde und da sitzt dann der Text fest und wirkt. Vergessen kann man ihn nicht. Er erklärt sich selbst zu einem Übertreibungskünstler. In *Heldenplatz* lässt er den Professor Robert sagen:

> »Was die Schriftsteller schreiben
> ist ja nichts gegen die Wirklichkeit
> jaja sie schreiben ja daß alles fürchterlich ist
> daß alles verdorben und verkommen ist
> daß alles katastrophal ist
> und daß alles ausweglos ist
> aber alles das sie schreiben
> ist nichts gegen die Wirklichkeit
> die Wirklichkeit ist so schlimm
> daß sie nicht beschrieben werden kann
> noch kein Schriftsteller hat die Wirklichkeit so beschrieben
> wie sie wirklich ist
> das ist das Fürchterliche« (Bernhard 1988, S. 115).

Bernhard hat ein Maß an geistiger Freiheit erreicht, die ihn wenig und zugleich alles fürchten lässt. Er hat Gewalt erlebt, den Krieg, die Grausamkeit der Zerstörung. Seine Lunge, die ihn mit der Atmung so quält, das er aufgeben will und das Gegenteil vollzieht. Er überlebt sich mindestens zehn Jahre wegen seines ungebrochenen Willens. Er provoziert Skandale, er erhebt den Skandal zu einer Kunstform, wie ihm nachgesagt wird.

Der Vater, Alois Zuckerstätter, Tischler, hat die Mutter sitzen lassen. Sie verdingt sich als Dienstmagd ins Holländische, wohl auch der Scham wegen. Thomas kommt im Herbst zu den Großeltern nach Wien. Er bleibt bei ihnen. In bitterer Armut, aber der Großvater ist tief geliebt. Ein Heimatschriftsteller, Johannes Freumbichler, ein Denker, Unkonventioneller, gegen alles bürgerliche gefeite Mann. Der Großvater nährt ihn mit Geist und künstlerischer Ausbildung. Geigen-, Musik-, Malunterricht. Obwohl kein Geld dafür vorhanden ist oder gerade deswegen. Später nimmt er Musik-, Gesangs- und Schauspielunterricht.

Der leibliche Vater suizidiert sich 1940 in Berlin. Die Zeit des Krieges ist grauenvoll, der Aufenthalt in einem Erziehungsheim der Nazis prägt tief und schlägt Wunden im Inneren. Dem Gymnasium entkommt er 16-jährig. Seine Lehre in einem Lebensmittelgeschäft soll ihm das Verkaufen nahe bringen. 1949 entwickelt sich eine Lungentuberkulose, die ihn in viele Sanatorien und Lungenheilstätten führt. Am 11. Februar 1949 stirbt der geliebte Opa an einer Nierenkrankheit. Thomas Bernhard beginnt zu lesen und zu schreiben. Sein Leben nimmt eine Wendung, die tiefer nicht sein kann und die er physisch durchleidet. »Ich bin aus reiner Langeweile auf das Schreiben gekommen. Ich hab einfach Papier und Bleistift genommen, mir Notizen gemacht und den Hass gegen Bücher und Schreiben mit Bleistift und Feder durch Schreiben überwunden« (Hennetmair 2000, S. 480).

Für wen schreibt Bernhard? Er schreibt gegen sich und gegen sein Publikum. Er ist Provokateur und Autoparodist. Seine Figuren sind auch Übertreibungskünstler, Perfektionisten, die an ihren Erwartungen scheitern. Sie stehen unter einem gewalttätigen Zwang von Erwartungen, die sie nicht erfüllen, der Unsterblichkeit. Der ihm so nahe stehende Tod, der ihn nicht mehr aus seinen Fängen lässt, dessen kalte Umklammerung er jahrzehntelang erduldet, diese Erniedrigung und Scham versucht er zu übertreffen.

In seiner autobiographischen Arbeit *Wittgensteins Neffe* schreibt er: »[...] werde auch ich über kurz oder lang an meiner eigenen Selbst- und Weltüberschätzung zugrunde gehen« (Bernhard 1982, S. 33).

Seine Erlebnisse sind ihm Grundlage seiner persönlichen Wahrheit und einer allgemeinen Wahrheit, die er bis zum Exzess übertreibt, parodiert und sich wie einen gewalttätigen Mantel umlegt. So gießt er seine kurzen Wahrnehmungsbrocken über Psychiater, die er beim Besuch seines psychotischen Freundes Paul Wittgenstein, Neffe des berühmten Ludwig, aufnimmt, in folgende Sätze: »Der psychiatrische Arzt ist der inkompetenteste und immer dem Lustmörder näher als seiner Wissenschaft« (ebd., S. 14). »Die psychiatrischen Ärzte sind die tatsächlichen Teufel unserer Zeit. Sie betreiben ihr abgeschirmtes Geschäft im wahrsten Sinne des Wortes auf die unverschämteste Weise unangreifbar, gesetz- und gewissenlos« (ebd., S. 15).

Er verspottet jegliche Anpassung und sucht doch immer wieder bürgerliche Abgeschiedenheit und Idylle in seinen Höfen, die er sich nach und nach zulegt. Aber sein Leben ist Unrast, auch innere Unrast, Ruhe ist gefährlich, Bindung tödlich. Das Ankommen ist ihm etwas schreckliches.

»Und die Wahrheit ist, dass ich nur im Auto sitzend zwischen dem einen Ort, den ich gerade verlassen habe und dem andern, auf den ich gerade zufahre, glücklich bin, nur im Auto auf der Fahrt bin ich glücklich, ich bin der unglücklichste Ankommende, den man sich vorstellen kann, gleich, wo ich ankomme, komme ich an, bin ich unglücklich. Ich gehöre zu den Menschen, die im Grunde keinen Ort auf der Welt aushalten und die nur glücklich sind zwischen den Orten, von denen sie weg und auf die sie zufahren« (ebd., S. 143f).

Ankommen hat etwas tödliches, Bewegung ist Rausch, Leben, Erkennen. Ankommen ist ihm verhasst, tötet seinen Geist und seine Selbstachtung.

Und nicht nur im Ankommen liegt Gefahr, sondern auch im Erreichen. Das Erreichte wird einerseits erhofft, aber andererseits auch von den anderen, die ihn nicht verstehen, benutzt. Und darin liegt die Angst vor Demütigung und öffentlicher Beschmutzung.

»Preisverleihungen sind, wenn ich von dem Geld, das sie bringen, absehe, das Unerträglichste auf der Welt, diese Erfahrung hatte ich in Deutschland schon gemacht, sie erhöhen nicht, wie ich bevor ich meinen ersten Preis bekommen habe, glaubte, sondern sie erniedrigen, und zwar auf die beschämendste Weise. Nur weil ich immer an das Geld, das sie einbringen, dachte, habe ich sie ausgehalten, nur aus diesem Grund bin ich in die verschiedensten alten Rathäuser und in alle diese geschmacklosen Festsäle hineingegangen. Bis vierzig. Habe mich der Erniedrigung dieser Preisverleihungen unterzogen. Bis vierzig. Habe ich mir in diesen Rathäusern und Festsälen auf den Kopf machen lassen, denn eine Preisverleihung ist nichts anderes, als daß einem auf den Kopf gemacht wird. Einen Preis entgegennehmen, heißt nichts anderes, als sich auf den Kopf machen zu lassen, weil man dafür bezahlt wird. Ich habe Preisverleihungen immer als die größte Erniedrigung, die sich denken läßt, empfunden, nicht als Erhöhung. Denn ein Preis wird einem immer nur von inkompetenten Leuten verliehen, die einem auf den Kopf machen wollen und die einem ausgiebig auf den Kopf machen, wenn man ihren Preis entgegennimmt. Und sie machen einem mit vollem Recht auf den Kopf, weil man so gemein und so niedrig ist, ihren Preis entgegenzunehmen. Nur in der äußersten Not und in Lebens- und Existenzbedrohung und nur bis vierzig hat man ein Recht, einen mit einem Geldbetrag verbundenen oder überhaupt einen Preis oder eine Auszeichnung entgegenzunehmen. Ich habe meine Preise ohne die äußerste Not und ohne Lebens- und Existenzbedrohung entgegengenommen und habe mich damit gemein und niederträchtig und im wahrsten Sinne des Wortes abstoßend gemacht« (ebd., S. 107ff).

Bernhard ist ein differenzierter und differenzierender Beobachter der menschlichen Banalität, die sich in Selbstgefälligkeit, Arroganz, Stolz und Gier ausdrückt. Seine Protagonisten sind kritisch, provokant, verachtend, vernichtend und schütten Hohn und Spott über alles aus. Dennoch kommt die Gewalt seiner Sprache Hand in Hand einher mit einer poetischen Ästhetik, ein ungleiches Paar, von ihm vereint zu einer Textur von gewaltiger Qual und stiller Schönheit. Bernhard lebt enthaltsam, asketisch mit einer konzentrierten Lust am Lauschen, voyerhafter Beobachter, spaßhafter Clown, der gnadenlos demaskiert. Der Schmerz der anderen ist auch ihm Schmerz und Lust.

Er lebt mit seinem Lebensmenschen, wie er liebevoll distanziert zu der neutralisierten Gefährtin an seiner Seite sagt. Hedwig Stavianicek, die Frau, die ihn begleitet durch alle Krisen und Wirrnisse. Die ihm einen Zugang zur kulturellen Szene in Wien eröffnet. Sie, die 35 Jahre älter ist und die ihm Mutterersatz, Muse eben Lebensmensch ist, die er auch Tante nennt. Mittelpunkt seiner Welt, seiner Gedanken. Ein Mensch, der vollkommen für ihn da ist, absolut gutes Objekt. Tröstung in den Außen- und Innenwelten. Vereinigung der Gegensätze. »Sie war für mich das Zurückhaltende, Disziplinierende. Andrerseits auch das Weltaufmachende« (Hoell 2000, S. 137). Schutzgöttin, Racheengel, Schreibziel, bestätigende Person.
Bernhards unbeugsamer Wille und freiheitlicher Geist ist den zerstörten Lungen im Angesicht tödlicher Bedrohung abgerungen. Das was anderen Menschen ohne Anstrengung und ohne Reflexion wie von selbst passiert, ist für ihn ein Akt der Bemächtigung, der Gewalt, des Raubens, einer unendlichen Kraftanstrengung. Er ist verbittert und sensibilisiert. Er ist neidvoll, eifersüchtig und Überwinder tödlicher Angst, die in ihm selbst liegt. Es ist als ob Liebe und Gewalt zu einem Motivstrang gehören. Sie entspringen einer Quelle, sind immer aufeinander bezogen. Sind wie Inhalt und Gefäß.

Geistige Freiheit ist ein Akt alle Konventionen und Regeln zu verlassen wie die Gewalt es auch vollbringt. Es sind Prozesse der Entselbstung, um sich selbst zu finden und zu erleben und koste es das eigene Leben. In der Gewalttat kann oder soll es auch das Leben des anderen kosten. Aber auch Bernhard sagt, dass er morden könne, aber eben nur in seiner Literatur. Bernhard hat sich aus der harten und kalten Umklammerung gelöst mithilfe seines Geistes und seiner geistigen Freiheit, die er so erlangte. Bernhard wäre ein guter Analytiker. Wie kaum ein anderer greift er Missstände auf, verallgemeinert sie, übertreibt kunstvoll und bringt damit die verdrängten Konflikte wieder ans Tageslicht. Dass ein ehemaliges SS-Mitglied nach dem zweiten Weltkrieg Bundespräsident werden konnte, ist weniger gravierend als Bernhards Stellungnahme, die ihn den Vorwurf des Nestbeschmutzers einbringt.

Freud anerkennt die Fähigkeiten und Eigenschaften der Dichter mit einem beinahe wehmütigen Unterton. Sie verfügen »über die Feinfühligkeit für die Wahrnehmung verborgener Seelenregungen bei anderen und den Mut, ihr eigenes Unbewußtes laut werden zu lassen« (Freud 1999, GW Bd. VIII, S. 66). Mit diesen Qualitäten ist Bernhard üppig ausgestattet, wie seine Interviewantwort auf die folgende Frage zeigt: »Sie haben zu Hause auch einen gewissen Luxus und Komfort.« Bernhard assoziiert:

> »Der Luchs und sein Luxus. Der Mauerluchs und der Mauerluxus, sind ja Mauern-weiß'kalkte Mauern. Und da drin geht der Luchs mit seinem Luxus hin und her. Der geht immer hin und her. Na, Sie haben ja g'sagt, ich bin der Luxus, nicht. Der Luxus kommt. Lucho heißt das da. Lujo geschrieben. Ich nehm' an, dass man das Lucho ausspricht – auf spanisch, es ist mir sehr angenehm. Spanien ist das einzige Land, das mir nicht spanisch vorkommt« (Hoell 2000, S. 117).

Alle Beschimpfungen, alle Grobheiten, seine gewalttätige Sprache bilden eine artifizielle Ambivalenz. Sie sind berechtigt, ungeachtet der Übertreibungen, sind aber auch Hinweis auf die geistigen Beschädigungen derjenigen, die sie aussprechen. Eine Gesellschaft in der ein Überschuss von Gewalt herrscht, sucht einen Außenfeind und drückt sich vor Selbstreflexion. Bernhard trifft mit seiner geistigen Sonde wie ein guter Internist oder Analytiker die Metastasen des Befallenen und spürt sie im Labyrinth seelischer Empfindungen auf.

Bernhard stellt seinem autobiographischen Text *Der Atem* ein Zitat von Pascal voran: » Da die Menschen unfähig waren, Tod, Elend, Unwissenheit zu überwinden, sind sie, um glücklich zu sein, übereingekommen, nicht daran zu denken« (Bernhard 1999, S. 5). Die Hilflosigkeit führt zur kollektiven Verdrängung. Die Verdrängung ist primär menschlich, das Vergessen eine sozial erwünschte Konvention. Bernhard kann, will, darf nicht vergessen. Er schreibt dauernd davon, überwindet damit diese Übel, die er auch in sich trägt, die er in sich tragen muss und wird damit zu einem Übermenschen in der Tradition Nietzsches. Seine Dichtung erhebt ihn über den sozial schwachen Menschen. In seiner Literatur kann er der Allmacht seiner Gedanken nachgehen. Er schafft seine Figuren, lässt sie sterben, leben, Leiden ertragen, zusammenbrechen. Für seine Figuren ist er der Schöpfer, Magier, gottähnlich. Aber eben doch nur ein Prothesengott wie Freud treffend meint. Bernhards Mutter war gewalttätig gegen ihn. Sie schlägt mit dem Ochsenziemer, weil sie ihm nicht gewachsen ist und er duldet »im Bewusstsein allerhöchster Theatralik« die körperlichen Züchtigungen. Der Kampf ist damit aber nicht gewonnen. Sie martert ihn mit Seelenwundsätzen: »*Du bist mein ganzes Unglück, Dich soll der Teufel holen! Du hast mein Leben zerstört! Du bist an allem schuld! Du bist mein Tod! Du bist ein Nichts, ich schäme mich Deiner! Du bist so ein Nichtsnutz wie Dein Vater! Du bist nichts wert! Du Unfriedenstifter! Du Lügner!*« (Bernhard 1999, S. 27).

Die Freiheit, über das eigene Leben zu bestimmen, nicht nur über das seiner Figuren, ist ihm ein hohes Gut und von frühester Kindheit an durch seinen Großvater vertraut. Selbstmord war ihm eines der »selbstverständlichsten« Worte. Das Wort ist gefüllt mit Erfahrungen und Gedanken des Großvaters, der sich ebenfalls über sein Schicksal zu erheben versucht. Von dem Berg der Weisheit aus, auf dem der Großvater thront, sieht die Welt darunter erbärmlich aus. Und Bernhard sieht mit den Augen des Großen Vaters eine andere Welt. Er sieht hinunter auf die »Niederungen des Kleinbürgertums«, dort wo

> »der Katholizismus sein Szepter schwang. Was unterhalb Ettendorf lag, war nur der Verachtung wert. Der kleine Geschäftsgeist, der Kleingeist überhaupt, die Gemeinheit und die Dummheit. Blöd wie die Schafe scharen sich die Kleinkrämer um die Kirche und blöken sich tagaus, tagein zu Tode. Nichts sei ekelerregender als die Kleinstadt, und genau die Sorte wie Traunstein sei die abscheulichste. Ein Paar Schritte in diese Stadt hinein, und man sei schon beschmutzt, ein paar Wörter mit einem ihrer Einwohner gesprochen, und man müsse erbrechen« (Bernhard 1999, S. 21).

Ein Spannungsbogen voller Dynamik, ein Bogen zum Zerreißen gespannt, aber er zerbricht nicht, er beflügelt seine Kreativität, er wird zum Narr der Gesellschaft. Darf alles aussprechen. Er ist Gequälter, ein Leidender, erhaben und gedemütigt und wird so zu einer Überfigur, stilisiert sich hinein wie in ein weiches Bett, das ihn tröstet. Er setzt seinem Denken keine Grenze, seinem Handeln schon. Respektiert kein Tabu und zahlt dafür den Preis der Isolation und der Einsamkeit. Freundschaften gibt es wenige, einige tiefe. Sie werden bis an die Grenze belastet, manche zerbrechen.

Nach Freud bestehen die Hauptaufgaben jeglicher Kultur in der Beherrschung der Naturkräfte und in der Art der Beziehungsregeln unter den

Menschen. Daneben nehmen Zivilisation, Schönheit, Reinlichkeit und Ordnung eine besondere Stellung ein. Die individuelle Freiheit gehört nicht zu den Kulturgütern, aber sie sei gleichzeitig im Menschen wohnend. Gelingt es, einen »beglückenden« Ausgleich zwischen individueller Freiheit und kulturellen Ansprüchen zu finden, gibt es kulturelle Voraussetzungen oder Gestaltungsformen, die diesen Ausgleich ermöglichen oder bleibt der Konflikt unversöhnlich (Freud 1999, GW Bd. XIV, S.421-506)?

»Die Schicksalsfrage der Menschenart scheint mir zu sein, ob und in welchem Maße es ihrer Kulturentwicklung gelingen wird, der Störung des Zusammenlebens durch den menschlichen Aggressions- und Selbstvernichtungstrieb Herr zu werden. In diesem Bezug verdient gerade die gegenwärtige Zeit ein besonderes Interesse« (ebd., S. 506).

Thomas Bernhard bleibt sein Leben lang in diesem Konfliktfeld gefangen. Er wählt für sich die individuelle Freiheit und eckt in der Gesellschaft an. Seine narzisstische Bezogenheit ermöglicht ihm andererseits Frei- und Denkräume, die anderen verwehrt bleiben. Aber seine Liebesfähigkeit bleibt ohne Ziel. Freud: »Eine Liebe, die nicht auswählt, scheint uns einen Teil ihres eigenen Werts einzubüßen, indem sie an dem Objekt ein Unrecht tut« (Freud 1999, GW Bd. XIV, S. 461).

»Wir glauben, die Kultur ist unter dem Antrieb der Lebensnot auf Kosten der Triebbefriedigung geschaffen worden, und sie wird zum großen Teil immer wieder von neuem erschaffen, indem der Einzelne, der neu in die menschliche Gemeinschaft eintritt, die Opfer der Triebbefriedigung zu Gunsten des Ganzen wiederholt« (Freud 1999, GW Bd. XI, S. 15f).

Bernhard kultiviert seine Bindungstragik durch Theorien über die Einsamkeit des Menschen schlechthin. Hennetmair, ein Realitätenhändler oder Immobilienmakler wie wir sagen, vertrauter Freund, führt über ein Jahr ein heimliches Tagebuch über den Menschen Bernhard. Darin findet sich eine Passage über Bernhards Wunsch nach einer Frau und wie diese sein müsste.

»Thomas erklärte mir, dass er sofort eine Frau nehmen würde, aber die müsste sein wie eine Magd. Über zehn Minuten lang, wie schon öfter, zählt er alles auf, was bei ihm eine Frau nicht machen oder sein dürfte. So eine Frau, wie sie sein Großvater gehabt hat, so eine würde er brauchen. Die hat aufgerieben (wöchentlich den Holzfußboden), konnte Gäste empfangen, erledigte unangenehme Behördengänge, hat gut Briefe geschrieben, hat es erduldet, dass der Großvater eine Woche nichts mit ihr gesprochen hat, ohne nach dem Grund zu fragen, na und drei Kinder haben sie halt gehabt miteinander. Das möchte ich ja auch haben, eine fürs Bett, aber dann hätte ich an allem anderen sicher so viel auszusetzen, dass ich sie am zweiten Tag ausjagen würde. Eine Frau für mich, die gibt es nicht. Oder es wäre alles aus. Ich könnte dann halt nichts mehr schreiben« (Hennetmair 2000, S. 123).

Normalität tötet den kreativen Dichter und Denker, er verliert seine Potenz, wenn er seiner Bindungssehnsucht nachgibt. In seiner Verachtung liegt ein Schutz vor dem Verlust seiner inneren Bilderwelt, seiner inneren Spannung, die ihn antreibt und erregt. Er hat unzählige Worte geboren, unter größten Schmerzen und großer Lust. Er hat sich damit gereinigt, erschöpft, riskiert, verlebendigt.

Schließen möchte ich mit der Bemerkung Freuds:

»[...] und daß der eigentliche Genuß des Dichtwerkes aus der Befreiung von Spannungen in unserer Seele hervorgeht. Vielleicht trägt es sogar zu diesem Erfolge nicht wenig bei, daß uns der Dichter in den Stand setzt, unsere eigenen Phantasien nunmehr ohne jeden Vorwurf und ohne Schämen zu genießen. Hier stünden wir nun am Eingange neuer, interessanter und verwickelter Untersuchungen, aber, wenigstens für diesmal, am Ende unserer Erörterungen« (Freud 1999, GW Bd. VII, S. 223).

Literatur

Bentz, O. (2000): Thomas Bernhard. Dichtung als Skandal. Würzburg (Königshausen und Neumann).
Bernhard, T. (1982): Wittgensteins Neffe. Frankfurt a. M. (Suhrkamp).
Bernhard, T. (1985): Der Schein trügt. Frankfurt a. M. (Suhrkamp).
Bernhard, T. (1986): Der Untergeher. Frankfurt a. M. (Suhrkamp).
Bernhard, T. (1988): Stücke 1. Frankfurt a. M. (Suhrkamp).
Bernhard, T. (1988): Heldenplatz. Frankfurt a. M. (Suhrkamp).
Bernhard, T. (1989): Verstörung. Frankfurt a. M. (Suhrkamp).
Bernhard, T. (1991): Der Theatermacher. Frankfurt a. M. (Suhrkamp).
Bernhard, T. (1993): Gesammelte Gedichte. Frankfurt a. M. (Suhrkamp).
Bernhard, T. (1996): Auslöschung. Ein Zerfall. Frankfurt a. M. (Suhrkamp).
Bernhard, T. (1999): Der Atem. Die Ursache. Der Keller. Die Kälte. Ein Kind. Salzburg und Wien (Residenz).
Bernhard, T. (2001): Holzfällen. Eine Erregung. Frankfurt a. M. (Suhrkamp).
Freud, S. (1999): Gesammelte Werke. Bände IV, VII, VIII, XII, XIV, XVI. Frankfurt a. M. (Fischer).
Hoell, J. (2000): Thomas Bernhard. München (dtv).
Höller, H. (2000): Thomas Bernhard. Reinbek (Rowohlt).
Hennetmair, K. I. (2000): Ein Jahr mit Thomas Bernhard. Salzburg und Wien (Residenz).

Anhang 1
Lebensdaten Thomas Bernhard

1931
Am 9. Februar wird Nicolaas Thomas Bernhard als uneheliches Kind von der ledigen Herta Bernhard in Heesten/Holland geboren. Herta, Tochter von Anna und Johannes Freumbichler, österreichischer Heimatdichter, hatte im Sommer 1930 Österreich verlassen, um in Holland als Dienstmädchen zu arbeiten. N. Thomas Bernhards Vater, Alois Zuckerstätter, ein Tischler, setzt sich nach der Geburt nach Deutschland ab.
Im Herbst '31 bringt Herta ihr Kind zu den Eltern nach Wien. Thomas verbringt folgend viele Jahre seiner Kindheit mit und bei den Großeltern.

1935
Herta kehrt in ihre Heimat zurück und zieht mit ihrer Familie nach Seekirchen im Land Salzburg. Für Bernhard die glücklichsten Jahre seines Lebens, »das Paradies«.

1937/38
Durch Vermittlung Carl Zuckmayrs erscheint Freumbichlers Roman *Philomena Ellenhub*. Die Mutter, nun verehelichte Fabjan, holt den schulpflichtigen Thomas zu sich und ihrem Ehemann, dem Friseurgehilfen Emil Fabjan, nach Traunstein in Deutschland.

1940
Suizid des leiblichen Vaters in Berlin.

1942
Thomas wird in das NS-Erziehungsheim »Steigerwald« verschickt.

1943
Ab Herbst Fortsetzung der Hauptschule in Salzburg – Unterbringung im NS-Schülerheim Johanneum.

1944
Nach schwersten Bombenangriffen auf Salzburg wird Thomas gegen Jahresende nach Traunstein zurückgeholt. Der Großvater drängt auf künstlerische Ausbildung seines Enkels, lässt ihm Geigen-, Zeichen- und Malunterricht erteilen.

1945
Rückkehr nach Salzburg, Besuch des Humanistischen Gymnasiums.

1946
Übersiedlung der nächsten Verwandten, Mutter, Stiefvater und die beiden Halbgeschwister Peter und Susanne, nach Salzburg.

1947
Abmeldung vom Gymnasium, Thomas beginnt eine Kaufmanns-

lehre in der Scherzhauserfeldsiedlung, einem der ärmsten Viertel der Stadt.

1948
Im Oktober Grippe mit anschließender »nasser Rippenfellentzündung«, aus der sich eine Lungentuberkulose entwickelt.

1949
Im Januar wird Großvater Freumbichler ins Krankenhaus eingeliefert, wohin ihm nun der Enkel »folgt«. Anschließende Aufenthalte in Sanatorien und Lungenheilstätten. Im Juli Grafenhof, offene Tuberkulose, hier Bekanntschaft mit Mitpatient, Kapellmeister Rudolf Brändle. Am 11. Februar stirbt der Großvater an einer Nierenkrankheit.

1950
Thomas beginnt intensiv zu lesen und zu schreiben. Im Sommer erscheinen erste kurze Erzählungen unter einem Pseudonym in einer Salzburger Zeitung. Noch in Grafenhof lernt er die 35 Jahre ältere Hedwig Stavianicek kennen, sie wird von nun an bis zu ihrem Tod im Jahre 1984 seinen Lebensweg begleiten. Durch sie erhält der angehende Schriftsteller Zugang zur Wiener kulturellen Szene.

1951
Durch Wohltäter Carl Zuckmayr wird Bernhard Journalist beim Salzburger »Demokratischem Volksblatt«. Fortsetzung der literarischen Arbeit und der Gesangsausbildung.

1955
Bernhard wird wegen eines Artikels über das Salzburger Landestheater wegen Ehrenbeleidigung angeklagt. Seminarbeginn am Salzburger Mozarteum in den Bereichen Schauspiel und Regie. »Zufälligerweise« wohnt er im Johannes-Freumbichler-Weg.

1956
In einer Wiener Literaturzeitschrift, »Stimmen der Gegenwart«, erscheint die Erzählung *Der Schweinehüter*. Inzwischen verfügt Bernhard über ein hilfreiches Netz literarischer Kontakte.

1957
Bernhard lernt den Komponisten Gerhard Lampersberg kennen und wird durch diese Beziehung zum Schreiben avantgardistischer Texte inspiriert.

1960
Bruch der Freundschaft Bernhard/Lampersberg.

1961
Der erste Lyrikband *Frost* wird vom Otto-Müller-Verlag abgelehnt.

Mehr als 140 Gedichte bleiben unveröffentlicht.

1962
Der Titel *Frost* wird nun für den im Sommer fertig gestellten Roman übernommen.

1963
Frost erscheint im Insel Verlag und wird als bedeutendes literarisches Ereignis gewürdigt.

1965
Beginn der »Hauskäufe«, durch den literarischen Erfolg möglich.

1967
Schwere Operation im pulmologischen Krankenhaus in Wien.

1968
Thomas Bernhard erhält den Kleinen Österreichischen Staatspreis, seine Dankrede, wie auch folgende, führen zum Eklat.
Amras,1964 erschienen und zeitlebens sein liebstes Buch, wird im Linzer Landestheater als Ballett aufgeführt.

1970
Erhalt des angesehenen Georg-Büchner-Preises. Erstes abendfüllendes Theaterstück *Ein Fest für Boris* wird im Hamburger Schauspielhaus unter der Regie von Claus Peymann aufgeführt.

1972
Erhalt des von ihm geschätzten Grillparzer-Preises. Bernhard ist sich seines Könnens bewusst und weiß sich zu vermarkten, seine Honorarforderungen sind hoch und werden gezahlt.
Austritt aus der katholischen Kirche.

1974
Die Macht der Gewohnheit wird bei den Salzburger Festspielen uraufgeführt.

1975
Bernhard beginnt mit einer Reihe autobiographischer Schriften, welche mit *Die Ursache* beginnt.

1978
Bernhard ist ausgesprochen produktiv, das Wissen um seine unheilbare Herz- und Lungenkrankheit lässt ihn im Schreiben ein Ventil finden.
Operation am grünen Star in Wels.

1979-88
Neben den Romanen viele Theaterstücke, die Bernhard ausschließlich Peymann zur Aufführung überlässt.
Austritt aus der Deutschen Akademie für Sprache und Dichtung.
Seine Bücher werden zu »Skandal-Kunstwerken«.
Bernhards Halbbruder Dr. Peter Fabjan steht ihm als Leibarzt zur Verfügung, Bernhard besitzt eine

Wohnung neben dessen Praxis in Gmunden.

1989
Seine letzte Publikation ist ein Leserbrief zur Erhaltung der Gmundner Straßenbahn. Am 12. Februar, um sieben Uhr morgens, stirbt Thomas Bernhard im Beisein Fabjans – sein letzter Abend war der vierzigste Todestag seines Großvaters Freumbichler.

Anhang 2
Werkverzeichnis Thomas Bernhard

1957
Auf der Erde

1958
in hora mortis
Unter dem Eisen des Mondes

1959
Die Rosen der Einöde

1963
Frost

1964
Amras
Der Italiener

1967
Verstörung
Prosa

1968
Ungenach

1969
Watten
Ereignisse
An der Baumgrenze

1970
Das Kalkwerk
Ein Fest für Boris

1971
Gehen
Midland in Stilfs

1972
Der Ignorant und der Wahnsinnige

1974
Der Kulterer
Die Jagdgesellschaft
Die Macht der Gewohnheit

1975
Die Ursache
Korrektur
Der Präsident

1976
Der Keller
Die Berühmten
Minetti

1978
Der Atem
Der Stimmenimitator
Ja

*Immanuel Kant**

1979
*Der Weltverbesserer**
*Vor dem Ruhestand**

1980
Die Billigesser

1981
Die Kälte
Ave Vergil
*Über allen Gipfeln ist Ruh**
*Am Ziel**

1982
Ein Kind
Beton
Wittgensteins Neffe

1983
Der Untergeher
*Der Schein trügt**

1984
Holzfällen
*Der Theatermacher**
*Ritter, Dene, Voss**

1985
Alte Meister

1986
Auslöschung
*Einfach kompliziert**

1987
*Elisabeth II**

*Claus Peymann kauft sich eine Hose und geht mit mir essen**

1988
*Der deutsche Mittagstisch**
*Heldenplatz**

1989
In der Höhe

* = Theaterstücke

Gewalt in der psychosozialen Entwicklung

Gewalt in der Adoleszenz – Sackgassen in der Entwicklung

Werner Bohleber

Überblick über adoleszente Entwicklungsprozesse

Durch die physische sexuelle Reifung, die plötzlich einsetzende und zunehmende Veränderung des Körpers und die dadurch erlangte Fähigkeit zur genital sexuellen Beziehung wird die seelische Organisation des Adoleszenten einer umfassenden Transformation unterworfen. Die Sexualität gilt es in das Körperbild, in die Selbstrepräsentanz und in die künftigen Objektbeziehungen zu integrieren und der Jugendliche muss sich auf den Weg machen, neue Liebesobjekte zu finden. Voraussetzung dafür ist die Auflösung der infantilen seelischen Bindung an die Primärobjekte, worin auch eine Ablösung von der Autorität der Eltern und damit die Reorganisation von Über-Ich und Ichideal eingeschlossen ist. Auf dem Weg zu einer zweiten Individuation werden die unterschiedlichen infantilen Identifizierungen auf neue Weise wahrgenommen, akzeptiert oder verdrängt und allmählich zu einer einigermaßen konfliktfreien Identität zusammengefügt und verschmolzen. Auf diesem Wege helfen die neuen sexuellen Triebenergien die Verdrängungsschranke zu lockern und alte, unbewusst gemachte präödipale und ödipale Wünsche und Phantasien wieder ins Bewusstsein zu bringen. In ähnlicher Weise aktualisiert der Wiederholungszwang alte traumatische Erfahrungen und Residuen und bringt sie zum Austrag.

Aber nicht nur der sexuelle Körper ist es, der den Adoleszenten herausfordert und bedroht, wie vor allem Moses und Eglé Laufer (1989) betonen, sondern auch ein Körper, der in neuer Weise zur Ausübung von Aggression und Gewalt fähig geworden ist, worauf besonders Henri Parens (1986) hinweist. Nicht nur die Genitalien, sondern auch das Wachstum der Muskulatur haben den Körper zu einem Vehikel gemacht, der die eigenen ödipal-libidinösen aber auch aggressiv-destruktiven Wünsche verfolgen kann. Er ist zu einer aktiven Kraft geworden, mit der sexuelle und aggressive Phantasien umgesetzt und entsprechende Handlungen ausgeführt werden können.

Auf diese Weise kann die Reaktualisierung von Abkömmlingen infantiler unbewusster Phantasien das Ich des Adoleszenten bedrohen, vor allem wenn inzestuöse und aggressiv-mörderische Impulse ins Bewusstsein einbrechen. Gleichzeitig entsteht dadurch auch die Möglichkeit, bessere und andere Lösungsmöglichkeiten für die infantilen Konflikte und Traumatisierungen zu suchen und zu finden. Ein glückender adoleszenter Entwicklungsprozess ist ein komplexer Balanceakt. Der Jugendliche muss bei der Auseinandersetzung mit der genitalen Sexualität einen Weg finden, auf dem nur die inzestuösen Wünsche und Impulse wieder verdrängt werden, die Sexualität mit anderen Liebesobjekten aber lustvoll freigegeben wird. Ebenso muss er sich von der Autorität der Eltern ablösen, was bedeutet, die Elternbilder zu deidealisieren, ohne sie aber ganz zu verwerfen. Sie müssen als Identifizierungsobjekte erhalten bleiben. Es darf, wenn man es so ausdrücken will, nur zu einem symbolischen partiellen Elternmord kommen.

Auf diesem Wege zu einer gelingenden seelischen Integration ist die adoleszente Psyche vielen Risiken ausgesetzt, die in Sackgassen oder in Zusammenbrüche der Entwicklung mit selbst- und fremddestruktiven Handlungen führen können. Inwieweit der adoleszente Entwicklungsprozess in sich selbst pathogene Züge aufweist oder ob es ausschließlich die pathogenen Vorläufer sind, die dem Prozess einen pathologischen Verlauf geben können, ist ein komplexes Problem und letztlich eine Frage der Gewichtung. Dem aufmerksamen Beobachter zeigt das adoleszente Erleben und Verhalten häufig ein doppeltes Gesicht. Es hat sowohl eine progressive, entwicklungsfördernde und stabilisierende Funktion als auch eine regressive, die Entwicklung fixierende Wirkung. Dieselbe seelische Erscheinung trägt zumeist Züge von beiden, was ihren spezifischen Charakter von Gefährdung ausmacht. Dies gilt insbesondere für den adoleszenten Narzissmus und für die adoleszente Gruppenbildung, mit denen ich mich etwas ausführlicher beschäftigen möchte.

Narzisstisches Verhalten und vor allem Größenphantasien haben in der Adoleszenz eine wichtige Brückenfunktion. Löst sich der Jugendliche von seinen infantilen Bezugspersonen, entbehrt sein Ich die Unterstützung durch die Eltern, die bisher als Hilfs-Ich fungierten. Die elterliche Stütze wird ersetzt durch den Rückhalt in Gruppen von Gleichaltrigen und durch Größenphantasien und Tagträume. Sie haben in dieser Zeit eine wichtige Überleitungsfunktion, bis das Selbstwertgefühl durch reale Gratifikationen und Beziehungen zunehmend gefestigt wird. Objektsuche und Einbindung in die Realität gesellschaftlicher Strukturen haben deshalb eine anti-narzisstische Funktion. Metaphorisch gesprochen führen sie dazu, die Größenphantasien und Tagträume »abzuschleifen«. Sind aber die Entwicklungs- und

Ablösungskonflikte für den Adoleszenten nicht lösbar und ist der infantile Narzissmus nicht durch eine adäquate Lösung des Ödipus-Konfliktes gemildert worden, so kommt es oft zu einer kompensatorischen Fixierung auf die Tagträume und Größenphantasien. Vor allem wenn das voradoleszente Selbst durch Kränkungen, Missachtungen und andere traumatische Erfahrungen fragil geworden ist, kann die Brückenfunktion des Narzissmus überfordert sein. Der Stütz- und Fluchtpunkt des Narzissmus, der an sich einen Entwicklungsspielraum bedeutet, wird dann zu einer Sackgasse, die, wenn sie nicht mehr verlassen werden kann, sich zu einem psychopathologischen Erscheinungsbild auswächst. Zu beobachten ist dann vielfach die Ausbildung eines pathologischen Größenselbst, das sich keiner realen Bestätigung mehr aussetzen kann, sondern mehr und mehr durch archaisch-destruktive Affekte gesteuert wird. Ladame (1995) betont in diesem Zusammenhang, dass die Auflösung der alten inzestuös-libidinösen Bindungen und die in sich labile Re-Narzissisierung der adoleszenten Entwicklungsposition zu einer Verstärkung der Anteile des Todestriebes führe. Denn erst mit dem Beginn der Pubertät werde die freiwillige und systematische Selbstzerstörung zum Problem.

Der Adoleszente benötigt die Zugehörigkeit zu Gruppen von Gleichaltrigen, um die seelischen Veränderungen durch sexuelle Triebreifung und Loslösung von den Eltern zu bewältigen und neue Ichfähigkeiten und Wertsetzungen entwickeln zu können und seine kulturelle Einbindung zu fördern. Subkulturelle Milieus werden so zu Experimentierfeldern, was zu rasch wechselnden Zugehörigkeiten und Identifizierungen mit den unterschiedlichsten Gruppen führen kann. Diese Gruppen entfalten ihre eigenen spezifischen Verhaltensnormen, zu denen oft eine aggressive Herausforderung der Erwachsenenwelt gehört. Die Grenzen zu Antisozialität und Delinquenz sind bekanntlich in der Adoleszenz fließend. Nicht erst jetzt, sondern schon vor längerer Zeit ist in der Literatur beschrieben worden (Buxbaum 1969), wie in adoleszenten Gruppen der Drang etwas Aggressives zu tun zu plötzlichen Ausbrüchen und Randaliereien führt, die ohne bewusste Zielsetzung ausagiert werden. Je nach Gruppe kann hier manches entgleisen. Die Wertschätzung von Gewalthandlungen und brutaler Männlichkeit wird dann zur Gruppennorm und dient der Schaffung von Macht und Ansehen. Jugendliche loten durch Grenzüberschreitungen und radikale Provokationen aus, wie weit sie gehen können und fordern damit eine Begrenzung heraus, die sie auf die Dauer nicht umgehen können, sondern benötigen, um sich daran zu orientieren und sie dann zu verinnerlichen. In dieser Hinsicht kann man von einer Container-Funktion der Gesellschaft für die Entwicklung der Jugendlichen sprechen. Eine besondere Bedeutung kommt bei der Gruppenbildung den Gruppenideologien zu, mit denen ich mich im nächsten Kapitel beschäftigen möchte.

Gewalttätige Ideologien als Sackgasse adoleszenter Entwicklung

Vorweg möchte ich einige Anmerkungen zur Entwicklung aggressiver Affekte machen. Nach Kernberg (1997) gründet die Entwicklung von Libido und Aggression in den lustvollen und unlustvollen frühen Erfahrungen, die sich jeweils aus Einheiten von Selbst- und Objekt-Interaktionen unter Führung eines leitenden lustvollen oder unlustvollen Affektes ausbilden. Nach Parens (1991) haben wir von einer angeborenen Tendenz auszugehen, sich zu behaupten, ein Ziel zu erreichen, Widerstände zu überwinden und etwas unter Kontrolle zu bringen. Feindselige Destruktivität ist demnach nicht angeboren, sondern die selbstbehauptende Aggression wird durch exzessive unlustvolle Erfahrung in Destruktivität verwandelt, die sich zunächst beim Säugling als Irritabilität zeigt, dann zu Ärger und Feindseligkeit wird, um sich in der zweiten Hälfte des zweiten Lebensjahres in Hass zu transformieren, zu dem sich weitere destruktive Affekte wie Sadismus, Masochismus, Neid und Rache gesellen. Das Kleinkind kann sich von einem akuten affektiven Zustand noch nicht distanzieren, so dass ein gehasstes Objekt auch ein hassenswertes Objekt ist und nicht unabhängig von diesem Gefühl bewertet werden kann. Die Gefühle kleben sozusagen am Objekt und sind für das Kind nicht Ausdruck seines inneren Zustandes. Die Reversibilität der Affekte wird erst später mit der Fähigkeit zum konkreten operationalen Denken erworben (Hauser u. Smith 1991). In der Adoleszenz wird mit dem Erwerb des abstrakten Denkens, der erweiterten Zeitperspektive und der größeren Fähigkeit zu reflektieren die Möglichkeit geschaffen, von seinen Gefühlen zurückzutreten, sich selbst und andere zu beobachten und daraus Schlüsse zu ziehen. Die so entstehende Reflexion führt zu einer Aneignung der eigenen Lebensgeschichte sowie von zentralen affektiven Erfahrungen. Mit diesen Fortschritten der kognitiven Entwicklung erhält der Affekt eine komplexere Bedeutung. Der Adoleszente ist in der Lage, »scripts« und Begründungen für Gefühle zu bilden. Nun kann sich Hass zum Ressentiment weiterentwickeln und ideologische Elemente mit einschließen.

Mit dem abstrakten Denken wird auch die Fähigkeit zur Ausbildung einer Weltanschauung erworben. Weltanschauung und politische Ideologien haben eine besondere Bedeutung in der adoleszenten Identitätsbildung. Sie sind eine der Erweiterungen, deren Erwerb und Ausgestaltung den Jugendlichen über die Familie hinausführt und in das gesellschaftliche Leben integriert. Die Weltanschauung ist ein Amalgam von gesellschaftlich vorgegebenen Denk- und Urteilskategorien, kollektiv phantasmatischen Inhalten und den ganz persönlichen affektgeladenen Erfahrungen aus der eigenen Lebensgeschichte sowie deren unbewussten Anteilen. Der Jugendliche benötigt eine solche Verlagerung und Verschiebung seiner inneren konfliktgeladenen Auseinandersetzung mit den mächtigen Eltern-Bildern nach außen, um den Kreis der Familie und damit der infantilen Identifizierungen zu verlassen, eigenständige Lösungen zu finden und neue Identifizierungen in seine Identität zu integrieren. Nun eignen sich politische Ideologien in besonderer Weise zur Externalisierung von inneren unlösbaren Konflikten des Jugendlichen. Ein inneres Drama wird auf die äußere Bühne verlagert. Geeignet sind dafür vor allem Ideologien, die ein manichäisches Weltbild haben und ein Freund-Feind-Denken mit eindeutigen Gut- und Böse- Zuschreibungen aufweisen. Diese Weltbilder sind in ihrer Bedeutung für die Entwicklung des Jugendlichen doppeldeutig. Einerseits hilft die jugendliche Entschiedenheit, Kompromisslosigkeit und das Entweder-Oder-Denken sich loszureißen und eigene Standpunkte einnehmen zu können, andererseits besteht die Gefahr, daran fixiert zu bleiben. Dies droht vor allem, wenn massive Hass- und Enttäuschungsgefühle vorhanden sind, die soziale Einbindung nicht funktioniert und der Jugendliche sich entwertet fühlt. Dann liefern politische Ideologien der jugendlichen Persönlichkeit Denk- und Handlungswege, die ihm als Ausweg aus unlösbar erscheinenden Problemen imponieren, aber den Weg zu einer reifen Individuation abschneiden. Anstatt sich selbst daran abzuarbeiten, definiert nun die Ideologie bzw. die Gruppe, die sie vertritt, was richtig und was gut oder böse ist. Die Gruppennormen treten an die Stelle eines individualisierten Über-Ichs. Die adoleszente Entwicklung droht dadurch kurzgeschlossen zu werden und in eine Sackgasse zu geraten. Der schmerzhafte Weg zur Individuierung unterbleibt und reife seelische Kompromisslösungen, Amalgamierungen von Gut und Böse und das Ertragen von Ambivalenzen werden damit verhindert. Stattdessen unterliegt sowohl die innere als auch die äußere Welt einer Spaltung. Auf der einen Seite existieren ideale geliebte Objekte, zu denen man gehört und die man besitzen will, auf der anderen Seite befinden sich Hassobjekte, auf die schwache, ängstliche und verachtete Selbstanteile projiziert, verfolgt und zerstört werden können.

Das gilt nicht nur für die Weltanschauung, sondern auch für gewaltbereite Cliquen und Jugendgangs. Hier wird eine inkonsistente und widersprüchliche Gruppenideologie häufig durch gewalttätiges Handeln in ihrer »Wahrheit« gesichert. Umwertungen finden statt, durch die sich Jugendliche, die sich als »Verlierer« empfinden zu »Siegern« machen. Dabei werden unerträgliche Erfahrungen, Affekte und Ängste auf das äußere Objekt projiziert, um sie dort gewaltsam zu bekämpfen. So kann die jugendliche Gewalt dazu dienen, schwache, verachtete, hilflose und beschämende Selbstanteile in dem angegriffenen Opfer zu zerstören, um selbst frei davon zu werden und in sich nur noch ein starkes Selbstbild zu dulden. Wird diese Art der Selbstkonstituierung nicht aufgehalten, so ist der Adoleszente in Gefahr, den inneren Kontakt mit den projizierten, schwach, hilflos und beschämend erlebten Anteilen vollständig zu verlieren. Die entstehende innere Leere wird dann mit künstlichen Versatzstücken gefüllt, wozu sich Gruppenideologien, aber vor allem auch rechtsradikale politische Weltanschauungen hervorragend eignen. Der adoleszente Entwicklungsprozess gerät dadurch in eine Sackgasse oder wird abgebrochen. In der Vorgeschichte dieser Adoleszenten finden sich oft traumatische Kindheitserlebnisse, Verlassenheitserfahrungen, Vernachlässigung, Misshandlung, fehlende Väter und unlösbare sadomasochistisch strukturierte Beziehungen zu den Müttern.

Bewahrung des Selbst und Gewalt

Eben habe ich schon den Zusammenhang von projektiver Identifizierung, Gewalt und Selbstbehauptung angesprochen. Diese innere Dynamik von Selbstbewahrung und Gewalt möchte ich noch näher betrachten, beginne aber zunächst mit einigen empirischen Befunden. Neuere sozialwissenschaftliche Forschungen zeigen, dass viele Kinder schon früh Gewalterfahrungen machen mussten (Wetzels 1997). 75 % der Befragten gaben an, dass sie als Kinder elterlicher Gewalt ausgesetzt waren, und 22 %, dass sie Zeugen physischer Gewalt der Eltern untereinander wurden. Darunter befinden sich 10 % Befragte, die von ihren Eltern nicht nur gezüchtigt, sondern regelrecht misshandelt worden sind. Kinder, die massiv und anhaltend Gewalt erfahren haben, lernen diese als einen Weg zu nutzen, Konflikte zu lösen und den Gebrauch von Gewalt zu rationalisieren. Es gehört zu den gesicherten Ergebnissen der empirischen Forschung, dass durch Gewalt viktimisierte Kinder später als Jugendliche oder Erwachsene viel wahrscheinlicher gewalttätig werden als andere. Jugendliche, die im Laufe ihrer Sozialisation Opfer elterlicher Gewalt wurden, weisen eine überproportionale Neigung zur Gewaltkriminalität auf, besonders bei schwerer und wiederholter Misshandlung. Für viele dieser Jugendlichen wird die Ausübung von Gewalt zum Mittel, ihre durch Wehrlosigkeit, Ohnmacht, Angst und Missachtung geprägte Lebensgeschichte und ihr negatives Selbstbild zu wenden und sich über die Gewaltbereitschaft neu zu definieren und zu schützen. Ihr vulnerables Selbst ist leicht geneigt, in anderen projektiv Missachtung und Beschämung ihrer Person zu entdecken und darauf gewalttätig zu reagieren. Was in diesen Fällen in den Blick kommt, ist die defensive Rolle von Aggression und Gewalt zum Schutz einer fragilen Selbstrepräsentanz und Identität.

Bevor ich dies weiter verfolge, möchte ich kurz zwei unterschiedliche theoretische Ansätze in der psychoanalytischen Gewaltforschung darstellen.

1. Einige der neueren Theorien zur Gewalt greifen auf Freuds erste Triebtheorie und die Selbsterhaltungstriebe zurück. Sie unterscheiden eine Gewalt, die der Selbsterhaltung dient, von einer erotisierten Aggression und dem Sadismus. Hat letzterer ein Objekt im engeren Sinne, so fehlt dieses bei der selbsterhaltenden Gewalt. Das Objekt taucht dabei nur als »Nicht-Ich« auf (Bergeret 1996; Oliner 2001) und es herrscht eine völlige Indifferenz gegenüber dem Schicksal des Objektes vor, auch fehlt jede sadistische Lust an der Zerstörung. Melvin Glasser (1995) spricht von einer »self preservative violence«, die als biologisch vorprogrammiertes primitives Reaktionsmuster bei Gefahr für die narzisstisch-dynamische Balance und die Autonomie des Selbst ausgelöst wird. Zum Kernkomplex dieser Gewalt gehören Ängste vor psychischer Überwältigung, Entwertung, Vernichtung und Verlassenheit.

2. Andere theoretische Ansätze nehmen ihren Ausgangspunkt bei Bion, der die Evakuierung, d. h. die Ausstoßung negativer seelischer Inhalte durch projektive Identifizierung in die psychoanalytische Theorie eingeführt hat. Gewalt ist hier der Ausdruck eines nicht-mentalisierten Drangs, zu handeln, der auf einem Mangel an Fähigkeit zu symbolisieren beruht. Ein bedrohlich-unerträgliches Erleben, das aber nicht als mentalisierter Gedanke oder als Phantasie vorhanden ist, wird aus der Psyche ausgestoßen, in einem anderen Menschen projektiv untergebracht, um dann dort bekämpft oder ausgeschaltet zu werden. Das der Gewalttat zugrunde liegende Empfinden ist insofern nicht als ein Gedanke im psychischen Raum repräsentiert, sondern die externe Realität wird als Ersatz für den psychischen Raum genutzt. Das kann der eigene Körper oder der eines anderen sein.

Ich möchte diese Dynamik ungenügend mentalisierter innerer Zustände in Verbindung mit Hassaffekten noch eingehender darlegen. Maltsberger und Buie (1980) verstehen die Suizidhandlung als eine Folge gestörter Internalisierung, gekennzeichnet durch eine ungenügend tragfähige Selbstintegration und ein gespaltenes inneres Leben. Das Selbstbild ist nicht so weit kohärent, dass es alle internalisierten Repräsentanzen von Selbstzuständen umfassen könnte. Vor allem hoch mit Hass besetzte Teile sind unvollständig integriert als Folge ungenügender tröstender Präsenz von inneren guten Objekten, die für die seelische Stabilität und mentale Ruhe von so großer Bedeutung sind. Um die daraus resultierende innere Spannung zu ertragen, wird zum einen der physische Körper vom psychischen Selbst abgespalten und zum anderen der gehasste Teil mit ihm identifiziert. Der Suizidimpuls ist dann als ein Wunsch zu verstehen, diesen unerträglichen Teil los zu werden, was aber nicht als gänzliche Selbstvernichtung erlebt wird. In der Phantasie, die dem zugrunde liegt, wird das gehasste, verschlingende oder im Stich lassende Primärobjekt auf den Körper projiziert. Indem er umgebracht wird, ist das überlebende Selbst befreit, um mit der abgespaltenen, desexualisierten, aber omnipotent befriedigenden Mutter zu verschmelzen (Campbell 1995, S. 316).

Ein mörderischer Angriff auf andere kann ebenfalls einer solchen inneren Dynamik entstammen. Stets steht eine nicht tragfähige Integration des Selbst im Zentrum, die durch eine von Hass induzierte Spannung zwischen Introjekten, besonders zwischen Über-Ich und Selbstrepräsentanz, gekennzeichnet ist. Die daraus gespeiste Projektion, Verschiebung und Externalisierung von Selbstanteilen kann zu einer Vielfalt von Gewaltphänomenen führen (Asch 1980). Nun fällt es nicht schwer zu entdecken, dass diese seelische Dynamik, die für eine spezifische Gruppe von Erwachsenen beschrieben worden ist, in hohem Maße auch für die Entwicklungszeit der Adoleszenz gilt, mit ihrer noch ungenügend stabilisierten und affektiven Spannungen ausgesetzten Integration des Selbst.

Warum diese von Maltsberger u. a beschriebenen Patienten solche unvollständigen mentalen Strukturen aufwiesen, war in den achtziger Jahren noch unklar. Inzwischen wissen wir durch die Forschungen zur Mentalisierung mehr darüber. Fonagy und Target (1995; 2001) zeigen, dass bestimmte Formen unvollständiger Integration des Selbst auf eine ungenügende Mentalisierung psychischer Realität zurückgehen. Sie unterscheiden ein »prereflective self« von einem »reflective« oder »psychological self«. Solchen Patienten fehlt ein verinnerlichter Dialog, der es ermöglicht, innere Erfahrungen als solche zu repräsentieren. Diese mentale Funktion entsteht dadurch, dass die Mutter den inneren Zustand des Kindes erfasst und ihn ausdrückt, d. h.

mit Bedeutung versieht und dem Kind zurückspiegelt. Geschaffen wird damit eine Repräsentanz zweiter Ordnung, sozusagen eine Meta-Repräsentation der ersten unmittelbaren Erfahrung sowie die Vorstellung eines intentionalen Selbst. Vor allem bei depressiven oder narzisstischen und misshandelnden Müttern oder Vätern misslingt dieser Spiegelprozess häufig. Dann wird nicht die eigene Erfahrung des Kindes gespiegelt durch die Mutter internalisiert, sondern der Zustand der Mutter direkt. Das führt zu Fremdkörpern im Selbst, die nicht integrierbar sind und häufig wie eine fremde innere Stimme erlebt werden. Oft in einem dissoziierten Zustand, suchen solche Menschen verzweifelt danach, sich selbst zu spüren und zu finden und sich von den inneren Fremdkörpern zu befreien, indem sie diese externalisieren und mit Gewalt bekämpfen.

So baut sich vor Gewaltakten zunächst eine unerklärliche Spannung und Wut auf. Unerträgliche Gedanken und Gefühle, vor allem aus dem Bereich von Scham und Demütigung, werden dabei wie eine physische Realität erlebt. Ein potentielles Opfer ist dann derjenige, der irgendwie, oft nur durch einen Blick, eine Geste oder ein falsches Wort, Anlass bietet, diese unerträglichen Gefühle und Gedanken in ihn hinein zu projizieren. Indem man ihn angreift, sucht man sie dort auszulöschen, um selbst frei davon zu werden. Theoretisch gesprochen heißt dies: der mentale Innenraum dieser Menschen ist nicht genügend ausgebildet. Die eigene Erfahrung, nur diffus oder gar nicht als eigene begriffen, wird in den eigenen Körper oder in eine andere Person als Container hinein projiziert, um erfahren werden zu können.

Steht bei diesem Erklärungsansatz von Gewaltphänomenen eine ungenügende seelische Strukturierung im Sinne einer mangelnden Selbstreflexion im Mittelpunkt, so sind es bei einem anderen Erklärungsmuster gewalttätige Objektbeziehungen, die sich als Täter-Opfer-Identifizierungen niederschlagen. Zugrunde liegen hierbei in der Regel schwere Traumatisierungen.

Täter-Opfer-Strukturen

In der sozialwissenschaftlichen Literatur werden für jugendliche Gewalttäter, die selbst als Kinder misshandelt und vernachlässigt worden waren, so genannte »turning point experiences« (Denzin, zit. n. Sutterlüty 2001, S. 129) beschrieben, bei denen diese Jugendlichen in der Art einer »epiphanischen Erfahrung des Rollentausches« vom Opfer zum Täter werden. In der ersten Gewalttat erleben sie schlagartig die Möglichkeit, ihre eigene kindliche Opfergeschichte zu beenden und zu einem neuen Verständnis ihrer selbst durchzubrechen (Sutterlüty 2001, S. 130). Zur Aufklärung dieser »turning points« können wir psychoanalytisch einiges beitragen. So sind die Identifizierungsprozesse mit dem Täter, wie sie in der traumatisierenden Situation stattfinden, vielfältig beschrieben worden. Ich möchte einige Aspekte herausgreifen.

Das Problem bei allen Traumatisierungen besteht darin, dass die eigene Wut und Aggression durch die traumatische Situation der Hilflosigkeit und Ohnmacht keinen Ausdruck finden kann. Kernberg (2000) beschreibt die Auswirkung auf die unbewussten internalisierten Objektbeziehungen. Der Wutaffekt und der Schmerz, den das Selbst erfährt, wird mit der Objektrepräsentanz kontaminiert und dem äußeren Objekt, in diesem Fall dem Täter, zugeschrieben, der dadurch noch hassvoller und sadistischer erlebt wird. Diese dominierende internalisierte Beziehung tendiert später dazu, mit vertauschten Rollen in Handlung umgesetzt zu werden, das Opfer wird dann zum Täter. Krause (2001) spricht von Prozessen der Desidentifizierung, die häufig bei beschämten traumatisierten Opfern einsetzen und diese zu Tätern werden lassen. Ihr beschämtes Opfer-Selbst erscheint ihnen als unerträglich. Es wird dann in neue Opfer hinein externalisiert und dort in Identifizierung mit dem Täter bekämpft und vernichtet.

Stephen Rush (2000) hat eine andere Sicht auf diese Identifizierungsprozesse entwickelt. Er versucht die Mechanismen bestimmter Formen von destruktivem Narzissmus als Notfallreaktion auf ein primäres traumatisches Desaster zu erklären. Im Augenblick von Misshandlung oder anderer Traumatisierung geht das Vertrauen und jedes Sicherheitsgefühl verloren. Um die Situation psychisch zu überleben, wird das traumatisierende Objekt an die Stelle eines guten beschützenden Primärobjektes gesetzt. Außerdem führt die Tendenz des Kindes zu anthropomorphisieren dazu, dass der Schmerz und alle alarmierenden Gefühle als innere Angreifer und als Feind erlebt werden. Das Kind forme daraus ein »feeling object«, das sich zusammen mit dem idealisierten Täterintrojekt zu einem destruktiven inneren Objekt verbinde, mit dem sich dann das kindliche Selbst identifiziere. So findet im Moment des Schmerzes, des Terrors und der Todesangst eine Verschmelzung des Selbst mit einer omnipotent erlebten Destruktivität statt. Auf der inneren Bühne agieren dann zwei Imagines: das hilflose Selbst, das verlassen worden ist und die tödliche Figur, die das hilflose Selbst angreift und sich als Herrscherin über Schmerz und Schrecken geriert.

In den folgenden letzten beiden Kapiteln möchte ich mich mit protektiven Faktoren beschäftigen, zunächst mit äußeren institutionellen und dann mit inneren seelischen, die es ermöglichen bei schweren adoleszenten Krisenphänomenen nicht aus der Bahn geworfen zu werden.

Die Bedeutung von sozialen Institutionen für die jugendliche Entwicklung

Die psychoanalytische Untersuchung jugendlicher Entwicklungsverläufe zeigt zum einen wie innere Probleme eine äußere Einbindung in gesellschaftliche Strukturen und Institutionen verunmöglichen, zum anderen aber auch, wie eine spezifische soziale Umwelt oder ein mangelnder Außenhalt eine seelische Regression auf archaische Befriedigungs- und Funktionsweisen bewirkt. Massive anhaltende Enttäuschung von Lebensperspektiven sind im Jugendalter von verheerender Bedeutung für den Entwicklungsprozess, da sie das Ich des Jugendlichen hilflos und ohnmächtig machen, depressiven Sinnlosigkeitsgefühlen den Weg ebnen und Hass, Wut und Gewalttätigkeit erzeugen.

Sozialwissenschaftlich ist vielfach die Zermürbung der klassischen Sozialisationsinstanzen, vor allem von Familie und Schule und die Zersetzung der traditionellen Moral festgestellt und als eine Folge die Rückkehr der Gewalt in den Alltag der zivilisierten Gesellschaft beschrieben worden. Etwas allgemeiner kann man psychoanalytisch davon sprechen, dass die Containerfunktion der Gesellschaft für Entwicklungsprozesse als löchrig und beschädigt anzusehen ist. Ich möchte ein kurzes Beispiel geben. Einer meiner jugendlichen Patienten schilderte, wie er als Schulanfänger aufgedreht agierte, störte und sich nicht einordnen konnte und wie wichtig es ihm war, die Aufmerksamkeit seiner Lehrer zu erringen. Er wurde rasch zum Außenseiter und zum Objekt körperlicher Gewalt vor allem von ausländischen Mitschülern, die ihm in Pausen und nach Schulschluss auflauerten und ihn schlugen, traten oder auch zusammenschlugen, was sich ständig über mehrere Jahre wiederholte. Die Eltern waren hilflos und ihre zaghaften Versuche, in der Schule zu intervenieren, halfen nichts. Die besondere Verzweiflung des Jungen daran, dass nie einer der Lehrer eingeschritten sei, ist noch heute von besonderer Valenz, wenn er sich immer wieder fragt: »weshalb wurde das zugelassen, weshalb ist niemand eingeschritten«. Mit zehn Jahren machte er aus einem Gefühl der Sinnlosigkeit seines Lebens heraus einen ersten Suizidversuch. Er gab es auf, normal sein zu wollen und Anerkennung zu bekommen und schloss sich rechtsradikalen Gruppen an, die sich auch als Außenseiter fühlten und ihm ein Gemeinschaftsgefühl vermittelten. Wenig später begann er Drogen zu nehmen. Jetzt war er jemand, der plötzlich zumindest von einigen Lehrern in der Schule Aufmerksamkeit und Zuwendung bekam. Ich kann seine weitere Entwicklung hier nicht schildern. Aber noch heute leidet er unter massivem Hass und mörderischen Gewaltphantasien, die er generalisiert gegenüber der Gruppe seiner ehemaligen Peiniger hat und von denen er befürchtet, sie nicht mehr unter Kontrolle halten zu können.

In einer detailgenauen Untersuchung des Schulmassakers von Littleton in Colorado im Jahr 1999 beschreibt Stuart Twemlow (2000), wie die beiden Täter bis ca. ein Jahr vor der Tat sozial integriert in vollständigen kleinbürgerlichen Familien aufgewachsen waren. Nach einer narzisstischen Kränkung durch eine Zurückweisung beim Militär – einer der beiden wurde nicht bei den Marines aufgenommen –, entwickelten diese Jugendlichen in dem Jahr vor der Tat extreme antiamerikanische und neonazistische Haltungen und idealisierten ihre Außenseiterrolle. Sie waren Teil einer Clique, die in dem Jahr vor der Tat zunehmend zur Zielscheibe einer anderen Gruppe von Schülern wurde, die sehr sportlich waren, in der Schule ein hohes soziales Ansehen genossen und sich darauf fixierten, diese Clique zu schikanieren, mit allen möglichen Mitteln zu tyrannisieren und zu schlagen. Dies begünstigte bei den beiden späteren Tätern eine fortschreitende innere Desintegration und einen Rückzug in eine Welt mit brutalen Video-Games. Sie hantierten mit Waffen und Sprengstoff, idealisierten Tod und Töten. Weder die Eltern noch die Lehrer oder die Schulleitung nahmen diese Zeichen schwerer Desintegration ernst, die Verleugnung erschien nachträglich gesehen kaum begreiflich. Mitschüler fühlten sich hilflos und hatten selbst Angst, Opfer zu werden. Twemlow zeigt wie Täter, Opfer und Zuschauer dialektisch aufeinander bezogen waren, weil sie sich gegenseitig projektiv mit schlechten abgelehnten Selbst- und Objekt-Repräsentanzen identifizierten. Auch stachelte die Demütigung der Opfer die sadistische Erregung der Täter immer mehr an. Das ganze soziale System der Schule war zunehmend in einen unbewussten regressiven Abwehr-Prozess von Angst, Rationalisierung und Verleugnung geraten, der die schweren Viktimisierungsvorgänge möglich machte, die dann zu der tödlichen Gewalt führten.

Auch Twemlow gebraucht Bions Container-Modell mit seiner Funktion, unerträgliche Affekte in sich aufzunehmen und dann gemildert und gefiltert zur Identifizierung wieder zurückzugeben. Psychoanalytisch kann damit die hohe Bedeutung beschrieben werden, die soziale Institutionen für die individuelle Entwicklung haben. Wenn eine Gemeinschaft, wie die Schule, Aggression und Gewalt nicht aufnehmen, mildern und transformieren kann, die in den Interaktionen von Schülern untereinander und mit den Schulinstanzen ausagiert wird, so reinternalisieren sehr wahrscheinlich viele Schüler das Bild einer furchterregenden Umwelt, die bestimmt ist durch Sinnlosigkeit, sowie durch ein Fehlen von mitfühlender Gegenseitigkeit und Hilfsbereitschaft. Dies kann ein persistierendes Gefühl der Schutzlosigkeit nach sich ziehen, verbunden mit einem labilisierten inneren Zustand, in dem sich die Vorstellung einer bevorstehenden Katastrophe mit Täter-Opfer-Strukturen mischt und eine Präokkupation mit Gewaltphantasien zur Folge hat.

Adoleszenz und Resilienz

In der analytischen Behandlung von Erwachsenen begegnen wir in den Schilderungen mancher Patienten einer Adoleszenz mit schwer regressivem Verhalten oder einem massiven Ausagieren und ernsten psychopathologischen Symptomen, exzessivem Drogen- und Alkoholmissbrauch, promiskuitivem Verhalten und einer an der Grenze zur Antisozialität agierenden Cliquenbildung. Die Patienten sahen sich selbst in jener Zeit als massiv gefährdet an und drücken ihre Verwunderung aus, dass sie nicht auf die schiefe Bahn geraten sind, sondern zu einer einigermaßen stabilen seelischen und sozialen Integration gefunden haben. In anderen Fällen dagegen kam es zu einem Zusammenbruch der adoleszenten Entwicklung mit einer entsprechenden permanenten psychopathologischen Organisation.

Die Unsicherheit, wie die Schwere adoleszenter Pathologie einzuschätzen sei, ließ manche Analytiker auch vom Borderline-Charakter der adoleszenten Entwicklungsphase sprechen. Sie gilt es auch im Auge zu behalten, wenn wir es mit jugendlichen Gewaltphänomenen zu tun haben. Wir sind leicht geneigt, auf schockierendes jugendliches Verhalten mit Abwendung zu reagieren, anstatt dessen Appellcharakter zu sehen, die Auseinandersetzung aufzunehmen und Grenzen zu setzen. Das heißt auch, diagnostisch genau hinzusehen, ob es sich um impulsive Handlungen handelt, die mit einer Spannungsabfuhr zu tun haben und aus primitiven projektiven Abwehrmechanismen resultieren oder um ein spezifisches adoleszentes *acting out*, wie es etwa Peter Blos (1963) so eindrücklich beschrieben hat. *Acting out* kann in diesem Fall der Versuch sein, eine besondere Erfahrung der Wiederbegegnung zu machen, bei der ein Aspekt der gegenwärtigen Realität es erlaubt, an eine traumatische Vergangenheit anzuknüpfen, sie wiederzubeleben und ihr, wenn möglich einen anderen Ausgang zu geben. So gesehen kann ein Ausagieren und ein unangepasstes und aggressives bzw. gewalttätiges Verhalten einer psychischen Restitution dienen. Was hier auftaucht, sind verborgene, nicht an der Oberfläche erkennbare psychische Vorgänge, die eine gestörte Entwicklung in eine positive Bahn lenken können.

Was sind das nun für protektive Faktoren, die es einem Jugendlichen ermöglichen, einer schweren adoleszenten Krise eine positive Wende zu geben? Wie wir aus der Behandlung erwachsener Patienten schließen können, haben diese in der Regel mit der Fähigkeit zu tun, bedeutungsvolle tragfähige Beziehungen aufzunehmen und damit an teilweise aufgegebene infantile Objektbeziehungen anzuknüpfen. Oder wir finden ein Ich-Ideal vor, das als Erbe einer frühen Objektbeziehung sich als eine innere Leitlinie erweist, die, obwohl längere Zeit verdunkelt, doch nie ganz verlassen worden ist.

Stuart Hauser (2001) und seine Forschungsgruppe haben diese protektiven Faktoren systematisch untersucht mithilfe einer Reanalyse von Interviews, die mit Jugendlichen in bestimmten Intervallen zwischen dem Alter von 14 bis 35 Jahren gemacht worden sind. Es handelte sich um Jugendliche, die zu Beginn der Untersuchung in großer seelischer Not waren, ernste Störungen zeigten und sich in einem teilweise gewalttätigen adoleszentem Aufruhr befanden. Reanalysiert wurden die Interviews derjenigen Personen, die sich mit 35 Jahren gut psychosozial entwickelt hatten, hohe Werte in den Beziehungsmaßen und nur geringe psychopathologische Symptome aufwiesen. Hauser führt diese unerwartete Anpassung trotz großer Not und schwerer Entwicklungskrisen auf einen Resilienz-Faktor zurück, der keine monolithische unveränderliche Eigenschaft ist, sondern ein dynamisches Muster von Stärken und Sensibilitäten, die auf unterschiedliche Kontexte und altersgemäße Entwicklungsaufgaben ansprachen und aktiviert wurden. Das narrative Selbstbild dieser Personen war durch Selbstreflexivität, innere Aktivität (agency), eine Komplexität des Selbst, sowie Beharrlichkeit und Ehrgeiz gekennzeichnet. Ihre Repräsentanzen von Beziehungen waren geprägt von Reflexion über die Motive, Gefühle und Gedanken anderer und durch das Bewusstsein, dass Freunde und enge Beziehungen Schlüsselressourcen sind, die es zu pflegen gilt. Außerdem erkannten sie an, dass Selbstrepräsentanzen, Beziehungen und Handlungen voneinander abhängig sind. Das sind erste Ergebnisse. Diese seelische Resilienz und Elastizität ist in vieler Hinsicht noch wenig erforscht.

Mit meinen letzten Ausführungen wollte ich noch einmal deutlich machen, dass wir bei turbulentem und auch gewaltbereitem Verhalten Jugendlicher uns weder von Gefühlen der Abneigung und Ablehnung noch von Gefühlen der Verleugnung leiten lassen dürfen. Weder sollten wir diese Jugendlichen zu kleinen Monstern machen noch ihre Taten verharmlosen. Beide Reaktionsweisen liegen nahe. Ich hoffe, dass es mir gelungen ist, die Komplexität adoleszenter Phänomene zu beleuchten und verständlich zu machen.

Literatur

Asch, S. (1980): Suicide, and the hidden executioner. In: Int. J. Psycho-Anal. 7, S. 51-60.
Bergeret, J.(1995): Die Psychoanalyse 1995. Der Psychoanalytiker – Die Seinen und die Anderen. Vortrag an der Frühjahrstagung der DPV 1995, abgedruckt in: Holm-Hadulla, R. (Hg.)(1995): Vom Gebrauch der Psychoanalyse heute und morgen. Frühjahrstagung der Deutschen Psychoanalytischen Vereinigung. Tagungsband, S. 39-54.
Bergeret, J. (1996): La violence et la vie. Paris (Editions Payot, Rivages).
Blos, P. (1963): The concept of acting out in relation to the adolescent process. In: Blos, P. (1979): The adolescent passage. Developmental issues. New York (Int. Univ. Press), S. 254-277.
Buxbaum, E. (1969): Aggression und die Bedeutung der Gruppe für die Adoleszenz. In: Mitscherlich, A. (Hg.)(1992): Aggression und Anpassung. München (Piper), S. 207-221.
Campbell, D. (1995): The role of the father in a pre-suicide state. In: Int. J. Psycho-Anal. 76, S. 315-323.
Erikson, E. H. (1968): Jugend und Krise. Stuttgart 1980 (Klett-Cotta).
Fonagy, P., u. Target, M.(1995): Understanding the violent patient: the use of the body and the role of the father. In: Int. J. Psycho-Anal. 76, S.487-501.
Fonagy, P., u. Target, M. (2000): Mit der Realität spielen. Zur Doppelgesichtigkeit psychischer Realität von Borderline-Patienten. In: Psyche – Z Psychoanal. 55, 2001, S. 961-995.
Glasser, M.(1995): On violence. A preliminary communication. In: Int. J. Psycho-Anal. 79, S. 887-902.
Hauser (2001): Climbing back: Analyzing resilient development through narratives and other observations. Unveröff. Manuskript. Pre-Congress on Research, IPA Congress 2001 in Nizza.
Hauser, St., u. Smith, H.(1991): The development and experience of affect in adolescence. In: JAPA, 39, S.131-165.
Kernberg, O.(1992): Wut und Haß. Über die Bedeutung von Aggression bei Persönlichkeitsstörungen und sexuellen Perversionen. Stuttgart 1997 (Klett-Cotta).
Kernberg, O. (2000): Sanktionierte gesellschaftliche Gewalt: eine psychoanalytische Sichtweise. In: Persönlichkeitsstörungen 4, S.4-25.
Krause, R. (2001): Affektpsychologische Überlegungen zur menschlichen Destruktivität. In: Psyche – Z Psychoanal 55, S. 934-960.
Ladame, F. (1995): The importance of dreams and action in the adolescent process. In: Int. J. Psycho-Anal. 76, S. 1143-1154.
Laufer, M. u. Laufer, E. (1984): Adoleszenz und Entwicklungskrise. Stuttgart 1989 (Klett-Cotta).

Maltsberger, J., Buie, D.(1980): The devices of suicide. Revenge, riddance, and rebirth. In: Int. J. Psycho-Anal.7, S. 61-72.

Oliner, M. M. (2001): Violence: The French view. Book Essay. In: JAPA 49, S. 677-682.

Parens, H.(1986): Buchbesprechung zu M. und E. Laufer: Adolescence and Developmental Breakdown: A Psychoanalytic View. In: Int. J. Psycho-Anal. 67, S. 522-525.

Parens, H.(1991): A view of the hostility in early life. In: JAPA 39S, S. 75-108.

Rush, S.(2000): At one with death: destructive narcissism. In: Psychoanal. Q. 79, S.711-740.

Sutterlüty, F.(2001): Kreisläufe der Gewalt und der Mißachtung. Die familiären Wurzeln jugendlicher Gewaltkarrieren. In: Mitteilungen des Instituts für Sozialforschung. Frankfurt a. M.. Heft 12, S. 119-156.

Twemlow, S.(2000): The roots of violence: converging psychoanalytic models for power struggles and violence in schools. In: Psychoanal. Q. 79, S. 741-785.

Wetzels, P.(1997): Gewalterfahrungen in der Kindheit. Sexueller Mißbrauch, körperliche Mißhandlung und deren langfristige Konsequenzen. Baden-Baden (Nomos).

Gewalt in der Pubertät als Konfliktlösung?

Ute Benz

Ortsbestimmung – Die Koordinaten, in denen wir uns im Gewaltdiskurs bewegen

Bevor ich anhand von Beispielen aus der Praxis mit Jugendlichen die Verschränkung individueller und kollektiver Gewaltkonflikte und deren Bedeutung als Lösungsversuche für Jugendliche und Erwachsene untersuche, erscheint es mir unumgänglich, zuerst eine Art Ortsbestimmung vorzunehmen, um die folgenden Fragen zu klären: Vor welchem Hintergrund reden wir, wenn wir hier in Deutschland über Gewalt, speziell über Jugendgewalt, diskutieren? Welche Interessen, welche bewussten und unbewussten Motive bewegen uns als Erwachsene dabei? Diese Fragen sind deshalb von erheblicher Bedeutung, weil sie das Ergebnis unseres fachlichen Umgangs mit Gewaltproblemen beeinflussen. Denn vielfach ist zu beobachten, dass aus der Fokussierung der Aufmerksamkeit Erwachsener auf Jugendgewaltprobleme eine Fixierung wird, die Abwehrcharakter hat, ohne dass dies bemerkt wird. Dies geschieht umso leichter, als es gleichsam in der Natur der Sache zu liegen scheint, dass spektakuläre Gewalttaten einzelner oder relativ kleiner Gruppen Jugendlicher, vor allem politisch rechtsradikal motivierter, ihrer Dramatik wegen immer geeignet sind, alle Aufmerksamkeit Erwachsener derartig auf sich zu ziehen, dass daneben nicht minder wichtige Fragen nach kollektiven, intergenerationalen und historischen Zusammenhängen in den Hintergrund treten oder gar nicht mehr gestellt und so unmerklich verdrängt werden.

Die Subjektebene – Das distanzierte kollegiale Verhältnis von Erwachsenen- und Kinderanalytikern

Die ersten Überlegungen müssen daher uns Erwachsenen, als über Jugendliche und Gewalt nachdenkenden Subjekten gelten. Was motiviert uns, wenn wir als Frauen und Männer über Gewalt von Jungen und Mädchen reden? Aus psychoanalytischer Therapie der Bezugspersonen und vor allem aus der

Familientherapie haben wir gelernt, dass diese Frage deshalb von so großer Bedeutung ist, weil wir Erwachsenen uns nicht ganz uneigennützig auf Gewaltprobleme von Jungen und Mädchen konzentrieren können. Wir tun es auch aus Gründen eigener Abwehr von Ängsten vor Aggressionen der »Kinder« unserer Gesellschaft und aus Angst vor den Gewaltkonflikten mit ihnen, die in der Psychoanalyse ihrer prinzipiellen Dramatik und Tragik wegen als ödipale Konflikte zwischen den Generationen bezeichnet werden. D. h. wir können uns nicht ohne negative Folgen in Gestalt von Problemverschiebungen weg von uns und zu Lasten von Kindern und Jugendlichen lediglich auf eine Hälfte der Problematik, auf Jugendliche als das zu studierende Objekt unserer gemeinsamen Forschung und Sorge, stürzen. Wir müssen auch über uns selbst in unserer analytischen Profession als von bewussten und unbewussten Interessen bewegte Subjekte nachdenken. Es sind Interessen, die sowohl die Richtung unserer Fragen durch Bevorzugung bestimmter Theorien und Ablehnung anderer als auch die Antworten in unserer Arbeit mit beeinflussen. Die ersten Überlegungen zum Problem Gewalt in unserer Gesellschaft gelten aus diesem Grund zunächst dem eigenen Berufsstand.

Als Psychoanalytikerinnen und Psychoanalytiker für Kinder und Jugendliche gehören wir einer Minorität unter den für Erwachsenentherapie ausgebildeten Kolleginnen und Kollegen an, deren Privileg wir zu akzeptieren haben, dass sie auch ohne intensive spezielle Ausbildung Kinder und Jugendliche behandeln können. Mit der ehrenvollen Einladung zu diesem Vortrag sehe ich gleichwohl professionelle Hoffnungen der analytischen Kinder-und Jugendlichenanalytikerinnen beflügelt, dass auch in der dritten Generation nach Sigmund Freud das Interesse an den Früchten direkter kinderanalytischer Arbeit noch ebenso existieren möge, wie Freud es 1926 in seinem Aufsatz zur Frage der Laienanalyse zum Ausdruck gebracht hat:

> »An [...] Kinderanalysen knüpfen sich mancherlei Interessen; es ist möglich, daß sie in der Zukunft noch größere Bedeutung bekommen werden. Ihr Wert für die Theorie steht außer Frage. Sie geben unzweideutige Auskünfte über Fragen, die in den Analysen Erwachsener unentschieden bleiben und schützen den Analytiker so vor Irrtümern, die für ihn folgenschwer wären. Man überrascht eben die Momente, welche die Neurose gestalten, bei ihrer Arbeit und kann sie nicht verkennen« (Freud 1926, S. 306).

Freilich, die solcherart idealtypisch beschriebene Arbeitsteilung von Erwachsenen- und von Kinderanalytikern zum gemeinsamen Zwecke der besseren Erkenntnis kindlicher Entwicklung klingt schön für Kinderanalytiker und zum Glück gelingt sie hier und da inzwischen sehr befriedigend, selbstverständlich ist sie hingegen nicht. Wo es um zentrale Fragen kindlicher und jugendlicher Entwicklungen und Fehlentwicklungen in der Psychoanalyse geht, stellt sich zwischen Erwachsenen- bzw. Kinderanalytikern, wenn sie sich um Kinder und Jugendliche Gedanken machen, eine Art triangulärer Spannungssituation her, in der wir wie eifersüchtige Eltern darum zu ringen scheinen, wer die Definitionshoheit hat, wer Jungen und Mädchen besser oder schlechter versteht bzw. theoretisch fundierter erklärt, wer was falsch mit und beim Kind oder Jugendlichen macht oder gemacht hat. Dass im Schatten von Theorien offen oder latent stets Idealisierungen ebenso wie Schuldfragen mitwirken, ist vielfach spürbar und wirksam für Lesende, für Mütter und Väter, die auf diese Weise durchaus Angst vor möglichen eigenen Fehlern und Schuldzuschreibungen bekommen und unter das Diktat des Richtig versus Falsch geraten können.

Für Erwachsenenanalytiker mögen, wie ein Kollege kürzlich monierte, Hinweise auf kollegiale Ungleichgewichte durch Kinderanalytiker als überflüssige und lästige Klage erscheinen, wenn diese immer wieder betonen müssen, dass es sie gibt. Tatsächlich aber gibt es tiefere Gründe, auf eine spürbare Distanz aufmerksam zu machen, die ungeachtet äußerlicher wechselseitiger Anerkennung immer noch existiert. Der Eindruck, dass das spezielle Fachwissen der Kinderanalytiker, direkt an der Quelle der Entwicklung kindlicher und jugendlicher Neurosenbildung geschöpft, im Diskurs um Gewalt einerseits von Erwachsenenanalytikern wenig oder gar nicht für die analytische Theoriebildung in Deutschland (auf dem Forum der Zeitschrift Psyche zum Beispiel) nachgefragt und andererseits von Kinderanalytikern auch nur zögerlich oder gar nicht eingebracht wird, bezeichnet das Problem. Es ist ja kein Zufall, dass Psychoanalytikerinnen und Psychoanalytiker für Kinder und Jugendliche sich mit einer eigenen Vereinigung und einer eigenen Zeitschrift ein Diskussionsforum in der Psychoanalyse geschaffen haben, es ist vielmehr Ausdruck unseres auffällig distanzierten kollegialen Verhältnisses. Dass es derzeit angesichts des enger werdenden Marktes der Kassenpraxen zudem noch durch ökonomische Interessen an der Behandlung Jugendlicher durch Analytiker ohne spezifische Ausbildung für Kinder und Jugendliche unter Konkurrenzdruck gerät, ist unübersehbar.

Wie ist das Distanzverhältnis von Erwachsenen-und Kinderanalytikern aber zu verstehen, wenn wir es denn nicht nur beklagen oder übergehen wollen? Rational wissen wir, dass wir im Diskurs über das gesellschaftlich so wichtige Thema Gewalt, zur Beantwortung der alten, nach wie vor aktuellen psychoanalytischen Frage, ob und wenn wie irrationale Kräfte wie Sexualität und Aggression von Kindheit an zusammenhängen, professionell aufeinander angewiesen sind. In Theorie und Praxis bleibt uns gemeinsam zu klären, welche Konflikte und Abwehrmuster dabei eine Rolle spielen, was die Abhängigkeit von Jungen und von Mädchen von ihrer körperlichen Entwicklung hinsichtlich alter (frühkindlicher) und neuer (pubertätsbedingter) Konflikte bedeutet und zwar für beide Seiten, sowohl für die Jugendlichen selbst als auch für die Erwachsenen ihrer Gesellschaft, also nicht nur ihre familiären Bezugspersonen. Wovon hängt es ab, ob Jugendliche mit ihrem Zuwachs an körperlicher Stärke in der Pubertät, mit dem Zuwachs an realer physischer Möglichkeit der Machtausübung gewalttätig oder sozialverträglich umgehen? Diese Fragen lassen sich nicht abstrakt, nicht in der Theorie entscheiden, zu ihrer Beantwortung wird beides, das Studium der Praxis, die Analyse der Fälle und die Überprüfung der Theorien an den Befunden benötigt.

Mit den folgenden Überlegungen vertrete ich die These, dass es nicht in erster Linie Qualitäts- oder Konkurrenzdifferenzen sind, die Anlass zur kollegialen Distanzierung zwischen Erwachsenen- und Kinderanalytikern waren, sondern dass es daneben auch gewichtige historische Gründe gibt, die im gemeinsamen Bestreben lagen und liegen, außerordentlich beunruhigende Gewaltaspekte, die mit der Psychoanalyse und der Geschichte verwoben sind, um sie nicht in der Öffentlichkeit abhandeln zu müssen, zu verschweigen und damit zu verdrängen. Zwei historische Gewaltphänome sind es vor allem, die zu dem zeitlichen Rahmen gehören, innerhalb dessen wir in Deutschland über Gewalt und speziell über Jugendgewalt nachdenken müssen. Beide lassen das Distanzverhältnis von Erwachsenen- und Kinderanalytikern in einem ganz anderen Licht, im Kontext von familiärer und kollektiver Gewalt in der Psychoanalyse erscheinen.

Die historischer Perspektive und ihre Bedeutung

Der erste Grund zur Distanzierung von Erwachsenen- und Kinderanalytikern bestand in einer mörderischen Gewalttat. Sie erscheint längst verjährt, es handelt sich um einen seinerzeit Aufsehen erregenden Mordfall, den ein achtzehnjähriger Jugendlicher an der ersten Kinderanalytikerin Hermine Hug-Hellmuth, seiner Tante, im September 1924 verübt hat. Sie hatte den Sohn ihrer Schwester zum Objekt ihrer Fürsorge, analytischer Beobachtung und Reflexionen gemacht, jedoch die negativen Übertragungsbeziehungen und die kriminelle Entwicklung des Jungen nicht zu lösen vermocht. Der sensationelle Mord war in den zwanziger Jahren des vorigen Jahrhundert durchaus geeignet, die noch sehr junge Kinderanalyse als Teil der weithin heftig angefeindeten Freud'schen Psychoanalyse, die auf die Bedeutung der Sexualität hinwies, in Verruf zu bringen. Welche therapeutischen Fehler und Irrtümer man immer aus heutiger Sicht dabei auch beklagen könnte – man vermag sich unschwer vorzustellen, wie schockierend den Psychoanalytikern selbst seinerzeit bewusst geworden sein mag, mit welch brisanten aggressiven Kräften sie es in der psychoanalytischen Arbeit auch mit Kindern zu tun hatten.

In der Folge distanzierten sich Psychoanalytiker von Hug-Hellmuth, schwiegen sie gleichsam tot, ja man setzte den Beginn der Kinderanalyse zeitlich mit Melanie Klein und Anna Freud später an. Wer nun aber heute meint, inzwischen seien die Ermordung von Hermine Hug-Hellmuth sowie die massiven zeitgenössischen Reaktionen darauf längst Geschichte, der irrt. 1988 publizierte Angela Graf-Nold ein Buch zum Thema, *Der Fall Hermine Hug-Hellmuth*, eine Geschichte der Kinder-Psychoanalyse, das bei allem Faktenreichtum auch ein Lehrstück für die historische und aktuelle Abwehr der Sexualität in der Psychoanalyse Freuds ist. Wer sich mit Blick auf unsere moderne, von der sexuellen Revolution befreite Gesellschaft heute kaum mehr vorzustellen vermag, wie heftig einst Freuds Psychoanalyse wegen ihrer Theorien zur Sexualität, insbesondere zur kindlichen Sexualentwicklung, bekämpft wurde, erfährt durch vernichtende Urteile Graf-Nolds über Hug-Hellmuth, dass es immer noch die emotionsgeladene Abwehr gegen die Sexualtheorien und gegen Freud und Anhänger seiner Lehre gibt (Graf-Nold 1988, S. 276) Der alte Mordfall Hermine Hug-Hellmuth wird damals wie heute zur Diskreditierung der Freud'schen Psychoanalyse instrumentalisiert: Unter dem Mantel moderner wissenschaftlicher Forschung und Dokumentation schwelen noch die alten Konflikte um Triebtheorie, Sexualität und mörderische Aggression.

Verfolgte jüdische Psychoanalyse – Deutsche Distanzierung und Wiederannäherung

Der zweite Grund, der das allgemeine Distanzverhältnis von Erwachsenen- und Kinderanalytikern in einer seiner langfristigen berufspolitischen und politischen Bedeutung verstehen lässt, gehört in einen allgemeineren, hier nur kurz angedeuteten Zusammenhang, der dort auffällt, wo es geradezu feindselig anmutende Parteiungen an analytischen Instituten (hier Anna Freud-Anhänger dort Melanie Klein-Anhänger) gibt. Ein Grund liegt in der Position und Funktion von Anna Freud sowie in den Reaktionen analytischer Kollegen auf sie als Hüterin des väterlichen Erbes sowie als Kinderanalytikerin. Sie publizierte mit sachlich-präziser Sprache und liebendem Herzen in einer Doppelfunktion, in der sie zwar einerseits allgemein Respekt erfuhr, andererseits aber entsteht der Eindruck, dass anstelle der offenen Diskussion ihrer analytischen Theorien zur Adoleszenz etwa, ein Übergehen ihrer Ansichten stattfindet, ein Abqualifizieren als »nur« pädagogisch und nicht wirklich analytisch, z. B. in Institutionen, wo Melanie Kleins Theorien, ihrer Konkurrentin in der Kinderanalyse (die den aggressiven und destruktiven Impulsen in der kindlichen und mütterlichen Entwicklung unbefangen drastisch Ausdruck verleihen konnte), favorisiert werden. Doch weit mehr als dieser Aspekt der kollegialen Distanzierungen und Schulbildungen, die mit dem Beginn der Kinderanalysen verbunden sind, muss uns in Deutschland ein spezifischer Zusammenhang mit politisch motivierter kollektiver Gewalt interessieren, der mit der Person Anna Freuds als verfolgter jüdischer Psychoanalytikerin unlösbar verknüpft ist, in aller Regel neben den Schulstreitigkeiten jedoch stillschweigend übergangen wird.

Dies Übergehen der politischen Gewaltdimension gelang und gelingt uns umso leichter, als Anna Freud ihrerseits uns Deutsche nicht mit unangenehmen Fragen nach nationalsozialistischer Politik und unserer Verdrängung konfrontiert hat. Offensichtlich hat Anna Freuds Auslassung der politischen Dimension der Gewalt in ihren Schriften uns deutschen Kinderanalytikern die sachliche Annäherung an die Freud'sche Psychoanalyse nach 1945 scheinbar selbstverständlich gemacht. Das hat lange die naive Illusion genährt, es genüge, sich nur auf die gute Sache der Kinderanalyse zu konzentrieren, ohne nach den langfristigen individuellen und kollektiven Folgen der staatlich sanktionierten Gewalt der NS-Gesellschaft auf der Opferseite zu fragen.

Wenn aber Anna Freud mit bemerkenswerter Entschlossenheit sich auf die fachlichen und allgemeingültigen und nicht so sehr die speziellen, durch Gewalt des Krieges bedingten Nöte von Kindern konzentrieren konnte, wenn sie für sich einen Weg entwickelte, ihr psychoanalytisches Lebenswerk vor der nationalsozialistischen Destruktivität zu retten – nicht in irgendwelche Illusionen, sondern höchst praktisch, ist das kein Freibrief für uns in Deutschland, es ihr gleich zu tun (Freud, A. 1987). Anna Freud konnte in den Bombenangriffen 1940-1945 auf London den Zweiten Weltkrieg als ein Experiment der Psychoanalyse auffassen und brauchte dafür den Vorwurf, zynisch oder passiv zu sein, nicht zu fürchten (Freud, A. 1987, S. X). Mit ihrer analytischen Kreativität hat sie in den »war nurseries« der Jahre 1940 bis 1945 konkret dafür gesorgt, dass Kinder inmitten kriegerischer Gewalt nicht nur physisch sondern auch psychisch gesund leben und sich trotz großer Belastungen durch Trennungen und Verlust von Bezugspersonen, Familie, Heimat, entwickeln konnten.

Wenn Anna Freud also ihre persönliche Seite zurückstellte, wo sie mit ihrer Familie Opfer realer politischer deutscher Gewalt war, Opfer der Vertreibung, des Exils, die mit dem Bewusstsein der Ermordung von Familienangehörigen in Auschwitz leben musste, berechtigt uns ihr Tun nicht dazu, diesen Weg als Einladung für unser Übergehen der zahlreichen unangenehmen Fragen aufzufassen, die wir in Bezug auf Vergangenheit und Langzeitfolgen in der Gegenwart noch zu stellen haben. Wir würden mit dem Versuch, die Psychoanalyse und uns persönlich von dem historischen Kontext des zur Staatsdoktrin erhobenen deutschen Antisemitismus und der mörderischen Gewalt der NS-Gesellschaft zu distanzieren, der eigenen Verdrängung Vorschub leisten, wie wir es auch als Psychoanalytiker in Deutschland jahrzehntelang praktiziert haben. Es gibt in der Tat ein auffälliges Desiderat in der kinderanalytischen Forschung zu Langzeitfolgen der NS-Gesellschaft (Benz 1996). Die Frage lautet, warum das so ist.

Sehen wir nicht, was wir nicht sehen wollen? Fürchten wir die vielen unangenehmen Fragen nach den Langzeitwirkungen nationalsozialistischer Gewalt bis ins dritte und vierte Glied auch auf der Seite der Nichtverfolgten, der Mehrheitsgesellschaft, Fragen nach individuellen und kollektiven Ursachen dieser Geschichte und den Auswirkungen bis heute? Angesichts der historischen Realität der nationalsozialistischen Gewalt, die von Deutschland ausging, können wir uns hier und heute jedenfalls nicht einfach mit dem Verweis auf allgemeine Gewaltkonflikte aller Menschen überall auf der Welt begnügen. Wir haben leider in der Tat besondere Motive, Antworten auf zentrale Fragen des Zusammenhangs von individueller und kollektiver Gewalt mit den Mitteln psychoanalytischer Forschung zu suchen. Wir wissen, dass der Grad der – nötigen – Beunruhigung über Jugendgewalt besonders im Zusammenhang mit rechtsradikalen Begründungen von Gewalttaten wesentlich davon abhängt, wie wir die Faszination rechtsradikaler Denk-und Verhaltensweisen, d. h. wie wir die Frage nach Verführung und Verführbarkeit von Kindern und Jugendlichen durch politische Parteiungen einschätzen. Halten wir die politische Verführbarkeit zu radikalen Denk-und Verhaltensweisen lediglich für ein manifestes Minoritätenproblem von unter Defiziten leidenden Jungen und Mädchen?

Es ist tatsächlich schwer, aufgrund unserer historischen und psychoanalytischen Einsichten in psychosoziale Konflikte und deren Abwehrdynamik bei Jungen, Mädchen, Männern und Frauen die Verführbarkeit zu Radikalität und Gewalt als ein latentes, potentiell immer wieder drohendes allgemeines Problem der Mehrheit ernst zu nehmen und es nicht nur als ein Minoritätenproblem manifest auffälliger, gewalttätiger Jugendlicher und Erwachsener zu sehen.

Die familiendynamische und die intergenerationale Perspektive

Kinder- und jugendanalytische Arbeit ist u. a. deswegen so spannend und so schwierig, weil sie zum einen unmittelbar Einblicke in komplexe Prozesse kindlicher, familiärer und gesellschaftlicher Entwicklungen gibt, zum andern aber auch therapeutische Verwicklung bedeutet mit Eltern bzw. Bezugspersonen und deren unbewussten Abwehrmustern. Man begegnet unmittelbar den intra- und interpsychischen Konflikten von Jungen und Mädchen in Abhängigkeit von deren körperlich-seelischen Entwicklungen und in Abhängigkeit von den Reaktionen ihrer gleich oder gegengeschlechtlichen Bezugspersonen auf diese Konflikte.

In der Kindertherapie haben wir es in besonderer Weise mit der Dynamik komplizierter Beziehungsgeflechte zu tun, hier ist zu sehen, wie alle Beteiligten aufgrund der realen Unmündigkeit von Jungen und Mädchen unter erheblichen emotionalen Stress und unter Verantwortungs- und Handlungsdruck geraten. Das macht verständlich, dass Jugendliche und Erwachsene schnell zu irgendwelchen Lösungen Zuflucht nehmen, die wie Gewaltakte nur Scheinlösungen sind. Es macht Sinn, körperliche Gewalttaten, sei es, dass sie von Erwachsenen an Jungen und Mädchen, oder von Jugendlichen untereinander oder an Erwachsenen verübt werden, in diesem Zusammenhang als Symptome, als Abwehrformen von Konflikten zu betrachten. Die Frage für Erwachsene kann dann nicht sein, ob Jugendliche einzeln oder Gruppenweise »geil auf Gewalt« sind, sondern welche Konflikte sie mit sich und mit den Erwachsenen ihrer Gesellschaft und mit ihrer Gruppe haben.

Gerade Jugendgruppen werden auch von Analytikern oft als Familienersatz stilisiert – ein idealisierendes Trugbild. Wenn man genauer hinsieht, kann man zahlreiche massive Konflikte bemerken, die Gruppen, auch wenn sie nach außen geschlossen erscheinen, oft derartig umtreiben können, dass sie ihren inneren Druck in Form von Gruppengewalt gegen irgendwelche zu Feinden deklarierte Menschen nach außen agieren (Benz 1999). Berücksichtigt man die aus der Familientherapie (Bauriedl 2001) gewonnenen Einsichten über direkte oder szenische Weitergabe von Gewaltbeziehungsmustern und Gewaltstrukturen zwischen den Generationen, dann wird einmal mehr deutlich, dass Überlegungen zur Frage der Gewalt Jugendlicher immer auch Überlegungen zur Gewalt Erwachsener, nicht nur zur Gewalt in der Familie sondern auch zur Gewaltgeschichte in unserer Gesellschaft insgesamt sein müssen. Warum, mögen viele angesichts von derart vielschichtigen Fragestellungen einwenden, müssen wir Psychoanalytikerinnen und Psychoanalytiker uns mit so weit gefassten Problemen auseinandersetzen? Genügt es denn nicht, dass wir uns mit den individuellen und familiären Gewaltaspekten der Menschen befassen? Es bleibt uns nichts anderes übrig als unser Wissen ernst zu nehmen, und mit den uns professionell zur Verfügung stehenden Mitteln der Erforschung des individuellen und kollektiven Unbewussten und der Verdrängung einen Beitrag dafür zu leisten, dass mörderische Gewaltpotentiale Einzelner nicht akkumuliert und mit kollektiver Erlaubnis freigesetzt werden. Wir müssen die Schätze der Psychoanalyse nicht nur hüten und mehren, sondern sie auch der Gesellschaft zur Verfügung stellen. Das ist, mag man weiter einwenden, leichter gesagt als getan, vor allem, wenn die Gesellschaft von diesen analytischen Schätzen nichts wissen will, sondern sie ignoriert oder entwertet.

Anstatt an dieser Stelle jedoch das gesellschaftliche Desinteresse an psychoanalytischen Fragen und Antworten im Allgemeinen und im Gewaltdiskurs im Besonderen zu beklagen, erscheint es mir wichtiger zu fragen, inwiefern es auch an uns Vertretern der Psychoanalyse liegt, dass wir den Widerstand mit produzieren, den wir beklagen? Was tun wir selbst bewusst und unbewusst dazu, dass unsere Mittel der Aufklärung über das Unbewusste und Verdrängte stumpf, dass sie langweilig, uninteressant, altmodisch geworden sind? Aus der therapeutischen Praxis wissen wir, dass Langeweile oft ein Abwehrsignal ist. Die Frage an uns selbst lautet, was fürchten, was hoffen wir, was erwarten wir beim Thema Gewalt? Was fällt uns selbst schwer zu sehen, wo und wie weichen wir Konflikten aus, wo verzichten wir auf die Anwendung unserer Methoden zur Aufklärung unbewusster Motive und Interessen?

Sind wir es vielleicht selber leid, immer wieder Wasser in den Wein der Hoffnung gießen zu müssen, alles könnte immer besser werden, sei es durch richtige Erziehung, durch das Vermeiden von Defiziten in der frühen Kindheit, durch das Vermeiden von Fehlern? Denken wir nicht auch viel lieber, dass sich Konflikte zwischen Eltern und Kindern grundsätzlich vermeiden lassen durch Befolgung von klugen Ratschlägen und Anwendung von rasches Heil versprechenden Psychotechniken? Ist auch uns die Vorstellung lästig, dass wir uns immer wieder aufs Neue mit Konflikten herumplagen müssen, in uns selbst, in Familien, in Gruppen, in der Politik und Gesellschaft? Würden wir nicht auch gerne die psychoanalytischen Theorien entschärfen, oder haben wir es bereits getan, indem wir das Anstößige, die Sexualität und die mörderische Aggression zwischen den Generationen der Familie herausnehmen, indem wir auf die Lehre vom unkontrollierten Triebhaften verzichten, auf die Lehre von der Wiederholung des Verdrängten, die Lehre von der Ambivalenzspaltung dort, wo sie uns politisch bedrängt? Ist es nicht immer wieder sehr schwer, zu akzeptieren, dass das dialektische Prinzip der Aufklärung und Verdrängung auch unseren Berufsstand betrifft, dass wir zur Verdrängung beispielsweise dadurch beitragen, dass wir einzelne Theorieteile bevorzugt verwenden, unliebsame andere hingegen weglassen, dass wir routiniert erklären, was wir schon wissen, anstatt forschend zu fragen?

Noch einmal also die Frage, was wollen wir wissen, wenn wir über Gewaltphänomene nachdenken? Die Frage nach Jugendgewalt müsste demnach lauten: Wie wirken individuelle und familiäre Gewaltbeziehungen sowie kollektive (politisch und historische) Gewaltbeziehungen im Leben von Jugendlichen unserer Gesellschaft zusammen, wenn Jugendliche gewalttätig, d. h. körperlich oder seelisch verletzend werden, sei es sich selbst gegenüber durch Symptombildung oder gegenüber anderen Menschen (Benz 2001a)?

Die Verschränkung historischer und aktueller Gewalt bei Jugendlichen

Im Folgenden möchte ich mithilfe von drei Beispielen zeigen, wie sich in der Gegenwart Gewaltphänomene überlagern: erstens die Wiederkehr verdrängter kollektiver historischer Gewaltstrukturen, die per Erziehung unbewusst vermittelt wurden; zweitens aktuelle Gewalt in modernen, sexualisierten Massenveranstaltungen; sowie drittens pubertätsbedingte sexuelle und aggressive Gewaltphantasien. Die Beispiele zeigen, wie sehr es von unseren Voreinstellungen abhängt, ob wir Zusammenhänge zwischen historischen und aktuellen Gewaltphänomenen bei unseren Patienten wahrnehmen oder aber sie als rein aktuelle, individuelle und allenfalls familienbedingte sehen und sie damit individualisieren würden. Es handelt sich um beliebig vermehrbare Beispiele aus der Praxis der Kinder- und Jugendlichenpsychotherapie bzw. aus der Presse, wo wir individuelle und familiäre Gewaltprobleme in der Mehrgenerationenperspektive gespiegelt sehen. Ich bin immer wieder beeindruckt davon, auf welchen Umwegen, in welchen Verwandlungen dabei die Wiederkehr kollektiver, verdrängter Gewalt in Form von Fragmenten nationalsozialistischer Denk- und Verhaltensweisen offenkundig wird. Es sind Belege dafür, dass wir auch in der dritten Generation nach dem Ende des Nationalsozialismus keinen Schlussstrich ziehen können, sondern nach der intergenerationalen, nach außen hin nicht einfach erkennbaren Wiederkehr des Verdrängten in Familien auch deshalb fragen müssen, weil sie gegenwärtige und entwicklungsbedingte Konflikte verschärfen. Die Konzentration auf weibliche Beispiele in diesem Zusammenhang hat u. a. damit zu tun, dass ich männliche Beispiele bereits andernorts vorgestellt habe (Benz 1992b, Benz 1999).

Erstes Beispiel: Love-Parade, Aids-Angst und filmische Aufklärung
Karina, ein sechzehnjähriges, lebhaftes Mädchen sucht therapeutische Hilfe, doch ihre Eltern sollen davon nichts erfahren, sagt sie im Erstgespräch. Sie will sich erst klar werden darüber, ob sie überhaupt eine Therapie brauche oder »normal« sei. Eigentlich sei alles in Ordnung zu Hause, aber die Eltern würden den Schritt zur Therapeutin nicht begreifen und mißbilligen, sie behaupten, Karina sei doch ganz normal und nicht verrückt, und sie solle gefälligst ihre Probleme mit festem Willen selber lösen.

Für Analytiker ist klar, das Mädchen leidet unter Zwangssymptomen. Schmutz ist ihr unerträglich, überall hält sie nach roten Farbspuren Ausschau, sie fragt sich und andere unablässig, ob hier oder da etwa Blutreste erkennbar wären, durch die sie mit AIDS angesteckt sein könnte, weil sie in Bus, Bahn oder Schule zufällig daran gerührt habe. Karina erwähnt u. a., dass sie leider nicht auf die Love-Parade gehen könne, weil sie gehört und im Fernsehen gesehen habe, dass dort Leute mit Spritzen Menschen von hinten anstechen. Seither wittere sie überall Angriffe, sie müsse sich ständig umdrehen, wenn sie unter fremden Menschen sei. Karina weint, in der Realität sagt sie, habe sie keine schlechten Erfahrungen gemacht, dennoch müsse sie permanent zahlreiche Rituale verrichten. Ihre Schwester gebe ihr magische Tips, diese oder jene Regel zu beachten, »damit nichts passiert«. Sie fühle sich unter ihren Freunden als Außenseiterin, denke immer, sie sei nicht normal. Um ihre

Differenz zu Gleichaltrigen zu beschreiben erwähnt Karina ganz beiläufig, sie könne so etwas wie den Film *Schindlers Liste* gar nicht sehen, das gehe ihr tagelang nach, es mache ihr Angst und das sei doch wohl nicht normal, die Kollegen aus der Schulklasse wären da ganz cool gewesen.

Die Vermischung konflikthafter sexueller und aggressiver, destruktiver, mörderischer, projektiv abgewehrter Wunsch-und Angstphantasien ist bei Karina sehr deutlich. Daher könnte neben den zwanghaften Aspekten die Frage nach dem Zusammenhang individueller und historischer Gewalt sowie die Frage nach den Wirkungen und Verantwortungen für filmisch inszenierte Gewalt, die Erwachsene produzieren bzw. als Unterrichtsstoff überwältigend in Szene gesetzt vorführen, außer Acht geraten. An Karina kann man sehen, dass und wie ihre altersadäquate sexuelle Verunsicherung überlagert und verstärkt wird durch die raffiniert inszenierte Gewalt der Bilder, mit denen Bildermacher Zugriff auf naiv Schauende und ihre Seele nehmen, sodass subjektive Ängste verstärkt und Verwirrungen ausgelöst werden.

Als Analytiker wissen wir, dass es entwicklungsbedingt kindliche Verarbeitungsweisen realer und phantasierter Konflikte gibt, die mithilfe von magischem Denken abgewehrt werden. Bei Jugendlichen in der Pubertät wird wiederum häufig zum magischen Denken Zuflucht genommen, um Ängste vor Gewalt (verübter oder erlittener) zu bannen. Karina zeigt, was ebenfalls typisch für Kinder und Jugendliche ist, dass sie lieber sich selbst infrage stellen, als etwa den Film oder gar die Erwachsenen, die ihnen Filme in der Schule als Unterrichtsgegenstand vorführen, um Kinder mit der Geschichte des Völkermords betroffen zu machen. Indem Karina denkt, sie persönlich sei nicht normal, richtet sie alle Kritik auf die eigene Person, anders vermag sie sich vor Filmen nicht zu schützen. Sie hat so wenig wie die meisten Kinder in der Schule gelernt, mit Filmen kritisch umzugehen. Ganz hilflos ist sie gegenüber einem berühmten Film wie *Schindlers Liste* und seinem bekannten Regisseur Spielberg, dessen Absichten fraglos auch bei Pädagogen als die guten gelten, sodass sich auch Lehrer nicht getrauen, dem Produzenten und dem Produkt kritisch »auf die Finger zu schauen«. Karina kritisiert sich lieber selbst als »nicht normal«. Doch was sie gerne hätte, nämlich cool zu sein, das ist bei Licht betrachtet die Sehnsucht, nicht länger beeindruckbares Objekt der durch Bilder gewaltsam auftretenden Aufklärungsversuche über die Verbrechen des Völkermordes zu sein.

In diesem Zusammenhang ist eine wichtige Frage für Erwachsene zu diskutieren, ob ihre bewusst besten Absichten, mit geballter Filmgewalt Jungen und Mädchen didaktisch-pädagogisch beeindrucken zu wollen,

gerechtfertigt sind oder aber ob sie kontraproduktiv wirken und letztlich mehr Schaden als Nutzen stiften. Dies geschieht, wenn anstelle von Mitgefühl für die realen Opfer des Holocaust Abwehr erzeugt wird in Form von eigenen Opfergefühlen (weil man so etwas Schlimmes ansehen musste). Auch als Therapeut könnte man versucht sein, die Verwirrung des Mädchens über sich selbst allein dadurch lösen zu wollen, dass seine individuellen Konflikte und sexuellen Ängste analysiert werden. Doch dies käme tatsächlich einer Spaltung gleich, einer Individualisierung – Produkt der Abwehr Erwachsener und ihrer eigenen kollektiven und historischen Gewaltprobleme zu Lasten der Jugendlichen. Dieses Problem stellt sich ein, wenn der Zusammenhang der folgenden drei Gewaltdimensionen ignoriert wird:
– Erstens die kollektive Gewalt in modernem Gewande, dazu gehört auch die filmische Gewalt des direkten Zugriffs von Bildermachern auf die Seele unter Umgehung des kritischen Denkens. Hier handelt es sich um eine Form der Gewalt, die Erwachsene als Filmemacher und Filmevorführende durch Bilder und Töne auf Kinder ausüben (Benz 1998).
– Zweitens die Gewalt derer, die filmische Produkte in naiver Aufklärungs- und Beeindruckungsabsicht vorführen und dies im Rahmen der Schule umso leichter allgemeinverpflichtend anordnen, als sie sich zunutze machen können, dass Kinder Filme generell gerne sehen. Auch wenn anschließend über den Film gesprochen wird, so reicht dies in aller Regel nicht an die Schichten heran, die das Persönliche der Jugendlichen betreffen. Umso wichtiger ist es, zu verstehen, was intrapsychisch passiert.
– Drittens die Gewalt der Eltern und Großeltern, deren Generationen mitverantwortlich für die NS-Gesellschaft und deren Abwehr sind.

Was die filmisch inszenierte Gewalt betrifft, so ist sie in der Tat eine Form der Gewalt im Sinn von überwältigenden Einbrüchen in die Kinderaugen und -seelen. Dorthin werden Bilder der Gewalt implantiert als sinnlich raffinierte Orgien der Gewalt, gegen die Kinder sich nicht schützen können. Wo dramaturgische und kommerzielle Interessen der Filmemacher walten, zählen nur Faszination, Spannung, Manipulation zum vermeintlich guten Zweck der Betroffenheit von Jugendlichen.

Karinas symptomatische Reaktionen zeigen Angst, dass etwas Gewaltsames mit ihr passiert, wenn sie, was altersadäquat wäre, ausgeht. Sie hat ein Opfergefühl entwickelt, das sie umtreibt. Dennoch kann man es nicht nur als paranoide Einbildung und projektive Abwehr phantasierter sexueller Angriffe sehen. Man muss es auch als Reaktion auf einen realen Angriff auf ihre Psyche verstehen, weshalb ihr Mitgefühl nicht eigentlich, wie die Filmemacher intendierten, den tatsächlichen Opfern des Holocaust, den verfolgten Juden gilt, sondern der eigenen Person. Den realen Holocaust-Opfern bringt Karina hingegen eine Verweigerungshaltung entgegen: »Davon will ich nichts mehr wissen, das kann ich nicht ertragen.« Karinas Beispiel zeigt, inwiefern ein Verwirrungsprozess in Gang gesetzt wurde, der das Ziel, durch Film Aufklärung zu erreichen, unterläuft. Denn normal – so ihre Schlussfolgerung – erscheint der Patientin, wer abgebrüht ist, derjenige, dem der schlimme Film persönlich nichts ausmacht, der ihre zupackende Wirkung abschütteln kann, d. h. Menschen mit »coolen« Einstellungen. Karina sucht sich was ihr fehlt, coole Freunde, die durch ihre Einstellung (»solche Filme über Gewalt machen mir nichts«) Schutz vor Übergriffen versprechen. Dass dies Jungen mit rechtslastigen Einstellungen sind, kann niemanden erstaunen. Sie versprechen mit ihren Idealen von Sauberkeit, Ordnung und reinem Blut (das Karina mit nicht Aids-verseuchtem Blut gleichsetzt) ihrer aufgewühlten Seele Beruhigung.

Karina mag als ein pathologischer Einzelfall erscheinen, dennoch macht er uns aufmerksam auf bedeutsame kollektive konfliktträchtige Zusammenhänge, die in ähnlicher Weise auch andere Kinder unserer Gesellschaft betreffen können und die wir, gerade wenn wir auf Einzelschicksale konzentriert sind, mehr als bisher beachten sollten. Am Beispiel der Sechzehnjährigen lässt sich erkennen, wie drei in der Pubertät intensivierte, mit Sexualität und Gewalt zusammenhängende individuelle und kollektive Konfliktdimensionen zusammenwirken:

- Erstens individuelle, entwicklungsadäquate weibliche Konflikte zwischen Wünschen nach sexuellen Beziehungen zum anderen Geschlecht sowie Ängsten davor.
- Zweitens familiäre, d. h. trianguläre Beziehungskonflikte ödipaler Struktur. (Da sie Analytikern professionell bekannt sind, sind sie hier nicht weiter ausgeführt; ergänzend nur der Hinweise, dass Karinas Vater tatsächlich immer schon große Ängste in Bezug auf seine Tochter vermittelte, ihr würde außerhalb der Familie etwas zustoßen.
- Drittens kollektive, historische Gewaltkonflikte (NS-Verfolgung wahrnehmen oder verleugnen) und deren Folgen zwischen modernen Aufklärungsbemühungen und moderner Verdrängung, wo medial in bester künstlerischer Absicht durch überwältigend suggestiv inszenierte Gewalt im Bild, d. h. durch Gewalt der Bilder gegenüber jungen Menschen letztlich Abwehr produziert wird.
- Viertens Gewaltkonflikte aus Spaßbedürfnis und kommerzieller Ausbeutung desselben durch öffentlich auf Großveranstaltungen überwältigend

inszenierte Sexualität, die aggressiven Charakter erhält u. a. durch mediale Vermittlung, die dem Sensationsbedürfnis in der Schwerpunktbildung der Berichterstattung folgt. Wie normal muß ein junger Mensch sein, um all diese Konflikte symptomfrei zu ertragen?

Zweites Beispiel: Einsamkeit, Minderwertigkeit und ärztliche Gewalt
Anita, ein achtzehnjähriges, außerordentlich unglückliches Mädchen mit so vielen Symptomen, dass lange unklar war, ob eine ambulante Therapie hinreichend sein kann, urteilte wiederholt mit Schärfe über ihre Mitschüler: »die sind einfach alle minderwertig«, »die tanzen, trinken, rauchen, vernachlässigen ihre Arbeit«, »die interessieren mich überhaupt nicht und ich will mit denen überhaupt nichts zu tun haben«. Anita leidet schwer unter vielfältigen Ängsten, die als posttraumatische Belastungsstörungen erscheinen. Es dauert ein Jahr, bis Anita sich eingestehen kann, dass sie einsam ist und Sehnsucht nach einem Freund oder einer Freundin hat, aber aus Panik vor körperlicher Nähe vor Freundschaften fliehen muss. Anita scheint gegenüber sich selbst und anderen in einem »Vernichtungskrieg« gefangen, mit Wut, Hass, Abscheu spricht sie gnadenlos ihrem Es, aber auch anderen Menschen alle körperlichen Bedürfnisse ab. Man kann die Symptomatik als individuelle narzisstische Störung auffassen und eine Missbrauchsgeschichte vermuten. Die Zusammenhänge, die allmählich deutlich werden, haben tatsächlich Missbrauchscharakter, aber nicht im üblichen Sinne. Sie sind auf andere Weise tragisch und zugleich alarmierend auch für uns Therapeuten, weil sie auf die Gewalt manipulativer Therapien und auf ihre destruktive, langfristig verheerende Wirkung aufmerksam machen. Aber nicht nur dieses, an Anitas Beispiel wird auch erkennbar, welche Kontinuität kollektive deutsche Normen, die in der NS-Zeit den Erziehungsstil prägten, bis in die dritte Generation haben.

Rigide großelterliche Normvorstellungen über Sauberkeit, Ordentlichkeit, Konsequenz und Gehorsam, geprägt durch die auch nach 1945 noch Jahrzehnte für richtig gehaltenen Erziehungsideale der NS-Zeit, beeinflussten die Eltern Anitas. Sie beförderten insbesondere ihre große Autoritätsgläubigkeit (Fachleute müssen ja alles richtig wissen) und aggressive Forschrittsansprüche auf die Möglichkeit, das »heile Kind« mit Gewalt zu produzieren. Die Eltern suchten sich, um das von der vermeintlichen Norm abweichende Verhalten ihrer Tochter (sie wollte nicht kuscheln und hatte Kontaktstörungen) »normal« zu machen einen Psychiater, der mit seinen autoritären Kompetenzansprüchen den elterlichen Erwartungen entsprach und eine Therapie empfahl, die sicher zum Ziel – das Mädchen solle kuscheln und dabei Blickkontakt halten lernen ohne zu fragen – führen würde. Anita war damals 12 Jahre alt. Die »Haltetherapie« war in Mode gekommen, der Arzt empfahl ihre Anwendung, instruierte Vater und Mutter in mehreren Sitzungen, wie sie sich in täglichen Aktionen mit ganzem Körper auf die am Boden liegende Tochter zu legen hatten (auf dem Schoß war sie wegen ihrer heftigen Gegenwehr nicht zu halten). Ohne Rücksicht auf das Flehen, Geschrei, Umsichschlagen trainierten die Eltern so lange, bis Anita ihren Widerstand aufgab und sich willig überall anfassen ließ.

Die Therapie dauerte über ein Jahr, sie wurde von Eltern und Arzt als Erfolg verbucht, sogar als Lehrstück gefilmt, weil die Patientin ihre Widerstände tatsächlich aufgegeben hatte, am Ende kuschelte und blickte. Die traumatischen Wirkungen des Gewaltszenarios, bei der die eigenen Eltern zu Folterknechten geworden waren, wurden nicht beachtet, so wenig wie die sich in der Folge entwickelnden multiplen schweren neurotischen alten, sich verstärkenden, und neuen Symptombildungen (schwere Depressionen, Suizidgedanken, massive Esstörungen, Störungen des Sozialverhaltens sowie sexuelle Störungen). Sie alle wurden nicht mit der Haltetherapie in Verbindung gebracht. (Die Patientin sagte »Ich wollte mich nur noch umbringen«; »Ich habe mich überall versteckt, aber konnte nicht entkommen«; »Ich wollte nie mehr daran denken«).

Am Beispiel Anitas werden wir daran erinnert, dass es nicht genügen kann, nur nach der aktuellen Dimension der familiären Gewalt oder nach dem Komplott von Eltern und Arzt gegen ein Kind zu fragen. Es ist nötig, nach der kollektiven, politisch-rassistischen Tradition rücksichtsloser Heilserwartungen zu fragen, wie sie in der NS-Zeit bewusst und Jahrzehnte danach unbewusst wirkten als Norm-Ansprüche und Entwertungsängste (Benz 1992a, Benz 1996). Vor diesem Hintergrund konnte sich die familiäre Beziehungsgewalt entwickeln (und möglicherweise ist dies auch der Grund, dass eine Gewalttherapie wie die Haltetherapie nachgefragt wird). Ferner müssen wir nach der Tradition der Gewalt gegen ein Kind, das Behinderungen in seinem Verhalten zeigt, fragen. Und weiter müssen wir nach der Tradition des Glaubens an Fachleute zu fragen, die Eltern von ihren eigenen kritischen Wahrnehmungen »befreien« und letztlich dazu bringen, gewaltsame Handlungen an ihrem Kind zu vollbringen, die auszuführen sie sich sonst nicht getraut hätten.

Im Fall Anitas gibt es aus den Biographien der Eltern zahlreiche Hinweise auf Zusammenhänge ihrer unbewussten Einstellungen mit aus nationalsozialistischer Gesellschaft stammenden, gewaltsam vermittelten Orientierungen über das, was generationsübergreifend als richtig und falsch galt. Man kann deshalb nicht sagen, Anita oder ihre Eltern wären rechtsradikal. Doch dass die Eltern die Kompetenz der Psychoanalytikerin für Probleme ihrer Tochter bezweifeln und lieber eine Verhaltenstherapie bevorzugt hätten, ist kein Zufall, sondern liegt ebenfalls in einer Konsequenz von Langzeitwirkungen aus der NS-Zeit, in der die Psychoanalyse als »jüdische Wissenschaft« staatlich diskreditiert und verfolgt wurde. Solange dieser Zusammenhang von Politik und Psychoanalyse nicht ins öffentliche Bewusstsein gehoben wird, wirkt die kollektive Abwehr unterschwellig in der Gegenwart fort, solange wird Psychoanalyse immer wieder mit alten entwertenden Vorurteilen belegt (Kohte-Meyer 1998).

Drittes Beispiel: Gruppengewalt und Konflikte in jugendlichen Freundschaftsbeziehungen

Das dritte Beispiel rückt die Frage der Gruppengewalt hinsichtlich der Verquickung von individuellen und kollektiven Gewalthandlungen in den Mittelpunkt der Überlegungen. Das ist umso wichtiger, weil es als typisch für rechtsradikale Gewalttaten Jugendlicher gilt, dass sie aus Gruppen heraus begangen werden. Daher haben wir allen Grund, nach den unbewussten Motiven der Gewaltdynamik, die in Gruppen in Gang kommen kann, zu fragen.

Laut Polizeibericht haben im April 1997 in Staffelstein in Oberfranken vier ihrer ehemaligen Freunde – drei Mädchen im Alter von 14 und 16 Jahren sowie ein sechzehnjähriger Junge – einem vierzehnjährigen Mädchen (in der Süddeutschen Zeitung vom 23.4.1997 wurde sie Manuela genannt) am Bahnhof aufgelauert. Die vier traten mit Springerstiefeln auf Manuela ein und schnitten ihr das Haar teilweise ab, drückten Zigaretten auf ihr aus, (laut Vater des Opfers in Hakenkreuzform) und zwangen es, Wasser aus der Toilette zu trinken, Gras und Steine in den Mund zu nehmen. Sie rissen ihr die Kleider vom Leib und schleppten sie über die Bahngleise, raubten ihr Portemonnaie und ihren Rucksack. Sabine, eine der Täterinnen (auch ihr Name ist geändert), war lange bei den Skinheads engagiert, bevor sie »links«, bevor sie eine Punkerin wurde. Manuela, das Opfer hingegen, hatte etwa gleichzeitig einen Wechsel in umgekehrter Richtung von »links«, von der Punkergruppe weg nach »rechts« in die Skingruppe vollzogen. Als sie sich zwei Monate vor ihrer Misshandlung in einen Skinhead verliebte, war die alte Freundschaft in rachsüchtige Feindschaft umgeschlagen.

Diesem Phänomen des Umschlagens von Freundschafts- in Feindschaftsverhältnisse, das in vielen Gewaltszenen Jugendlicher wirksam ist, gilt seit vielen Jahren meine forschende Aufmerksamkeit, denn es liegt so vielen Gewaltkonflikten von Kindern und Jugendlichen untereinander zugrunde und fällt dem kundigen Beobachter bereits im Kindergartenalter auf, sodass wir allen Grund haben, Freundschaftskonflikte und ihre Gewaltdynamik in ihrer sozialpolitischen Bedeutung ernst zu nehmen. Theoretisch begegnet uns hier der andernorts nachgewiesene (Benz 1997) allgemeine Zusammenhang von libidinösen und aggressiven Strebungen in der Pubertätsphase in eindrucksvollen Formen bei der Ausbildung von frühen sozialen Beziehungsstrukturen außerhalb der Familie. Bildlich gesprochen können wir in den Freund- und Feindschaftskonflikten die Ausprägung künftiger »Andockstellen« für gesellschaftliche ideologisch-politisch geprägte Freund- und Feindbilder erkennen, die das Phänomen des Zusammenhangs von Freund- und Feindbildern bewusst und spaltend mit dem Ziel vorantreiben, die Reihen ihrer Anhänger als einer Gruppe verschworener Freunde geschlossen gegenüber den zu Feinden Deklarierten zu halten.

Feindschaftskonflikte als abgewehrte Freundschaftskonflikte – die Disposition zur Radikalität

Um die individuelle und politische Bedeutung von Freundschafts- und Feindschaftskonflikten sowie ihrer Abwehrmechanismen und Dynamik im Kindes- und Jugendalter für die Gesellschaft deutlich zu machen, habe ich vorgeschlagen, dies Phänomen auch begrifflich und theoretisch speziell zu kennzeichnen als »Disposition zur Radikalität«, bzw. als »Disposition zur Ausprägung radikaler Denk- und Verhaltensweisen« (Benz 1992b). Es ist gewissermaßen die soziale Form der ursprünglich elternbezogenen ödipalen Konflikte bei Jungen und Mädchen – und zwar in den frühen Freundschaftsbeziehungen –, und auch sie muss wie die ödipalen Konflikte idealerweise ganz oder zumindest teilweise überwunden werden.

Als Psychoanalytiker sind wir es gewöhnt, die psychosoziale Entwicklung von Jungen und Mädchen von drei bis sechs Jahren unter den Vorzeichen der dramatischen, im Sinne von unausweichlichen tragischen, ödipalen, auf Vater und Mutter bezogenen triangulären Konflikte und ihrer Abwehr sowie der Frage der gelungenen oder aber misslungenen Überwindung dieser ödipalen Konflikte zu beachten. Bei den unter der Überschrift »ödipale Konflikte« subsummierten familiären Konfliktprozessen handelt es sich im

Gewalt in der Pubertät als Konfliktlösung?

Grunde um Konflikte zwischen Wünschen nach Gleichheit (mit Vater oder Mutter) einerseits sowie um Wünsche nach Überlegenheit (über Mutter oder Vater aus Gründen der Rivalität und Konkurrenz) andererseits. Da jedoch über der Konzentration auf familiäre Prozesse die sozialen aus dem Blickfeld geraten sind, ist es nun erforderlich, zu fragen was sich zeitgleich mit der intensivsten Phase (im Alter von drei bis sechs Jahren etwa) der Entfaltung ödipaler Konflikte im familiären Bereich im Bereich der ersten sozialen Beziehungen im außerfamiliären Bereich abspielt. Nötig ist dies zum einen, weil die außerfamiliären, frühen Konflikte sehr schmerzlich für Jungen und Mädchen sind und sie zu erheblichen Abwehranstrengungen nötigen. Zum anderen aber können wir Konfliktentstehungen und Lösungsversuche in statu nascendi beobachten, die für alle späteren Phasen bedeutsam sind, insbesondere für das Entstehen und den Umgang mit Feindbildern und Gewaltstrukturen.

Meine These ist, dass ein auffälliges Produkt der Abwehr früher Freundschaftskonflikte die ersten Feindschaftsbildungen sind. Bei diesen handelt es sich nicht so sehr um Projektionen abgespaltener Selbstanteile – wie wir gewöhnlich annehmen – sondern um rasch und vor allem willkürlich austauschbare Konstrukte, ausschließlich zu dem Zweck erzeugt, Risse in den so sehr begehrten, daher idealisierten und unvermeidlichen Enttäuschungen unterliegenden ersten Freundschaften zu kitten.

Die Praxis lehrt uns zum einen, wie existentiell wichtig es für Kinder, für ihr Selbstwertgefühl, Wohlbefinden und ihre Kreativität in sozialen Gruppen ist, sich dort nicht allein zu fühlen, sondern einen Freund oder eine Freundin mit gleichen Interessen an der Seite zu haben, von dem oder von der sie erwarten können, Bestätigung und Verstärkung gegenüber anderen Kindern und Erwachsenen zu erhalten. Die ersten außerfamiliären Beziehungskonflikte sind theoretisch und praktisch von so großer Bedeutung, weil wir hier die Ausprägung sozialpsychologischer Abwehrmuster in statu nascendi beobachten können.

Was in dieser Phase als Ideal der besten Freundschaft ausgeprägt wird, das ist im Grunde eine Idealisierung, eine konfliktfrei gewünschte einzigartige, die »beste« Freundschaft. Sie beruht auf einer infantilen, realitätsverleugnenden Illusion der Gleichheit und des Zusammenhalts, ohne Gefahr der Konkurrenz, wie sie den familiären ödipalen Konflikt bestimmt. Umso mehr löst die Realität der Wahrnehmung von rivalisierenden Ansprüchen (wer bestimmt, was gespielt wird, wer gibt nach) Enttäuschung und Abwehr aus. Regelmäßig ist in der Folge von derartigen Freundschaftskonflikten zu beobachten, wie Kinder in Abwehr der Angst, den Freund zu verlieren mit eskalierenden Mitteln der Abwehr reagieren: Mit Überredungskünsten, mit Bestechungsversuchen oder mit den Drohungen des Verlassens (»Dann such ich mir einen anderen Freund, der macht, was ich will«) oder der Kündigung (»Wehe, wenn Du nicht machst, was ich will, dann bist Du nicht mehr mein Freund«). Und wenn all diese Formen der Abwehr nicht ausreichen, die aus internen Gründen bedrohte Freundschaft zu stabilisieren, dann wählen Kinder den Ausweg, Dritte als äußere Feinde – und das kann jeder sein – zu konstruieren, um sich gegen sie zusammenschließen zu können« (Benz 1999).

Das detaillierte Studium psychosozialer Ambivalenzkonflikte von Kindern in ihren ersten Freundschaftsbildungen hilft uns, unbewusste Motive im Entwickeln feindschaftlicher Beziehungsmuster auch in späteren Jahren genauer zu verstehen. Vergegenwärtigt man sich den besonderen Druck, unter dem Jungen und Mädchen in der Pubertätsphase stehen, wo infolge wachsender Triebansprüche homo- und heterosexuelle Freundschaftskonflikte fundamentaler als in den früheren Phasen erlebt werden, wird verständlich, dass auch die Abwehr intensiviert wird und dass infantile Konfliktverarbeitungsformen, die Konstruktion von Feindbildern zur Abwehr von Freundschaftskonflikten, wie sie in der Kindheit gelernt und entwickelt wurden, wiederbelebt oder intensiviert werden.

Wenn in dieser Situation nun Jugendliche aus dem kollektiven Bereich der Gesellschaft heraus gehäuft Signale dafür erhalten, dass ihre Denk-und Verhaltensweisen (idealisierte Freundschaft auf der einen und Feinde auf der anderen Seite) korrekt sind, dass sie beibehalten und verstärkt werden dürfen, wie es radikale Parteiungen machen, dann besteht für Jugendliche keine Notwendigkeit, das Freund-Feind-Denken abzubauen, die eigenen Konflikte anzuerkennen und andere als im Prinzip gewalttätige Lösungen (Erpressung, Drohung, Feindbildung nach außen) zu entwickeln.

Schätze der Psychoanalyse für die Gesellschaft

Grundlose Aggression und reine Lust an der Gewalt jedenfalls gibt es aus psychoanalytischer Sicht nicht, auch wenn Täter auf Befragen durch Erwachsene dies immer wieder trotzig behaupten und auch wenn Erwachsene in Wissenschaft und Pädagogik diese angebliche Grundlosigkeit in Jugendgewalttaten besonders gern klagend mit dem Effekt hervorheben, dass jugendliche Aggressivität dann Erwachsenen als besonders unheimlich oder gar als Ausdruck jugendlicher Geilheit erscheint (Streeck-Fischer 1992, S. 745).

Die Einsichten, die die Psychoanalyse im Diskurs über die intra- und interpsychische Psychodynamik von sexuellen und aggressiven Konflikten im Kindes- und Jugendalter, der Gesellschaft zu bieten hat, sind zum Verständnis der Psychodynamik von Gewaltproblemen Jugendlicher und Erwachsener unersetzlich und können von keiner anderen Disziplin beigetragen werden. Wer mit Kindern und Jugendlichen zu tun hat und bewusst wahrnimmt, was die öffentliche Bildergalerie unserer Zeit im Fernsehen und Film vor aller Augen führt, kann kaum daran zweifeln, dass es die beiden großen Themen Sexualität und Gewalt sind, welche am meisten angeboten und nachgefragt werden. Ihnen gilt das allgemeine Interesse, und es wird in der Werbung exzessiv benutzt. Wenn Freud heute leben würde, fände er überwältigende Belege für die Bedeutung des Zusammenhangs von Sexualität und Aggression, die Bedeutung des Lustprinzips und der irrationalen Kräfte der Abwehr, die in destruktiven Verhaltensweisen zum Ausdruck kommen. Es erscheint mitunter müßig, über Begriffe zu streiten, ob man Sexualität oder Destruktivität triebhaft nennen sollte oder nicht. Der Umstand, dass sexuelle Tabus in unserer Gesellschaft weithin verschwunden sind, bedeutet heute neue Schwierigkeiten, nicht aber Befreiung von Konflikten der Gewalt, wer mit wem gegen wen agiert, dem Stoff, aus dem seit eh und je die Tragödien der Menschen stammen.

Literatur

Freud, A. (1987a): Ich und Es in der Pubertät. In: Die Schriften der Anna Freud Band I, 1922-36. Frankfurt a. M.(Fischer), S. 319-332; Triebangst in der Pubertät, ebd., S. 333-351; Zur Theorie der Kinderanalyse, ebd., S. 165ff.

Freud, A. (1987b): Kriegskinder. Berichte aus den Kriegskinderheimen »Hampstead Nurseries« 1949-45, Schriftenband II und III.

Freud, S. (1926): Die Frage der Laienanalyse: Unterredungen mit einem Unparteiischen, in: Schriften zur Behandlungstechnik, Studienausgabe, Frankfurt a .M. (Fischer).

Bauriedl, Th. (2001): Wege aus der Gewalt. Die Befreiung aus dem Netz der Feindbilder. Freiburg (Herder).

Benz, U. (1992a): Der Mythos von der guten Mutter. Zur Tradition der politischen Instrumentalisierung eines Ideals. In: Rauschenbach, B. (Hg.) (1992): Erinnern, Wiederholen, Durcharbeiten. Zur Psychoanalyse deutscher Wenden. Berlin (Aufbau Verlag), S.148-156.

Benz, U. (1992b): Verführung und Verführbarkeit. NS-Ideologie und kindliche Disposition zur Radikalität. In: Benz, U., Benz, W. (Hg.) (1992): Sozialisation und Traumatisierung. Kinder in der Zeit des Nationalsozialismus. Frankfurt a. M.(Fischer), S. 25-39.

Benz, U. (1996): Deutsche Frau und deutsche Mutter – die langen Wirkungen der Ideologisierung im Nationalsozialismus. In: Niethammer, O. (Hg.) (1996): Frauen im Nationalsozialismus. Osnabrück (Universitätsverlag Rasch), S.144-155.

Benz U.(1997): Jugend, Gewalt und Fernsehen. Der Umgang mit bedrohlichen Bildern, Berlin (Metropol Verlag).

Benz, U.(1998): Warum sehen Kinder Gewaltfilme? München (Beck)

Benz, U. (1999): Die besten Freunde suchen einen Feind. Jugendliche Gewalt und die Angst vor der Wiederkehr des Verdrängten,. In: Analytische Kinder-und Jugendlichenpsychotherapie, 101, S. 61-79.

Benz, U. (2001a): Der notwendige Blick auf die eigenen Wurzeln. Frühkindliche Prägungen durch den Nationalsozialismus in den alten Bundesländern. In: Benz U., Benz ,W. (Hg.) (2001): Deutschland Deine Kinder. Zur Prägung von Feindbildern in Ost und West. München (dtv), S. 185-204.

Benz, U. (2001b): Jugendliche Gewalt und die Angst der Erwachsenen. Strukturen einer Beziehung aus psychoanalytischer Sicht. In: Benz, W. (Hg.) (2001): Auf dem Weg zum Bürgerkrieg? Rechtsextremismus und Gewalt gegen Fremde in Deutschland. Frankfurt a. M. (Fischer), S. 87-101.

Erikson E. H, (1976): Identität und Lebenszyklus, Frankfurt a. M. (Suhrkamp).

Graf-Nold Angela (1988): Der Fall Hermine Hug-Hellmuth. Eine Geschichte der Kinder-Psychoanalyse. München, Wien (Verlag Internationale Psychoanalyse).

Kohte-Meyer, I. (Hg.) (1998): Über die Schwierigkeit, die eigene Geschichte zu schreiben. 50 Jahre Institut für Psychotherapie Berlin.

Streeck-Fischer A. (1992): »Geil auf Gewalt«. Psychoanalytische Bemerkungen zu Adoleszenz und Rechtsextremismus. In: Psyche 46, S. 745-768.

Gewalt als Zeichen von Hoffnung?
Zur psychoanalytischen Theorie der jugendlichen Gewalt bei D. W. Winnicott

Thomas Auchter

Die Verknüpfung von *Gewalt* und *Hoffnung* in dem Titel meines Beitrags scheint nach den schrecklichen Attentaten von New York und Washington am 11. September 2001 umso befremdlicher und provokativer. Aber auf eine paradoxe Weise liegt für mich in bestimmten Reaktionen auf die grausamen und ohnmächtig machenden Gewalttaten auch etwas *Hoffnungsvolles*. Könnte es nicht sein, dass die relativ rasch nach den Taten aufgekommenen Rufe nach Besonnenheit und Vernunft – eher von Nicht-Politikern als Politikern – anstelle kurzsichtiger und kurzfristiger militärischer Racheakte, doch etwas bewirkt haben? Niemals in meiner nun fast dreißigjährigen Praxis haben so viele (fast alle) Patienten dieses äußere Geschehen zum Thema ihrer Stunden gemacht und nicht wenige gerade schwerer Gestörte haben es mit einer Relativierung ihrer inneren Problematik verbunden. Sie haben sich damit als Zoon politikon erwiesen, als Menschen, welche sich auch aktiv als *Mitbürger*, ja *Weltbürger* verstehen. Die äußeren Ereignisse haben bei sehr vielen Menschen ein Bedürfnis nach Aussprache, Mitteilung und Austausch zutage treten lassen, sodass ich von einem hoffnungsvollen konstruktiven kommunikativen Schub sprechen möchte, welcher durch die destruktiven Attentate auch ausgelöst worden ist.

Zusatz: Heute, im Januar 2002, scheint die Welt wieder zur Tagesordnung übergegangen. Das Taliban-Regime in Afghanistan ist beseitigt . Keiner fragt mehr nach den menschlichen und materiellen Kosten des Krieges. Wenige regen sich darüber auf, dass die zivilisierte Welt in Gestalt der USA die Gefangenen des Krieges wie Legehennen in Drahtkäfigen interniert. Israelis und Palästinenser scheinen unlösbar in tödlicher Gewalt gegeneinander verstrickt. Die gewaltsame, kriegerische Terrorismusbekämpfung steht in der ständigen Gefahr, selbst zu der Krankheit zu werden, deren Symptome sie zu bekämpfen vorgibt. Ist es doch *hoffnungslos* mit der Gewalt von Menschen gegen Menschen?

Einführung

Jede Gesellschaft hat die Jugend, welche sie verdient. Denn es sind ihre Kinder, welche sie erzeugt und erzogen hat. Wie in einem Brennglas verdichten sich in den Adoleszenten bewusste und unbewusste universelle Fragen, Ängste und Grundkonflikte (Stierlin 1971, Mentzos 1982) des Menschen. Aber wie äußerst empfindsame Seismographen signalisieren die Jugendlichen auch Probleme, Verwerfungen und Erschütterungen ihrer Gesellschaft und Kultur.

Jugendliche Gewalt hat es zu allen Zeiten gegeben. Die Qualität der Gewalt scheint sich jedoch heute zunehmend in Richtung einer *Entgrenzung* und Brutalisierung zu entwickeln. Die neue Gewalt wird nicht selten mit Etiketten wie ziellos (Eisenberg und Gronemeyer 1993, S. 49), hemmungslos, oder sinnlos versehen. Gerade das letztere muss aber die Psychoanalytiker und Kinderanalytiker als Spezialisten für Sinnlosigkeit auf den Plan rufen, um nach möglichen Verstehensansätzen zu forschen. Diese müssen sich jedoch immer ihrer Begrenztheit bewusst bleiben, denn dem komplexen Thema der Gewalt ist sicher nur mit einer interdisziplinären Betrachtung angemessen näher zu kommen. Die Frage einer *Geschlechtsspezifität* aggressiver und destruktiver Manifestationen bedürfte einer umfangreicheren Erörterung. Bei dieser Frage wird jedoch sicher der Einfluss kultureller und gesellschaftlicher Faktoren auf die Sozialisationsbedingungen und auf die Ausdrucksformen von Gewalt bei Jungen und Mädchen berücksichtigt werden müssen. Insofern beziehen sich meine Überlegungen zur expressiven Gewalt sicher eher auf *junge Männer*.

Im Folgenden möchte ich einige der Konzeptualisierungen des britischen Kinderarztes und Psychoanalytikers Winnicott vorstellen, die mir für ein Verständnis jugendlicher Gewalt hilfreich erscheinen. Winnicott entwickelte seine Vorstellungen und Konzepte zur Jugendgewalt vor allem im Angesicht der Gewalt des Zweiten Weltkrieges und ihrer Auswirkungen auf Kinder und Jugendliche. Außerdem möchte ich versuchen, sie ein wenig in den aktuellen Diskurs der Psychoanalyse einzuordnen. In meiner Arbeit sind darüber hinaus unschwer eine Reihe von impliziten Bezügen zu dem Attentat vom 11. September 2001 zu entdecken.

Zum Begriff der Gewalt

Im öffentlichen Diskurs werden Aggression und Gewalt häufig undifferenziert in einen Topf geworfen. *Aggression* betrachte ich mit Winnicott (1984) als ursprüngliche, nicht festgelegte Antriebskraft, eine »Lebenskraft« (Winnicott 1989, S. 245) im Sinne einer grundlegenden *Aktivität*. Aufgrund (grundsätzlich unvermeidbarer) frustrierender Schmerz- und Verlusterfahrungen (vgl. Loch 1970, S. 251) oder traumatisierender Gewalterfahrungen wird ein Teil dieser neutralen Wirkkraft, die primäre Aggression, sekundär reaktiv in Destruktivität oder Gewalttätigkeit umgewandelt (Winnicott 1958, S. 216). Aggression ist also eine zunächst »unspezifische Aktivität im Dienste der Selbsterhaltung« (Ermann 1996, S. 332; Lantos 1958; Kohut 1979, S. 108). Parens (1993, S. 110f) bezeichnet ihre zwei Varianten als 1. »nichtdestruktive Aggression« und 2. »nicht-affektive Destruktion«. Erstere entspricht Winnicotts Vorstellung von der Aggression als *Aktivität*, die Zweite zum Beispiel seinem Bild von der Aggression als einem Teil des archaischen Liebesimpulses (vgl. Auchter 2000a, S. 34f), dem gierigverschlingenden *Liebeshunger* (Winnicott 1984, S. 88), welcher in der Phantasie des Säuglings das Objekt *vernichtet*. Die primäre Aggression wird erst durch *gewaltsame* Vernachlässigungen, Verletzungen, Kränkungen und Traumatisierungen des Selbst (Kohut 1979, S. 108ff) in Destruktivität umgeformt und kann dann in den »Dienst von Zorn, Hass und Rache« (Winnicott 1984, S. 97) und narzisstischer Wut (Kohut) gestellt werden. Zum einen als defensiv-aggressive *Reaktion* (Frustrations-Aggressions-Hypothese) und zum anderen durch den von A. Freud (1936) hervorgehobenen Mechanismus der *Identifikation mit dem Aggressor*. Parens (1993, S. 110f) bezeichnet das Produkt davon als *»feindselige Destruktivität«*.

Nicht jede Destruktion ist allerdings schädlich und vernichtend. Destruktive Aggression ist beispielsweise eine Voraussetzung für die Auflösung der archaischen Selbst-Objekt-Ununterschiedenheit (Winnicott 1971, S. 90). Die ursprünglich erlebte Nichtunterschiedenheit zwischen Selbst und Objekt muss mittels *destruktiver Aggressivität* – wobei Winnicott (1988, S. 79 FN; 1958, S. 210) selbst mit dem Gedanken spielt, sie könnte *angeboren* sein, ohne allerdings einen Todestrieb in Betracht zu ziehen (Auchter 2000a) – in eine Getrenntheit zwischen dem Ich und dem Nicht-Ich verwandelt werden (vgl. auch Kohut 1979, S. 111). Erst durch die Wahrnehmung und Anerkennung eines *Unterschiedes* zwischen beiden wird überhaupt eine *wechselseitige Beziehung* möglich. Winnicott (1971, S. 86ff) nennt das »use of an object«.

Die *primäre Funktion der Aggression* liegt also für Winnicott (1984, S. 94; 1971, S. 90) ebenso wie für Kohut in der *Selbst- bzw. Objektkonstituierung* durch Wahrnehmung der *Differenz* zwischen dem Ich und dem Anderen und der Unterscheidung von innerer Wirklichkeit (Phantasie) und äußerer Wirklichkeit (Realität) mittels destruktiver *Trennungsaggression*.

Destruktive Aggression ist auch nötig für kreative Neugestaltungen. Denn jeder schöpferische Prozess beginnt mit einer *Zerstörung*. Eine alte Form, Struktur, Gestalt, ein alter Gedanke, eine alte Ordnung muss untergehen, verschwinden oder zerbrechen, ehe das Neue Platz greifen kann. Am offensichtlichsten wird das beim Bildhauer, welcher die naturgegebene Form und Struktur eines Steines oder Holzes zerstören muss, um eine neue Gestalt herauszuhauen. Ebenso lässt sich der kreative Prozess einer Psychoanalyse in einer gewissen Verfremdung des Gedankens von Lorenzer (1970) als »Sprachzerstörung und Rekonstruktion« begreifen (Auchter 1978, S. 64). Entsprechend formuliert Winnicott (1971, S. 145): »Im Verlauf des Entwicklungsprozesses der Pubertät und des Jugendalters gibt es immer irgendwo tief im Unbewußten die Phantasie vom *Tod* irgendeines Menschen«. »In der unbewußten Phantasie ist das Erwachsenwerden naturgegeben etwas Aggressives« (Winnicott 1971, S. 144). Aber wie Bohleber (in diesem Band) betont, muss es dabei immer um einen *symbolischen Elternmord* gehen.

Wir müssen also grundsätzlich eine benigne, lebensfreundliche Destruktion im Dienste von Konstruktion und Entwicklung und eine maligne, lebensfeindliche Destruktion im Dienste von Wut, Hass und Grausamkeit unterscheiden. Auch die Staatsgewalt kann im besten Fall eine benigne Form von destruktiver Aggression darstellen, steht allerdings auch ständig in der Gefahr, relativ leicht in eine maligne Destruktion – zum Beispiel als Ausdruck unkontrollierter Rachebedürfnisse und eigener Aggressionstendenzen – umzuschlagen. Ich erinnere in diesem Zusammenhang an die Polizeiaktionen in Genua im Juli 2001.

Mit maligner Gewalt verbundene Affekte sind Wut und Hass (Kernberg 2000), Zorn und Rache (Winnicott 1984, S. 97) und ein *Machtgefühl* (Freud 1924c, S. 376). Dadurch bewusst oder unbewusst motivierte Gewaltakte zielen auf das Beschädigen, Zerstören oder Vernichten von unbelebten und belebten Objekten, die Verursachung von Leiden und Angst, beziehungsweise das *Dominieren* und *Kontrollieren* von Objekten. Habituell gewordene Gewaltsamkeit kann schließlich auch unter dem Aspekt des *Sadismus* betrachtet werden.

Wie steht es um eine blinde, eine sinnlose Gewalt? Ohne Zweifel gibt es individuelle und kollektive blindwütige Gewalttaten, bei welchen jegliche

Ichkontrolle verloren gegangen ist (z. B. Lynchjustiz). Dem betroffenen Opfer mag bisweilen die Wahl des Gewalttäters oder der gewalttätigen Gruppe zufällig oder völlig sinnlos erscheinen. Ich bin allerdings der Überzeugung, dass bei hinreichend gutem Hinsehen (Victimologie), in fast allen Fällen ein unbewusster Sinn auch in der Täter-Opfer-Beziehung herausgefunden werden kann. Dieses *Verstehen* liegt jenseits von einer Rechtfertigung oder einer Verurteilung.

Gewalt wird produziert – Entwicklungspsychologische Aspekte der Gewalt

Das Leben beginnt nicht mit der Adoleszenz. Und die Gewalt fällt nicht vom Himmel, schon gar nicht aus einem heiterem. Gewalttätiges Handeln hat lange und tiefe Wurzeln in der Lebensgeschichte des Einzelnen (Loch 1970; 1979) und seiner Gesellschaft, in der Regel einer *Gewaltgeschichte. Gewalt wird produziert.*

In den meisten Fällen sind *Gewalttäter* in irgendeiner Form vormalige *Gewaltopfer*. Michael Balint (1966, S. 58) hat das auf den Punkt gebracht: »Man wird schlecht durch Leiden.« Wenn der vorangehende familiäre und gesellschaftliche Diskurs überwiegend ein *Gewaltdialog* (z. B. in Israel/Palästina) gewesen ist, braucht sich eigentlich niemand zu wundern, dass vor allem durch den Mechanismus Identifikation mit dem Aggressor sowohl die gesunde Beziehungsfähigkeit als auch die (verbale) Dialogfähigkeit eines Kindes und Jugendlichen beschädigt oder gar zerstört worden ist. Dann dominiert die *Körpersprache* oft *gewaltsam* die Beziehungskonflikte. Bei einem Menschen, der gewalttätigen *Übergriffen* ausgesetzt ist, kann unter anderem die vielleicht schon erworbene »*Fähigkeit zur Besorgnis*« (Winnicott 1965a, S. 73ff) wieder zerstört werden, »an ihre Stelle treten primitive Ängste und primitive Abwehr wie Spaltung und Desintegration« (Winnicott 1965a, S. 78). Mit dem Verlust dieser *Fähigkeit zum Erbarmen* geht dem Individuum sowohl die *Fähigkeit zur Einfühlung* in den anderen als auch die *Fähigkeit zum Mitleiden* verloren und begünstigt damit eine *Enthemmung* der Gewalttätigkeit.

Traumatisierend wirkt nach Winnicott neben der direkt erfahrenen Gewalt, den *Übergriffen* z. B.: durch körperliche und seelische Misshandlung oder sexuelle Gewalt, auch ein *Mangel* an hinreichender *Zuwendung, Bindung* und *Halten* (Auchter 2000b; 2001). Da solchen sozial *verwahrlosten* Kindern die »affektive Nahrung vorenthalten wurde, auf die sie Anspruch hatten, ist ihr einziges Hilfsmittel die *Gewalt*... Das Kind wurde um die Liebe betrogen, dem Erwachsenen [oder in unserem Fall dem Jugendlichen, T. A.] bleibt nur der Hass«, schreibt Spitz (1976, S. 311). Eisenberg und Gronemeyer (1993) haben das auf die treffliche Formel von der »Gewalt, die aus der [sozialen] Kälte kommt« gebracht. Die *mangelnde soziale Einbindung* eines Kindes führt zu einer mangelhaften Einbindung der Aggression in seine Persönlichkeit und trägt somit ebenfalls zu einer *Entgrenzung* von Gewalt bei. In den Gewaltverhältnissen, in welchen sie aufwachsen, wird *nicht* ihr *Subjekt*sein gestärkt, sondern sie erfahren sich als *Objekt* übermächtiger Gewalt anderer. Sie werden später dazu neigen, in einer *Verkehrung ins Gegenteil* andere zum *Objekt* ihrer gewalttätigen Macht zu machen, um sich *aktiv* von ihrem Ohnmachtsgefühl zu befreien, ihr *passives* Ausgeliefertsein zu überwinden und womöglich dem anderen die Angst einzujagen, welche sie selber quält (Macht kaputt, was Euch kaputt macht).

Exkurs über Zerstörung und Wiedergutmachung

Begrenzte, maßvolle passive und aktive Gewalterfahrungen, können zur Entwicklung der Fähigkeit zur *Gewaltregulation* beitragen, wenn sie in einem Beziehungsdialog zwischen Gewalttäter und Gewaltopfer bewusst wahrgenommen, rational reflektiert, emotional bearbeitet und damit einer Ichkontrolle unterworfen werden können. Unter diesem Aspekt ist das Ausdrücken von Aggression ein Fortschritt (Winnicott 1984, S. 98), denn es hilft bei der Entwicklung von *Konfliktfähigkeit*. Eine geistige Verleugnung und Ausgrenzung von Gewaltkonflikten innerhalb der Familie, Schule und Gesellschaft dagegen, zum Beispiel durch Externalisierung und Projektion, erschwert beziehungsweise verhindert die *Aneignung* der Aggression. Eine übermäßige *Hemmung* und Unterdrückung aggressiver Impulse führt »immer mehr in einen Zustand von Depression und Depersonalisation«, in welchem dann letztlich vielleicht nur noch die »Realität der Gewalt« als *wirklich* erfahren werden kann (Winnicott 1984, S. 116). Wenn die – unvermeidlich aggressive – adoleszente Ablösung nicht mehr im »liebevollen Kampf« (Stierlin 1980, S. 203) innerhalb der Familie (Müller 2001, S. 194f) stattfinden kann, dann verlagert sich der Konflikt auf die Straße oder andere Orte, z. B. die Schule, und die Liebe bleibt dabei meistens auf der Strecke.

Eine produktive *Aneignung* der aggressiven und destruktiven Selbstanteile ist allerdings nur möglich, wenn sich die eigenen Gewaltimpulse im Verlauf der lebensgeschichtlichen Entwicklung nicht in traumatischer Weise als tatsächlich übermächtig oder vollkommen zerstörerisch und vernichtend erwiesen haben. Sondern, wenn die in der Phantasie und der Realität destruktiv attackierten Objekte *überleben* und sich als relativ unzerstörbar zeigen (Winnicott 1965a, S. 176). Durch die Verinnerlichung von wiederholten derartigen Erfahrungen kann eine *Eingrenzung* von zuvor als grenzenlos erlebten *Gewaltphantasien* erfolgen (Winnicott 1971, S. 90).

Darüberhinaus wird die Integration in die Persönlichkeit erleichtert, wenn Kinder und Jugendliche neben der *destruktiven* Aggressivität auch *konstruktive Aktivität* (Winnicott 1984, S. 96) erfahren können, z. B. in Form einer *tatbezogenen, sinnvollen Wiedergutmachungsleistung*. Versteht niemand das *unbewusste Reparationsbedürfnis* und verschafft dem Jugendlichen eine Gelegenheit zum *(Zurück-) Geben*, dann fördert das schließlich den »Ausbruch blanker Aggression oder Destruktion« (Winnicott 1984, S. 97). Umgekehrt verstärkt die wiederholte Erfahrung des »wohltätigen Zyklus« (Winnicott 1958, S. 270; 1988, S. 72) von drohender Zerstörung oder Vernichtung und folgender Möglichkeit zur Wiederherstellung und Wiedergutmachung, auch die *Fähigkeit zur Besorgnis* (Winnicott 1965a, S. 77). Dieser Begriff entspricht cum grano salis Melanie Kleins *depressiver Position* . Sie erleichtert die Balance zwischen den »autophilen Bedürfnissen« und den »heterophilen Bedürfnissen«, von denen Mentzos (in diesem Band) ausgeht.

Adoleszenz als Übergang

In der Adoleszenz als einer Zeit des *Überganges* (Auchter 1982) ist der Mensch nicht mehr Kind und noch nicht Erwachsener. Es ist eine Periode der auch physiologisch begründeten Destabilisierung, der Irritation, der Desintegration, der Identitätsdiffusion (Erikson), des Zweifelns und Infragestellens, der Unsicherheit und Ungewissheiten, der Ratlosigkeit, der Haltlosigkeit, der Widersprüchlichkeit und Spaltungen, überschäumender Erwartungen und schwärzester Hoffnungslosigkeit. Die phasenspezifische *individuelle Entgrenzung* wird heutzutage verkompliziert und verschärft durch eine gesellschaftliche und kulturelle Mitwelt, welche durch *globale Entgrenzungs-* und *Entsolidarisierungsprozesse* (vgl. Auchter 2001) geprägt ist.

Das Jugendalter ist die Zeit einer intensiven *Suche nach sich selbst* und anderen Gewissheiten – nach »echt und unecht« (Winnicott 1965b, S. 84). Charakteristisch für die Jugendzeit ist das *unvermittelte* Nebeneinanderstehen von rigidestem, fundamentalistischem, gnadenlosem *Moralismus* (Winnicott 1984, S. 151) und kompromisslosem *Idealismus* (Winnicott 1971, S. 149)

– Chasseguet-Smirgel (1981) spricht trefflich von der »Krankheit der Idealität« – auf der einen und von völliger *Anomie* und moralischer *Beliebigkeit* (null Bock auf nichts) auf der anderen Seite. Beides kann in ein gewaltsam-destruktives Handeln – z. B. im Rahmen von Fanatismus – münden. Das adoleszente Bedürfnis nach Idealen und Idolen zur unbewussten Abwehr von Verunsicherung und Minderwertigkeitsgefühlen macht die Jugendlichen so empfänglich für Utopien und Ideologien als Repräsentanten des Ganzen und Heilen . Entsprechend zeigte der Terroristenführer Osama Bin Laden in einem Fernsehinterview die Graphik einer Alterspyramide der Bevölkerung und erklärte die 15- bis 25-Jährigen als besonders geeignet zur Rekrutierung für einen Kampf in *seinem* Djihad.

Die Adoleszenz ist fokal eine Zeit der *Unfertigkeit*. »Unreife ist ein wesentliches Kennzeichen von *Gesundheit* im Jugendalter« (Winnicott 1971, S. 146). Die pubertäre und adoleszente Destabilisierung mobilisiert allerdings eine Fülle von bewussten und unbewussten *Ängsten*, unter anderem Ängste vor *Verletzung, Beschädigung, Fragmentierung, Zerstörung* und *Vernichtung*. Die seelische Abwehr gegen diese destruktiven Ängste kann sich zu *pathologischen (destruktiven) Organisationen* (Steiner 1998) verdichten. Neben projektiv begründeten *paranoiden* Phantasien können die krankhaften Persönlichkeitsorganisationen auch in den verschiedensten Formen von *Gewalttätigkeit* ihren Ausdruck finden. Gertrud Hardtmann (2001) hat in ihrer jüngsten Arbeit detailliert und plastisch die »Funktionalisierung des Opfers als Container « für die unerträglichen und deshalb projizierten eigenen Gewaltelemente bei rechtsradikalen Jugendlichen beschrieben.

Als eine wichtige Angstquelle des Adoleszenten beschreibt Winnicott die Veränderung bezüglich des Destruktionspotentials. Das Kleinkind könne seine Hass- und Zerstörungsimpulse im Erleben leichter zulassen, weil seine *realen* Zerstörungsfähigkeiten *begrenzt* sind. Der Heranwachsende kann dagegen *real zerstören* und *töten* (Winnicott 1984, S. 146; 1986, S. 163). Das verkompliziere den Umgang mit seinen Mord- und Zerstörungs*phantasien* ganz erheblich (Winnicott 1971, S. 144f). Das Allerwichtigste, was die Erwachsenen zur Lösung dieses Problems beitragen könnten, wäre, die destruktiven Angriffe *real* zu *überleben*, physisch und psychisch möglichst *unverletzt* und unbeschadet, und ohne dabei wesentliche Grundhaltungen und Grundsätze aufzugeben (Winnicott 1971, S. 145).

Zu den bedrängendsten Ängsten der Adoleszenz zählt Winnicott die Angst vor dem *Realitätsverlust* und entsprechend zur wesentlichsten Herausforderung den *Wirklichkeitserwerb*, »sich *wirklich* [zu] fühlen« (Winnicott

1986, S. 25). Das Gefühl, *wirklich* zu *sein*, kann nur erworben werden über das Erleben *tatsächlicher* eigener *Wirkmächtigkeit*, über Effizienz- und Kontingenzerfahrungen (Broucek 1991, S. 32). Aber auch über die *Konfrontation* (Winnicott 1971, S. 150) mit der Erfahrung von einer *Ohnmächtigkeit* und Begrenztheit, welche ausgehalten und angenommen werden kann.

Die massiven psychophysiologischen Veränderungen in der Adoleszenz destabilisieren und bedrohen das Selbstgefühl und das Selbstbewusstsein mit *Depersonalisation* und *Derealisation* (Winnicott 1965a, S. 243). Vor allem der Bearbeitung von partieller Desintegration und Destabilisierung, der Abwehr von Ängsten vor Fragmentierung und Körperzerfall, dient das *Agieren* (Blos 1962; 1964) des Adoleszenten. »Das Ausagieren ist eine Alternative zur Verzweiflung« (Winnicott 1965a, S. 209) und insofern Zeichen von Hoffnung. Das gesteigerte Bedürfnis vieler Jugendlicher nach körperlicher Aktion erfüllt primär den Zweck, einem befürchteten Zerfall der Persönlichkeit und einen Verlust der Realität entgegenzuwirken.

> »Wir wissen, daß ein begrenzter Krieg mit all seiner unendlichen Tragik gewöhnlich einen positiven Beitrag für die Entlastung von Spannungen beim Einzelnen leistet, indem er der Paranoia erlaubt, potentiell zu bleiben und den Menschen ein Gefühl des *Realen* verschafft, welche sich nicht immer *wirklich* fühlen, wenn es übermäßig friedlich zugeht. Besonders bei Jungen fühlt sich die *Gewalttat real* an, während eine allzu große Leichtigkeit des Seins die Gefahr der Depersonalisation mit sich bringt« (Winnicott 1965a, S. 243).

Die *gewaltsame Provokation* einer wahnhaft erwarteten Verfolgung kann dem Jugendlichen dazu dienen, »sich von Verrücktheit und Wahn zu lösen« (Winnicott 1971, S. 148). Einerseits dadurch, dass das zuvor *phantasierte* Paranoide *Realität* wird, andererseits sicher auch durch das Unterbringen des eigenen Bösen im Container des anderen. Bisweilen scheint das destruktive Handeln auch einen Ausweg aus dem Tal der Langeweile (vgl. Winnicott 1984, S. 145ff) ins Abenteuerland der Gewalt zu versprechen (vgl. Haynal 1976, S. 102).

Die *Identitätsdiffusion* (Erikson) des Adoleszenten und daraus resultierend seine *intensivierte Identitätssuche* kann sich auch in einer übermäßigen *Abgrenzung* gegenüber dem *Nicht-Ich* manifestieren. Das führt zu einer verstärkten *Fremdenfeindlichkeit* (vgl. Auchter 1990), wobei die Fremden alle sein können, die irgendwie *anders* sind. Ihr *Anderssein* wird benötigt, damit der Adoleszente sein Selbst, seine Identität daran und *dagegen definieren* kann. Wenn die Mitwelt zum Beispiel durch einen Jugendlichkeitskult in Werbung und Kommerz bei den Erwachsenen die adoleszente Identitätssuche erschwert, bleibt dem Jugendlichen bisweilen nur noch die Flucht in die *negative Identität* (Erikson), welche auch leicht gewaltsam entarten kann.

Mörderische Gewalt in der Adoleszenz

Die teilweise *verzweifelte* Suche des Adoleszenten nach seiner Identität äußert sich neben massiven Rückzugstendenzen nach innen, vor allem in verstärkten Zuwendungsbewegungen nach außen. Blos (1964, S. 120; 1962) spricht geradezu von einer »*Handlungssucht*« der Jugendlichen. Sie umfasst neben libidinösen und sexuellen natürlich auch aggressive und destruktive Akte gegen sich selbst und andere. »Es wird Selbstmorde geben«, schreibt Winnicott (1965a, S. 245; 1971, S. 148), man

> »muss lernen, sich mit Suiziden, Schulverweigerung, gelegentlichen manischen Ausbrüchen, welche etwas *Mörderisches* haben, abzufinden, und mit zerbrochenen Fensterscheiben und der Zerstörung von Sachen. [...] Natürlich hat die wirkliche Zerstörung keinerlei Nutzen und das Ziel muss sein, tatsächliche Zerstörung oder Selbstmord zu verhindern; aber was gebraucht wird, ist *menschliche* Vorbeugung, und mechanische Einschränkung ist wertlos«.

Nicht nur Kinder und Erwachsene, sondern gerade auch Adoleszente sind, wie schon Erikson (1966, S. 118) bemerkte, so konstituiert, »daß sie es nötig haben, benötigt zu werden, um nicht der seelischen Deformierung [...] zu verfallen«. Wenn Jugendliche sich bewusst oder unbewusst nicht gefragt, nicht gebraucht, überflüssig erleben, dann kommt es vor, dass sie, »um sich von ihrem depressiven Affekt zu befreien, eine Flucht nach vorn antreten, eine *gewaltsame Tat* unternehmen« (Haynal 1976, S. 100). Einzelne der neuen Verzweifelten , wie Lempa (2001) die heutigen gewalttätigen Jugendlichen charakterisiert, werden versuchen, »in einem spektakulären Akt (Mord oder Selbstmord) sich *auf Kosten ihrer Existenz* wenigstens einmal das Gefühl verschaffen, zu *sein*« (Lempa 2001, S. 167). Lempa greift hier auf einen Gedanken von Heinz Henseler (1974) zurück, welcher den Suizid als letzten und bei Gelingen einmaligen Versuch versteht, *wirkmächtig zu sein*. »Die Suizidhandlung ist eine Konfliktlösung. Der Konflikt besteht in der Gefahr, einer vernichtend phantasierten Situation passiv und hilflos ausgeliefert zu sein, und ihrer Abwehr durch Agieren von Phantasien, die dieser Gefahr aktiv zuvorkommen« (Henseler 1974, S. 89). Ich bin sicher, dass diese *narzisstische* Psychodynamik auch bei den *Selbstmordattentätern* eine Rolle spielt.

Gewalt braucht Halt – Über die Bedeutung von Grenzen

Da das Ich-Selbst des Menschen nach Freud (1923b, S. 253) im Wesentlichen ein *körperliches* ist, bei dessen Aufbau die *Haut* eine ebenso bedeutende Rolle spielt (vgl. Anzieu 1991) wie die Erfahrung von *Schmerz* (Freud 1923b), ist die *lebenslang notwendige Selbst-Bestätigung* immer wieder eng verknüpft mit Körpererfahrungen. Das beginnt mit dem Anstoßen des Fötus an den umgrenzenden Mutterleib (Winnicott 1958, S. 211; 1984, S. 93), geht über die frühkindliche »autistisch-*berührende*« Position von Ogden (1995), die »relative Unempfindlichkeit gegenüber Püffen und Hinfallen« (Mahler u. a. 1975, S. 94) in der Übungsperiode (10.-18. Monat), welche das »Gefühl (Besetzung) der *Körper-Selbst-Grenzen* steigern« (Mahler u. a. 1975, S. 276), bis zur erwähnten »*Handlungssucht*« (Blos), dem »Anstoß-erregen« (Winnicott 1958, S. 311; 1984, S. 153) des Adoleszenten.

Exkurs über die (Wieder-)Entdeckung der Sinnlichkeit

Die zentrale Aufgabe der Identitätsbildung in der Adoleszenz umfasst auch eine (Neu)-Integration von Körper und Seele, Winnicott nennt das *Personalisierung*. Diese lebenslang ständig zu bewältigende Herausforderung wird durch die gravierenden physiologischen Veränderungen der Pubertätszeit verschärft.

Die Generation von Gameboy, Playstation und SMS kommt schon mit einem *Sinnlichkeitsdefizit* in die Jugendzeit. Adorno (1969, S. 113) beklagt allerdings schon lange vorher, 1966, den »tiefsten Defekt«, »dass die Menschen eigentlich gar *nicht* mehr zur *Erfahrung* fähig sind«. Die sinnliche Erfahrung vieler Jugendlicher ist heute nicht selten weitgehend reduziert auf das *Drücken von irgendwelchen Knöpfen*, welche ihnen eine (nur) *virtuelle* Welt eröffnen. In einer Realität, in welcher Abenteuer, Konfrontation, Kampf, Rivalität, Aufopferung und auch Mord und Tod zwar ständig, aber im Erleben weitgehend *irreal* auf dem Bildschirm oder dem Display stattfinden, reizt z. B. der *reale* Tod auf der Straße bei einem Unfall massenhaft die *Schaulustigen*.

Die konkrete *körperliche Bewegung* bei einer Gewaltaktion, das Auf-die-Straße-gehen, das Vor- und Zurückrennen, Auge-in-Auge-Stehen mit einem Polizisten, das Spüren des Steines in meiner Hand, die Blendung durch den Molotow-Cocktail, das Fühlen des Polizeiknüppels, das Schreien, erlauben mir *sinnliche Erfahrungen* meiner selbst und des Nicht-Ich. Außerdem können z. B. Polizisten Staat zum Anfassen und An*greifen* sein. Etwas ansonsten nur als abstrakt und unfassbar mächtig Erlebtes wie Gesellschaft oder Politik wird *auf einen Schlag* konkret und real. Insofern ist zu fragen, ob gewaltsame Entladungen bei *globalen* Veranstaltungen wie Weltwirtschaftsgipfeln und anderem nicht auch einen *unbewussten* Versuch darstellen, das *abstrakt* Unüberschaubare und auch die im öffentlichen Bewusstsein verdrängte *strukturelle Gewalt moderner Wirtschaft* durch relativ überschaubare, *konkrete* (Claessens 1980) gewaltsame Kleinkonflikte sichtbar und *schmerzhaft* fassbar zu machen?

Wenn heute viele Eltern (und auch Lehrer) sich infolge eigener Verunsicherung zunehmend nicht mehr in der Lage sehen, ihren notwendigen *Eltern-* bzw. *Autoritätsfunktion* gerecht zu werden (Auchter 1973; vgl. Müller 2001) und ihren Kindern immer weniger *Grenzen setzen* (Auchter 2000b; Rotthaus 2001), dann erschweren sie durch ihr *Laisser-faire-Verhalten* den Erwerb einer stabilen Persönlichkeits*struktur*, die Fähigkeit ihrer Kinder zur *Realitätsprüfung* und damit auch zur Eingrenzung ihrer Gewaltimpulse. Wer aus seiner kindlichen Erfahrung gewohnt ist, alles Materielle immer sofort (und dann vielleicht noch im Überfluss) zu bekommen, konnte keine Fähigkeiten zum Warten, Aufschieben und Verzichten entwickeln. Er wird dann eher dazu neigen, als Jugendlicher oder Erwachsener sich das Begehrte, und nicht sofort und vollständig Erreichbare, *mit Gewalt* anzueignen.

Adoleszente, deren Bedürfnis, angenommen und gehalten zu werden, nicht hinreichend befriedigt wird, welche sich nicht in einer wohltuenden Weise *fest gehalten* erleben können, *ohne festgehalten* zu werden (Auchter 2000b), werden nicht selten handgreiflich. Winnicott (1984, S. 145) übersieht dabei nicht den gegenteiligen Fakt, »dass heranwachsende Jungen und Mädchen [auch] nicht verstanden werden wollen«.

Im eben genannten Sinne bedeutet »Gewalttätigkeit also einen Versuch, wieder fest gehalten zu werden« (Winnicott 1984, S. 157). Sie ist damit ein unbewusster, *hoffnungsvoller* Hilfeschrei, ein »SOS-Signal« (1958, S. 102f; 1984, S. 116; 1986, S. 90). Bohleber (in diesem Band) spricht vom »*Appellcharakter*« der jugendlichen Gewalt. Der unbewusste Ruf gilt nicht nur der *Mutter*, sondern ist zugleich einer nach dem *Vater* (die diesbezügliche kritische Bemerkung von E. Heinemann (1992, S. 87) erscheint nach dem Studium des Originaltextes von Winnicott völlig unverständlich!) (Winnicott 1984, S. 116, S. 208). Einem Vater, welcher mit echter Autorität, Gradlinigkeit und Stärke, Nein sagt und Grenzen setzt (vgl. Winnicott 1984, S. 208), unter deren Schutz der Jugendliche es dann wagen kann, sich auch produktiv mit seinen aggressiv-destruktiven Impulsen auseinander zu setzen, und Zugang zu seinen Wiedergutmachungstendenzen finden kann (Winnicott 1984, S.116). Die *begrenzende Konfrontation* mutet dem Jugendlichen etwas *zu*, traut ihm damit aber auch gleichzeitig etwas *zu*. Durch *Internalisierung* der grenzmarkierenden elterlichen Strukturen kann er zu einer selbständigen Regulation der eigenen Aggressivität fähiger werden. Müller (2001, S. 195) ergänzt das: Eltern und andere Autoritätspersonen »müssen aushalten können, einen Streitpunkt auch längere Zeit stehen zu lassen , d. h. weder eine Entscheidung erzwingen, noch klein beizugeben«. Mit dieser Fähigkeit zur Geduld unterscheiden sie sich von den Jugendlichen, für welche gerade die »Ungeduld ein alterstypischer Vor- und Nachteil« ist (Hardtmann 2001, S. 1039).

Eine lebendigmachende und realitätsstiftende *Konfrontation* durch die Erwachsenen bedeutet, »ohne Vergeltungsanspruch und Rachsucht, jedoch im Bewusstsein der eigenen Stärke *Grenzen zu setzen*« (Winnicott 1971, S. 150). Die Unzerstörbarkeit von Eltern und anderen z. B. in Form ihrer *Standhaftigkeit*, und ihrem Bestehen auf einem *grenzsetzenden Nein* , wird dringend gebraucht. Auch wenn die Eltern durch die aggressiven Attacken und Wutausbrüche ihrer pubertierenden Kinder bisweilen auf harte Proben gestellt werden und ziemlich in Verwirrung geraten mögen. Winnicott (1974, S. 320f) hat dieses Problem in dem schönen Paradox verdichtet: Eltern werden während dieser Phase sehr gebraucht, »*als Menschen, die man vernachlässigt*«. Bei einem großen nordeuropäischen Möbelhaus sind bzw. waren bisweilen Maschinen ausgestellt, welche systematisch auf einen Sessel oder ein Sofa einschlagen. Sie sollen natürlich nicht die Zerstörungskraft der Maschine, sondern die Strapazierfähigkeit und Haltbarkeit des Möbelstücks demonstrieren. Viele Eltern werden sich in der Pubertät ihrer Kinder ähnlich empfinden wie ein solches Sofa. Aber auch das Ziel der Kinder ist nicht die Zerstörung ihrer Eltern, sondern die immer von Neuem notwendige *Überprüfung* ihrer *Haltbarkeit* und *Nichtzerstörbarkeit*. Nur sie gewährleistet dem Kind die notwendige *Sicherheit*, dass seine destruktiven Impulse nicht total vernichtend sind. Wenn die Eltern und die Familie all die aggressiven Attacken des Jugendlichen ohne übermäßige Blessuren überstehen, *überleben* , dann kann dieser hinreichend feste und stabile familiäre *Rahmen* (Winnicott 1984, S. 115) verinnerlicht werden. Er hilft dem Ich des Jugendlichen dabei, seine destruktiven Impulse in *Grenzen* zu halten.

Ich fürchte, eine der gravierenden psychischen Folgen des Attentats vom 11. September für alle Menschen ist – daher auch die weltweite tiefe Betroffenheit – eine *Erschütterung* des unbewussten *Glaubens* an dieses *Überleben*.

Wenn die Eltern und Elternfiguren, wie z. B. Lehrer, in ihrer natürlichen *strukturbildenden* Funktion versagen, dann wird der Jugendliche versuchen, sie unbewusst durch aggressive *Provokationen* zum Handeln zu bewegen. Jugendliche »müssen gegenüber der Gesellschaft immer wieder Anstoß erregen, so daß diese sich manifest als Gegner erweist und man ihr dann Widerpart bieten kann« (Winnicott 1984, S. 153; 1958, S. 311). Solche Provokationen haben das unbewusste Ziel, »äußere Kontrolle wiederherzustellen« (Winnicott 1984, S. 117), Grenzsetzungen von *außen*, welche durch ihre Verinnerlichung entlastend für die Ängste vor dem *inneren* Kontrollverlust wirken können.

Das Soziale in der Antisozialen Tendenz – oder: Gewalt als Zeichen von Hoffnung?

Alle Menschen kommen mit sozialen Tendenzen (Bürgin und Biebricher 1993) zur Welt, dem Bedürfnis nach Bindung und Beziehung (Auchter 2001). Daneben besteht aber auch ein angeborenes Bedürfnis nach Entbindung und Selbständigkeit (Individuation). Problematisch wird es, wenn die altersspezifische adoleszente *Desidentifikation* (Küchenhoff, in diesem Band) von den Primärobjekten zu einer »*Desobjektalisierung*« (Green 2001) entartet, in welcher das Nicht-Ich psychisch in ein *Nicht-Nicht* (z. B. eine *Nummer*) umgewandelt wird und dann – frei von Schuldgefühlen – vernichtet werden kann, womit aber auch als ein *wirkliches Gegenüber*, welches selbstkonstituierend wirken kann, verloren geht.

Der von Winnicott (1946; 1956) entwickelte Begriff der *Anti-sozialen Tendenz* (beginnend mit kindlichem Lügen, Stehlen, Bettnässen usw.) wird von Anfang an (Abram 1996, S. 39) unter seinem *kommunikativen* Aspekt, seiner *sozialen* Komponente betrachtet. Die antisoziale Tendenz ist gewissermaßen der letzte unbewusste Versuch, eine *Beziehung herzustellen*, wenn zuvor der soziale *Dialog entgleist* (Spitz 1982) ist. An ihrem Ursprung steht nach Winnicott (1986, S. 91) immer eine *passiv erlittene Gewalterfahrung* in Form von einer Kränkung, Verletzung, Trennung oder einem Verlust. Hier erhebt sich die Frage, ob heutzutage nicht generell eher von einem *Bindungsmangel* als von einem *Bindungsverlust* (Auchter 2001) ausgegangen werden muss.

Wenn solche Traumata vom Kind psychisch nicht zu bewältigen sind, werden sie sozusagen innerlich *eingefroren* (Winnicott 1958, S. 281). Das Kind *hofft* in der Folgezeit unbewusst, dass irgendwann die inneren und äußeren Bedingungen so gut werden, dass sich eine Gelegenheit ergibt, diese inneren Vereisungen wieder aufzutauen (Winnicott 1958, S. 283; Auchter 1995). Aufgrund des verbliebenen Fünkchens *Hoffnung* (Winnicott 1984, S. 116, 123, 260) wird und muss das Kind dann in einem solchen Moment unbewusst seine Mitwelt *aggressiv-provokativ* auf die Probe stellen, ob diese hinter der oft lärmend vorgetragenen Destruktivität die Sehnsucht nach Eingrenzung und Verhinderung von Zerstörung wahrnehmen kann. Oder ob sie (wiederum) versagt, indem sie sich entweder raushält oder sich rächt und damit auch alle unbewussten Wiedergutmachungstendenzen im Kind vernichtet. Und dadurch den Jugendlichen dazu verurteilt, seine Destruktivität als einen *Fremdkörper* in sich abzukapseln, sozusagen als eine innere Tretmine oder Zeitbombe, statt sie sich bewusst *anzueignen* und damit unter eine gewisse Ich-Kontrolle zu bringen. Nach außen gerichtete Gewalt in Form der *Antisozialen Tendenz* ist unter ihrem provokativen Aspekt eine Alternative zur Selbstzerstörung und insofern ein *Zeichen von Hoffnung* (Winnicott 1986, S. 90ff).

Jenseits des Gewaltprinzips

Es bedarf zunächst einer klaren Diagnostizierung und Differenzierung jugendlicher Gewaltakte. Untersucht werden muss im Einzelfall, inwieweit sie ein gewissermaßen normales, passageres altersspezifisches Verhaltensmuster darstellen oder inwiefern sie ein pathologisches, behandlungsbedürftiges Verhalten sind.

Zur Sicherheit von möglichen Opfern und von Tätern ist eine umgehende und unmittelbare, klare und unmissverständliche *Eingrenzung* von Gewaltakten unumgänglich. Diese Begrenzung muss allerdings immer wieder aktiv davor bewahrt werden, auf der Gegenseite (Staatsgewalt, Institutionsgewalt) projektiv-identifikatorisch in dieselbe Entgrenzung der Gewalt abzugleiten, welche man zu bekämpfen vorgibt.

Die gesellschaftliche Phantasie, durch eine *Ausgrenzung* von Gewalttätern und damit verbunden das projektive Unterbringen des eigenen Bösen bei diesen Anderen (Auchter 1994b), die Gewalt bei sich selbst übersehen oder eliminieren zu können, ist eine Illusion. Zum Beispiel kann das Bemühen von Schulleitungen, die Gewalt im eigenen Hause zu übersehen, zu verleugnen und damit nicht einzugrenzen, um den Ruf der Schule oder Ähnliches zu bewahren, nur zu einer weiteren Entgrenzung und Eskalation der Gewalt führen – und ist somit *langfristig kontraproduktiv*.

Eine *Täter-Opfer-Konfrontation* und daraus resultierende Wiedergutmachungsakte stellen im besten Fall eine *Rehumanisierung* dar. Durch das Wiedereinsetzen von Opfer und Täter in einen menschlichen *Subjektstatus* wird auch der Weg für einen möglichen Schulddialog (Auchter 1996) geebnet, welcher nur in einer Beziehung stattfinden kann.

Allerdings machen wir uns keine Illusionen: Es wird auch in Zukunft weiter Gewalt und Mord geben. Denn wir alle sind die Nachkommen von Kain, der Abel erschlagen und damit den ersten von unzähligen Brudermorden – und jeder Mord unter Menschen ist ein Brudermord – begangen hat. Womit aber jeder von uns beginnen kann, wenn er es nicht längst getan hat, ist das Verhindern von *Rufmorden*, die regelmäßig dem Mord vorausgehen (G. Hardtmann). Dieser Gedanke ist heute angesichts der Entwicklungen nach dem Attentat von New York aktueller und bedeutsamer denn je!

Wir werden es schließlich aushalten müssen, dass ein gewisser Anteil des destruktiven, gewaltsamen menschlichen Verhaltens nicht und niemals verstanden und erklärt werden kann.

So bleibt die Gewalt bleibt eine ständige Herausforderung für uns alle. Wir werden das Kainsmal niemals, und schon gar nicht gewaltsam, von uns abstreifen können – wir müssen damit leben!

Zusammenfassung

Aggression und Destruktion stellen ursprünglich neutrale Radikale menschlichen Seins dar. Ihnen kommt sogar eine bedeutsame entwicklungspsychologische Funktion für die Selbst- und Objektkonstituierung (Trennungsaggression) zu. Insbesondere in der Adoleszenz besitzt die aggressive Handlungssucht einen selbststabilisierenden, integrierenden und realitätsversichernden Charakter. Aggressiv-destruktive Handlungsbereitschaften werden sowohl durch erlittene Gewalterfahrungen (Übergriffe) als auch durch Alleingelassenwerden mit triebhaften Impulsen (mangelndes Halten) mobilisiert. Nach außen gerichtete Gewalt (Antisoziale Tendenz) erscheint unter ihrem provokativen Aspekt als Alternative zur Selbstzerstörung und bildet insofern ein *Zeichen von Hoffnung* .

Literatur

Abram, J. (1996): The Language of WINNICOTT. London (Karnac).
Adorno, T. (1969): Erziehung zur Mündigkeit. Frankfurt (Suhrkamp).
Anzieu, D. (1991): Das Haut-Ich. Frankfurt (Suhrkamp).
Auchter, T. (1973): Zur Kritik der antiautoritären Erziehung. Freiburg (Lambertus).
Auchter, T. (1978): Die Suche nach dem Vorgestern. Trauer und Kreativität. In: Psyche 32, S. 52-77.
Auchter, T. (1982): Psychoanalyse im Übergang. In: Krejci, E. u. Bohleber, W. (Hg.) (1982): Spätadoleszente Konflikte. Göttingen (Vandenhoeck u. Ruprecht), S. 150-183.
Auchter, T. (1990): Das eigene Böse und das böse Fremde. Zur Psychoanalyse von Fremdenangst und Fremdenfeindlichkeit. In: Universitas 45, S. 1125-1137.
Auchter, T. (1994a): Aggression als Zeichen von Hoffnung – oder: der entgleiste Dialog. In: Wege zum Menschen 46, S. 53-72.
Auchter, T. (1994b): Das eigene Böse und das böse Fremde. Zur Psychoanalyse der Gewalt. In: Sommer, N. (Hg.) (1994): Überall Hass, Krisen, Kriege und Gewalt. Gründe und Auswege. Berlin (Wichern), S. 27-36.
Auchter, T. (1995): Über das Auftauen eingefrorener Lebensprozesse. Zu Winnicotts Konzepten der Behandlung schwerer psychischer Erkrankungen. In: Forum der Psychoanalyse 11, S. 62–83.
Auchter, T. (1996): Von der Unschuld zur Verantwortung. In: Schlagheck, M. (Hg.) (1996): Theologie und Psychologie im Dialog über die Schuld. Paderborn (Bonifatius), S. 41-138.
Auchter (1999): Das eigene Böse und das böse Fremde. Zur Psychoanalyse der Gewalt. In: Strubel, W. (Hg.) (1999): GEWALT-ige Herausforderung. Tagungsband. Freiburg, S. 7-23.
Auchter, T. (2000a): Lebenstrieb nicht Todestrieb. In: Ardjormandi, M. E. u. a. (Hg.) (2000): Jahrbuch für Gruppenanalyse. Heidelberg (Mattes), S. 33-53.
Auchter, T. (2000b): Fest halten ohne festzuhalten. In: Schlösser, A.-M. u. Höhfeld, K. (Hg.) (2000): Psychoanalyse und Beruf. Gießen (Psychosozial), S. 385-400.
Auchter, T. (2001): Bindung und Bindungsverlust in der Postmoderne. In: Beratung aktuell 2, S. 136-151.
Balint, M. (1966): Die Urformen der Liebe und die Technik der Psychoanalyse. Bern, Stuttgart (Huber, Klett).
Blos, P. (1962): Adoleszenz. Stuttgart 1993 (Klett-Cotta).
Blos, P. (1964): Die Funktion des Agierens im Adoleszenzprozess. In: Psyche 18, S. 120-138.
Broucek, F. (1991): Shame and the Self. New York/London (Guilford Press).
Bürgin; D., u. Biebricher, D. (1993): Soziale und antisoziale Tendenzen in der Spätadoleszenz. In: Leuzinger-Bohleber, M., u. Mahler, E. (Hg.) (1993): Phantasie und Realität in der Spätadoleszenz. Opladen (Westdeutscher).
Chasseguet-Smirgel, J. (1981): Das Ich-Ideal. Psychoanalytischer Essay über die Krankheit der Idealität . Frankfurt (Suhrkamp).
Claessens, D. (1980): Das Konkrete und das Abstrakte. Frankfurt (Suhrkamp).

Eisenberg, G., u. Gronemeyer, R. (1993): Jugend und Gewalt. Reinbek (Rowohlt).
Erikson, E. H. (1964): Einsicht und Verantwortung. Stuttgart 1966 (Klett).
Erikson, E. H. (1969): Jugend und Krise. Stuttgart 1981 (Klett).
Ermann, M. (1996): Aggression und Destruktion in der psychoanalytischen Behandlung. In: Bell, K., u. Höhfeld, K. (Hg.) (1996): Aggression und seelische Krankheit. Gießen (Psychosozial).
Freud, S. (1940): Gesammelte Werke. London (Imago Publishing).
Green, A. (2001): Todestrieb, negativer Narzissmus, Desobjektalisierungsfunktion. In: Psyche 55, S. 869-877.
Hardtmann, G. (2001): Die Funktionalisierung des Opfers als Container. Rechtsradikale Jugendliche und Gewalt. In: Psyche 55, S. 1027-1050.
Haynal, A. (1976): Über Depression, Langeweile und Gewaltsamkeit. In: Jb. D. Psa. IX, S. 91-109.
Heinemann, E. u.a. (1992): Gewalttätige Kinder. Frankfurt (Fischer)
Henseler, H. (1974): Narzisstische Krisen. Zur Psychodynamik des Selbstmords. Reinbek (Rowohlt).
Kernberg, O. F. (2000): Hass. In: Mertens, W., u. Waldvogel, B. (2000): Handbuch psychoanalytischer Grundbegriffe. Stuttgart, Berlin, Köln (Kohlhammer).
Kohut, H. (1979): Die Heilung des Selbst. Frankfurt 1977 (Suhrkamp).
Lantos, B. (1958): Die zwei genetischen Ursprünge der Aggression. In: Psyche 12, S.161-169.
Lempa, G. (2001): Der Lärm der Ungewollten. Göttingen (Vandenhoeck u. Ruprecht).
Loch, W. (1970): Zur Entstehung aggressiv-destruktiver Reaktionsbereitschaft. In: Psyche 24, S. 241-259.
Loch, W. (1979): Über psychoanalytische Zusammenhänge zwischen Angst, Terror und Gewalt. In: von Stietencron, H. (Hg.) (1979): Angst und Gewalt. Düsseldorf (Patmos).
Lorenzer, A. (1970): Sprachzerstörung und Rekonstruktion. Frankfurt (Suhrkamp).
Mahler, M. u. a. (1975): Die psychische Geburt des Menschen. Frankfurt (Fischer).
Mentzos, S. (1982): Neurotische Konfliktverarbeitung. München (Kindler).
Mitscherlich, A. (1969): Bis hierher und nicht weiter. Ist die menschliche Aggression unbefriedbar? Frankfurt 1974 (Suhrkamp).
Müller, B. (2001): Jugend als virtuelle Realität oder: Was die Generationen heute voneinander erwarten können. In: Wege zum Menschen 53, S. 185-196.
Ogden, T. (1995): Frühe Formen des Erlebens. Wien, New York (Springer).
Parens, H. (1993): Neuformulierungen der psychoanalytischen Aggressionstheorie und Folgerungen für die klinische Situation. In: Forum der Psychoanalyse 9, S. 107-121.
Rotthaus, W. (2001): Interview – Erziehung im Wandel: »Die Eltern verweigern zu erziehen«. In: Deutsches Ärzteblatt 98, S. 1637.
Spitz, R. (1965): Vom Säugling zum Kleinkind. Stuttgart 1976 (Klett).
Steiner, J. (1998): Orte des seelischen Rückzugs. Stuttgart (Klett-Cotta).
Stierlin, H. (1971): Das Tun des Einen ist das Tun des anderen. Frankfurt (Suhrkamp).

Stierlin, H. (1980): Eltern und Kinder. Frankfurt (Suhrkamp).
Winnicott, D.W. (1958): Through Paediatrics to Psychoanalysis. Collected Papers. London (Tavistock Publications).
Winnicott, D.W. (1964): The Child, the Family and the Outside World. Harmondsworth (Pelican Books).
Winnicott, D.W. (1965a): The maturational Process and the facilitating Environment. London (Hogarth Press).
Winnicott, D.W. (1965b): The Family and Individual Development. London (Tavistock Publications).
Winnicott, D.W. (1971): Playing and Reality. London (Tavistock Publications).
Winnicott, D.W. (1984): Deprivation and Delinquency. London (Tavistock Publications).
Winnicott, D.W. (1986): Home is where we start from. Harmondsworth (Penguin Books).
Winnicott, D.W. (1987): Babies and their Mothers. London (Addison-Wesley Publications).
Winnicott, D.W. (1988): Human Nature. London (Free Association).
Winnicott, D.W. (1989): Psychoanalytic Explorations. London (Karnac).

Schlechte Behandlung? Gewalt in der psychoanalytischen Situation

Zur Gewalt der Deutung
Über Destruktivität in der analytischen Methode

Klaus Grabska

Gewalt und Destruktivität sind Begriffe, die wir selten oder garnicht mit unserer analytischen Arbeit verbinden. Eher lenken wir den analytischen Blick auf die anderen, die Patienten, das Individuum, die Gesellschaft. Hierdurch entsteht der Eindruck, als ob der Analytiker als Analytiker und die Analyse als Analyse außerhalb des Kontextes von Gewalt und Destruktivität stehen. So gesehen können Gewalt und Destruktivität nur als Problem des Analysanden in die Analyse hineinkommen. In gewisser Weise war dies auch mein Selbstverständnis meiner analytischen Tätigkeit. Ich bin durch die Arbeit mit Analysanden, die durch ihre eigenen Probleme mit ihrer seelischen Destruktivität für die Destruktivität anderer besonders empfänglich und empfindsam sind, durch die Schwierigkeiten und das Scheitern bei dieser Arbeit dazu angeregt worden, mir über die Destruktivität, mit der *wir* die Analysanden durch die Analyse konfrontieren, Gedanken zu machen.

Psychoanalyse als Kränkung und Deuten als Kränken

Eigentlich weiß jeder etwas von der Gewalt der Deutung. Wer lässt sich emotional schon gern in die Karten schauen. Wer lässt sich gerne sagen, welches Blatt er seelisch gerade spielt. In der Regel, so die Erkenntnis der Psychoanalyse, wissen wir es selber nicht, weil ein Großteil dieses Spieles ein Spiel unseres Unbewussten ist. Dieses im Spiegel einer Deutung vorgehalten zu bekommen, ist schwer erträglich. Und es kann Angst erzeugen. Die Drohung kann schon im Angebot einer Analyse stecken. So wies eine potentielle Analysandin mein gutgemeintes Angebot einer Analyse als kränkende Zumutung zurück: »Drei- bis viermal in der Woche, über Jahre, für wie krank halten Sie mich?« Sie wünschte sich, ich solle sie hypnotisieren. Sie forderte: »Ich will nichts spüren!«

Der frühe Freud fühlte sich von der Hypnose durch dieses Versprechen einer schmerz- und gewaltfreien Psychotherapie angesprochen. Ihn zog die Illusion von Konfliktfreiheit der Methode an, an der er sein Leben lang festhielt. Den Widerstand, das Wort für den Konflikt im analytischen Prozess, bezog er auf die Inhalte des zu Analysierenden, auf das Verdrängte. Freud betonte die tendenzielle soziale Gewaltfreiheit der Methode, hat sich der Analysand erst einmal auf den Rahmen, die Couch und die Grundregel eingelassen. Die Methode der freien Assoziation »setzt den Analysierten dem geringsten Maß von Zwang aus, [...]. Man überläßt es bei ihr wesentlich dem Patienten, den Gang der Analyse und die Anordnung des Stoffes zu bestimmen« (Freud 1925a, S. 67). Die Aufdeckung der auftretenden Widerstände bildet dabei die Grundlage ihrer Überwindung. »So«, sagt Freud (1925a, S. 66), »ergibt sich im Rahmen der analytischen Arbeit eine Deutungskunst, deren erfolgreiche Handhabung zwar Takt und Übung fordert, die aber unschwer zu erlernen ist«. Die Forderung nach Takt fällt auf. Sie beinhaltet eine Warnung vor etwas Destruktivem in der Deutung und verdeckt dieses Destruktive zugleich, indem sie suggeriert, dass es durch eine gute Einstellung aufgehoben werden könnte. Besonders Ferenczi betont die Wichtigkeit der Frage des psychologischen Taktes. Er beschreibt klar die konfliktbesänftigende Funktion, aber gesteht auch deren Begrenztheit ein: »Diese Einfühlung wird uns davor hüten, den Widerstand des Patienten unnötig oder unzeitgemäß zu reizen; das Leiden ganz zu ersparen, ist allerdings auch der Psychoanalyse nicht gegeben« (1927/1928, S. 384). Um welches Leiden geht es hier? Gibt es nicht nur ein Leiden *in* der Psychoanalyse, sondern auch *an* der Psychoanalyse? Und ist dieses Leiden *an* der Psychoanalyse *in* der Analyse nur Wiederholung? Und, wenn es Wiederholung ist, welches Leid, welche schmerzhafte Konflikthaftigkeit wiederholt sich hier mit jeder Analyse?

Für Freud ist es eindeutig. Es ist das unter seinen inneren Konflikten leidende Ich, dem die Psychoanalyse hilft. So formulierte er in seinem *Abriß der Psychoanalyse*:

> »Unser Weg, geht von der Erweiterung seiner Selbsterkenntnis aus. [...] Der Verlust an solcher Kenntnis bedeutet für das Ich Einbusse an Macht und Einfluss, er ist das nächste greifbare Anzeichen dafür, dass es von den Anforderungen des Es und des Über-Ichs eingeengt und behindert ist« (Freud 1938, S. 103).

Freud nimmt die Perspektive des Neurotikers ein, der unter seiner Triebkonflikthaftigkeit, ausgedrückt als struktureller Konflikt unterschiedlicher seelischer Instanzen, leidet. Indem Freud den *Wert der Analyse* am Ich und dessen Erweiterung festmacht, verbindet er die Hilfe bei der Lösung der Triebkonflikte durch den Analytiker implizit mit einer narzisstischen Gratifikation durch die Analyse und legt zugleich nahe, in der Nicht-Lösbarkeit der Triebkonflikte die narzisstische Kränkung für das Ich zu sehen. Diese *narzisstische Dimension* bleibt bei Freud im Nachdenken über die Analyse und die Deutung latent. Unausgesprochen wird mit ihr gerechnet, ist sie Bestandteil des analytischen »Kalküls«. Sie korrespondiert mit entsprechenden Übertragungstendenzen, die bei dazu »passenden« narzisstisch erkrankten Analysanden besonders hervortreten, aber auch bei Neurotikern vorhanden sind, nur still oder stiller. Sie äußern sich in Wünschen an den Analytiker und die Analyse, einen guten, edlen, heilen, gesunden oder liebevollen Menschen aus Einem zu machen, das böse, niederträchtige, zerstörende, kranke oder gehässige Ich in ein ideales Ich zu verwandeln und das reale Ich mit dem Ich-Ideal darin Eins werden zu lassen (vgl. Green 2001a).

Folgende Stunde mit einer an Migräne leidenden Analysandin Frau A. leitete eine Phase in ihrer Analyse ein, in der diese narzisstische Dimension ansatzweise bearbeitet werden konnte. Sie begann die Stunde mit der Ankündigung, mir heute mit einer guten Nachricht etwas Gutes tun zu wollen. In saloppem Tonfall erzählte sie von ihrem Besuch bei einer Heilpraktikerin. Sie idealisierte diese Frau, die ihre Freundin mit homöopathischen Pillen gänzlich von der Migräne befreit hatte. Die Heilpraktikerin hatte sich viel Zeit für sie genommen. Sie hatte ihre »Seele gestreichelt«, ihr Mut gemacht und versprochen, dass ihre Migräne zu heilen wäre. Ich reagierte überrascht, eifersüchtig und ärgerlich. Sie erzählte anschließend von Einkäufen in der Stadt, vom Suchen in den Kaufhäusern, wo sie nicht fand, was sie begehrte. Sie war weniger triebhaft frustriert, sondern mehr narzisstisch enttäuscht. Sie schilderte, sich auf unerträgliche Weise abhängig erlebt zu haben und darüber enorm wütend geworden zu sein. Ich sprach nun an, dass im Besuch bei der Heilpraktikerin sowohl eine Abwehr von Abhängigkeitsgefühlen mir gegenüber stecken könnte, als auch ein indirekter Angriff auf mich und die Analyse als Ausdruck ihrer Enttäuschungswut darüber, dass ich ihr nicht das gewünschte Heilversprechen gab. Sie reagierte darauf empört und anklagend. Eigentlich wollte sie mir etwas Gutes tun und nun folgte so ein Rattenschwanz. Ihre Haltung und ihr Tonfall drückten aus, dass ich sie gründlich missverstanden und enttäuscht hatte. Ich sagte nun, dass sie mich in die Position eines Bösewichts brachte, der sie nicht so verstehen wollte, wie sie es sich wünschte, vielleicht, weil sie nicht darüber nachdenken wollte, was das, was sie erzählte, mit mir und ihr hier in der Analyse zu tun haben könnte. Sie war verunsichert von meiner Äußerung, die ihr nicht passte. Sehr bestimmt sagte sie: »Das mag ich gar nicht hören! Ich merke, dass mir das nicht schmeckt, wenn Sie so etwas sagen.«

Deutlich ist, dass die Analysandin die Deutung als Angriff auf ihr Ich erlebte. Aber auch ich erlebte ihre Stundeneröffnung als einen Übergriff auf mein analytisches Ich, mit dem sie versuchte, die Deutungsrichtung vorzugeben. Zwischen Analysand und Analytiker wird hier vermittelt über den manifesten Konflikt um den Deutungsinhalt ein *latenter Konflikt um die Deutungshoheit* in der analytischen Situation ausgetragen. Dabei spielt die Kränkung eine wesentliche Rolle. Wie gut auch immer formuliert, so meint Bollas (1999), bleibt die analytische Deutung ein Aggressionsakt, der den Analysanden stört und psychischen Schmerz verursacht. Freud (1925b) deutete in seinem Nachdenken über die Widerstände gegen die Psychoanalyse an, dass diese nicht nur in der psychologischen Kränkung der menschlichen Eigenliebe durch die Deutungsinhalte begründet sind, sondern auch durch die Auffassung von einem zum bewussten Ich übermächtigen Unbewussten, das durch den Analytiker deutend zum Analysanden spricht. Der *Analytiker als Sprecher des Unbewussten* konstituiert ein asymmetrisches Verhältnis zwischen Analytiker und Analysand, das die bewusste Selbstdeutungspotenz des Analysanden suspendiert und ihn damit depotenziert: »Die Deutung«, so sagt der französische Psychoanalytiker M'Uzan, »versetzt den Analysanden tatsächlich in eine fast unvermeidliche Unterlegenheitssituation, weil sie ihm bedeutet, daß er nicht das sagt, was er zu sagen glaubt, und daß allein der Analytiker den Schlüssel zu seinen Worten besitzt« (1983, S. 44). Jede spezifische Inhalts- oder Widerstandsdeutung transportiert diese implizite *Meta-Deutung* des Verhältnisses zwischen Analysand und Analytiker und damit die darin liegende Kränkung für das Ich des Analysanden. Die durch den Spiegel der Psychoanalyse reflektierte Konfrontation, das eigene Unbewusste selber nicht wissen und nicht verstehen zu können, ist eine Kränkung, die der Struktur der Psychoanalyse inhärent ist. Und jeder, der sich einer Analyse unterzieht, ist dieser *strukturell bedingten Kränkung* unterworfen. Es geht nicht ohne sie. Die darin liegende Bedrohung des Ich des Analysanden wird unterschiedlich verarbeitet. Der Neurotiker kann gegen die strukturell bedingte Kränkung seines Ichs in der Analyse dessen Eigenliebe dadurch wiederherstellen, dass er sich der von Freud versprochenen Ich-Erweiterung gegenüber dem Es, dem Über-Ich und den unbewussten Teilen seines Ichs als Erfolg seiner Analyse vergewissert. Der narzisstisch erkrankte Analysand kann diesen Weg der Bewältigung der analytischen Kränkung so nicht gehen.

Destruktivität der analytischen Methode

Die analytische Methode ist durch drei Elemente gekennzeichnet: die gleichschwebende Aufmerksamkeit, die freie Assoziation und die Deutung. Sie hat mit schon mehrfach überarbeiteten und in weiterer Bearbeitung befindlichen Selbstdeutungen des Ichs zu tun, die in der analytischen Situation methodisch wie ein Traum behandelt werden. Das Wesen der psychoanalytischen Methode sieht Laplanche in der »Ent-Übersetzung«. Er bezeichnet sie als »im eigentlichen Sinne des Wortes ana-lytisch, assoziativ-dissoziativ, entbindend« (1998, S. 611). Für ihn löst die assoziative Methode der Psychoanalyse die manifeste Erzählung auf und überlässt die Synthese dem Analysanden, der von selbst nach ihr trachtet. Die »Arbeit der Deutung«, sagt Pontalis (1992), beginnt damit, den Text zu zerlegen, zu entflechten, zu entweben, um an die Aussage des Wunsches zu gelangen. Sehr drastisch betont Laplanche: »Die psychoanalytische Methode besitzt ursprünglich keine Schlüssel, sondern Schraubenzieher. Sie nimmt die Schlösser auseinander, sie öffnet sie nicht« (1998, S. 616). Nur als Einbrecher kann der Analytiker sich dem Tresor des Unbewussten nähern.

Das *kreative Potential* der analytischen Methode als Effekt ihrer Destruktivität betont insbesondere Bollas (1995; 1999). Deutungen spielen dabei eine besondere Rolle, indem sie die »pathologischen Narrative« des Analysanden und dessen Selbstvorstellungen aufbrechen oder auflösen. Der Analysand gerät in einen passageren Zustand unbewusster kreativer Zerstreuung und relativer Auflösung der Ich-Struktur. Dieser Zustand ist dem Zustand des Analytikers in der gleichschwebenden Aufmerksamkeit analog, in dem sich der Analytiker den dissoziativ-assoziativen Kräften des eigenen, auf die Assoziationen des Analysanden reagierenden Unbewussten überlässt. Bollas sieht im Zusammenspiel von gleichschwebender Aufmerksamkeit des Analytikers und freier Assoziation des Analysanden, in deren jeweiligem Wegdriften vom Hier und Jetzt ins »Irgendwo anders« und deren Rückkehr ins Gegenwärtige, den analytischen Auflösungsprozess, der die Türen für die unbewusste Kommunikation zwischen Analysand und Analytiker öffnet. Dabei findet eine *regressive Transformation* statt. Es kommt zu einer Auflösung und Zersetzung des symbol- und sprachvermittelten Diskurses und einem Auftrieb einer mehr bildhaften, visuellen, affektiv strukturierten, sensorischen Erlebnisweise, wie sie für den Traum charakteristisch ist. Während der Analysand beginnt, träumerisch zu sprechen und emotional zu denken, gleitet der Analytiker von der gleichschwebenden Aufmerksamkeit in einen Zustand von Rêverie (vgl. Grabska 2000). Topisch gesehen kommt es zu einer Auflösung der Vorherrschaft des Systems Vorbewusst-Bewusst, des Sekundärvorganges und der Wortvorstellungen und zu einem Auftrieb des Unbewussten, des Primärvorganges und der Sachvorstellungen. Ökonomisch-dynamisch gesehen kommt es darüber zur psychischen Entbindung von in Objektrepräsentanzen gebundenen Trieb-Energien, die nun frei strömend von einer Vorstellung zur anderen übergehen, nach neuen besetzbaren Objekrepräsentanzen strebend, an die sie über das Erleben von Wunscherfüllungen wieder gebunden werden. »Jeder organisiert sich sein eigenes Netz«, sagt hierzu Pontalis (1992, S. 16). Indem der Analysand und der Analytiker sich diesen regressiven Transformationen überlassen, kommt es wechselseitig zu einer Auflösung der Ich-Grenzen und einer Ent-Bildlichung und Ent-Gegenständlichung der Objektvorstellungen (»De-Figuration«, Bollas 1999). Mit der Entdifferenzierung zwischen Ich und Objekt entwickelt sich ein tendenziell primärnarzisstischer Zustand, in dem Analytiker und Analysand eine prozessierende Einheit bilden, die einen Austausch auf der Ebene des Unbewussten möglich macht. Analytiker und Analysand bilden von außen gesehen darin eine »delirierende«, d. h. Irre redende (M'Uzan 1991) und Irre hörende Einheit, in der der jeweilige andere »Fast-Ich« ist.

Eine mutative Analyse kann nicht ohne die Desintegration des Ichs, und zwar auf den beiden Seiten des Analysanden und des Analytikers, geschehen. Auch der Analytiker erlebt sich davon in seinem Inneren angegriffen. Er benötigt zu dessen Verarbeitung eine ausreichende »Negative Capability« im Sinne Bions (1970), Toleranz für die Desobjektalisierungsfunktion im Sinne Greens (2001 b) und Toleranz für den Hass in der Gegenübertragung im Sinne Winnicotts (1947). Mangelt es dem Analytiker daran und rührt die Desintegration des Ichs an eigene unverarbeitete Traumatisierungen, dann steht der Analytiker unter dem Druck sich im Sinne einer »Auto-Immunreaktion« (M'Uzan 1983) mittels Deutungen auf Kosten des Analysanden zu entlasten. Kann der Analytiker seinen inneren Raum mit den Angriffen des Destruktiven in sich und durch den Analysanden halten, dann wird die Deutung eine gutartige Wendung nehmen. Sie entwickelt dabei nach M'Uzan (1983) ihre *optimale mutative Kraft* in dem Moment, in dem sie im Analysanden eine ökonomische Erschütterung mit dynamischer Ausstrahlung auslösen kann. Dieser Zustand ökonomischer Instabilität bildet während der Analyse eine beständige Entwicklungsanregung für das Ich. Er setzt die narzisstische Libido frei, die als Motor für die den analytischen Prozess tragende »Grund-Übertragung« (M'Uzan 1991) benötigt wird. Auch hier gilt, dass der narzisstisch erkrankte Analysand diesen *Prozess der »heilsamen« Desintegration des Ichs* für sich nicht in der gewünschten Weise gebrauchen kann, er ihn vielmehr als Gefährdung erfährt.

Ich möchte als Beispiel die Begegnung mit Frau B. schildern, mit der ich mehrere Vorgespräche führte, um die Möglichkeit einer Analyse zu sondieren. Wie sich herausstellte, litt sie an narzisstischen Depressionen, auf die sie mit Verliebtsein im Sinne einer manischen Abwehr reagierte. Ihr war von ihrer Hausärztin, die mit ihr mehrere Gespräche geführt hatte, zu einer Analyse geraten worden. Sie kam mit der Selbst-Aussage: »Ich habe ein Talent, mich unglücklich zu verlieben«. Ich war von dieser Formulierung, im Unglücklichsein ein Talent zu sehen, überrascht. Auf dem Hintergrund unserer Gespräche wurde es möglich, die scheinbar verdrehte Selbstdeutung zu einer sinnvollen Deutung weiterzuentwickeln. Ich sagte ihr, dass sie mit dem Schmerz, der aus dem unglücklichen Verliebtsein entstand, einen tieferliegenden Schmerz überdecken könnte, der eventuell mit ihrer Beziehung zu ihrer Mutter zusammenhängen könnte. Sie reagierte darauf mit heftigem Weinen. Ihre Verletztheit und eine intensive Nähe waren spürbar. Sie konnte längere Zeit nicht sprechen. Ich dachte, sie gut verstanden zu haben, war aber wegen ihrer Verletztheit irritiert. Während ich mir vorstellen konnte, mit ihr analytisch zu arbeiten, äußerte sie, dass sie lieber versuchen wollte, mit den Gesprächen bei ihrer Ärztin auszukommen. Ich erlebte mich nun desorientiert und mit dem, was sich entwickelt hatte, sitzengelassen. Offensichtlich hatte ich mit meiner Deutung etwas angerichtet, was Frau B. von der Analyse weg, zurück zu ihrer Ärztin führte. Green (1971) betont, wie letztlich jede Deutung eine *narzisstische Wunde* zufügt, egal wer den Schleier der Illusion lüftet. Aber um welchen Verlust geht es hier, der unwiderbringlich durch die Deutung droht und um den Preis der Nicht-Analyse vermieden werden soll? Klar ist, dass es ein Verlust sein muss, den das Ich als existenziell bedrohlich fürchtet und der sich auf die Verbindung mit dem Primärobjekt bezieht, ein Verlust, der im Falle narzisstisch erkrankter Analysanden nicht von selbst betrauert werden kann (vgl. Green 1993). Aber wie kann man sich den Zusammenhang zwischen der Deutung und dem befürchteten Verlust des Primärobjektes vorstellen?

Deutung als Trauma-Objekt

Winnicott (1963) beschreibt die Bedrohung durch Deutungen als Angst, dass der »isolierte« Kern der Persönlichkeit durch den Analytiker gefunden, in Kommunikation verwickelt und verändert werden könnte. Psychoanalyse wird dann gefährlich für den Analysanden, wenn er dem Analytiker als subjektivem Objekt, d. h. als einem mütterlichen Primärobjekt im Bereich der Omnipotenz des Analysanden, erlaubt, bis in die Nähe des schweigsamen Kerns seiner Ich-Organisation vorzudringen. Weil der Analytiker dann so viel von dem Analysanden emotional weiß und in Verbindung mit narzisstischen Wünschen, sich als Wissender zu bestätigen, ist er versucht, dieses Wissen in Form einer Deutung an den Analysanden zu bringen, noch bevor der Analytiker sich für den Analysanden vom subjektiven zum objektiven Objekt verwandelt hat. Die Deutung des Analytikers wirkt dann *traumatisch*. Sie wird wie ein von Innen wie von Außen kommender Angriff und der Analytiker als ein eindringendes Objekt und zugleich zerstörerisches Introjekt erlebt. Die Abwehr der traumatogenen Bedrohung führt dazu, dass der Analytiker zu früh zum Nicht-Ich wird, bevor der Analysand ihn als durch eigene Potenzen geschaffenes äußeres Objekt entdecken kann. Das Deuten bleibt dem Analysanden äußerlich, fremd und feindlich. Winnicott (1968) empfiehlt, mit dem Deuten zu warten, bis der Analysand sich von selbst so weit entwickelt hat, dass er »es« idealer Weise selber sagen kann. Das Abwarten trotz vermeintlichem Wissen stellt für Winnicott selbst eine implizite Deutung dar, dass es dem Analytiker auf die Entwicklung der Selbstdeutungsfähigkeiten des Analysanden ankommt und nicht auf eine narzisstische Bestätigung seiner Überlegenheit und Omnipotenz. Zugleich manifestiert sich im Abwarten und Aussetzen der expliziten Deutungen ein Respekt für das von Winnicott postulierte Recht des Analysanden auf Nicht-Kommunikation, auf eine Ungestörtheit eines selbstversunkenen Kontakts und Einsseins mit dem Kern seiner Persönlichkeit. Respektiert der Analytiker diese Nicht-Kommunikation nicht, dann begeht er nach Winnicott mit seinen Deutungen eine »Sünde« gegen ein »heiliges Incommunicado« im Inneren des Analysanden, die einen destruktiven Hass auf die Analyse, den Analytiker und seine Deutungen auslösen kann. Die Deutung wird zur Tabuverletzung am Ich, das Ich in seinem Kern wird zum Tabu, muss oder soll Tabu bleiben.

Ich glaube, dass Winnicotts Haltung vielen Analysanden aus dem Herzen spricht, die für das Traumatische an der Deutung empfänglich sind, weil es sich in der Analyse mit der Wiederholung eines eigenen narzisstischen Traumas verbindet. Im Verlauf einer Analyse kann dann ununterscheidbar werden, wo die Quelle des Traumas zu verorten ist. Kommt es aus dem Inneren als Wiederholung der Geschichte des frühen Ichs oder von Außen durch den Analytiker und seine Deutung oder kommt beides zusammen? Die Analyse mit Frau C. war für mich durch diese Konfusion geprägt. Frau C. war bereits Ende der siebziger Jahre bei einem Analytiker in Behandlung gewesen, der ihr mit seiner Schweigehaltung eine »Höllenangst« gemacht hatte. Aus Wut stellte sie sich vor, ihm den Hals umzudrehen, konnte es ihm aber nicht sagen. Da sie hartnäckig gegenschwieg, beendete der Analytiker die Behandlung wegen Unergiebigkeit. Ich hatte Bedenken, die Behandlung zu übernehmen, aber Frau C. machte es mir mit ihrem Glauben, dass nur eine Analyse sie retten könnte, und der darin enthaltenen Idealisierung damals unmöglich, sie zurückzuweisen. Ein Jahr vor Analysebeginn hatte sie einen Neuanfang gewagt und war nach Süddeutschland an den Rand der Berge gezogen. Sie wollte sich damit einen alten Kindertraum erfüllen. Mit den Bergen verband sie ein Gefühl von absoluter Geborgenheit. Sie scheiterte, weil sie sich dort als damalige Sozialhilfeempfängerin unerwünscht erlebte. Ihre Analyse startete sie ebenfalls unter dem Zeichen des »Neubeginns« (Balint 1970). Von Anfang an erzählte sie ausführlich von entwertenden, zurückweisenden Behandlungen durch andere Menschen. Sie verband ihre Schilderungen mit Rückblicken in ihre Kindheit, in der die enttäuschende Mutter für das demütigende und kränkende Objekt stand, während die Großmutter ihr Idealbild einer bedingungslosen Liebe repräsentierte. Anfangs standen die Analyse und ich als Analytiker unter dem Stern dieser idealisierten Übertragung. Die Großmutter als Verkörperung der idealen Mutter stellte das Ich-Ideal der Analysandin dar, dem sie im Verhältnis zu ihren drei Töchtern nacheiferte. Sie nahm es ihnen sehr übel, wenn sie ihr nicht spiegelten, dass sie selbst eins war mit diesem Ideal, und wenn sie sich deswegen nicht als ideale Mutter erleben konnte. Erfüllten ihre Töchter diese narzisstische Funktion nicht, so wurde ein destruktiver Hass frei. Sie konnte diesen Hass nur mit einer Regression auf eine primitive Spaltungsabwehr begegnen, sodass aus der enttäuschenden die böse, destruktive Mutter wurde, in der sie den eigenen Hass projektiv unterbrachte, und aus der idealisierten die gute, von Destruktion freie Großmutter wurde, mit der sie sich identifizierte.

Die Übertragungsentwicklung mit mir nahm einen entsprechenden Verlauf. Der Punkt, an dem die idealisierte in eine enttäuschende Übertragung überging, entwickelte sich dadurch, dass sie mir die Position des unaufdringlichen Analytikers nicht mehr ließ. Sie bestand darauf, dass ich ihr aktiv bestätigen müsste, dass sie real ideal sei und dass das Nicht-Ideale durch die anderen in sie hineinkommen würde. Die Deutung dieser narzisstischen Funktionalisierungswünsche anstatt ihrer Erfüllung setzten Schritt für Schritt ihren Hass in der Übertragung frei, den sie auf mich projizierte. Ich wurde zunehmend zum »bösen« destruktiven Objekt. Deutungen wurden mir von ihr nun als mutwillige Verletzung, absichtliche Verwundung und als ein Verbrechen gegen ihr Ich zurückgespiegelt. Sie sah in mir jemanden, der sie anstatt in den Himmel in die »Hölle« führte, der aus der Analyse eine prüfende und verächtliche Spiegelung ihrer Unfähigkeit, ihres narzisstischen Versagens, ihrer Nichtigkeit machte und ihr wie ein folternder, enthumanisierter Zahnarzt ohne Betäubung Qualen und Schmerzen zufügte. Über diese Spiegelungen meines analytischen Ichs griff sie nun meinen Narzissmus an, mich durch den Analysanden als guter Analytiker bestätigt erleben zu wollen. Sie stürzte mich in Selbstzweifel und erzeugte in mir einen starken Veränderungsdruck, wieder das gute Objekt für sie sein zu wollen. Darin war auch eine narzisstische Wiedergutmachung enthalten, sie sich wieder als ideales Ich erleben lassen zu wollen. Ich deutete, dass sich zwischen ihr und mir ein unausgesprochener Kampf ereignen würde, wer von uns beiden sich hier in der Analyse verändern oder infrage stellen müsste. Sie bezeichnete daraufhin die Couch als ihre größte Niederlage und zog sich in ein mehrere Sitzungen andauerndes Schweigen zurück. Aus diesem narzisstischen Rückzug tauchte sie mit der stolzen Selbst-Deutung »Ich brauche Sie nicht!« wieder auf und entschied, dass ihre Analyse zu Ende sei. Mit ihrem Rückzug agierte sie eine narzisstische Mordphantasie aus, die sich auf mich als das erst enttäuschende, dann destruktiv »böse« Objekt bezog. Zugleich versuchte sie damit, sich das idealisierte »gute« Objekt in sich zu bewahren, dass durch die Analyse, den Analytiker und die Deutungen angegriffen wurde. Ich war für sie nur noch Nicht-Ich. Ihre vollständige Selbstdeutung lautete: »Ich brauche Sie nicht, ich habe meine Großmutter in mir, die ich mir nicht nehmen lasse«. Erst mit der vollständigen Deutung wird sichtbar, welchen Verlust Frau C. vermeiden wollte: das Gefühl von Einssein mit ihrem Ich-Ideal, das durch die idealisierte Großmutter im Ich repräsentiert wurde, sollte unbedingt erhalten bleiben. Analysanden wie Frau C. schützen sich mit diesem Festhalten an der Illusion des Einsseins mit ihrem Ich-Ideal gegen einen von Innen drohenden Zerfall ihres Ichs. Ich glaube, dass dieses unbewusste Schutzmotiv den Hintergrund für die Beobachtung von Green (2001a) darstellt, dass es bei diesen Analysanden neben dem Wunsch nach Veränderung eine noch stärkere Tendenz des Sich-Selbst-Treu-Bleibens darin gibt, eher die das Ich angreifende Analyse misslingen zu lassen, als die Veränderung zu riskieren, sich dem Analytiker als Objekt zu öffnen.

Für den narzisstisch erkrankten Analysanden steht nicht so sehr die von Freud formulierte, über Triebobjekte vermittelte Genussfähigkeit im Lieben und Arbeiten an erster Stelle seiner Wünsche, die er sich mit einer Analyse erfüllen möchte, sondern die über die Illusion des Einssein vermittelte Möglichkeit, sich im Ich »göttlich«, d. h. omnipotent und autark zu fühlen.

Diese *Hybris des Ichs*, mit der die Drohung seines Unterganges abgewehrt werden soll, drückt sich in Wünschen nach Unverwundbarkeit und Unsterblichkeit, in der Präferenz für Stolz und Ansehen gegenüber realen Befriedigunen und Genüssen und im regulierendem Phantasma der Selbst-Erzeugung aus, die die Wahrnehmung der sexuellen Differenz ersetzt und mit einer Regression auf den Auto-Erotismus verbunden ist. Die »Hybris des Ich« spielte eine bedeutende Rolle in der Analyse von Herrn D. Sie äußerte sich insbesondere in von seinem Diskurs ausgefüllten Stunden. Scheinbar assoziierte er frei. Er ging von einer besonderen Idee über zu naheliegenden Ideen, die dann untereinander konkurrierten, und band dabei einschießende Affekte, die sich teilweise widersprachen und in die Quere kamen, in den unterschiedlichen Ideen ein. Er ließ mich an der Selbststrukturierung seiner Psyche und seines affektiven Empfindens, das durch einen Enttäuschungshass bestimmt wurde, teilhaben. Er benötigte mich als einen bewundernd vorgestellten Zuhörer in einem idealisierten Resonanzraum. Das machte den narzisstischen Wert der Analyse und des Analytikers für ihn aus. Den deutenden Analytiker und damit das Eingeständnis, dass er mich substantiell brauchte, hielt er sich mit seinem *»narzisstischem Diskurs«* (Green) vom Leibe, der mir kaum Durchlässe ließ, sprechend mit ihm in Kontakt zu kommen. Ähnlich beschrieb er die Partnerschaft mit seiner Frau. Ihr »reines« Zuhören ermöglichte ihm, in sich selbst die Illusion zu erzeugen, bedingungslos geliebt und vergöttert zu werden. Als seine Frau nach der Geburt des gemeinsamen Kindes eigenständiger wurde, bekam diese Illusion Risse, zerbrach und retraumatisierte ihn narzisstisch. Sein Diskurs hatte die Funktion eines Schutz-Schildes, der ihn vor der traumatisierenden Zerstörung seines Phantasmas eines idealen Ichs und einer damit einhergehenden Dekompensation bewahren sollte. Damit war eine Autarkie-Vorstellung verbunden, sich selbst analysieren zu können, die autoerotisch besetzt und zeitweilig als lustvolles »mind fucking« an die Oberfläche kam. Die Lage änderte sich jeweils nach einer Deutung. Ihre Wirkung wurde erst in den folgenden Stunden als Erschütterung spürbar. Entgegen dem ersten Anschein war sie viel tiefer in ihn eingedrungen, weniger als buchstäblicher Inhalt, als dem affektivem Gehalt nach, der schwierig zu verdauen war, weil er sich mit dem Hass des Analysanden mischte. Ein Teil von mir war in ihm und er konnte sich nicht mehr sicher sein, als was er in ihm wirken würde. An diesem Punkt war es mit mir wie mit seiner Mutter, die ihn auf unverzeihliche Weise betrogen hatte, als sie ihm unter einen Löffel mit seiner Lieblingsspeise die bittere Medizin unterjubelte, die ihm auf das Äußerste verhasst war. Gleichwohl gibt es nach Green (2001 a) keine andere Möglichkeit, die Deutung sinnvoll darzubieten. Im Grunde wusste das auch mein Analysand, der seinen Vater als das gute Objekt erinnerte, der ihm die böse Aktion seiner Mutter verständlich und damit verträglicher machen konnte. Diese »Verdauungsförderung« erhoffte er sich unbewusst auch von mir als seinem Analytiker.

Ein anderer Analysand, Herr E. erzählte, was eine kränkende Äußerung seiner Nachbarin in ihm anrichtete. Er gibt damit einen Einblick, wie das Eindringen der Deutung als »*Implosion*« des narzisstischen Schutzschildes erlebt wird und wie das angegriffene Ich ihn zu reparieren versucht. Er berichtete: »Sie rief an und sagte, ich sollte den Fernseher leiser stellen. Ich war wütend. Was die sich einbildet. Aber dann bricht es über mich zusammen. Ich breche ein. Es ist, als ob die Erde sich unter mir auftut. Ich und alles um mich herum wird da hinein gesaugt. Es ist wie eine Scheibe, die an einem bestimmten Schwachpunkt von außen belastet wird, in sich zusammenfällt und in tausend Scherben zerfällt. Ich bin dann innerlich gereizt, gespannt, aggressiv und gebe das an meine Umwelt ab. Ich verstreue das dann. Da braucht nur jemand kommen und mich ansprechen, dann reagiere ich sofort aggressiv, egal wie es gemeint war.« In der folgenden Stunde berichtete er, wie er gar nicht anders konnte, als sich weiter mit der Nachbarin zu beschäftigen: »Ich verhalte mich jetzt so, dass ich leiser bin, nicht so laut fernsehe oder auftrampele. Ich sitze im Sessel, sehe meine Schuhe, überlege, ob ich die ausziehen soll. Dann denke ich »nein, das mache ich nicht.« Es wird eine eigene Geschichte in mir. Ich stelle mir vor, wie sie sich über die Geräusche meiner Schuhe beklagt. Ich sehe, wie sie und ich vor einem Richter stehen. Er ermuntert mich, dass ich für die arme Frau die Schuhe ausziehen könnte. Ich empöre mich darüber. Ich sage, dass ich das natürlich machen könnte, aber, und dabei fühle ich einen Triumph, wo kommen wir dahin, dass ich in meiner eigenen Wohnung nicht mehr in meinen Schuhen herumlaufen kann. Der Richter muss es schließlich auch so sehen. Ich habe ihn dann auf meiner Seite. Ich bin da richtig drinnen in diesem Erleben. Das geht dann hin und her. Es ist, wie beim Computerspielen, wo ich auch versinke in eine eigene Welt.« Und nach einem nachdenklichen Schweigen: »Ich möchte eine neue Wohnung haben, aber mir fehlen die Mittel dafür«. Ich deutete, dass er damit wohl einen Wunsch an mich und die Analyse formulierte, die seelischen Mittel zu erwerben, die er braucht, um eine »neue Wohnung« für sich, ein »anderes Ich« zu entwickeln, das sich nicht mehr bedroht fühlen muss. Einerseits fühlte er sich durch diese Deutung verstanden und gehalten. Andererseits war auch eine Irritation zu verspüren, dass das, was er als etwas außerhalb der analytischen Situation zugehörig erzählte, als etwas gedeutet werden konnte, was ohne sein Wissen etwas über sein unbewusstes Ich und dessen Beziehung zu seinem Analytiker aussagte.

Mit der Deutung wird der Analytiker, der vorher hörte und erhörte, zu einem anderen. Der Analysand merkt eine in der Analyse selbst liegende Täuschung, die er für seine Ent-Täuschung verantwortlich machen kann. Die *strukturelle Täuschung* besteht darin, dass der *Analytiker der gleichschwebenden Aufmerksamkeit* suggeriert, dass der Analytiker als Ganzes ein narzisstisches oder subjektives Objekt für den Analysanden sei, sich als *Analytiker der Deutung* aber als ein außerhalb der subjektiven Welt des Analysanden stehendes, externales Objekt erweist, das unabhängig vom Analysanden denkt und fühlt, das einem eigenen analytischen Wissensstrieb folgt und das eine Verbindung zur Analyse als etwas Drittem hat, von dessen direktem Zugang der Analysand ausgeschlossen ist. Mit dem Deuten tritt der Analytiker spürbar als eigenständiges Ich mit eigenen analytischen Ziel-, Wert- und Objekt-Vorstellungen in die analytische Beziehung zum Analysanden ein. Es ist diese Ich-Haftigkeit des deutenden Analytikers, die ihn und das Deuten zum *Trauma-Objekt* (Green 2001a) für die narzisstische Organisation des Analysanden werden lässt. Das Ich des Analysanden sieht sich gezwungen, sich mit dem Analytiker als von außen wie von innen unabhängig von ihm wirkendes Objekt auseinandersetzen zu müssen, das sein Ich an die eigene Triebkonflikthaftigkeit und Liebesbedürftigkeit erinnert. Das subjektive Erleben von Omnipotenz wird als ein dem Analytiker entlehnter Zustand entdeckt, der durch seine Rolle als Container, seine Holding- Funktion und seinem Angebot zur imaginären Identifikation (Green) erzeugt wurde. Unter dem Ein-Druck dieser Objekt-Erfahrung reagiert das Ich des Analysanden vermittelt über den Spiegel seines Ich-Ideals, das durch den Analytiker repräsentiert wird, über sich selbst enttäuscht. Manifest erlebt sich der Analysand als Enttäuschung für den Analytiker, was sich in immer wieder auftretenden Selbstentwertungen, Selbstanklagen oder Ängsten, langweilig oder uninteressant zu sein, äußern kann. Unterschwellig wird die Analyse als Zumutung, Demütigung oder sogar als Zustand von »Omni-Impotenz« wahrgenommen.

Für den Analysanden hängt der weitere Verlauf davon ab, ob er auf dem Hintergrund eines genügend tragfähigen Ichs in der Lage ist, mittels narzisstischem Rückzug vom Trauma-Objekt die Selbstidealisierung als Schutzschild des Ichs wiederherstellen zu können. Ist ihm das nicht möglich, weil in ihm selbst die destruktiven Kräfte überwiegen und ungenügend im Ich integriert sind, kommt es zu einer destruktiv-regressiven Bewegung auf den Zustand eines negativen oder destruktiven Narzissmus (Rosenfeld 1971; Green 2001). Darin erlebt sich das Ich des Analysanden gezwungen, den Analytiker als das Objekt, das die Quelle des seelischen Lebens und die Vorherrschaft der Objektalisierungsfunktion repräsentiert, in zerstörerischer Weise anzugreifen. Insofern es dabei erfolgreich ist, setzt es einen Vernichtungsprozess mit dem Ziel in Gang, den *Analytiker als Trauma-Objekt* auszulöschen, aber auch selbst als Analysand damit unterzugehen. Die Analyse verliert jeden Wert und tendiert zum Nullpunkt jeglicher Besetzung. Rosenfeld (1971) beschreibt diesen Prozess als Triumph des destruktiv-narzisstischen Ichs des Analysanden über seine infantil-abhängigen, liebenden Ich-Anteile, die sich eigentlich mit dem Analytiker verbünden wollen, aber wegen der damit verbundenen Ich-Kränkung, sich bedürftig erleben zu müssen, bis zur Ausrottung hin bekämpft werden. In der Analyse mit Herrn F. war ich erleichtert, als der Analysand den »kleinen Albert« in sich entdeckte und eine emotionale Verbindung zu seinem infantil-abhängigen Ich aufnehmen konnte. Bis dahin war die Analyse durch seine intellektualisierende, negativistische Abwehr meiner Deutungen geprägt, die mich verzweifeln ließ. Er begrüßte diese Veränderung, da er sich nun lebendiger wahrnahm. Allerdings wurde dadurch auch Schmerzhaftes in ihm wieder spürbar. Besonders erschütterte ihn die Erinnerung, als die eng mit ihm verbundene Mutter durch den Tod einer Verwandten so von Trauergefühlen überwältigt wurde, dass er sich tagelang Sorgen um sie machte. Die plötzliche Erkenntnis, dass die Mutter selbst sterben und ihm verloren gehen könnte, erlebte er traumatisierend. Kurz bevor er die Analyse und mich angriff, erinnerte er sich an eine aggressive Depotenzierung. Der als Eindringling in die Verbundenheit mit der Mutter geschilderte, jähzornige Vater hatte ihn grundlos überfallartig durchgeprügelt. In die nächsten Stunden kam er zunehmend wütender. Nach einer Urlaubsunterbrechung kam er voller Wut in die Behandlung. Er bestand demonstrativ auf »Sitzen« und darauf, dass ich ihm jetzt zuhören müsste. Ich fühlte mich überfallen. Er idealisierte seine Gespräche mit seiner Frau, mit der er in einer Woche weitergekommen wäre als in dem Jahr mit mir. Er forderte ultimativ und erregt, ich solle mit ihm »von Gleich zu Gleich« reden. Mein Angebot, zu verstehen, was sich gerade ereignen würde, löste eine weitere Angriffswelle aus, die mich schockte. Er wollte erzwingen, dass ich so bin, wie er sagte, das ich sein sollte. Ich konnte nicht mehr richtig denken und sprechen. In diesem Moment verließ Herr F. die Situation. Erst im Nachhinein kamen Vorstellungen in mir auf, dass etwas Verrückt-

Machendes und eine mörderische Wut in der Situation lag. Ich vermute, Herr F. agierte gegen mich ein destruktiv-narzisstisches Trauma aus, wie er es selbst in der Beziehung zum mütterlichen Primärobjekt erlitten hatte, um es nicht mit mir in der Analyse wiederzuerleben, aber auch, um mit der idealisierten Mutter Eins bleiben zu können und sie nicht aufgeben zu müssen.

Schuld des Analytikers und Wert der Analyse

In der *narzisstischen Dimension der Übertragung* besetzt der Analysand den Analytiker als narzisstisches Objekt, indem er ihn als sein Ich-Ideal nimmt, von dem sein Ich nun geliebt werden möchte. Dafür zieht er seine Besetzung vom Analytiker als Liebes- und Triebobjekt ab. Wir wissen mit Freud (1916), dass dieser Wandel der Besetzungsrichtung in Form des Rückzuges ins Ich die Vermeidung eines Objektverlustes darstellt. Im Ich-Ideal will sich das Ich die Mutter als die ideale Mutter und ein illusionäres Einheitsgefühl mit ihr erhalten. Das Festhalten des Analysanden an diesem Einheitsgefühl in seinen Übertragungswünschen offenbart eine *pathologische Fixierung am Primärobjekt* (Green 2001a), die auf der Verleugnung der Mutter als eigenständigem Objekt und der Verleugnung ihrer Verbindung zum Vater als drittem Objekt beruht. Diese Übertragungswünsche äußern sich als Anspruch an den Analytiker, in seiner Haltung und Methode dem Analysanden das Erleben illusionärer Einheit und Übereinstimmung zu ermöglichen.

An diesem Punkt berühren sich die Übertragungsneigungen der durch die Analyse und das Deuten in ihrer narzisstischen Ich-Organisation angegriffenen Analysanden mit der analytischen Haltung Winnicotts. Er betont, dass der Analytiker dem Analysanden diese narzisstische Illusion solange lassen muss, bis das Ich des Analysanden auf der Grundlage einer vom Analytiker begleiteten heilsamen Regression in der Analyse so weit nachgereift ist, dass es die narzisstische Hülle des illusionären Einheitsgefühls von selbst einreißen und den Analytiker als äußeres objektives Objekt durch diesen destruktiven Schöpfungsakt selbst erzeugen kann. Die Aufgabe des Analytikers ist, diese Transformation zu überleben. Die Anerkennung der eigenen Abhängigkeit vom Analytiker als externalem Objekt durch den Analysanden ist nach dieser Konzeption nur möglich, wenn der Analytiker gleichzeitig dessen Narzissmus anerkennt, indem er dem Ich des Analysanden den Glauben oder die Illusion der Selbsterzeugung des Analytikers als seinem Objekt lässt. Ist das nach Winnicott die Bedingung aufseiten des Analysanden, dass der Analytiker in ihm überleben kann? Heißt das nicht, die Trennung vom

Primärobjekt doch nicht gänzlich geschehen lassen zu wollen? Muss nicht auch diese Selbsterzeugung des Objekts durch das Ich als dessen letztes Phantasma gedeutet werden? Unabhängig davon, wie man diese Fragen beantwortet, deuten sie darauf hin, dass Winnicott als theoretische Ausformulierung einer analytischen Haltung verstanden und benutzt werden kann, die zur Unantastbarkeit der Primärobjektbeziehung durch den Analytiker und zur Vermeidung ihrer Analyse führt. Damit verbunden kann eine »*Perversion*« *der Analyse* derart stattfinden, dass die Analyse als der exklusive Ort fixiert wird, an dem die Einheit mit dem Primärobjekt vermittelt über den Analytiker eingelöst werden könnte und sollte. Der Analytiker analysiert dann nicht mehr, sondern sonnt sich im Glanz des Analysanden, dessen idealisierte Mutterimago verkörpernd. Der nur »gute« Analytiker ist gefangen in seinem Wunsch, sich durch die Ausübung seiner analytischen Funktion als ideales Ich erleben zu können, und kann daher nicht der genügend »schlechte« Analytiker sein, den der Analysand braucht, damit er vermittelt über die Enttäuschungen am Analytiker in die destruktive Bewegung gegen den Analytiker kommt, die er nach Winnicott zur Befreiung aus seinem Ich-Kokon benötigt. Indem der nur »gute« Analytiker versucht, eigene Destruktivität und damit verbundene Ängste abzuwehren, wirkt er destruktiv und verfolgend. Nach Trimborn (1999) glaubt er, das dyadische Einheitserleben mit dem Analysanden nicht angreifen zu dürfen, weil er befürchtet, dass damit der analytische Prozess zerstört werden könnte. Er signalisiert dem Analysanden unbewusst, dass das »Trauma der primären Verlassenheit« nicht zu bewältigen ist, und fördert dadurch eine Re-Traumatisierung. Trimborn plädiert für die »Zerstörung der Dyade«, und dafür, dass der Analytiker Verantwortung und Schuld dafür übernimmt, dass die Analyse die phantasmatische Bindung an das Primärobjekt auflöst.

Meine gegenwärtige Position geht in eine ähnliche Richtung: Die *Struktur der Analyse* mit ihrem Wechsel vom *Analytiker der gleichschwebenden Aufmerksamkeit* zum *Analytiker der Deutung* beinhaltet eine *strukturelle Täuschung* für den Analysanden, dem suggeriert wird, dass sein Wunsch nach Vereinigung mit dem Primärobjekt vermittelt über den idealisierten Analytiker erfüllt werden könnte, und sie beinhaltet eine *strukturelle Kränkung* seiner narzisstischen Ich-Organisation durch die Konfrontation mit der Eigenständigkeit oder Ich-Haftigkeit des deutenden Analytikers, der das Ich des Analysanden notwendig enttäuschen muss, will er der Analyse und sich selbst als Analytiker treu bleiben. Die Analyse ist folglich so strukturiert, dass noch *vorgängig* zur jeweiligen Psychopathologie des Analysanden *implizit* an der Beziehung zum Primärobjekt mit dem Ziel der Ablösung von ihm gearbeitet wird. Erfolgt diese Arbeit der Analyse beim Neurotiker überwiegend unterschwellig mitlaufend, so rückt sie in den Mittelpunkt bei Analysanden mit konflikthafter Ich-Organisation, die pathologisch an das Primärobjekt gebunden sind. Es liegt am Analytiker für die strukturelle Täuschung, die in die »Dyade« führt, und für die strukturell bedingten Angriffe auf das Ich des Analysanden, die implizit die Auflösung der »Dyade« und damit die Möglichkeit eines seelischen »Neubeginns« anvisieren, die Verantwortung zu übernehmen und die damit verbundene analytische Schuld zu tragen. Es liegt am Analytiker ihr in der analytischen Begegnung mit seinem Analysanden nicht auszuweichen. Aber was kann das heißen? Meine Überlegungen gehen in die Richtung, dass die Analyse selbst als eine Art drittes Objekt zwischen Analysand und Analytiker zum Thema der analytischen Begegnung und der Deutung werden könnte.

Wenn Freud von der Berufsgefahr für den Analytiker spricht, »von der Liebe, mit der wir operieren, versengt zu werden« (Freud, Jung 1974, S. 102), so gilt das umso mehr für den Analysanden, der durch die in der Analyse angelegte Täuschung in sein ganz persönliches Liebes-»Delirium« hinein verführt oder gestoßen wird. Insbesondere für narzisstisch erkrankte Analysanden ist damit die Angst vor der Analyse als ein Trauma-Objekt verbunden, traumatisch erlebte Liebesabhängigkeiten und eine tief kränkende Liebesbedürftigkeit in der Beziehung mit dem Analytiker wieder zu erleben. Frau G. kam in einem aufgelösten Ich-Zustand enormer Wut auf ihre sie demütigende Kollegengruppe zu mir in Analyse. Vom omnipotent geschilderten Anführer der Gruppe sah sie sich in gehässigster und intriganter Weise verfolgt, sabotiert und depotenziert. Mit einer Seite ihres Ichs begann sie die Analyse als Fortsetzung dieser Depotenzierung zu erleben, da die Analyse ihr zurückspiegelte, dass sie das Problem sei. Diese »Einseitigkeit« der Analyse griff sie an. Sie bestand darauf, dass ich anerkennen müsste, dass auch ihr Intim-Feind Schuld an ihren Problemen hat. Ich sagte, dass ich noch nicht verstehen würde, wieso ihr der Anteil des anderen so wichtig sei, sie es aber richtig sehen würde, dass es in einer Analyse ausschließlich um sie selbst gehe. Sie wurde darüber sehr ärgerlich auf mich und beschuldigte mich, sie zu provozieren und sie wütend machen zu wollen. Sie begann nun, verstärkt sich selbst und mich zu deuten, und das Deuten selbst in die Hand zu nehmen, was ich als Versuch deutete, sich aus der Kränkung heraus von mir als ihrem Analytiker unabhängig zu machen. Ich hielt fest, dass sich offensichtlich zwei Analytiker in einem Raum befinden würden, in dem es eigentlich nur einen Analytiker geben kann. Sie konnte wieder ärgerlich auf mich werden, als jemanden, der ihr einen Austausch von Gleich zu Gleich verwehren würde. Ich hielt fest, dass ich sehen würde, dass sie diese Verhältnisse in der Analyse kränken würden, aber eine Analyse nicht anders zu machen sei. Sie setzte ihre Idealvorstellung einer Arbeitsgemeinschaft dagegen, in der Analysand und Analytiker eins werden in einem wechselseitig anregenden Austausch, und rieb sich erneut daran, dass ich ihr verweigerte, ihrem Ideal zu entsprechen. Während dieser Auseinandersetzungen dachte sie wiederholt daran, die Analyse zu beenden, was ich als Reaktion auf die Verletzung ihres Stolzes durch die Analyse und auf die Enttäuschung durch mich als ihrem Analytiker deutete. Sie konnte nun davon sprechen, dass sie auf jeden Fall vermeiden wollte, sich in mich zu verlieben, weil das eine Übertragungsliebe sei, der keine Liebe auf meiner Seite als Analytiker entsprechen würde. Ich bestätigte, dass sie als Analysandin davon ausgeschlossen sei, zu hören, wie es in der Gefühlswelt des Analytikers aussehe, aber ich noch nicht verstehen würde, wieso sie das als bedrohlich erleben würde. Sie berichtete nun von einem Analytiker, mit dem sie beruflich bedingt zu tun gehabt hatte, und einer sie überwältigenden Verliebtheit, in der sie nicht mehr zwischen Wunsch und Realität unterscheiden konnte. Sie befürchtete, in der Analyse und mit mir als Analytiker in eine vergleichbare Liebesillusion zu geraten. Die analytische Objektbeziehung öffnete sich nun für idealisierende Übertragungsaspekte, die ansatzweise ansprechbar wurden.

Ich möchte nun mit folgendem Thesen schließen: Wenn der Analytiker die analytische Schuld nicht verdrängen muss, dann ist er offen für eine deutende Auseinandersetzung mit den Analysanden über das *Objekt »Analyse«*, die mancher Analysand braucht, um in Analyse sein zu können. Wenn der Analytiker die analytische Schuld nicht verdrängen muss, ist er in der Lage den *Wert der Analyse* gegen die Angriffe des Analysanden, die auch in dessen Verführung zum Einssein liegen können, zu behaupten, aber auch die *Grenzen der Analyse* zu ziehen, wo ein »Scheitern« der Analyse an dem Punkt, wo ein Analysand kein Analysand mehr sein kann, gegenüber einem scheinbaren Fortgang, wo der Analytiker kein Analytiker mehr sein kann, vorzuziehen ist. Wenn der Analytiker die analytische Schuld nicht verdrängen muss, dann kann er mit dem in der Struktur der Analyse angelegten Angriff auf die Einheit mit dem Primärobjekt, einen *schmerzhaften Trauerprozess* anstoßen, den der narzisstisch erkrankte Analysand nicht ohne ihn durchleben kann. Aber darin liegt eben auch ein Stück notwendiger seelischer Gewalt, die wir nicht verdrängen oder verleugnen sollten.

Literatur

Balint, M. (1970): Therapeutische Aspekte der Regression. Stuttgart (Klett).
Bion, W. (1970): Attention and interpretation. London (Karnac).
Bollas, Ch. (1995): Cracking up. London (Routledge).
Bollas, Ch. (1999): The mystery of things. London (Routledge).
Ferenczi, S. (1927/1928): Die Elastizität der psychoanalytischen Technik. In : Ferenczi, S. (1984): Bausteine zur Psychoanalyse. Band III : Arbeiten aus den Jahren 1908-1933. Frankfurt a. M. (Ullstein), S. 380-398.
Freud, S. (1912): Ratschläge für den Arzt bei der psychoanalytischen Behandlung. In: GW Bd. 8, S. 375-387.
Freud, S. (1915): Triebe und Triebschicksale. In: GW Bd. 10, S. 210-232.
Freud, S. (1916): Trauer und Melancholie. In: GW Bd. 10, S. 427- 446.
Freud, S. (1925a): Selbstdarstellung. In: GW Bd. 14, S. 31-96.
Freud, S. (1925b): Die Widerstände gegen die Psychoanalyse. In: GW Bd. 14, S. 97-110.
Freud, S. (1938): Abriss der Psychoanalyse. In: GW Bd. 17, S. 63-138.
Freud, S.; Jung, C. G. (1974): Briefwechsel. Frankfurt a. M. (Fischer).
Grabska, K. (2000): Gleichschwebende Aufmerksamkeit und träumerisches Ahnungsvermögen (Rêverie). In: Forum Psychoanal 16, S. 247-260.
Green, A. (1971): The unbinding process. In: Green, A. (1986): On private madness. London (Karnac).
Green, A. (1993): Die tote Mutter. In: Psyche 47, S. 205-240.
Green, A. (2001a): Life narcissism, death narcissism. London (Free Association).
Green, A. (2001b): Todestrieb, negativer Narzißmus, Desobjektalisierungsfunktion. In: Psyche 55, S. 869-877.
Laplanche, J. (1998): Die Psychoanalyse als Anti-Hermeneutik. In : Psyche 52, S. 603-618.
M'Uzan, M. de (1983): Deuten: Für wen, warum? In: Zeitschr. f. psychoanal. Theorie und Praxis 13, S. 43-53.
M'Uzan, M. de (1991): Von der Störung zur Veränderung. In: Zeitschr. f. psychoanal. Theorie und Praxis 13, S. 54-64.
Pontalis, J.-P. (1992): Die Macht der Anziehung. Frankfurt a. M. (Fischer).
Rosenfeld, H. (1971): Beitrag zur psychoanalytischen Theorie des Lebens- und Todestriebes aus klinischer Sicht: Eine Untersuchung der aggressiven Aspekte des Narzißmus. In: Bott Spillius, E. (Hg.) (1990): Melanie Klein Heute. Band 1: Beiträge zur Theorie. München, Wien (Internationale Psychoanalyse), S. 299-319.
Trimborn, W. (1999): Der analytische Prozeß und die Fähigkeit zur Destruktion. In: Zeitschr. f. Psychoanal Theorie und Praxis 14, S. 17-37.
Winnicott, D. W. (1947): Haß in der Gegenübertragung. In: Winnicott, D. W. (1983): Von der Kinderheilkunde zur Psychoanalyse. Frankfurt a. M. (Fischer), S.77-90.
Winnicott, D. W. (1963): Die Frage des Mitteilens und des Nicht-Mitteilens führt zu einer Untersuchung gewisser Gegensätze. In: Winnicott, D. W. (1983): Von der Kinderheilkunde zur Psychoanalyse. Frankfurt a. M. (Fischer), S. 234-253.
Winnicott, D. W. (1968): Objektverwendung und Identifizierung. In : Winnicott, D. W. (1979) Vom Spiel zur Kreativität. Stuttgart (Klett), S. 101-110.

Gewaltimpulse bei Psychoanalytikerinnen und Psychoanalytikern

Christoph Klotter

Übersichtsthesen
1. In der Erscheinungsweise ist im Verlauf der Geschichte der Psychoanalyse der Psychoanalytiker immer reifer geworden, der Patient dagegen immer unreifer und früher gestört.
2. Parallel zu dieser Entwicklung wurde im Rahmen der Psychoanalyse das Freud'sche Triebkonzept, insbesondere das Konzept des Todestriebs mehr und mehr abgelehnt. Einer der Gründe für die überwiegende Ablehnung des Todestriebs könnte darin liegen, dass zu dem reifen Psychoanalytiker in seiner klinischen Praxis der Todestrieb nicht gut zu passen scheint.
3. Der Psychoanalytiker möchte heute, eventuell beeinflusst durch die Humanistische Psychologie, als guter Mensch erscheinen, ja: gar als Held. In den Kasuistiken taucht der Psychoanalytiker demnach zuweilen als Held auf, der entweder das Ungeheuer im Patienten oder den Patienten als Ungeheuer besiegen will.
4. Erscheint der Psychoanalytiker als guter und reifer Mensch, dann liegt es, psychoanalytisch gedacht, nahe, dass der Psychoanalytiker seine bösen, aggressiven und destruktiven Impulse und Selbstanteile auf die eine oder andere Weise an den Patienten delegiert. Der Patient »wird« zum Monster.
5. Diese Konzipierung des Psychoanalytikers als gutem Menschen und des Patienten als bösem ist gut vereinbar mit, bzw. könnte sogar fußen auf dem Elias'schen Ansatz zum Zivilisationsprozess. Die Gruppe der Psychoanalytiker gehörte dann zu der großen Mehrheit derjenigen, die es im Verlauf des Zivilisationsprozesses gelernt haben, ihre Impulse und Affekte zu kontrollieren. Bei der »Rand«-Gruppe der Patienten schiene dieser Zivilisationsprozess misslungen zu sein.
6. Nun ist der Elias'sche Ansatz in vielfacher Hinsicht heute umstritten. Es mehren sich neuerdings die Stimmen, die ähnlich wie Freud meinen, dass Gewalt und Destruktion zum menschlichen Leben unausweichlich dazu gehören. Dementsprechend müssen Psychoanalytiker auch in ihrer klinischen Praxis gewalttätig sein – im guten Fall vermischt mit libidinösen Strebungen.

7. Vielleicht würde ein klareres Wissen um die eigene Gewalttätigkeit den Psychoanalytiker helfen, sowohl in der wissenschaftlichen Diskussion als auch in der Gesundheitspolitik weniger defensiv zu sein.

Ad 1)
Der Beginn der psychoanalytischen Bewegung ist u. a. gekennzeichnet von gewaltsamen imperialen Deutungen (Pohlen, Bautz-Holzherr 1995), Regelverstößen und Grenzverletzungen, die heutzutage Anstoß erregen und gegebenenfalls zu negativen Sanktionen führen würden. Hierzu zählen etwa Freuds Deutungen gegenüber Dora (Freud 1905; 1989) oder Jungs Beziehung zu Sabina Spielrein (Carutenuto 1986; Nitzschke 2000). Wie Cremerius (1990) zudem heraus gearbeitet hat, war Freud in seiner praktischen therapeutischen Tätigkeit vollkommen unorthodox, aus heutiger Sicht betrachtet, agierend und in gewisser Weise unanalytisch (den Patienten etwas zu Essen geben, ihnen Postkarten schreiben, S. 355). Steiner (2000, S. 123) beschreibt ebenfalls Freuds therapeutische Schwächen wie beispielsweise Indiskretion. Imperiale Deutungen, sexuelle Grenzverletzungen und Agieren des Analytikers gibt es zwar heute auch noch, aber seit geraumer Zeit besteht unter Psychoanalytikern ein common sense, dass diese Formen der Gewalt gegenüber Patientinnen und Patienten nicht zu dulden seien.

Diese Haltung ist ohne Frage richtig, sie begünstigt jedoch auch ein vor- oder unbewusstes Bild des Psychoanalytikers von sich selbst als einer Person, die per se (oder qua abgeschlossener Lehranalyse) hinreichend gut mit ihren aggressiven oder destruktiven Impulsen umgehen und eventuell auch frei von diesen sein könne. Das Ich-Ideal des reifen, nicht zu Impulsdurchbrüchen neigenden Psychoanalytikers scheint nicht ein zu bearbeitendes Thema, sondern scheint in Erfüllung gegangen zu sein. Gewalt oder Regelverletzung erscheinen deshalb als Ausnahme, nicht aber als etwas, mit dem jeder Psychoanalytiker bei sich konfrontiert ist.

Bei der Beschreibung der Patientinnen und Patienten zeichnet sich dagegen ein gegenläufiger Trend ab: Diese erscheinen seit 100 Jahren als immer stärker früh gestört. Die heutigen Psychoanalytiker haben es laut ihren eigenen Angaben immer häufiger mit präpsychotischen, Borderline-, maligne narzisstisch gestörten, manipulatorischen und perversen Patienten zu tun. (Für den Kontext dieses Beitrags ist es unerheblich, ob die Patienten tatsächlich heute stärker gestört sind oder ob sich heute der Fokus der Psychoanalytiker mehr auf die frühen Störungsanteile verschoben hat.)

Ad 2)

Mit diesen »Entwicklungslinien« einerseits zur reifen Persönlichkeit des Psychoanalytikers, andererseits zum früh gestörten Patienten geht möglicherweise eine theoretische Abkehr von Freud einher: die überwiegende Skepsis gegenüber dem Todestriebkonzept Freuds bzw. die Ablehnung dieses Konzeptes im Besonderen (Vogt 2001, S. 884f) sowie die Vernachlässigung triebtheoretischer Konzepte im Allgemeinen. Green (2000, S. 33) macht darauf aufmerksam, dass nicht erst nach dem Tod Freuds die Konzeption des Todestriebs unter Psychoanalytikern negativ aufgenommen worden ist, sondern bereits ab 1920 Freuds theoretische Weiterentwicklungen auf erhebliche Ablehnung gestoßen seien. Green (2000, S. 34) begründet dies damit, dass die Mehrzahl der Psychoanalytiker die klinische Praxis durch Konzepte wie etwa das des Todestriebs bedroht sahen. Wenn der Wiederholungszwang so zentral, wenn die Destruktion so durchschlagend wirksam wäre, dann könnte die Erfolgsbilanz der psychoanalytischen Kuren bedroht sein. Green erwähnt in diesem Zusammenhang nicht (zumindest nicht an dieser Stelle), dass sich mit dem Anerkennen des Todestriebs aber auch das Selbstbild des Psychoanalytikers ändern müsste. Mit einem Todestrieb versehen, ist der Psychoanalytiker nicht mehr nur gütig, hilfreich, tragend, begleitend, haltend.

Auch wenn Vogt (2001) das Todestriebkonzept Freuds zumindest als sehr fragwürdig begreift, muss dennoch die Frage erlaubt sein: Gibt es bei Psychoanalytikern destruktive Tendenzen, seien diese aus dem Todestrieb oder anderweitig abgeleitet, und wie wirken sich diese gegebenenfalls in den Therapien aus? Freud beschreibt in *Jenseits des Lustprinzips* (1920) den Todestrieb u. a. als organische Tendenz zur Trägheit (S. 246), als »Ausdruck der *konservativen* Natur des Lebenden« (S. 246), als Tendenz, der Veränderung, dem Fortschritt und dem Neuen gegenüber nicht offen zu sein (S. 248). Ob dieser Todestrieb nun biologisch fundiert ist, wie Freud meint, oder ob die genannten Tendenzen des Todestriebs einer biologischen Fundierung entbehren – bei diesen Tendenzen scheint es sich meiner Meinung nach um Phänomene zu handeln, die psychologisch bedeutungsvoll sind. Es sind Bestrebungen zur Wahrung einer abgeschlossenen Identität in einem bestimmten Augenblick, zur Ablehnung des Fremden und Neuen sowie des Prozessualen. Ich kann mir nicht vorstellen, dass Psychoanalytiker von diesen Tendenzen verschont sind. Und die Frage muss erlaubt sein, wie sich diese Tendenzen in der psychotherapeutischen Tätigkeit auswirken.

Auch wenn diese Tendenzen unabhängig von einem Todestrieb auftreten sollten oder auch wenn es den Todestrieb im Sinne von Freud nicht gibt, so gewährt die überwiegende Skepsis von Analytikern gegenüber dem Todestrieb einen Nebeneffekt: Mit der »Abschaffung« des Todestriebs kann zugleich die Frage der Destruktivität des Analytikers aufgehoben werden.

Wenn im Sinne Freuds der Todestrieb Ausdruck der konservativen Natur des Lebens, Eros hingegen bestrebt ist, neue Bindungen einzugehen, sich also überhaupt dem Neuen und Fremden stellt, dann ließe sich dieser Triebdualismus auch mythologisch darstellen: im Gegensatzpaar von Hestia und Hermes. Hestia ist die Hüterin des Herdfeuers. Sie ist fest an einem Ort. Sie repräsentiert »Beharrlichkeit, Unveränderlichkeit und Fixität« (Greisch 1993, S. 33). Hermes hingegen ist der unentwegt Bewegte, ein Wanderer, ein Angelos. Im psychologischen Kontext verkörpert Hestia die, wie Greisch es schön ausdrückt, oikologische Identität, die Vorrang vor der narrativen Identität habe. Erstere entstünde über den häuslichen Schutzraum, wäre also so etwas wie ein »Selbst ohne den anderen«. Natürlich gebe es im häuslichen Schutzraum Gastfreundschaft, aber der Gast würde niemals dazu gehören. Hermes, der Antipode, verkörpere hingegen das »Selbst als ein anderer« (Greisch 1993, S. 34f). Der Todestrieb wäre demnach mit der Position Hestias verknüpft. In einer vielleicht zu konkretistischen Übersetzung könnte die psychoanalytische Praxis als Ort von Hestia begriffen werden und der Patient als Gast. Die Gefahr bestände dann darin, dass für den ambulant tätigen Psychoanalytiker die Balance zwischen Hestia und Hermes nicht hinreichend gelänge.

Der Psychoanalytiker als Hestia, als ein »Selbst ohne den anderen« wird noch darüber verstärkt, dass der Psychoanalytiker annehmen könnte, sein Unbewusstes bewusst gemacht zu haben, Herr über das eigene Unbewusste zu sein.

Ad 3)
Soweit ich es überblicke, hat sich die Psychoanalyse dazu entschlossen, möglicherweise in Anlehnung an die Humanistische Psychologie nach Maslow und Rogers, den Psychoanalytiker als überwiegend guten Menschen zu begreifen, der auch dank seiner langjährigen Lehranalyse nicht destruktiv ist. Der Psychoanalytiker ist nicht nur ein guter Mensch, er ist auch des öfteren ein Held. Freud hegte nicht die Absicht, seine Patienten als leidende Menschen retten zu wollen (Khan 1990, S. 133). Freud präsentierte sich demnach nicht als *therapeutischer* Held. Allerdings bemühte er sich schon sehr früh darum, seiner *Person* eine heldische Aura zu verleihen (Steiner 2000, S. 108). Zudem skizzierte sich Freud in gewisser Weise als negativen Helden, bzw. er wies auf die Notwendigkeit hin, auch ein negativer Held sein zu

müssen: »Man muss ein schlechter Kerl werden, sich hinaussetzen, preisgeben, verraten, sich benehmen wie ein Künstler, der für das Haushaltsgeld der Frau Farben kauft oder mit den Möbeln für das Modell einheizt. Ohne ein solches Stück Verbrechen gibt es keine richtige Leistung« (Brief an O. Pfister vom 5.6.1919; zit. n. Schneider 1999, S. 52). Heute dagegen scheint mir das Motiv des Rettens deutlicher im Vordergrund therapeutischen Arbeitens zu stehen. Wer rettet besonders gerne? Der Held. Wer ist ein Held (vgl. Michel 1992; Mai 1992)? Eine Person, die Großes, wenn nicht gar Unmögliches vorhat, und dies auch tut, zuweilen mit Erfolg. Eine Person, die per se auf der Seite des Guten steht, die dementsprechend alle Mittel einsetzen darf, die ihr zur Verfügung stehen. Eine Person, die sich mit ihren Großtaten aufwertet (Will 1992) und darauf zielt, unsterblich zu werden, so unsterblich wie die großen Vorbilder, deren Nachahmer sie stets bleibt. Eine Person, die nicht aufhören kann, Großes zu tun, da sich der Held immer neu beweisen muss. Der Wiederholungszwang des Helden scheint sich gegen ein drohendes Nichts zu richten. In gewisser Weise wird deshalb der Held nicht erwachsen, weil es keine *letzte* Ruhmestat gibt. Der Held bleibt ewiger Jugendlicher, weil er in einer unendlichen Wiederholung des Initiationsritus verbleibt.

In einer davon abweichenden Bedeutungsdimension, die dann eher auf den erwachsenen Helden zielt, kreist der Begriff des Helden auch um Erhabenheit und um Seelengröße (Böhringer 1996). Des weiteren umreißt Böhringer die Vorstellung des Helden in einer Zusammenfassung der Heldengestalt bei Grazián, einem Jesuiten aus dem 17. Jahrhundert, wie folgt: »Der Held ist die hervorgehobene persona, die sich durch Aufmerksamkeit und Scharfsinn gegenüber den anderen und vor ihnen durch Zurückhaltung, Unergründlichkeit, ja sogar bewusste Täuschung sichert und behauptet« (S. 89). Diese Heldenbeschreibung könnte auf die Position des Psychoanalytikers mit wenig Bedenken übertragen werden. In der Zusammenfassung Böhringers deutet Grazián bereits 1637 zentrale Elemente der Psychoanalyse wie freischwebende Aufmerksamkeit, Deutungskunst und Abstinenz an.

Wie thematisiert die Psychoanalyse den Helden? Als Sohn gegen den Vater (Freud), als Sohn gegen die große Mutter (Jung), also einmal ödipal und einmal präödipal. Dieser Spur soll allerdings im Folgenden nicht weiter nachgegangen werden, da die weiter oben beschriebenen Merkmale des Helden grundlegender und allgemeiner sind. Die psychoanalytischen Deutungen des Helden sind Ausdifferenzierungen eines archaischen Heldenmythos.

Ich möchte Ihnen nun einige Beispiele aus analytischen Texten und Kasuistiken vorstellen, die gewisse Anklänge an die verschiedenen Varianten des

Helden-Epos haben. Es sind wohlgemerkt Texte, die ich hoch interessant finde. Es geht mir nicht um die Kritik an diesen Autoren, sondern um das in den Blick bekommen von bestimmten diskursiven Nebeneffekten, die den Heldenmythos kreieren.

Khan (1990)

Um eine Patientin zu provozieren, spricht Khan folgenden Satz aus: »...aber ich bin dazu ausgebildet worden, solche Kreaturen (Patienten; A. d. A.) zu zähmen« (1990, S. 179). Auch wenn es eine Provokation ist, es fällt der Begriff Kreatur, der doch deutlich auf das Tierähnliche im Patienten verweist. Mit dem Verb zähmen ist der Analytiker als Tierbändiger deutlich charakterisiert. Der Psychoanalytiker macht aus wilden Patienten zahme Menschen. Es steht außer Zweifel, dass das Zähmen wilder Tiere mit Gefahren verbunden ist. Nur mutige Menschen vermögen es, dies zu tun.

In der Kasuistik über ein Mädchen namens Judy, die Khan unter dem Titel »Niemand kann seine Verrücktheit aussprechen« veröffentlichte und in der er das therapeutische Verfahren Winnicotts des »Management« vorstellt, geht er sehr aktiv therapeutisch vor. Khan behandelt nicht nur das Mädchen, er spricht mit dem Vater, ihrem Arzt und ihrer Schuldirektorin, organisiert für Judy einen Job und einen Nachhilfelehrer; es finden »Gesamtkonferenzen« der Beteiligten bei Khan statt: »Die Probleme, die dringend geregelt werden mußten, betrafen das Essen und das Schlafen. Das Eßproblem nahm ich in Angriff [...]« (S. 101). Eine Allianz von Helfern – überwiegend Männern – beschützt und begleitet Judy von nun an, doch alles hilft nicht. In der Nachfolge der Mutter, die Judy verrückt gemacht hat, induziert eine Tante bei Judy, in Abwesenheit des Vaters, einen psychotischen Zusammenbruch. Aber die Kräfte des Bösen haben nur einen vorübergehenden Sieg errungen.

Es liegt mir fern, Khans therapeutisches Vorgehen zu kritisieren, ich möchte nur darauf hinweisen, wie gut man diese Kasuistik auch als Heldengeschichte lesen kann, mit einem unermüdlichen Helden – Khan –, der alles in seiner Macht stehende tut, der alle Register zieht, um Judy zu helfen.

Steiner (1999)

Steiner erscheint weniger als ein antiker Held wie Khan, weniger als ein Herkules, denn als ein Held im Sinne Graziáns: scharfsinnig, besonnen, überlegen, die Situation meisternd:

»Als ich ihn fragte, ob er beginnen wolle, grimassierte er und fuhr mich an: Nein! Zunächst machte er auf mich einen ziemlich psychotischen Eindruck; denn seine Lippen zitterten vor Wut und er hatte große Mühe, sich unter Kontrolle zu halten: Nach ein paar Minuten stand er auf, lief im Zimmer umher, betrachtete meine Bücher und Bilder und blieb schließlich stehen. Er nahm ein Bild in die Hand, auf dem zwei Männer miteinander Karten spielten, und sagte: Was glauben Sie, welches Spiel die beiden spielen? Ich deutete ihm sein Gefühl, dass wir ein Spiel miteinander spielten und er wissen wollte, was vor sich ging. Er entspannte sich etwas und setzte sich wieder hin« (1999, S. 66).

Steiner bleibt souverän. Der Patient kann ihn nicht aus der Ruhe oder dem Konzept bringen. Mit Gewährenlassen – der Patient kann seinen Impulsen nachgeben und durch das Zimmer gehen – und mit Deutung »zähmt« Steiner den präpsychotischen Patienten. Ein Nicht-Held hätte sich von den Affekten des Patienten anstecken lassen, wäre unruhig geworden, hätte sich bedroht gefühlt, hätte das Umherwandern des Patienten unterbunden, hätte dem Patienten verboten, etwas anzufassen.

Joseph (1995)

Die für mich überaus aufschlussreichen Überlegungen Josephs (1995) zum unzugänglichen Patienten schließen ein Bild des Patienten mit ein, das gefährliche Züge trägt. Der Analytiker muss sehr auf der Hut sein, um sich vom Patienten nicht hereinlegen zu lassen. Der Patient erscheint wie ein bedrohlicher Dschungel, der Psychoanalytiker als Förster. Z. B.: »Der Patient versucht, mich dahingehend zu manipulieren, Pseudo-Deutungen oder nutzlose Deutungen zu geben [...]« (S. 70) Oder: »Der Patient denkt vielleicht, er habe an dem Analytiker etwas beobachtet, und nützt dies gewissermaßen aus« (S. 71). Oder: »[...] dass der Patient den aktiven, interessierten oder besorgten Teil des Selbst in den Analytiker projiziert hat, der nun unter dem Druck, den er empfindet, das Bedürfnis nach Aktivität und den Wunsch, etwas zu erreichen, ausagieren soll« (S. 75).

Bei Joseph wird klar, dass dem im Sinne Graziáns heldenhaften Analytiker nicht ein primitives, bärenstarkes Patienten-Ungeheuer gegenüber steht, sondern ein schlauer Odysseus, der mit allen Wassern gewaschen ist. Somit fürchtet sich der Analytiker vor dem trojanischen Pferd und gibt ihm den Namen »projektive Identifizierung«.

Das Problem des Patienten bei Steiner wie bei Joseph ist, dass der Patient schwankt zwischen dem Wunsch nach Heilung und der Tendenz zur Autodestruktion. Ähnlich verhielt es sich beim fintenreichen Odysseus. Man könnte ihn so verstehen, dass er nicht recht wusste, ob er nach dem trojanischen Krieg nach Ithaka zurückkehren (Heilung) oder ein Leben lang unter den schrecklichsten Gefahren nomadisieren sollte.

Die Auswahl der Textstellen von Khan, Steiner und Joseph ist nicht Resultat einer repräsentativen Inhaltsanalyse analytischer Kasuistiken. Insofern kann ich nicht sagen, ob meine Vermutungen zum sich ausbreitenden Heldenmythos unter Analytikern verallgemeinerbar sind.

Ad 4)
Sollte es eine Tendenz zum Helden geben, den der Psychoanalytiker darstellt, so wäre damit auch eine Entwicklung gebahnt, die den Analytiker als einen an sich guten Menschen heraus destilliert. Bestenfalls würde dieser gute Analytiker noch über aggressive Triebimpulse verfügen, die hilfreich sind im Konflikt mit dem Patienten. Auch in der Gegenübertragung empfände er zuweilen Wut, ja gar ein bisschen Hass. Allerdings bliebe dieser gute Mensch befreit von Destruktivität und dem Todestrieb, weswegen er von blankem Entsetzen befallen wird, wenn er mit destruktiven Monstern konfrontiert ist.

Hurni und Stoll (1999) haben in ihrem sehr scharfsinnigen Buch *Der Hass auf die Liebe* die *Logik perverser Paarbeziehungen* untersucht. Im Geleitwort zu diesem Buch (von Racamier) wird die Arbeit der Autoren so beschrieben:

»Die Autoren dieses Werkes sind auf ein Gebiet des Seelenlebens vorgestoßen, dessen Atmosphäre schwer zu ertragen ist. Sie haben den Mut gehabt, ihre Forschung trotzdem fortzuführen. [...] Was sie aus dem wirklichen Leben griffen, wussten sie zu beschreiben, unnachsichtig, ohne Auslassungen, mit der Strenge und Genauigkeit. [...] Ein dürres und unzugängliches Gebiet (das Reich der Perversen; A. d. A.), wo nur agiert wird, das arm an Affekten und Gefühlen, aber reich an komplexen und zugleich präzisen Manipulationen [ist] [...]. Nichts ist einfacher als vor dem Treiben der Perversen die Augen zu verschließen« (S. 15f).

Und wie beschreibt Racamier seinesgleichen? »Wir besitzen und hüten eine Moral, die für die Achtung des anderen steht, für den Wert des Lebens, den Schutz des psychischen Lebens, den Respekt vor der Wahrheit und den Preis der Liebe« (S. 16).

Gegen derartige Dichotomisierung in gut und böse wirken Bruce Willis aus dem Sequel *Die hard*, Mel Gibson aus *Lethal Weapon* oder Harrison Ford aus *Indiana Jones* geradezu als differenzierte Helden, da sie offenkundig gewisse Ähnlichkeiten mit den bösen Verbrechern haben.

Die Autoren Hurni und Stoll schreiben in ihrem Vorwort: »Wir mußten lernen, an die Realität von Ungeheuern zu glauben« (S. 21). Diese Ungeheuer erzielen »Genuß auf Kosten des anderen, mittel seiner Zerstörung« (S. 22). Damit haben »wir« gewiss nichts zu tun: »Die Entdeckung einer Logik (der perversen Logik; A. d. A.), die der gewöhnlichen und zumal der ärztlichen derart fremd ist [...]« (S. 26). »Der Perverse spricht über seinen Partner, als handele es sich um ein Objekt oder eher um ein Tier [...]« (S. 58).

Genau das tun die Autoren auch. Es ist für mich nachvollziehbar, dass perverse Patienten negative Affekte bei Analytikern auslösen können. Dementsprechend ist der harsche Ton der Autoren, mit dem sie die perversen Patienten beschreiben, verständlich. Problematisch erscheint mir dagegen die grundsätzliche Möglichkeit, dass mit diesen negativen Gegenübertragungs-Affekten potentiell eigene aggressive oder destruktive Affekte verlötet, mittels projektiver Identifizierung negative Selbstanteile des Therapeuten an den Patienten gebunden werden können. Der Psychoanalytiker und der Patient scheinen dann aus unterschiedlichen Welten zu kommen, als ob nicht auch der Analytiker einen psychotischen Kern, Tendenzen zu psychosomatischen Reaktionen oder zu perversem Verhalten haben könnte. Die Dämonisierung des Patienten begünstigt bzw. geht einher mit der Verleugnung negativer Selbstanteile.

In gewisser Weise – das betrifft die Vergleichbarkeit der Logik und nicht den Inhalt – erinnert mich der harsche Ton der Autoren Hurni und Stoll an die Inquisition. Der in Deutschland die Inquisition fundierende Text, der *Hexenhammer* von Sprenger und Institoris aus dem Jahre 1487 (vgl. Treusch-Dieter 1991), hatte als Hauptfeind des Christentums diejenigen ausgemacht, die »male de fide sentire«, die schlecht vom Glauben denken, die also nicht einfach nur böse sind, sondern das Glaubenssystem an sich angreifen. Ähnlich müssen Hurni und Stoll die perverse Logik erleben, die die Logik, die sie für sich reklamieren, sabotieren und derealisieren will. Ihr Kampf gegen die perverse Logik folgt also möglicherweise einem christlichen Muster: Die Perversen sind nicht mehr nur psychisch krank, sie sind zudem schlicht böse, indem sie schlecht über das Gute denken. Sie stehen außerhalb der göttlichen Ordnung. Hingegen erheben sich im Rahmen dieses christlichen Musters die Psychoanalytiker zu den Stellvertretern Gottes auf Erden.

Wenn Thomas von Aquino (1985) die Frage stellt: »Verwirft Gott einen Menschen?« (S. 182), dann ist die Antwort: Ja! »Aber die Schuld geht aus dem freien Wahlentscheid dessen hervor, der verworfen und von der Gnade verlassen wird« (S. 183). Auf ähnliche Weise scheint den Perversen unterstellt zu werden, dass sie aus freien Stücken auf ihrer perversen Logik beharren. Was aber wird aus dem Psychoanalytiker, der sich den Beruf des Priesters ebenfalls zu eigen macht? Er muss sich vor dem Bösen in Gestalt des Patienten fürchten, schließlich ist das Böse eine Art von Infektionserkrankung. Zumindest will es verführen. Deshalb muss es exorziert – heutzutage therapiert – werden. Im Exorzieren / Therapieren wird das Böse des Psychoanalytikers, das er in den Patienten eventuell mit hineingelegt hat, gleich mit vernichtet. Nicht zuletzt: Der Psychoanalytiker als Stellvertreter Gottes auf Erden hat die Möglichkeit, Menschen zu verwerfen. So verwerfen Hurni und Stoll die Perversen. Sollten die Gewaltimpulse der Psychoanalytiker noch nicht hinreichend exorziert sein, so bietet die Möglichkeit der Verwerfung die Chance zur Entfernung eigener Gewaltimpulse – ohne dass Symbolisierungen des Verworfenen im eigenen Unbewussten bleiben würden.

Die Auswirkungen dieses christlichen Musters bergen nicht nur Vorteile für den Psychoanalytiker. Er ist von nun an gefangen in der Maske der Anständigkeit. Für ihn gilt nicht mehr das *Plädoyer für eine gewisse Anormalität* (McDougall 1985). Vielmehr muss er als Abwehrleistung unablässig demonstrieren, wie reif und sittlich er ist.

Das Problem, das die rigide Dichotomie in guter Analytiker und böser Patient von Hurni und Stoll mit sich bringt, lässt sich nicht nur christlich interpretieren. Es könnte auch immanent psychoanalytisch gedeutet werden. Nach Schneider (1999) begingen Hurni und Stoll den Fehler mangelnder Abstinenz: »Die Abstinenz des Analytikers bedeutet weit grundlegender den Verzicht, Deutung, Gesetz und Gesetzgeber zusammenfallen zu lassen: Sie ist der nicht eben leicht aufrechtzuerhaltende Verzicht, im Namen des Vaters zu sprechen, zu befehlen und zu handeln« (S. 62). Diese Form der Abstinenz umgehen Hurni und Stoll. Sie deuten als letztinstanzliche, absolut gute Autorität.

Bevor ich jetzt zur nächsten These komme, möchte ich eine Anekdote nicht unerwähnt lassen, die das Thema der Dichotomisierung zwischen gutem Therapeuten und bösem Patienten gut beleuchtet. In einem Philosophie-Arbeitskreis von Jungianern in Berlin lasen wir Kierkegaard, und zwar *Der Begriff Angst*. Darin kam folgende Textstelle vor: »Angst kann man vergleichen mit Schwindligsein. Derjenige, dessen Auge plötzlich in gähnende Tiefe hinunterschaut, der wird schwindlig. Aber was ist der Grund dafür? Es ist ebensosehr sein Auge wie der Abgrund; denn was, wenn er nicht hinabgestarrt hätte! So ist Angst der Schwindel der Freiheit [...]« (S. 57). Wir anwesenden Psychoanalytiker konnten uns sofort darauf verständigen, dass genau so unsere Patienten seien. Aber Kierkegaard hat nicht über Patienten geschrieben, sondern über allgemeine menschliche Erfahrungen – auch die von Psychoanalytikern.

Ad 5)
Norbert Elias' in der Folge der 68er Generation bekannt gewordene Theorie *Über den Prozess der Zivilisation* (1969) versucht zu belegen, dass sich im Verlauf des Zivilisationsprozesses – vom Mittelalter bis heute – quasi evolutionär und damit unausweichlich eine Affektkontrolle im Menschen etabliert habe. Sei der Mensch des Mittelalters noch spontan seinen Impulsen und Affekten nachgegangen, vermöge dies der Mensch von heute sehr viel weniger. Die 68er Bewegung mag dies bedauert haben, Elias aber nicht:

> »In Wirklichkeit ist das Resultat des individuellen Zivilisationsprozesses nur in relativ wenig Fällen, nur an den Rändern der Streuungskurve ganz eindeutig ungünstig oder günstig. Die Mehrzahl der Zivilisierten lebt zwischen diesen Extremen auf einer mittleren Linie« (Bd. 2, S. 335).

Nun wäre es möglich, dass sich Psychoanalytiker entweder der Gruppe zurechnen, bei der der Zivilisationsprozess zu günstigen Effekten, also zu einer lustfreundlichen Bilanz geführt hat oder zumindest zu einer »mittleren Linie«, die nach Elias bei der Mehrheit der Bevölkerung festzustellen ist. Die Psychoanalytiker hingegen würden ihre Patienten begreifen als eine Gruppe, die an einem Rand der Streuungskurve anzusiedeln ist, bei der entweder die Lustbilanz ungünstig ist (die Neurotiker) und/oder bei der der Zivilisationsprozess nur unzureichend gegriffen hat. Dieser Personenkreis wäre unfähig, die eigenen Impulse zu kontrollieren, wäre diesen Impulsen hilflos ausgeliefert oder würde gegebenenfalls wie die Perversen nach Hurni und Stoll stolz auf die perversen Impulse und Taten sein. Die derart Hilflosen und Stolzen würden wir heute u. a. als die Frühgestörten begreifen.

Ad 6)
Nun ist der Ansatz von Elias nicht unwidersprochen geblieben. Zwar können sich die meisten Historiker darauf einigen, dass eine gewisse Affektkontrollierung im Verlauf des Zivilisationsprozesses gegriffen hat (Krieken 1991), dennoch wird die Theorie von Elias als auf sehr wackeligen Füßen stehend begriffen (vgl. Klotter 1990 und Sonntag 2000). Hohl (1993) weist darauf hin, dass der Holocaust mit der Theorie des Zivilisationsprozesses schwer vereinbar ist. Er stützt sich hierbei auf Bauman, der in seinem Buch *Dialektik der*

Ordnung (1992) sehr deutlich herausgearbeitet hat, dass es ohne Zivilisationsprozess keinen Holocaust gegeben hätte. Dementsprechend ist das Modell von Elias nicht mehr aufrechterhaltbar. Es bleibt allerdings ein hartnäckiger Mythos.

Im Folgenden werden einige theoretische Positionen aufgezeigt, die das Elias'sche Modell auf die eine oder andere Weise widerlegen:
– Der Historiker Keegan (1995) versucht das diesbezügliche Verhältnis von Mythos und Realität zu beschreiben:

> »Trotz aller Auswirkungen der Schriften Freuds, Jungs und Adlers auf unser Denken bleiben unsere moralischen Werte die der großen monotheistischen Religionen, die ein Töten des Mitmenschen unter allen, außer den zwingendsten, Umständen verurteilen. Wir wissen von der Anthropologie und vermuten aus den Ergebnissen der Archäologie, dass Zähne und Klauen unserer unzivilisierten Vorfahren von Blut triefen, während uns die Psychoanalyse davon zu überzeugen versucht, dass in jedem von uns dicht unter der Oberfläche der Wilde lauert« (S. 22)

Was würde der Psychoanalytiker zu Keegan sagen: Vielleicht hat er recht, was den Patienten, nicht aber was mich selbst betrifft. Keegan vertritt die »Gegenposition« etwa zur Ethik von Lévinas, die eine monotheistische ist, die Keegan nicht im geringsten ablehnt, aber als zu optimistisch betrachtet. So schreibt Lévinas (1999):

> »Ein Gesicht sehen heißt bereits hören: Du sollst nicht töten . Und wer Du sollst nicht töten hört, der hört: Soziale Gerechtigkeit . Und alles, was ich von Gott, der unsichtbar ist, hören und verstehen kann, muss mir von der gleichen, einzigen Stimme gekommen sein« (S. 216).

– Autoren wie der Jurist Schmitt (1963) oder der Philosoph Foucault (1986; 1999) weisen darauf hin, dass sich im Verlauf des Zivilisationsprozesses das Kriegerische nicht vermindert sondern verändert und radikalisiert hat. Zu dem »gehegten« Krieg (Schmitt) zwischen den Nationalstaaten sei der Krieg innerhalb einer Nation hinzugekommen, eine Art von permanentem Bürgerkrieg (Foucault) oder einem Partisanen-Krieg (Schmitt). Die Terroranschläge vom 11. September diesen Jahres in den USA haben die Thesen von Schmitt und Foucault auf grausamste Art bestätigt.
– Der Historiker Kosseleck (1993) hebt hervor, dass erst mit der europäischen Moderne eine neu konzipierte Dichotomie von *menschlich* und *unmenschlich* gegriffen habe, womit es dem *Menschen* ermöglicht wird, den *Unmenschen* vollkommen legitimiert zu liquidieren.
– Und erst die im 19. Jahrhundert entstehende Wissenschaft der Biologie

gebiert einen Rassismus, der es erlaubt, seinen Nachbarn, der angeblich einer anderen Rasse angehört, zu töten (Nationalsozialismus, vgl. Foucault 1977; oder aktuelleres Beispiel: Ex-Jugoslawien).
– Die grundsätzliche Unausweichlichkeit der Gewalt in menschlichen Gesellschaften beschreibt auch der Soziologe Sofsky (1996) in seinem Werk *Traktat über die Gewalt*. Implizit bezieht er sich offenkundig auch auf Walter Benjamins Aufsatz *Zur Kritik der Gewalt* (1991):

»Kein Staat ist jemals durch Konvention und Vertrag entstanden. Seine Gründung war meistens begleitet von Akten massiver Unterwerfung. Etabliert wurde das Gewaltmonopol durch Tränen und Blut. Niemals haben sich die Menschen zu einer Versammlung zusammengefunden, die sie von ihrer Angst und Verzweiflung hätte befreien können. Sie waren Opfer und sind es geblieben. Denn auch die Vor- und Nachzeiten von Herrschaft der Herrschaft sind nicht frei von Gewalt. Es sind Epochen ungehemmter Greueltaten« (S. 25).

– Der Philosoph Waldenfels (2000) beschreibt den Elias'schen Mythos so:

»Es gibt eine Tendenz, von der man nur schwer loskommt. Sie besteht darin, Gewalt einem vorgeschichtlichen Naturzustand zuzurechnen, den wir notwendiger- oder glücklicherweise hinter uns gelassen haben. Einbrüche der Barbarei in zivilisierte Bereiche erscheinen dann als bloßer Rückfall. Wir tun so, als betrachten wir die Gewalt von einem mehr oder weniger sicheren Hafen aus« (S. 11).

Waldenfels schreibt weiter:

»Gegenstimmen, die seit den Zeiten Rousseaus das Fortschrittsdenken mit zunehmender Heftigkeit in Frage stellen, besagen, dass Gewalt ihren Ort oder besser ihren Nicht-Ort auf der *Schwelle von Natur und Kultur* hat, auf einer Schwelle, die wir niemals definitiv überschreiten werden, wie unsere allnächtlichen und alltäglichen Träume zeigen« (S. 11).

Das Stichwort Traum ermöglicht die »Rückkehr« zu Freud selbst. In dem Text *Das ökonomische Problem des Masochismus* (1924; 1989) schreibt er:

»Die Libido trifft in (vielzelligen) Lebewesen auf den dort herrschenden Todes- oder Destruktionstrieb, welcher diese Zellenwesen zersetzen und jeden einzelnen Elementarorganismus in den Zustand der anorganischen Stabilität (wenn diese auch nur relativ sein mag) überführen möchte. Sie hat die Aufgabe, diesen destruierenden Trieb unschädlich zu machen, und entledigt sich ihrer, indem sie ihn zum großen Teil und bald mit Hilfe eines besonderen Organsystems, der Muskulatur, nach außen ableitet, gegen die Objekte der Außenwelt richtet. Er heiße dann Destruktionstrieb, Bemächtigungstrieb, Wille zur Macht« (S. 347).

Angesichts dieses Zitates wird offenkundig, dass Freud den Primat bei den Trieben dem Todestrieb zukommen lässt. Er ist der Grund des Daseins, Eros hingegen nur sein – wenn es gut geht – hartnäckiger Widersacher. Ähnliches hat Freud bereits in *Jenseits des Lustprinzips* des öfteren formuliert (vgl. z.B. 1920; 1989, S. 227).

Ad 7)
Das bisher Mitgeteilte sollte eine Vermutung genauer fundieren, nämlich dass die Psychoanalytiker heute Schwierigkeiten haben, sich selbst als destruktiv zu begreifen – als habe entweder im Sinne eines a prioris bei Analytikern stets Eros die Oberhand über Thanatos oder als gebe es den Todestrieb nicht, bzw., sollte es diesen geben, dann nur bei den Patienten. Gesetzt den Fall, auch Analytiker wären destruktiv, dann könnten sie destruktive Impulse bei den Patienten eventuell deponieren. Diese Potentialität habe ich weiter oben versucht, exemplarisch zu veranschaulichen. Das ist aber nur eine Möglichkeit.

Wie könnte sich Destruktivität bei Analytikern noch niederschlagen? Jedenfalls nicht im Sinne einer Charakterstruktur, die Walter Benjamin so beeindruckend beschrieben hat:

> »Der destruktive Charakter ist jung und heiter. Denn Zerstören verjüngt, weil es die Spuren unseres eigenen Alters aus dem Weg räumt; es heitert auf, weil jedes Wegschaffen dem Zerstörenden eine vollkommene Reduktion, ja Radizierung seines eignen Zustands bedeutet. Zu solchem apollinischen Zerstörerbilde führt erst recht die Einsicht, wie ungeheuer sich die Welt vereinfacht, wenn sie auf ihre Zerstörungswürdigkeit geprüft wird. Dies ist das große Band, das alles Bestehende einträchtig umschlingt. Das ist ein Anblick, der dem destruktiven Charakter ein Schauspiel tiefster Harmonie verschafft« (1991, S. 397).

Nein, diese Form der Destruktivität könnte ich bei dem idealtypischen Psychoanalytiker nicht erkennen.

Wie könnte sich Destruktivität bei Analytikern noch ausdrücken? Freud (1924; 1989) beschreibt verschiedene Formen des Masochismus, den er in einen Zusammenhang mit der Destruktivität stellt. Die eine Form des Masochismus nennt er moralischen Masochismus: »[...] der richtige Masochist hält immer seine Wange hin, wo er Aussicht hat, einen Schlag zu bekommen« (S. 349). Nun wird unter Psychoanalytikern allenthalben beklagt, dass die Psychoanalyse heutzutage von allen Seiten »Prügel« bezieht. Vielleicht beruht dieses Prügelbeziehen u. a. auch auf gewissen Tendenzen zum moralischen Masochismus bei Psychoanalytikern. Freud führt den moralischen

Masochismus auf ein »unbewusstes Schuldgefühl« (1924, S. 349) zurück, das dazu drängt, das Leiden nicht aufzugeben, weil das Leiden als lustvoll erlebt wird. Warum könnten Psychoanalytiker heute ein »unbewusstes« Schuldgefühl haben?

– Weil sie sich heute als Helden wähnen, weil sie sich damit über die imperfekten Väter (Freud, Jung etc.) anmaßend erheben, wenn nicht gar diese töten. Ein Satz wie »Freud ist überholt« ist ein Beispiel für Vatermord.
– Weil sich Psychoanalytiker in gewisser Weise als Elite aller Psychotherapeuten begreifen, und auch diese Anmaßung zu einem Schuldgefühl führen kann.
– Weil sich die Psychoanalyse als eine Geheimwissenschaft versteht, zu der so gut wie niemand Zugang findet; wenn ja, dann nur über eine vieljährige Ausbildung bei einem Meister. Die meisten der Ausgebildeten werden aber selbst nie Meister. Weil also auch unter diesem Gesichtspunkt die Psychoanalyse elitär ist. Bekanntermaßen fürchtet der Anmaßende den kommenden Fall, der vielleicht darüber zu verhindern ist, dass einen das Schuldgefühl und bestimmte Formen der subtilen Bestrafung permanent begleiten.
– Weil die Psychoanalyse die einzige Psychologie ist, die im 20. Jahrhundert kulturbestimmend geworden ist. Es gibt, so weit ich weiß, keine Kulturschaffende, die sich auf die Lerntheorien oder auf die Ergebnisse der Allgemeinen Psychologie beziehen. Auch der ärgste Feind der Psychoanalyse – davon gibt es wirklich nicht wenige – kann nicht umhin, selbst psychoanalytisch zu denken. Zumindest wird ihm die Idee des Minderwertigkeitskomplexes durch den Kopf huschen. Er wird vielleicht die Annahme einer frühkindlichen polymorph-perversen Sexualität nicht gänzlich ablehnen können. Wenn er Ich sagt, wird darin das Freud'sche Ich mitschwingen. Diese Dominanz des psychoanalytischen Denkens begünstigt zum einen die Herausbildung einer Gegnerschaft zur Psychoanalyse, zum anderen die Zeugung eines Schuldgefühls unter Psychoanalytikern. Die Schuld ist die des Siegers gegenüber dem Besiegten.
– Weil die Psychoanalyse sich nicht an die Regeln der üblichen Wissenschaften hält, jedenfalls nicht durchgängig. Sie gibt sich eigene wissenschaftstheoretische Regeln, die gewonnen werden aus der Hermeneutik, dem Positivismus und der Semiologie. Insofern ist sie selbstherrlich, anmaßend. Sie unterwirft sich nicht dem, was üblicherweise gemacht wird. Sie ist sich selbst Gesetzgeber.

Das Genannte könnte ausreichen, um die Herausbildung »unbewusster« Schuldgefühle beim Analytiker zu begünstigen. Das Schuldgefühl und der moralische Masochismus führen wiederum zu einer Hemmung und Lähmung aggressiver Impulse, die dringend benötigt würden, um in der wissenschaftlichen und gesundheitspolitischen Diskussion wirksamer tätig sein zu können.

Literatur

Aquino, v. Th. (1985): Summe der Theologie. Bd. I. Stuttgart (Alfred Kröner Verlag).
Benjamin, W. (1991a): Zur Kritik der Gewalt. Gesammelte Schriften. Bd. II-1. Frankfurt (Suhrkamp).
Benjamin, W. (1991b): Der destruktive Charakter. Gesammelte Schriften. Bd. IV-1. Frankfurt (Suhrkamp).
Bauman, Z. (1992): Dialektik der Ordnung. Hamburg (eva).
Böhringer, H. (1996): Nachwort zu: B. Grazián, Der Held. Berlin (Merve Verlag).
Carutenuto, A. (Hg.) (1986): Tagebuch einer heimlichen Symmetrie. Bd. 1 und 2. Freiburg (Kore).
Cremerius, J. (1990): Freud bei der Arbeit über die Schulter geschaut. – Seine Technik im Spiegel von Schülern und Patienten. In: Cremerius, J.: Vom Handwerkszeug des Psychoanalytikers: Das Werkzeug der psychoanalytischen Technik. Bd. 2. Stuttgart, Bad Cannstatt. (Friedrich Frommann Verlag).
Elias, N. (1969): Über den Prozeß der Zivilisation. Bd. 2. Frankfurt (Suhrkamp).
Freud. S. (1905): Bruchstück einer Hysterie-Analyse. Studienausgabe. Bd. VI. Frankfurt a. M. 1989 (S. Fischer).
Freud, S. (1920): Jenseits des Lustprinzips. Studienausgabe. Bd. III. Frankfurt a. M. 1989 (S. Fischer).
Freud, S. (1924): Das ökonomische Problem des Masochismus. Studienausgabe. Bd. III. Frankfurt a. M. 1989 (S. Fischer).
Foucault, M. (1977): Sexualität und Wahrheit. Bd. I. Frankfurt (Suhrkamp).
Foucault, M. (1986): Vom Licht des Krieges zur Geburt der Geschichte. Berlin (Merve Verlag).
Foucault, M. (1999): In Verteidigung der Gesellschaft. Frankfurt a. M. (Suhrkamp).
Greisch, J. (1993): Hermeneutik und Metaphysik. München (Wilhelm Fink).
Green, A. (1998): Der moralische Narzißmus. In: Psyche, 5, S. 415-449.
Green, A. (2000): Geheime Verrücktheit. Gießen (Psychosozial-Verlag).
Hohl, J. (1993): Die zivilisatorische Zähmung des Subjekts. In: Keupp, H. (Hg.): Zugänge zum Subjekt. Frankfurt (Suhrkamp).
Hurnli, M., Stoll, G. (1999): Der Hass auf die Liebe. Gießen (Psychosozial-Verlag).
Joseph, B. (1995): Der unzugängliche Patient. In: Bott Spillius, E. (Hg.): Melanie Klein heute, Bd. II. Stuttgart (Verlag Internationale Psychoanalyse).
Keegan, J. (1995): Die Kultur des Krieges. Berlin (Rowohlt).
Khan, M. (1990): Erfahrungen im Möglichkeitsraum. Frankfurt (Suhrkamp).

Kierkegaard, S. (1991): Der Begriff Angst. Hamburg (eva).
Klotter, Ch. (1990): Adipositas als wissenschaftliches und politisches Problem. Heidelberg (Asanger).
Krieken, R. v. (1991): Gewalt, Selbstdisziplin und Modernität. In: Psychologie und Geschichte, 4, S. 208-221.
Koselleck, R. (1993): Zur historisch-politischen Semantik asymmetrischer Gegenbegriffe. In: Jeismann, M., Ritter, H., (Hg.): Grenzfälle. Leipzig (Reclam).
Lévinas, E. (1999): Das Anblick des Gesichts. In: Stäblein, R. (Hg.): Glück und Gerechtigkeit. Frankfurt a. M. (Insel).
McDougall, J. (1989): Plädoyer für eine gewisse Anormalität. Frankfurt (Suhrkamp). Neuauflage Gießen 2002 (Psychosozial-Verlag).
Mai, E. (1992): Verklärung. Zur Ikonographie des Heldenbildes. In: Kursbuch »Heroisierungen« 108, S. 88-104.
Michel, K. M. (1992): Heldendämmerung. Das Schicksal der Grandiosität. In: Kursbuch »Heroisierungen« 108, S. 63-87.
Nitzschke, B. (2000): Sabina Spielrein Die Liebe einer Psychoanalytikerin. In: Nitzschke, B.: Das Ich als Experiment. Göttingen (Vandenhoeck & Ruprecht).
Pohlen, M., Bautz-Holzherr (1995): Psychoanalyse – Das Ende einer Deutungsmacht. Reinbek (Rowohlt).
Schmitt, C. (1963): Der Begriff des Politischen. Berlin (Duncker & Humblot).
Schneider, P. (1999): Gesetz, Deutung, Übertragung und Institution. In: Psyche, 1, S. 52-65.
Sofsky, W. (1996): Traktat über die Gewalt. Frankfurt a. M. (S. Fischer).
Sonntag, M. (2000): Bandenführer und Triebtäter Das Mittelalter im »Prozeß der Zivilisation«. In: Journal für Psychologie, 8/2, S. 3-24.
Steiner, J. (1999): Orte des seelischen Rückzugs. Stuttgart (Klett-Cotta).
Steiner, R. (2000): Jones' Freud-Biographie (Teil 1). In: Psyche 2, S. 99-142.
Treusch-Dieter, G. (1991): Hexe – Seele – Dämon. In: Jüttemann, G., Sonntag. M., Wulf, Ch. (Hg.): Die Seele. Weinheim (Psychologie Verlags Union).
Vogt, R. (2001): Der »Todestrieb«, ein notwendiger, möglicher oder unmöglicher Begriff? In: Psyche 9/10, S. 878-905.
Waldenfels, B. (2000): Aporien der Gewalt. In: Dabag, M., Kapust A., Waldenfels, B. (Hg.): Gewalt. München (Wilhelm Fink Verlag).
Will, H. (1992): Größenwahn. Sich selbst ein Held sein. In: Kursbuch »Heroisierungen« 108, S. 47-62.

Autorengespräch – Diskussionsforum

»Man kann den Menschen nicht befehlen zu trauern, man muss ihnen helfen, einen Prozess zu beginnen«

Günter Lempa im Gespräch mit Vamik D. Volkan

I = Interviewer
V = Vamik Volkan

I: Ich freue mich sehr, Ihnen Professor Vamik Volkan aus Charlottesville, Virginia, USA, vorstellen zu dürfen. Professor Volkan ist Professor für Psychiatrie und Direktor des *Center for the Study of Mind and Human Interaction* (CSMHI). Er ist Lehranalytiker und Supervisor am Psychoanalytischen Institut in Washington, DC. Es würde viel Zeit in Anspruch nehmen, alle Publikationen von Professor Volkan aufzuzählen. Sechs seiner Bücher sind in Deutsch erschienen: *Psychoanalyse der frühen Objektbeziehungen*, *Eine Borderline-Therapie*, *Spektrum des Narzißmus*, *Blutsgrenzen*, *Das Versagen der Diplomatie* und *Wege der Trauer*. Morgen wird Professor Volkan über religiösen Fundamentalismus und Gewalt sprechen. Deshalb sollten wir dieses Thema nicht zum Hauptgegenstand des heutigen Gesprächs machen. Ich möchte gerne mit den Fragen zu Ihrem persönlichen Hintergrund beginnen.

Sie sind als Angehöriger der türkischen Minderheit in Zypern aufgewachsen. Diese Insel war durch ihre gesamte Geschichte hindurch Schauplatz von Invasionen und ethnischen Konflikten. Glauben Sie, dass sich Ihre Kindheit in Zypern auf die Wahl Ihrer jetzigen beruflichen Beschäftigung mit gesellschaftlichen Phänomenen und Fragen der ethnischen Identität ausgewirkt hat?

V: Mit Sicherheit. Übrigens möchte ich Sie noch begrüßen und Ihnen für Ihr Kommen herzlich danken. Da Sie mir eine persönliche Frage stellen, muss ich Ihnen eine tragische Geschichte erzählen. Ich studierte in den 1950er-Jahren Medizin an der Universität in Ankara und hatte ein kleines Apartment gemietet. Ich hatte kein Geld, und deshalb teilte ich es mit einem anderen Studenten aus Zypern. Er war wie mein jüngerer Bruder. Dann ging ich Anfang 1957 nach Amerika, und er ging nach Zypern, weil seine Mutter krank war. Als er Medikamente für seine Mutter holen ging, wurde er erschossen; sieben Mal hat man auf ihn geschossen. Wissen Sie, ich vergaß meine türkische Herkunft, ich vergaß meine Sprache; fast zwölf Jahre später kam ich zurück und fing wieder an zu lernen. Also mit Sicherheit.

I: Später haben Sie dann noch eine weitere Erfahrung gemacht, mit der Sie sich in Ihrer Arbeit beschäftigt haben: Sie waren in die USA immigriert.

V: Ja, ich bin immer noch ein Immigrant. Kurz bevor wir hereinkamen, hat eine Dame scherzhaft zu mir gesagt: »Wird man Sie wieder ins Land lassen?« Ha, ha, also ich hoffe, sie lassen mich wieder hinein. Nun, bitte, stellen Sie mir Fragen.

I: Vielleicht erzählen Sie uns etwas darüber, wie das für Sie als Analytiker war, als Sie Ihre praktische Arbeit mit Patienten aufgaben, um sich im Bereich nationaler und internationaler Konflikte zu engagieren.

V: Ja, ich habe seit ein paar Jahren keine Patienten mehr. Ich halte es für unverantwortlich, jetzt Patienten zu haben, weil ich die meiste Zeit unterwegs bin und zu irgendwelchen Unruheherden auf der Welt reise. Deshalb ist meine einzige klinische Arbeit die Supervision. Aber ich lege keine Patienten mehr auf die Couch. Ich möchte noch kurz eine Geschichte erzählen, weil ich glaube, dass wir Beispiele dafür brauchen, wie ein Psychoanalytiker denkt und was wir als Psychoanalytiker gegen die Probleme in der Welt tun können. Deshalb gebe ich Ihnen, wenn es recht ist, ein paar Hintergrundinformationen. Also ich führte meine Praxis und behandelte Patienten, und ich erhielt einen Anruf, weil ich zyprischer Türke bin, nach Washington zu kommen, weil das Außenministerium in Harvard eine Tagung über das Thema Psyche veranstaltete. Das war 1968. Ich ging also zu ihrer Tagung; sie schätzten mich und sagten zu mir: »Werden Sie in der *American Psychiatric Association* Mitglied im Ausschuss für Psychiatrie und Außenpolitik«. Der Ausschuss tagte zweimal im Jahr, und es gab dort herrliche Cocktails. Ich liebte diese Cocktails. Irgendwann zwischen 1968 und 1978 besuchte Anwar as-Sadat einmal Jerusalem, und als er in Jerusalem war, sagte er, dass 70 % der Probleme zwischen den Arabern und den Israelis Psychologie sei. Natürlich liegt er damit ganz falsch. Es sind 99,99 % ... aber ... also dieser kleine Ausschuss wurde sehr wichtig. Wir bekamen sehr viel Geld, um Sadats Äußerungen nachzugehen, denn Sadat war zu jener Zeit in Amerika außerordentlich beliebt. Begin nicht, Begin war sehr zwanghaft und schreckte die Leute ab. Doch Sadat war sehr beliebt. So reiste dieser Ausschuss in den Nahen Osten, und mit dem Segen der amerikanischen, ägyptischen und israelischen Regierungen fingen wir an, höchst einflussreiche Israelis und Ägypter zu Gesprächen an einen Tisch zu bringen. Wir hatten keinerlei Erfahrung damit, was passieren würde, wenn man die Delegierten verfeindeter Länder inoffiziell in einem Raum versammelte. Und so fing alles an, und ich bin von Natur aus neugierig, und in wenigen Jahren hatte ich den Vorsitz dieses Ausschusses, und das sechs Jahre lang. Danach entwickelte ich ein Projekt im Rahmen der medizinischen Fakultät an der *University of Virginia*, jetzt haben wir ein Zentrum, das Sie bereits erwähnt haben. Und wir haben schon viele Großgruppen untersucht. Wenn ich Großgruppen sage, meine ich eine Unmasse Menschen.

Wie Sie wissen, hat Freud in seinen Ausführungen über Großgruppen versucht, weitere Beispiele dafür zu finden, wie sich der Ödipuskomplex manifestiert. Deshalb schrieb er im Wesentlichen über einen Aspekt von Großgruppen. In Wirklichkeit sind es regredierte Gruppen, er schreibt über regredierte Gruppen, wenn Menschen ihre Individualität verlieren ... Kennt man hier den »Maitanz«, wenn ein Richtbaum aufgestellt wird und all die Leute. Ja? »Maitanz«. Ja, also Freud stellte sich in seiner Theorie der Großgruppen diesen Richtbaum vor; dieser ist der Führer, und die Menschen tanzen um ihn herum, halten sich an den Händen und versuchen, den Führer aufgerichtet zu halten, und sie idealisieren den Führer. Was wir gemacht haben, was wir herausgefunden haben, ist, dass dieses Modell unserer Ansicht nach nicht ausreicht, um viele Dinge um uns herum zu erklären. Unser Ausgangspunkt war also der Maitanz, der Richtbaum, wir nahmen Stoffbahnen und machten ein Zelt daraus. Und dann stellten wir langsam fest, dass der wichtigste Teil dieser Metapher die Stoffbahnen sind und nicht der Richtbaum. Verstehen Sie? Die Stoffbahnen sind das gemeinsame Gefühl der Identität, sie sind also die Gruppenidentität, etwas Abstraktes, abstrakt. In den internationalen Beziehungen ist die Gruppenidentität das Wichtigste.

Die ganze Idee besteht darin, zu verhindern, dass die Stoffbahnen flattern oder verschleißen. Großgruppenidentität heißt also, dass eine Unmasse Menschen unter einem Zelt lebt, und alle von ihnen sind unterschiedliche Individuen. Sie bilden Untergruppen, wie wir z. B. Psychoanalytiker sind, Zimmerleute ... was auch immer, arme Menschen, Frauen, Männer, Kinder, wir haben Untergruppen, aber wir leben alle auch unter denselben Stoffbahnen. Und wenn die Stoffbahnen aufgrund von Demütigungen, Verletzungen, Tod und so weiter flattern, beginnen die Menschen, ihre Stoffbahnen als ihre zweite Haut zu tragen. Also besteht die Aufgabe darin, diese zweite Haut zu schützen. Und die Bedeutung des Führers, des Richtbaums wird dann ... der Richtbaum hat auch eine Funktion, nämlich diese Identität zu bewahren, diese Identität zu schützen. Deshalb haben wir Freuds Metapher etwas modifiziert, um solche Prozesse verstehen zu können.

I: Und Sie haben ... Sie haben von diesen Krisenzeiten, wenn das ethnische Zelt immer wichtiger wird, von einem Zeitkollaps gesprochen und davon, dass der »gewählte Ruhm« und das »gewählte Trauma« an Bedeutung zunehmen.

V: Stellen Sie sich bitte noch einmal ein großes Zelt und die Stoffbahnen vor. Ja? Als wir ... unsere Theorien entstanden aus der Arbeit im Feld. Das war das Entscheidende. Wir haben in Estland, Albanien, Mazedonien, in der Türkei, in Zypern, Russland, Lettland, Litauen, Israel gearbeitet. Wir haben diese Theorien aus der konkreten Anschauung heraus entwickelt. Die Frage ist doch, was ist in diesen Stoffbahnen? Was ist in diesen Stoffbahnen? Woraus sind diese Stoffbahnen hergestellt? Woraus ist ihre Identität hergestellt? Und wir fingen an, die Komponenten der Großgruppenidentität zu identifizieren. Wir fingen an, die einzelnen Fäden zu identifizieren; wenn man sie miteinander verbindet, stellt man Stoffbahnen her. Ich werde einen von ihnen beschreiben, weil Sie erwähnten, und wahrscheinlich einen der wichtigsten. Eins möchte ich noch kurz erwähnen.

Als die Psychoanalyse geboren wurde, wir alle kennen ihre Geschichte, als Freud die sexuellen Phantasien entdeckte, war die Außenwelt nicht so wichtig. Die klassische Psychoanalyse bezieht sich auf die Innenwelt eines Organismus. Ich meine, Sie und ich können eine Beziehung zueinander haben, aber ... was ich auf Sie projiziere, zählt für Sie größtenteils nicht. Aus der Praxis wissen wir alle, dass das nicht so ist, wir berücksichtigen die Umgebung und so weiter. Wenn man also internationale Beziehungen verstehen will, muss man den anderen in seinem eigenen Recht und in seinem historischen Kontext verstehen. Das heißt, dass wir die Bedeutung gemeinsamer historischer Bilder zu verstehen begannen. Und diese Bilder werden zu einer wichtigen Markierung, einer ethnischen Markierung auf diesen Stoffbahnen. Und wir erklärten sie. Soll ich erklären, wie sie zu einer Markierung geworden sind?

I: Ja.

V: Morgen werde ich auf dieses Thema näher eingehen, wenn ich über Selbstmordattentäter und all das spreche. Wir wissen z. B. alle, dass so viele Bücher über das Dritte Reich geschrieben worden sind. Es gibt hunderte von Büchern, und viele davon, die Psychologen, Psychiater, Psychoanalytiker geschrieben haben, veranschaulichen, dass das Trauma über mehrere Generationen hinweg weitergegeben worden ist. Wir alle sind uns dessen bewusst. Ich meine, ein großes Ereignis geschieht, ein großes Trauma geschieht, und die nächsten Generationen haben immer noch damit zu tun. Dieser Mechanismus wurde meistens mit dem Konzept der Identifikation erklärt, was natürlich korrekt ist. Wenn ich mich mit meinen traumatisierten Eltern identifiziere, verhalte ich mich wie selbst traumatisiert und tue auch Dinge, die sie tun. Stellen Sie sich vor, Sie sind alle traumatisiert und Ihre Kinder identifizieren sich mit Ihnen. Wir stellten also fest, dass das Konzept der Identifikation allein nicht erklärt, was nach einem großen Trauma passiert, ja? Wir führten zwei Konzepte ein, vielleicht sind sie neu oder auch nicht. Ich weiß es wirklich nicht. Aber wir arbeiteten damit, als ob sie neu wären, ja? Das erste Konzept ist das der gespeicherten Repräsentationen, Bilder speichern. In der klinischen Arbeit wissen wir, was Bilder speichern heißt. Nehmen Sie z. B. eine Mutter, die ihr Kind verloren hat. Wenn eine Frau ein Kind verliert, ist das ein großes Trauma für sie. Es gibt nichts Traumatischeres für eine Frau, als ein Kind zu verlieren. Und dann wird sie wieder schwanger und bekommt ein weiteres Kind. Das tote Kind ist ein Mädchen, das neue Kind ist ein Junge, aber er wird nach dem toten Kind benannt. Das an sich würde noch keinen Schaden verursachen. Doch wenn die Mutter, wenn die Mutter nur das Bild des toten Kindes vor Augen hat. Das neue Kind kennt das tote Kind nicht, das tote Kind existiert nur im Geist der Mutter, ja? Dann geschieht es, dass die Mutter, die nicht betrübt sein kann, die nicht trauern kann, dieses Bild, das Bild des toten Kindes, in das sich entwickelnde Selbstsystem des neuen Kindes speichert ... mittels der Mutter-Kind-Interaktion. Und das wirkt sich umgekehrt, indirekt so auf das neue Kind aus, dass es sich wie das tote Kind verhält. Wir haben das gesehen, wir sagen dazu Ersatzkinder. Ich selbst bin eins, deshalb weiß ich darum. Ich erzähle Ihnen meine Geschichte später. Ich bin ein Ersatzkind, schauen Sie mich an ... Gott sei dank bin ich ein Ersatzkind für einen männlichen Verwandten, sonst hätte ich Probleme mit der Sexualität, Probleme mit der Geschlechtszugehörigkeit. Und Gott sei Dank hat meine Mutter meinen Onkel, der gestorben war, im Geist so sehr idealisiert, sodass es unmöglich war, dieser gottähnlichen Figur nahe zu kommen. Gott sei Dank habe ich ein paar Gehirnzellen mitbekommen, sodass ich damit umgehen kann. Aber Sie verstehen, diese Mutter speichert ein Bild in Sie und gibt Ihnen dann Aufgaben, die Sie durchführen müssen. Die Aufgaben bestehen darin, die Toten wieder lebendig zu machen oder der Mutter zu helfen, dass sie nicht trauern muss, ihr zu helfen, dass sie sich nicht hilflos fühlen muss. Man erlebt solche Dinge in der klinischen Arbeit, ja? Einmal angenommen, Sie sind alle stark traumatisiert, Sie alle. Sie alle sind unterschiedliche Menschen, aber Sie haben ein traumatisiertes Selbst, mit dem Sie nur schwer leben können. Sie können das leugnen, Sie können das verdrängen und so weiter, aber Sie können diesen Teil Ihres Selbst auch nehmen und im Gehirn speichern und ihm wichtige Aufgaben geben. Wichtige Aufgaben wären z. B. trauern, betrübt sein, Hilflosigkeit umkehren, Demütigung umkehren und, bitte schön, seine Wut zum Ausdruck bringen zu dürfen, ohne Angst haben zu müssen. Denn wenn Sie traumatisiert werden, können Sie Ihre Wut nicht zum Ausdruck bringen, weil man Sie sonst tötet. Solche Aufgaben werden auf die nächste Generation übertragen. Wenn sie übertragen werden, werden sie auch in einem historischen Kontext übertragen. Dies bezeichnen wir als unbewusste geschichtsbezogene Phantasien. Dazu ein Beispiel. Ein Mann, er lebt in Virginia, ist in Analyse und Jude. Sein Vater wurde durch den Holocaust traumatisiert, war aber nicht direkt betroffen und hat deshalb kein persönliches Trauma. Also dieser Mann ist das dritte Jahr in Analyse und erinnert sich, dass sein Vater jeden Abend in sein Zimmer kam und ihm übers Haar strich. Sie verstehen mich? Und liebevoll mit seinem Sohn redete, sehr liebevoll und warmherzig; doch dann, entschuldigen Sie bitte, fing er an zu gasen[1]. Wissen Sie, starke Winde ... das Kind, der inzwischen erwachsene Mann erinnert sich, dass sein Bett wackelte. Also jeden Abend umgab er das Kind mit seinen Gasen, verstehen Sie? Es ist nicht so, dass man über das Trauma spricht; solche Dinge werden den Kindern auf anderen Wegen weitergegeben.

Frage aus dem Publikum: Was heißt »gasen«?

V: Gestank, furzen, entschuldigen Sie bitte. So teilt man Botschaften auf die verschiedensten Weisen mit. So überträgt man ihnen (den Kindern) Aufgaben, die sie ausführen müssen. Nun komme ich zu dem Punkt, wie dieser individuelle Umstand zu einem Großgruppenproblem wird. Stellen Sie sich vor, Sie sind alle durch ein und dasselbe Ereignis traumatisiert. Sie sind alle dadurch traumatisiert, Sie haben ein Bild davon. Ein Bild, wie Sie alle traumatisiert werden; selbst wenn Sie nicht direkt traumatisiert worden sind, ist der historische Aspekt davon Teil Ihres Selbst. Sie sind alle zusammengekittet, Sie unterscheiden sich alle voneinander, Ihre Kinder sind anders, aber Sie geben dieses Bild an die nächste Generation weiter. Die Kinder unterscheiden sich alle, aber Sie reichen ihnen dasselbe Ding weiter. Und so werden sie miteinander verkettet. Und das meine ich mit »gewähltem Trauma«, das zu einer Markierung auf den Stoffbahnen wird; es wird zu einer Markierung der Großgruppenidentität. Wenn man dann Leute wie Milosevic oder Arafat oder sonst wen hat, die kommen und diese Bilder intuitiv reaktivieren. Traumata oder Bilder verursachen keine Kriege, aber sie sind wie Benzin, wie Treibstoff, den die Führer auf die Konflikte gießen und dann anzünden.

I: Ja, ich finde Ihr Konzept des ethnischen Zeltes sehr überzeugend und hilfreich, um Probleme zwischen Großgruppen verstehen zu können. Doch ich frage mich, ob es auch geeignet ist, Konflikte innerhalb von Gruppen zu erklären. Wenn es z. B. um Konflikte der Partizipation oder Distribution geht.

V: Sie meinen z. B. alle Deutschen unter sich?

I: Ja.

V: Nun, gestern sprachen die erwähnte Dame und ich über Ostdeutschland und über die ostdeutsche und westdeutsche Situation. In gewissem Sinn entwickeln sich beide Seiten, als ob sie ... Ethnizität ist ein Begriff, ich meine, ich bin mehr an der Psychodynamik solcher Großgruppenprozesse interessiert. Wenn sie ethnischer Natur sind, manifestiert sich das auf eine andere Weise. Wir kamen von den nationalen Konflikten des letzten Jahrhunderts zu den ethnischen Konflikten. Ich glaube, dass ethnische Konflikte sehr langlebig seien, aber ich kann mich irren. Bald werden wir religiöse Konflikte haben. Aber sie haben alle dieselbe Dynamik, die Dynamik ist dieselbe, die Manifestationen sind unterschiedlich. Deshalb vermute ich, dass man ein und dasselbe innerhalb einer einzigen Gruppe beobachten kann.

I: Innerhalb?

V: Ja.

I: Ich glaube, wenn eine Gruppe sich bedürftig und benachteiligt fühlt, bildet sich auch eine neue Gruppe, die sich gegen die Führer auflehnt.

V: Würden Sie das bitte wiederholen. Wenn eine Gruppe sich gedemütigt fühlt, lehnt sie sich gegen ihre eigenen Führer auf. Ist es das, was …?

I: Sie fühlen sich aus dem ethnischen Zelt ausgestoßen. Könnte das auch eine Ursache für die Entstehung eines Konflikts sein?

V: Mit Sicherheit, dann fühlen sie sich nämlich als abgespaltene Gruppe, und dann entwickelt sich vielleicht dieselbe Dynamik, ja.

I: Vielleicht erzählen Sie uns etwas über das *Center for the Study of Mind and Human Interaction*. Vielleicht erzählen Sie uns, wie Ihre Arbeit konkret aussieht, alles anfing?

V: In Ordnung, ja. Ich werde Ihnen ein paar Beispiele geben. Vielleicht sollten wir auch ein paar Fragen daraus formulieren. Nachdem wir die Arbeit mit den Arabern und Israelis beendet hatten, hatte ich aus irgendeinem Grund das Glück, von meiner medizinischen Fakultät die Erlaubnis zu bekommen, eine Studiengruppe zu gründen. Sie ist weltweit die einzige dieser Art im Rahmen einer medizinischen Fakultät. Die Fakultät setzt sich zusammen aus Psychoanalytikern, Psychologen, Psychiatern auf der einen Seite und früheren hochrangigen Diplomaten. Der hochrangigste Diplomat, den wir haben, ist der frühere stellvertretende Außenminister; wir haben Botschafter, frühere Botschafter und Historiker. Vielleicht war es Zufall, dass wir Leute aus der Psychologie, Geschichtswissenschaft und Diplomatie gewählt haben. Aber rückblickend gesehen, war es kein Zufall. Ich glaube, das sind die drei wichtigsten … Soziologie nicht unbedingt … Anthropologen. Ich meine, aus praktischen Gründen, müssen diese drei Disziplinen zusammenarbeiten, um erklären zu können, was in der Welt los ist. Wenn man z. B. in ein Land eingeladen wird, muss man wissen, wer wer ist, wer der Präsident ist, wer die Opposition ist, welche Art von Kungelei stattfindet. Wir brauchen die Diplomaten, die uns das sagen. Wir müssen die Geschichte kennen, damit wir eine Vorstellung von den mentalen Bildern der Geschichte bekommen, und natürlich braucht man die Psychoanalytiker, um diese Bilder zusammenzusetzen. Es ist das einzige Zentrum (das CSMHI), wie ich schon sagte, das mit diesen Fakultätsvertretern arbeitet. Und einige von uns sind schon über 25 Jahre lang in diesen Bereichen, sodass die Konkurrenz zwischen den Disziplinen langsam verschwand und wir ein Team, ein geeintes Team bilden konnten. Wir sind ... ich erzähle Ihnen noch kurz, wo wir gearbeitet haben, und dann können Sie mir sagen, worüber Sie mehr erfahren möchten. Bevor Gorbatschow an die Macht kam, Sie erinnern sich, war alles noch ... ich erinnere mich, als ich das erste Mal nach Moskau ging, fragte ich mich, ob sie dort überhaupt Hupen oder so etwas hätten. Wir hatten ... unser Zentrum traf aus irgendeinem Grund eine Vereinbarung mit der Duma, mit der Sowjet ... ich weiß nicht, wo ich das hingelegt habe ... das ist so wichtig. Ich kann die Kopie davon nicht finden. Wir reisten nach Moskau, Moskau kam zu uns ins kleine Charlottesville, und wir versuchten, Glasnost und die Veränderungen in der Sowjetunion zu begreifen. Und eins kam zum anderen, wir wurden für die Sowjets sehr wichtig, für Gorbatschow. Ich glaube, sie dachten wirklich, wir seien die amerikanische Regierung oder so etwas. Ich weiß nicht, weshalb. Deshalb hatten wir so Angst davor, im russischen Fernsehen aufzutreten. Mein »diplomatischer« Freund sagte zu mir, sprechen wir doch über die Araber und Israelis und nicht über die baltischen Republiken und die Sowjets. Und dann treten wir in »Guten Morgen Moskau« auf, und natürlich erkundigt sich jeder. Und dann wurden wir in die kommunistische Zentrale eingeladen. Sie schließen die Tür hinter uns und sagen: »Schaut, wir sind die Guten. Und schaut euch diese Litauer, Esten und so weiter an.« Was können wir tun? Wir wussten nicht, was wir tun sollten. Und dann ... genau drei Monate, bevor Gorbatschow zurücktrat, ging ich nach Moskau zu ihrem Diplomatenkorps und hatte eine Marathondiskussion mit Vertretern aus verschiedenen Republiken; denn sie wussten zwar, dass der ganze Kuchen am Zerbröseln war, aber sie wussten nicht, was sie tun sollten. Natürlich zerbröselte der Kuchen. Deswegen konnten wir den Menschen in den neuen russischen und baltischen Republiken helfen, eine gütliche Scheidung zu erreichen und ihre Differenzen beizulegen. Im Wesentlichen arbeiteten wir in Estland, Estland mit eineinhalb Millionen Menschen, davon sind eine halbe Million Russen oder russisch-sprachige Menschen. Können Sie sich das vorstellen, Sie sind plötzlich unabhängig, und Sie schauen sich um und stellen fest, dass jeder dritte Ihr Feind ist? Und wenn Sie die dritte Person sind, waren Sie – bis gestern – der Chef, und plötzlich gibt es da keine Unterscheidung mehr, Sie sind niemand, Sie hängen an diesem Ort fest, und Mütterchen Russland will Sie nicht mehr haben. Es gibt kein Geld, man hat Angst vor Ihnen. Können Sie sich dieses Chaos vorstellen? Das also war ein Experiment, ich glaube das einzige, das wir von Anfang bis Ende durchführten. Fünf Jahre arbeiteten wir direkt in Estland, um der estnischen Regierung und Jelzins Regierung und den Führern der russisch-sprachigen Bevölkerung in Estland zu helfen, sich kennen zu lernen und friedliche Lösungen zu finden. Das kostete vielleicht etwa zweieinhalb Millionen Dollar, und rückblickend war das sehr billig. Wenn es noch Morde gegeben hätte, wäre das entsetzlich gewesen. Sie möchten von mir hören, wie wir arbeiten und was wir genau machen?

I: Ja.

V: Bei einem solch spezifischen Projekt konzentrieren wir uns, das Zentrum konzentriert sich auf zwei Dinge. Zum einen bringen wir die verfeindeten Gruppen zusammen, damit sie miteinander sprechen und ihre eigenen Strategien entwickeln können. Das ist Nummer eins. Zum anderen entwickeln wir nun Sachverstand davon, was eine traumatisierte Gesellschaft ist. Ich spreche jetzt über den ersten Punkt und gebe Ihnen Beispiele aus Albanien und Estland. Ich beginne mit Estland. Wir hatten enge Kontakte zu den Leuten um Gorbatschow, und nachdem sie weg waren, hatten wir Kontakte zu hochrangigen Russen. Und wir stellten auch Kontakte her zu einigen hochrangigen Leuten aus der baltischen Republik. Vermutlich hielten sie uns für sehr wichtige Personen. Wir waren, wir waren einfach Leute aus der Universität, die ins Land kamen. Schon bald nach dem Zusammenbruch der Sowjetunion gingen wir zuerst nach Litauen und nach Lettland und arbeiteten danach fünf Jahre lang mit Esten. In jenen Tagen drehten noch russische Hubschrauber die Runde, es gab keine Botschafter, russische Botschafter. Es war ein Durcheinander. Ich meine, ein absolutes Durcheinander. Und wir brachten Russen und Esten und all diese Leute zusammen. Unsere erste Aufgabe bestand darin, eine Mitteilung an Jelzins Regierung zu schicken und sie zu bitten, zivile Botschafter für diese Länder zu ernennen. Denn bis dahin war es so gewesen, dass der Präsident von Lettland, wenn er mit den Russen sprechen wollte, zum russischen General gehen musste. Können Sie sich das vorstellen? Es war entsetzlich, demütigend. Und wir erklärten schriftlich, welche charakterlichen Eigenschaften diese Leute haben sollten. Zu unserer Überraschung ernannte Jelzins Regierung tatsächlich Botschafter und berücksichtigte auch die charakterlichen Eigenschaften dieser Leute. Und der Botschafter für Estland war Alexander Trofimow, der während des kalten Krieges Spion in der Türkei gewesen und bei der sowjetischen Botschaft akkreditiert gewesen war. Also er kannte mehr Türken als ich. Ich hatte einen sehr guten Kontakt zu ihm, weil ... aufgrund dieser Kontakte konnten wir ...

Vor einer Woche etwa ist Arnold Rüütel zum Präsidenten von Estland gewählt geworden. Er war damals schon der Präsident, man bezeichnete ihn aber nicht als Präsidenten. Wir hatten Arnold Rüütel, hochrangige Leute ... den früheren Präsidenten von Estland, aber ich habe kürzlich eine E-mail erhalten, dass Arnold Rüütel wieder zum Präsidenten von Estland gewählt worden ist. Also hatten wir den Präsidenten, den früheren Präsidenten von Estland, sechs oder sieben Parlamentarier, Geistesschaffende, unter ihnen der junge Kaplinski, der für den Literaturnobelpreis im Gespräch war, und dann hatten wir noch Jelzins hohe Tiere aus der Duma und die Führer der russischsprachigen Bevölkerung. Und wir brachten sie zu einer Reihe von Gesprächen zusammen. Alle drei bis vier Monate bringen wir diese Leute zusammen, damit sie miteinander reden. Hierbei ist die Methode extrem psychoanalytisch. Sie wissen, was ich damit meine? Wir geben keine Ratschläge, sie sollen sagen, was ihnen gerade in den Kopf kommt. Diese Leute haben so viele Tagungen über Fragen der Diplomatie besucht. Sie gehen dorthin und haben ihre Tagesordnungen. Sie schreiben alles auf. Der Beruf des Diplomaten ist der zwanghafteste Beruf, den Sie sich vorstellen können. Also baten wir sie, einfach zu reden. Wir teilen die Runde in kleinere Gruppen ein. In jeder Gruppe hatten wir also einen Diplomaten aus unserem Zentrum, einen Psychologen aus unserem Zentrum ... wir arbeiten in kleinen Gruppen, und am Ende des Tages legen wir ... können wir uns alles Mögliche vorstellen. Wenn sich die Situation ... wenn Widerstand spürbar wird, interpretieren wir diesen Widerstand. Oder wir sagen: »Bitte, Herr Präsident, das können Sie in Ihrem Parlament machen, aber hier ... und so weiter.« Und nach einer Weile kommen alle diese Leute sehr gut miteinander zurecht. Und keiner fehlt bei den Zusammenkünften. Wir hatten einen russischen, einen sowjetischen Parlamentarier, der einmal 16.000 km weit geflogen ist, um an einem Treffen teilzunehmen. Und wir fragten ihn, weshalb er das tue. Er bewarb sich gerade um das Amt des Gouverneurs von Kambodscha oder so. Und er antwortete: »Ich möchte es nicht versäumen, weil es so menschenwürdig ist, was Sie machen.« Das war ein Kompliment. Wir z. B. ... nach einer Weile wollten alle Esten, dass alle Russen tot wären. Ich meine, wie können sie so etwas sagen. Aber das war ihr Wunsch. Und wer kann so etwas sagen? Ich kann solche Dinge sagen. Ich kann z. B. sagen: »Oh, was höre ich hier, höre ich, dass Sie glücklich wären, wenn jeder verdammte Russe tot oder verschwunden wäre?« Gelächter, Entspannung. Und es geht weiter, und in der Folge ... ich habe diese Dinge niedergeschrieben, wissen Sie ... Doch nach einer Weile spielen sie wie die Kinder. Sie haben Metaphern, und, wie Sie wissen, ist Russland ein Elefant, Estland ist ein kleines Kaninchen. Wenn man erst mal auf der Metaphernebene angelangt ist, ist die Gefahr gebannt. Und das haben wir ein paar Jahre lang praktiziert. Doch inzwischen bin ich überzeugt, dass die Arbeit dann am besten wird, wenn man in ein Land geht und sich ganz darauf einlässt. Im Falle von Estland und Russland bedeutet das, dass wir Unmengen Wodka trinken müssen, in die Sauna gehen müssen und nach Mitternacht über die estnischen Witze lachen können, die einem in estnischem Russisch erzählt werden. Ich verstehe zwar kein Wort, aber wenn man einmal zu lachen beginnt, dann ist man einer von ihnen. Wir wurden z. B. Freunde des estnischen Präsidenten. Und dieser Mann war nach Sibirien geschickt worden, als er noch jung war. Großer Ärger, es gab einen Menschenrechtsprozess. Er veränderte eigenhändig die Grenzsituation zwischen Estland und Russland und so weiter. Und danach gingen wir ein Jahr lang aufs Land. Wir zogen von einer kleinen Stadt zur nächsten. Am Ende hatten wir Geld zusammen für drei Projekte, an denen sie konkret arbeiten und zeigen können, dass sie zusammenleben und ein kurzfristiges Projekt durchführen können. Nachdem wir unsere Arbeit abgeschlossen hatten, wurden die Projekte von der estnischen Regierung übernommen. Sie werden immer noch überall kopiert. Das ist eine allgemeine Zusammenfassung. Ich habe auch schriftliche Berichte, und wenn Sie mir schreiben, schicke ich Ihnen gerne ein paar Aufsätze, das mache ich gerne. Möchten Sie noch ein Beispiel? Wie viele von Ihnen sind schon in Albanien gewesen? Tirana, wann war das, 95? Tirana ist Tirana, es gibt nichts Vergleichbares. Das war ... bevor der frühere US-Präsident ihnen durch eine Stiftung Unsummen Dollar gegeben hatte. Er wollte die Albaner bei der Bildung eines Ausschusses unterstützen, der eine Wirtschaftsstrategie entwickeln sollte. Er schickte seine Diplomaten, alle scheiterten. Deshalb schickte er uns, um den Grund herauszufinden. Wir gehen in Länder und stellen eine Diagnose. Also gingen wir nach Tirana, um eine Diagnose zu stellen. Wir entwickeln ... Methodologen müssen das tun. Wir haben am Beispiel von Kuwait gelernt, nach der Besetzung Kuwaits haben wir dort gearbeitet. Man führt psychoanalytische Interviews durch. Wenn man hundert psychoanalytische Interviews mit verschiedenen Leuten durchführt, erkennt man Themen, die sich der eigenen Aufmerksamkeit entzogen haben. Und in Albanien haben wir z. B. herausgefunden, dass die Menschen unter der Regierung von Enver Hodscha von ihrer Geschichte abgeschnitten waren. Enver Hodscha kam, und die Geschichte wurde abgeschnitten und durch etwas anderes ersetzt. So wurden in jener Zeit die Familien aufgeteilt in gute Familien und Familien mit einem

Makel. Familien waren mit einem Makel behaftet, sobald ein Angehöriger der Familie, z. B. auch ein entfernter Verwandter, irgendetwas gegen Enver Hodscha gesagt hatte. Dann wurde der Täter ins Gefängnis geworfen, und die Familie musste ins Exil. Wir bezeichnen das als die Geschichten und so weiter. Und wir erkannten, dass diese Gesellschaft gespalten ist. Es gab die Gepeinigten und die Peiniger, die Welt der Gepeinigten und die Welt der Peiniger, die Welt der »unschuldigen Jungfrau«, der unschuldigen und Enver Hodscha liebenden Familien und auf der anderen Seite die Familien mit dem Makel. Aus diesem Grunde war es nicht möglich, dass 30 Albaner in einem Raum sitzen und eine Strategie entwickeln konnten. Verstehen Sie? Das also ist die Art von Arbeit, die wir machen.

I: Ich glaube, wir können nun die Frage stellen, wie viele Leute in Estland gearbeitet haben.

V: Wie viele Leute aus meinem Team?

I: Ja.

V: Wahrscheinlich waren es jedes Mal ein Dutzend Leute. Und wahrscheinlich haben wir jedes Mal zwischen 30 und 40 Leute zusammengebracht.

Frage aus dem Publikum: In welcher Sprache verständigen Sie sich, nur in Englisch?

V: Die Sprache, ich meine, das ist außerordentlich wichtig. Natürlich ist die Sprache extrem wichtig. Und wir hatten Übersetzer, und wir hatten … in meiner Fakultät ist ein früherer sowjetischer Diplomat, der mich neun Jahre lang begleitet hat. Er spricht, ich weiß nicht, acht Sprachen. Er kann hingehen, wo er will … und er war unser Mann, der uns auf die Nuancen aufmerksam machte. Aber nach einer Weile, glauben Sie mir, was zählt, ist das Gespür. Also die Sprache war nicht das Problem, selbst wenn die Leute nicht gut Englisch konnten. Ich meine, natürlich haben wir die Leute übersetzt bekommen.

Frage aus dem Publikum: Herr Volkan, ich freue mich wirklich, dass Sie hier bei uns sind. Aber ich fände es wirklich besser, wenn Sie in diesem Augenblick in Washington wären und die Regierung unterstützen würden.

V: Man kann die Regierung erst unterstützen, wenn man gerufen wird.

Publikum: (Unverständlich)

V: Natürlich ist es möglich, dass wir gerufen werden. Ich habe meinen Computer mit, und sie ... Ich war in Nord-Zypern, das es, wie Sie wissen, gar nicht gibt. Es ist kein anerkannter Staat, folglich war ich in einem Traumland, als dies geschah. Doch trotzdem fanden mich die Leute von der *New York Times*, *Washington Post*, vom *Boston Globe* und riefen mich am Tag danach an. Und ich sprach mit ihnen. Und sie waren natürlich alle verstört. Weil Zeitungen manchmal ... nicht verstört, aber sie gehen wirklich nicht in die Details. Also wir haben etwas vorbereitet, und sobald ich zurück bin, werden wir eine Sitzung haben. Ich habe es nicht eilig, weil sich der akute Teil erst noch mehr setzen muss. Wir werden versuchen, einen Beitrag zu publizieren, und ich weiß noch nicht, wer ihn lesen wird. Wir haben keine Einladung von der Regierung. Dann organisieren Psychoanalytiker am 12. Oktober eine Tagung in New York. Und ich weiß nicht, wen sie einladen werden, ob ausschließlich Psychoanalytiker oder auch andere. Aber ich werde bei ihnen einen ganzen Nachmittag lang einen Workshop abhalten, sodass das vielleicht einen Multiplikatoreffekt hat. Einige der Diplomaten, die mit uns arbeiten, sind pensioniert, aber sie sind in Washington sehr bekannt. Sie äußern sich vielleicht dazu. Meine Angst war, dass Amerika ein Schnellkaffeeland ist.

Frage aus dem Publikum: Was ist das?

V: Schnellkaffee, man macht etwas und ist sofort fertig damit. Es sieht so aus, als ob die Regierung gut beraten sei, die Dinge langsam anzugehen. Danke schön, dass Sie mir so viel Bedeutung beigemessen haben, aber ich werde nur schreiben und sagen ... ich meine, ich habe keinerlei Verbindungen zur Regierung. Sie haben mir diese Frage gestellt. Ich habe geantwortet, dass unser Zentrum sehr darauf achten muss, nicht für eine Regierung zu arbeiten.

Frage aus dem Publikum: (Unverständlich)

V: Oh, Beschränkungen sind phantastisch. Wir müssen sehr bescheiden sein, weil sich so viele Ereignisse zugetragen haben. Und man kann ihre Geschichte, geschichtliche Prozesse nicht aufhalten. Beschränkungen gibt es so viele, ich weiß nicht, wo ich anfangen soll. Das Einzige, was wir sehen, ist etwas

Negatives, wenn wir nämlich diese Dinge aufschreiben und veröffentlichen, kommen Schnellkaffeeleute und übernehmen diese Konzepte und versuchen sie anzuwenden. Ich habe z. B. in einigen Büchern über Trauer und Politik geschrieben, weil die meisten internationalen Beziehungen etwas mit Trauer, Verlusten, Menschen, Prestige, Selbstachtung zu tun haben, bis die Trauer einsetzt. Ich meine damit nicht weinen, sondern dass ein Trauerprozess stattfindet ... die veränderte Realität wird nicht akzeptiert. Und wir, die Professionellen, die Analytiker, wissen, dass man den Menschen nicht befehlen kann zu trauern, man muss ihnen helfen, einen Prozess zu beginnen. Und was nun in den Vereinigten Staaten passiert ist, da gibt es viele Leute, die übernehmen diese Konzepte und ziehen herum und bestellen miteinander verfeindete Parteien ein; dann stecken sie alle zusammen und sagen zu ihnen: »Haltet euch an den Händen und sagt, ich vergebe dir. Und morgen schon findet Trauer statt.« Solche Vorgänge stören mich sehr.

Frage aus dem Publikum: Gibt es eine Möglichkeit, andere Analytiker aus anderen Ländern wie z. B. Deutschland, Frankreich oder England auszubilden?

V: Ja, ich bin so froh darüber. Sie haben mich eingeladen, über diese Dinge zu sprechen. Ich habe einen hoffnungsvollen Artikel geschrieben, den ich hier vorstellen wollte. Ich glaube, er ist ins Deutsche übersetzt worden und hier zu bekommen. Er handelt von einer Flüchtlingsfamilie und davon, wie diese Flüchtlingsfamilie nicht nur sich selbst hilft, sondern auch mindestens weiteren 3.000 Menschen in ihrer Umgebung. Also ich meine, das ist eine Möglichkeit, andere Menschen an diesen Dingen teilhaben zu lassen. Die andere Möglichkeit ist, dass ich darüber schreibe, wir eine Zeitschrift herausgeben, die abonniert werden kann. Wir bekommen kein Geld dafür, deshalb kann ich Ihnen keine Prospekte geben. Sie heißt *Mind and Human Interaction*. Veröffentlicht wird sie von der International Universities Press. Das Gute dabei ist, dass wir für den Inhalt verantwortlich sind. So können wir eine Ausgabe ganz den aktuellen Ereignissen widmen, anstatt ein Jahr lang warten zu müssen. Letztes Jahr war ich mit David Sachs, Analytiker und Vizepräsident der IPA (International Psychoanalytic Association), unterwegs, und der sagte zu mir: »Wir haben uns schon gefragt, was mit Volkan passiert ist. Er war ein so guter Kliniker, und jetzt macht er so verrückte Sachen.« Also etwas hat sich verändert. In den vergangenen drei Jahren sind die Leute von meinem Zentrum eingeladen worden, Vorträge zu halten bei der International

Psychoanalytic Association, der American Psychoanalytic Association, der American Academy of Psychoanalysis, beim American College of Psychoanalysis. Das heißt, man sucht buchstäblich nach uns, damit wir diese Informationen anderen weitergeben.

Frage aus dem Publikum: (Unverständlich)

V: Ausbilden. Ich meine, das ist ... alles ist, wissen Sie, ich bin in der medizinischen Fakultät, und ich möchte in der medizinischen Fakultät bleiben, weil dadurch eine enge Verbindung zum humanistischen Aspekt gegeben ist. Doch in der medizinischen Fakultät können wir nicht mit den Geldern konkurrieren, die ins Krebszentrum fließen oder in die Neurowissenschaft. Wir fallen so aus dem Rahmen, und es ist eine Frage des Geldes. Aber dieses Jahr haben wir sehr intensiv darüber nachgedacht, ein Ausbildungsprogramm zu starten. Wir haben Studenten, die zu uns kommen. Wir haben nicht genug Geld, um alle für ihre Arbeit zu bezahlen, aber wir haben Studenten, die zu uns kommen und zwischen drei Monaten und einem Jahr bei uns bleiben.

Frage aus dem Publikum: Natürlich stehen wir immer noch unter dem Eindruck, was vor wenigen Wochen in New York geschehen ist. Mich würde sehr interessieren, wie Sie den Hintergrund dieses Terroraktes auf den ersten Blick einschätzen. Meiner Meinung handelt es sich dabei nicht nur um Leute, die sich unterdrückt fühlen, sondern um Leute, die zu Terroristen werden, weil sie zwischen ihrer traditionellen Kultur und der Kultur des Westens hin- und hergerissen sind. Soweit wir wissen, kommen sie nicht aus unterprivilegierten Schichten, sondern eher aus intellektuellen Kreisen ihrer Heimatländer. Obwohl es natürlich zu früh ist, um irgendetwas Substanzielles sagen zu können, würde mich Ihre erste Einschätzung des Hintergrundes doch sehr interessieren.

V: Nun, ich werde morgen ... Sie wissen, dass ich auf Wunsch der Veranstalter das Thema meines Vortrags geändert habe, also werde ich morgen darüber sprechen. Ich weiß nicht, wann Sie gekommen sind. Dr. Lempa sagte, dass ich morgen darüber sprechen werde. Im Wesentlichen besteht mein morgiger Vortrag aus zwei Teilen. Im ersten Teil beschreibe ich, was religiöser Fundamentalismus ist, ob christlicher, islamischer oder jüdischer Prägung. Was ist ... was heißt religiöser Fundamentalismus, und welche Art Mensch wird zur Führerfigur? Wie kommt es, dass solche fundamentalistischen Gruppen gewaltbereit werden? Das ist der erste Teil. Wir werden morgen nicht viel Zeit haben, deshalb nehme ich wahrscheinlich David Koresh als Beispiel, weil ich darüber geforscht habe. Erinnern Sie sich an Waco in Texas? Man verbrannte sie, das FBI verbrannte sie. Was für eine Art von ... Psychologie geschieht in solchen Gruppen? Im zweiten Teil geht es eher darum, was Sie ansprechen, was mit dem Islam geschehen ist. Was heißt muslimischer Fundamentalismus, wie werden Selbstmordattentäter herangezogen? Wir haben da ein paar Informationen. Natürlich weiß ich nichts über diese jüngsten ... ich meine, niemand legt solche Menschen auf die Couch. Aber es gibt allgemeine Vorstellungen, wie ein Mensch zum Terroristen wird. Also wenn es Ihnen nichts ausmacht, hebe ich das für morgen auf. Aber was Sie grundsätzlich angesprochen haben ... da stimme ich Ihnen voll und ganz zu, dass es nicht einfach eine Person allein ist.

I: Eine weitere Frage. Wer waren Ihre Lehrer, wo haben Sie das alles gelernt? Zum Beispiel Erik Erikson, oder wer?

V: Erik Erikson, ja. Kurz vor seinem Tod erhielt ich die Möglichkeit, es bestand die Möglichkeit, dass wir uns mit Erik Erikson einmal im Jahr eine Woche lang treffen konnten. Und die Leute, die sich mit ihm trafen, waren Psychoanalytiker, Politikwissenschaftler, Philosophen und so weiter. Es war eine kleine Gruppe, vielleicht ein Dutzend Leute. Und das machten wir fünf Jahre lang. Ich traf mich mit Erik. Leider fing bei ihm nach etwa zwei Jahren die Alzheimer-Krankheit an. Er hatte Momente ... aber ich war sehr von ihm beeindruckt. Er war sehr nett zu mir. Als Sie seinen Namen erwähnten ... ich glaube nicht, dass er mir in diesen Jahren sehr viel durch das Gespräch beigebracht hat. Aber ich glaube, dass diese Erfahrung in mir ein Gefühl der Verbundenheit mit dieser Art von Forschung geweckt hat. Andere Lehrer ... in diesem Bereich. Ich meine, das ist schwer zu rekonstruieren. Die Menschen, ich habe faszinierende Menschen kennen gelernt. Ich habe Menschen kennen gelernt von Gorbatschow bis Arafat. Manchmal kürzer, manchmal länger. Nicht so, dass sie mich gelehrt hätten, sondern dass ich etwas über internationale Beziehungen, menschliche Psychologie gelernt habe. Alle diese Führer, die für uns so entrückt sind, sind so neurotisch wie wir, sie sind so gut wie wir. Und ich habe auch das Böse kennen gelernt, als ich in dieses Flüchtlingslager kam. Es ist unglaublich, die menschliche Würde. Aus diesem Grunde habe ich über diesen Fall geschrieben, über die Familie Kachavara, den sie nachlesen können, er ist übersetzt. Welch eine Würde, mich überkommt ein Gefühl von Demut, wenn ich sie besuche.

Frage aus dem Publikum: Sehen Sie irgendeine Chance, den Konflikt im Nahen Osten zu lösen? Bis jetzt sind alle Versuche fehlgeschlagen.

V: Nein, ich habe nicht die Macht, meine Überlegungen auch praktisch umzusetzen. Ich war ... die Israelis gaben mir einen Ehrentitel. Sie machten mich zum Yitzhak-Rabin-Fellow. Ich war vier Monate lang ihr Gast, bevor die Hölle losbrach. Das war die Zeit, als Clintons Regierung Barak und Arafat drängte, zu einer Einigung zu kommen. Ich war dort von Anfang Februar bis Ende Mai. In den ersten beiden Monaten waren sie vermutlich besonders nahe dran, zu einer Einigung zu gelangen. Es entstand ein Akkordeoneffekt, über den ich auch schreibe. Sie verstehen, was ich meine? Gut. Und ich habe das Gefühl, wenn Clinton und die anderen von dem Akkordeoneffekt gewusst hätten, hätten sie die Sache vielleicht anders angegangen.

Frage aus dem Publikum: (Unverständlich)

V: Sie sehen, das Problem ist, wie ich Ihnen gesagt habe, die Großgruppenidentität. Wenn man die verfeindeten Parteien zusammenbringt und sie im Begriff sind, Vereinbarungen zu treffen, setzt parallel dazu ein psychologischer Prozess ein. Wenn ich A und B zusammenbringe, bedeutet das für sie, dass ihre jeweilige Identität bedroht ist, weil beide einander brauchen, damit ein Projekt daraus wird und kein Bumerang. Wenn also Vereinbarungen getroffen werden, kommen die zwei Identitäten zusammen, und das erzeugt viele Ängste, sodass die Strategien darin bestehen müssen, jeder Gruppe zu helfen, dass sie sich immer noch voneinander unterscheiden können, auch wenn sie Vereinbarungen treffen. Man muss eine Grenze, eine psychologische Grenze zwischen ihnen ziehen. Akkordeoneffekt heißt also, wenn etwas zusammengepresst wird, geht die Luft raus. Und die Sache explodierte, als Ariel Scharon die entsprechenden Schauplätze besuchte. Können Sie sich das vorstellen? Das ist der Prozess des Akkordeoneffekts. Die einzige Möglichkeit, dies lösen zu können, wurde ... wissen Sie, wie in der Psychiatrie, da hat man Neurosen, Persönlichkeitsstörungen, Psychosen. Es kam zu einer Verschärfung ... aber Sie sehen, dass niemand, auch nicht Amerika, die Macht hat, etwas zu tun. Weshalb schickt man ihnen nicht jemanden von einer dritten Partei und legt einfach die Grenzen fest und sagt zu ihnen: »Sie halten den Mund, Sie halten den Mund, Sie halten den Mund, Herr Präsident.« Und es wird viele Jahre lang keine Toten mehr geben, bis die Sache im Griff ist ... das wird nicht geschehen, weil es politisch nicht korrekt ist. Der israelische

Psychoanalytiker Lasvik hat ein Dokument vorbereitet, das ich vor zwei Tagen unterschrieben habe. Sie schicken diese Erklärung an die israelischen und palästinensischen Führer. In der Erklärung geht es im Wesentlichen um die Weitergabe des Traumas von Generation zu Generation und um die Überlegung, dass keiner gewinnen wird und dadurch immer mehr Probleme hervorgerufen werden. Und sie bieten ihre Hilfe an, sich des Problems anzunehmen. Die Israelis, die unterschrieben haben, sind Rafael Moses, den Sie vielleicht kennen, und Rena Moses, seine Frau, und es sind noch ein paar Palästinenser dabei, und ich bin der andere Unterzeichner. Jetzt sammeln sie weltweit Unterschriften, von Psychoanalytikern, Psychologen und Ärzten. Ich glaube, aus Deutschland haben auch schon einige unterschrieben. Vor zwei Tagen hatte ich noch eine Kopie davon. Sie waren es, ja. Wie ist Ihr Name ... danke. Ja, davon wissen Sie also. Was wird mit diesem Dokument geschehen? Ich habe keine Hoffnung, absolut keine Hoffnung. Es ist ein Punkt erreicht worden, an dem man einem Kind, das einen Wutanfall hat, das Händchen halten würde, bis der Anfall vorbei ist. Es gibt keinen, der ihnen die Hand hält. Das ist politisch nicht korrekt.

Frage aus dem Publikum: Sie haben gesagt, Politiker seien so neurotisch wie wir, ist das wirklich wahr?

V: Der zweite Teil ... dass Politiker so neurotisch sein können wie wir und ... und so normal wie wir. Sie haben den zweiten Teil weggelassen, deshalb ...

Frage aus dem Publikum: (Unverständlich)

V: Nun, ich kenne ein Phänomen ... bei den Revolutionsführern. Beispiele wären Castro, Arafat, Klerides, Denktasch, solche Leute werden auch in einer Demokratie immer und immer wieder zum Präsidenten gewählt, sie werden aus sich heraus gewählt. Die Leute geben ihnen freiwillig ihre Stimme. Das ist eine faszinierende Sache, sie identifizieren sich buchstäblich ... sie kleiden sich nicht so wie sie, sie tragen meistens nur die »Stoffbahnen«. Und das bringt eine andere Art von Mensch hervor. Ich möchte nicht etikettieren, weil Etiketten nicht korrekt sind. Es ist eine andere Art von Narzissmus. Einige von ihnen basteln herum, und einige machen alles, auch sadistische Dinge, um alles beim Alten zu lassen. Und es trifft auch zu, dass viele Führer, die nach Macht streben, selbst eine bestimmte Art von Narzissmus besitzen, und ein bestimmtes Maß davon ist auch sehr wichtig. Denn der beste Führer ist meiner Meinung nach der, der genügend Narzissmus besitzt, damit, wenn er zum Führer wird, eine Entsprechung besteht zwischen seiner eigenen Innenwelt und den Erwartungen seiner Anhänger. Deshalb muss er etwas narzisstisch sein, er muss ein bisschen paranoid sein. Der beste Führer ... wenn ein Führer nicht ein bisschen paranoid ist, ist er ein sehr schlechter Führer; denn er muss die Welt so sehen, als ob sie voller Feinde sei – sie sind nämlich real. Und er muss sehr intelligent sein, und vor allen Dingen muss er Integrität besitzen. Nehmen Sie Narzissmus, Intelligenz, Paranoia, Integrität - und Sie haben einen sehr guten Führer. Ja, bitte.

Frage aus dem Publikum: Ich hätte gerne gewusst, welche Rolle die Einschätzung der ödipalen Regeln, z. B. das Völkerrecht, internationale Rechte, in Ihrem Setting spielen.

V: Meinen Sie Menschenrechte?

Publikum: Menschenrechte und staatliche Rechte, internationale Rechte der einzelnen Staaten, Bürgerrechte ... müssen die Mitglieder dieser Gruppen diese Rechte irgendwie anerkennen?

V: Was anerkennen? Sie sprechen von Ödipus...

Publikum: Die dritte Position, wenn Sie so wollen.

V: Können Sie es auf Deutsch sagen?

Publikum: Ja. Also, welche Rolle spielt die Fähigkeit der Teilnehmer dieser Gruppen, den Dritten anzuerkennen in den Formen von Anerkennung von Völkerrechten, Menschenrechten, also ... als Spielregeln?

V: Meinen Sie, ob diese verhandelnden Leute in den Verhandlungen die Kapazität haben, Menschenrechte anzuerkennen?

Publikum: Ja.

V: Das hängt von der Situation ab. Menschenrechte sind aus amerikanischer Sicht wie amerikanischer *apple pie*. Wer kann etwas dagegen sagen? Ich kann bestimmt nichts dagegen sagen. Aber die Politik der internationalen Beziehungen ist so kompliziert. Man muss die Tatsache akzeptieren, dass es unterschiedliche internationale politische Realitäten gibt. Jedes Land wählt ... alles Menschenrechtsfragen, und dann wählen sie andere Fragen und alle sind schlecht. Also der Moralbegriff der Psychoanalyse lässt sich auf internationale Beziehungen besser anwenden als der Moralbegriff, von dem die Politiker reden. Zur Erklärung. In der Psychoanalyse beginnt das moralische Moment klassischerweise ... in der klassischen Psychoanalyse beginnt es auf der ödipalen Stufe. Das heißt, wenn mein Papi mir meinen Schniedel abschneiden will, tue ich besser etwas ... ich glaube irgendetwas, damit ich keine Angst habe. Also ist die Stufe unter dem moralischen Moment die, etwas zu tun, damit man keine Angst hat. Und man sagt sich, das ist richtig, und nur langsam, wenn man größer wird, verfeinert man das und eignet sich seine Gruppenwerte an, Identifikationen und so weiter. Aus diesem Grund trauen die Psychoanalytiker dem Überich nicht. Das Überich ist launenhaft; je erstarrter es ist, umso mehr Ängste. So obliegt uns die Aufgabe, ein gutmütiges Überich zu haben; wir wissen, dass sehr zwanghafte Menschen, narzisstische Menschen, moralische Menschen eine Analyse machen. Wir versuchen, die Gründe dafür herauszufinden, weil sie etwas anderes dahinter verstecken. In der Diplomatie besteht die Tendenz, bestimmte Dinge als Moral zu bezeichnen. Offenkundig geschehen bestimmte Dinge, von denen man sagt, sie sind unmoralisch ... offenkundig. Aber dann hat man ... dann verfolgt man Noriega, einen Verbrecher, einen Drogenhändler, den man dafür bezahlt hatte, dieses und jenes zu tun, und der nun nicht mehr das tut, was man von ihm verlangt. Und man nennt das Operation »Just Cause« (Gerechte Sache). Also ... wenn man in der Diplomatie unterschiedliche Geschichten von unterschiedlichen Nationen liest. Im Moment z. B. gibt es so viele unterschiedliche moralische Großgruppengesinnungen. Sie sind nicht flexibel. Sie sagen, das ist so. Also die Sache mit den Menschenrechten ... meiner Erfahrung nach müssen Menschenrechte existieren, aber ich selbst traue der Sache oftmals nicht. Unter bestimmten Bedingungen werden Menschenrechtsfragen dazu benutzt, etwas anderes zu verdecken. Mit der Veränderung der Welt wird die Europäische Union wahrscheinlich mehr Gestalt annehmen und so weiter. Das wird Routine werden. Im Moment z. B., nach diesem entsetzlichen Terroranschlag ... als Reaktion darauf werden Menschenrechte wahrscheinlich nicht sehr hoch eingeschätzt werden, außer zu Propagandazwecken. Es ist ... Etiketten sind wichtig, und Etiketten sagen uns auch, um was wir uns bemühen sollten. Wir sollten uns um die Menschenrechte bemühen. Aber bei meiner Arbeit höre ich Dinge aus verschiedenen verfeindeten Gruppen und verschiedenen Ländern und so weiter. Ich verstehe diese Konzepte, ich versuche zu verstehen, was diese für sie an einem bestimmten Punkt bedeuten. Ich weiß nicht, ob ich Ihre Frage beantwortet habe.

Frage aus dem Publikum: Wissen Sie etwas über geschlechtsspezifische Unterschiede, wenn z. B. der Richtbaum unter den Stoffbahnen eine Frau ist? Oder wenn die Stoffbahnen von mehr Frauen als von Männern getragen werden, oder ...

V: Ja, ich glaube, dazu kann ich etwas sagen. Es kann nicht das letzte Wort sein. Ich habe Frauen erlebt, die am Esstisch saßen und ihre Rotweingläser erhoben, als ob sie das Blut ihres Feindes trinken würden. Also für mich ... es gibt in bestimmten Punkten einen Unterschied. Ich meine den psychobiologischen Unterschied, und es wäre sinnvoller, wenn wir mehr Frauen in den Verhandlungen hätten. Doch langfristig, wenn das ethnische Zelt flattert und man trägt ... und das Ziel darin besteht, etwas zu tun, das abgenutzt ist, dann müssen Sie ... Ich meine, wie viele Führerinnen kennen wir denn? Wir kennen die britische, die eiserne, wie wir sie auch immer genannt haben. Als Ciller die erste türkische Premierministerin wurde, sprang ich auf und ab. Die türkischen Intellektuellen sprangen auf und ab. Nehmen Sie das auf?

I: Warum?

V: Nun, im Grunde waren wir sehr enttäuscht. Wahrscheinlich hatte sie den Narzissmus, die Paranoia und die Intelligenz, aber ... wegen ihr fiel die Türkei um hundert Jahre zurück. Weil sie mit den Fundamentalisten zusammenprallte. Also es ist schwer zu sagen ... da gibt es eine Dame in Sri Lanka. Ich habe sie nie kennen gelernt, aber ich weiß viel über sie; denn eine Person, die sie unterstützt, ist Psychoanalytiker, der ein Freund unseres Zentrums ist und uns einmal im Jahr besucht. Dieser Psychoanalytiker ist auch tamilischer Abstammung ... wahrscheinlich eins der Länder, wo die Psychoanalyse hilft. Ich höre großartige Dinge. Ich meine, das ist eine Frau, die ... man hat mehrere Male versucht, sie zu töten, und sie macht Großartiges. Um das abzuschließen, ich habe keine Antwort darauf. Ich meine, dass es auf einer bestimmten Ebene einen Unterschied geben sollte. Aber ich habe Führerinnen getroffen, die so hart und bösartig waren wie Männer. Ja, Ma'am.

Frage aus dem Publikum: Ich möchte auf die Nahostkrise zurückkommen. Sie sagten, Sie hätten keine Hoffnung oder so, dass der Konflikt zwischen den Palästinensern und den Israelis in den nächsten zehn Jahren gelöst werde.

V: Ich sagte, wenn sich einige Leute dazu entschließen würden, etwas zu unternehmen, das politisch nicht korrekt ist, dann wird er gelöst werden.

Publikum: Ja. Gut, also inwieweit steht das Problem des fundamentalistischen Terrorismus damit in Zusammenhang? Gibt es da Hoffnung?

V: Zu 100%.

Publikum: 100%?! Gut, danke schön, das genügt.

V: Ich meine, 100% für die einen und die anderen. Wenn man es getrennt nimmt, natürlich 100%. Ja?

Frage aus dem Publikum: Haben Sie mit den Führern der Palästinenser und der Israelis gearbeitet und nicht mit dem Volk? Ich glaube, das Problem war, dass Barak und Arafat keinen Rückhalt im Volk hatten, unter ihren Leuten. Barak ... Scharon hat seinen Platz eingenommen und Arafat nicht. Die Intifada war da, und ich glaube, dass das eins der Probleme ist. Ich glaube, dass solch ein Trauma, von dem Sie gesprochen haben, dieses soziale Trauma auch ein Instrument in der Hand der Politiker sein kann. Sie wissen, dass man in Israel solche Bilder verwendet hat, um ...

V: Nun, da haben Sie völlig Recht. Vielen Dank. Denn keiner von ihnen hatte die Macht ... Sie wissen, das Yitzhak Rabin ermordet wurde. Yigal Amir sagte aus, dass er nicht im Auftrag von Fundamentalisten gehandelt habe. Wenn man die Prozessunterlagen liest, erkennt man, dass er seine Tat indirekt als einen fundamentalistischen Auftrag verstanden hat. Um den Staat Israel zu retten, musste er Yitzhak Rabin umbringen. Und keine israelische Regierung kann im Moment überleben, ohne den Fundamentalisten, den jüdischen Fundamentalisten nachzugeben. Und ich vermute, dasselbe spielt sich auf der anderen Seite, der palästinensischen Seite ab. Also wurde ... wenn man die Religion beimischt, dann wird die Sache absolut. Dann gibt es keinen Raum für Verhandlungen. Die Sache ist absolut. Wie kann man z. B. mit Gott verhandeln? Ich meine, man interpretiert die Botschaft Gottes. Und man ist das Sprachrohr Gottes, der göttlichen Macht, und ich kleiner Volkan bin gekommen, um mit dir zu verhandeln? Das ist unmöglich. Deshalb werden die Dinge absolut. Und die Dinge sind im Nahen Osten absolut geworden, auf beiden Seiten. Deshalb kann man nicht verhandeln. Diejenigen, die zu verhandeln versuchen, werden erschossen.

Frage aus dem Publikum: Herr Volkan, wie schätzen Sie die Auswirkungen dieses Konflikts im Nahen Osten auf die Menschen weltweit ein, auf die Staaten, auf die Gesellschaften usw.? Mein Bild davon ist, dass die ganze Welt so zu sagen Zuschauer ist.

V: Es ist, wie die Dame gefragt hat. Welche Auswirkung haben diese Terroranschläge? Ich meine, wir sind ... ich war in einem Land, einem europäischen Land, sehr nahe ... zu einem anderen Zweck, und sie baten mich, mit dem Premierminister zu sprechen ... ich meine, wir müssen sehr bescheiden sein. Ich habe keine Antwort auf diese Sache. Da gibt es auch so viele Geheimsachen, dass man nicht weiß, was die europäischen Mächte tun könnten. Ich habe das Gefühl, als ob einige Leute, die an der Macht sind, tatsächlich wissen, dass man etwas tun muss, was politisch nicht korrekt ist, z. B. hingehen und sie aufhalten. Und dieser Herr beklagte, dass man das wegen den Vereinigten Staaten nicht tun könnte, weil ein solches Unternehmen aus der Sicht der Vereinigten Staaten nicht korrekt sei. Deshalb sind wir beide Beobachter, aber es gibt Leute, die sich dadurch enorm beeinflussen lassen. Und das ist die Frage der Dame. Ich weiß nicht, wo sie sitzt. Es gibt ständig realistische und phantasierte vergiftende Versionen, es geht nach dem Schwarz-Weiß-Muster, und vergiftende Gedanken sind fortwährend im Umlauf.

I: Ich glaube, für eine einzige Frage ist noch Zeit.

Frage aus dem Publikum: Könnten Sie noch etwas zur politischen Korrektheit sagen? Ich höre heraus, dass Sie sagen, es könnte mehr getan werden, aber es ist politisch nicht korrekt.

V: Nun, ich hatte nur an eine Sache gedacht. Lassen Sie mich ... weil wir bald aufhören. Glauben Sie nicht, dass ich diese Dinge weiß. Ich meine, ich untersuche solche Dinge zwar mit psychoanalytischen Forschungsmethoden und in bestimmten Bereichen. Wo wir eingeladen waren, hörten wir diese Dinge tatsächlich und so weiter. Also was ich sage, ist Phantasie und nicht real, weil ... so viele Menschen werden jeden Tag getötet. Wenn es ein anderer Schauplatz wäre, ein anderer wichtiger Schauplatz. Nicht überall schicken wir Soldaten hin. Nach Mazedonien gingen vor längerer Zeit z. B. fremde Truppen und stoppten die Sache. Sie sagen, man kann das nicht tun. Und anschließend verhandeln. Aber es gibt keine Macht habende dritte Partei, die nein sagt. Niemand sagt nein. Aber nicht meine dritte Position. Ich spreche von einer Macht habenden dritten Position. Und wieder ist man bei den Menschenrechten. Was sind Menschenrechte? Das wird sehr kompliziert. Sind es staatliche Rechte oder Stimmen oder Menschen, die getötet werden, wie viele? Es ist ... nun, vielen Dank. Was ich Ihnen vermitteln wollte und hoffentlich auch vermitteln konnte, ist, dass dies ein neues Gebiet ist, das wir untersuchen. Ich glaube nicht, dass wir schon etwas wissen. Wir schließen gerade ein paar neue Bücher ab; eins davon ist gerade in Produktion gegangen. Und beim anderen bin ich beim elften Kapitel, und mein Verleger rief mich in Zypern an und sagte: »Ich zeige das niemandem, solange Sie nicht auch ein Kapitel über New York hinzugefügt haben.« Also muss ich zurückgehen und so weiter. Also wir schreiben und laden andere Psychoanalytiker, Psychologen, Psychiater ein; denn der Geist der Psychoanalyse, wie ich ihn interpretiere, ist keine ausschließlich klinische Angelegenheit. Was die Psychoanalyse im Hinblick auf die Situation der Menschen tun kann. Und es ist ... wir hatten Glück, dass wir zufällig gezwungen waren, diese Dinge zu tun, und nun erzählen wir anderen Kollegen, dass es so viele Dinge gibt, die wir tun können. Ich meine damit nicht, dass wir Lösungen finden, sondern dass wir zunächst einmal verstehen müssen. Ich begrüße Ihre Kritik, Vorschläge, was auch immer. Und mein Zentrum hat eine Website. Ich weiß die Adresse nicht, denn ich vergesse viel. Aber wenn Sie meinen Namen eingeben, wird Sie aufgerufen. Wir haben jetzt angefangen, einige Aufsätze in unserer Zeitschrift zu veröffentlichen. Und die Autoren dieser Artikel sind meistens nicht vom Zentrum. Wir veröffentlichen eine Ausgabe, die vom Zentrum kommt, und drei weitere Ausgaben, die von anderen kommen. Doch wir versuchen, eine Verknüpfung herzustellen zwischen der Psychoanalyse und anderen Sozialwissenschaften, und das ist unser Ziel. Ich danke Ihnen fürs Zuhören. Ich bin dankbar dafür, dass ich hier sein darf.

Anmerkungen

1 »Das große Wörterbuch der deutschen Sprache« (Dudenverlag 1999) vermerkt unter dem Eintrag »gasen« u. a. »eine Darmblähung entweichen lassen«. Mit dem Wort »gasen« (im Original »pass gas«) wird eine sprachliche Verbindung zu den Vorgängen unter der nationalsozialistischen Herrschaft hergestellt (Anm. d. Übers.).

Transkription: Michael Altmeyer

Übersetzung: Astrid Hildenbrand

Verzeichnis der Autorinnen und Autoren

Adler, Hildegard, Dr. phil., Dipl. Psych., Studium der Germanistik, Philosophie und Psychologie; Schulunterricht und Dozententätigkeit in der Lehrerbildung. Nach der psychoanalytischen Ausbildung niedergelassen als Psycholog. Therapeutin; Mitarbeit bei »refugio« in der psychother. Hilfe für Folteropfer.

Auchter, Thomas, geb. 1948 in Berlin, Dipl. Psych., Psychologischer Psychotherapeut und Psychoanalytiker (DPV/DGPT), Gruppenpsychoanalytiker (DAGG), niedergelassen in freier Praxis in Aachen, Dozent und Lehrtherapeut am Institut der Psychoanalytischen Arbeitsgemeinschaft Köln-Düsseldorf, zahlreiche Fachpublikationen, in den letzten Jahren intensive Auseinandersetzung mit dem Werk von D.W. Winnicott.

Armanski, Gerhard, Prof. Dr., geb. 1942, Sozial- und Kulturgeschichte, lehrt an der Universität Osnabrück. Mehrjähriges Projekt zur Geschichte der Gewalt in Europa.

Baumert, Ingrid, Dipl.-Psych., Dr. phil., geb. 1943, Psychoanalytikerin (DPG), Lehr- und Kontrollanalytikerin der DPG und DGPT seit 1995. Leiterin des Pth-Ausbildungsausschusses am IRI für Psychoanalyse, Psychotherapie und Psychosomatik in Kiel.

Beckenbach, Niels, Prof. Dr., Dipl.-Soz., Prof. für Soziologie an der Universität Kassel. Seit 1989 permanente Beschäftigung mit dem Thema Gewalt in Forschungsliteratur und dokumentarischen Filmen.

Benz, Ute, Dr., geb. 1942, nach dem Studium der Kunsterziehung und politischen Wissenschaften Lehrerin an Gymnasien, Ausbildung zur analytischen Kinder-und Jugendlichen-Psychotherapeutin und Familientherapeutin in München, tätig in freier Praxis in Berlin. Vorsitzende des Berliner Arbeitskreises für Beziehungsanalyse e. V., Lehrbeauftragte an der TU Berlin.

Biermann, Christoph, Dr. med., geb. 1936, Psychoanalytiker (DPV/IPA). Interessen/Publikationen: Kulturtheorie, Nationalsozialismus, Ethik, Philosophie.

Bohleber, Werner, Dr. phil., geb. 1942, Psychoanalytiker in eigener Praxis, Lehranalytiker, derzeit Vorsitzender der Deutschen Psychoanalytischen Vereinigung (DPV), Herausgeber der Zeitschrift PSYCHE. Wissenschaftliche Arbeiten zu Adoleszenz und Identität, zur psychoanalytischen Erforschung der nationalsozialistischen Vergangenheit, zu Fremdenhass und Antisemitismus, zur Traumaforschung.

Brockhaus, Gudrun, Dr., geb. 1947, Diplompsychologin und Diplomsoziologin. Sie arbeitet in freier Praxis als Psychoanalytikerin und als wissenschaftliche Angestellte im Institutsbereich Sozialpsychologie der Ludwig-Maximilians-Universität München. Forschungsschwerpunkt ist die Sozialpsychologie des Nationalsozialismus und der Nachkriegszeit und aktuelle Themen der Politischen Psychologie wie die Zwangsarbeiterdebatte. Inhaltsanalytische Arbeiten zur Psychotherapie in der NS-Zeit, zu »Mein Kampf«, zu Kriegsbriefen von Frauen und Kindern, Erziehungsratgebern, NS-Filmen und -Literatur.

Christian, Jens, geb. 1942, Arzt für Psychiatrie und Neurologie. Vorträge über systemische Metatheorie der Psychoanalyse, niedergelassen in eigener Praxis als Psychoanalytiker und Körperpsychotherapeut in München.

Elgeti, Ricarda, Dr. med. Dipl. Theol., geb.1948. Niedergelassen als FÄ für Psychotherapeutische Medizin, Lehranalytikerin und Dozentin am Lehrinstituts für Psychoanalyse und Psychotherapie e. V. Hannover (DPG), Mitglied des Wissenschaftlichen Beirats der DPG

Franke, Paul R., geb. 1939, niedergelassen als FA für Psychotherapeutische Medizin und Psychoanalytiker. Stellv. Vors. und Lehranalytiker (DGPT) am Inst. für Psychoanalyse und Psychotherapie Magdeburg e. V. (IMP). Ehrenpräsident und Mitglied des Wissenschaftlichen Beirates der DGPFG.

Frommer, Jörg, Prof. Dr. med., M. A., geb. 1955, Facharzt für Psychotherapeutische Medizin, Facharzt für Psychiatrie, Psychoanalytiker (DGPT, DPG) und Lehranalytiker. Nach Studium der Medizin, Philosophie, Soziologie und Psychoanalyse in Heidelberg Tätigkeit an den Universitäten Heidelberg, Homburg/Saar und Düsseldorf. Seit 1996 Leiter der Abteilung für Psychosomatische Medizin und Psychotherapie am Klinikum der Otto-von-Guericke-Universität Magdeburg. Vorsitzender des Instituts für

Psychoanalyse und Psychotherapie Magdeburg e. V. und Vorstandsmitglied des Zentrums für qualitative Bildungs-, Beratungs- und Sozialforschung der Universitäten Halle und Magdeburg (ZBBS). Wissenschaftliche Arbeitsgebiete: Methodologie und Methodik der Psychotherapie- und Beratungsforschung, psychotherapeutische und psychoanalytische Prozessforschung, psychosomatische Kooperationsforschung.

Gfäller, Georg, Dipl. sc. pol., Psychoanalytiker, Gruppenanalytiker, Supervisor und Organisationsberater in eigener Praxis. Zusammenarbeit mit C. F. v. Weizsäcker von 1972 bis dato. Veröffentlichungen zur Psychoanalyse, Ethnoanalyse, Gruppenanalyse, Supervision, politischen, ökonomischen und philosophischen Fragen. Vertreter der Interdisziplinären Psychoanalyse im erweiterten Vorstand der DGPT. Mitbegründer des Instituts für Gruppenanalyse in Heidelberg.

Grefe, Joachim, geb. 1956, Dr. med., Arzt für Psychiatrie und Neurologie, Psychotherapeutische Medizin. Nach langjähriger klinischer Tätigkeit in Psychiatrie und Psychosomatik in Göttingen jetzt niedergelassener Psychoanalytiker (DPG, DGPT) in Hamburg. Dozent am Lou Andreas-Salomé Institut für Psychoanalyse und Psychotherapie Göttingen. Veröffentlichungen zu psychiatrischer Psychopathologie und Klassifikation und psychoanalytisch zu Fragen des Zusammenhang innerer und äußerer Wirklichkeit.

Grabska, Klaus, geb. 1952, Diplom-Psychologe, Psychoanalytiker (DGPT, DPG) in eigener Praxis, Dozent am DPG-Institut für Psychoanalyse und Psychotherapie Hamburg e. V. Arbeitsschwerpunkt: Unbewusste Austauschprozesse zwischen Analysand und Analytiker.

Hilgers, Micha, Dipl. Psych., Psychoanalytiker DGIP/DGPT, Gruppenanalytiker (DAGG), Dozent, beauftragter Supervisor und Lehranalytiker am Alfred-Adler-Institut Aachen-Köln. Zahlreiche Veröffentlichungen zu Schamaffekten, Psychoanalyse, Liebesbeziehungen, Motivationsfragen der Umweltpolitik, Gewalt und Rechtsextremismus, aktuellen politischen Fragen, forensischer Psychiatrie. Arbeitet in eigener Praxis in Aachen, Supervisor psychiatrischer Einrichtungen, Supervision und Coaching von Verbänden und Parteien, Medienberatung, regelmäßige publizistische Tätigkeiten in bundesdeutschen Tageszeitungen.

Hinrichs, Reimer, Dr. med., geb. 1949, Nervenarzt und Psychoanalytiker (DPG), Facharzt für Psychotherapeutische Medizin, freie Praxis in Berlin-Charlottenburg. Beratungsarzt bei der Kassenärztlichen Vereinigung Berlin. Mitglied der American Academy of Psychoanalysis.

Hirsch, Mathias, Dr. med., geb. 1942, ist Facharzt für Psychiatrie und Facharzt für psychotherapeutische Medizin – Psychoanalyse (DGPT) und affiliiertes Mitglied der DPV. Er ist als niedergelassener Psychoanalytiker tätig und leitet das Institut für Analytische Gruppenpsychotherapie und Gruppendynamik Düsseldorf (IAGD). Seine Forschungsschwerpunkte sind psychoanalytische Traumatologie, Psychoanalyse des Körpers, Objektbeziehungstheorie und Psychotraumatologie.
Mathias Hirsch im Psychosozial-Verlag: *Realer Inzest* (1999), *Der eigene Körper als Objekt – Psychodynamik selbstdestruktiven Körperagierens* (1998), *Der eigene Körper als Symbol? Der Körper in der Psychoanalyse von heute* (erscheint 2002).

Hohl, Joachim, Dr. phil., Dipl.-Psych., Dipl.-Soz., geb. 1947, Psychoanalytiker und Supervisor, wissenschaftlicher Angestellter am Psychologischen Institut der Universität München. *Arbeitsgebiete*: Historische Konstitution des Subjekts; Barbarei und Zivilisation; Sicherheit und Unsicherheit in modernen Gesellschaften.

Hübner, Wulf, Dipl.-Psych., Dr. phil., Psychoanalytiker (DPG,DGPT) in eigener Praxis in Hamburg.

Klotter, Christoph, Dipl.-Psych., Dr. phil., ist Psychoanalytiker und arbeitet als Hochschulassistent an der TU Berlin.

König, Hans-Dieter, Prof. Dr. phil., lehrt Soziologie und Sozialpsychologie an der Johann Wolfgang Goethe-Universität Frankfurt a. M. und arbeitet als niedergelassener Psychoanalytiker in Dortmund. Zahlreiche Veröffentlichungen vor allem zur pychoanalytischen Kultur- und Sozialforschung sowie zur psychoanalytisch-tiefenhermeneutischen Methode qualitativer Forschung.

Krause, Rainer, Prof. Dr., Lehrstuhl für klinische Psychologie und Psychotherapie, Universität des Saarlandes. Psychoanalytiker. Schweizer Psychoanalytische Gesellschaft, Deutsche Psychoanalytische Gesellschaft. Forschungen zur Übertragung, Affektaustausch und schöpferischen Prozessen. Publikationen zur Krankheitslehre.

Küchenhoff, Joachim, Prof. Dr., Arzt für Psychiatrie, Arzt für Psychotherapeutische Medizin, Psychoanalytiker (DGPT, DPV), Leitender Arzt der Abteilung Psychotherapie und Psychohygiene der Psychiatrischen Universitätsklinik Basel, Professor für Psychosomatik und Psychotherapie; Veröffentlichungen im Psychosozial-Verlag: *Selbstzerstörung und Selbstfürsorge* (1999), *Solidarität und Selbstverwirklichung* (2001). *Erinnerung und Neubeginn* (erscheint 2002).

Mentzos, Stavros, Prof. Dr. med., geb. 1930, ehem. Leiter der Abt. Psychotherapie/Psychosomatik, Uniklinikum Frankfurt a. M.; jetzige Schwerpunkte: Psychosen, psychosoziale Anwendungen der Psychoanalyse. Herausgeber des FORUMS der psychoanalyt. Psychosentherapie.

Tömmel, Sieglinde Eva, geb. 1941, Dr. phil. Dr. rer. pol. habil., Soziologin und Psychoanalytikerin in eigener Praxis. Wichtigste Interessengebiete: Psychoanalytische Entwicklungspsychologie, Entwicklung und Geschichte der Psychoanalyse, Psychoanalyse und Kreativität.

Trimborn, Winfrid, Dr. med., geb.1943, Psychoanalytiker (DPV) in eigener Praxis, Facharzt für Psychotherapeutische Medizin. Publikationen zu theoretischen und klinischen Problemen narzisstischer und Borderline-Störungen, zum analytischen Rahmen.

Venner, Margit, Dr. med., geb. 1937, Fachärztin für Innere Medizin, Fachärztin für Psychotherapeutische Medizin, Psychoanalyse (Lehranalytikerin, DGPT). Abteilungsleiterin der Abteilung Internistische Psychotherapie der Klinik Innere Medizin I der Friedrich-Schiller-Universität, Jena.

Volkan, Vamik D., ist Psychiater und Psychoanalytiker am Washingtoner Psychoanalytischen Institut und Fakultätsmitglied des University of Virginia Health Sciences Center. Er hält Vorträge auf der ganzen Welt und hat zahlreiche Bücher veröffentlicht. Vamik D. Volkan im Psychosozial-Verlag: *Das Versagen der Diplomatie. Zur Psychoanalyse nationaler, ethnischer und reli-*

giöser Konflikte (1999), (zus. mit E. Zintl:) *Wege der Trauer. Leben mit Tod und Verlust* (2000).

Walter, Rudolf, Dipl.-Psych., Psychoanalytiker DGPT. Eigene Praxis, 1. Vorsitzender des Berufverbandes Hamburger Psychoanalytiker (BHP/DGPT e. V.), 1. Vorsitzender der Arbeitsgemeinschaft für integrative Psychoanalyse, Psychotherapie und Psychosomatik Hamburg (APH e.V.).

Winker, Benno, Dr. med., geb. 1936, Studium der Medizin, Ausbildung zum Nervenarzt. Psychoanalytische Weiterbildung am C. G. Jung Institut, Stuttgart und Weißenau. Dort Leiter der Poliklinik und der Weiterbildung. Lehr- und Kontrollanalytiker. Zuletzt leitender Arzt in einem Rehabilitationszentrum für chronisch psychisch Kranke.

Hans-Jürgen Wirth, Jg. 1951, PD Dr. rer. soc., Dipl.-Psych., Psychoanalytiker, Psychologischer Psychotherapeut, in Gießen tätig in eigener Praxis und als Verleger des Psychosozial-Verlages. Mitherausgeber der Zeitschrift *psychosozial*. Letzte Veröffentlichungen im Psychosozial-Verlag: *Psychosomatik und Kleinkindforschung* (Hg., zus. mit W. E. Milch) (2001), *Hitlers Enkel oder Kinder der Demokratie?* (Hg., 2001), *Narzissmus und Macht* (erscheint 2002).

Wutzler, Uwe, Dr. med., geb. 1968, Psychotherapeutische Medizin, Psychoanalyse. Wissenschaftlicher Mitarbeiter, Abteilung Internistische Psychotherapie der Klinik für Innere Medizin I der Friedrich-Schiller-Universität, Jena.

»Bibliothek der Psychoanalyse«
im Psychosozial-Verlag
herausgegeben von Hans-Jürgen Wirth

Karl Abraham: Psychoanalytische Studien. 2 Bände.
Josef Christian Aigner: Der ferne Vater.
Karin Bell, Kurt Höhfeld (Hg.): Psychoanalyse im Wandel.
Karin Bell, Kurt Höhfeld (Hg.): Aggression und seelische Krankheit.
Karin Bell, u. a. (Hg.): Migration und Verfolgung.
Heike Bernhardt, Regine Lockot (Hg.): Mit ohne Freud.
Jaap Bos: Autorität und Erkenntnis in der Psychoanalyse.
Christina Detig-Kohler: Hautnah.
Joyce McDougall: Plädoyer für eine gewisse Anormalität.
Rosemarie Eckes-Lapp, Jürgen Körner (Hg.): Psychoanalyse im sozialen Feld.
W. R. D. Fairbairn: Das Selbst und die inneren Objekte.
Karl Fallend, Bernd Nitzschke: Der Fall Wilhelm Reich.
Otto Fenichel: Aufsätze. 2 Bände.
Otto Fenichel: Psychoanalytische Neurosenlehre. 3 Bände.
Otto Fenichel: Probleme der psychoanalytischen Technik.
Peter Geißler: Mythos Regression.
Alf Gerlach: Die Tigerkuh.
Alf Gerlach, Anne-Marie Schlösser (Hg.): Gewalt und Zivilisation.
André Green: Geheime Verrücktheit.
Béla Grunberger: Vom Narzissmus zum Objekt.
Bernhard Handlbauer: Die Freud-Adler-Kontroverse.
Hans-Peter Hartmann u. a. (Hg.): Übertragung und Gegenübertragung.
Jürgen Hardt u. a. (Hg.): Wissen und Autorität in der psychoanalytischen Beziehung.
André Haynal: Die Technik-Debatte in der Psychoanalyse.
Robert Heim: Utopie und Melancholie der vaterlosen Gesellschaft.
Mathias Hirsch (Hg.): Der eigene Körper als Objekt.
Mathias Hirsch (Hg.): Der eigene Körper als Symbol?
Mathias Hirsch: Realer Inzest.
Kurt Höhfeld, Anne-Marie Schlösser (Hg.): Psychoanalyse der Liebe.
Maurice Hurni, Giovanna Stoll: Der Haß auf die Liebe.
Ludwig Janus: Die Psychoanalyse der vorgeburtlichen Lebenszeit und der Geburt.
M. Masud R. Khan: Entfremdung bei Perversionen.
Otto F. Kernberg: Affekt, Objekt und Übertragung.

P🕮V
Psychosozial-Verlag

»Bibliothek der Psychoanalyse«
im Psychosozial-Verlag
herausgegeben von Hans-Jürgen Wirth

Elisabeth Anna Landis: Logik der Krankheitsbilder.
Marina Leitner: Ein gut gehütetes Geheimnis.
Marianne Leuzinger-Bohleber (Hg.): Psychoanalysen im Rückblick.
E. James Lieberman: Otto Rank – Leben und Werk.
Hans-Martin Lohmann (Hg.): Das Unbehagen in der Psychoanalyse.
Christiane Ludwig-Körner: Wiederentdeckt – Psychoanalytikerinnen in Berlin.
Esther Menaker: Schwierige Loyalitäten.
Wolfgang E. Milch u. a. (Hg.): Die Deutung im therapeutischen Prozeß.
Emilio Modena (Hg.): Das Faschismus-Syndrom.
Angela Moré: Psyche zwischen Chaos und Kosmos.
Ludwig Nagl u. a. (Hg.): Philosophie und Psychoanalyse.
Anna und Paul H. Ornstein: Empathie und therapeutischer Dialog.
Otto Rank: Das Trauma der Geburt.
Otto Rank: Kunst und Künstler.
Reimut Reiche: Geschlechterspannung.
Paul Roazen: Sigmund Freud und sein Kreis.
Paul Roazen: Wie Freud arbeitete. Berichte von Patienten aus erster Hand.
Paul Roazen: Brudertier.
Christa Rohde-Dachser: Expedition in den dunklen Kontinent.
Herbert A. Rosenfeld: Zur Psychoanalyse psychotischer Zustände.
Anne-Marie Schlösser, Kurt Höhfeld (Hg.): Trauma und Konflikt.
Anne-Marie Schlösser, Kurt Höhfeld (Hg.): Trennungen.
Anne-Marie Schlösser, Kurt Höhfeld (Hg.): Psychoanalyse als Beruf.
Anne-Marie Schlösser, Alf Gerlach (Hg.): Kreativität und Scheitern.
Johann August Schülein: Die Logik der Psychoanalyse.
Günther Seidler (Hg.): Hysterie heute.
Robert J. Stoller: Perversion. Die erotische Form von Haß.
Ulrich Streeck (Hg.): Das Fremde in der Psychoanalyse.
Ulrich Streeck, Karin Bell (Hg.): Die Psychoanalyse schwerer psychischer Erkrankungen.
Neville Symington: Narzißmus.
Vamik D. Volkan: Das Versagen der Diplomatie.
Siegfried Zepf: Allgemeine psychoanalytische Neurosenlehre.
D. W. Winnicott: Reifungsprozeß und fördernde Umwelt.

P🙟V
Psychosozial-Verlag

Hans-Jürgen Wirth
Narzissmus und Macht
Zur Psychoanalyse seelischer Störungen in der Politik

April 2002 · ca. 220 Seiten
Broschur
EUR 20,50 (D) · SFr 37,–
ISBN 3-89806-044-6

Die Möglichkeit, politische oder ökonomische Macht auszuüben, nährt Größen- und Allmachtsfantasien. Umgekehrt bahnen Karrierestreben und Rücksichtslosigkeit den Weg zu den Schaltzentralen der Macht. In detaillierten Fallstudien – u. a. über Ministerpräsident Uwe Barschel, Ex-Bundeskanzler Helmut Kohl, Ex-Sponti und Außenminister Joschka Fischer und Serbenführer Slobodan Milosevic – analysiert der Autor die Verflechtungen zwischen Persönlichkeitsmerkmalen, individueller Psychopathologie und den ethnischen, religiösen und kulturellen Identitätskonflikten der jeweiligen Bezugsgruppe und denen der Gesellschaft.

Aus dem Inhalt: Zum Begriff der Macht, Zum Begriff des Narzissmus, Die psychosoziale Genese der Macht, Machtausübung als Beruf, Gesunder Narzissmus und rationale Machtausübung, Aufstieg und Fall des Uwe Barschel, Aufstieg und Fall von Helmut Kohl, Joschka Fischer: Vom Straßenkämpfer zum Außenminister, Der Krieg im Kosovo – Massenpsychologie und Ich-Analyse.

**P V
Psychosozial-Verlag**

2002 · 171 Seiten
Broschur
EUR (D) 29,90 · SFr 52,50
ISBN 3-89806-095-0

Migration und Verfolgung sind ein zentrales Thema unserer Kultur, nicht nur in Europa, sondern weltweit. Sechs Psychoanalytiker suchen in diesem Buch einen persönlichen, theoretischen und klinischen Zugang zum Thema und eröffnen einen Einblick in die heterogene Ausgestaltung und Verarbeitung menschlicher Erfahrung mit Entwurzelung, Trauma, Verlust und Gewalt.

P🙠V
Psychosozial-Verlag

April 2002 · ca. 300 Seiten
Broschur
EUR (D) 36,– · SFr 63,–
ISBN 3-89806-138-8

Aus psychoanalytischer Sicht wird die Bedeutung des Körpers als Symbol innerhalb verschiedener Bereiche der Psychopathologie untersucht, in denen er unbewältigte psychische Konflikte und Defizite, aber auch Traumafolgen und deren Abwehr mehr oder weniger symbolisch ausdrückt. Unter diesem Aspekt werden die »modernen« Krankheiten Selbstverletzung und Ess-Störungen bearbeitet, die Besonderheiten des therapeutischen Vorgehens bei wenig symbolisierten Körpersyndromen in Theorie und Praxis werden beschrieben und es wird die Kommunikationsfunktion des Körpers in der analytischen Psychotherapie untersucht. Ein Beitrag befasst sich mit nichtsymbolisierten Körpersymptomen in frühester Kindheit, ein anderer stellt die Verbindung zu zeitgenössischen Formen der Körperkultur wie Tattoo und Piercing her. In der Abhandlung über die Geschichte der Psychoanalyse werden die Ursprünge der Symbolbedeutung des Körpers aufgespürt und ihre Weiterentwicklung nachvollzogen. In weiteren Beiträgen sind literarische Werke Gegenstand der Untersuchung zum Thema Symbolfunktion des eigenen Körpers.

P🗆V
Psychosozial-Verlag

Joachim Küchenhoff (Hg.)
Erinnerung und Neubeginn

April 2002 · ca. 250 Seiten
Broschur
EUR (D) 36,– · SFr 63,–
ISBN 3-89806-142-6

Das Buch untersucht aus interdisziplinärer Perspektive das Verhältnis von Erinnerung und Neubeginn, somit das Verhältnis von Vergangenheit und Zukunft, von Vergangenheitsbewältigung und neuem Lebensentwurf. Ob Erinnerungen verarbeitet werden können, welche Formen des Erinnerungsprozesses für die Verarbeitung nützlich sind – diese Fragen interessieren den Psychotherapeuten ebenso sehr wie den Historiker, den Ethnologen, aber auch den Literaturwissenschaftler.

P🌀V
Psychosozial-Verlag

2002
355 Seiten · gebunden
EUR (D) 35,50 · SFr 62,50
ISBN 3-89806-058-6

Einer der international renommiertesten Psychoanalytiker der Gegenwart schlägt in diesem Werk einen weiten Bogen von der zeitgenössischen Interpretation klassischer psychoanalytischer Phänomene über Abhandlungen zur Technik hin zu aktuellen und kritischen Fragen, die sich der Psychoanalyse als wissenschaftlicher und klinischer Disziplin heute stellen. Kernberg, der insbesondere den Begriff der Borderline-Persönlichkeitsstörung populär gemacht hat, legt in diesem Buch einen Schwerpunkt auf die gesellschaftlichen Erscheinungen von Aggression, Hass und sozialer Gewalt, wobei er auch den Aspekt der Prävention beleuchtet.
In seiner Vielfalt bietet das Werk einen guten Überblick über diese neuesten Entwicklungen in der psychoanalytischen Theorie und Technik.

P🕮V
Psychosozial-Verlag

1999 · 279 Seiten ·
EUR 24,90· SFr 44,50
ISBN 3-932133-49-8

»(Vamik Volkan) hat nicht nur ethnische Konflikte, sondern auch die Brüche der Emigration am eigenen Leib erlebt. Vielleicht prädestiniert ihn dies, (...) nach Lösungen für stagnierende oder explodierende Konflikte zu suchen. Seine im vorigen Jahr erschienene Studie ist so aktuell wie eh und je.«

Tilmann Moser, Süddeutsche Zeitung

P☒V
Psychosozial-Verlag